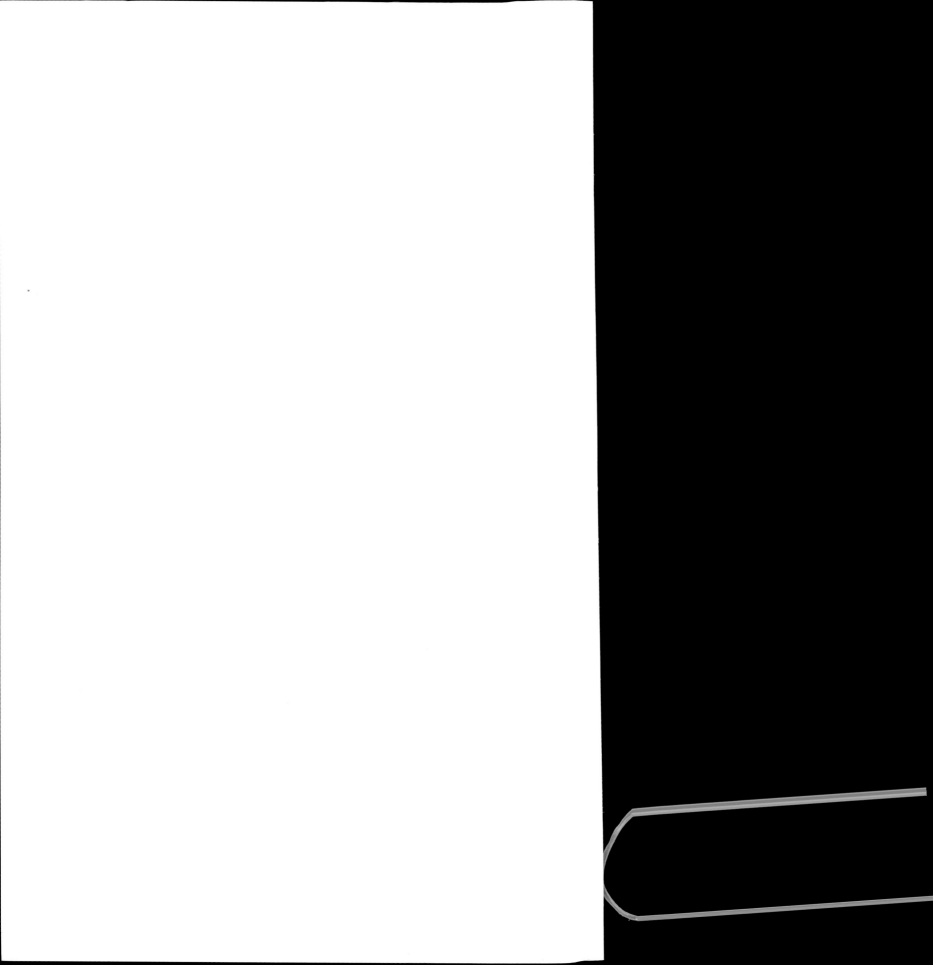

闽南方言韵书

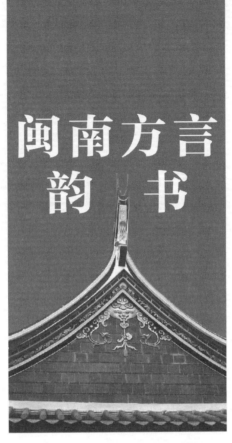

—周长楫 编著—

海峡出版发行集团 | 鹭江出版社
THE STRAITS PUBLISHING & DISTRIBUTING GROUP | LUJIANG PUBLISHING HOUSE

2015年·厦门

本书

由厦门市闽南文化研究会策划

由厦门市文化馆资助出版

序　言

　　闽南话的民歌、童谣、歌曲、戏曲唱词和讲究押韵的闽南讲古、四句念、答嘴鼓等，都是闽南话的韵文作品。跟汉语的韵文作品一样，闽南话的韵文作品有一个重要特点，那就是讲求押韵。韵也叫韵部，它是对一种语言韵母的再归纳。其归纳的基本原则是，凡音节里韵母可以不论韵头，只要主要元音相同或相近、韵尾相同的一类字，都可归为同一个韵部。例如普通话的［-an］、［-ian］、［-uan］、［-üan］四个韵母，尽管韵母的韵头"［-零-］、［-i-］、［-u-］、［-ü-］"不同，但韵母的主要元音都是［-a］，韵尾也都是［-n］，所以这四个韵母所包括的字（词），就属于同一个韵部。所谓押韵，一般指韵文作品在每句或一定间隔句的末字要出现同属一个韵部的字（词），其作用就是造成同音反复回响的韵律节奏美，使人产生富有和谐音乐美的快感，使诗句朗朗上口，悦耳动听，易传易记。

　　普通话有 39 个韵母，根据按韵部归纳韵母的规则，可归纳为 13 辙（"辙"也就是韵部）或 18 个韵部（见附录《普通话十三辙与新诗十八韵》）。用普通话写作韵文作品，就要根据这个 13 辙或 18 个韵来押韵。例如《我为祖国献石油》：

　　锦绣河山美如画，祖国建设跨骏马。我当个石油工人多荣耀，头戴铝盔走天涯。头顶天山鹅毛雪，面对戈壁大风沙，嘉陵江边迎朝阳，昆仑山下送晚霞。天不怕地不怕，风雪雷电任随它，我为祖国献石油，哪里有石油，哪里就是我的家。

　　红旗飘飘映彩霞，英雄扬鞭催战马。我当个石油工人多荣耀，头戴铝盔走天涯。莽莽草原立井架，云雾深处把井打。地下原油见青天，祖国盛开石油花。天不怕地不怕，放眼世界雄心大，我为祖国献石油，石油滚滚流，我的心里乐开了花。

　　这里的"画、马、涯、沙、霞、怕、它、家、霞、马、涯、架、打、花、怕、大、花"的韵母分别是［-a］、［-ia］、［-ua］，尽管韵头不同，但因为韵母的韵腹（主要元音）都是［-a］，所以是同一个韵部的字，可以押韵。这个韵部，在十三辙里叫"麻花韵"，在十八韵部里则叫"麻韵"。又如《当兵光荣》：

"我从东你从西，我们一起来当兵，当兵的小伙十八岁，当兵的姑娘正年轻，青春的生命是一团火，青春的岁月是一阵风，如风如火的好年华，全都献给咱们军营。啊！当兵光荣啊，当兵光荣，当兵为了保卫祖国，当兵就是为了老百姓，啊！当兵光荣啊，当兵光荣，当兵为了保卫和平，当兵就是为了老百姓。"

这里的"兵、轻、风、营、荣、姓、容、姓"是韵脚字，它们的韵母分别是［-i(e)ng］、［-eng］、［-ong］。北方人认为它们的主要元音（韵腹）［-e］和［-o］相近，韵尾都是-ng，所以可以同归于十三辙里的中东韵而通押。但也有人认为，这两个主要元音的音色还是有一定差距的，不好放在一起押韵，所以《诗韵新编》主张应把十三辙的中东韵拆分为［-i(e)ng］、［-eng］和［-ong］两个不同的类别，［-i(e)ng］、［-eng］属"庚韵"（包括［-eng］、［-i(e)ng］、［-ueng］韵母的字），而-ong属"东韵"（包括［-ong］、［-iong］韵母的字），于是十三辙的中东韵在新诗十八韵部里，就分别拆成"庚""东"两个韵部了。可以说，"十三辙"是普通话的宽韵，而十八部是普通话的严韵或窄韵。

闽南话的韵母不仅比普通话多得多，而且类型也比普通话复杂。据统计，闽南话厦门音系常用的韵母有 78 个，如果连一些在拟声词中才出现的韵母也包括进来，则有 86 个；泉州音常用韵母有 81 个，如果连一些在拟声词中才出现的韵母也包括进来，则有 89 个；漳州音常用韵母有 83 个，如果连一些在拟声词中才出现的韵母也包括进来，则有 90 多个。闽南话的韵母，可分为阴声韵、阳声韵、鼻化韵、入声韵和鼻化入声韵 5 大类。面对数量如此大、类型比较复杂的韵母，怎样归纳韵部呢？传统韵书如《彙音妙悟》用"春朝飞花香欢高卿杯商东郊开居珠嘉宾莪嗟恩西轩三秋箴江关丹金钩川乖兼管生基猫刀科梅京鸡毛青烧风箱弍口口"等 50 个字来记录当时泉州音的韵母（其中有一字是漳州音）。有人认为这就是闽南话的韵部了，这是一种误解。十几年来，笔者对所收集的 5000 多首（篇、节）闽南话韵文作品的韵脚做了一番考察，发现闽南话的押韵规则确实有两个特点与普通话不同（详见《略论闽南方言的韵部》），而它跟《彙音妙悟》对韵的处理也不完全相同。例如《彙音妙悟》把带 [-p]、[-t]、[-k]这三套入声韵母的字都分别归并到带 [-m]、[-n]、[-ng]这三套阳声韵母里，如："春"韵包括 [-un]、[ut] 两个韵母；"金"韵包括 [-im]、[-ip] 两个韵母；"东"韵包括[-ong]、[-ok]两个韵母等等，这不仅违背了汉语韵部归纳的规则，也不符合闽南话韵文作品押韵的实际。经过我们详细地考察和认真地分析研究，我们认为，闽南话（厦门音）的韵部，可分为宽韵和严韵（窄韵）两种，宽韵可以分为 22 个韵部，窄韵可分为 43 个韵部（详见《略论闽南方言的韵部》）。这样才能比较准确地反映闽南韵文作品押韵的实际。

由于某些历史原因，这些年来，闽南方言日渐衰微，许多闽南人说不好自己的母语闽南话，对具有悠久历史、有着"古汉语活化石"美誉、文化底蕴深厚的闽南方言及其文化不甚了解，在创作闽南方言韵文作品时常碰到选韵用韵上的困难。因此，应广大读者的要求，笔者根据自己考察研究的闽南方言韵文作品押韵的实际，提出建立闽南方言韵部的新见，并利用闽南方言现有研究的丰硕成果，编写了这本《闽南方言韵书》，这不仅是对《彙音妙悟》等传统韵书处理"韵"的修正，也是对汉语押韵规则的补充，而且能给广大读者，尤其是从事闽南方言韵文作品创作的作者提供选韵用韵上的方便。

本韵书主要收纳了闽南话各韵部常用韵字及每个韵字常见的词语，包括部分俗语和短语，虽已收录不少，但可能会有一些错漏，读者或作者可以根据自己的认识和实践经验做修正补充。闽南话的语音，厦门、泉州和漳州三地基本一致，但仍有些差异。本韵书以厦门音为主，对与厦门音有差异的泉州音、漳州音，其中属于泉州音的特殊韵母，如 [uu-]、[-ə]、[-əh]、[-əm]、[-ən]、[-əm]、[-uang]、[-iak] 等，漳州音的特殊韵母，如 [-ee]、[-eeN]、[-eeh]、[-iooN]、[-om]、[-iang] 等，用单独列出单字韵表的办法处理；对与厦门音韵母相同，泉州、漳州有特殊读法的少数韵字，用加注 [泉]、[漳] 的办法处理，但都不列举例词，读者可参酌泉、漳特殊读音与厦门读音相对应的韵母字所列示的例词。汉语的字（词）在闽南话里多区分为有文读音（读书音）和白读音（说话音）。用闽南话的文读音来诵读唐宋诗词，韵的和谐程度相当高，平仄则基本相同。为了便于读者诵读唐宋诗词与欣赏诗经，也便于读者创作普通话的韵文作品，并对创作闽南话作品时在用字上碰到的困难提出若干建议，我们在附录里提供了《闽南话形容词生动形式例表》《普通话十三辙与新诗十八韵常用字表》《古诗韵（平水韵）常用字表》《宋词十九韵部常用字表》《诗经三十部常用字表》以及《关于闽南话书写问题的探讨》等资料，供读者参考。

厦门市政府第 159 号令《厦门市闽南文化生态保护区建设办法》已颁布实施，愿本书能为繁荣闽南文化韵文作品的创作助力。

本书由厦门市闽南文化研究会策划，并得到厦门市文化馆的资助。编写过程中得到了广大读者的鼓励、支持与帮助。这里特别要感谢黄天福、陈耕、崔勇、黄念旭等先生的指导；陈荣翰、周莹、陈颖婕、陈滨、张洵以及家人胡素卿等帮助查阅、收集了有关资料和校对书稿，劳苦功高；鹭江出版社的工作人员也付出了艰辛的劳动。笔者谨向他们表示最衷心的感谢！当然，由于笔者的水平所限，本书不可避免存在着一些错漏和不足，敬请读者不吝批评指正，以便再版时修正。

2015 年 12 月于厦大西村

目　录

略论闽南方言的韵部 ………………………………………………… 1

凡例 ………………………………………………………………… 1

闽南方言韵部 ……………………………………………………… 1

1. 天气韵 …………………………………………………………… 1

　基韵 …………………………………………………………… 1

　　i ……………………………………………………………… 1

　　ih ……………………………………………………………… 3

　　iN ……………………………………………………………… 3

　　iNh ……………………………………………………………… 3

　贵韵 …………………………………………………………… 22

　　ui ……………………………………………………………… 22

　　uih ……………………………………………………………… 22

　　uiN ……………………………………………………………… 22

　　uiNh ……………………………………………………………… 23

2. 牛油韵 …………………………………………………………… 30

　珠韵 …………………………………………………………… 30

　　u ……………………………………………………………… 30

　　uh ……………………………………………………………… 31

　居韵[泉] ……………………………………………………… 43

　　uu ……………………………………………………………… 43

　秋韵 …………………………………………………………… 44

　　iu ……………………………………………………………… 44

　　iuh ……………………………………………………………… 44

　　iuN ……………………………………………………………… 45

3. 歌声韵 …………………………………………………………… 54

　嘉韵 …………………………………………………………… 54

　　a ……………………………………………………………… 54

　　　ah ·· 55

　　　aN ·· 55

　　　aNh ··· 55

　　车韵·· 65

　　　ia ·· 65

　　　iah ··· 65

　　　iaN ··· 65

　　　iaNh ··· 66

　　卦韵·· 73

　　　ua ·· 73

　　　uah ·· 74

　　　uaN ·· 74

4. 互助韵·· 82

　　乌韵·· 82

　　　oo ·· 82

　　　ooh ·· 84

　　　ooN ·· 84

　　　ooNh ·· 84

　　羊韵[漳]·· 95

　　　iooN ··· 95

　　　iooh ··· 96

5. 刀石韵·· 96

　　学韵·· 96

　　　o ··· 96

　　　oh ··· 97

　　烧韵··· 107

　　　io ··· 107

　　　ioh ··· 108

6. 西堤韵··· 112

　　帝韵··· 112

　　　e ·· 112

　　　eh ··· 113

eN ……………………………………………………… 113

eNh ……………………………………………………… 113

火韵[泉] ………………………………………………… 126

ə[泉] ……………………………………………………… 126

əh[泉] …………………………………………………… 126

客韵[漳] ………………………………………………… 127

ee ……………………………………………………… 127

eeh[漳] …………………………………………………… 127

eeN[漳] …………………………………………………… 127

eeNh[漳] ………………………………………………… 128

杯韵 …………………………………………………… 128

ue ……………………………………………………… 128

ueh ……………………………………………………… 128

ueNh …………………………………………………… 129

7. 开怀韵 …………………………………………… 134

海韵 …………………………………………………… 134

ai ……………………………………………………… 134

aiN ……………………………………………………… 135

乖韵 …………………………………………………… 143

uai ……………………………………………………… 143

uaiN …………………………………………………… 144

8. 逍遥韵 …………………………………………… 145

交韵 …………………………………………………… 145

ao ……………………………………………………… 145

aoh ……………………………………………………… 146

aoN ……………………………………………………… 146

aoNh …………………………………………………… 146

朝韵 …………………………………………………… 154

iao ……………………………………………………… 154

iaoh …………………………………………………… 154

iaoN …………………………………………………… 154

iaoNh …………………………………………………… 155

9. 心音韵 …………………………………………………………… 160

　心韵 …………………………………………………………… 160

　　m …………………………………………………………… 160

　　mh …………………………………………………………… 161

　　im …………………………………………………………… 161

　　oom[漳] …………………………………………………… 161

　　əm[泉] …………………………………………………… 161

10. 甘蓝韵 …………………………………………………………… 165

　探韵 …………………………………………………………… 165

　　　am …………………………………………………………… 166

　兼韵 …………………………………………………………… 169

　　　iam …………………………………………………………… 169

11. 新春韵 …………………………………………………………… 172

　宾韵 …………………………………………………………… 172

　　　in …………………………………………………………… 172

　恩韵[泉] …………………………………………………… 181

　　　ən …………………………………………………………… 181

　春韵 …………………………………………………………… 181

　　　un …………………………………………………………… 181

12. 安全韵 …………………………………………………………… 189

　丹韵 …………………………………………………………… 189

　　　an …………………………………………………………… 189

　仙韵 …………………………………………………………… 196

　　　ian …………………………………………………………… 196

　川韵 …………………………………………………………… 204

　　　uan …………………………………………………………… 204

13. 灯光韵 …………………………………………………………… 211

　光韵 …………………………………………………………… 211

　　　ng …………………………………………………………… 211

　　　ngh …………………………………………………………… 212

　英韵 …………………………………………………………… 216

　　　ing …………………………………………………………… 216

14. 江东韵·······································231
  红韵···231
    ang··231
  凉韵···237
    iang···237
  风韵[泉]··239
    uang···239
15. 栋梁韵·······································239
  王韵···239
    ong··239
  强韵···249
    iong···249
16. 吸入韵·······································257
  入韵···257
    ip··257
17. 接纳韵·······································260
  鸽韵···260
    ap···260
  帖韵···261
    iap··261
18. 出日韵·······································263
  质韵···263
    it··263
  骨韵···267
    ut···267
  讫韵[泉]··270
    ət··270
19. 发达韵·······································271
  察韵···271
    at···271
  列韵···273
    iat··273

决韵 ……………………………………………… 276

    uat ……………………………………………… 276

20. 北角韵 ……………………………………… 279

角韵 ……………………………………………… 279

    ak ………………………………………………… 279

摔韵[泉] ………………………………………… 282

    iak ……………………………………………… 282

21. 积极韵 ……………………………………… 283

得韵 ……………………………………………… 283

    ik ………………………………………………… 283

22. 目录韵 ……………………………………… 291

福韵 ……………………………………………… 291

    ok ………………………………………………… 291

俗韵 ……………………………………………… 296

    iok ……………………………………………… 296

附录 …………………………………………………… 300

闽南话形容词生动形式举例表 ………………………… 300

普通话十三辙与新诗十八韵常用字表 ………………… 310

古诗韵（平水韵）常用字表 …………………………… 324

宋词十九韵部常用字表 ………………………………… 344

诗经三十部常用字表 …………………………………… 372

厦门、泉州、漳州三地语音差异 ……………………… 379

闽南方言注音符号与国际音标、厦门话罗马字比较表 … 385

关于闽南话书写问题的探讨 …………………………… 387

主要参考书目 ………………………………………… 400

略论闽南方言的韵部

1. 闽南话韵文押韵的特点

闽南话（厦门话）的韵母，可分为五大类：①阴声韵，以元音为韵腹或韵尾，如"家"[ka]、"该"[gai] 等；②阳声韵，以鼻辅音 [m，n，ng] 为韵尾，如"侵"[cim]、"慢"[bban]、"青" [cing]、公 [gong] 等；③入声韵，以辅音 [-p，-t，-k，-h] 为韵尾，如"鸽"[gap]、"结"[gat]、"角"[gak]、"甲"[gah] 等；④鼻化韵，阴声韵的韵母在发音时带有鼻音成分，通常在韵母的主要元音上标注鼻化符号"N"，如"三"[saN]、"岸"[huaN]、"场"[diuN] 等；⑤鼻化入声韵，带入声韵尾 [h] 的鼻化韵，如"闪"[siNh]、"吓"[hiaNh] 等。

按照韵文押韵的要求，只要韵母中的主要元音（韵腹）相同或相近、韵尾相同的一批字就是同韵字，可以相互押韵。这样，闽南话中上述五大韵类的字似乎应该按照各大类分别组成若干不同的韵部，各韵部之间不存在任何关系了。但是，在韵文作品中，我们看到的却是一种特殊而有趣的现象。以《失落者》的《幕前曲》（《陈清平闽南曲艺戏剧选》，厦门市集美区文化局主编）为例：

人世间，戏一场 [diuN²]，
一样米养饲人百样 [iuN⁶]。
尝不尽的酸甜苦辣，
说不完的喜乐哀愁 [ciu²]。
有则无，无则有 [iu³]，
获得失落自有缘由 [iu²]。
人生在世要拍拼，
劝君莫乱方寸莫强求 [giu²]。

这里，鼻化韵 [iuN]（场、样）可与阴声韵 [iu]（愁、有、由、求）的字相押韵。

又如秀英唱段：

到这我愈想愈看破 [pua⁵]，

死比活着卡看活 [uah⁸]，

你奈何桥头等待我 [ggua³]，

咱夫妻牵手赴黄泉 [zuaN²]。

这里，阴声韵 [ua]（破、我）与入声韵 [uah]（活）以及鼻化韵 [uaN]（泉）的字相押韵。

从这些押韵的例子可以看出，在闽南话里，只要韵母的主要元音音素相同或相近，韵尾相同，主要元音加不加鼻化或韵尾加不加喉塞韵尾 [-h] 并不要紧，照样可以押韵。也就是说，在闽南话里，主要元音带不带鼻化音并没有也不会改变主要元音音色的本质特点，所以它们可作为同韵部的字押韵。但是如果在主要元音后加上鼻辅音 [-m，-n，-ng]，就跟同元音的阴声韵在音色上大不相同了，因而它们不能作为同一个韵部，当然也就不能相互押韵了。同样，同一主要元音带不带喉塞韵尾 [-h] 并没有也不会改变主要元音音色的本质特点，所以它们同样可作为同韵部的字押韵。但是如果在主要元音后加上辅音韵尾 [-p，-t，-k]，就跟同元音的阴声韵在音色上大不相同了，因而它们不能作为同一个韵部，当然也就不能相互押韵了。

这种有趣的特殊押韵现象是不是只存在于歌仔戏里呢？不是。根据我们对台湾和福建地区闽南话5000首（节）韵文作品（包括高甲戏、梨园戏、傀儡戏、南音、锦歌、歌仔调、答嘴鼓、顺口溜等等）的研究，这种有趣的特殊押韵现象比比皆是，不胜枚举。

本来，押韵的字只要求它们韵母中的主要元音（韵腹）相同或相近、韵尾相同就行了，至于韵母的韵头（介音）是不是相同，那是无关紧要的。但是，在闽南话的韵文作品里，押韵时却也常常要求各韵脚字的韵头也尽可能相同。请看歌仔册《周成过台湾》（台湾七字仔歌仔簿《周成过台湾》，黄劲连编注，台南县文化局编印）开头几句的押韵：

歌仔是阮亲手编 [bian¹]，

专劝兄弟合少年 [lian²]，

一百外年的故典 [tian³]，

则编周成四句连 [lian²]。

周成在厝真有孝 [hao⁵]，

卜 [bbeh⁷] 别妻父目屎流 [lao²]，

台湾初次则来够 [gao⁵]，

伊对淡水起碇头 [tao²]。

周成不仁恰不义 [ggi⁶]，

娶着月里侬慈悲 [bi¹]，

替君厝边共借钱 [ziN²]，

够台发达无想伊 [i¹]。

这是开头三小节 12 句。这 12 句押三种韵。头四句"编、年、典、连"押 [ian] 韵；中间四句"孝、流、够、头"押 [ao] 韵；后面四句"义、悲、钱、伊"押 [i] 韵。每一组的韵脚字不仅韵母的主要元音（韵腹）和韵尾相同，连韵头（介音）也相同。如第一组，用的是 [ian] 韵母的字，不掺入 [an]、[uan] 韵母的字，尽管从押韵的道理上说，[an]、[ian]、[uan] 三个韵母的字都属同韵字，都可以相互押韵。同样，第二组用 [au] 韵母的字，不掺入 [iau] 韵母的字，尽管从押韵的道理上说，[ao]、[iau] 两个韵母的字也都属同韵字，也都可以相互押韵。不可否认的是，韵头的加入肯定会对韵母的音色带来一定的影响，但在闽南话的韵文作品中，为了保持韵脚字在音色上的纯洁度，有 70% 左右的韵文作品尽可能要求用韵头（介音）、主要元音（韵腹）和韵尾的音素都完全相同的字来押韵，也就是用窄韵来押韵。这说明人们对音韵纯正度和和谐感有着更高的要求。

闽南话韵文作品在押韵上这两个特点，对我们认识闽南话韵部的组合有着重要的意义。

2. 闽南话韵文的韵部

根据闽南话韵文作品押韵的这些特点，我们对闽南话韵母的韵部进行分析和归纳，将闽南话韵部分为宽韵韵部和窄韵韵部。宽韵韵部为一级韵部，计 22 个，窄韵韵部为二级韵部，计 48 个，下面以表格形式列出。韵部的名称是作者起的，带 ∗ 号的为漳州音或泉州音。韵部所包括的韵母只列一个例字，个别韵母的例字阙如。

序号	一级韵部	二级韵部	韵 母 及 例 字
1	天气韵	基韵	i（伊），ih（铁），iN（圆），iNh（闪）
		贵韵	ui（位），uih（刮），uiN（霉，黄*），uiNh
2	牛油韵	珠韵	u（有），uh（噘）
		居韵[*泉]	uu（箊）
		秋韵	iu（由），iuh，iuN（羊），iuNh
3	歌声韵	嘉韵	a（巴），ah（鸭），aN（担），aNh
		车韵	ia（野），iah（锡），iaN（营），iaNh（吓）
		卦韵	ua（蛙），uah（活），uaN（碗）
4	互助韵	乌韵	oo（湖），ooh（呕），ooN（误），ooNh（膜）
		羊韵[*漳]	iooN（样），iooh
5	刀石韵	学韵	o（蚵），oh（学）
		烧韵	io（摇），ioh（药）
6	西堤韵	帝韵	e（帝），eh（伯），eN，eNh
		火韵[*泉]	ə（赔），əh（月）
		马韵[*漳]	ee（家），eeh（客），eeN（病），eeNh
		杯韵	ue（杯），ueh（八），ueNh（莢）
7	开怀韵	海韵	ai（爱），aiN（乃）
		乖韵	uai（歪），uaiN，uaih，uaiNh
8	逍遥韵	交韵	ao（后），aoh（暴），aoN（藕），aoNh
		朝韵	iao（妖），iaoh，iaoN（猫），iauNh
9	心音韵	心韵	m（梅），mh，im（阴），oom，əm
10	甘蓝韵	探韵	am（暗）
		兼韵	iam（炎）
11	新春韵	宾韵	in（因）
		恩韵[*漳]	ən
		春韵	un（运）

（续表）

序号	一级韵部	二级韵部	韵 母 及 例 字
12	安全韵	丹韵	an（安）
		仙韵	ian（演）
		川韵	uan（弯）
13	灯光韵	光韵	ng（黄），ngh
		英韵	ing（英）
14	江东韵	红韵	ang（红）
		凉韵	iang（凉）
		风韵 [*泉]	uang（风）
15	栋梁韵	王韵	ong（王）
		强韵	iong（扬）
16	吸入韵	入韵	ip（揖）
17	接纳韵	鸽韵	ap（压）
		帖韵	iap（叶）
18	出日韵	质韵	it（一）
		骨韵	ut（郁）
19	发达韵	察韵	at（遏）
		列韵	iat（列）
		决韵	uat（越）
20	北角韵	角韵	ak（沃）
		摔韵	iak
21	积极韵	德韵	ik（益）
22	目录韵	福韵	ok（恶）
		俗韵	iok（约）

上面"场、样、愁、有、由、求"所押的是窄韵，即牛油韵里的秋韵［iuN］、［iu］。"编、年、典、连"所押的是窄韵，即安全韵里的仙韵［ian］；"孝、流、到、头"所押的也是窄韵，即逍遥韵里的交韵［au］；"义、悲、钱、伊"所押的同样也是窄韵，即天气韵里的基韵［i］。布袋戏《吴真人》（《陈清平闽南曲艺戏

剧选》）第一场开头的吴真人唱词："不求功名不求利，只求为民消病灾；但愿药架生尘土，众生无病乐开怀"，其中的韵脚字"灾［zai¹］、怀［huai²］"，所押的则是宽韵，也就是开怀韵了。

由于闽南话的文白异读现象非常突出，有人对现代汉语中3500个常用字（词）在闽南话里的读音作初步统计，竟有45％的字（词）有文白读音的不同。如"戴"字，文读音（读书音）是［dai⁵］，用于"爱戴"等；白读音（说话音）有［de⁵］（泉州音［də⁵］），多用于姓氏，还有时读［di⁵］，如"戴帽"等。所以，"戴"字就会出现在"开怀韵"的"海韵"、"西堤韵"里的"帝韵"和"天气韵"里的"基韵"中。

上述韵部，一般适合用厦门音、泉州音、漳州音以及以漳音、泉音、厦音混合为特征的台湾闽南话音。

但在闽南的某些地方，尤其是泉、漳地区的某些地方，有相当一部分人把厦门有些读［o］韵的字读成［oo］。这样，就有可能使刀石韵里韵母读［o］的字，跟互助韵里韵母读［oo］的字合韵混押了。例如闽南歌曲《雨夜花》的第二段歌词：

花落土，花落土［too²］，有谁人尚看顾［goo⁵］。

无情风雨，误阮前途［doo²］，花蕊凋落要如何［ho²］。

这段的韵脚字是"土（训读字）、顾、途、何"。在闽南大部分地区，"何"字的韵母是［o］，而"土（训读字）、顾、途"的韵母是［oo］。这两组字本是不押韵的，但在某些地方则可押韵，也就是刀石韵里韵母读［o］的字，跟互助韵里读韵母［oo］的字混押了。

下面列举各韵部的一些韵文作品：

天气韵

荔枝荔枝粒粒圆［iN²］，食入嘴，真鲜甜［diN¹］。
食的人，一目暝［nih⁷］，种的人，几落年［ni²］。

（闽南童谣《荔枝荔枝粒粒圆》）

大头囝仔嗑鸡脆［gui¹］，东西南北讲一堆［dui¹］。
天生一支礤石嘴［cui⁵］，讲甲三更免喘气［kui⁵］。

（闽南童谣《大头囝仔嗑鸡脆》）

情绵绵，愿未遂 [sui⁶]，一场恩爱遭残催 [cui¹]，致惹凤群折散鸾孤飞 [hui¹]。

亏那亏，心憔悴 [cui⁵]，两地相思珠泪垂 [sui²]，双眼望穿盼君早日归 [gui¹]，

望穿双眼愿君早日归 [gui¹]。

（高甲戏《班头爷》）

牛油韵

咕，咕，咕 [gu⁶]，田螺炒豆腐 [hu⁶]。

恁厝无米煮 [zu³]，阮厝拢野有 [u⁶]。

（闽南童谣《田螺炒豆腐》）

胡溜胡溜发嘴须 [ciu¹]，真琐钻佫真勢泅 [siu¹]，

规身躯，滑溜咻 [siuh⁸]，人要掠伊着赶紧溜 [liu¹]。

（闽南童谣《胡溜胡溜发嘴须》）

歌声韵

点仔胶 [ga¹]，黏着脚 [ka¹]，叫阿爸 [ba¹]，买猪脚 [ka¹]。

猪脚桔仔焖烂烂 [nua⁶]，枵鬼囝仔流嘴澜 [nua⁶]。

（闽南童谣《点仔胶》）

中秋月圆像明镜 [giaN⁵]，耀甲四界光映映 [iaN⁵]。

家家户户博月饼 [biaN³]，骰仔捆甲大细声 [siaN¹]。

阿公博着状元饼 [biaN³]，博了分互逐个食 [ziah⁸]。

逐个那食那多谢 [sia⁶]，祝伊出运大好额 [ggiah⁸]。

（闽南童谣《中秋月圆像明镜》）

互助韵

天乌乌，要落雨 [hoo⁶]，揭锄头，掘水路 [loo⁶]。

鲫仔鱼，要娶某 [bboo³]。龟担灯，鳖拍鼓 [goo³]。

水鸡扛轿大腹肚 [doo³]，田婴揭旗叫艰苦 [koo³]。
妈祖气甲无法度 [doo⁶]，叫辇一人行一路 [loo⁶]。

（闽南童谣《天乌乌》）

一支草，一点露 [loo⁶]，瘠痟 [un³gu¹] 草，两点露 [loo⁶]。
壁骹草，拄着西北雨 [hoo⁶]。

（闽南俗语）

刀石韵

别人阿哥穿丝罗 [lo²]，阮的阿哥卖鲜蚝 [o²]。
人人叫阮鲜蚝嫂 [so³]，要食鲜蚝免惊无 [bbo²]。

（闽南歌谣《鲜蚝嫂》）

摇啊摇，摇啊摇 [io²]，睏摇篮，坐椅轿 [gio⁶]。
外公嗳，外妈惜 [sioh⁷]，亲像水珠在芋箬 [hioh⁸]。

（闽南童谣《摇啊摇》）

西堤韵

有根无落地 [due⁶]，有箬赡开花 [hue¹]。
田庄无人种，市场有人卖 [bbue⁶]。

（闽南谜谣《有根无落地》）

查某缚脚古早例 [le⁶]，缚着脚骨若姜牙 [gge²]。
三寸金莲真好体 [te³]，行路亲像云过月 [ggeh⁸]。

（《台湾歌仔册》）

开怀韵

二月请到阮兜来 [lai²]，阮兜倚山佫靠海 [hai³]。
海边插蚝石，山顶种韭菜 [cai⁵]。
烧烧风对面吹，毛毛雨披落来 [lai²]。
二月肥，肥韭菜 [cai⁵]。
煎一盘蚝仔煎，互你试看睐 [bbai⁶]，阮兜的海味甲山色，记在你心<u>里</u> [lai⁶]。

（闽南童谣《蚵仔煎》）

逍遥韵

阿不倒，忿交<u>交</u> [gao¹]，无人拍，家己<u>吼</u> [hao³]。

人插花，你插<u>草</u> [cao³]，人伸脚，你伸<u>头</u> [tao²]。

人刣猪，你刣<u>狗</u> [gao³]，人咧笑，你咧<u>哭</u> [kao³]。

人咧行，你咧<u>走</u> [zao³]。人戴帽子，你戴粪<u>斗</u> [dao³]。

（闽南童谣《阿不倒》）

心音韵

秫米舂开白米<u>心</u> [sim¹]，旧年想妹到如<u>今</u> [gim¹]。

前日甲妹来相见，则知小妹情意<u>深</u> [cim¹]。

（闽南褒歌《秫米舂开白米心》）

甘蓝韵

怀别趄山足诚<u>惨</u> [cam³]，跛甲裤底煞腌<u>臜</u> [zam¹]，

人阮一日想甲<u>暗</u> [am⁵]，想要合娘拍笑<u>谈</u> [dam²]。

（《台湾歌仔册》）

头<u>尖</u> [ziam¹]，尾<u>尖</u> [ziam¹]，

放屎臭荙<u>荙</u> [hiam¹]，上桌无人<u>嫌</u> [hiam²]。

（闽南谜谣）

新春韵

十年九旱土质<u>贫</u> [bin²]，种涂豆，哈入<u>仁</u> [lin²]；

插甘蔗，着蜈<u>神</u> [sin²]；点番薯，哈伸<u>藤</u> [din²]；

种大豆，收三<u>升</u> [zin¹]，寄芋种，掘三<u>秤</u> [cin⁵]。

（闽南歌谣《十年九旱土质贫》）

安全韵

日本统治人怀<u>愿</u> [gguan⁶]，放去伤重警察<u>权</u> [guan²]。

冤枉受刑真不满，咱拢无带通诉冤 [uan¹]。

（《台湾歌仔册》）

灯光韵

月娘月光光 [gng¹]，起厝田中央 [ng¹]。
爱食三色糖 [tng²]，爱睏水眠床 [cng²]。

（闽南童谣《月娘月光光》）

坐飞机，看天顶 [ding³]。坐大船，看海涌 [ing³]。
坐火车，看风景 [ging³]。坐牛车，顺续挽龙眼 [gging³]。

（闽南童谣《坐飞机，看天顶》）

江东韵

涂豆仁，酥佫芳 [pang¹]，猪肉炒油葱 [cang¹]。
五月节，缚肉粽 [zang⁵]，好食叮当 [dang¹]。

（闽南童谣《涂豆仁，酥佫芳》）

虱母要嫁家蚤翁 [ang¹]，去叫木虱做媒人 [lang²]。
蠓仔听见说呣通 [tang¹]，家蚤怀是妥当人 [lang²]。

（闽南童谣《虱母要嫁家蚤翁》）

栋梁韵

日头出来红贡贡 [gong⁵]，竹马上路一阵风 [hong¹]。
你骑竹马倒落去，要去铜山探外公 [gong¹]。

（闽南童谣《日头出来红贡贡》）

助人为乐好风尚 [siong⁶]，排忧解难为大众 [ziong⁵]，
妇女老人受尊重 [diong⁶]，优良传统大发扬 [iong²]。

（闽南歌谣《助人为乐好风尚》）

吸入韵

南风天，涂脚湉润湿 [sip⁷]，行路慢慢怀通急 [gip⁷]，

天气郁术胸真翕 [hip⁷]，气verbrenn直，否 [paiN³] 呼吸 [kip⁷]。

（闽南童谣《南风天，涂脚溯润湿》）

接洽韵

上册 [siap⁷]，verbrenn慑 [liap⁷]。

（闽南俗语）

出日韵

二六一十二 [it⁷]，三六是十七 [cit⁷]。去年野可以，今年
佫未直 [dit⁸]。

（高甲戏《班头爷》念白）

落雨天，路真滑 [gut⁸]。青狂狗，咬肉骨 [gut⁷]。
大路边，水一窟 [kut⁷]。跋一倒，免摔 [sut⁷]。

（闽南童谣《落雨天，路真滑》）

发达韵

早时街市未建设 [siat⁷]，人无现代则尼孽 [ggiat⁸]。
街头巷尾真抿贴，壁边屎壶排规列 [liat⁸]。

（《台湾歌仔册》）

怒发冲冠，凭栏处潇潇雨歇 [hiat⁷]。
抬望眼，仰天长啸，壮怀激烈 [liat⁷]。
三十功名尘与土，八千里路云和月 [gguat⁷]。
莫等闲白了少年头，空悲切 [ciat⁷]。

靖康耻，犹未雪 [suat⁷]；
臣子恨，何时灭 [bbiat⁷]！
驾长车踏破贺兰山缺 [kuat⁷]。
壮志饥餐胡虏肉，笑谈渴饮匈奴血 [hiat⁷]。
待从头收拾旧山河，朝天阙 [kuat⁷]。

（宋词岳飞《满江红》）

积极韵

汉皇重色思倾国，御宇多年求不得 [dik⁷]。

杨家有女初长成，养在深闺人未识 [sik⁷]。

天生丽质难自弃，一朝选在君王侧 [cik⁷]。

回眸一笑百媚生，六宫粉黛无颜色 [sik⁷]。

（唐诗白居易《长恨歌》）

北角韵

一个物仔四角四角 [gak⁷]，要食免擘壳 [kak⁷]。

一个物仔四角四角 [gak⁷]，任春春毋会落 [lak⁷]。

一个物仔四角四角 [gak⁷]，飞机大炮拍毋会落 [lak⁷]。

（闽南谜谣）

目录韵

平安就是福 [hok⁷]，安心去工作 [zok⁷]，

欣慰全家族 [zok⁷]，利民又利国 [gok⁷]。

（闽南童谣《平安就是福》）

凡　例

一、本书各韵部下所收录的韵母分为两部分，一是字表部分的，收录约 5000 个单字，二是词表部分的，收录约 4000 个单字。

二、韵部按目录次序排列，先排大韵部，如天气韵、牛油韵、歌声韵等，大韵部下再列小韵部，如天气韵下分基韵与贵韵两个小韵，牛油韵下分珠韵、居韵与秋韵三个小韵，等等。

三、字表单字放在各小韵之下。各小韵下列示所包括的韵母，如基韵所管辖的韵母是［-i、-ih、-iN、-iNh］。字表中的单字则归在其所属的韵母下，同样也是先按声母次序排列，同声母的字再按声调次序排列。这些字先按声母的次序 b、p、m、bb、d、t、n、l、z、c、s、g、k、ng、gg、h 和零声母排列，同声母的再按①阴平、②阳平、③阴上（在厦门、漳州叫上声）、④阳上（泉州）、⑤阴去、⑥阳去（泉州阴去、阳去合为一个声调叫去声）、⑦阴入、⑧阳入的声调次序排列。字表的字一般不列举例词，只在个别不容易理解的单字旁注有例词。

四、词表中每个单字用黑体字标出，其后列举若干例词，包括词语和成语。例词用楷体表示，韵字用"～"代替。个别例词或用"［　］"加注闽南方言读音，或用"（　）"加注简单注释。例如"脾开～｜冲［cing⁵］～（伤胃口）｜着笑～｜楞伤～｜沁人心～。"例词与例词之间用"｜"号隔开。若有缺漏的例词，读者可自行补充。

五、本书以厦门音为主，凡泉州音和漳州音的特殊韵母，则另立韵部。如牛油韵里的"居"小韵，用"［泉］"注明是泉州音；西堤韵里的"客"小韵，用"［漳］"注明是漳州音。这些小韵部只列字表，不列词表。

六、各小韵里有些字是泉州音和漳州音的，分别在字旁用楷体标注（例［泉］、［漳］）。如天气韵的"基"小韵中，韵母［1］里以［gg］为声母的字当中有漳州音的字，则以"［gg］②宜仪沂疑嶷谊*禹［漳］愚［漳］隅［漳］嵎［漳］娱［漳］鱼［漳］渔［漳］③拟蚁麂［漳］语［漳］龉［漳］圉［漳］圄［漳］⑥义议毅谊遇［漳］寓［漳］驭［漳］御［漳］"的办法列示。凡声调⑥的音被标注为［泉］（泉州音）的字，声调应同⑤。

　　八、凡汉字右上角标有"*"号的，表示该字为训读字音或俗读音。有些例词在有的地方用方言本字，有的地方则用方言训读字，如"骹"（本字）—脚（训读字）。如果在韵脚的位置上用训读字，最好加注音，以免读者因用训读字的本音读而产生押韵不和谐的现象。如"脚"的训读音为［ka^1］，它的本音是［giok^7］和［gioh^7］。闽南方言常用训读字见《关于闽南话书写问题的探讨》。

闽南方言韵部

1. 天气韵

【-i、-ih、-iN、-iNh、-ui、-uih、-uiN、-uiNh】

基韵

【-i，-ih，-iN，-iNh】

i

[b] ①悲卑碑蜱牛~婢啤~酒啡咖[go¹]~蓖 ②脾裨陴蜱鼙埤啤枇琵毗蚍貔邳 ③比妣秕匕彼俾鄙~人 ④被[泉]婢[泉] ⑤畀痹庇泌秘~书愍邲赍臂闭费（姓）彗 ⑥被婢鼻避备鞴蓖 [p] ①丕秠坏胚纰砒披帔 ②皮疲 ③否痞嚭庀仳鄙卑~ ⑤譬睥屁 ⑥鼻 [bb] ①眯笑~~ ②微薇眉楣湄嵋糜靡~糜弥猕咪猫~眯惟维唯 ③美镁尾娓弭米敉眯靡萎~ ⑥媚寐魅沫未昧愚~味 [d] ①知蜘胝猪 ②池驰踟~蹰迟篪持记~（记性）弛提弟阿~锄*除[漳]躇[漳]储[漳]（姓）③底邸抵骶柢抵诋氐 ④痔[泉]治[泉]雉[泉]豸[泉]弟[泉]⑤智致轾置戴~帽蒂瓜~稚缔著[漳]~作 ⑥伫在*地土~公痔峙时治雉豸弟箸稚己[漳]家~（自己）[t] ①笞痴黐魑螭 ②苔青~啼 ③柢耻褫褚[漳]贮[漳]苎[漳] ④涕[泉] ⑤剃嚏企~业 ⑥涕 [l] ①哩 ②厘狸篱离漓缡璃琉~梨蜊儿而罹蠡尼~姑庐[漳]间[漳] ③里理鲤娌俚喱咖~逦履~历力李耳洱珥饵子棋~女汝（你）旅[漳]屡[漳]缕[漳] ⑤褫 ⑥利俐猁痢莉离晋吏荔莅二贰腻字饵鱼~珥滤[漳]虑[漳]铝[漳]吕[漳]铝[漳]侣[漳][z] ①支枝肢膣吱之芝脂氏衹胝桅卮 ②糍麻~荠尾~（荸荠）蛴蛴~[漳]薯* ③只帜咫旨指止址沚趾沚徵（五音之一）黹针~子果~籽种~姊大~（大姐）紫纸煮[漳]褚[漳]渚[漳]主[漳] ④舐[泉] ⑤至痣志置质人~赘

挚鸷帜旗~识博闻强~渍 ⑥舐聚［漳］　　　［c］①痴白~蚩嗤鸱眵鳃鱼~
蛆［漳］趋［漳］狙漳　趄［漳］疽［漳］凄［漳］悽［漳］舒［漳］雏［漳］
雌［漳］蚩［漳］媸［漳］差参~［漳］　②持徐溡　③侈齿不~鼠［漳］取
［漳］杵［漳］处［漳］　④市［泉］　⑤翅鱼~炽~热啻刺试弑趣［漳］处
［漳］娶［漳］嗤［漳］　⑥饲市　　　［s］①诗尸施私家~司公~思相~西~
瓜丝鸶鸶撕需［漳］须［漳］输［漳］舒［漳］胥［漳］偲［漳］　②时鲥
坶匙祠~堂辞相~徐蜍［漳］　③始弛豕死徙矢屎葸暑［漳］署［漳］黍
［漳］墅［漳］矢［漳］　④是［泉］市［泉］氏［泉］序［泉］舐［泉］　⑤试
弑四肆世~人施势南~絮［漳］恕［漳］庶［漳］　⑥恃侍寺峙豉示谥视
嗜是氏祀舐似［漳］姒［漳］序［漳］叙［漳］淑［漳］逝［漳］誓［漳］
绪［漳］树［漳］屿［漳］竖［漳］树［漳］署［漳］　　　［zz］②而［漳］如
［漳］儿［漳］俞［漳］瑜［漳］愉［漳］渝［漳］儒［漳］菇［漳］庾［漳］
③耳［漳］乳［漳］　⑥二字［漳］喻［漳］　　　［g］①机玑几~桌讥叽肌
饥基箕期奇~数畸犄羁姬乩畿*支枝肢吱伎妓技歧*栀居［漳］蚼
［漳］车［漳］~马炮琚［漳］椐［漳］裾［漳］　②其期旗棋琪骐祺麒萁蜞
綦奇~怪琦埼崎碕芪祇歧岐祈祁颀耆鳍薪畦*畿瞿［漳］癯［漳］衢
渠［漳］菓［漳］琵~琶柀~杷　③己纪杞苣屺几虮麂犄指举［漳］榉
［漳］莒［漳］筥［漳］矩［漳］　④伎［泉］妓［泉］技［泉］　⑤记纪寄冀
骥觊既系痣计伙~据［漳］锯［漳］　⑥忌暨泊芰骑铁~伎妓技徛具
［漳］俱*［漳］惧［漳］飓［漳］巨［漳］拒［漳］距［漳］炬［漳］讵［漳］
钜［漳］苣［漳］　　　［k］①欺欹~头蹊*蹊~区［漳］岖［漳］躯［漳］驱
［漳］拘［漳］驹［漳］祛［漳］　②骑~兵蜞忌*琵*~琶柀*~杷　③岂起
绮企*齿　④柿［泉］　⑤气汽汔弃器呕企去　⑥忌柿红~　　　［gg］
②宜仪沂疑嶷谊*禺［漳］愚［漳］隅［漳］嵎［漳］虞［漳］娱［漳］鱼
［漳］渔［漳］　③拟蚁麖［漳］语［漳］龉［漳］圄［漳］圉［漳］　⑥义议
毅谊遇［漳］寓［漳］驭［漳］御［漳］　　　［h］①希稀唏嘻嬉嘘稀歆
晞熹熙牺羲曦虚［漳］嘘［漳］墟*［漳］圩［漳］　②鱼渔　③喜禧蟢
许［漳］允~诩［漳］栩［漳］　④耳［泉］　⑤戏肺煦［漳］酗［漳］　⑥耳
　　　［Ø］①衣依伊猗漪医胰淤［漳］於［漳］　②怡贻胎饴颐夷姨胰
痍彝移迤委~蛇委~遗维唯余［漳］馀［漳］好［漳］伃［漳］舆［漳］欤
［漳］于［漳］竽［漳］　③以苡矣已椅倚旖迤~逦雨［漳］禹［漳］宇［漳］
羽［漳］与［漳］予［漳］　④预［泉］　⑤意薏噎翳瘗懿瘟袄淤［漳］妪

[漳] 昫 [漳] 污 [漳] ⑥异肆易预 (参与) 食鄙~其 (人名) 芋 [漳] 吁 [漳] 预 [漳] 豫 [漳] 誉 [漳]

ih

[b] ⑦鳖憋裥~手腕　[p] ⑦撇~油躄 (趴)　[bb] ⑦觅 (躲藏)
⑧篾　[d] ⑦滴 ⑧碟挃 (要)　[t] ⑦铁剃~头踅 ⑧呮貐
[l] ⑦裂* (撕) ⑧裂　[z] ⑦接摺~纸折存~ ⑧舌折拍~ (打断)
[c] ⑧捌* (按，压) 蠘 (梭子蟹)　[s] ⑦薛 ⑧蚀消~折~本　[g]
⑦砌*~墙　[k] ⑦缺

iN

[b] ①边鞭编~髻仔绷~直 ②平坪棚 ③扁 ④辫 [泉] ⑤柄变 ⑥病
[p] ①偏篇 ②彭澎平 (平整) ⑤片 ⑥鼻　[m] ①摒*~沙 ②棉
绵瞑暗~ (晚上) 盲青~ (瞎眼) ③冖靡猛紧~ (快) ⑥粎麵　[d] ①
甜矴后~ ②缠 ④滇 [泉] ⑤錺~力 ⑥郑滇 (满)　[t] ①添天撑
③展~开 ⑤撑 ⑥钮* (缝)　[n] ①奶*拈手~物件蛉 ②年连黄~尼
妮呢怩泥镰帘窗~晾~衫 ③尔你迩耳饵洱珥旋染　[z] ①精晶争
毡~帽檆柴~ ②钱檐晴 ③井阱子 (幼小) ④静 [泉] ⑤煎诤箭糈揥
(挤进) ⑥静暗~晴净　[c] ①青清生鲜鱼~亲~姆 (亲家母) 凄*~惨星
腥臭~味 ③醒浅~色　[s] ①生鉎牲 ②禅东~ (地名) 盐青果~ ③闪
⑤扇姓 ⑥盐~咸菜　[zz] ③耳 [漳] 尔 [漳] 子棋~ [漳] 乳 [漳] 愈
[漳]　[g] ①更栀庚羹碱*经~布 ②舷墩* ③哽梗桔~埂鲠 ⑤见
径　[k] ①坑 ②钳　[ng] ④硬 [泉] ⑥硬　[h] ⑤献 (扔)
⑥砚　[Ø] ①婴 ②丸肉~圆楹 ⑤燕应~唔 (发音不清) ⑥院

iNh

[m] ⑦乜 ⑧物　[n] ⑦暖~目镊蹑 ⑧捏　[s] ⑦闪

i

b ①啡咖~｜重咖~　碑红~｜石~｜丰~｜界~｜口~｜墓
~｜魏~｜里程~｜纪念~｜有口皆~　卑谦~｜自~｜尊~｜不亢不

～ 悲慈～｜可～｜伤～｜大慈大～｜兔死狐～｜乐极生～　**蜱**牛～｜
虾～(虾皮)　**婢**奴～｜嫺［gan⁵］～　**蓲**杜～　②**枇**大～｜细～　**脾**
开～｜冲［cing⁵］～(伤胃口)｜着笑～｜楒伤～｜沁人心～　**裨**偏～｜
无～　③**比**配～｜排～｜无～｜不～｜单～｜对～｜反～｜好～｜类～｜
伦～｜评～｜相～｜正～｜连讲带～｜无与伦～｜今非昔～｜鳞次栉～
妣先～｜如丧考～　**秕**糠～　**彼**厚此薄～｜非此即～｜由此及～｜顾此
失～｜知己知～　⑤**闭**倒～｜封～｜关～｜阖～｜紧～｜禁～｜密～｜停
～｜幽～　**庇**保～｜包～｜托～｜荫～　**泌**分～　**秘**奥～｜诡～｜神
～｜隐～｜文～　**痹**花～｜麻～｜痛～　**臂**小～｜膀～｜光～｜攘～｜
振～｜顶～(上臂)｜下～｜左～｜右～｜失之交～｜三头六～｜袒胸露
～　**辔**鞍～　⑥**婢**女～｜奴～｜嫺［gan³］～　**备**常～｜筹～｜储～｜
防～｜贱～｜后～｜兼～｜戒～｜警～｜具～｜俱～｜军～｜配～｜齐
～｜设～｜守～｜完～｜武～｜预～｜责～｜战～｜整～｜制～｜置～｜
贮～｜装～｜准～｜自～｜攻其不～｜德才兼～｜形神兼～｜万事俱～｜
求全责～　**避**规～｜回～｜力～｜闪～｜逃～｜退～｜畏～｜躲～｜
不～

p　①**披**竹～｜篾～｜雨～｜横～｜米粉～　②**皮**表～｜俏～｜赖
～｜泼～｜调～｜梢［sao¹］～(嘲讽)｜与虎谋～｜鸡毛蒜～　**疲**乐此
不～　③**否**臧～　**痞**兵～｜地～｜文～　**疕**头～｜手～｜胶～｜鼎～｜
饭～｜坚～｜草～(草皮)｜漆～｜控［kang⁵］～(抠疕)｜褪［tng⁵］
～｜姟［hiaoh⁷］～(脱疕)｜粒仔～(疮疕)｜臭焦［da¹］～(烧焦的锅
巴)｜囝［ggin³］仔～(小孩童)｜屎～｜桶～｜疤屎～(吝啬鬼)｜臭头
～(癞痢头的疕)　**痞**溜～　**鄙**卑～｜边～｜粗～｜可～｜猥～｜芜～
⑤**譬**设～

bb　①**微**笑～～(也读 cio⁵ ggi¹ ggi¹)　②**咪**鸭～｜猫～　**眯**笑～～｜
眉帐～｜愁～｜魇～｜蛾～｜娥～｜横～｜剑～｜柳～｜描～｜浓
～｜书～｜须［su¹］～｜眼～｜皱～｜举案齐～　**靡**侈～｜奢～　**弥**沙
～　**微**麻～｜卑～｜翠～｜低～｜细～｜稍～｜霏～｜稀～｜入～｜寒
～｜精～｜式～｜衰～｜熹～｜纤～｜隐～｜甚～｜幽～｜轻～｜
探～｜微乎其～｜体贴入～｜细致入～｜谨小慎～｜发隐探～｜索隐探～
薇蔷～｜紫～　③**米**早～｜新～｜白～｜糙～｜旧～｜茶～｜绞～｜
秫～｜虾～｜碓［dui⁶］～｜印～｜红～｜乌～｜大～｜雪～｜薏～｜赤

~｜洗~｜有 [ding⁶] ~｜细~｜落~｜柴~｜占 [ziam¹] 仔~｜种仔~｜稳仔~（晚米）｜菜脯~｜鸡啄~｜早冬~｜顶冬~｜谢哥~｜西谷~｜下冬~｜食闲~　**美** 集~｜粹~｜肥~｜丰~｜甘~｜瑰~｜和~｜华~｜惠~｜健~｜姣~｜娇~｜精~｜俊~｜掠~｜曼~｜貌~｜媿~｜凄~｜清~｜柔~｜审~｜甜~｜完~｜鲜~｜谐~｜秀~｜溢~｜优~｜赞~｜专~｜壮~｜作~｜欧~｜北~｜南~｜斤鸡斗~｜尽善尽~｜才疏貌~｜两全其~｜十全十~｜圆润甜~｜价廉物~｜成人之~｜天不作~｜天公作~　**尾塵** [su⁵] ~（拂尘）　**娓** ~~　⑥未从~｜尚~　**味**（羊）献~｜狌~｜滓~｜知~｜走~｜反~｜山~｜失~｜口~｜合~｜压~｜擢 [dioh⁷] ~｜恶 [ao⁵] ~｜起~｜鸭~｜肉~｜鱼~｜臭~｜对~｜风~｜够~｜寡~｜海~｜回~｜苦~｜腊~｜美~｜五~｜鲜~｜香~｜芳~｜腥~｜铦 [sian¹]（锈味）~｜兴~｜臊 [co¹] ~｜寻~｜药~｜野~｜一~｜异~｜意~｜吟~｜有~｜南~｜腻~｜品~｜气~｜情~｜入~｜膻~｜体~｜调~｜玩~｜无~｜走~｜余~｜韵~｜滋~｜臭献~｜臭焦~｜平淡无~｜山珍海~｜枯燥无~｜臭火熏~｜臭尿波~｜津津有~｜珍馐美~｜佳肴美~｜耐人寻~　**沫沉** [dim²] ~｜沉 [diam²] ~（潜水）｜踮水~｜钻水~｜降水~　**寐** 小~｜假~｜梦~｜耿耿不~｜辗转难~｜夙兴夜~　**媚** 诌~｜狐~｜娇~｜明~｜柔~｜妩~｜献~｜秀~｜妖~｜千娇百~｜春光明~　**魅** 魑~｜鬼~

d ①**知** 感~｜告~｜理~｜良~｜明~｜亲~｜情~｜求~｜不~｜故~｜通~｜无~｜先~｜相~｜习~｜须~｜谕~｜真~｜周~｜殊不~｜未卜先~｜人所共~｜妇孺皆~｜尽人皆~｜一无所~｜格物致~｜众所周~｜俾众周~　**猪** 土~｜菜~｜大~｜肥~｜笨~｜刣 [tai²] ~｜阉~｜山~｜海~｜悫 [ggong⁶] 大~　②**池** 汤~｜城~｜雷~｜临~｜舞~｜盐~｜砚~｜瑶~｜浴~｜乐~｜晕~｜喷水~｜跳水~｜游泳~｜物兰~（洋酒名）　**持** 超~｜记~｜无张(无)~　**迟** 凌~｜推~｜延~｜至~｜姗姗来~｜事不宜~　**锄*** ~头　**驰** 奔~｜飞~｜疾~｜骤~｜背道而~｜心荡神~　**提** 张~（小心防备）　**弟** 阿~｜~~　③**底** 彻~　⑤**轻** 轩~　**致** 色~｜笔~｜标~｜别~｜不~｜大~｜导~｜风~｜格~｜工~｜精~｜景~｜罗~｜密~｜清~｜情~｜细~｜兴~｜雅~｜引~｜诱~｜韵~｜招~｜以~｜一~｜淋漓尽~｜步调一~｜言行一~｜闲情逸~　**智** 胆~｜计~｜才~｜聪~｜斗~｜机~｜

急～｜理～｜民～｜明～｜睿［lue⁶］～｜神～｜见仁见～｜急中生～

蒂 花～｜心肝～｜老瓜宿［sik⁷］～　**置** 底～｜安～｜建～｜布～｜处～｜措～｜倒～｜放～｜废～｜搁～｜购～｜归～｜配～｜弃～｜设～｜添～｜位～｜闲～｜装～｜本末倒～｜轻重倒～　⑥**伫**（在*）无～｜有～　**治** 惩～｜处～｜自～｜凌～｜创～（欺负，玩弄）｜法～｜防～｜辅～｜根～｜救～｜吏～｜省～｜调～｜统～｜文～｜武～｜县～｜府～｜研～｜医～｜诊～｜整～｜政～｜励精图～｜无为而～｜标本兼～

弟 小～｜兄～｜招～｜表小～｜表兄～｜老兄～｜契兄～｜王兄柳～｜隔腹兄～｜隔腹小～｜猪兄狗～｜换帖兄～　**地** 土～（土地爷）｜田［can²］～｜园［hng²］～｜山［suaN¹］～（丘陵旱地）｜埔［boo¹］～　**箸** 奇［kia¹］～（筷子）｜火～｜碗～｜动［dang⁶］～｜出～｜收～｜牙［gge²］～｜漆～｜红～｜银～｜金～｜玉～｜竹～｜瓷［hui²］～｜揭［giah⁸］～｜批［pue¹］碗摔［siak⁷］～｜抨［piaN¹］碗抨～　**痔** 内～｜外～｜混合～｜十人九～｜吮痈舐～　**稚** 孩～｜童～｜幼～

t ①**答** 鞭～　**黐** 黏～～｜醪［lo²］黏～（黏糊糊）②**苔** 青～｜浒［hoo³］～（海苔）　**啼** 哭哭～～｜狗吠鸡～③**耻** 国～｜家～｜可～｜廉～｜奇～｜无～｜羞～｜雪～｜知～｜引以为～｜卑鄙无～｜厚颜无～｜荒淫无～｜寡廉鲜～｜不知羞～｜报仇雪～｜恬不知～　**撤** 折［tiah⁷］～（撕扯）⑤**剃** 发～　**嚏** 喷～

l ②**儿** 囝～｜产～｜宠～｜孤～｜孩～｜健～｜男～｜女～｜小～｜婴～｜幼～｜弄潮～｜低能～｜混血～｜幸运～｜热血男～｜乳臭小～　**而** 从～｜反～｜故～｜忽～｜既～｜继～｜进～｜然～｜时～｜始～｜幸～｜因～　**狸** 狐～　**梨** 香～　**厘** 沙～（铝制品）｜峇［bba²］～（印度尼西亚岛名，也作卧铺，外来语）｜鄙～（吝啬，小气）｜毫～　**离** 背～｜别～｜剥～｜撤～｜分～｜甫～｜隔～｜距～｜流～｜迷～｜叛～｜披～｜仳～｜偏～｜疏～｜脱～｜游～｜支～｜差不～｜不大～｜寸步不～｜不即不～｜形影不～｜须臾不～｜颠沛流～｜斑驳陆～｜光怪陆～｜扑朔迷～｜睡眼迷～｜众叛亲～｜若即若～｜貌合神～｜形神游～　**漓** 浇～｜淋～｜酣畅淋～｜大汗淋～　**璃** 琉～　**篱** 笊～｜藩～｜樊～｜绿～｜竹～③**女**（你）　**汝**（你）做～　**李** 桃～｜行～｜投桃报～　**里** 社～｜乡～｜里［lai⁶］～（衬布）｜外～｜套～｜被～｜面～｜底～｜返～｜故～｜就～｜邻～｜哪～｜那～｜头～｜下～｜梓～｜歇斯底～｜由表及～｜平畴千～｜赤地千～｜尺幅千～｜广袤千～｜一日千～｜一泻千

~｜沃野千~｜鞭辟入~｜鹏程万~｜晴空万~　**喱咖**~　**理**生~｜坐
[ze⁶]~｜短~｜明~｜拗~｜格~｜修~｜料~｜按~｜办~｜悖~｜
辩~｜处~｜答~｜搭~｜达~｜代~｜道~｜地~｜董~｜定~｜法
~｜公~｜管~｜合~｜护~｜肌~｜讲~｜经~｜伦~｜论~｜评~｜
清~｜情~｜缺~｜摄~｜审~｜事~｜受~｜说~｜梳~｜输~｜署
~｜天~｜条~｜调~｜推~｜文~｜纹~｜无~｜物~｜襄~｜协~｜
燮~｜心~｜学~｜玄~｜循~｜药~｜医~｜义~｜有~｜原~　乐
[ggak⁸]~｜在~｜哲~｜真~｜整~｜正~｜至~｜治~｜助~｜自
~｜总~｜佐~｜歪~｜不~｜置之不~｜言之成~｜酌情处~｜心同此
~｜断无此~｜岂有此~｜通情达~｜知情达~｜强词夺~｜揆情度~｜
残民害~｜伤天害~｜公平合~｜合情合~｜蛮不讲~｜合乎伦~｜懂事
明~｜合乎情~｜不近情~｜入情入~｜洞彻事~｜洞达事~｜练达事
~｜晓明事~｜慢条斯~｜蛮横无~｜横蛮无~｜晓之以~｜喻之以~｜
有条有~｜言之有~｜绝对真~｜相对真~　**鲤蟟** [la²]~（刺猬）　**鹦**
哥~　**哩**阿~｜作~｜倍仔~　**力**苦 [gu¹]~（脚夫，码头工）　**俚**鄙
~　**逦**迤~　**履**步~｜革~｜屐~｜西装革~｜削足适~　⑥**字**文~｜
汉~｜纸~（钞票）｜契~｜讹~｜大~（旧称护照）｜写~｜拆~｜八
[bueh⁷]~｜落 [lak⁷]~｜别 [biat⁷]~｜浮~｜透~｜跳~｜塌
[tap⁷]~｜塌 [lap⁷]~｜拍~（打字）｜刺~｜凹 [nah⁷]~｜本~｜
表~｜别 [bat⁷]~（识字）｜草~｜测~｜赤~｜衬~｜错~｜乌~（黑
字）｜待~｜单~｜习~｜虚~｜咬 [ga⁶]~｜錾 [zam⁶]~（凿石头或
金属的小凿子）｜正~｜题~｜检~｜练~｜盲~｜签~｜生 [ciN¹]~｜
识~｜熟~｜美术~｜繁体~｜简体~｜异体~｜古文~｜错别~｜做大
~（办理护照）｜中国~｜简化~｜外国~｜白话~｜罗马~｜速写~｜
图画文~｜象形文~｜楔形文~｜表意文~｜拼音文~｜片言只~｜识文
断~｜咬文嚼~　**利**巧~｜暴~｜便~｜不~｜薄~｜锋~｜福~｜高
~｜功~｜厚~｜互~｜吉~｜红~｜尖~｜流~｜麻~｜名~｜年~｜
权~｜锐~｜舍~｜胜~｜失~｜势~｜爽~｜水~｜顺~｜私~｜犀
~｜盈~｜营~｜赢~｜颖~｜有~｜余~｜渔~｜月~｜债~｜重~｜
专~｜流年不~｜出师不~｜无往不~｜天时地~｜争权夺~｜平等互
~｜急功近~｜一本万~｜蝇头微~｜词锋犀~｜目光犀~｜蝇头小~｜
坐收渔~｜啖以重~｜饵以重~｜自私自~　**俐**伶~　**痢**做~｜放~
饵涂~｜钓~｜饼~｜果~｜诱~　**珥**日~　**二**加 [ga¹]~（两成）
誓死不~｜说一不~｜数一数~｜一分为~｜独一无~｜略知一~｜忠贞

不～　　吏暴～｜大～｜官～｜酷～｜墨～｜狱～｜刀笔～｜贪官污～

贰携～　　离走～｜了～（完结清楚）　　腻油～｜滑～｜轻～｜细［sue⁵］

～（小心）

　　z　①之总～（"之"读轻声，以下各词均同）｜反～｜兼～｜处～｜换言

～｜泰然处～｜取而代～｜久而久～｜不了了～｜听之任～｜等闲视～｜

姑妄听～｜心向往～｜极而言～｜总而言～｜姑妄言～｜兼而有～｜人皆

有～｜敬而远～｜何以知～｜分而治～｜淡然置～｜一笑置～　　支旁

～｜枪～｜收～｜透～｜超～｜地～｜分～｜干～｜借～｜开～｜体力不

～｜乐不可～｜独木难～　　肢四～｜义～｜上～｜下～｜残～　　芝灵～

枝荔～｜侧～｜骈～｜番仔荔～｜不蔓不～｜节外生～｜旁逸斜～

膣（女阴）　　吱乱～　　脂凝～｜胭～｜醮～　　②荸尾～（荸荠）　　糍流

～｜麻～｜乌目～　　③子果～｜树～｜鱼～｜肉～｜虾～｜杏～｜日～

蛀～｜炮～｜铳～｜煩～｜粒～｜草～｜铁～｜铅～｜磅～｜绞～｜鼓

～｜封～（惊堂木）｜莲～｜粟～｜甲～（干支）｜弹～｜弓［ging¹］～｜

桑～｜牌～｜冻～（冻疮）｜石～｜乌～｜瓜～｜腰～｜白～｜桃～｜种

～｜童［dang²］～（神汉）｜肾［sian⁶］～（睾九，外肾）｜雁～（砖）

蚕箸～｜榠垂～｜琼仔～｜青仔～｜山苍～｜山茹～｜雪文～｜窗仔～

烘炉～｜大煩～｜大炮～｜沟涵～｜幼粒～｜格仔～｜车仔～｜阿达～

苦楝～｜栳箸～｜纱仔～（算子）｜炮仔～｜细粒～（小个儿）｜梭仔～

箱笼～｜番仔码～（阿拉伯数码）　　籽种～｜披［ia⁶］～｜花～｜放～

菜～｜芥菜～｜油菜～　　止底～｜怀～｜不～｜防～｜废～｜过［at⁷］

～｜截～｜禁～｜静～｜举～｜行～｜休～｜制～｜中～｜终～｜阻～

栖～｜劝～｜停～｜为～｜无比～｜无底～｜适可而～｜叹为观～｜令行

禁～｜言谈举～｜高山仰～｜浅尝辄～　　旨大～｜法～｜甘～｜弘～

宏～｜圣～｜要～｜意～｜谕～｜封～（醒木）｜主～｜宗～｜遵～　　址

地～｜故～｜疆～｜旧～｜新～｜遗～｜原～｜住～　　祉福～　　只排～

（神气）　　指手～｜发～｜泛～｜将～｜屈～｜染～｜弹～｜特～｜系

～｜专～｜兰花～｜千夫所～｜首屈一～｜令人发～　　趾圆颅方～　　姊

阿～｜大～｜表阿～｜老大～｜某大～｜隔腹（阿）～　　耑针～｜铜～

紫绛～｜酱～｜青～｜葡萄～　　⑤至夏～｜冬～｜以～｜甚～｜及～｜截

～｜竟～｜直～｜踵～｜周～｜关怀备～｜无所不～｜无微不～｜蜂拥而

～｜接踵而～｜人迹罕～｜福无双～｜朝发夕～　　识标～｜附～｜款

～｜博闻强～　　帜旗～｜别树一～｜独树一～　　志代～（事情）｜馁

［lue⁶］～｜斗～｜立～｜长［diong³］～｜失～｜食［ziah⁸］～（立志）｜碑～｜标～｜墓～｜奇～｜笃～｜得～｜方～｜神～｜矢～｜凤～｜宿～｜同～｜县～｜府～｜省～｜职～｜心～｜蓄～｜日～｜丧～｜遗～｜意～｜逸～｜咏～｜壮～｜远～｜杂～｜出代～｜厚代～｜地方～｜小人得～｜踌躇满～｜淡泊明～｜澹泊明～｜博闻强～｜玩物丧～｜承欢养～｜感物咏～｜鸿鹄之～｜燕雀之～｜专心致～｜豪情壮～｜雄心壮～｜无代无～ **渍**淤［i⁵］～（肮脏） **挚**真～｜诚～｜纯～｜恳～｜深～｜情词深～｜意笃情～ ⑥**舐**舌～

c ①**鳃**鱼～ **痴**白～｜发～｜憨～｜娇～ **嗤**噗～ ②**渍**上［ciuN⁶］～（受潮）｜返～｜生［siN¹］～｜转［dng³］～｜起～ **徐**（姓） **持**把～｜保～｜秉～｜操～｜撑～｜扶～｜护～｜坚～｜僵～｜劫～｜矜［ging¹］～｜力～｜维～｜相～｜挟～｜争～｜支～｜主～｜住～｜自～ ③**侈**骄～｜奢～｜穷奢极～ ⑤**炽**白～｜火～ **刺**冲～｜讽～｜讥～｜劈～｜拼～｜枪～｜行～｜遇～｜草～（荆棘）｜尾～｜揭［ggiah⁷］～（挑刺）｜起～（挑刺）｜篡［cuaN¹］～（刁顽好生事）｜头毛～｜王梨～｜鲎壳～（蒺藜）｜肉中～｜起篡［cuaN¹］～（好生事；要赖）｜挑毛拣～ **翅**垂～｜展～｜振～｜脊～｜鱼～ **啻**不～｜何～ **试**比～｜笔～｜测～｜尝～｜初～｜春～｜典～｜殿～｜复～｜考～｜口～｜秋～｜乡～｜应～｜牛刀小～｜跃跃欲～ ⑥**市**罢～｜灯～｜都～｜行～｜乌～（黑市）｜集～｜墟～｜食［ziah⁸］～（利市）｜利～｜门～｜闹～｜上［ziuN⁶］～｜收～｜城～｜早～｜夜～｜暝～（夜市）｜晏［uaN⁵］～｜街～｜利～｜武～｜无～｜好～｜开～（发市）｜败～｜县～｜钝～（滞销）｜当［dng¹］～｜否［paiN³］～｜吓［hiaNh⁷］～｜热～｜食～｜笑～（利市）｜直辖～｜搅吵～（吵闹纠缠）｜有行无～｜门庭若～｜招摇过～｜蜃楼海～ **饲**育［io¹］～（养育）｜养～｜罔［bbong³］～（姑妄养育之）｜势育～｜否育～

s ①**尸**身～｜浮～｜僵［ggiang⁶］～｜荫～（尸蜡）｜验～｜诈～｜懒［lan³］～（懒惰）｜懒［nua⁶］～（懒惰）｜水流～（浮尸）｜路旁～｜五马分～｜马革裹～ **司**公～｜官～｜上［siong⁶］～｜下［e⁶］～｜土～｜有～｜阴～｜员～｜食官～｜拍官～｜笔墨官～｜无限公～｜有限公～ **丝**青～｜螺～｜飞［be¹］～（游丝）｜牵～｜虫～｜薰～｜抽～（缫丝）｜料～（烧料）｜箬～（叶脉）｜蚕～｜猫～｜半～｜青竹～（竹叶青，一种毒蛇）｜娘仔～（蚕丝）｜亚铅～（铁丝）｜走钢～｜辣～

～｜品竹弹～　**鹭**白鹭～　**私**家～（家具或工具）｜粗家～（粗而笨重的家具）｜老家～　**思**相 [siuN¹] ～｜病相～　**诗**赋～｜古～｜新～｜旧～｜律～｜签～｜和～｜吟～｜颂～｜答～｜童～｜歌～｜题～｜史～｜艳～｜唐～｜定场～｜白话～｜赞美～｜抒情～｜叙事～｜古体～｜近体～｜格律～｜墙头～｜散文～｜游仙～｜交响～｜七言～｜四言～｜五言～｜自由～｜田园～｜打油～　**施**设～｜实～｜条～｜西～｜布～｜措～｜断然措～｜软硬兼～｜无计可～｜倒行逆～　**鹭**白鸰～｜白鹭～　②
时水～｜天～｜旧～｜日～｜暗～｜暝～｜及～｜即～｜几～｜届～｜旧～｜课～｜立～｜良～｜临～｜早～｜按～｜报～｜彼～｜不～｜到～｜辰～｜丑～｜当～｜对～｜赴～｜退～｜合 [hah⁷] ～｜向 [hiaN⁵] ～（往昔）｜着～（合时）｜得～｜登～｜顿～｜多～｜尔～｜费～｜时～｜适～｜授～｜斯～｜已～｜四～｜随～｜天～｜同～｜未～｜午～｜暇～｜现～｜小～｜行～｜学～｜一～｜农～｜片～｜平～｜趋～｜权～｜入～｜工～｜过～｜亥～｜少～｜申～｜失～｜寅～｜应～｜有～｜酉～｜暂～｜战～｜子～｜走～｜迨 [hit⁷] 当～（那时）｜无了～（永无止境）｜临当～｜暗头～（黄昏）｜现（主）～｜当（其）～｜当初～｜不（期）～｜正当～｜平常～｜往（常）～｜早起～｜中昼～（中午）下昏 [e⁶hng¹] ～（晚上）｜向当～｜当是～｜正着～｜正是～｜有当～｜三不五～｜旷日废～｜正月正～｜生不逢～｜曾几何～｜卯时年～｜装束入～｜寒燠失～｜独步一～｜轰动一～｜倾动一～｜威赫一～｜显赫一～｜煊赫一～｜烜赫一～｜盛极一～｜冠绝一～｜猖獗一～｜风靡一～｜传诵一～｜喧嚣一～｜风行一～｜盛行一～｜显耀一～｜千载一～｜嚣张一～

匙瓦 [hia⁶] ～｜锁～｜灰～｜煎～（锅铲）｜撰～（钥匙）｜饭～｜汤～　**辞**相～｜捱 [te¹] ～　③**矢**嚆～｜流～｜遗～｜无的放～｜有的放～　**死**假～｜翕～（闷死）｜吊～｜惨～｜会～｜赡～｜去～｜倒～｜知～｜怪～（怪哉）｜险～｜敢～｜想～｜否 [paiN³] ～｜龊 [zak⁷] ～（困扰缠磨，烦死人）｜效～｜找 [ce⁶] ～｜凶～｜伴～｜诈～｜致～｜作～｜白～｜惊～｜拼～｜苦～｜注～（注定完蛋；凑巧）｜稳～｜赴～｜要 [bbeh⁷] ～｜见～｜硬～｜半～｜濒～｜处～｜垂～｜抵～｜扼～｜该～｜横～｜僵～｜客～｜生～｜誓殊溺～｜碌～（过劳死；非常劳碌辛苦）｜送～｜万～｜了～（大亏蚀）｜半（小）～｜见生～｜见钱～｜拍生～｜天寿～｜见笑～｜注要～｜无好～｜拼生～｜替人～｜怀知～｜寒～～｜咸～～｜桠～～｜雄～～｜惢～～｜孽 [ggiat⁸] ～～｜有 [ding⁶] ～～～｜赡（得）好～｜会哀赡～｜掠生窒 [tat⁷] ～｜大眠小～｜

醉生梦～｜贪生怕～｜含冤屈～｜出生入～｜生老病～｜大难不～｜假空假～｜贼心不～｜罪该万～｜舍生忘～　**弛**废～｜松～｜张～｜一张一～　**始**创～｜方～｜更～｜开～｜未～｜原～｜肇～｜下车伊～｜周而复～　**蒽**畏～　⑤四十～｜百～｜千～｜万～｜陷三缺～　**世**出～｜即～（这辈子）｜下［e⁶］～｜后～｜现～｜万～｜献～（丢人）｜前～（人）｜顶～（人）　**施**无舍～｜舍～　**势**风～｜惯［guaiN（guiN）⁵］～｜穤［bbai³］～｜手～｜痞［kiap⁷］～（相貌丑）｜西～｜南～｜东～｜北～｜角～　⑥**氏**人～｜姓～｜无名～　**示**记～｜告～｜教～｜暗～｜表～｜出～｜揭～｜夸～｜牌～｜批～｜启～｜请～｜提～｜显～｜晓～｜宣～｜炫～｜训～｜演～｜预～｜展～｜昭～｜指～｜安民告～｜无头告～｜发纵指～　　**是**未（曾［zing²］）～｜未（八［bat⁷］）～｜四［su⁵］～（周全妥贴，井然有序）｜拢～｜着［dioh⁸］～｜敢～｜野～｜犹～｜若（要）［na⁶bbeh⁷］～｜敢［gam³，giam³，gaN³］～｜然［suah⁷］～｜要［bbeh⁷］～｜怀～｜凡～｜反～｜国～｜还～｜但～｜算¹～｜既～｜先～｜须～｜于～｜真～｜只～｜自～｜正～｜好好～｜病病～｜目捎［sa⁵］～（一会儿）｜是怀～｜丕［pe¹］讲～｜丕叫～｜犹未～｜敢怀～｜慢则［ziah⁷］～｜野未～｜敢若～｜满满～｜匀（匀）仔～｜抑～｜担不～｜莫不～｜赔不～｜习非成～｜俯拾即～｜比比皆～｜俯拾皆～｜各行其～｜实事求～｜自以为～｜不宁唯～｜莫衷一～　**寺**阁～｜佛～｜庙～　**视**傲～｜逼～｜鄙～｜远～｜仇～｜敌～｜谛～｜睇～｜电～｜短～｜俯～｜忽～｜环～｜嫉～｜监～｜检～｜近～｜窥～｜眄～｜藐～｜蔑～｜漠～｜睨～｜凝～｜怒～｜平～｜歧～｜轻～｜觑～｜扫～｜审～｜探～｜透～｜无～｜小～｜斜～｜省～｜雄～｜巡～｜展～｜珍～｜诊～｜正～｜重～｜注～｜自～｜坐～｜目不斜～｜侧目斜～｜侧目而～｜瞋目而～｜瞋目怒～｜目不旁～｜怒目而～　**恃**恃～｜仗～｜自～　**豉**窨［im⁵］～｜豆～｜肉～　**祀**祭～｜奉～　**峙**鼎～｜对～

　　g　①**几**茶～｜庶～　**讥**反唇相～　**叽**～～　**玑**珠～｜满腹珠～｜字字珠～　**肌**心～　**饥**止～｜充～｜点～｜疗～｜搪～｜枵［iao¹］过～｜荒年大～｜画饼充～｜号寒啼～　**机**司～｜呼［koo¹］～｜手～（报）话～｜知［zai¹］～（知道）｜电～｜班～｜禅～｜趁～｜乘～｜触～｜待～｜动～｜飞～｜见～｜借～｜军～｜良～｜临～｜灵～｜契～｜杀～｜生～｜时～｜事～｜枢～｜伺～｜天～｜投～｜万～｜危～｜先

～｜相～｜玄～｜寻～｜有～｜无～｜战～｜僚～｜转～｜拓涂 [tuh⁷ too²] ～｜一线生～｜日理万～　**支**薰～｜铳～｜总～｜分～｜透～｜蠓摔 [bbang³ sut⁷] ～｜红～～｜黄～～　**肢**四～｜上～｜下～ **吱**乱～　**乩**童～｜上～　**枝**接～｜插～｜压 [deh⁷] ～｜过～｜花～｜垫～｜黄～｜窗（仔）～｜桶～｜铁～｜树～｜柴～｜草～｜豆～｜蒜绒～｜竹仔～　**箕**簸 [buah⁷] ～｜粪～　**姬**歌～｜侍～｜舞～｜妖～ **基**屑～｜登～｜地～｜奠～｜根～　**畿**京～　**羁**不～｜放荡不～｜豪放不～｜洒脱不～｜落拓不～　②**奇**巧 [ka³] ～｜怪～｜出～｜传～｜傀～｜瑰～｜好 [hooN⁵] ～｜惊～｜居～｜离～｜猎～｜神～｜希～｜稀～｜新～｜雄～｜玮～｜珍～｜无～｜蒙太～｜囤积居～｜不足为～｜平淡无～　**祈**敬～｜仰～　**祇**神～　**其**更～｜何～｜极～｜如～｜惟～｜尤～｜与～　**萁**煮豆燃～　**棋**回 [he²] ～｜行 [giaN²] ～｜和～｜悔～｜死～｜光～｜暗～｜臭～｜跳～｜围～｜象～｜军～｜活～｜弈～ **期**按～｜产～｜长～｜初～｜定～｜短～｜改～｜工～｜过～｜后～｜花～｜到～｜缓～｜婚～｜吉～｜佳～｜假～｜届～｜克～｜末～｜愆～｜前～｜尾～｜穷～｜任～｜日～｜时～｜暑～｜同～｜脱～｜晚～｜为～｜务～｜先～｜限～｜星～｜刑～｜行～｜学～｜汛～｜延～｜幽～｜逾～｜预～｜约～｜早～｜展～｜中～｜不～｜有效～｜青春～｜遥遥无～　**旗**倚 [kia⁶] ～｜大～｜白～｜彩～｜党～｜国～｜队～｜校～｜团～｜红～｜花～｜降～｜锦～｜旌～｜军～｜升～｜揭 [giah⁸] ～｜黄～｜乌～｜战～｜献～｜扬～｜义～｜顺风～｜落半～｜下 [ha⁶] 半～｜插五皇～　**祺**文～　**歧**分～　**耆**绅～　③**指**东～西～｜前～后～ **几**茶～｜无～｜不知凡～｜相差无～｜寥寥无～｜相去无～　**己**顾～｜知～｜防～｜克～｜律～｜舍～｜体～｜梯～｜一～｜异～｜自～｜罪～｜损人利～｜安分守～｜排斥异～｜排除异～｜身不由～｜知～知彼反求诸～　**纪**本～｜党～｜法～｜风～｜纲～｜经～｜军～｜年～｜世～｜校～｜厂～｜违～｜守～｜遵～｜目无法～｜违法乱～　**杞**甘～｜枸～　⑤**痣**点～｜乌～｜暗～｜朱砂～｜胡蝇屎～　**记**伙～｜烩～（得）｜会～（得）｜暗～｜碑～｜笔～｜标～｜表～｜补～｜簿～｜侧～｜场～｜戳～｜登～｜惦～｜浮～｜后～｜牢～｜漫～｜铭～｜铃～｜切～｜日～｜周～｜散～｜失～｜手～｜书～｜死～｜速～｜琐～｜图～｜忘～｜游～｜杂～｜札～｜劄～｜摘～｜传～｜追～｜五骹～（骑楼）｜大事～｜博闻强～　**冀**希～　**骥**附～｜骓～｜按图索～　⑥**己**家～｜食家

～｜伎歌～｜故～｜歌舞～　**技**（俗读［gi¹］）薄～｜车～｜方～｜故～｜惯～｜国～｜竞～｜绝～｜科～｜口～｜末～｜球～｜特～｜献～｜演～｜杂～｜中～｜身怀绝～｜雕虫小～｜黔［kiam²］驴之～　**妓**（俗读［gi¹］）娼～｜嫖～｜歌～｜艺～｜禁～｜暗～｜军～｜男～｜女～｜狎～　**忌**做～｜禁～｜冕［bbian³］～｜傲～｜避～｜猜～｜大～｜妒～｜犯～｜顾～｜戒～｜切～｜畏～｜疑～｜生日～｜百无禁～

k　①**欺**无～｜瞒［mua²］～｜童叟无～　**敲**跷［kiao¹］～（奇怪，可疑）｜头～～　②**骑**骠～｜轻～｜铁～｜骁～｜飞～｜坐［zo⁶］～　**蜞**蝈［ggoo²］～（水蛭）　③**企**翘～｜希～｜国～｜私～｜民～　**齿**蛀［ziu⁵］～｜假～｜幼～｜喙［cui⁵］～（牙齿）｜头～｜金～｜奶［ni¹］～｜角～｜换～｜落［lak⁷，lao⁵］～｜暴［baoh⁷］～｜蜕～｜铁～（犟嘴）｜氇［mooh⁷，mao⁵］～｜触［dak⁷］～｜砧［diam¹］～｜牙槽～｜大层［zan¹］～｜后层［zan¹］～｜人中～｜楔［sueh⁷］（喙）～｜挽喙～｜挠喙～｜剔［tak⁷］（喙）～　**起**早～（早上）｜徛［kia⁶］～（居住）｜发～｜较［kah⁷］～｜迭～｜群～｜奋～｜蜂～｜后～｜唤～｜崛～｜踞［beh⁷］～｜隆～｜鹊～｜蔚～｜掀～｜兴～｜一～｜引～｜由～｜缘～｜骤～｜凸～｜突～｜看会～｜看赡～｜禁不～｜从即～（从现在起）｜了不～｜对不～｜看怀～｜对得～｜否徛～｜禁得～｜看得～｜拍案而～｜闻风而～｜揭竿而～｜一哄而～｜腾空而～｜勃然而～｜沉滓泛～｜声名鹊～｜无从说～｜欢声四～｜狼烟四～｜异军突～｜峰峦突～｜东山再～｜狂风骤～　⑤**去**（多读轻声）行［giaN²］～｜出～｜转～｜统～｜入～｜较～｜落［loh⁸］～｜落［lak⁷］～｜落［lao⁵］～｜无～｜老～｜失～｜进～｜走～｜褪［tng⁵］～｜用～｜猴～｜了～｜坮［tai²］～｜怀～｜定［diaN⁶］～｜来～｜上～｜神～｜印［ggang⁶］～｜忝～｜呆～｜花［hua¹］～｜起～（轻读）｜故～｜过～｜花［hue¹］～｜倒～｜休～｜来～｜准～｜囝～｜拢～｜做［zo⁵］～（作弄了）｜煞［suah⁷］～｜拍无～｜煞煞～｜过赡～｜倒落～（轻读）｜过意不～｜颠来倒～｜过得～｜行来行～｜扬长而～｜负气而～｜悻悻而～｜拂袖而～｜一来二～｜过赡得～｜含［am²］来扯［ce³］～｜无来（无）～｜翻来覆～｜说不过～｜来来去～｜趑［seh⁸］来趑～｜眉来眼～｜大势已～｜转［dng³］/［zuan³］来转～　**气**空～｜地～｜节～｜贵～｜大～｜火～｜药～｜压［deh⁷］～｜拍～｜烧～｜财～｜冷～｜水［zui³］～｜串～｜湿～｜行～｜胀～｜骹～｜手～｜饱～｜费～｜规～（干脆）｜清～（干净）｜受～｜消～｜激～（生闷气，赌气）｜疝～｜嗳～｜傲～｜闲～｜

憋～｜鼓～｜屏～｜才～｜潮～｜臭～｜煤～｜出～｜浩～｜和～｜服
～｜福～｜负～｜骨～｜官～｜贯～｜寒［han²］～｜豪～｜动～｜斗
～｜毒～｜赌～｜短～｜断～｜士～｜受～｜暑～｜爽～｜俗～｜惹～
热～｜锐～｜丧～｜骚～｜臊～｜杀～｜傻～｜煞～｜膻～｜伤～｜神
～｜生～｜痰～｜叹～｜狂～｜老～｜客～｜吭～｜美～｜闷～｜民～
名～｜暮～｜牛～｜怒～｜怄～｜景～｜骄～｜娇～｜声～｜力～｜口
～｜大～｜胆～｜打～｜泄～｜懈～｜怨～｜云～｜运～｜瘴～｜心～
腥～｜性～｜习～｜喜～｜凶～｜秀～｜血［hiat⁷］～｜咽～｜洋～｜养
～｜朝～｜争～｜蒸～｜缓～｜正～｜淘～｜天～｜阔～｜脾～｜闲～
消～｜小～｜通～｜士～｜吐～｜恣～｜风～｜接～｜解～｜贫～｜义
～｜逸～｜意～｜英～｜硬～｜歇～｜邪～｜勇～｜灵～｜志～｜稚～
文～｜流～｜语～｜元～｜发脾～｜贱脾～｜犟［giuN¹］脾～｜闹脾
～牛脾～｜耍脾～｜傍福～｜卖力～｜寒酸～｜臭涂［too²］～｜书生
～｜放空～｜探口～｜一口～｜摆阔～｜团仔［gin³na³］～｜粗声粗～
蔚成风～｜怪里怪～｜怪声怪～｜好声好～｜一团和～｜尖声尖～｜娇里
娇～｜平心静～｜老里老～｜流里流～｜闷声闷～｜和和～～｜娇娇
～｜客客～～｜垂头丧～｜灰心丧～｜虎虎生～｜唉声叹～｜扬眉吐～
申冤吐～｜瓮声瓮～｜低声下～｜小家小～｜歪风邪～｜妖里妖～｜瞎闹
一～｜串通一～｜通同一～｜沆瀣一～｜恢复元～｜乌烟瘴～｜浩然正
～｜一身正～｜伸张正～｜骨鲠之～｜骄矜之～｜浩然之～｜小家子～｜
一鼓作～　**汽**水～　**弃**背～｜鄙～｜摈～｜屏～｜丢～｜放～｜废～
毁～｜捐～｜离～｜拚～｜抛～｜舍～｜吐～｜唾～｜委～｜嫌～｜厌
～｜扬～｜遗～｜否生［paiN³ sing¹］～｜自暴自～｜前功尽～　**器**暗
～｜兵～｜成～｜屯～｜法～｜机～｜酒～｜利～｜明～｜冥～｜木～
铁～｜武～｜响～｜凶～｜玉～｜乐［ggak⁸］～｜不成～｜投鼠忌～
⑥忌禁～｜大～　**柿**浸～｜红～

gg ②**宜**便［ban²］～｜不～｜得～｜合～｜机～｜权～｜失～｜
时～｜事～｜适～｜相～｜因地制～｜因时制～｜不合时～｜面授机～
仪纸～｜丧～｜奠～｜菲～｜丰～｜风～｜赙～｜贺～｜照～｜礼～｜司
～｜土～｜威～｜谢～｜心～｜地球～　**疑**臭～｜尧～｜青～｜猜～｜
迟～｜存～｜多～｜犯～｜狐～｜怀～｜惊～｜可～｜起～｜祛～｜阙
～｜善～｜生［siN¹］～｜生［ciN¹］～｜释～｜无～｜析～｜嫌～｜献
～｜悬～｜犹～｜质～｜臭青～｜拍无～｜形迹可～｜将信将～｜满腹狐
～｜无可置～｜不容置～｜半信半～｜坚信不～｜无庸置～｜毋庸置～｜

确凿无～ ③拟草～ ⑥义襃～｜本～｜贬～｜词～｜大～｜歧～｜起～｜正～｜多～｜定～｜广～｜含～｜涵～｜道～｜讲～｜教～｜结～｜就～｜名～｜转～｜情～｜文～｜侠～｜狭～｜信～｜演～｜要～｜疑～｜意～｜语～｜仗～｜辞～｜主～｜不～｜仁～｜释～｜首～｜微言大～｜天经地～｜忘恩负～｜薄情寡～｜绝情寡～｜急公好～｜言不及～｜假仁假～｜开宗明～｜背信弃～｜成仁取～｜舍生取～｜断章取～｜望文生～｜顾名思～｜见利忘～｜无情无～｜本本主～｜人本主～｜资本主～｜共产主～｜古典主～｜人道主～｜文牍主～｜客观主～｜主观主～｜爱国主～｜机会主～｜社会主～｜利己主～｜平均主～｜功利主～｜中立主～｜改良主～｜官僚主～｜马列主～｜命令主～｜浪漫主～｜蒙昧主～｜三民主～｜殖民主～｜宗派主～｜霸权主～｜自然主～｜个人主～｜现实主～｜写实主～｜形式主～｜保守主～｜集体主～｜教条主～｜本位主～｜唯我主～｜虚无主～｜唯物主～｜冒险主～｜投降主～｜唯心主～｜自由主～｜修正主～｜民族主～ 议倡～｜成～｜刍～｜动～｜非～｜附～｜复～｜公～｜和～｜审～｜会～｜计～｜提～｜物～｜协～｜异～｜争～｜訾～｜合～｜参～｜建～｜决～｜抗～｜拟～｜评～｜清～｜商～｜锦～（商议）｜从长计～｜从长商～｜不可思～｜窃窃私～｜街谈巷～｜力排众～｜无可訾～｜无可非～ 谊（俗读［ggi²］）高～｜故～｜友～｜厚～｜交～｜戚～｜情～｜乡～｜隆情厚～｜深情厚～｜盛情厚～｜东道之～｜袍泽之～｜地主之～

h ①希诚～｜几～｜敬～ 稀古～｜拉～｜鲜～｜依～｜地广人～｜地旷人～｜年近古～｜年逾古～ 墟赴～｜赶～｜落～ 唏哈～｜嘘～ 嘻～～｜笑～～ 嬉文恬武～ 曦晨～ ②鱼海～｜河～｜江～｜溪～｜剪～｜米～｜恶［oh⁷］～｜白～（带鱼）｜涂～｜虎～｜鲦（仔）～｜跳～｜墨～｜鲨～｜草～｜鲢～｜扁～｜柔～｜油～｜肉～｜掠～｜饲～｜捞［hoo²］～｜庠［hoo⁵］～｜银～｜放～｜角～｜鲅（仔）～｜鲳～｜江（仔）～｜乌仔～｜饕［ziaN³］水～｜三保公～｜咸水～｜镇港～｜鹦哥～｜鲂仔～｜妈祖（婆）～（海豚）｜三角～｜勿仔～｜虱目～｜剥皮～｜丝丁～｜红瓜～｜桂花～｜加腊～｜黄翼［sit⁸］（仔）～｜青斑～｜牛尾～｜国公～｜鲲仔～｜乖仔～｜狗母～｜（白）刺～｜徛［kia⁶］飞～（倒立） ③喜心～｜暗～｜报～｜冲～｜大～｜道～｜恭～｜欢～｜贺～｜激～｜惊～｜可～｜狂～｜双～｜随～｜同～｜欣～｜幸～｜有～｜志～｜一见～｜开门～｜闻过则～｜欢欢～～｜皆大欢～｜见猎心～｜沾沾自～ 禧年～｜新～ ⑤戏老～｜猴～｜拼～｜点～｜

鬼～｜好～｜否［paiN³］～｜儿～｜把～｜百～｜扮～｜唱～｜串～｜大～｜本～｜闹～｜排～｜做～｜配～｜调～｜抢～｜马～｜猴～｜回～｜散～｜嬉～｜小～｜谐～｜套～｜文～｜武～｜演～｜影～｜游～｜做～｜搬～（演戏）｜拍城～｜嘉礼～｜车鼓～｜梨园～｜歌仔～｜布袋～｜做把～｜高甲～｜皮影～｜鬼把～｜傀儡～｜开锣～｜文明～｜木偶～｜对台～｜看家～｜独角～｜现代～｜囝［ggin³］仔～｜地方～｜重头～｜折子～｜压轴～｜拿手好～｜唱独角～｜连台本～｜唱对台～｜逢场作～　**肺**心～｜润～｜狼心狗～　⑥**耳**鼎～｜捃［guaN⁶］～｜焦［da¹］～｜重［dang⁶］～｜油～｜澹［dam²］～｜凿［cak⁸］～｜齴［zak⁷］～｜桀［geh⁸］～｜嘈［zo²］～｜臭～｜狗贴～｜篮（仔）～｜柴目石～｜柴喙石～｜臭头烂～｜摇狮拌～｜猴头鼠～｜贼头贼～｜三角六～

　　Ø　①**衣**故～（旧衣服）｜敝～｜便～｜布～｜纸～｜鹑～｜单～｜冬～｜法～｜更～｜寒～｜号～｜和～｜浣～｜宽～｜冥～｜炮～｜青～｜外～｜戏～｜夏～｜孝～｜血～｜缁～｜百布～｜百衲～｜量体裁～　**依**不～｜皈～｜偎～｜相～｜～～｜唇齿相～｜生死相～｜祸福相～　**医**无～｜法～｜国～｜就～｜军～｜校～｜学～｜儒～｜神～｜世～｜行～｜牙～｜庸～｜中～｜西～｜无药　**漪**涟～　②**怡**淡～｜和～｜心旷神～　**饴**甘之如～　**移**漂～｜迁～｜推～｜游～｜转～｜位～｜坚定不～｜贫贱不～｜确切不～｜确凿不～｜本性难～｜禀性难～｜日月推～｜星换物～｜物换星～｜斗转星～　**蛇**委～｜虚与委～　**夷**鄙～｜凌～｜履险如～｜化险为～　**姨**阿～｜大～｜某～｜细～（小老婆）｜红～（巫婆）｜娘～｜鹧鸪～　**痍**创～｜疮～｜满目疮～　**颐**朵～｜解～｜期～　③**已**不～｜而～｜久～｜业～｜早～｜不得～｜争论不～｜赞叹不～｜迫不得～｜万不得～｜如斯而～｜有加无～　**以**得～｜给～｜何～｜加～｜借～｜可～｜难～｜所～｜足～｜忘乎所～｜忘其所～｜不知所～　**矣**悔之晚～｜叹观止～　**倚**徙～｜不偏不～　**椅**靠［te¹］～｜胖［pong⁵］～｜交～｜电～｜桌～｜柴～（木椅）｜悬［guaiN²］～｜下［ge⁶］～（矮凳子）｜龙～｜撨［ciao²］交～｜沙发～｜合［hap⁸］仔～　⑤**饫**饱～　**意**主～｜写～｜谢～｜心～｜羞～｜蓄～｜雅～｜本～｜笔～｜鄙～｜不～｜拂～｜公～｜古～｜故～｜含～｜寒～｜好～｜敌～｜恶～｜来～｜乐～｜立～｜春～｜词～｜醋～｜措～｜达～｜锐～｜善～｜深～｜生～｜盛～｜失～｜诗～｜实～｜肆～｜

随～｜遂～｜特～｜天～｜人～｜好～｜同～｜玩～｜无～｜愿～｜在
～｜执～｜旨～｜畅～｜称～｜致～｜中～｜大～｜留～｜满～｜美～
民～｜得～｜用～｜有～｜雨～｜寓～｜原～｜属～｜注～｜专～｜着
～｜恣～｜醉～｜合［hah⁸］～｜合［hap⁸］～｜合［gah⁷］～｜倚
［ua³］～｜任～｜如～｜经～｜敬～｜酒～｜厚～｜加～｜假～｜介～｜
起～｜示～｜歉～｜惬～｜情～｜命～｜适～｜人～｜诚～｜超故～｜勀
过～｜无倚～｜打主～｜拿主～｜否主～｜月眉～｜出其不～｜诚心诚
～｜真心诚～｜词不达～｜通情达～｜麻痹大～｜粗心大～｜春风得～｜
自鸣得～｜洋洋得～｜扬扬得～｜三心二～｜不怀好～｜好心好～｜合心
合～｜诗情画～｜虚情假～｜毫不介～｜言不尽～｜不经～｜伤词就～｜
强奸民～｜遣词命～｜见财起～｜全心全～｜差强人～｜尽如人～｜吉祥
如～｜称心如～｜遂心如～｜实心实～｜以目示～｜举手示～｜舒心适
～｜有意无～｜高情雅～｜一心一～｜专心一～｜秉承旨～｜大主大～｜
回心转～　**翳**起～｜上［ciuN⁶］～　⑥**预**（参与）无～｜未～　**易**容～｜
不～｜难～　**异**变～｜差～｜诧～｜神～｜殊～｜特～｜乖～｜怪～｜
瑰～｜诡～｜骇～｜惊～｜俊～｜瞬～｜离～｜立～｜奇～｜歧～｜新
～｜秀～｜讶～｜颖～｜优～｜灾～｜珍～｜卓～｜有～｜无～｜求同存
～｜党同伐～｜标新立～｜景同情～｜大同小～｜日新月～

ih

b　⑦**鳖**涂～｜尿～｜水～｜古～｜各～（性格怪异）　**瘪膣**～（女
阴）

p　⑦**躄**覆［pak⁷］～

bb　⑦**觅**闪～｜走～｜园～（藏匿）　⑧**篾**竹～

d　⑦**滴**雨～｜水～｜点～｜汗～｜血～｜沓～｜涓～｜操操～｜
娇～～｜雨澹水～　**嘀**⑧**挃**（要）爱～｜会～｜怀～｜要［bbeh⁷］
～｜勿～（得）（不行）　**碟**～（仔）｜碗～｜甜～

t　⑦**铁**吸～（磁铁）｜翕［hip⁷］～｜土～（仔）｜鉎［ciN¹］～｜
白～｜地～｜钢～｜熟～｜臭～｜高～｜槌损～｜手无寸～｜趁热打～｜
斩钉截～｜破铜烂～｜臭铜旧～｜臭铜臭～　⑧**呎**兴～　**黐**拖～｜黏～

l　⑦**襷**手～　**戾**乖～　⑧**裂**必～｜逼［biak⁷］～

z　⑦**接**迎［ngia²］～　**折**手～　⑧**舌**猪～｜牛～｜喙～｜口～｜

喉～｜重～｜唇～｜火～｜冻～｜长～｜触［dak⁷］～｜剔～｜哺～｜吐～｜咬［ga⁶］～｜学～｜小～｜大～（口）（口吃）｜搬喙～｜盘喙～｜拌喙～｜无喙～｜磨喙～｜喙窒～（哑口无言）｜灯火～｜拔虎～｜帽（仔）～｜使喙学～｜厚喙厚～｜应喙应～｜空喙哺～｜生话生～｜学喙学～｜插［cap⁷］喙插～｜大贲唇～｜七喙八～｜笨喙笨～｜无喙无～｜轻喙薄～｜尖喙薄～｜贫喙薄～｜臭喙臭～｜有喙无～｜钝喙钝～｜触喙触～｜加喙加～｜摇唇鼓～｜忍喙俭～｜𤾪喙𤾪～｜搧［ziN⁵］喙搧～｜油喙滑～　　折拍～｜亏～｜手～｜脚～｜骨～｜跋［buah⁸］～（跌断）｜遏［at⁷］～｜摔［siak⁷］～

　　　c　⑦趿觇～　⑧蠘～（仔）｜冬～｜有［ding⁶］～｜冇［paN⁵］～｜红膏赤～　㔉硬～

　　　s　⑦薛（姓）　⑧蚀消～

　　　k　⑦缺破～残～｜碎～

iN

　　　b　①边临［liam²］～（马上）｜骱～｜鬃～｜甲～（甲沟）｜花～｜东～｜北～｜西～｜南～｜壁～｜海～｜江～｜溪～｜河～｜水～｜山～｜墙～｜门～｜塘～｜胶～｜滚～｜唇～｜步盘～｜太阳～｜臭喙～｜胀甲～｜搬厅～｜胶兜～｜两爿～　　绷交～　　鞭马～｜铁～｜竹～｜牛～｜狗～　②平扯～｜掠～｜～～｜无～｜𣅊～｜怀～　　坪溪～｜海～｜山～　　棚板～｜戏～｜武～｜拖～｜开～｜文～｜战～｜砖～｜彩～｜草～｜凉～｜茅～｜天～｜车～｜搭战～　③扁圆～｜安～　⑤变改～｜变［bian⁵］～｜反［bing³］～｜𣅊～｜会～｜怀～｜势～　　柄话～｜把～｜笑～　⑥病致～｜破～｜着～｜死～｜半～｜细～｜大～｜小～｜无～｜肝～｜稞［bbai³］～｜癌～｜暗～｜肺～｜胃～｜否［paiN³］｜患～｜闹～｜治～｜重～｜语～｜心～｜养～｜卧～｜暴～｜弊～｜发～｜癀～｜通～｜探～｜托～｜染～｜毛～｜看～｜犯～｜诟～｜神经～｜花柳～｜冷热～｜精神～｜疑心～｜急性～｜幼稚～｜皮肤～｜腌臢～｜腰子～｜软骨仔～

　　　p　①偏有～｜相［saN¹，sio¹］～｜分～｜无～（头）　　篇长～｜短～｜中～｜大～｜细～｜巨～｜连～｜通～｜开～｜续～　②平易［gue⁶］～　　彭（姓）　⑤片拓［tah⁷］～｜图～｜相～｜雪～｜唱～｜弹

~｜底~｜断~｜画~｜名~｜景~｜卡~｜影~｜照~｜正~｜动画
~｜记录~｜纪录~｜无声~｜美术~ ⑥**鼻**蛀~｜红~｜瓮~｜流~
实 [zat⁸] ~｜狗~｜大~｜癣~｜凹 [nah⁷] ~｜散~｜冲 [cing⁵]
~针~｜赤~｜啄~｜爪~｜撺 [cing⁵] ~｜虬 [duh⁷] ~｜钩~｜牛
托~｜门闩~｜鹦哥~｜酒糟~｜石目铁~｜有喙无~

　　m　①**撢**（手掌抓取）手~　②**芒**刀~｜倒~｜真~｜捲~｜开~
盲青~｜雀 [ziah⁷] ~　**绵**~~　**棉**艾[hina⁶] ~｜加薄~（木棉）
暝昨~｜半~｜日~｜隔~｜暗~｜今~｜顶~｜透~｜熬 [ngao⁶]
~｜守~｜巡~｜歇 [hioh⁷] ~｜下半~｜规（图）~｜后半~｜顶半
~｜二九~｜三更半~｜暗雨牢 [diao²] ~｜无日无~　③**猛**紧~
（快）｜较~（快）　**弭**消~　**靡**风~｜浮~｜~~｜披~｜轻~｜肉
~｜颓~｜委~｜萎~｜淫~｜望风披~｜所向披~｜辙乱旗~　⑥**籹**大
~｜细~　**面（麵）**卤~｜大~｜拍~｜虾~｜水~｜煮~｜捞 [hoo²]
~｜炒~｜栀 [giN¹] 仔~｜牛肉~｜沙茶~

　　d　①**甜**甘~｜酣~｜蜜~｜酸~｜香~｜芳~｜哀~｜清~｜鲜
~｜咸酸~　**跕**后~｜马踏~｜骹后~｜手后~｜拖倒~｜倒踏~｜踏
倒~　②**缠**牵~（藤类植物攀援蔓延）｜拖~｜交~｜绑~｜圆~｜触~｜
做绑~（痢疾）｜膏膏~　⑤**䞕**（使劲，用力；装）硬~　⑥**郑**（姓）　**滇**
水~｜饱~｜喉~｜室~~

　　t　①**天**开~｜否~｜反~｜成~｜寒~｜热~｜否 [paiN³] ~｜
变 [bian⁵] ~｜变 [biN⁵] ~｜好~｜雨来~｜乌阴~｜乌暗~｜出头
~｜水南~｜怀成~｜南风~｜春头~｜六月~｜规年通~　**添**补~｜
讨~｜加~　**撐**死囝仔~（简便的仰泳）　②**眠**　③**展**骹~　⑥**钽**补~｜
缝~

　　n　①**奶*** 生~｜门~｜屘~｜桌~｜胀~｜米~｜饲~｜豆~｜
溢~｜嗍~｜食~｜麦~｜呃~｜里~｜吐~｜邀~｜放~｜橡~｜激
~｜胖~｜催~｜断~｜下~｜猪母~｜老鼠~｜布袋~｜碗箍~　**尼**
安~｜自安~｜就安~　**拈**偷　**蛉**田~（蜻蜓）　②**尼**山多~｜鼠~｜
加~｜规~｜则~（仔）｜赫~｜僧~｜印~｜比丘~｜削发为~　**怊**
怛~　**年**今~｜明~｜旧~｜前~｜后~｜往~｜成~｜出~｜万~
长~｜守~｜百~｜对~｜压~｜倚~｜逐~｜后半~｜万代~｜顶半
~｜落前~｜落后~｜逊前~｜一纪~｜隔转~｜否天~｜小生~　**帘**

布～｜门～｜竹～｜窗仔～　**晾**～衣　**泥**烂～｜污～｜淤～｜芋～｜和稀～｜八宝印～｜烂醉如～｜判若云～｜　**镰**开～｜倒～　③**尔**～～耳木～｜刺～｜附～｜聒～｜逆～｜牛～｜入～｜顺～｜盈～｜悦～｜顺风～｜执牛～｜方面大～｜肥头大～｜如雷贯～｜交头接～｜忠言逆～｜不堪入～｜俯首帖～｜隔墙有～｜言犹在～　**迩**遐～｜闻名遐～｜不可向～｜行远自～　**染**落［lao⁵］～

　　z　①**精**妖～｜龟［gu¹］～｜宿［sik⁷］～（机灵，聪慧）｜迷［mi²］～（沉迷某事）｜美蝶［bbe³ iah⁸］～（轻佻女子）｜鬼（仔）～（妖精；机灵）｜老龟～（老谋深算者，狡黠的人）　**櫼**柴～｜圆～（固执）　**争**相～　**晶**水～｜实［zat⁸］～　②**晴**天～　**钱**大～｜赌～｜工～｜换～价～｜金～｜酒～｜利～｜敛～｜骗～｜赔～｜赏～｜喜～｜现～｜小～｜银～｜有～｜月～｜找～｜值～｜纸～｜赚～｜套～｜活～｜死～母～｜大～｜细～｜无～｜乌～｜了～｜借～｜还～｜本～｜趁～｜鏈～｜软～｜整～｜长［diong³］～｜楔［sueh⁷］～｜库～｜散～｜塌～东～｜开～｜阉～｜罚～｜食～｜拾［kioh⁷］～｜跋～｜垃圾［lap⁷ sap⁷］～｜折［zih⁷］～｜合仔～｜印子～｜外水～｜利仔～｜私骸～｜倒踏～｜大条～｜乌心～｜水酒～｜咸水～｜闲（仔）～｜手尾～｜私房～｜围库～｜金银～｜血汗～｜献路～｜艰苦～｜压岁～｜讲价～献墓～｜献纸～｜放路～｜零星［lan² san¹］～　**檐**唇～｜帘～　③**子**幼～（幼小而嫩；阅历少，尚无经验）　**阱**陷～　**井**古～｜深～｜天～　⑤**净**死～｜相［saN¹］～｜在［cai⁶］～（爱争辩不认输）　**撏**手～　**糁**肉～｜鱼～｜蚝～｜马花～　**箭**毛～｜肉～｜吐肉～｜铳支～｜使目～摔目～｜墨斗～　⑥**晴**烧～（暖和）　**净**尖～（脸颊尖而瘦小）　**静**暗～（暗地里）

　　c　①**生**韃［diN⁵］～｜人头～｜半头～｜食人～　**青**转～｜出～｜粟～｜乌～｜草～｜绿豆～｜放粟～｜芥菜～｜豆仁～｜鸭卵～星飞～｜金～｜火～｜恒～｜否［paiN³］～｜泄［cuah⁷］屎～｜拖尾～北斗～｜落［lao⁵］屎～｜扫帚～｜长尾～｜碗金～　**鲜**鱼～｜食新～　**清**静～～　**腥**臭～　③**醒**亲～｜冲～｜挑～｜拍～

　　s　①**生**豆～｜教～｜草～｜后［hao⁶］～｜先～｜晏［uaN⁵］～｜马～（形容像马一样健壮）｜金～（金光亮）｜光～｜辞［si²］～（吃，咒骂语）｜挺敆［tan³ ki¹］～｜重头～｜重再～｜横肉～（凶横相）｜尪［ang¹］公～（佛爷生日）｜挺横［tan³ huaiN²］～｜天公～｜佛祖～｜安

尼～｜铁骨（仔）～｜观音妈～｜七娘妈～　　**鈺** 鼎～｜犁头～　　**牲** 头 ～｜牲 [zing¹] ～（牲畜）　②**盐** 盐 [iam²] ～｜上 [ciuN⁶] 盐～｜橄榄 ～｜青果～　③**闪** 闪 [siam³] ～（闪烁，闪避）｜光～～｜金～～　⑤**扇** 葵 [ke²] ～｜篾～｜纸～｜曳 [iat⁸] ～｜门～｜羽～｜折～｜窗仔～｜ 合 [hap²] 仔～　　**姓** 字～｜名～　⑥**盐**（腌制）　　**豉** 豆～｜窨 [im⁵] ～

　　g　①**更** 敲 [ka⁵] ～｜巡～　　**栀** 大树～　　**经** 牵～（使动物交配）｜ 相～（使动物交配）｜网～（织补网兜的针）｜牵罗～　　**羹** 肉～｜鱼～｜牵 ～｜豆腐～｜蚝仔～　②**墘** 溪～｜海～｜岑 [ggim²] ～｜滚～｜路～｜ 船～｜唇～｜碗～｜桶～｜凛～｜傍～｜边～｜唇檐～｜耳仔～｜摸祼～ ③**哽** 着～　　**梗** 阻～　　**鲠** 喉～｜着～　⑤**见** 证～｜看～｜另～｜梦～｜觏 [pang⁵] ～（遗失，丢掉）｜拍怀～　　**径** 进～｜算盘～

　　k　①**坑** 弹～｜火～｜泥～｜陷～｜屎～｜沙～｜涂～｜水～｜囝 （儿）～｜山～（仔）　②**钳** 车～｜虎头～｜钉仔～

　　ng　⑥**硬** 死～｜赡～｜强～｜生～｜心～｜喙～｜徛～｜俨 [ggiam³] ～｜使～｜绷～｜刚～｜过～｜僵～｜～碰～｜欺软惊～

　　h　①**哼** 哭～　⑤**献** 荡荡～　⑥**砚** 墨～｜笔墨～

　　Ø　①**婴** 田～（蜻蜓）｜阿～｜假～｜老～｜查某～｜囝仔～｜猪仔 ～｜红～（仔）　②**丸** 肉～　　**圆** 米～｜挲 [so¹] ～｜大～｜细～｜钱 ～｜冬节～｜红（米）～｜上元～｜半年～　　**楹** 径～｜担～｜中脊～　③ **引** 发 [buh⁷] ～｜心肝～　⑤**燕** 春～　⑥**院** 出～｜法～｜贡～｜行～｜画 ～｜剧～｜入～｜试～｜书～｜寺～｜庭～｜宅～｜住～｜戏～｜学～｜ 医～｜病～｜议～｜影～｜杂～｜养老～｜科学～｜政务～｜国务～｜参 议～｜众议～｜大杂～｜修道～｜妓（女）～｜深宅大～

iNh

　　m　⑦**乜**　⑧**物** 啥～｜否～｜补～｜食～｜浊 [dak⁸] ～｜无～｜ 成 [ziaN²] ～｜甚～｜死人～｜迫迫～｜创甚～（干什么）

　　n　⑦**暖** 目～　　**蹑** 跤尖～　⑧**捏** 手～

　　s　⑦**闪** 光～～｜金～～

贵韵

【-ui，-uih，-uiN，-uiNh】

ui

[b] ②肥 ⑤痱 ⑥蜚吪　[p] ⑤屁呸~痰　[bb] ①微麻~笑（微笑）　[d] ①堆追 ②捶槌 ⑤对碓 ⑥队坠怼縋兑　[t] ①推梯 ②锤槌 ③腿 ⑤替~包睇~灯蜕~毛 ⑥坠膇　[l] ①镭（钱） ②累雷蕾擂镭羸蕤 ③儡垒蕾累积~蕊耒诔垒 ⑥类泪累劳~酹擂彚缒~物件诔　[z] ①椎佳锥骓 ②摧~甘蔗 ③水嘴 ⑤醉惴晬赘入~ ⑥悴萃瘁赘谁　[c] ①催崔摧~毁吹炊 ③璀 ⑤脆翠淬啐碎粹喙　[s] ①衰虽荽绥睢蓑毛~ ②谁随隋遂垂箑陲 ③水（美） 髓 ⑤碎粹祟 ⑥遂隧燧邃穗尿瑞睡　[g] ①归规硅奎圭胿闺妫瑰~宝龟归皈机布~ ②葵馗揆睽夔奎 ③鬼癸诡晷宄簋姽几 ④跪[泉] ⑤贵桂鳜刿~破衫悸季挂~衫瑰玫~ ⑥跪柜膭匮馈聩箦　[k] ①亏岿暌窥奎开 ②遁奎馗夔葵 ③轨傀~儡跬 ⑤喟愧溃聩气喘~ ⑥匮馈愦　[gg] ②危桅嵬巍 ⑥魏伪　[h] ①非菲扉霏绯鲱啡吗~蜚妃飞挥辉徽晖珲隳麾 ②肥淝腓瓷危 ③匪菲~薄篚翡悱斐诽毁烠 ⑤肺沸狒费痱卉讳喙 ⑥吠惠蕙蟪彗蟪愦　[Ø] ①威葳崴逶委~蛇萎撅~一空衣（胎衣） ②为韦帏违围闱维惟唯遗 ③委痿萎诿猥鲔伟苇纬炜韪 ⑤畏慰尉蔚 ⑥胃谓渭猬为位画

uih

[b] ⑧拔　[g] ⑦刮~灰　[h] ⑦血　[Ø] ⑦挖 ⑧划一~

uiN

[b] ②爿[泉]一~ ③反[泉]方[漳]枋[漳]~洋（地名）　[m] ②梅莓霉酶玫枚媒煤门[漳] ③每蟒草~晚[漳] ⑥妹[泉]昧[泉]问[漳]　[d] ②剰[漳] ③转[漳]断[漳]~脐 ④填[泉]门~（门槛） ⑤店[泉]模（有）[泉]顿[漳]传[漳]流~（地名）断[漳]　[t] ②团[漳]传[漳] ③睇[泉]~灯（观灯） ⑤蜕~壳[漳]褪[漳]传

[漳] ～让商品 ⑥煠 (回锅温热) [漳] 劖 [漳] 大～ (粗大) **[n]** ①囡 [漳] (伸人) ②莲 [泉] ～花镰 [泉] ～仔 (镰刀) 囡 [漳] 交～柚* [漳] ③碾 [泉] 软 [漳] 扭* [漳] ～秧歌 ⑤荔 [泉] ～枝楝 [泉] 苦～ [泉] ⑥卵 [漳] (蛋) 囡 [漳] **[z]** ①砖 [漳] ②全 [漳] 前 [泉] ③指 [泉]* 中～ ⑤钻 [漳] ⑥吮 [漳] **[c]** ①千 [泉] 清 [泉] ～明穿 [漳] ②蚕 [泉]* ③ 笐 [泉] 竹～吮 [漳] **[s]** ①先 [泉] 算 [漳] ③损 [漳] ⑤算 [漳] **[g]** ①关 [泉] 间 [泉] 肩 [泉] ②悬 (高) [泉] (高) 光 [漳] ③拣 [泉] 裀 [泉] 衫～管 [漳] ⑤惯 [泉] 卷 [漳] 县 [泉] **[k]** ⑤快～活 劝 [漳] **[ng]** ③眼 [泉] 龙～研* [泉] (碾) **[h]** ①荒 [漳] ② 横 [泉] 茎芋～ [泉] 黄 [漳] 鸹～园 [漳] ④苋 [泉] ～菜 ⑥惠 [泉] ～安衔 [泉] (赠送) 远 [漳] **[Ø]** ①搵 [漳] ②闲 [泉] 黄 [漳] ③偎* [泉] (靠近) 阮 [漳] ⑤畏 [漳]

uiNh

[m] ⑦蝱 [泉] 草～ (蚱蜢) ⑧蟆* 蛤～

ui

b ②肥弓～ (催肥，育肥) | 下～ | 潭～ | 窟～ | 披 [ia⁶] ～ | 大 ～ | 汅～ | 牢 [diao²] ～ | 凛～ | 枯～ (饼肥) | 豆～ | 甕～ | 沃 [ak⁷] ～ | 落～ | 裹 [gaoh⁷] ～ | 涂 (杂) ～ | 番 (仔) ～ | 屎尿～ | 猪头～ ⑤痱热～ | 恶～ ⑥蜚尿～ (椿象) **吠**狗～

p ⑤屁含～ | 蜎～ (椿象) | 鬼仔～ | 糊累 [de⁵] ～ | 狗跟 [de⁵] ～ **呸**痰～ | 咯 [kah⁷] ～

bb ①微沙 [sa¹] ～ (眯缝，乜斜) | 麻 [ba²] ～ (眯缝) | 笑 ～～

d ①堆沙～ | 叠～ | 做～ | 规～ | 斗 [dao⁵] ～ | 涂～ | 粪扫～ (垃圾堆) | 狗屎～ | 故纸～ **追**跟 [gun¹] ～ | 猛～ | 穷～ | 尾～ | 奋 起直～ | 急起直～ ②搥舂搥 [zing¹ gong⁵] ～ ⑤碓舂～ **对**头～ (匹 配) | 顶～ | 门～ (门联) | 对～ | 不～ | 查～ | 酬～ | 答～ | 斗 [dao⁵] ～ | 敌～ | 掭～ | 联～ (对联) | 反～ | 核～ | 校～ | 绝～ | 面～ | 配 ～ | 匹～ | 相～ | 遥～ | 应～ | 针～ | 质～ | 作～ | 食会～ | 食觞～ | 门

当户~｜横眉冷~｜针锋相~｜遥遥相~｜无言以~　⑥队编~｜部~｜插~｜车~｜大~｜带~｜掉~｜方~｜归~｜横~｜舰~｜船~｜军~｜兵~｜客~｜离~｜连~｜练~｜列~｜领~｜马~｜排~｜入~｜商~｜梯~｜卫~｜小~｜压［deh⁷］~｜押~｜乐~｜站~｜徛［kia⁶］~｜支~｜中~｜主~｜纵~｜篡~｜僭［ciam⁵］~｜别动~｜小分~｜武工｜游击~｜拉拉~｜少先~｜敢死~｜仪仗~　坠铅~｜耳~｜下~｜累~｜时钟~（钟摆）｜天花乱~｜摇摇欲~　缒落~　怼怨~

t　①推铅~（一种鱼）｜公~｜类~　梯阶~｜天~｜楼~｜电~｜索~（绳梯）｜软~｜徛［kia⁶］~｜舷~｜旋~｜悬~｜云~　②锤秤~｜棍~｜拄［du³］~（顶撞）｜铁~｜铜~｜柴~｜揭挂~｜戥仔~　槌仔~｜擂~（愚顽）｜研~｜摃~｜面~｜铁~｜棍~｜柴~｜犁~｜瓷~（瓷制小杵子；愚顽）｜钉仔~　③腿绑~｜拆~（劈叉）｜泥~｜骹~｜大~｜小~｜前~｜后~｜盘~｜跑~｜狗~｜下~｜裤~｜伸~｜歇~｜撑~｜拔~｜抱大~｜拉后~｜拖后~｜飞毛~　⑤替团婿~｜新娘~｜新人~　⑥坠拖~｜累~｜耳~｜耳钩~

l　①镭（铜板，钱）铜~｜大~｜细~｜有~｜无~｜小~｜趁~（赚钱）｜零星~　②累负~｜硕果~~　雷起~｜脆~｜瑱［dan²］~（响雷，打雷）｜风~｜敲［ka⁵］~｜春~｜风~｜落~｜闷~｜排~｜霹~｜扫~｜拍风~｜鼾声如~｜暴跳如~｜咆哮如~　蕾松柏（仔）~　擂吹~｜打~｜大吹大~｜自吹自~　蕤蕤~　③蕾芭~｜蓓~｜花~　儡傀~　垒堡~｜壁~｜对~｜炮~｜块~｜营~｜森严壁~｜深沟高~　蕊花~　⑥类匪~｜败~｜部~｜丑~｜分~｜归~｜连~｜门~｜品~｜人~｜兽~｜善~｜同~｜异~｜种~｜族~｜分门别~｜不伦不~｜诸如此~｜物伤其~｜有教无~｜呼朋引~　泪垂~｜掉~｜含~｜挥~｜落~｜泣~｜热~｜洒~｜拭~｜涕~｜血~｜眼~｜烛~｜四涟~｜哭天抹~　累牵~｜拖~｜挂~｜劳~｜受~　诔哀~

z　①锥尖~｜古~（小巧玲珑，漂亮可爱）｜鼻（仔）~~　椎尾~｜荐~｜搓［so¹］尾~｜将尾~　佳鸡~（斑鸠）　②摧刀~｜截［zueh⁸］~　③嘴嗦~（口水；口才）　水露~｜雨~｜霜~｜冰~｜海~｜湖~｜江~｜河~｜溪（仔）~｜潭（仔）~｜山~｜井~｜大~｜灰~｜下~｜流~｜食~｜涨~｜硬~｜软~｜头~｜二~｜尾~｜够~｜潘［pun¹］~｜收~｜出~｜奓［zang²，ziang²］~｜肥~｜沃［ak⁷］

～｜倒～｜白～｜破～｜流～｜呕～｜放～｜鼻～｜勾～｜纠～｜芳～｜臭～｜落～｜食～｜烧～｜滚～｜外～（外快）｜捾［guaN⁶］～（提水）｜过～｜即［zit⁷］～（这段时间）｜迄［hit⁷］～（那段时间）｜消～｜钢～｜冷～｜色～｜束～｜走～（跑单帮）｜银～｜灌～｜钱～｜汇～｜上［ziuN⁶］～｜落～｜报～｜喙～（口水；口才）｜清［cin⁵］～｜泅～｜跳～｜墨～｜屎～｜尿～｜肥～｜甩［hiu⁵］～｜承［sin²］～｜淹～｜泄［siap⁷］～｜出～｜泼～｜掬［giuh⁷］～｜红药～｜茖力［gat7lat8］～（硫酸）｜面桶～｜骹桶～｜目药～｜沟涵［gao¹am²］～｜楚螺［seh⁸le²］（仔）～（漩涡）｜自来～｜淹大～｜做大～｜关刀～｜倒绞～｜做大～大流［lao²］～｜小流～｜流疡［lao²siong²］～｜使色～｜黄垂～ ⑤**醉**沉～｜灌～｜酒～｜茶～｜大～｜无～｜𣍐～｜酣～｜烂～｜麻～｜迷～｜心～｜陶～｜自我陶～｜酩酊大～｜酕醄大～｜金迷纸～ ⑥**悴**憔～｜形容憔～ **萃**集～｜出类拔～｜人才荟～｜精英荟～ **瘁**劳～｜心力交～｜身心交～｜鞠躬尽～ **赘**入～｜累～ **谁**（是）～（谁）

　　c ①**崔**（姓） **催**紧～ **吹**告～｜鼓～｜自～｜爱～｜势～｜风～ **炊**断～｜野～｜米已成～｜无米之～ **摧**无坚不～｜坚不可～ ⑤**脆**干～｜清～｜酥～｜薄～｜干干～～ **碎**布～｜累～（零碎，细碎）｜杂（累）～｜琐～｜累累～～（琐碎） **粹**纯～｜国～｜精～｜纳～ **翠**苍～｜葱～｜翡～｜青［cing¹，ciN¹］～｜玉～｜翁～｜珠～ **喙**（嘴）翘～｜歪～｜破～｜吵～｜顶～｜斗～｜触［dak⁷］～｜拄［du³］好～｜否［paiN³］～｜粗～｜大～｜细～｜开～｜合［hap⁸］～｜合［hah⁸］～｜合［gap⁷］～（接口；收口）｜关～｜空～｜尖～｜奶～｜收～｜堵～｜阔～｜圆～｜扁～｜短［de⁵］臭～｜芳～｜拌～｜毡［maoh⁷］～｜觎～（抽搭，撇嘴）｜禁～｜薰～｜赠［zan⁶］～（敲边鼓）｜甜～｜醒～｜洗～｜头～｜金～｜回～｜空～｜续［sua⁵］～｜接～｜裂～｜破～｜粗～｜赞～（帮腔）｜拭～｜洛～｜过～｜花～｜漏～｜应～｜顺～｜骗～｜转［dng³］～（改口）｜软～｜封～｜脱～｜落［lao⁵］～（漏嘴）｜出～｜入～｜搭～（搭讪）｜插［cah⁷］～｜报～｜砧～｜听～｜刀～｜伤～｜室［tat⁷］～（堵嘴）｜加～（多嘴）｜拌～｜还～｜忌～｜犟［giuN¹］～｜山～｜插［cap⁷］～｜拭［cit⁷］～｜夸～｜快～｜零～｜卖～｜磨～｜努～｜撇～｜贫～｜抢～｜亲～｜噆［zim¹］～｜绕～｜顺～｜说～｜贪～｜偷～｜油～｜张～｜掌～｜诤［ziN⁵］～｜走～｜缺～｜拗～｜谴［ggioh⁸］～｜桀［geh⁸］～（拗口）｜鼻目～｜八字～｜奶仔～｜粒仔～（疮口）｜黜［lut⁷］仔～｜江湖～｜花婆～｜媒人

～｜佬仔～｜众人～｜白贼～（说谎）｜嚣六～（嚼舌）｜否出～（碍口）
｜婆婆～｜七～八～｜龇牙咧～｜有耳无～

　　s ①**鬈鬟**～灯～｜旗～｜卵［lan⁶］～｜毛［mng²］～　**荽芫**
～　**蓑棕**～　**睢恣**～｜暴戾恣～　②**垂**耳～｜檖～｜四逴～　**陲**边～
随伴～｜追～｜跟［gun¹］～｜亲～｜尾～｜萧规曹～｜言出法～｜夫唱
妇～｜衔尾相～　③**水**真～（漂亮，很美）｜风～｜乌～｜无～｜爱～｜孍
［ggian⁵］～｜一流［it⁷ liu²］～（流畅，流利）　**髓**精～｜神～｜心～｜
恨入骨～｜敲骨吸～　⑥**遂**半［buan⁵，bian⁵］～（偏瘫）｜不～｜顺～｜
未～｜半身不～｜径情直～　**穗**出～｜稻～｜谷～｜麦～（玉米）｜吐～
祟气［kui⁵］～｜鬼～｜邪～｜作～｜鬼鬼～～　**尿**大尿～　**瑞**符
～｜祥～　**睡**沉～｜酣～｜鼾～｜瞌～｜临～｜腻～｜入～｜熟～｜午
～｜昏昏欲～　**燧**烽～　**邃**精～｜深～｜幽～

　　g ①**归**当～｜返～｜回～｜凯～｜来～｜荣～｜同～｜海～｜终
～｜总～｜扛板～｜击其惰～｜尽兴而～｜奏凯而～｜满载而～｜自拔来
～｜视死如～｜宾至如～｜爱其适～｜众望所～｜殊途同～｜责有攸～
机布～｜梳～｜网～｜绷［biN¹］～～｜车～｜踏布～　**规**绣～｜定｜
常～｜陈～｜成～｜守～｜法～｜犯～｜行～｜弘～｜家～｜圆～｜教
～｜陋～｜清～｜校～｜正～｜乌点～｜因袭陈～｜墨守成～｜胶于成
～｜革除陋～　**龟**乌～　**胿**鸡～｜鸭～｜哽～｜颔［am⁶］～｜大颔～
（大脖子病）｜大肚～｜嗙［bun²］鸡～（吹牛）　②**葵**向日～　**馗**钟～
③**几**万～　**宄**奸～　**鬼**门～｜暗～｜水～｜缴～（赌徒）｜怅～｜打
～捣～｜搞～｜见～｜酒～｜薰～（烟鬼）｜魔～｜厉～｜穧［bbai³］
～｜宿［sik⁷］～（机灵鬼，聪明人）｜闹～｜弄～｜色～｜死～｜小～｜
烟～｜醉～｜做～（耍弄诡计）｜够～｜斩～｜狡～｜跳～｜桙～（饿鬼，
吝啬）｜孽［ggiat⁸］～｜活～（活门）｜蛲～｜变［biN⁵］～｜（绿）豆
～｜鬖［sam⁵］毛～｜鸦片～｜腌臜～｜垃圾［lap⁷ sap⁷］～｜不似～｜
犯着～｜短命～｜枕头～｜耳腔～（耳报神）｜天寿～｜番仔～（洋鬼子）
｜莽撞～｜咸涩～（吝啬鬼）｜～扛～｜冒失～｜替死～｜吸血～｜乌
～｜怀垢（怀）～｜怀成（垢）～｜非人非～｜双面刀～｜弄神弄～｜疑
神疑～｜迎神捉～｜流痞［lao² siong²］～～　**诡**云谲波～｜波谲云
曶日～｜余～｜焚膏继～　⑤**季**节～｜春～｜淡～｜冬～｜旱～｜换～｜
昆～｜秋～｜盛～｜四～｜旺～｜夏～｜雨～｜月～｜伯仲叔～　**贵**昂
～｜宝～｜富～｜高～｜华～｜较～｜可～｜名～｜亲～｜权～｜腾～｜

显～｜珍～｜尊～｜荣华富～｜雍容华～｜攀高结～｜难能可～｜驯熟可～｜弥足珍～｜洛阳纸～ **桂**米珠薪～ **瑰**玫～ **挂**衫～ ⑥**柜**风～｜油～｜水～｜连～｜霜～｜屜 [tuah⁷] ～｜衫～｜衣～｜箱～｜鞋～｜上 [ziuN⁶] ～｜数 [siao⁵] ～｜银～｜铁～｜栏～｜拦～｜押～｜掌～｜通路～｜烟筒～｜光景～｜合 [gap⁷] 万～（保险柜）｜翻箱倒～ **悸**寒～｜惊～｜心～｜心有余～ **跪**拜～｜落 [loh⁸] ～｜骹～ **膭**饱～｜带～｜挂～ **匮**穷～｜命穷财～ **馈**反～｜中～ **聩**振聋发～｜发聋振～ **篑**功亏一～

k ①**开**天～｜酒～｜照～｜敲 [tao³] ～｜跤 [ling⁵] ～｜滚～｜展 [dian³，tiN³] ～｜献～｜分～｜大～｜无～｜怀～｜未～｜弓 [ging¹] ～｜脱～ **亏**克～｜食～｜吃 [kit⁷] ～｜多～｜理～｜幸～｜盈～｜哑口 [e³gao³] ～｜自负盈～｜行止有～ **窥**管～ ③**轨**不～｜常～｜出～｜越～｜正～｜路～｜铁～｜轻～｜图谋不～｜纳入正～｜行上正～ ⑤**气**过～｜空 [kang¹] ～（事儿，含贬义）｜节 [zueh⁷] ～｜无～｜喘～｜中～｜臊 [co¹] ～｜生 [siN¹] ～｜旺～｜硬～｜软～｜水 [sui³] ～（漂亮，美）｜赶～｜宽～｜大～｜紧～（迅速，快）｜实 [zat⁸] ～（憋气）｜煞 [suah⁷] ～｜切 [cueh⁷] ～｜敲 [tao³] ～｜穷～｜生 [ciN¹] ～｜即 [zit⁷] ～（这会儿）｜迄 [hit⁷] ～（那会儿）｜失～｜外～｜好～｜否 [paiN³] ～｜吐～｜差～（差劲）｜起～（得势）｜落 [lao⁵] ～｜禁～｜歁 [kam³] ～｜闪～｜转 [dng³] ～｜激～｜扎 [zah⁷] ～｜食～｜踅 [saNh⁷] ～（馋劲儿）｜无够～｜大心～｜吐大～｜做瘠 [san³] ～（调情）｜变瘠～｜三八 [sam¹bat⁷] ～｜阿狗～（撒娇态）｜斯文～｜悾歁～｜喘尾～（残喘）｜臭涂（味）～｜神经～｜囡仔～｜假歁～｜龌龊 [ak⁷zak⁷] ～｜否狗～｜假空假～｜激空激～ **愧**不～｜惭～｜无～｜羞～｜有～问心无～｜当之无～｜问心有～ **喟**感～

gg ②**危**安～｜临～｜濒～｜病～｜垂～｜岌～｜艰～｜岌岌 [ggip⁸] 可～｜居安思～｜乘人之～ **桅**船～｜篷 [pang²] ～（帆桅）**嵬**崔～｜崴～｜～～ **巍**崔～｜～～｜颤～～ ⑥**伪**真～ **魏**汉～

h ①**飞**阿～｜翻～｜纷～｜奋～｜高～｜起～｜不翼而～｜劳燕分～｜振翼 [sit⁸] 奋～｜展翼 [sit⁸] 高～｜远走高～｜血肉横～｜插翼 [sit⁸] 难～｜比翼 [it⁸] 齐～｜情夺神～｜健步如～｜比翼 [it⁸] 双～｜笨鸟先～ **非**除～｜莫～｜岂～｜若～｜是～｜无～｜所～｜惹是～｜大是大～｜似是而～｜想入～～｜未可厚～｜无可厚～｜啼笑皆～｜痛改

前～｜面目全～｜惹是生～｜无事生～｜文过饰～｜拒谏饰～｜明辨是～｜洞察是～｜颠倒是～｜搬弄是～｜拨弄是～｜招惹是～｜口舌是～｜混淆是～｜口是心～｜今是昨～　**菲**芳～｜芬～　**扉**柴～｜心～｜扣人心～　**霏**雨雪～～｜烟雨～～｜淫雨～～　**鲱**花～　**妃**贵～｜后～　**挥**发～｜指～｜借题发～　**晖**春～｜夕～｜斜～｜朝～　**辉**光～｜蓬荜生～　**徽**国～｜军～｜帽～｜团～｜校～　②**瓷**粗～｜幼～｜乌～｜白～　**肥**癡～｜分～｜施～｜自～｜脑满肠～｜食言而～　③**诽**诋～｜腹～　**匪**白～｜绑～｜盗～｜海～｜股～｜惯～｜胡～｜山～｜剿～｜叛～｜土～　**毁**拆～｜摧～｜捣～｜诋～｜焚～｜衮～｜击～｜平～｜烧～｜撕～｜销～｜炸～｜坠～　⑤**卉**花～｜奇花异～　**讳**避～｜不～｜忌～｜名～｜隐～｜供认不～｜直言不～　**沸**鼎～｜群情鼎～｜人声鼎～｜扬汤止～　**肺**心～｜狼心狗～｜撕心裂～　**费**白～｜辞～｜稿～｜公～｜耗～｜花～｜经～｜旷～｜浪～｜路～｜旅～｜靡～｜糜～｜免～｜盘～｜破～｜膳～｜枉～｜消～｜小～｜学～｜用～｜杂～｜自～｜所～｜家～｜开～｜水酒～｜生活～｜安家～｜车马～｜铺张浪～　**喙**不容置～　⑥**吠**狂～｜狺狺狂～｜鸡鸣犬～　**惠**恩～｜互～｜口～｜实～｜受～｜小～｜优～｜平等互～｜小恩小～　**慧**聪～｜敏～｜明～｜颖～｜早～｜智～｜拾人牙～　**愦**昏～

Ø　①**衣**胎～　**威**英～（威风）｜雄～｜王～｜展～｜发～｜国～｜虎～｜军～｜淫～｜余～｜助～｜权～｜神～｜声～｜施～｜示～｜炎～｜下马～｜游行示～｜耀武扬～｜狐假虎～　**葳**气～　②**为**因～｜变～｜转～｜最～｜作～｜成～｜好～｜沦～｜目～｜难～｜能～｜颇～｜人～｜尤～｜有～｜认～｜稍～｜以～｜应～｜所～｜特～｜妄～｜无～｜行～｜不失～｜变成～｜胆大妄～｜逞性妄～｜肆意妄～｜恣意妄～｜无知妄～｜碌碌无～｜清虚无～｜禽兽行～｜事在人～｜见义勇～｜大有可～｜何乐不～｜无所不～｜奋发有～｜年青有～｜为所欲～｜无所作～｜有所作～｜大有作～｜尽力而～｜量力而～｜胡作非～｜敢作敢～　**围**～墙｜包～｜重～｜打～｜堤～｜范～｜氛～｜雾～｜合～｜解～｜溃～｜四～｜突～｜外～｜周～｜墙瓜～｜四篱～（周围）　**帏**桌～　**违**乖～｜久～｜暌～｜相～｜依～｜阳奉阴～｜事与愿～　**闱**春～｜宫～｜秋～｜入～　**惟**不～｜恭～｜思～　**维**纲～｜恭～｜时～｜思～｜图～　**遗**补～｜子～｜梦～｜靡～｜拾～｜道不拾～｜路不拾～｜

包举无～｜暴露无～｜巨细无～　③**伟**瑰～｜宏～｜魁～｜雄～｜英～

纬谶～｜经～　**委**党～｜加～｜团～｜推～｜原～｜政～｜常～｜穷原

竟～　**诿**推～　**萎**凋～｜黄～｜枯～｜衰～　**猥**淫～　⑤**尉**户～｜校～

蔚炳～｜森～｜云兴霞～｜云蒸霞～　**慰**安～｜抚～｜感～｜告～｜

寄～｜快～｜宽～｜劝～｜欣～｜自～｜聊以自～　**畏**无～｜怀～｜敬

～｜大无～｜后生可～｜望而生～｜无私无～　⑥**画**笔～｜图～｜国～｜

炭～｜书～｜字～　**位**细～｜大～(首席)｜篡～｜徙 [sua³] ～｜镇～

｜外～｜别～｜本～｜部～｜床～｜单～｜地～｜方～｜岗～｜各～｜即

[zit⁷] ～(仔)｜� [hit⁷] ～(仔)｜就～｜爵～｜列～｜灵～｜禄

～｜名～｜牌～｜铺～｜让～｜有～｜无～｜好～｜否 [paiN³] ～｜留

～｜禅～｜神～｜尸～｜首～｜嗣～｜同～｜退～｜王～｜席～｜学～｜

逊～｜在～｜职～｜众～｜诸～｜主～｜坐～｜座～｜船～｜栈～(货位)

｜换～｜逐～(各位)｜地～｜坐大～｜倒一～｜各就各～｜否骰迹～

胃败～｜健～｜养～｜开～｜胀～｜脾～　**为**相 [saN¹] ～｜特～｜因

～　**谓**不～｜称～｜何～｜可～｜无～｜窃～｜所～｜无所～

uih

b　⑧**拔**鞋～｜绷 [biN¹] ～(绷紧)｜铁线～(拔铁线的钳子)

g　⑦**刿**刀～

h　⑦**血**猪～｜鸡～｜鸭～｜人～｜吐～｜呸 [pui⁵] ～｜凝～｜

积～｜放～｜抽～｜献～｜验～｜凉～｜咯 [kah⁷] ～｜霖～｜米～｜乌

滓～｜乌沤～｜脑冲～

Ø　⑦**挖**(捣)　⑧**划**笔～｜字～｜几～｜一～

uiN

b　①**方** [漳]　**枋**～洋(地名) [漳]　**枫** [漳]　**鲂** [漳]　⑥**饭**
[漳]

m　②**梅**壁～｜腊～｜青～｜红～｜活 [ua⁶] ～｜薄荷～｜珍珠～

莓花～　**霉**倒～｜发～　**酶**生物～｜消化～　**玫**　**枚**蝌～(蝌蚪)｜

猜～｜衔～　**媒**鸟～｜保～｜触～｜说～｜做～　**煤**蜂岫～　③**每**～～

晚 [漳]　⑥昧 暧～｜暗～｜草～｜茫～｜冒～｜蒙～｜幽～｜愚～｜拾金不～｜不揣冒～　问 [漳]

d　②劙 [漳]　③转 [漳]　⑤顿 [漳]　⑥断 [漳]

t　②团 [漳]　传 [漳]　⑤褪 [漳]　⑥煅 [漳]

n　②图 [漳]　柚* [漳]　⑥卵 [漳]

z　①砖 [漳]　②全 [漳]　⑤钻 [漳]　⑥旋 [漳]

c　①村 [漳]　穿 [漳]　③觇 [漳]

s　①酸 [漳]　孙 [漳]　栓 [漳]　③损 [漳]　水～牛 [漳]　⑤算 [漳]

g　①光 [漳]　③广 [漳]　捲 [漳]　管 [漳]　⑤卷 [漳]　贯 [漳]

k　⑤劝 [漳]　快～活

h　①昏 [漳]　荒 [漳]　②园 [漳]　⑥远 [漳]

Ø　①塭 [漳]　②黄 [漳]　磺 [漳]　③阮 [漳]　裩 [漳]　笼 [漳]　⑤慰 [漳]　尉 [漳]　畏 [漳]

2. 牛油韵

【-u，-uh；-uu；-iu，-iuh，-iuN，-iuNh】

珠韵

【-u，-uh】

u

[b] ②浮～番薯　匏～仔浮 ④浡 [泉] 妇 [泉] ⑤富 ⑥伏 (孵) 浮* ～水泡妇新～　　[p] ②芙～蓉浮葡～萄 ③殕生～　　[bb] ②巫诬无芜毋 ③武鹉妩庑侮舞母姆保～拇大部～（大母指）⑥务雾鹜骛婺　　[d] ①蛛蜘～推～车堆——猪嘟 ②厨橱蹰蹰除蒢滁锄* ③拄贮 ⑤丁注著～作 ⑥潴箸仁苎杼　　[t] ①樗～蒲 ②蹰除 ③储*　　[l] ①招 ②驴庐颅如茹迦闾桐儒蠕孺儒懦濡缛嚅瑜愉榆渝逾俞窬觎揄萸谀腴 ③屡偻缕褛乳愈女汝旅屡吕侣铝 ④腴 [泉] ⑤镥 ⑥喻谕逾裕虑

滤吕侣铝腴　[z]①朱茱珠侏蛛株铢茱诛资咨姿淄辎锱兹滋孳孜赀訾龇趑诸且苴雎书* ②慈瓷茨磁糍鹚兹龟~蜍薯*厕③主尘子仔籽梓滓姊秭紫煮渚咀④柱[泉] 聚[泉] ⑤注蛀炷驻铸恣訾鬻⑥住柱聚竖沮龃字自渍恣~意眦　[c]①趋呲雌蛆疽趄差参~舒②雏疵③取娶此处杵鼠④跙[泉] ⑤趣厝处次刺觑⑥跙澍

　[s]①需须姝躯输斯撕嘶澌厮丝鸶思缌偲司师狮蛳舒抒纾书私俬胥②殊词祠辞徐蜍薯③黍薯墅玺史使驶署暑死矢徙葸屣④竖[泉] ⑤戍四泗驷肆赐絮恕伺笥使庶思意~觌⑥树澍士仕柿巳祀俟涘似姒序叙绪溆汜伺饲嗣事寺侍竖屿　[zz]③乳[漳] ⑥字[漳] 裕[漳]　[g]①拘驹蚼痀痃龟车~马炮居琚椐据裾②瞿瘰衢劬跔鸲渠蕖磲璩遽③踽久举榉苣筥矩④舅[泉] ⑤灸句屦锯踞倨据遽⑥具俱*惧飓旧舅巨拒距炬讵钜苣窭遽　[k]①区岖躯驱拘驹祛丘邱②瞿蚼跍蹲*劬鸲衢③龋④臼[泉] 枢[泉] ⑤去⑥具臼枢汩　[gg]②禺愚隅嵎虞娱牛鱼渔③麌语龉围圉⑥遇寓驭御　[h]①夫伕肤趺麸郎跗痡敷孚烌莩灰*郇虚嘘墟*圩吁②扶芙蚨凫苻符烰桴蜉浮俘孚*莩*郇鱼渔③府腑俯甫辅脯拊抚腐殕斧釜父许允~诩栩④腐[泉] 父[泉] 釜[泉] 阜[泉] 妇[泉] ⑤付咐傅副赴讣昫煦酗富赋⑥负付附驸衬赙伏腐父釜阜妇

　[Ø]①迂污*於淤瘀②于芋竽盂榆渝愉俞瑜揄逾觎蝓窬臾谀腴余馀好纾伃舆欤③雨禹宇羽窳伛与予④有[泉] ⑤妪昫污饫⑥愈喻谕芋吁裕有预豫誉

uh

[b]⑦暴发*~芽 ⑧吥　[p]⑧浡*~肿（水肿）　[d]⑦乱*点~ ⑧挼*　[t]⑦托拓⑧凸踱　[l]⑦护　[z]⑦洗　[c]⑦淬　[s]⑦嘬*（吮吸）　[k]⑦跔*~脚 ⑧汩*~糜　[Ø]⑦昫*~烧

u

b 　②烰跳火~　匏茄~｜番~｜草~｜芋~｜奶[niᵘˡ] ~｜万寿~ 浮草~ ⑤富土~｜真~｜大~｜饱~ ⑥妇新~｜孙新~｜囝新~

｜娶［cua⁶］新～ 　**伏**做～（抱窝）

　　p ②**浮**长～｜真～（很显赫）　③**殕**臭～｜生～｜上［ciuN⁶］～｜白～｜沤［ao⁵］～｜白～～｜恶［ao⁵］～～（灰暗色；不显眼）｜生菇拉～

　　bb ②**巫**女～｜神～　**诬**加～｜辩～　**无**毫～｜了～｜虚～｜互通有～｜可有可～｜聊胜于～｜不识之～　**芜**繁～｜荒～｜杂～　③**毋**

母话～｜血～（血本；产褥期的子宫）｜病～｜火～（底火）｜姜～｜姨～｜姑～｜舅～｜伯～｜腯［tun²］～（石女）｜山～｜老～｜公～｜恁［lin³］～（老娘）｜沙～｜班～｜猪～｜牛～｜虎～｜马～｜鸡～｜狗～｜羊～｜猫～｜虮～｜鸭～｜阿～｜爸～｜云～｜后～｜床～｜素～｜软～（屏头）｜大～｜蟒［bba²］～（鸨母）｜奶～｜螺丝～｜拾［kioh⁷］团～｜拾姐～｜姐［zia³］仔～（庶母）｜育［io¹］奶～（奶妈）｜拳头～｜掌［zng³］头～｜大部～｜姐仔～｜老爸～｜大老～｜婆姐～｜邀奶～｜使恁～（粗话）｜涂虾～｜火炭～｜黄花～｜见公～｜虎伯～｜海鸡～（海鸥）｜菜鸭～｜痈狗～｜红猪～｜见公～（决雌雄）｜哭爸哭～｜叫爸叫～｜无爸［be⁶］无～｜食爸穿～　**拇**大部～｜掌［zng³］头～｜大头～｜大白～｜部头～　**侮**欺～｜轻～｜外～｜御～　**武**比～｜步～｜动～｜拍～（武打）｜默～｜继～｜孔～｜练～｜尚～｜神～｜威～｜文～｜习～｜演～｜英～｜勇～｜用～｜踵～｜整军经～｜穷兵黩～　**鹉**

鹦～　**舞**伴～｜飞～｜乱～｜歌～｜鼓～｜乐～｜挥～｜剑～｜跳～｜飘～｜曼～｜交谊～｜国际～｜表演～｜芭蕾～｜轻歌曼～｜群魔乱～｜闻鸡起～｜翩翩起～｜婆娑起～｜眉飞色～｜欢欣鼓～｜莺歌燕～｜龙飞凤～｜载歌载～　⑥**务**报～｜财～｜常～｜防～｜服～｜公～｜国～｜航～｜港～｜船～｜急～｜家～｜教～｜剧～｜军～｜内～｜侨～｜勤～｜任～｜商～｜时～｜事～｜庶～｜税～｜特～｜外～｜洋～｜要～｜业～｜义～｜医～｜杂～｜债～｜政～｜党～｜职～｜总～｜不急之～｜不识时～　**雾**罩～｜水～｜薰～｜蒙～｜山～｜云～｜染［liam³］～（一种水果）｜晨～｜迷～｜晓～｜烟～｜妖～｜夜～｜五里～｜愁云惨～｜腾云驾～　**鹜**旁～｜外～｜驰心旁～　**骛**趋之若～

　　d ①**堆**蚝～｜石～｜涂～｜沙～｜墓～　**推**对～｜手～｜三骸～

嘟嗒嗒～　**蛛**蜘～｜番知～　②**除**使［sai³］～｜拔～｜摈～｜屏～｜折～｜铲～｜划～｜对～｜乘～｜涤～｜防～｜废～｜割～｜革～｜根～｜归～｜化～｜剪～｜剿～｜解～｜戒～｜开～｜扣～｜免～｜泯～｜

排～｜刨～｜破～｜切～｜清～｜驱～｜祛～｜攘～｜扫～｜艾～｜删
～｜岁～｜剔～｜庭～｜消～｜摘～｜整～｜大扫～　**厨**帮～｜大～｜
名～｜庖～　**橱**菜～｜冰～｜烘～｜壁～｜柜～｜书～｜大～｜册～｜
碗～｜衣～｜衫（仔）～　**蹰**愚～｜跼～　**躇**踌～　③**拄**门～｜对～（对
抵）｜相～｜话～（顶嘴，相讥）｜头～仔（刚才，刚）｜根～（反正）｜无
～～（不一定）｜～～（仔）　**贮**存～　⑤**仃**有～（耐用，有能耐）｜无～
　注缴～（赌注）｜大～｜细～｜拼～｜后～｜规～｜拼孤～　**著**编～｜
大～｜合～｜较～｜巨～｜论～｜名～｜土～｜显～｜新～｜遗～｜译
～｜原～｜昭～｜专～｜撰～｜拙～｜卓～｜鸿篇世～｜鸿章世～｜臭名
昭～｜观微知～｜见微名～｜彰明较～｜勋劳卓～　⑥**潴**门～（顶门的木柱
或铁柱等）　**亍**痹～　**杼**机～

t　②**躇**勺仔～　③**储**仓～｜存～｜皇～｜积～｜王～

l　①**捛**直透～｜直直～｜乌～～｜七～八～　②**如**比～｜不～
何～｜恍～｜假～｜例～｜莫～｜譬～｜恰～｜阙～｜宛～｜无～｜俨
一～｜犹～｜有～｜裕～｜诸～｜自～｜应付自～｜舒卷自～｜挥洒
自～｜进退自～｜自愧弗～｜潇洒逸～｜应付裕～｜措置裕～｜竟告阙
～｜暂付阙～　**茹**起～｜乱～｜番～｜杂念～　**颅**乌 [oo¹] ～（光头）
｜后～｜秃～　**庐**茅～｜初出茅～｜三顾茅～　**驴**骑～｜觅～｜卸磨
杀～　**闾**尾～｜乡～　**榈**棕～　**嚅**嗫～　**孺**妇～　**蠕**～　③**女**爱
～｜婢～｜处～｜儿～｜妇～｜宫～｜工～｜孤～｜闺～｜妓～｜寄～｜
烈～｜美～｜母～｜男～｜少～｜神～｜石～｜仕～｜侍～｜使～｜室
～｜淑～｜童～｜舞～｜仙～｜信～｜修～｜养～｜义～｜贞～｜子～｜
孙～｜在室～｜外甥～｜外孙～｜良家妇～｜家庭妇～｜红男绿～｜男男
～～｜重男轻～｜名媛淑～｜善男信～｜信男信～｜生儿育～｜养儿育
～｜牛郎织～　**吕**律～　**侣**爱～｜伴～｜俦 [diu²] ～｜旧～｜情～｜
僧～｜携～｜鸳～　**旅**羁～｜劲～｜军～｜逆～｜商～｜行～｜枪兵劲
～　**偻**伛～　**缕**缕～｜纹～｜一～｜筚路蓝～｜丝丝～～｜细针密～｜
不绝如～｜千丝万～　**褛**褴～｜衣衫褴～　**乳**豆～｜发～｜母～　**愈**病
～｜初～｜瘥～　⑤**锯**锯～｜签～　⑥**吕**（姓）　**裕**饶～｜充～｜丰～｜
富～｜饶～｜宽～｜优～｜余～　**喻**比～｜讽～｜理～｜譬～｜晓～｜
训～｜不言而～｜不可理～　**谕**面～｜上～｜手～｜晓～　**逾**超～　**虑**
尘～｜顾～｜挂～｜过～｜焦～｜考～｜思～｜悬～｜疑～｜忧～｜远
～｜智～｜处心积～｜殚思极～｜殚精竭～｜深思熟～｜不足为～｜深谋

远～ **滤**过～｜筛～

z ①**孜**～～ **兹**今～｜来～｜念～｜在～ **滋**乐～～｜美～～｜
甜～～｜喜～～ **孳**～～ **苴**补～ **朱**红～｜红银～｜红涂～ **珠**水
～｜珍～｜金～｜宝～｜玉～｜真～｜电～（灯泡）｜石～｜耳～｜泪
～｜连～｜露～｜明～｜领～｜种～｜出～｜披～｜葱～｜涂～｜汗～｜
香［hiuN¹］～（念珠）｜数［soo⁵］～（佛珠）｜棺［guaN⁶］～｜夜明
～｜江瑶～（干贝）｜夜合～｜龙吐～｜箬［hioh⁸］下～｜柱（仔）～｜
生目～｜喙唇～｜颔管［am² gun³］～（喉结）｜出水～｜买椟还～｜鱼目
混～｜掌上明～ **诛**伏～｜不教而～｜罪不容～ **姿**芳～｜丰～｜容
～｜风～｜体～｜睡～｜韵～｜婀娜多～｜搔首弄～ **资**笔～｜川～｜工
～｜集～｜酿～｜欠～｜润～｜师～｜天～｜投～｜外～｜物～｜薪～｜
邮～｜游～｜内～｜战略物～ **赀**不～｜破费不～ **诸**付～｜公～于众
②**蚩**蟑～ **慈**家～｜令～｜仁～｜先～ **瓷**陶～｜白～｜幼～ **薯**番
～｜葛［guah⁷］～｜树～｜芋～｜番仔番～ **㨗**鸡～ ③**子**半［buan⁵］
～｜童～｜哀～｜靶～｜把～｜败～｜班～｜才～｜岔～｜状～｜臣～｜
呈～｜主～｜处～｜弟～｜底～｜点～｜调～｜段～｜对～｜儿～｜法
～｜贩～｜妃～｜分～｜夫～｜父～｜份～｜根～｜公～｜鬼～｜棍～｜
汉～｜号～｜核～｜集～｜甲～｜架～｜尖～｜君～｜空～｜浪～｜老
～｜独～｜例～｜料～｜漏～｜路～｜乱～｜面～｜苗～｜模～｜男～｜
脑～｜内～｜递～｜娘～｜女～｜牌～｜骗～｜铺～｜妻～｜太～｜探
～｜梯～｜天～｜童～｜王～｜人～｜望～｜仙～｜小～｜孝～｜学～｜
引～｜印～｜影～｜游～｜幼～｜长～｜折～｜老夫～｜迁夫～｜遗腹
～｜打圈～｜命根～｜女公～｜卖关～｜戏馆～｜否［paiN³］分～｜败
家～｜排架～｜伪君～｜隐君～｜钻空～｜二流～｜出乱～｜闹乱～｜爱
面～｜小圈～｜独生～｜私生～｜书呆～｜人贩～｜痞公～｜无面～｜一
辈～｜谦谦君～｜仁人君～｜正人君～｜梁上君～｜花花公～｜积极分
～｜异己分～｜知识分～｜战争贩～｜封妻荫～｜莘莘学～｜私淑弟～
主屠～｜乱～｜死～｜神～｜救～｜人［lin²］～｜霸～｜宾～｜财～｜
地～｜夫～｜公～｜雇～｜顾～｜户～｜教～｜君～｜买～｜卖～｜盟
～｜民～｜牧～｜房～｜屋～｜失～｜施～｜事～｜物～｜业～｜原～｜
债～｜真～｜做～｜木～（神主）｜车～｜船～｜斋～｜自～｜造物～｜
救世～｜物归原～｜六神无～｜身不由～｜反客为～｜先入为～｜喧宾夺
～｜独立自～｜不由自～｜当家作～ **梓**付～｜桑～ **滓**渣～ ⑤**注**备

~｜赌~｜附~｜关~｜贯~｜灌~｜集~｜夹~｜笺~｜**脚*** ［ka¹］

~｜解~｜眷~｜批~｜评~｜签~｜倾~｜诠~｜小~｜训~｜专~｜

转~｜血流如~｜大雨如~｜全神贯~｜心神专~ **驻**进~｜留~ **铸**

熔~｜陶~ **翥**羽~｜龙翔凤~ ⑥**住**打~｜截~｜居~｜寄~｜留~

｜保~｜占~｜长~｜小~｜暂~｜站~｜对不~｜保不~｜搁不~｜禁

不~｜靠不~｜禁得~｜靠得~｜按捺不~｜招架不~ **坚**草~｜椅~

｜尿~｜鞋~｜床~｜肩(头)~ **柱**水~｜烟~｜台~｜支~｜砥~｜

顶梁~｜中流砥~｜偷梁换~ **自**独~｜各~｜竟~｜私~｜暗~｜径

~｜芨［ga¹］~（一种草袋）｜亲~｜擅~ **聚**攒~｜蜂~｜共~｜欢

~｜汇~｜会~｜积~｜集~｜类~｜凝~｜缩~｜团~｜合~｜围~

屯~｜囤~｜完~｜晤~｜啸~｜物以类~ **怂**放~

c ①**呲**嘶［ci⁶］~｜嘶母嘶~ **蛆**车~｜虫~｜水~｜放~｜粉

~｜药~｜屎寙［hak⁸］~ **舒**挺［tan³］~｜平~ **趋**疾~｜渐~

日~｜大势所~｜亦步亦~ **差**参［cim¹］~ **趑**趄［cu¹］~ ②**雏**雄

~｜育~ **疵**瑕~｜吹毛求~｜完美无~ ③**取**捕~｜备~｜正~｜博

~｜采~｜夺~｜攻~｜换~｜汲~｜记~｜截~｜进~｜攫~｜考~｜

可~｜偲［oh⁷］~｜猎~｜聆~｜领~｜录~｜掠~｜牟~｜谋~｜剽

~｜弃~｜窃~｜轻~｜摄~｜拾~｜收~｜索~｜提~｜听~｜妄~｜

吸~｜袭~｜选~｜诈~｜榨~｜摘~｜争~｜支~｜咎由自~｜一介不

~｜分文不~ **娶**婚~｜嫁~｜迎~ **此**彼~｜从~｜故~｜就~｜如

~｜特~｜因~｜至~｜彼~彼~｜等因奉~｜固当如~｜理当如~｜活

该如~｜向来如~｜大体如~｜理应如~｜大致如~｜竟至如~｜彼愈于

~｜何至于~｜事已至~ **鼠**剪~｜田~｜山~｜家~｜钱~｜赤~｜

老［niao³］~ **杵**春~｜砧~ ⑤**次**挨~｜班~｜版~｜编~｜层~｜

场~｜初~｜等~｜迭~｜航~｜渐~｜将~｜累~｜历~｜伦~｜屡

~｜旅~｜名~｜目~｜其~｜诠~｜如~｜顺~｜途~｜席~｜胸~｜

言~｜依~｜以~｜印~｜造~｜舟~｜主~｜座~｜三番两~｜语无伦

~｜三番五~｜不可造~ **厝**大~｜祖~｜纸~｜安~｜灵~｜顾~｜

抄~｜护~｜空~｜瓦~｜草~｜拆~｜倚［kia⁶］~｜税~｜租~｜徙

~｜恁~｜房~｜起~｜买~｜卖~｜破~｜搬~｜店面~｜枋皮（仔）

~｜对面~｜隔壁~｜人家~｜丈姆~｜楼仔大~ **处**暗~｜敝~｜长

~｜短~｜出~｜相~｜错~｜到~｜短~｜害~｜好~｜坏~｜否

［paiN³］~｜患~｜科~｜苦~｜明~｜难~｜去~｜深~｜四~｜随

~｜痛~｜下~｜遥~｜益~｜用~｜裁~｜惩~｜出~｜共~｜困~｜论~｜难~｜善~｜审~｜调~｜相~｜议~｜酌~｜和平共~｜有以善~｜和睦相~｜朝夕相~｜穴居野~｜五方杂~｜恰到好~｜一无是~｜独到之~｜所到之~｜要害之~　**趣**打~｜风~｜古~｜乐~｜无~｜情~｜生~｜识~｜天~｜兴~｜雅~｜野~｜异~｜意~｜幽~｜有~｜知~｜旨~｜志~｜饶有兴~｜相映成~　**觑**小~｜面面相~｜冷眼相~　⑥**趄**倒~　**澍**水~

s　①**书**板~｜宝~｜背~｜兵~｜帛~｜藏~｜草~｜辞~｜词~｜丛~｜读~｜法~｜攻~｜古~｜故~｜诏~｜官~｜国~｜惠~｜婚~｜疾~｜家~｜教~｜禁~｜经~｜旧~｜楷~｜快~｜全~｜类~｜历~｜隶~｜六~｜秘~｜聘~｜评~｜琴~｜情~｜上~｜尚~｜史~｜手~｜说~｜四~｜天~｜通~｜图~｜伪~｜纬~｜温~｜文~｜檄~｜休~｜下~｜闲~｜新~｜行~｜修~｜血~｜医~｜遗~｜逸~｜音~｜韵~｜乐~｜经~｜诏~｜真~｜正~｜证~｜支~｜著~｜篆~｜子~｜字~｜起诉~｜福音~｜参考~｜说明~｜绝命~｜白皮~｜红皮~｜蓝皮~｜教科~｜议定~｜工具~｜大书特~｜走笔疾~｜奋笔疾~｜振笔直~｜鸿雁传~｜罄竹难~｜百科全~｜博览群~｜披览群~｜纵览群~　**师**幼~｜老~｜拜~｜班~｜禅~｜出~｜从~｜大~｜名~｜导~｜宗~｜督~｜法~｜国~｜画~｜挥~｜魔~｜会~｜技~｜医~｜教~｜讲~｜京~｜军~｜药~｜犒~｜劳~｜回~｜先~｜满~｜牧~｜偏~｜琴~｜拳~｜誓~｜塾~｜讼~｜水~｜天~｜投~｜巫~｜兴~｜雄~｜延~｜业~｜义~｜祖~｜一代宗~｜负笈从~｜狗头军~｜好为人~｜开山祖~　**须**必~｜触~｜胡~｜巫~｜虬~｜斯~｜无~｜务~｜些~｜蓄~　**抒**发~　**舒**宽~　**需**必~｜急~｜军~｜无~｜不时之~　**司**机~　**私**阿 [o¹] ~｜公~｜缉~｜自~｜走~｜家~｜偏~｜阴~｜隐~｜荫~｜营~｜徇~｜无~｜大公无~｜铁面无~｜公正无~｜廉政无~｜公而忘~｜枉法徇~｜假公济~｜结党营~　**思**哀~｜才~｜沉~｜构~｜运~｜追~｜苦~｜离~｜冥~｜凝~｜情~｜期~｜索~｜缅~｜托~｜孝~｜心~｜深~｜神~｜熟~｜覃~｜文~｜遐~｜乡~｜相~｜寻~｜感~｜侠~｜审~｜归~｜幽~｜单相~｜好学深~｜玉想琼~｜潜研精~｜白费心~｜匪夷所~｜费尽心~｜挖空心~｜不好意~｜行成于~｜靡日不~｜清夜自~　**姝**玉~　**偲**~~　**斯**如~｜托拉~｜法西~｜以至于~　**厮**小~

嘶人喊马～｜力竭声～ **躯**规～｜浑～｜合 [hah⁸]～ **输**相 [sio¹]
～｜相 [saN¹]～｜拍～（打败，战败）｜较～｜无～｜赊～｜稳 [un³]
～｜伏～｜服～｜灌～｜捐～｜认～｜运～ ②**徐**舒～｜徐～｜不疾不～

殊悬～｜特～｜言人人～｜千差万～｜力量悬～ **祠**宗～｜支～ **词**
贬～｜陈～｜新～｜旧～｜古～｜僻～｜答～｜悼～｜遁～｜浮～｜歌
～｜供～｜贺～｜慢～｜判～｜遣～｜情～｜生～｜诗～｜饰～｜誓～｜
颂～｜台～｜题～｜提～｜体～｜填～｜托～｜挽～｜微～｜芜～｜戏
～｜献～｜谢～｜虚～｜训～｜言～｜名～｜动～｜数～｜量～｜虚～
叹～｜连～｜助～｜异～｜诔～｜语～｜证～｜致～｜主～｜祝～｜发刊
～｜群口～｜新名～｜对口～｜形容～｜语气～｜潜台～｜同义～｜反义
～｜同音～｜发语～｜慷慨陈～｜陈言浮～｜以～害意｜博学鸿～｜大放
厥～｜夸大其～｜含糊其～｜含混其～｜言过其～｜吞吐其～｜支吾其
～｜众口一～｜不赞一～｜各执一～｜奥言隐～｜片面之～｜一面之
～ ③**黍**玉蜀～｜不差累～ **使**滥～｜乱～｜使 [sai³]～（唆使，
挑唆）｜就～｜设～ **暑**处～｜大～｜小～｜避～｜祛～｜降～｜入～｜
伏～｜寒～｜酷～｜溽～｜盛～｜消～｜解～｜炎～ **史**哀～｜稗～｜
别～｜国～｜讲～｜历～｜秘～｜女～｜青～｜诗～｜杂～｜正～｜通
～｜外～｜倍～｜艳～｜野～｜家～｜乡～｜村～｜校～｜会～｜馆～｜
小～｜唐～｜宋～｜明～｜清～｜党～｜古代～｜现代～｜外国～｜二十
四～｜二十五～｜稗官野～｜彪炳青～｜永垂青～ **署**部～｜公～｜官
～｜签～｜行～ **驶**奔～｜航～｜疾～｜驾～｜行～ **玺**玉～ **墅**别～

徙流～｜迁～ **莛**倍～ **屣**敝～｜视如敝～｜弃如敝～ ⑤**絮**败～｜
花～｜柳～｜吐～｜絮～ **戍**卫～｜屯～｜边～｜征～ **四**秫～（腼腆，
个性内向） **伺**窥～ **肆**大～｜放～｜市～｜酒～｜雄～｜恣～｜茶楼酒
～｜骄横恣～ **思**意～｜无意～｜否意～｜好意～｜有意～｜够意～
小意～ **恕**宽～｜谅～｜饶～ **庶**富～｜士～｜宗～｜嫡～｜民～｜人
～｜凡～｜殷～ **赐**恩～｜厚～｜钦～｜赏～｜封～｜追～｜赠～｜天
～｜御～ ⑥**仕**出～｜入～｜进～｜游～｜臣～ **事**起～｜世～｜本～
｜抢～｜然～｜无～｜碍～｜暗～｜白～｜办～｜本～｜差～｜藏～｜尘
～｜成～｜出～｜难～｜处～｜炊～｜从～｜大～｜抵～｜顶～｜董～｜
懂～｜多～｜法～｜凡～｜犯～｜房～｜费～｜愤～｜佛～｜干～｜工
～｜公～｜共～｜故～｜怪～｜管～｜国～｜海～｜小～｜民～｜罕～｜
憾～｜好 [ho³]～｜好 [hooN¹³]～｜何～｜恨～｜横～｜后～｜坏

～|急～|记～|济～|家～|接～|旧～|就～|举～|军～|竣～|
快～|乐～|理～|隶～|了～|领～|录～|蒙～|民～|谋～|拿
～|难～|闹～|能～|年～|农～|怕～|奇～|启～|惊～|亲～|
情～|趣～|惹～|人～|丧～|善～|生～|省～|盛～|失～|师
～|时～|婚～|视～|私～|琐～|厅～|听～|通～|同～|推～|
外～|完～|万～|往～|物～|误～|纵 [ciong⁵]～|喜～|畏～|
闲～|心～|行～|刑～|凶～|叙～|一～|遗～|艺～|议～|逸
～|用～|战～|招～|韵～|回～|找～|肇～|正～|政～|执～|
指～|插 [cap⁷]～|滋～|做～|不济～|两码～|天下～|世俗～|
奸臣用～|意气用～|感情用～|无裨于～|无补于～|人浮于～|何济
于～|无济于～|军法从～|黾勉从～|草率从～|风流韵～|照章办
～|因人成～|头等大～|终身大～|毫不费～|少不更～|例行公～|
红白喜～|奉行故～|搬演故～|虚应故～|咄咄怪～|通天本～|好人
好～|前尘后～|坏人坏～|慎重将～|煞有介～|少不经～|就事论
～|草草了～|敷衍了～|肆力农～|胆小怕～|诧为奇～|玉成其～|
张大其～|各司其～|与闻其～|查无其～|若无其～|自行其～|确有
其～|参与其～|郑重其～|不省人～|不醒人～|因人设～|无端生
～|造谣生～|无所～～|追怀往～|回首往～|平安无～|相安无～|
行若无～|因循误～|区区小～|造次行～|见机行～|相机行～|谋身
行～|言谈行～|便宜行～|**士**辩～|兵～|博～|下～|策～|处
～|道～|方～|寒～|护～|技～|教～|将～|进～|爵～|军～|
中～|上～|猛～|名～|壮～|谋～|女～|骑～|人～|绅～|硕
～|武～|信～|修～|学～|义～|隐～|勇～|院～|战～|志～|
卫道～|大力～|礼贤下～|知名人～|文人学～|文人雅～|幽人雅
～|白衣战～|豪侠之～|饱学之～|博学之～|忠贞之～|仁人志～|
斗方名～|**序**程～|次～|代～|倒～|反～|工～|伦～|排～|文
～|时～|失～|无～|逆～|时～|顺～|岁～|庠～|循～|有～|
语～|正～|秩～|自～|有～|无～|作～|混沌无～|井然有～
似好～|近～|酷～|类～|貌～|恰～|强～|神～|胜～|相～|形
～|疑～|**祀**奉～|祭～|**嗣**后～|继～|绝～|子～|家～|传～|
先～|宗～|过～|**叙**插～|畅～|倒～|记～|简～|描～|铺～|
铨～|诉～|详～|追～|闲言少～|平铺直～|**绪**愁～|触～|端
～|就～|情～|入～|思～|头～|心～|伤～|统～|悲～|家～|
闲情～|离愁别～|茫无头～|千头万～|**屿**岛～|山～|沙～|礁

～｜海～｜浮～｜鼓浪～

g ①**车**单～ **龟**乌～｜蛆～｜屎～｜水～｜桶～｜石～｜金～｜涂～｜碗～｜寿～｜红～｜米～｜甜～｜咸～｜面～ **虬**[duh⁷]～（打盹儿；呆滞）｜墓～（坟头）｜风～（吹牛）｜顿[dng⁵]（大）～（屁股蹲儿）｜牛屎～｜秾米～｜涵空[am²kang¹]～｜展风～｜放风～｜谤风～｜蜇金～ **居**避～｜卜～｜定～｜民～｜甘～｜共～｜安～｜寡～｜故～｜鳏～｜寄～｜家～｜旧～｜聚～｜客～｜邻～｜旅～｜匿～｜妍～｜起～｜迁～｜侨～｜群～｜散～｜丧～｜孀～｜同～｜退～｜温～｜蜗～｜浮～｜徙～｜闲～｜新～｜穴～｜移～｜隐～｜幽～｜寓～｜村～｜杂～｜私～｜仙～｜怀～｜出～｜群～｜独～｜蛰～｜谪～｜住～｜自～｜变动不～｜岁月不～｜奇货可～｜饮食起～｜离群索～ **驹**千里～ **蜐**米～｜金～｜蔗～｜蛀～｜牛屎～ **痀**瘕[he²]～｜跷[kiao¹]～｜瘟[un³]～（驼背）**裾**大～｜开～｜里[lai⁶]～｜下骹～｜衫（仔）～ **拘**不～ **据**拮～ ②**渠**漕～｜水～｜沟～｜大～｜通～｜支～｜灌～｜河～ **蕖**芙～ **癯**清～ **衢**通～ ③**久**诚[ziaN²]～｜一[it⁷]～｜等～｜长～｜不～｜～～｜悠～｜良～｜经～｜恒～｜持～｜偌[lua⁶]～｜无偌～｜淡薄（仔）～｜斩[zam³]然（仔）～｜赫[hiah⁷]～（仔）｜万代～｜一吨[it⁷dan¹]～（很久）｜（一）目瞬[nih⁷]仔～｜一辄[diap⁷]仔～｜一晡（仔）～｜万世代～ **矩**规～｜安规守～｜循规蹈～｜规规～～ **举**开～｜包～｜保～｜暴～｜并～｜创～｜大～｜高～｜公～｜豪～｜检～｜荐～｜科～｜列～｜枚～｜善～｜盛～｜中～｜抬～｜挺～｜推～｜武～｜选～｜一～｜不～｜义～｜应～｜抓～｜壮～｜同时并～｜百端待～｜百废待～｜百废俱～｜百废具～｜不胜枚～｜共襄盛～｜～不胜～｜不识抬～｜多此一～｜轻而易～｜众擎易～ ⑤**句**重[ding²]～（口吃）｜对～｜斗[dao⁵]～｜落[lao⁵]～｜逐[dak⁸]～｜词～｜单～｜复～｜双～｜断～｜佳～｜警～｜绝～｜例～｜俪～｜炼～｜名～｜俳～｜骈～｜破～｜诗～｜文～｜语～｜造～｜章～｜字～｜长短～｜念四～｜读破～｜寻章摘～｜声声～～｜拘挛章～｜逐字逐～｜冗词赘～｜违碍字～ **灸**针～ **倨**茄～（轻慢）｜使[sai³]～（倨傲）**据**单～｜割～｜根～｜坚～｜借～｜考～｜理～｜论～｜票～｜凭～｜契～｜窃～｜实～｜收～｜数～｜信～｜依～｜约～｜占～｜力～｜有～｜无～｜证～｜字～｜进退失～｜真凭实～｜查无实～｜不足为～｜有凭有～｜凿凿有～ **锯**刀～｜拉～｜铁线～ **踞**高～｜箕～｜盘

～｜龙盘虎～ ⑥**巨**艰～ **旧**原～｜陈～｜除～｜废～｜复～｜古～｜
故～｜话～｜怀～｜念～｜弃～｜仍～｜守～｜叙～｜依～｜真～｜臭
～｜照～｜折～｜老古～｜半新～｜半新半～｜半新不～｜袍泽故～｜因
循守～｜喜新厌～ **拒**石～｜阻～｜挡～｜捍～｜回～｜坚～｜抗～｜
来者不～｜深闭固～ **距**差～｜行～｜间～｜焦～｜相～ **炬**火～｜目
光如～｜付之一～ **舅**母～｜阿～｜大～｜小～｜某～｜妻～｜外～｜
虎鲁～（不三不四的人） **具**别～｜才～｜餐～｜茶～｜炊～｜道～｜灯
～｜独～｜工～｜机～｜家～｜教～｜面～｜农～｜器～｜寝～｜实
特～｜玩～｜完～｜挽～｜文～｜卧～｜刑～｜用～｜雨～｜战～｜坐
～｜假面～｜首尾完～ **惧**骇～｜戒～｜惊～｜恐～｜畏～｜疑～｜忧
～｜临危不～｜无所畏～｜坦然无～ **窭**贫～ **遽**匆～｜惶～｜急～｜
神色惶～

　　k ①**区**边～｜地～｜防～｜海～｜郊～｜禁～｜老～｜牧～｜山
～｜苏～｜白～｜辖～｜新～｜战～｜专～｜～～｜行政～｜游击～｜首
善之～ **岖**崎～ **驱**长～｜直～｜驰～｜前～｜先～｜并驾齐～ **躯**身
～｜捐～｜洗身～｜为国捐～｜七尺之～｜血肉之～ ②**跔**相～ ⑥**臼**门
～｜户～｜手～｜石～｜黜［lut⁷］～（脱白）｜舂［zing¹］～（仔）｜窠
～｜手后～（胳膊肘子）｜不落窠～ **枢**一～

　　gg ②**牛**水［sui³］～｜涂～｜奶～｜吹～｜大～｜铁～｜青盲～
｜老黄～｜目无全～ **鱼**缘木求～｜为渊驱～｜水清无～｜临渊美～｜
釜底游～｜漏网之～ **娱**欢～｜文～｜耳目之～｜聊以自～ **渔**竭泽而
～ **隅**负～｜海～｜向～｜偏安一～｜固处一～｜僻处一～ **愚**痴～｜
昏～｜大智若～｜一得之～ **虞**不～｜疏～｜尔诈我～ ③**语**爱～｜按
～｜案～｜暗～｜跋～｜标～｜谶～｜成～｜出～｜词～｜灯～｜断～｜
恶～｜耳～｜飞～｜蜚～｜告～｜国～｜汉～｜英～｜法～｜俄～｜日
～｜德～｜豪～｜华～｜话～｜结～｜隽～｜考～｜口～｜诳～｜俚～｜
略～｜谜～｜密～｜蜜～｜母～｜目～｜妙～｜批～｜评～｜旗～｜手
～｜熟～｜术～｜私～｜俗～｜碎～｜套～｜土～｜外～｜妄～｜笑～｜
亵～｜心～｜絮～｜言～｜谚～｜呓～｜隐～｜用～｜韵～｜赞～｜诈
～｜谵～｜自～｜惯用～｜外国～｜歇后～｜书卷～｜外来～｜书面～｜
结束～｜口头～｜行业～｜缄默不～｜暗然不～｜不言不～｜恶言恶～｜
流言蜚～｜风言风～｜寡言寡～｜少言寡～｜好言好～｜言谈话～｜快人
快～｜冷言冷～｜三言两～｜胡言乱～｜甜言蜜～｜谎言骗～｜只言片

～｜花言巧～｜切切私～｜窃窃私～｜传言送～｜散言碎～｜千言万～｜低声细～｜曼声细～｜牙牙学～｜咿呀学～｜片言只～｜豪言壮～｜喃喃自～｜自言自～　**圄**图～｜陷身图～｜身陷图～　**围**图～　**龉**龃～　⑥ **驭**驾～　**寓**公～｜寄～｜客～｜流～　**遇**待～｜恩～｜机～｜际～｜景～｜冷～｜礼～｜偶～｜奇～｜巧～｜外～｜相～｜优～｜遭～｜知～｜值～｜百年不～｜不期而～｜邂逅相～　**御**抵～｜防～｜捍～｜驾～｜抗～

h ①**夫**姊～｜莽～｜功～｜病～｜车～｜船～｜大～｜马～｜独～｜更～｜工～｜功～｜鳏～｜伙～｜脚［gioh⁷］～｜拉～｜老～｜懦～｜四～｜妍～｜千～｜前～｜樵～｜情～｜人～｜挑～｜屠～｜武～｜渔～｜丈［diong⁶］～｜妹～｜士大～｜清道～｜卖功～｜磨工～｜下工～｜闲工～｜用工～｜抽工～｜未婚～｜大丈～｜枉费工～｜水磨工～｜一介草～｜赳赳武～　**吁**长～｜～～｜气～～｜气喘～～　**肤**肌～｜皮～｜体无完～　**跤**骹头～（膝盖）｜手后～（拐肘）　**麸**米～｜麦～｜饼～｜涂豆～｜豆仔～｜锯屑～　**灰**饼～｜栀～｜发～｜炉～｜火～｜金～｜草～｜涂炭～｜金炉～｜钱炉～　**虚**乘～｜胆～｜乘～｜胆～｜空～｜气～｜谦～｜清～｜太～｜务～｜心～｜玄～｜阳～｜阴～｜子～｜童子～｜明实暗～｜以实涵～｜避实就～｜精神空～｜深藏若～｜名下无～｜做贼心～｜故弄玄～｜中馈犹～｜膝下犹～｜纯属子～｜事属子～　**墟**赴～｜赶～｜落～｜废～｜鬼仔～　**烌**火～　**嘘**吹～｜唏～｜喘嘘～｜仰天而～｜气喘嘘～　**敷**手～　**俘**伤～｜生～｜战～　**莩**葭～　② **符**画～｜兵～｜不～｜虎～｜护～｜桃～｜相～｜意～｜音～｜念～｜鬼画～｜护身～　**浮**沉～｜纷～｜漂～｜飘～｜轻～｜心～｜虚～｜悬～｜宦海沉～｜世事沉～　**扶**帮～｜搀～　**蚨**青～　**桴**舟～　③**许**不～｜称～｜何～｜或～｜几～｜嘉～｜默～｜期～｜容～｜如～｜稍～｜少～｜特～｜些～｜兴～｜也～｜应～｜允～｜赞～｜准～｜自～　**诩**自～　**栩**～～　**甫**神～｜台～　**抚**爱～｜安～｜存～｜督～｜巡～｜优～｜招～　**府**城～｜地～｜市～｜县～｜洞～｜官～｜冥～｜幕～｜首～｜天～｜王～｜学～｜怨～｜乐～｜造～｜政～｜知～｜尊～｜胸无城～　**腑**肺～｜感人肺～｜五脏六～　**斧**资～｜神工鬼～｜大刀阔～｜班门弄～　**腐**陈～｜迁～　**脯**鱼～｜肉～　⑤**煦**拂～｜和～｜温～　**赴**奔～｜开～｜会～｜赶会～｜赶烩～｜烩（得）～｜全力以～　**副**全～｜大～｜二～｜盛名难～　**傅**太～｜财～｜少～　**富**财～｜繁～｜丰～｜豪

～│宏～│奢～│露～│首～│殷～│网罗宏～│才高学～│春秋正～│
发家致～　**咐**吩～│嘱～│谆谆嘱～赋禀～│辞～│天～│田～　**付**拨
～│垫～│兑～│对～│发～│分～│过～│交～│托～│应～│支～
⑥**父**师 [su¹] ～│师 [sai¹] ～│国～│家～│继～│弑～│先～│祖
～│拜师～│认贼作～　**负**抱～│背～│担～│辜～│孤～│荷～│肩
～│亏～│民～│欺～│胜～│重～│自～│千钧重～│如释重～│文责
自～　**妇**产～│娼～│夫～│寡～│悍～│贵～│嫠～│田～│妍～│
泼～│仆～│弃～│在～│丑～│侄～│宫～│贵～│情～│妊～│少
～│节～│淫～│孀～│媳～│新～│孕～│贞～│主～│长舌～│新婚
夫～│育龄夫～│孤儿寡～　**附**比～│阿 [o¹] ～│归～│黏～│攀
～│趋～│吸～│依～　**鲋**涸辙之～　**阜**物～　**辅**毚～│宰～　**腐**
豆～

　　　Ø　①**污***卑～│玷～│垢～│奸～│贪～│同流合～│藏垢纳～
盂塌～　②**于（於）**安～│便～│濒～│长 [diong²] ～│处～│等
～│对～│富～│甘～│敢～│关～│惯～│归～│过～│基～│跻～│
急～│见～│鉴～│居～│苦～│乐～│利～│忙～│难～│期～│善
～│属～│位～│亚～│易～│勇～│由～│囿～│寓～│在～│至～│
忠～│终～│不亚～│有利～│不至～│有碍～│不下～│跻身～　**余**
编～│残～│词～│多～│富～│公～│节～│结～│净～│宽～│其
～│诗～│剩～│唾～│无～│绪～│业～│盈～│赢～│有～│推及其
～│拾人唾～│一览无～│绰绰有～　**纾**婕～　**盂**水～│痰～　**臾**须～
渝（也读作 [lu²]）坚持不～│恪守不～│信守不～│忠贞不～│矢志不
～│始终不～　**愉**（也读作 [lu²]）欢～│快～│欣～　**揄**（也读作 [lu²]）
揶～　**腴**（也读作 [lu²]）丰～│膏～　**瑜**（也读作 [lu²]）瑕不掩～　**觎**
（也读作 [lu²]）觊～　**舆**堪～│权～　③**与**付～│丏～│干～│给～│参
～│寄～│施～│相～│赠～　**予**赐～│赋～│给～│寄～│免～│授
～│准～　**宇**寰～│眉～│庙～│气～│器～│神～│天～│屋～│玉
～│琼楼玉～　**雨**谷～│暴～│雷～│泪～│甘～│梅～│霉～│喜～
│烟～│阴～│淫～│豪～│苦～│霖～│暴～│春～│风～│膏～│小
～│云～│阻～│骤～│暴风～│及时～│毛毛～│挥汗如～│倾盆大～
│翻云覆～│呼风唤～│暴风骤～│枪林弹～│腥风血～│春风化～│栉
风沐～│牛毛细～│急风暴～│狂风暴～│遮风避～│耕云播～│密云不
～│挥汗成～│倾盆大～│瓢泼大～│满城风～│凄风苦～│瘴烟蛮～│

矢石如~｜和风细~｜风风雨~　羽党~｜片~　⑤姁老~｜翁~　昫
冷~｜烧~　坞塌~｜船~｜山~　⑥有敢~｜听~｜看~｜食~｜找
~｜趁~｜考~｜稳~｜较~｜会~｜罕（得）~｜往（往）[ing³]~
吁吁~　誉称~｜驰~｜浮~｜过~｜毁~｜美~｜名~｜荣~｜声
~｜盛~｜信~｜延~｜饮~｜赞~｜沽名钓~｜交口称~　预不~｜
言之不~　豫不~｜逸~｜犹~

uh

b　⑦暴起~　发芽~｜引[iN³]~　⑧吓鳌备[ziaN³bi⁶]~｜
鳌~~

p　⑦噗　⑧浡颣[ham⁵]~（浮肿，水肿）｜冇[paN⁵]~（虚胖，
水肿）

d　⑦虱虱~（愚笨）｜点~（点拨）｜瘖[sian⁶]~~（疲惫，厌
倦）　⑧揆臭~~｜气~~｜指指揆~

t　⑦托手~　拓齿~（牙签）｜涂~（铁铲）　⑧凸驫~　蹅

l　⑦护手~

z　⑦洙慢慢~

c　⑦淬水~

s　⑦嗍奶~

k　⑧泪~~

居韵 [泉]

【-uu】

uu

[d]①猪　②除滁篨蹰踌~锄*　③贮　④伫苎　⑤著~作箸（筷子）
[t]②除~草锄*　③楮褚储*　　[l]②驴庐第~如茹迦间桐　③吕
侣旅屡*女汝你*　④吕侣铝　⑤虑滤镰　　[z]①资咨姿淄锱辎兹
滋孳孜吡赀蛆趑诸睢书　②瓷茨磁糍鹚兹龟~（地名）蛴蟑~諸番~（白
薯）薯*　③子籽仔~细梓滓姊秭紫纸煮渚咀　⑤恣訾簸荌~（一种草袋）

字自渍眦　　[c]①呲疵雌蛆疽趄差 参~舒~被（铺被子）　③此泚处杵暑* ~瓜（丝瓜）鼠侈　⑤处次　　[s]①斯撕嘶澌斯丝鸶思缌司师狮蛳舒杼纾书私俬胥　②词祠辞徐蜍　③史使驶暑曙署黍鼠死矢墅徙玺　④士仕柿巳祀俟似姒序叙绪屿　⑤四泗驷肆赐絮笥使庶恕思 意~觑伺饲嗣事蛆　　[g]①车 ~马炮居琚椐裾　②渠蕖磲　③举榉莒筥矩　④巨拒距炬讵钜苣　⑤锯踞倨据　　[k]①祛　⑤去　　[gg]②鱼渔　③语龉圄圉　⑤驭御　[h]①虚墟* 嘘圩　②鱼渔　③许诩栩　　[Ø]①于於淤瘀　②余馀好仔舆欤　③与予　⑤饫预豫誉

秋韵

【-iu，-iuh，-iuN，-iuNh】

iu

[b]①彪　　[p]①飙　　[bb]②缪 绸~　⑥谬缪　　[d]①啁丢②绸稠惆俦侜帱筹　③肘　④纣 [泉]釉 [泉]稻* [泉]宙 [泉]　⑤昼⑥胄宙籀酎纣釉稻*　　[t]①抽绌瘳　③丑　　[l]①溜羞②留榴骝飗瘤遛馏浏浏流琉旒柔揉糅蹂鞣　③扭忸狃纽妞绺柳　⑤溜⑥馏* 遛溜　　[z]①舟辀州洲周啁赒揪啾珠 目~（眼睛）　③酒守⑤咒蛀　⑥就僦* 鹫　　[c]①秋鳅鞦须 嘴~羞* ~人　②酋遒蝤愁*③帚醜首手瞅　⑤臭　⑥树　　[s]①收修脩羞馐收　②囚泅雠酬仇售* ③手守首　④受 [泉]　⑤秀锈绣袖宿兽狩　⑥寿袖授绶售岫受　　[g]①赳鸠阄勾 ~水　②求球裘逑赇仇虬　③九久玖韭　④舅 [泉]咎 [泉]臼 [泉]柩 [泉]　⑤纠究灸疚厩救旧柩舅咎臼　　[k]①鸠丘邱坵蚯　②赳虬 ~筋　③揪*　⑥粔* （柔韧）　　[gg]②牛　③扭*　　[h]①休烋咻髹　②裘　③朽　⑤臭 乳~未干嗅溴复甩*　⑥复[Ø]①攸悠忧优呦幽　②尤疣鱿由油铀蚰邮游蝣酋蝤猷犹攸悠③有友酉莠诱* 牖黝　⑤幼诱　⑥右佑祐又宥囿柚釉铀

iuh

[p]⑦飙* （溜掉，滑脱）　　[d]⑦搐* （抽搐）　　[z]⑦羾* 密~~　⑧啾* （鸟鸣）　　[g]⑦搉* ~肠~肚

iuN

[m] ⑥谬　　[d] ①张 ②场 ③长队~ ④丈姑~[泉] ⑤涨帐胀 ⑥丈　　[n] ①妞* ②娘粮量梁凉~伞 ③两扭忸狃纽钮 ⑥让量　　[z] ①章樟蟑~蜍浆 ②裳 ③蒋桨掌巴~ ④上[泉] 痒[泉] 养[泉] ⑤酱障*（怎样） ⑥养头~上痒　　[c] ①枪标~昌面~鲳 ②墙蔷蓉芙~杨~梅扬~粟 ③厂抢 ④上[泉] 象[泉] 像[泉] 橡[泉] ⑤唱呛 ⑥匠象像橡~胶上~水绱~鞋　　[s] ①箱厢相~思镶伤（过于……） ②疡 ③赏 ④想* ⑤相 ⑥尚和~想*　　[g] ①姜缰獐山~ ②强~过 ④强[泉] 犟~骨[泉] ⑥犟强~骨　　[k] ①姜腔　　[h] ①乡芗香 ③响~声 ⑤向*（那样）　　[Ø] 鸯秧菜~（菜苗） ②羊洋烊熔溶杨阳洛~ ③养 ⑥样

iu

b ①彪虎熊豹~

p ①飙

bb ②缪绸~｜情意绸~｜未雨绸~ ⑥谬悖~｜背~｜讹~｜乖~｜荒~｜刊~｜匡~｜剌~｜悠~　缪纰~｜悠~

d ①丢健~（天真）｜荡纽~｜灰不溜~｜酸不溜~ ②稠密~绸斜~｜过~（过滤）｜油~｜彩~｜府~｜丝~｜山东~　筹募~｜算~｜商~｜统~｜运~｜状元~｜略胜一~｜稍胜一~｜略逊一~｜稍逊一~　畴范~｜平~｜田~ ③肘焦[da¹]~（活泼，伶俐）｜掣~｜捉襟见~ ⑤昼日~ ⑥宙宇~　紬埔~（旱稻）｜播~｜摔[siak⁷]~｜割~｜早~｜晚[mng³]~　纣桀~　胄贵~｜华~｜甲~

t ①抽透~｜油~｜水~｜风~｜头~｜尾~｜瘦[san³]~（瘦挑）｜屉[tuah⁷]~（抽屉）｜哀哀~｜桥过拐~　绌牵~（襟贴边） ③丑女~｜献~｜出~｜家~｜露~｜文~｜武~｜小~｜遮~｜遮羞包~｜当场出~｜出乖露~｜跳梁小~

l ①溜尾~｜涂~｜胡[hoo²]~（泥鳅）｜街~｜龟[gu¹]~｜顺~｜交~｜剌~｜光~｜滑~｜直~｜山尾~｜拍交~｜后尾~｜树尾~｜顺口~｜滴~~｜光~~｜滑~~｜好~~｜灰~~｜尖~~｜软

～～｜顺～～｜酸～～｜甜～～｜乌～～｜稀～～｜细～～｜圆～～｜匀
～～｜贼～～｜直～～｜光光～～｜欢喜～～｜大曳［dai⁶ iat⁸］～～（趾
高气昂，沾沾自喜）　**羞**～～　②**留**保～｜残～｜逗～｜勾～｜稽～｜羁
～｜截～｜久～｜拘～｜居～｜扣～｜苦～｜弥～｜容～｜收～｜停～｜
挽～｜慰～｜淹～｜遗～｜滞～｜寸草不～｜鸡犬不～　**骝**骅～　**遛**逗
～　**榴**石［sia⁶］～　**飗**飕～　**旒**冕～　**柔**怀～｜娇～｜曼～｜绵～｜
轻～｜温～｜优～｜轻轻～～　**揉**拂～　**糅**杂～　**流**风～｜暗～｜奔
～｜岔～｜汉～｜长～｜潮～｜传～｜倒～｜对～｜风～｜寒～｜河～｜
合～｜洪～｜环～｜汇～｜激～｜急～｜交～｜巨～｜客～｜轮～｜名～｜
末～｜逆～｜暖～｜女～｜偏～｜漂～｜飘～｜气～｜潜～｜迁～｜
清～｜热～｜人～｜上～｜水～｜铁～｜湍～｜外～｜溪～｜下～｜一
～｜涌～｜源～｜自～｜中～｜支～｜周～｜主～｜随大～｜不入～｜不
塞不～｜细水长～｜付之东～｜付诸东～｜投鞭断～｜云散风～｜沧海横
～｜开源节～｜三教九～｜岁月迁～｜对答如～｜应答如～｜应对如～｜
从谏如～｜从善如～｜穷源溯～｜探源溯～｜头破血～｜随波逐～｜任其
自～｜听其自～｜放任自～　**瘤**风～（风疹块）｜毒～｜生～｜肿～｜发
［buh⁷］～｜赘～｜松柏～　③**纽**橱～｜屈～｜斗［dao⁵］～（子母扣儿）
｜布～｜裤～｜枢～｜衫～｜剪～（仔）（扒手）　**柳**垂～｜蒲～｜杨～｜
西湖～｜垂杨～｜寻花问～　⑤**溜**皮～（油子）　⑥**馏**过～

　　z　①**舟**泛～｜覆～｜龙～｜扁～｜轻～｜破釜沉～｜木已成～｜
一叶扁～｜风雨同～｜顺水推～｜刳木为～｜逆水行～　**洲**绿～｜五～
｜中～｜沙～｜欧～｜美～｜澳～｜非～｜大洋～　**州**涂～（阴间）｜九
～｜神～｜八～｜兰～｜福～｜徐～｜杭～｜荆～｜广～｜仙～｜贵～｜
五～｜瓜～｜柳～｜苏～｜中～｜自治～｜赤县神～　**周**四～｜西～｜
东～｜上～｜下～｜本～｜试～｜体大虑～｜纵览四～　**珠**目～（眼睛）
啾啁～　③**守**好～｜否［paiN³］～｜会～｜袂～｜易［gue⁶］～｜势
～｜偓［oh⁷］～　**酒**啤～｜熟～｜烧～｜退～｜解～｜啉～｜出～｜食
～｜白～｜红～｜滕［tin²］～（斟酒）｜灌～｜水～｜伤～（酗酒）｜兴
～｜姸［ggian⁵］～｜配～｜按～｜案～｜把～｜陈～｜莫～｜罚～｜忌
～｜敬～｜老［lo³］～｜烈～｜露～｜美～｜闷～｜名～｜酿～｜品
～｜劝～｜素～｜喜～｜下～｜醒～｜酗～｜药～｜饮～｜斟～｜旨～｜
祝～｜纵～｜醉～｜米仔～｜麦仔～｜新娘～｜交杯～｜鸡尾～｜陈年老
～｜红灯绿～｜旧瓶新～　⑤**咒**赌～｜符～｜念～｜诅～｜紧箍～　**蛀**

虫～ ⑥**就**促 [cik⁷] ～｜成～｜俯～｜高～｜低～｜从～｜亲～｜将
～｜迁～｜屈～｜去～｜生～｜造～｜急～｜保～｜将仔～｜半推半～｜
一蹴而～｜一挥而～｜计日而～｜一味迁～｜不堪造～

c ①**须**雨～（小毛雨）｜日～｜蛇～｜胡 [hoo²] ～｜根～｜捻～
｜澜～｜翀 [cang⁵] ～｜喙～（胡须）｜榕仔～｜拌喙～（拌嘴）｜揪龙
～｜拔龙～｜拔虎～｜捋虎～｜五支～ **秋**倚 [kia⁶] ～｜中～｜立～｜
千～｜悲～｜春～｜大～｜寒～｜金～｜立～｜麦～｜三～｜深～｜收
～｜晚～｜仲～｜老气横～｜一日三～｜多事之～｜一叶知～ **羞**～｜
②**愁**哀～｜悲～｜别～｜寄～｜发～｜犯～｜解～｜离～｜穷～｜乡
～｜忧～ **酋**敌～｜匪～｜贼～ ③**手**佛～｜敛～｜靠～｜铁～｜头～
｜斗～｜续 [sua⁵] ～｜悬～｜骹～｜正～｜倒～｜又～｜铁～｜长～
瘸～｜车～｜尾～｜过～｜否～｜稞 [bbai³] ～｜臭～｜旺～｜熟～｜
走～｜后～｜顶～｜出～｜带～｜伴～｜墓～｜吊～｜拐～｜猁～｜锬～
｜紧～｜轻～｜献～｜赠～（援手）｜看～｜阔～｜比～｜笑～｜回～
勾 [giu¹] ～｜挹 [iap⁷] ～｜绒 [hit⁸] ～｜曳 [iat⁸] ～（挥手）｜拱～
｜罜 [bbak⁷] ～｜凿～｜篾～｜擢～｜下～｜替～｜做～｜溜～｜拗
[ao³] ～｜忍～｜慄～｜牵～｜软～｜重～｜换～｜插 [cap⁷] ～｜插
[cah⁷] ～｜揭 [giah⁸] ～｜煞～｜落～｜碍～｜把～｜罢～｜白～｜乌
～｜帮～｜缠～｜出～｜搭～｜打～｜倒～｜到～｜得～｜敌～｜甩
[hiu⁵] ～｜动～｜毒～｜对～｜舵～｜放～｜分～｜副～｜高～｜歌
～｜拱～｜国～｜过～｜好～｜号～｜还～｜辣～｜假～｜交～｜接～
经～｜净～｜就～｜快～｜拉～｜辣～｜老～｜里～｜摺～｜猎～｜名
～｜拿～｜能～｜扒～｜拍～｜炮～｜劈～｜平～｜旗～｜纤～｜铳～
抢～｜亲～｜人～｜入～｜撒～｜掺～｜上 [ziuN⁶] ～｜伸～｜身～
生～｜圣～｜失～｜试～｜释～｜熟～｜束～｜水～｜顺～｜松～｜随
～｜缩～｜摊～｜徒～｜脱～｜握～｜洗～｜下～｜先～｜歇～｜携～
新～｜信～｜凶～｜选～｜摇～｜一～｜硬～｜右～｜驭～｜御～｜援
～｜工～｜扎～｜沾～｜招～｜助～｜转～｜着～｜左～｜下骹～｜三支
～｜斗骹～（帮助）｜做（骹）～｜神枪～｜大出～｜好骹～｜紧骹～｜相
推～｜一睏～（一个劲儿）｜一把～｜吹鼓～｜留后～｜兰花～｜多面
～｜留一～｜正倒～｜左右～｜刽子～｜紧骹捷～｜缠骹缠～｜缠骹绊～
｜缠骹镇～｜大打出～｜狠下毒～｜遭毒～｜险遭毒～｜棋逢对～｜高抬
贵～｜斩轮老～｜政治扒～｜上下其～｜大显身～｜爱不释～｜鹿死谁
～｜无从下～｜得心应～｜贼骹贼～ **首**顶～｜后～｜过～｜尾～ **瞅**

~~　帚扫~　⑥树大~｜栽~｜剟［co⁵］~｜大丛~｜细丛~｜琼仔~

s　①收查~｜抽~｜点~｜丰~｜回~｜接~｜预~｜无~｜失~｜好~｜否［paiN³］~｜签~｜歇~｜丰~｜抢~｜秋~｜晒~｜没［bbut⁸］~｜税~｜岁~｜实~｜代~｜揽~｜追~｜倒~｜坐~｜薄~｜并~｜兼~｜吸~｜夏~｜验~｜招~｜征~｜广种薄~｜覆水难~｜美不胜~　**修**必~｜翻~｜返~｜改~｜官~｜退~｜重~｜选~｜广~｜检~｜进~｜培~｜抢~｜删~｜失~｜维~｜兴~｜选~｜整~｜专~｜装~｜自~｜年久失~　**羞**碍~｜害~｜含~｜娇~｜口~｜怕~｜识~｜伴~｜遮~｜珍~｜老不~｜碍口识~　**脩**束~　**馐**珍~

②仇冤~（凤仇，仇恨）｜报~｜复~｜结~｜同~｜解~｜记~｜思~｜寇~｜世~｜私~｜夙~｜反目成~｜国恨家~｜视如寇~｜嫉恶如~｜血海深~｜同~敌忾｜旧恨新~｜切骨之~　**囚**监~｜重~｜要~｜冤~｜徒~｜死~｜幽~｜食新~｜阶下~　**泅**待［kia⁶］~｜流~｜沐沐~｜水鸡~｜蛤仔~｜掠（篙）~｜沫［bbi⁶］头~（潜泳）｜狗仔~（狗爬式）｜挺歇［tan³ki¹］~（侧泳）｜反［bing³］肚~（仰泳）｜田蛤仔~（蛙泳）｜死囝［ggin³］仔~　**酬**薄~｜报~｜菲~｜稿~｜计~｜应~｜按劳取~｜同工同~｜壮志未~　**雠**校~　③守把~｜保~｜操~｜扼~｜防~｜顾~｜固~｜监~｜据~｜看~｜恪~｜枯~｜苦~｜困~｜留~｜屈~｜确~｜失~｜戍~｜厮~｜死~｜退~｜信~｜严~｜镇~｜职~｜株~｜驻~｜遵~｜玩忽职~｜擅离职~｜忠于职~｜闭关自~｜以攻为~｜清贫自~　**首**昂~｜匕~｜部~｜倡~｜出~｜顿~｜匪~｜俯~｜颔~｜皓~｜回~｜华~｜缳~｜居~｜聚~｜开~｜叩~｜魁~｜馒~｜面~｜起~｜稽~｜黔~｜翘~｜戎~｜上~｜尸~｜授~｜岁~｜为~｜枭~｜右~｜元~｜斩~｜自~｜左~｜罪魁祸~｜痛心疾~｜不堪回~｜群龙无~　**手**水~　⑤宿通~｜星~｜三天两~　**秀**四~（零食）｜幼~｜娟~｜俊~｜伟~｜慧~｜纤~｜作~｜外~｜丰~｜英~｜水~｜翘~｜闺~｜奇~｜清~｜润~｜韶~｜疏~｜筝~｜挺~｜心~｜新~｜优~｜幽~｜食四~｜苗而不~｜大家闺~｜名门闺~｜眉清目~｜山明水~｜山清水~｜钟灵毓~｜后起之~　**绣**锦~｜针~｜彩~｜绮~｜刺~｜丝~｜粤~　**袖**领~｜拂~｜水~　**兽**猛~｜禽~｜野~｜走~｜六~｜四~｜百~｜猎~｜家~｜洪水猛~｜衣冠禽~｜珍禽异~｜飞禽走~　**锈**防~｜水~｜铁~｜铜~

茶～｜生～｜不～ ⑥**受**备～｜笔～｜承～｜感～｜好～｜接～｜禁～｜经～｜领～｜蒙～｜难～｜忍～｜容～｜身～｜收～｜授～｜享～｜消～｜听～｜饱～｜屈～｜够～｜禅～｜传～｜遭～｜折～｜感同身～｜逆来顺～｜自作自～ **授**传～｜函～｜讲～｜教～｜口～｜天～｜指～｜私～｜补～｜神～｜受～｜降～｜施～｜天赋神～｜口传心～ **岫**伏[bu⁶]～（抱窝）｜跍[ku²]～｜字[u⁵]～｜敜[ga⁶]～（衔泥）｜虎～｜鸡～｜狗～｜踮[diam⁶]～｜拆～｜旧～｜新～｜徙[sua³]～｜蜂～｜觇[bbih⁷]～｜蚁～｜糜～｜茶～｜饭～｜后～（继室）｜贼～｜缴～（赌窝）｜鸟～｜歇～｜峦～｜山～｜远～｜土匪～｜做后～｜接后～（填房） **寿**椅～（寿材）｜拜～｜长～｜高～｜老～｜暖～｜雅～｜耆～｜中～｜年～｜短～｜万～｜人～｜大～｜永～｜鹤～｜下～｜福～｜眉～｜玉～｜延～｜釐～｜灵～｜山～｜享～｜阳～｜阴～｜冥～岁～｜天～｜折～｜祝～｜做～｜上～｜短岁～｜长岁～｜促[cik⁷]岁～（折寿）｜百岁～｜南山～｜延年益～ **售**（俗读 siu²）出～｜兜～｜发～｜寄～｜奖～｜经～｜零～｜抛～｜配～｜摊～｜贩～｜交～｜分～｜代～｜脱～｜预～｜惜～｜销～ **绶**印～

g ①**勾**伸～ **赳**雄～～ ②**求**哀～｜吹～｜访～｜丐～｜供～｜冀～｜讲～｜苛～｜渴～｜恳～｜力～｜谋～｜期～｜祈～｜薪～｜乞～｜企～｜强～｜请～｜苦～｜跪～｜奢～｜搜～｜索～｜探～｜推～｜妄～｜务～｜相～｜考～｜欲～｜告～｜屈～｜需～｜寻～｜央～｜要～｜吁～｜责～｜征～｜诛～｜追～｜同气相～｜降格以～｜梦寐以～｜供不应～｜供过于～｜予取予～ **球**刺～（仙人掌）｜骹～（足球）｜开～｜死～｜篮～｜排～｜门～｜弄～｜撞[dong⁶]～（台球）｜棺[guaN⁶]～｜罚～｜割～｜桌～｜地～｜环～｜大～｜小～｜火～｜马～｜半～｜足～｜水～｜点～｜寰～｜皮～｜全～｜星～｜绣～｜月～｜仙人～｜白血～｜红血～｜放风～｜拍结～｜踢皮～｜誉满全～｜名震全～ **赇**受～ **裘**集腋成～ ③**九**天[tian¹]～（骨牌）｜重～｜数～｜～～｜出～｜小～～｜冬练三～ **纠**青～～ ⑤**救**补～｜搭～｜得～｜呼～｜获～｜急～｜解～｜匡～｜疗～｜扑～｜抢～｜求～｜赎～｜挽～｜营～｜有～｜遇～｜援～｜拯～｜自～｜坐视不～ **纠**自～ **究**查～｜根～｜讲～｜考～｜盘～｜穷～｜深～｜探～｜推～｜细～｜学～｜寻～｜研～｜终～｜追～ **疚**负～｜憾～｜愧～｜内～｜歉～ **厩**马～ ⑥**咎**归～｜休～｜引～｜自～｜既往不～｜动辄得～ **柩**棺～｜灵～

k ①丘比～｜阿～｜阜～｜荒～　**蚯**涂～　**坵**山～｜涂～｜沙
～②**趜**软～～（软绵绵）　**虬**面忧面～③**揪**牵～⑥**粝**～～｜真～

gg ③扭东～西～

h ①休罢～｜公～｜离～｜轮～｜荣～｜退～｜不～｜小～｜天
～｜安～｜官～｜告～｜长～｜甘～｜午～｜中～｜半～｜无时～（不休）
｜决不罢～｜誓不罢～｜纠缠不～｜争吵不～｜刺刺不～｜喋喋不～｜争
论不～｜善罢干～｜无尽无～　**咻**气～～　**貅**貔～②**裘**棉～｜夹～｜
皮～｜大～｜珍～｜布～｜轻～｜征～｜毛～｜狐～｜风～｜羊羔～③
朽不～｜腐～｜槁～｜枯～｜老～｜衰～｜速～｜摧枯拉～｜永垂不～
⑤**甩**手～｜七～八～　**臭**乳～｜无声无～

Ø ①优名～｜女～｜俳～｜养尊处～｜品貌兼～　**忧**担～｜丁
～｜分～｜解～｜殷～｜隐～｜幽～｜高枕无～｜后顾之～｜采薪之～
悠颤～｜忽～｜晃～｜苦～｜飘～｜～转～｜颤～｜静～｜乐～
～｜慢～～｜慢慢～～｜颤颤～～｜晃晃～～　**幽**清～｜幽～｜清
～｜僻～｜探～｜寻～｜风清月～②**尤**怼～｜效～｜怨～｜择～｜罪
～｜以儆效～｜无耻之～　**由**案～｜根～｜经～｜来～｜理～｜情～｜
事～｜无～｜因～｜凭～｜何～｜原～｜缘～｜摘～｜自～｜人身自～
邮付～｜集～｜通～｜乡～　**油**板～｜目～｜面～｜鼻～｜牛～｜猪
～｜汽～｜臊～｜撩［lio²］～｜虾～｜火～｜豆～｜蚝～｜薰～｜生～
｜热～｜点～｜搭～（买油）｜肉～（猪油）｜食～｜涂～（煤油）｜臭～
（灯油）｜电～（汽油）｜敲［ka⁵］～｜加～｜石～｜灯～｜轻～｜重～｜
贫～｜富～｜麻～｜机～｜煤～｜精～｜生～｜熟～｜洋～｜矿～｜印
～｜蟮～｜用～｜粮～｜奶～｜炼～｜甘～｜爆～｜煏［biak⁷］～｜茶
仔～｜椰子～｜番仔～｜菜籽～｜板脊～（板油）｜网纱～｜头毛～｜乌
麻～｜茶仔～｜点火～｜葱头～｜白麻～｜白肉～｜万金～｜碧～｜绿
油～｜乌油～｜乌斗仔～｜乌点仔～（沥青）｜春雨如～｜火上加～　**疣**
赘～｜附赘悬～　**游**遨～｜畅～｜重～｜出～｜串～｜浮～｜逛～｜环
～｜宦～｜晃～｜交～｜郊～｜倦～｜浪～｜旅～｜漫～｜野～｜梦～｜
上～｜神～｜同～｜卧～｜下～｜巡～｜冶～｜优～｜云～｜中～｜周
～｜故地重～｜旧地重～｜力争上～　**猷**鸿～③**友**访～｜工～｜故
～｜老～｜新～｜旧～｜室～｜好～｜伙～｜良～｜卖～｜盟～｜密～｜
幕～｜难～｜交～｜学～｜朋～｜票～｜戚～｜亲～｜谈～｜亡～｜畏
～｜校～｜室～｜桌～｜砚～｜益～｜战～｜诤～｜执～｜挚～｜小朋

～｜探亲访～｜投师访～｜同窗好～｜至亲好～｜非亲即～｜投亲靠～｜酒内朋～｜良师益～｜忘形之～　**有**宝～｜保～｜别～｜迭～｜富～｜赋～｜固～｜国～｜私～｜公～｜罕～｜希～｜稀～｜鲜～｜享～｜拥～｜占～｜只～｜具～｜领～｜所～｜尚～｜私～｜小～｜居～｜据～｜凡～｜民～｜独～｜所～｜含～｜特～｜持～｜惟～｜乌～｜莫须～｜据为已～｜绝无仅～｜应有尽～｜无中生～｜尽其所～｜罄其所～｜一无所～｜亘古未～｜前所未～｜化为乌～｜子虚乌～｜无奇不～｜从无到～　**诱**利～｜劝～｜煽～｜引～｜威逼利～｜威迫利～｜威胁利～｜循循善～　**莠**稂～｜良～｜不稂不～　**牖**窗～｜户～　⑤**幼**饼～｜柴～｜粗～｜妇～｜老［lo³］～｜长～｜孩～｜敬老慈～｜扶老挈～｜扶老携～　⑥**右**左～｜极～｜无出其～｜映带左～　**佑**保～｜庇～　**宥**见～｜宽～｜谅～｜原～｜尚希见～　**囿**拘～｜园～　**又**复～　**柚**蜜～｜柑～

iuh

d　⑦搐起～

z　⑦㴗密～～

s　⑦骟滑溜～（打滑）

g　⑦掬酸～～

iuN

d　①**张**生［siN¹］～（生来具有的个性）｜加～（严加约束管教）｜排～（铺张奢华）｜真～（认真；果真）｜爱～（使性子）｜分［bun¹］～（有度量分增与人）｜主～｜扩～｜申～｜嚣［siao¹］～　②**场**地～｜山～｜栈～｜无～｜输～（败局）｜暗～｜煞［suah⁷］～｜落～｜显～｜懔［lun³］～（懔场）｜惊～（懔场）｜吓～（怯场）｜赶～｜暗～｜暝［mi²］～（夜场）｜靶～｜包～｜操～｜出～｜到～｜道～｜登～｜法～｜工～｜官～｜广～｜粟［cik⁷］～｜过～｜候～｜会～｜火～｜机～｜车～｜草～｜收～｜监～｜疆～｜校～｜较～｜救～｜剧～｜开～｜考～｜科～｜冷～｜立～｜莅～｜林～｜名～｜牧～｜农～｜排～｜捧～｜起～｜怯～｜球～｜日～｜入～｜出～｜迭～｜惶［hiaN³］～｜赛～｜散～｜沙～｜杀～｜擅～｜商～｜上［ziuN⁶］～｜市～｜厝～（房屋

施工工地）｜试～｜摊～｜外～｜晚～｜围～｜文～｜武～｜舞～｜误～｜下～｜现～｜刑～｜哑～｜洋～｜夜～｜用～｜走～｜乡～｜渔～｜浴～｜圆～｜在～｜早～｜战～｜终～｜专～｜缴～（赌场）｜缚厝～（承包建筑房屋的工程）｜运动～｜走过～｜体育～｜打圆～｜风月～｜火葬～｜屠宰～｜粉墨登～｜驰骋疆～｜逐鹿名～｜十里洋～｜虚惊一～｜混战沙～　③长队～｜班～｜组～｜排～｜连～｜营～｜团～｜旅～｜师～｜军～｜总～｜家 [ge¹]～厂～｜室～｜户～｜警～｜车～｜所～｜局～｜市～｜区～｜乡～｜镇～｜社～｜甲～｜课～｜科～｜州～｜会～｜院～｜校～｜官～｜台～｜具～｜里～｜省～　⑤帐殿～｜布～｜孝 [ha⁵]～｜灵～｜蠓～（蚊帐）｜合 [gap⁷]～　胀肚～｜鼓～｜饱～｜胖～｜闇 [am¹]～｜鼓～　⑥丈姨～｜姑～｜姊～

n　①妞～～｜刀仔～（小刀）　②娘月～｜猫～｜阿～｜养～｜诸～（女人）｜伴～｜姑～｜红～｜老～｜爹～｜婶～｜干 [gan¹]～｜新～｜大～｜骂～｜晚～｜喜～｜婆～｜头家～｜先生～｜皇帝～｜相公～｜娶新～｜弄新～　梁大～｜房～｜徛 [kia⁶]～｜悬 [guaiN²]～柴 [ca²]～｜山～｜桥～｜正～｜跳～｜顶～｜上 [ziuN⁶]～｜上 [siong⁶]～｜下 [ha⁶]～｜中脊～　量比～｜思～　粮粗～｜细～｜断～｜公～｜军～｜抗～｜口～｜米～｜钱～｜食～｜完～｜余～｜杂～｜征～｜夏～｜秋～｜皇～｜原～｜官～｜存～｜干～｜财～｜税～｜口～｜米～｜寅吃卯～｜精神食～｜五谷杂～　③两银～｜两 [nng⁶]～｜斤～｜半斤八～｜掂斤播～｜论斤算～　扭别～｜闹别～｜别别～歪歪～～　⑥量大～（台秤，大秤）｜～仔　让出～｜辞～｜割～｜互～｜参～｜就～｜宽～｜谦～｜忍～｜礼～｜相 [sio¹]～｜容～｜禅～｜推～｜退～｜逊～｜揖 [ip⁷]～｜转～｜当仁不～｜各不相～

z　①章文～｜成～｜韵～　浆饱～｜珠～｜食～｜泥～｜涂～｜豆～｜奶 [ni¹]～｜麵～｜纸～｜灰～｜沙～｜脑～｜玉～｜血～｜岩～｜酒～｜椰～｜蜂王～｜涂糜～　③桨渡～｜船～｜双～｜划 [go⁵]～｜螺旋～　蒋（姓）　掌手～｜五～｜巴～｜朱砂～　⑤酱豆～｜面～｜肉～｜鱼～｜辣～｜虾～｜甜～｜麵～｜番姜～｜沙茶（辣）～｜烊 [iuN²]～～　⑥上怀～　养头～（头胎）　痒煞 [suah⁷]～｜挲 [so¹]～｜爬～｜止～｜挨 [ue¹]～

c　①昌面～（面相）｜张～（装模作样）｜好面～｜否 [paiN³] 面～｜变面～　鲳乌～｜白～　枪长～｜门～（门栅栏的直条）｜替～｜金

～｜梭～｜竹～｜铳 [cing⁵] ～｜花～｜刀～ ②**墙**护～｜齿～（女墙）｜船～（船帮）｜鞋～（鞋帮）｜照～（影壁）｜盘～（攀越墙壁）｜桶～｜板～｜石～｜涂～ ③**厂**出～｜入～｜大～｜小～｜工～ **抢**拍～（抢劫）｜哄～｜拼 [biaN⁵] ～｜双～｜争～｜斗 [dao⁵] ～｜相争 [saN¹ziN¹～] ⑤**呛**哈 [ha¹] ～｜哈 [hah⁷] ～｜拍哈 [ka¹] ～ **唱**吹～｜合～｜独～｜传～｜说 [suat⁷] ～｜绝～｜齐～｜轮～｜欢～｜清～｜主～｜陪～｜高～｜坐～｜点～｜演～｜对～｜歌～｜开～｜吟～｜小～｜反～｜重 [ding²] ～｜挨吹～ ⑥**上**紧～ **象**大～｜虎豹狮～ **像**挂（亲）～｜亲～｜无｜若（亲）～｜恰 [gah⁷]（亲）～｜甲（亲）～｜较（亲）～｜较～（是）｜相亲～

s ①**伤**（过于） **箱**镜～｜压 [deh⁷] ～｜戏～｜批 [pue¹] ～（信箱）｜皮～｜纸～｜暗～｜车～｜书～｜添～｜信～｜邮～｜装～｜冰～｜油～｜暗～｜药～｜册～｜风～｜蜂～｜水～｜烘 [hang¹] ～｜票～｜电冰～｜八宝～｜集装～｜工具～｜意见～｜梳妆～｜百箬 [hioh⁸] ～｜粪扫～（垃圾箱）｜行李～｜保险～ **厢**城～｜车～ ②**疡**齿～（牙垢）｜傍～｜烊～｜肠仔～｜米糕～ ③**赏**有～ **鲞**咸～ ⑤**相**破～（残疾）｜款～（样子）｜样～｜旧～｜生 [siN¹] ～（生肖）｜谱～（容貌）｜譬 [pi⁵] ～｜忌～｜清气～｜否看～｜食新～（尝新）｜赡看～｜十二生～ ⑥**尚**和～ **想** * 别 [bat⁷] ～｜土～｜思 [su¹] ～｜敢～｜默～｜暗～｜怀～｜无～｜数 [siao⁵] ～｜悆 [gong⁶] ～｜诊 [sam⁵] ～｜谶 [ham⁵] ～｜免～｜甙甙 [duh⁷] ～｜怀免～｜茹肆～｜乌白～｜注注～｜免数～｜七～八～

g ①**獐**山～（仔）**缰**马咬～ **姜**番～｜子 [ziN³] ～｜埔～｜生 [ciN¹] ～｜老～ **疆**上 [ziuN⁶] ～（脊椎动物的上颌）⑥**犟**滚～（执拗；挣扎）**强**真～（固执）

k ①**腔**口～｜走～｜声～｜话～｜土～｜京～｜昆～｜学生～｜厦门～｜泉州～｜漳州～｜里 [lai⁶] 地～｜外地～

h ①**香**芳 [pang¹] ～｜蟒～（蚊香）｜点～｜行 [hing²] ～（拜菩萨；香会）｜割～｜臭～｜涂～｜烧～｜偷～｜头～｜藏～｜揭 [giah⁸] ～｜炉～｜醪黏～｜八角～｜添油～ **乡**落 [loh⁸] ～｜外～｜本～｜老～｜同～

Ø ①**鸯**鸳～ ②**阳**半阴 [iam¹] ～（两性人）**羊**山～｜绵～｜焦 [cua⁶] 路～｜死狗烂～（死皮赖脸）**洋**西～｜田 [can²] ～｜平 [bing²]

～｜平 [biN²] ～｜出～｜外～｜南～｜东～｜大～｜西 [se¹] ～｜白西 [sai¹] ～（布类名称）｜太平～｜大西～｜印度～｜北冰～　**烊**过～（回炉）　**溶**冰～　③**瓬**（一种瓦片）**养**过～（过继）　⑥**样**即 [hit⁷] ～｜迍 [hit⁷] ～｜款～｜人～｜各 [gok⁷] ～｜各 [goh⁷] ～（异样）｜倚 [ua³] ～｜趁 [tan⁵] ～｜张 [diuN¹] ～（装模作样）｜激～｜跟 [de⁵] ～｜看～｜榜～｜别～｜红～｜花～｜校 [gao⁵] ～｜采～｜改～｜起～｜体～｜多～｜范～ [ban⁶] ～｜抽～｜放～｜货～｜新～｜旧～｜原～｜试～｜身～｜官～｜色～｜学～｜换～｜印～｜两～｜模～｜成 [ziaN²] ～｜那～｜水 [sui³] ～｜啥～｜拍～｜鸧 [siang²] ～｜时～｜好～｜否 [paiN³] ～｜清～｜取～｜式～｜同～｜图～｜象～｜大～｜小～｜一～｜异～｜怎～｜照～｜这～｜字～｜走～｜相看～｜相趁～｜无怎 [zaiN³] ～｜大模大～｜各式各～｜怪模怪～｜一模一～｜装模作～

3. 歌声韵

【-a, ah, aN, aNh; -ia, -iah, -iaN, -iaNh; -ua, -uah, -uaN】

嘉韵

【-a, -ah, -aN, -aNh】

a

[b] ①巴芭笆疤吧粑叭*喇~扒* ②爬琶杷耙爸* ③把靶饱 ④罢[泉] ⑤霸豹坝 ⑥耙爸罢　[p] ①趴葩抛脬扒* ②爬 ⑤帕 ⑥泡疱　[bb] ②麻蔴猫野~峇~~（侨生华人）猫 ⑥码密茉~莉花觅 [d] ①礁白~（地名）焦臭~干*乾 ②茶憔枯~（干枯）⑤咤罩 ⑥大~家（婆婆）丈~夫（男子）奈无~何　[t] ①它他 ⑤诧姹悼~火悼　[l] ①拉*喇*~叭 ②萝~卜铙鲮蟟沙~臂板~油 ④闹挠 ⑥历~日（日历）闹吵~挠（搅拌）啦　[z] ①查渣喳吒哪~（神话人物）②查碴苴 ③痄早 ⑤蚱诈榨咋炸乍 ⑥昨~日　[c] ①又衩权岔差 ②查茶柴樵 ③吵炒 ⑤衩钞美~　[s] ①沙砂纱鲨裟莎痧捎~物件 ②傻* ③洒傻 ⑤嗄　[g] ①家傢加嘉痂袈笳茄珈迦咖~喱葭交~定鲛胶铰荽~白

筴鹩佳傀*~偏咳*~嗽铦~辘 ②揭[泉]（拿）崎[泉]石~（地名） ③贾假毭绞搅 ④皎[泉]咬* ⑤假嫁稼价架驾教校~场潋（稀）寄[泉] ⑥共我~你皎咬* [k]①尻~川（屁股）奇[泉]一~箸（筷子）骹（脚）脚* ②骑[泉]~马 ③卡巧 ④徛[泉]（站） ⑤敲~门较~紧（快点） [gg]②牙芽蚜涯衙 ⑤讶砑迓 [h]①哈* ②霞瑕遐根虾煆*爻*（系上） ④下[泉] ⑤孝吓罅 ⑥夏厦暇下 [Ø]①鸦桠阿~兄啊腌*~臜（脏）呀亚*东南~哑*聋~ ③哑仔*椅~ ④也[泉] ⑤亚娅 ⑥也

ah

[b]⑦百 [p]⑦拍啪 [bb]⑦肉* ⑧觅 [d]⑦答搭~车瘩贴 ⑧踏 [t]⑦塔獭拓~片塌 ⑧沓一~叠~起来 [l]⑦垃 ⑧蜡猎腊纳~凉 [z]⑦扎砸 ⑧闸铡截 [c]⑦插 [s]⑦煞 ⑧煠~肉 [g]⑦甲钾胛笴合~意夹大~细教差使~盖~被 ⑧揭[泉]（拿，举） [k]⑦较~好箬 ⑧阖~门屉[泉]柴~ [h]⑦欲~酒哈 ⑧合箸 [Ø]⑦鸭压~尺押哑*~铃抑（或者） ⑧压盒匣

aN

[p]⑤怕冇*（不结实） [m]②麻蔴嘛蟆蛤~妈*阿~ ③马玛蚂码妈*安~（祖母） ⑥骂祃吗 [d]①担当（今） ②谭 ③打胆疸 ④淡[泉] ⑤担叮~话呾 ⑥娗（错）淡咸~ [t]①他她它 ③坦平~挺~悬[guaiN²] ⑥娗 [n]①那（姓） ②林树~蓝（姓）篮岩龙~（地名）咙~喉南*~无 ③娜*那*哪*若*榄橄~拿* ④尔（而已）若*[泉]~是[泉] ⑤哪*~有燷闪~（闪电） ⑥但怀~尔若 [z]③崭齐~（整齐） ④拏[泉]~米 ⑤蘸 ⑥拏~末 [s]①三叁衫相~共（帮助） ②狫*狗~过来 [g]①柑监~狱橄~榄 ③敢（为什么，什么）囝[泉]（儿子）含 ⑤酵 [k]①坩 ②衔交~ [ng]②岩龙~[泉] ③雅 [h]②含天~鸟（黄昏）粘~日唅*（应答词） ③吓~人 ④垳[泉] ⑥垳开一~ [Ø]②涵[aN¹]（偏祖） ②含 ⑤揞*~头 ⑥馅包~

aNh

[m]⑦哞 [n]⑦凹*燷闪~ [z]⑦涮 [s]⑦跶*猫~老鼠

[h] ⑦暍~日吓

a

b ①巴煏 [biak⁷] ～│血～│胶～（袼褙）│大～│小～│中～│盐～│下～│酒～│淋～│古～│坚～│鱼～│鸭～（板鸭）│结～│尾～│瘪～～│瘪卑～│牛屎～│翘尾～│囝 [gin³] 仔～│干～～│急～～│紧～～│死～～　疤结～│疮～│伤～　吧酒～│网～　疤结～　笆篱～　叭喇～　②爸阿～　⑤霸会～│横～│压 [ah⁷] ～（霸道）│独～│称～│电～│水～│路～│土～│地～│强～│学 [hak⁸] ～│雄～│渔～│市～│恶～│反～│起～│渔～│争～│凶～│横闭～│凶～～│称王称～　坝堤～│水～　豹虎～│花～　⑥爸阿～　罢也～│作～

p ①趴马～　抛倒～（倒翻，反转回来）│走～～│急～～　葩奇～│花～│仙～│电灯～│鸟～～│红圆～│红～～│艺苑奇～　脬尿～│卵 [lan⁶] ～（阴囊）│大卵～│扶卵～（拍马屁，粗鄙语）│羊棋卵～（疝气）　⑤帕手～　⑥泡齿～│胖 [pong⁵] ～（燎泡）│水～

bb ②猫野～│狸～│山～│果子～　峇～～（南洋称与当地土著结合的混血儿）　麻手～│骹～│头～│发～│～～　媌猫～│老～　⑥密搭～（融洽，密切）│真～│会～│烩～│～～　码长～│短～│阔～│狭 [ueh⁸] ～│走长～│牵长～　觅四界 [gue⁵] ～

d ①焦臭～│喙～│干～（仅仅；白白）│水～│风～│澹～│臭火～│食烩～（吃不消）　礁海～│沙～│石～│（犁）着～（触礁）②憔枯～（枯萎）│乌～（憔悴，枯黄）　⑤罩鸡～│蠓～│烘～│桌～│喙～│奶～│纱～│面～│水灯～　咤叱 [cit⁷] ～

t ①它其～　他其～　⑤辣搅 [giao³] ～（唆使）　诧惊～

l ①拉沙～│粗～│春～│搭～│拖～│乌～│稀～～│稀稀～～│拖拖～～　②蟟沙～　臀饱～（饱饫）⑥闹搅～│吵～　挠搅～啦

z ①查调～│稽卑～│暗～　喳叽叽～～│唧唧～～　渣残～│人～│油～│沉～│煤～│豆腐～　③早自～│野～│古～│放～（清晨）│透～│犹～│寝～│较～（早早儿）│从 [zing²] ～│上～│势～│量

~｜趁~｜迟~｜及~｜尽~｜绝~｜明~｜清~｜提~｜在~｜一~｜
~~｜天光~　⑤**诈**刁~｜讹~｜诡~｜奸~｜狡~｜谲~｜欺~｜敲
~｜权~｜险~｜尔虞我~｜兵不厌~　**炸**爆~｜轰~　**榨**压~　⑥**昨**

　　c ①**差**不~｜无~｜等~｜反~｜极~｜递~｜偏~｜时~｜视
~｜岁~｜顺~｜温~｜误~｜相~｜精~（差别）｜无精~｜有（精）
~分毫不~｜丝毫不~｜毫厘不~｜分秒不~｜阴错阳~｜一念之~
叉交~｜分~｜刀~｜鱼~｜铁~｜母夜~　②**柴**痛［boo¹］~｜剉
［co⁵］~｜恶~｜冇［paN⁵］~｜有［ding⁶］~｜破~（劈柴）｜燃
［hiaN²］~｜臭~｜杉~｜荆~｜鹿~｜火~｜棺~｜拾［kioh⁷］~｜
~~　③**吵**搅~｜争~｜相~｜惊~｜柩饱~　**炒**焦［da¹］~｜热~
⑤**裼**裤~**钞**美~

　　s ①**捎**乱~｜总~｜拢~｜七~八~　**沙**~~｜尘~｜豆~　③
洒挥~｜喷~｜飘~｜泼~｜潇~｜洋洋~~｜大方潇~　**傻**蛋~｜痴
~｜呆~｜发~｜装疯卖~

　　g ①**加**倍~｜参~｜递~｜附~｜复~｜更~｜硬~｜横~｜倍
~｜麦~｜交~｜累~｜强~｜施~｜添~｜外~｜愈~｜增~｜追~
蓰以复~｜无以复~｜贫病交~｜拳脚交~｜惊喜交~｜风雪交~｜风雨
交~｜厚爱有~｜优礼有~｜勖勉有~　**家**大［dai⁶］~｜冤~｜公~｜
成~｜当［dong¹］~｜安~｜本~｜兵~｜持~｜仇~｜东~｜发~
方~｜官~｜国~｜行~｜合~｜画~｜还~｜皇~｜酒~｜居~｜客
~｜老~｜离~｜理~｜恋~｜良~｜名~｜无~｜民~｜军~｜天~
买［mai³］~｜卖［mai⁶］~｜在［zai⁶］~｜举~｜仙~｜贫~｜赌
~｜富~｜男~｜娘~｜农~｜奴~｜女~｜婆~｜起~｜人~｜儒~
丧~｜上~｜身~｜世~｜释~｜私~｜思~｜俗~｜通~｜岳~｜杂
~｜在~｜治~｜住~｜专~｜庄~｜自~｜作~｜收藏~｜观察~｜专
~｜革命~｜老人~｜艺术~｜思想~｜野心~｜政治~｜成名成~｜白
手成~｜半路出~｜书香传~｜穰穰满~｜白手起~｜清白人~｜庄户人
~｜小康人~｜殷实人~｜书香人~｜书香世~｜梨园世~｜四海为~｜
自成一~｜只此一~｜大方之~　**佳**不~｜绝~｜颇~｜欠~｜甚~
笳胡~　**荚**玉~　**胶**树~｜水~｜割~｜奶~｜花~｜阿~｜虫~｜白
~｜脱~｜明~｜橡~｜皮~｜骨~｜发~｜粘~｜牛~｜松~｜退~
打马~　**迦**释~　**嘉**孔~　**铰**裁~　**鲛**马~｜圆头~｜赤马~　③**绞**米
~（碾坊）｜火~（碾坊）｜搅［la⁶］~｜挠~｜纠~｜滚~（骚动，挣揣）

假掺～｜宽～｜通～｜虚～｜真～｜装～｜作～｜病～｜产～｜长～｜度～｜放～｜告～｜公～｜寒～｜婚～｜例～｜年～｜请～｜事～｜暑～｜销～｜休～｜续～｜准～｜丧～｜寒暑～｜真真～～｜弄虚作～　⑤**教**差(使)～　**校**校[gao³]～　**漖**(稀，水分多)涝[ko³]～　**嫁**待～｜婚～　**驾**保～｜车～｜大～｜挡～｜劳～｜仙～｜云～｜侍～｜休～｜拦～｜高～｜护～｜并～｜从～｜凌～｜命～｜屈～｜劝～｜枉～｜晏～｜尊～｜恭候大～　**架**绑～｜吵～｜构～｜笔～｜草～｜拉～｜开～｜下～｜打～｜书～｜飞～｜骨～｜间～｜框～｜劝～｜散～｜招～　**假**告～　**稼**耕～｜禾～｜庄～　**价**有～｜无～　⑥**咬**＊(皎)倒～｜喙～｜哄狗相～　**共**(介词)

　　k　①**骹**(脚)雨～｜云～｜日～｜社～｜涂～(地板)｜海～(海口，海边)｜庄[zng¹]～｜港～｜城～｜山～｜猪～｜厝～(房客，墙根)｜楼～｜灶～(厨房)｜墙～｜前～｜修～｜前～｜后～｜洗～｜乌～｜缴～(赌友)｜輋～｜齿～(牙龈，齿根)｜勾[giu¹]～｜假～｜鬔～｜毛～｜额～｜瘸～｜跛～｜桌～｜正[ziaN⁵]～(右脚)｜倒～(左脚)｜椅～｜撇[piat⁷]～｜裤～｜针～｜线～｜合～｜赤～｜菜～｜寄～｜徛[kia⁶]～｜五～｜私～｜价～｜香～｜戏～｜注～｜对～｜斗[dao⁵]～｜韵～｜棚～｜踏～｜软～｜盖[kap⁷]～｜桀[geh⁸]～｜跍[ku²]～｜跳[dio²]～｜粗～｜踆～｜顿～｜脱～｜缚～｜伐～｜徛～｜徙[sua³]～｜出～｜起～｜跛～｜臭～｜双～｜瘸[ke²]～｜羁[gua¹]～｜堁[ge³]～｜收～｜虬～｜拈～｜三～(巴结，奉承)｜塌～(并足)｜沓～｜摻[zam⁵]～｜插[cap⁷]～｜插[cah⁷]～｜披[pua⁶]～｜歇～｜字～｜下～｜顶～｜骚～(软蹄)｜(眠)床～｜慑屎～｜柑桶～｜头毛～｜～跟(随后，马上)｜香港～　**蚸**棋～｜八字～｜裯赤～｜食厝～｜相跟[de⁵]～｜相踏～｜扶后～｜拈拈～｜上后～｜地陷～(地下室)｜擢[dioh⁷]后～｜里[lai⁶]八字～｜比手划～｜外八字～　③**巧**奇～｜机～｜酥～｜幼～｜怪～｜乖～｜奸～｜目头～｜目色～　**卡**路～｜饭～｜税～　⑤**敲**大力～

　　gg　②**牙**色～(卷烟)｜脱[tut⁷]～｜出～｜败～｜獠～｜咬[ngao³]～｜月～｜爪[niao³]～｜诘屈聱～｜虎口拔～｜青面獠～　**芽**抽～｜发～｜萌～｜嫩～｜胚～　**涯**生～｜天～｜瀛～｜云～｜无～｜海～｜鞍马生～｜戎马生～｜咫尺天～｜浪迹天～｜一望无～　⑤**讶**怪～｜惊～

h ①哈*哼～｜～～｜马大～｜笑～～｜嘻嘻～～ ②瑕玉～｜斑～｜掩～｜疵～｜罪～｜白璧无～ **霞**彩～｜丹～｜绯～｜锦～｜晚～｜烟～｜云～｜余～｜晨～｜仙～｜朱～｜醉～｜升～｜明～｜金～｜碧～｜早～｜朝～ **遐**边～｜四～｜幽～｜迩～ ⑤**孝**起～｜徛［kia⁶］～｜带～｜挂～｜褪～｜守～ **罅**缝～｜石～｜云～ ⑥**下**卑～｜笔～｜陛～｜部～｜当～｜低～｜底～｜地～｜殿～｜高～｜阁～｜麾～｜降～｜脚～｜门～｜名～｜目～｜如～｜上～｜舍～｜时～｜手～｜私～｜天～｜泉～｜膝～｜眼～｜以～｜余～｜御～｜在～｜之～｜治～｜中～｜足～｜打天～｜甲天～｜天底～｜七上八～｜相持不～｜争持不～｜不上不～｜争执不～｜顺流而～｜不在话～｜声泪俱～｜泥沙俱～｜怆然泪～｜寄人篱～｜瓜田李～｜居高临～｜骑虎难～｜诒上欺～｜瞒上欺～｜双管齐～｜承上启～｜江河日～｜难分上～｜举国上～｜不相上～｜一统天～｜名扬天～｜上上～｜一上一～｜每况愈～｜相比之～｜黄泉之～｜九泉之～｜相形之～｜卵翼之～｜急转直～ **夏**初～｜华～｜立～｜孟～｜暮～｜三～｜盛～｜消～｜仲～ **厦**大～｜广～｜云～｜后～｜构～｜高楼大～｜前廊后～ **暇**不～｜空～｜无～｜闲～｜余～｜择～｜自顾不～｜应接不～

Ø ①丫树～｜枝～ **阿**依～ **鸦**乌～｜涂～ **亚**西～｜东～｜南～｜北～｜东北～｜东南～｜亚细～ ③**仔**洲～｜沟～｜金～｜潭～｜仑～｜圳～｜亭～｜窟～｜兔～｜猪～｜驴～｜马～｜鸟～｜鸡～｜鸭～｜牛～｜羊～｜狗～｜猫～｜肠～｜蜓～｜子［ziN³］～（鸽子）｜燕～｜爪［niao³］～｜鸽～｜翼［sit⁸］～｜脱［tuat⁷］～（混血儿）｜笱～｜钓～｜蟧～｜蝶～｜埕～｜蛏～｜罾～｜蚬［gan³］～｜歌～｜蚵～｜箅～（筛子）｜草～｜树～｜竹～｜角～｜飯［buaN³］～｜耙～｜末～｜稗～｜泰～｜镰～｜秧～｜梗～｜引～｜粟～｜锲～｜李～｜枝～｜鲍～｜柯～｜柚～｜梨～｜榕～｜青～｜帖～｜岑［ggim²］～（台阶）｜牵～｜砖～｜间～｜窗（门）～｜棚～｜楹［iN²］～｜崙～｜桷～｜磨～｜槌～｜锅～｜镥［lu⁵］～｜锯～｜蒜～｜葱～｜牌～｜枅［kit⁷］～（木桩，木钉）｜拐～｜卵～｜漏～｜瓯～｜挢～｜橇～｜鏨［zam⁶］～｜篗［kak⁷］～｜锓［ciam³］～｜匲～｜抿～｜秤～｜棍～｜毯～｜矸～｜罐～｜膀～｜钻～｜钉～｜梃～｜弓～｜筐～｜枋～｜笼～｜瓮～｜栱［gong³］～｜欉～｜钳～｜篮～｜饮～｜盒～｜夹［ngeh⁸］～｜拭～｜捽［sut⁷］～｜窒［tat⁷］～（塞子）｜窾［hak⁸］～（厕所）｜凿［cak⁸］～｜篗［ce²］～（竹条，竹棍）｜戕［ciang²］～（铲子）｜拓［tuh⁷］～

｜捋［luah⁸］～｜礤［cuah⁷］～｜篋［kueh⁷］～（盒子）｜夹［giap⁷］～｜姨～｜母～｜舅～｜姆～｜妗～｜孙～｜囝［gin³］～｜嬰～｜师～｜贩～｜胶～｜番～｜婆～｜佬～｜嫒～｜崴［uai¹］（索）｜军～｜仿～｜片～｜黜［lut⁷］～｜贼～｜北～｜碌［lok⁸］～｜耳～｜髻～｜娘～｜颔［am⁶］～｜面～｜鼻～｜奶～｜舌～｜赘［zeh⁷］～｜粒～｜珠～｜带～｜帽～｜帕［pe⁵］～｜袋～｜纽～｜坠～｜掩～｜禀［bin³］～｜链～｜槊［sok⁷］～｜簏［lok⁷］～｜裤～｜糕～｜疤～｜粿～｜粉～｜糖～｜圆～｜极～（奶油蛋糕）｜车～｜排～｜船～｜捻～｜馆～｜栓［sng¹］～｜逆［ggik⁸］～｜桄～｜鈇～｜栀～｜箸［hioh⁸］～｜术～｜寮～｜漉～｜市～｜牙～｜模～｜店～｜筬［ng³］～｜戥～｜胛～（背心）｜摊～｜姐［ze³］～｜鬼～｜学～｜啡［bi¹］～｜簿～｜戏～｜铫～｜会［hue⁶］～｜丑～｜嗳～（唢呐）｜炮～｜骰［dao⁶］～｜豆～｜品～（笛子）｜印～｜弦～｜人～｜厗～（玩偶）｜铃～｜蠘～（梭子蟹）｜钗～｜噗～（掌声）｜洞［kok⁸］～（木鱼）｜册～｜格～｜霎［sap⁷］～｜尾～｜喙～｜边～｜孤～｜倒～｜矮～｜磨［bbo⁶］～｜鲍［bu²］～｜岑坎～（台阶）｜（小）姨～｜雨微～｜雨毛～｜日花～｜月眉～｜月痕～｜浮洲～｜水窟～｜山坎～｜山仑～｜石坎～｜石头～｜石碾～｜石卵～｜一刻～｜目暖～｜要暗～｜猪胚～｜猪豚～｜猪间～｜猪蹄笐～｜鼠猫～｜屒头雀～｜牛椵～｜埔肘～｜乌蟒～｜鸡角～｜鸡豚～｜鸡健～｜蛙蚼～｜草花～｜田蛤～｜剪鱼～｜芒东～｜子［ziN³］鸡～｜粟［cik⁷］乌～｜鱼蕴～｜加网～｜沙梭～｜涂鬼～｜姑罗～｜乌翼～｜乌格～｜狗母～｜黄毛～｜红娘～｜赤鬃～｜臭柿～｜兰竹～｜相思～｜七星～｜水寮～｜楼层～｜楼屑［seh⁷］～｜半楼～｜鱼嚼～｜鱼笱～｜鱼钓～｜酤里～｜茶盏～｜水协～｜钩耳～｜铁棋～｜兄弟～｜查某～｜大舅～｜细妗～｜叔孙～｜旗军～｜骸手～｜阿啄～｜阿北～｜阿散～｜土生～｜皮溜～｜手铳～｜里山～｜佬贼～｜剪纽～（扒手）｜鼠贼～｜老伙～｜老岁～｜小七～｜新子［ziN³］～｜新妇～｜散魂～｜人豚～｜王鹿～｜半仿～｜山里～｜魔神～｜杂种～｜拍铁～｜耳瓷～｜尾指～｜下腹～｜酒塌～｜喉铃～｜掌头～｜鼻軃～｜鱼赘［ceh⁷］～｜粒结～｜药捻～｜气丝～｜猴瘴～｜金链～｜钉纽～｜棉胛～｜盐花～｜珠李～｜豆粒～｜咸蚬～｜面楂～｜肉圆～｜三板～｜奶喙～｜双桨～｜奶啡～｜阔头～｜私空～｜破物～｜纸篋～｜暗空～｜电柱～｜灯火～｜薄板～｜茶桌～｜菜架～｜银角～｜含糖～｜柴厓～｜涂厓～｜乌笛［dat⁸］～｜标会～｜手啡～｜喙啡～｜拍噗～｜跋骰～｜药罐～｜幼粒～｜凛凛～｜拈拈

～｜宽宽～｜中套～｜中中～｜一粒～｜厘厘～｜几粒～｜一点点～｜一寸（寸）～｜一丝～｜一庀～｜一簇～｜一屑～｜偌尼～｜普普～｜普略［liok⁸］～｜皮皮～｜头拄～｜头站～｜略略［lioh⁷］～｜渎［dao⁵］渎～｜死囝～｜雨霎～｜丈夫囝～｜查某囝～｜卖杂细～｜细汉囝～｜耳腔鬼～｜心肝引～｜心肝窟～｜贪食窟～｜咙喉核～｜咙喉蒂～｜咙喉奶～｜四句联～ ⑤**哑**装～｜作～｜沙～｜聋～｜嘶～｜干～ **娅**朋～｜亲～｜姻～｜婚～ ⑥**也**

ah

b ⑦**百**半～｜成［ziaN²］～｜一～｜牵八～｜掺［zam⁵］八～（比喻谈恋爱）

p ⑦**拍**步～（办法）｜破［pua⁵］～（破绽）｜落［loh⁸］～｜嘹～（板眼，节拍）｜配～｜起～（开打）｜煞［suah⁷］～（过瘾，满足）｜相～｜球～｜欠～｜摔［siak⁷］～｜合［hah⁸］～｜节～｜长～｜短［de³］～｜无～｜曲［kik⁷］～｜歌～｜鼓～｜点～｜实～｜合［hap⁸］～｜大～｜小～｜赴～｜春摃～｜挨吹［ue¹ce¹］～（吹奏）｜胡蝇～ **啪**劈［pit⁷］～

bb ⑦**肉***乌～｜精［ziaN¹］～｜猪～｜鱼～｜鸡～｜牛～｜鸭～｜羊～｜腿～｜腊～｜皮～｜熟～｜生［ciN¹］～｜生［siN¹］～｜食～｜冻～｜大～｜卤～｜血～｜白～｜厚～｜薄～｜熏～｜鲜［siN¹］～｜刀～｜赤～｜白～｜扇～（扇面儿）｜镜～｜面～｜骨～｜臭～｜恶［ao⁵］～｜搭～｜焙～｜封～｜买～｜卖～｜批［pue¹］～（信瓢儿）｜肌～｜割～｜肥～｜横～｜糟头～｜腩肚～（囊膪）｜三层～｜后坐～｜五花～｜腱子～｜胸坎～｜蚶棋～｜白煤［sah⁸］～｜骹手～｜手肚～｜瘤［san³］皮～｜零星［lan²san¹］～｜否［paiN³］皮～｜大鱼大～｜骹后肚～

d ⑦**搭**油～｜配～｜交～｜兜～（圈拢）｜密［bba⁶］～｜斗［dao⁵］～｜斗骹～｜即［zit⁷］～｜迄［hit⁷］～｜别［bat⁸］～｜逐［dak⁸］～ **嗒**嘀嘀～～ ⑧**踏**拍～（禽兽交配）｜骹～｜底～（基础）｜车～｜行～（交往，走动）｜狁［tun³］～（践踏，糟蹋）

t ⑦**塔**宝～｜灯～｜铁～｜吊～｜水～｜象牙～｜姑嫂～｜虎撑～｜积沙成～｜聚沙成～ **塌**跳～（淘气，活泼）⑧**沓**重［ding²］～

（重叠）｜拖～｜杂～｜大～｜细～｜规～｜一～｜叠～

l ⑧**猎**拍～｜狩～｜围～ **腊**加～（鱼名） **蜡**推［tui¹］～｜
石～｜油～｜刻～｜烧～｜蜂～｜头毛～

z ⑦**扎**裪［bih⁷］～（整理着装，使齐整）｜打［daN³］～（收拾，
准备）｜扶［poo²］～｜帮～｜补～（滋补身子使健壮） ⑧**闸**拦～｜屏
［bin²］～（障子）｜遮～ **截**拦～｜含［aN²］～（袒护，庇护） **铡**板～

c ⑦**插**头～（头发的首饰）｜穿［cuan¹］～｜加［ga¹］～（打赌）
｜配～｜对～｜参～｜扶［poo²］～（扶披）｜硬～｜夹［gah⁷］～（配
搭）｜落［loh⁸］～（打赌）｜安～｜穿［cing⁶］～（穿着打扮）｜倒～｜
花～｜无甲～（纯洁，不含杂质）

s ⑦**煞**雾煞～ ⑧**煤**水～｜白～

g ⑦**甲**竹～｜铁～｜菜～｜箸［hioh⁸］～｜掌［zng³］～｜家～
（户口）｜保～｜骹～｜到～｜挂～｜龟～｜花～｜铠～｜盖～｜六～｜披
～｜铁～｜装～｜簸箕～（蝮蛇）｜庵马～（龙舌兰）｜骹掌～｜厘仔～
（排子车）｜拉胸落［lak⁷］～｜年逾花～｜身怀六～｜丢盖弃～ **胛**肩
～｜马～（坎肩） **笽**担～（担子的提梁）｜桶～（桶的提梁）｜篮～（篮子
的提梁） **合**舒［su¹］～｜私～（合意）｜阿～（估计）｜合［hah⁸］～
（合宜） **夹**配～（配搭）｜照～｜相［saN¹］～

k ⑦**较**有～（比较）｜无～（没有更加）｜（又）佫～（更加） **霍**
鱼～ ⑧**阖**小［sio³］～

h ⑧**篏**菜～｜蔗～｜竹～｜笋～ **合**会～｜骹～｜有～｜无～｜
拆～（佛晓）

∅ ⑦**鸭**鸡～｜水～｜北～｜烧～｜卤～｜番～｜菜～｜揞
［ziN⁵］～（填鸭）｜土番～｜正番～｜姜母～｜咸水～ **押**抵～｜典～｜
关～｜管～｜花～｜画～｜羁～｜拘～｜看～｜扣～｜签～｜收～｜退
～｜在～｜强～｜硬～ ⑧**压**扣～ **盒**熏～｜荐～｜粉～｜印～｜饭
～｜宝～｜墨～｜韭菜～｜便当～（快餐盒） **匣**镜～

aN

p ⑤**冇**浮～（草率，不实在）｜焰～（炽热）｜浮～～｜红～～｜焰
～～ **怕**不～｜害～｜后～｜惧～｜可～｜恐～｜哪～｜生～｜只～｜

阴森可～｜担惊受～

m ②**妈**阿～｜～～ **唪**悉［ggong⁶］～～（傻乎乎）③**马**鞍～｜兵～｜出～｜堕～｜驸～｜乌～｜骏～｜劣～｜遛～｜牛～｜驽～｜跑～｜犬～｜人～｜戎～｜赛～｜上［siong⁶］～｜驷～｜探～｜跳～｜铁～｜下～｜响～｜野～｜辕～｜战～｜征～｜竹～｜走～｜千里～｜高头大～｜非驴非～｜悬崖勒～｜招兵买～｜厉兵秣～｜单枪匹～｜声色犬～｜塞翁失～｜金戈铁～｜千军万～｜指鹿为～｜盲人瞎～｜脱缰野～｜心猿意～｜挥戈跃～｜脱缰之～｜害群之～｜青梅竹～ **妈**姨～｜阿～｜外～｜太～｜里［lai⁶］～｜姆～｜婶～｜安～｜祖～｜娘～｜公～｜圣～｜先生～｜媒人～｜送嫁～｜太祖～｜婆姐～｜观音～ ⑥**吗**较加～ 骂詈［lue³］～｜叫～｜暗～

d ①**当**到～（至今）**担**牛～｜枷～（牛鞅）｜蹺～｜横～｜尖～（扁担）｜钎～｜竹～｜坐～｜担［dam¹］～（担当，承担）｜食～（承担）｜笐（仔）～｜牛扁～ ②**谭**重［ding²］～（说话有错误；重说一遍）｜无讲无～ **重**重［ding²］～（重复）③**打**点～（点拨）｜挨～｜鞭～｜抽～｜吹～｜单～｜毒～｜攻～｜开～｜猛～｜扭～｜殴～｜敲～｜摔［suai¹］～｜厮～｜铁～｜痛～｜武～｜一～｜半～｜吹吹～｜穷追猛～｜零敲碎～｜稳扎稳～｜风吹雨～ **胆**赤～｜大～｜斗～｜放～｜肝～｜孤～｜球～｜丧～｜壮～｜助～｜有～｜无～｜好～｜小～｜在～｜胆［dam³］～（胆怯）｜散［san³］～｜慑～｜失～｜栗［lik⁷］～｜破～｜懔［lun³］～｜胀～｜怯［kiap⁷］～｜伴［puaN⁶］～（壮胆）｜电灯～｜鸟仔～｜心肝～｜提心吊～｜悬心吊～｜披肝沥～｜群威群～｜闻风丧～｜亡魂丧～｜浑身是～｜一身是～｜侠肠义～｜明目张～ **疸**黄～ ⑤**担**担［daN¹］～｜倒～｜重～｜米～｜菜～｜大～｜小～｜柴～｜石～｜歇［hioh⁷］～｜卸［sia⁵］～｜扁食～｜青草～｜果子～｜杂货～｜千斤重～ **呾**无讲无～（不言不语）｜七～八～（胡言乱语）⑥**淡**咸～ **诞**（错，误）无～｜有～｜看～｜听～｜写～｜误～｜做～

t ①**它 他**其～ ③**挺**扶［poo²］～（奉承，吹捧）**坦**平～ ⑥**娗**妆～（装饰，打扮）

n ②**林**树～ **篮**花～｜菜～｜摇～｜窝［oo¹］～｜棺［guaN⁶］～｜竹～｜神～｜橴［siaN⁶］～｜格～｜猪屎～ ③**哪 拿**捕～｜缉～｜拘～｜擒～｜推～｜捉～｜一把死～ **若**甲～（好像）**榄**橄～｜咸橄～｜草橄～｜青橄～ ⑤**燄**闪～｜金～～｜光～～｜青～～ ⑥**若**阿～

（如果）｜准～｜便～｜敢～（岂但）｜凡～（但凡）｜见～｜甲～（倘若）｜则～（何止）｜就～（即使）　但怀～干［gan¹］～　尔（而已）安尼～（仅此而已）

z　③崭齐～（均匀整齐）　⑥撍（舀取）

s　①三十～｜三［sam¹］～｜册［siap⁷］～｜百～｜小～（婚姻关系中的第三者）　衫雨～｜罩［da⁵］～｜外～｜皮～｜里［lai⁶］～｜棉～｜线～｜浆～｜搥～｜披～｜幔［mua¹］～｜水［sui³］～｜新～｜旧～｜破～｜孝［ha⁵］～｜纸～｜麻～｜睏～（睡衣）｜长～｜戏～｜套～｜晾［ni²］～｜做～｜买～｜卖～｜洗～｜汰［tua⁶］～｜摊［nua³］～｜热（天）～｜寒（天）～｜大袿［do²］～｜纱［se¹］仔～｜云衫［hun² sam¹］～（衬衫）｜囝［gin³］仔～｜和尚～｜粪扫～｜本地～｜唐人～｜兵仔～｜羊毛～｜八宝～｜百补～｜张老～｜搭肉～

g　①柑红～　监坐～｜关～｜入～｜劫～　②含交～（互相交叉牵连，瓜葛）｜含［am²］～（合在一起照看）　⑤敢怀～｜汰讨～　酵发～｜倚［kia⁶］～（一种发酵的方法）｜麵～

k　①坩糜［bbe²］～｜花～｜饭～｜瓷［hui²］～｜大～｜细～｜碗～｜菜～｜沙～｜破～｜倚［kia⁶］～（称雄）　②衔交～（交错）｜钳［kiN²］～

ng　③雅素～｜博～｜淳～｜大～｜淡～｜典～｜风～｜高～｜工～｜吉～｜精～｜俊～｜丽～｜朴～｜清～｜儒～｜素～｜文～｜闲～｜娴～｜秀～｜幽～｜无伤大～｜有伤大～｜温文尔～｜附庸风～

h　⑥坵门～（门缝隙）｜大～｜细～｜小～｜一～｜开～～（大开）

Ø　②含（袒护；占有）相［saN¹］～　⑤揞头～～｜躄覆［pih⁷ pak⁷］～（趴伏）　⑥馅包～｜咸～｜甜～｜肉～｜豆～

aNh

m　⑦哞悉［ggong⁶］～～（傻乎乎）

n　⑦凹下［ge⁶］～（低凹处）｜胖［pong⁵］～｜一～｜鼻～｜清［cin⁵］～｜清［cin⁵］膜～（荨麻疹）　燃闪～（闪电）

s　⑦跋急～～（猛扑）

h　⑦暍日～｜烧～～（热烘烘）

车韵

【-ia，-iah，-iaN，-iaNh】

ia

[bb] ③乜咩　[d] ①爹　[l] ①遮　③惹嗟　④嗟唱~ [泉] 尔 [泉] ⑥嗟　[z] ①遮嗟 ②遮* (这里，这些)　③者赭姐渚 后~港 (地名)　⑤蔗鹪柘借~口灸面~ ⑥谢 [漳] 藉　[c] ①车奢~侈 ②斜 ③扯且 ⑤趄　[s] ①奢畬赊些 ②斜邪蛇佘 ③写舍啥 ④社 [泉]　⑤泻卸舍厍赦 ⑥谢榭射麝石~榴夕七~社　[g] ②崎高~ (地名) 揭碕奇 ④陭 [泉] (陡坡)　⑤寄 ⑥陭　[k] ①奇一~箸欹 ②骑 ⑥倚　[gg] ②蜈~蚣鹅牙　[h] ①楂鲨~靴 ②遐* (那些，那里) ④瓦 [泉] 蚁 [泉] ⑥瓦蚁　[Ø] ①埃毐~ (尘埃)　②耶爷椰揶琊 ③冶野也 ④也 [泉] 掖*~种 [泉]　⑤瘞 (累) ⑥夜掖也

iah

[b] ⑦壁　[p] ⑦僻偏~辟~雨癖怪~ ⑧甓厝~癖*出~　[d] ⑦摘 ⑧喋籴~米　[t] ⑦拆~开　[l] ⑦迹血~ ⑧掠　[z] ⑦迹无影~ (乌有) 只 (隻) 一~鸡脊胛~雀~仔 (麻雀) 睫目~毛则 (才) ⑧食　[c] ⑦赤刺~羊毛衫　[s] ⑦锡削 ⑧勺石~砚席筵~　[zz] ⑦迹 [漳]　[g] ⑦揭~稽 (挑刺儿) ⑧屐揭~旗　[k] ⑦隙空~　[gg] ⑦揭 ⑧额揭　[h] ⑦赫* (这么) ⑧额头~　[Ø] ⑦益进~挖* ⑧额蝶驿~马役差~疫瘟~易~经页热刺~ (爆热难受)

iaN

[b] ①抨 (摔) 兵~部 ②平~仄 ③丙饼 ⑤拼拍~摒~扫　[p] ①髀~枝骨 (肋骨) ②平~本坪山~ ③饼一大~　[m] ②明清~名 ⑥命　[d] ②呈埕庭门口~ ③鼎 ④锭金~ [泉] ⑤碇船~ (锚) ⑥定锭金~碇靛　[t] ①听厅 ②呈程 ⑤疼*　[n] ②娘 ③领岭 ⑥尔　[z] ①正~月精~肉 ②成~年久诚~实 (真的) 情亲~ ③鲞菜伤~齝~色淡* ⑤正四~ ⑥净~角　[c] ①清福~ (地名) ②成~人 (出嫁) ③

请且 ⑤倩~人　［s］①声 ②成三~城饗~人 ③啥~人 ⑤圣 ⑥槭粟

~　［g］①京惊 ②行擎 ③囝 ④件［泉］　⑤镜 ⑥健勇~件

［k］①轻~薄（虚弱）⑤庆~贺　［ng］②迎　［h］①兄 ②燃~火

惶惊~ ③显~目 ⑤向~时（昔日）⑥艾~条　［Ø］①缨红~ ②营萤

赢盈大~（地名）③影（看一下）④扬*［泉］⑤映假~（假的）⑥鞅*

（背孩子，背东西）炎光~焰扬*~扇飓

iaNh

［n］⑦惬*惊~［ng］⑧愕*卷~　　［h］⑦吓惊~拎*~衫

ia

d　①爹阿~｜老~

l　①遮遮［zia¹］~｜闸［zah⁸］~ ③惹招~

z　①遮头~｜手~｜无~｜雨~｜日~ ②遮（这，这里，这些）

仁（在*）~｜来~ ③姐翁~（夫妻）｜神~（巫婆）｜小~｜翁仔~｜

拾囝［kioh⁷ giaN³］~（旧指接生婆）｜媒人~ 者笔~｜编~｜读~｜瞽

~｜记~｜老~｜强~｜使~｜侍~｜行~｜学~｜长~｜著~｜作~｜

独裁~｜无产~｜劳动~｜佼佼~｜第三~｜先行~｜始作俑~ ⑤炙麵

~（面筋）蔗竹~｜红~｜糖~｜榨~｜甘~ ⑥谢［漳］（姓）　藉慰

~｜蕴~｜枕~

c　①车水~｜风~（汽车）｜蔗~｜马~｜牛~｜牵~｜大~｜屎

~｜轿~｜跟~｜班~｜开~｜驶~｜眩~｜电~｜转［zuan³］~｜春

［zing¹］~｜人~｜磕［kap⁷］~｜室［tat⁷］~｜踏~｜闸~｜油~｜廊

~｜雪~｜反~｜搬~｜盘~（折腾）｜驴~｜超~｜起~｜落［loh⁸］

~｜上［ziuN⁶］~｜倩［ciaN⁵］~｜租~｜税［se⁵］~（租车）｜出

~｜错~｜倒~｜飞~｜汽~｜火~｜机~｜轿~｜客~｜快~｜慢~｜

驾~｜动~｜板~｜列~｜灵~｜慢~｜棚~｜囚~｜驱~｜刹~｜试

~｜守~｜套~｜停~｜通~｜晚~｜私~｜公~｜货~｜卡~｜小~｜

卸~｜夜~｜眩［hin²］~｜战~｜舟~｜专~｜转［dng³］~｜撞~｜

手~｜针~（缝纫机）｜牛枥~｜螃蜞~（风车）｜龟仔~（小车）｜骹踏

~｜小包~｜面包~｜水龙~｜救火~｜三轮~｜救护~｜公交~｜粪扫

［bun⁵so⁵］~（垃圾车，清洁车）｜翁婆~（夫妻一前一后推拉的小板车）｜孔

明～（自行车）｜栊仔～（囚车）｜噗［pok^{7}］噗～｜摩托～｜锓［ciam^{3}］仔～（铲车）｜铁甲～｜装甲～｜开倒～｜开快～｜开夜～｜笨～～｜圆～～｜搬～～（好折腾）｜螳臂当～｜安步当～｜老牛破～｜闭门造～ ②**斜**挺［tan^{3}］～｜对～｜拍～｜攲［ki^{1}］～｜倾～｜歪～ ③**扯**牵～

s ①**赊**无～｜会～｜𣍐～ ②**邪**风～｜辟～｜奸～｜驱～｜无～｜歪～｜凶～｜心～｜文～｜经～｜魔～｜弃～｜百～｜去～｜除～｜破～｜信～｜外～｜正～｜虚～｜入～｜夭～｜鬼～ ③**写**编～｜采～｜草～｜抄～｜大～｜复～｜改～｜简～｜连～｜描～｜模～｜摹～｜默～｜拼～｜谱～｜缮～｜手～｜书～｜抒～｜速～｜缩～｜特～｜誊～｜填～｜听～｜投～｜涂～｜小～｜转～｜过～｜撰～｜轻描淡～ **舍**割～｜取～｜施～｜锲而不～｜恋恋不～｜依依不～ **啥**创～ ⑤**舍**寒～｜邻～｜庐～｜旅～｜茅～｜宿～｜校～｜阿～（纨绔子弟）｜爷～｜畅～（浪荡，吃喝玩乐无所事事）｜阿官～（官老爷，官老爷作风）｜鲈鳗～（生活邋遢火品行恶劣的人）｜歁大～（笨拙的富家子弟）｜公子爷～（公子哥儿）｜哭作～（粗话，表叫苦叫糟或遗憾等）｜打家劫～｜竹篱茅～｜退避三～｜魂不守～｜左邻右～ **卸**折～｜交～｜推～｜脱～｜装～ **泻**水～｜落［lao^{5}］～｜讪～（挖苦讽刺）｜相［sio^{1}］～｜相［saN（sio）^{1}］～（丢脸）｜拼［biaN^{5}］～（倾泻）｜奔～｜腹～ ⑥**社**乡～｜在～｜报～｜公～｜会～｜结～｜旅～｜茶～｜书～｜官～｜神～｜文～｜诗～｜四～｜庙～｜出版～｜通讯～ **谢**道～｜多～｜拜～｜称～｜酬～｜辞～｜答～｜代～｜感～｜跪～｜函～｜叩～｜面～｜鸣～｜申～｜推～｜婉～｜萎～｜预～｜致～｜～～｜踵门拜～｜新陈代～ **射**暗～｜发～｜放～｜辐～｜喷～｜扫～｜闪～｜弹～｜投～｜隐～｜影～｜映～｜照～｜折～｜光芒四～ **榭**水～｜歌台舞～

g ②**揭**车～（翻腾搅乱，折腾不休） **碕**高～ **崎**高～ **奇**臭～～ ⑤**寄**邮～ ⑥**徛**［kia］石～｜涂～｜悬［guaiN^{2}］～｜险～｜真～

k ①**奇**箸［di^{6}］～｜桶～ **攲**犯～（犯疑）｜倒～（反咬） ②**骑**横～ ⑥**徛**石～｜门～（门框）｜寄～｜否［paiN^{3}］～｜好～｜𣍐～｜会～｜食～｜散［suaN^{5}］～｜分～｜拆～（分家）｜起～｜挺［tan^{3}］～｜跍［ku^{2}］～｜借～｜桶～（木桶的板墙）｜窗仔～

gg ②**鹅**公～｜大～｜呆头～ **蜈**蠓［la^{2}］～（蟑子）

h ①**靴**水～｜雨～｜长筒～ **桸**网～｜角～｜匏［bu^{2}］～｜尿～｜鲎［hao^{6}］～ ②**遐**（那，那里，那些）在～ ⑥**瓦**厝～｜砖～｜厝檐

[ziN²] ～ **蚁**水～｜虫～｜白～｜狗～｜大水～｜娘仔～（蚁蚕）｜上 [ciuN⁶] 白～（滋生白蚂蚁）

Ø ①**埃**飚～（灰尘；扬尘） ②**爷**王～｜帝～｜大～｜佛～｜老 ～｜二～｜姑～｜少～｜师～｜太～｜王～｜相 [siong⁵] ～（宰相）｜班 头～｜祖师～｜万岁～｜阎罗～｜关帝～ **耶**是～非～ ③**也**莫予毒 ～｜鞠躬如～｜侃侃如～｜空空如～｜之乎者～ **冶**陶～｜妖～ **野**朝 ～｜粗～｜村～｜分～｜犷～｜荒～｜郊～｜旷～｜平～｜草～｜赤～｜ 哀～｜清～｜天～｜乡～｜越～｜撒～｜山～｜视～｜四～｜下～｜原 ～｜在～｜哀鸿遍～｜饿殍遍～｜漫山遍～｜平川广～｜坚壁清～ ⑤**瘞** （倦怠，厌烦） ⑥**也**是～ **夜**熬～｜半～｜查～｜彻～｜除～｜隔～｜过 ～｜寒～｜竟～｜连～｜漏～｜年～｜起～｜前～｜清～｜日～｜入～｜ 上～｜深～｜守～｜通～｜午～｜消～｜星～｜巡～｜霄～｜幽～｜元 ～｜月～｜昼～｜子～｜后半～｜前半～｜上半～｜下半～｜大年～｜深 更半～｜漫漫长～｜悠悠长～｜日以继～｜日日～～ **掖**散 [suaN⁵] ～｜乱～｜四散～｜散～～

iah

b ⑦**壁**抹～｜隔～｜墙～｜铁～｜向～｜戈～｜乡～｜挂～｜碰 ～｜江～｜屋～｜赤～｜龙～｜面～｜护～｜板～｜诗～｜画～｜半～｜ 绝～｜岩～｜膜 [moh⁷] ～（挨墙靠壁）｜倚 [ua³] ～｜屏 [bin²] ～ （影壁）｜磅～（碰壁）｜磕 [kap⁸] ～｜里 [lai⁶] ～｜后～｜鬼啄～（争 论不休；没指望）｜铜墙铁～

p ⑦**僻**流～｜避～｜幽～｜穷～｜就～｜开～｜明～｜诡～｜论 ～｜大～｜复～｜精～｜鞭～｜入～ **僻**闪～｜抳 [iap⁷] ～｜荒～｜性 ～｜乖～｜白～｜边～｜古～｜冷～｜偏～｜穷～｜生 [ciN¹] ～｜乡～｜拍～ （通暗语）｜江湖～（江湖人的暗语）｜贩仔～（小贩的暗语） **癖**性～｜人 ～｜否～｜牢 [diao²] ～｜好～｜孤～｜乖～｜怪～｜执～（固执）｜食 ～｜酒～｜怪～｜犟 [giuN⁶] ～｜使～ ⑧**癖**风～｜出～｜药～（药疹） **甓**生 [ciN¹] ～｜熟～

d ⑦**摘**单～｜采～｜抶～｜文～｜指～ ⑧**喋**滑～（光滑；言语流 利） **籴**（买进）

t ⑦**拆**污～（诋毁）｜开～｜分～｜离～｜除～

l ⑦迹徙 [sua³] ～｜即 [zit⁷] ～｜迄 [hit⁷] ～｜别 [bat⁸] ～｜骸～｜奇～｜水～｜齿～｜手～｜汗～｜笔～｜心～｜车～｜神～｜影～｜形～｜仙～｜虎～｜鸟～｜大～｜小～｜伤～｜影～｜粒仔～ (疮疤)｜无影 (无) ～｜窝篮 [oo¹na²] 血～ ⑧掠讨～｜筊～ (竹篾容器)｜走～｜比～ (比量)｜活～｜生～｜大～｜细～｜执～｜追～｜抄～｜走相 [sio¹] ～

z ⑦则怀～ (不过)｜吗～ (也才)｜拄 (仔) ～ (刚) **脊**胛～｜巴～ **迹**徙～｜骸～｜伤～｜影～｜粒仔～｜无影 (无) ～｜白馃仔～ **隻** (只*) 鸟～｜大～｜细～｜一半～ **雀**鸟～ ⑧食乞～｜煮～｜大～｜爱～｜有～｜无～｜好～｜否 [paiN³] ～｜会～｜袂～｜小～｜偷～｜啉～｜贪～｜婬 [ggian⁵] ～｜拣～｜重 [diong⁶] ～｜物～｜倚 [ua³] ～｜度～｜分～｜趁 [tan⁵] ～｜赚～｜把 [be³] ～｜白～｜洽 [gap⁸] ～ (融洽；对劲)｜骗～｜讨～｜拆 (开) ～ (分灶)｜手面趁～

c ⑦赤野～｜真～｜袂～｜瘦 [san³] ～｜穷～｜红～ **刺**针～

s ⑦削僻～ (背静)｜谑 [ggioh⁸] ～｜抠 [kao¹] ～ (刮削；挖苦)｜汕～｜修～｜刮～｜切～ **锡**焊～｜否铜旧～ (破铜烂铁等破烂货) ⑧勺庠～｜尿～｜噇～｜饭～｜弄空～ (漏勺) **席**筵～

g ⑦揭 (挑或拔) ⑧展柴～｜木～ **揭**骄～ (精神抖擞)

k ⑦隙破～｜山～｜田～｜空～｜找空 (找) ～ (挑刺找岔子)

gg ⑧额在～ (额定，定规)｜人～｜抵～｜拄～｜加～｜份～｜钱～｜有～ (荒数)｜够～ (满额，足够)｜好～｜足～｜有～｜面～｜照～ (照理；如数)｜食～ (认账)｜算～｜坐 [ze⁶] ～ (偿还)｜出～ (超额)｜荫～｜无～｜硬 [ngi⁶] ～ (定然)｜无够～ (不足)

h ⑦赫 (那么) ⑧额眉～｜头～｜天～｜门～ (门楣)｜溜 [liu⁵] ～｜秃～｜扩 [kok⁷] ～ (前额突出)｜灶～ (灶门的顶部)

Ø ⑦挖手～ ⑧页交 [ga¹] ～ (货品热销，供不应求)｜插～｜扉～｜画～｜篇～｜刺 [ciah⁷] ～ (刺挠)｜册～ **额**优～ (优裕) **蝶**美 [bbe³] ～ (蝴蝶)｜鼎～ (锅里残余食物烧成的黑色碎片)｜大水～ (雨前出现的飞蚁)｜娘仔～ (蚕蛾) **役**差～

iaN

b ①抨摔 [siak⁷] ～｜大力～｜出力～｜七～八～ ②平 (用于

"平仄") ③**饼**药〜（药片）｜肉〜｜葱〜｜大〜｜煤〜｜酥〜｜茶〜｜粉〜｜脆〜｜会〜｜润〜｜春〜｜胖［pong⁵］〜｜馅〜｜盒〜｜薄〜｜博［buah⁸］〜｜铁〜｜月〜｜糕〜｜枕头〜｜咸光〜｜番仔〜（饼干）｜糖仔〜｜中秋〜｜北仔〜（烧饼）｜仁仔〜（豆饼）｜油枯〜｜食碰〜（挨批评）⑤**拼**尽〜｜拍〜｜无〜｜冲〜｜大〜｜势〜｜会〜｜𣍐〜｜敢〜｜相［sio¹］〜｜大车〜

p ①**鹏**胛脊〜 ②**平**（扳回）**坪**草〜｜涂〜｜山〜｜海〜｜沙〜｜蜇〜｜大〜｜规客〜（一大片）③**饼**草〜｜规客〜（一大片）｜一大〜（一大片）

m ②**名**头〜｜尾〜｜过〜｜徛［kia⁶］〜（起名）｜土〜｜恶［ao⁵］〜｜表［biao²］〜（起名）｜有〜｜无〜｜呼〜｜大〜｜小〜｜奶〜｜乳〜｜出〜｜偏〜｜落［loh⁸］〜｜挂〜｜号〜｜臭〜｜落尾〜｜食卵［bbao³］〜 **明**火〜｜清［ciN¹］〜｜柴〜（松明）⑥**命**成［ciaN²］〜｜走〜｜身〜｜活〜｜无〜｜好〜｜赔〜｜救〜｜尽〜｜相［siong⁵］〜｜短〜｜长〜｜否［paiN³］〜｜业〜（辛苦劳碌的命运）｜食〜｜讨〜｜看〜｜买〜｜宝〜｜罟〜｜拖〜｜下〜｜存〜｜拼（性）〜｜丕（性）〜｜惜性〜｜半条〜｜活否〜｜要［bbeh⁷］好〜（表鄙视，有什么用）｜好身〜｜疾势［kiap⁷si⁵］〜｜致身〜｜溇［lam³］身〜｜带身〜｜油柑〜｜韭菜〜｜否身〜｜哭好〜｜担［dam¹］身〜｜拾［kioh⁷］着〜｜天寿短〜｜惊心懔〜｜惊身懔〜｜破病身〜｜相泻号〜

d ②**庭**墓〜｜大〜｜后〜｜前〜｜外〜｜里［lai⁶］唇〜**埕**盐〜｜蜇〜｜粟〜｜釉［diu⁶］〜｜唇〜｜石〜｜涂〜｜里［lai⁶］〜｜蚝〜｜（曝）粟〜｜门口〜｜护唇〜③**鼎**炒〜｜手〜｜铨［siN¹］〜｜火〜｜徛［kia⁶］〜｜髦〜｜抠［kao¹］〜｜捍［huaN⁶］〜｜热〜｜拓［tuh⁷］〜｜补〜｜吊〜（使遭难，比喻断炊）｜金〜｜铜〜｜大〜｜小〜｜细〜｜托〜｜伙〜｜犁头戴〜（埋头苦干）⑤**碇**抛［pa¹］〜｜起〜｜落〜｜铁〜｜石〜｜鱼〜｜船〜｜浮〜⑥**定**交〜（预定）｜小〜｜大〜｜里［lai⁶］〜｜拍〜｜补〜｜裁〜｜钦〜｜稽〜｜指〜｜主〜｜初〜｜考〜｜论〜｜额〜｜商〜｜界〜｜选〜｜退〜｜送〜｜食〜｜压［deh⁷］〜｜蚔〜（咬定）｜风〜｜雨〜｜心〜｜居［diam⁶］〜（安静，不好动）｜捍［huaN⁶］〜（拿定）｜注〜｜割〜（限定）｜结〜｜老步〜｜无限〜｜无得〜｜会得［dit⁷］〜（安生）｜𣍐得［dit⁷］〜｜无时〜**靛**青〜**碇**浮〜｜抛〜｜船〜｜起〜｜海加〜（红树林）**锭**金〜｜银〜｜金银〜

t ①**听** 好～｜否 [paiN³] ～｜探～｜偏～｜独～｜怀～｜要 [bbeh⁷] ～｜静～｜恭～｜监～｜来～｜聆～｜中（人）～｜袂中～｜怀中～ **厅** 白～｜大～｜官～｜饭～｜歌～｜花～｜客～｜舞～｜下 [e⁶]（照）～ ⑤**痛** 抽～｜病～｜哀～｜齿～｜腹（肛）～｜惊～｜生～｜心～｜闷～｜头～｜胃～｜阵 [zun⁶] ～｜割～｜绞～｜风～｜吼 [hao³] ～ **疼*** 得人～｜势相～｜通心～｜幽幽仔～｜辛苦病～

n ②**娘** 阿～｜恁～（粗鄙的话）③**领** 献～｜翻～｜衫～｜保～｜担 [dam¹] ～｜担 [daN¹] ～｜包～｜头～｜引～｜带～｜悬 [guaiN²] ～｜下 [ge⁶] ～｜无～｜占～｜领仔～ **岭** 山～｜跰 [beh⁷] ～｜上 [ziuN⁶] ～｜落～｜头～｜落～｜赤～｜云～｜五～｜过～｜分水～｜崇山峻～｜高山峻～｜开山劈～｜童山秃～｜翻山越～｜盘山过～ ⑥**尔** 尔 [na⁶，nia⁶] ～

z ①**正** 开～｜出～｜拜～｜新～｜旧～｜唐 [dng²] 人～｜番仔～ **精** 妖～｜五花～ ②**成** 本～｜生 [siN¹] ～｜致～｜组～｜促～｜怀～｜会～｜袂～ **情** 沽～（好言相劝）｜亲～｜做亲～｜讲亲～｜无心（无）～ ③**饡** 白～｜咸～｜软 [nng³] ～（娇嫩）**齰** 额～（眉宇）⑤**正** 保～｜原～｜补～｜订～｜心～｜持～｜四～（周正，端正）｜平～（公平）｜真～｜扶～｜公～｜还～ ⑥**净** 大～（挣角）

c ①**清** 福～（地名）②**成** 紧～｜怀～｜有～｜来～ ③**且** 并～｜而～｜苟～｜姑～｜况～｜聊～｜权～｜尚～｜暂～｜因循苟～ **请** 回～｜相～｜宴～｜函～｜敦～｜代～｜恭～｜延～｜奏～｜雇～｜怀～｜有～｜邀～｜烦～｜聘～ ⑤**倩** 辞～

s ①**声** 顶～｜即～｜迮 [hit⁷] ～｜飕 [sao¹] ～｜岁～｜幼～｜粗～｜大～｜细～｜才～｜转～｜补～｜气 [kui⁵] ～｜点～｜分～｜范 [ban⁶] ～｜重～｜风～｜名～｜价～｜斤～｜两～｜级～｜假～｜真～｜张～｜叫～｜尾～｜放～（声张，放风声）｜头～｜牵～｜练～｜鼾 [huaN²] ～｜和～｜货～｜男～｜女～｜掌～｜做～｜尖～｜赠 [zan⁵] ～（声援）｜瓮～｜杂～｜哭～｜笑～｜钱～｜折 [ziat⁷] ～｜额～｜寄～｜尾～｜正～｜做～｜开～｜赞～｜放～｜唱～｜出～｜食～｜摆～｜鸭角～｜瓮（鼻）～｜实 [zat⁸] 鼻～｜破礤～（沙哑）｜破桀～｜放水～｜放风～｜透水～｜出水～（卖底）｜大忩～｜怀做～｜食名～｜团 [gin³] 仔～｜噗仔～｜乞食～｜无名无～｜无做无～｜鸡角仔～ ②**成** 足～｜踏～｜几～｜输～｜提～｜年～｜袂输～ **城** 京～｜县～｜府～｜

楼～｜长～｜都～｜环～｜江～｜山～｜古～｜环～｜围～｜瓮～｜省～｜屠～｜放空～｜价值连～ ③啥创～ ⑤圣灵～｜有～｜无～｜真～｜会～｜飚～ ⑥槛礼～｜春～｜粟～｜迎～｜送～｜压［deh⁷］～

　　g ①惊收～｜压［deh⁷］～｜怀～｜食～｜空～｜青［ciN¹］～｜着～｜苦～（生恐）｜哪～｜使［sai³］～（不怕）｜白～｜尽～｜大～｜失～｜受～｜震～｜恐～｜着青～｜拍青～ **京**进～｜晋～｜西～｜业［ziuN⁶］～｜天～｜入～｜出～｜东～｜西～｜南～｜北～ ②**行**慢～｜紧～｜空～｜竞～｜起～｜时～｜顺～｜好所～｜趁时～｜倒吊～｜倒退～｜倒反［bing³］～｜倒头～｜使［sai³］会～｜使飚～｜斗阵［dao⁵din⁶］～ **檠**灯～｜铁桶～｜米筛［tai¹］～｜篮仔～ ③**囝**细～｜子［ziN³］～｜某～｜孤～｜好～｜否［paiN³］～｜小～｜态～｜溜［liu⁵］～｜幼～｜乖～｜姨～｜歁［kam³］～｜畅～｜半～｜娘～｜成［ziaN²］～｜闇［am¹］～｜赤～｜病～｜生～｜拾［kioh⁷］～｜母（仔）～｜爸（仔）～｜尾（仔）～｜大（汉）～｜猪仔～｜鸭仔～｜鸡仔～｜牛仔～｜羊仔～｜查某～｜姐［ze³］仔～｜丈夫［da⁶boo¹］～｜煞尾～｜细汉～｜了尾～｜前人～｜阿舍～｜泻败～｜爷舍～｜破败～｜鲈鳗～｜契兄～｜手铳～｜败统～｜偷生～｜番仔～｜畅舍～｜迌迌～｜怀成～｜浪荡～｜螟蛉仔～｜双生仔～ ⑤**镜**目～｜耳～｜吊～｜古～｜棱～｜封～｜石～｜宝～｜开～｜金～｜喉～｜明～｜照～｜磨～｜玉～｜铜～｜后～｜前～｜风～｜破～｜讖［ham⁵］～｜磨～｜老花～｜近视～｜太阳～｜千里～｜胖凹［pong⁵nah⁷］～｜乌（晶）目～ ⑥**件**物［mih⁸］～｜打～｜批～｜案～｜备～｜部～｜抄～｜附～｜稿～｜急～｜计～｜货～｜图～｜散～｜函～｜铸～｜锻～｜快～｜样～｜工～｜慢～｜速～｜机～｜来～｜零～｜密～｜配～｜器～｜软～｜硬～｜事～｜条～｜文～｜信～｜要～｜邮～｜元～｜原～｜证～｜大～｜细～｜无条～ **健**勇～｜生［ciN¹］～

　　k ⑤**庆**欢～

　　ng ②**迎**亲～

　　h ①**兄**二～｜阿～｜大～｜表～｜安～｜老～｜契～｜头～｜舛［cuan³］～（衣着奢华行为狂放的男子）｜隔腹～｜囝［gin³］仔～｜恁老～（粗鄙语）②**惶**惊～ **燃**电～｜柴～ ③**显**惶～（惊慌）｜摇～ ⑤**向**倒相［siang⁵］～（仰八叉，倒仰）⑥**艾**火～

　　Ø ①**缨**马～｜帽～ ②**赢**输～｜大～｜稳～｜包～｜净～｜拍～

｜较［kah⁷］～｜会～｜脍～｜有～｜无～｜无输～｜见输～｜担［dam¹］输～｜拼输～ **营**大～｜中～｜露～｜兵～｜军～｜旧～｜新～｜反～｜阵～｜安～｜宿～｜回～｜劫～｜正～｜副～｜中～｜连～｜屯～｜外～｜难民～｜大本～｜夏令～ **萤**火～｜牛轩～ ③**影**阴～｜有～｜知～｜无～｜人～｜鬼～｜暗～｜电～｜灯～｜光～｜投～｜背～｜侧～｜踪～｜缩～｜剪～｜倒～｜笑～｜倩～｜合～｜留～｜身～｜骹～｜风～｜日～｜重［ding²］～｜月～｜定～｜隐～｜斜～｜半～｜后～｜遗～｜造～｜吊～｜梦～｜形～｜心～｜水～｜摄～｜翕［hip⁷］～｜云～｜孤～｜树～｜艳～｜泡～｜显～｜含沙射～ ⑤**映**假～ ⑥**炎**火～｜光～～｜青～～｜赤～～ **扬**飞～ **飏**奢～

iaNh

ng ⑧**愕**忝～

h ⑦**吓**挡～｜惊～｜搭～ **挓**（衣物提挂在手上）手～

卦韵

【-ua，-uah，-uaN】

ua

［b］⑤簸～箕 ［p］①披 ⑤破 ［bb］②磨～刀 ［d］②汰～米 ④舵［泉］ ⑤带蹋（停留）⑥大舵 ［t］①拖 ⑤泰长～（地名）⑥汏（洗涤）豸虫～ ［l］②箩米～ ④偌*［泉］⑥赖偌*（多少）濑沙～ ［z］①抓* ②蛇 ③纸笮爪* ⑥誓咒～趄行一～ ［c］⑤蔡 ⑥炱*～路娶*～某拽*～尿 ［s］①沙砂鲨痧刷* ③徙耍 ⑤续 ［g］①瓜呱歌过莱～柯羁～脚（歇脚）②柯桦*～树 ③寡剐 ⑤盖挂卦罣诖芥~莱过罪~ ［k］①挎夸跨*垮* ③可小~垮 ⑤骞挎*~包胯跨 ［gg］③瓦我 ⑥外 ［h］①花 ②华桦铧哗 ④哗*［泉］⑤化 ⑥画话华划哗* ［Ø］①蛙洼哇娃挖* ②何 ③倚瓦* ⑤化~壳灰 ⑥话~梅画

uah

[b] ⑦钵拔 ⑧跋跌*钹　　[p] ⑦泼~水 ⑧披*~衫　　[bb] ⑦抹 ⑧末粉~沫泡~　　[d] ⑦掇*张~ (赌气撒娇) ⑧夺气~~　　[t] ⑦獭屉脱　[l] ⑦捋*(训斥) ⑧捋~头热辣　[z] ⑦拙*[泉] (这么) 撮 ⑧嚣家~ (蟑螂) 撮*走~ (歪斜不正)　　[c] ⑦礤~床擦掣 (用力拉断; 害怕; 颤抖) 泄~尿 ⑧跩*歪~ (歪斜不正)　　[s] ⑦杀~血煞撒~盐刷齿~ (牙刷)　[zz] ⑧热[漳]　　[g] ⑦割葛番~刮括一~ (一群)　　[k] ⑦阔渴　[h] ⑦喝舂 ⑧伐大~ (步伐大)　　[Ø] ⑧活

uaN

[b] ①搬般 ②盘磐~石 ③坂阪饭 ④拌[泉] ⑤半绊 ⑥拌　　[p] ①潘 ②盘~山蟠~龙 (地名) ④伴[泉] ⑤贩判 ⑥畔伴　　[m] ①幔~衫 ②麻蔴鳗瞒 ③满 ⑥曼　　[d] ①单端因~ ②弹坛檀汰~米 ④惰[泉] 弹[泉] ⑤旦花~ ⑥段惰弹倒~ (反弹)　　[t] ①滩摊 ③剸~草 ⑤炭碳澶草~起来　　[n] ②拦栏 ③摊~面 ④澜 (口水) [泉] ⑤嫩 ⑥懒烂健鸡~赖澜　　[z] ①煎~茶 ②泉残喙~ ③怎*安~盏酒~笊~篱 ④溅~尿 ⑤煎~油 ⑥贱溅　　[c] ①筅 (小刺) ③癣狗~ (癣) ④鳝[泉] ⑤串~门闩灿 ⑥鳝黄~鱼　　[s] ①山 ③散药~ ⑤伞散分~汕~头 (地名) 线腺　　[g] ①肝官棺倌干肉~竿杆菅 (草) ②寒 ③赶秆 ④掼*[泉]~水 ⑤观道~汗掼*　　[k] ①宽 ③款汇~ ⑤看　　[h] ①欢~喜 ②鼾* ③罕 ④旱[泉] ⑥岸捍焊援*旱　　[Ø] ①安鞍垵新~ (地名) 旱 ③碗腕手~盌 ④旱[泉] ⑤晏旱~案 ⑥换旱

ua

p　①披襤[lam¹]~ ⑤破托~|看~|开~|点~|讲~|揭[giah⁷]~|凿[cak⁸]~|摔[siak⁷]~|损~|拼~|穿~|撬[giao¹]~|读~|切~|出~|爆~|熝[biak⁷]~|钩~|擽[li⁵]~ (撕破) |拼~|圈[kng¹]~|折~|拍~|挼~|直~

bb　②磨着~|拖~|熬~|缠~|打~|耐~|揉~|软~|硬~|消~|研~|折~|琢~|好事多~|切磋琢~

d ②汏 ⑤搝纠 [giuh⁷] ～｜吊～｜袜～｜绑～｜链～｜腰～｜皮～｜宽～｜背～｜声～｜绥～｜纸～｜被～｜带～｜夹～｜飘～｜白～｜鞋～｜衫～｜金～｜裙～｜搝 [giuh⁷] ～｜牵～｜裤头～｜橡奶～｜松紧～｜结衫仔～（红包）｜相黏蒂～ **蹄**借～ ⑥大月～｜序～｜老 [lao³] ～｜老 [lao⁶] ～｜放～｜胆～｜较 [kah⁷] ～｜粗～｜高～｜肥～｜心～｜转 [dng³] ～｜火～｜胀～｜平～｜偌 [lua⁶] ～｜肿～｜颔 [ham⁵] ～｜头～｜电～｜业～｜做～｜势～｜会～｜飴～｜胖 [pong⁵] ～｜赫 [hiah⁷] ～｜阿～｜胖胖～｜哄猴～｜乡里老～ **舵**捍 [huaN⁶] ～｜转～｜掌～｜老 [lao³] ～

t ①拖鞋～｜浅～ **藕** [ti¹] ～｜牵～｜规～｜挪落～｜一大～｜珠仔（浅）～ ⑤泰长 [dio²] ～（地名） ⑥汏洗～｜尘～（塔灰）｜船～（船帮） **豸**虫～｜尘 [tun²] ～（成串尘土）

l ②笭米～｜篓～ ⑥偌无～（无几）｜较～｜甲～｜加～（格外）｜差无～（差不离） **赖**倚～｜哭～｜吼～｜牵～｜死～ **濑**石～（暗滩）｜沙～（浅滩）｜溪～

z ①抓乱～｜一把～ ②蛇锦～｜花～｜毒～｜生～｜四鲛～｜草花～｜目镜～｜狗母～｜地头～｜龟溜鳖～（比喻牛鬼蛇神）｜拍草惊～ ③纸字 [li⁶] ～（碎纸，废纸头）｜手～｜银～｜港～（港币）｜烧～｜吊～｜金（仔）～｜批～｜搝 [giuh⁷] ～｜油～｜撩～｜薄～｜厚～｜刻～｜信～｜腊～｜刻～｜稿～｜册～｜透 [doo⁵] ～（复写纸）｜墓～（放在坟墓上的纸钱）｜金～（纸钱）｜粗～（卫生纸）｜格～｜加 [ga¹] 毛～（类似棉纸）｜加 [ga¹] 棉～｜油光～｜金鱼～｜衙门～｜经衣～｜棉仔～｜糖仔～｜间衣～｜薄竹仔～｜米字格～ ⑥誓咒～ **趖**顶～｜线～｜暗～｜规～｜一～｜单～｜双～｜孤～｜起～｜鞐 [gap⁷] ～（骑缝，缀合）｜跳～

c ⑥焄引～｜鸡母～｜怀～ **娶**伴～｜嫁～｜佫～｜就孝～｜乘孝～｜顺孝～（民间指在百日父母丧期内娶亲的风俗）

s ①沙浮～（流沙）｜涂～｜粗～｜幼～｜泥～｜银～｜风～｜河～｜海～｜溪～｜散 [suaN⁵] ～｜金～｜铁～｜鳎 [tah⁷] ～｜目～（沙眼）｜汏～｜赤～｜拖～｜摵 [mi¹] ～｜～～｜涂米～｜马齿～｜风飞～｜一盘散～ **鲨**狗～｜笨～｜春～｜尖头～｜鸽仔～｜双鬐～ **痧**掠 [liah⁸] ～｜抠 [kao¹] ～｜着 [dioh⁸] ～｜刜 [gui⁵] ～｜反 [bing³] 肚～ **刷**齿～｜冲～｜粉～｜洗～｜印～｜振～ **施**舍～ ③徙移～｜

行［giaN²］～｜撬［ciao²］～｜搬～　**耍**玩～｜戏～｜杂～　⑤**续**接～｜照～｜顺～｜连～｜相（连）～｜相连四～

　　g　①**柯**铜～（铜板）｜无半～（没钱）　**过**菜～｜伤［siuN¹］～｜会～｜𣍐～　**瓜**傻～｜顺藤摸～　**呱**顶～～　**歌**褒～｜唱～｜山～｜民～｜情～｜对～｜国～｜战～｜牧～｜儿～｜诗～｜渔～｜组～｜乐～｜俚～｜戏～｜童～｜欢～｜弦～｜校～｜军～｜酒～｜悲～｜摞［bio¹］～｜锦～｜和～｜主题～｜团仔～　**羁**小～　②**柯**（姓）　③**寡**有～｜一～｜多～｜孤～｜活～｜守～｜新～｜望门～｜称孤道～｜曲高和～　**剐**千刀万～　⑤**挂**记～｜惦～｜披～｜牵～｜悬～｜张～｜一丝不～　**卦**米～｜八～｜变～｜龟～｜吉～｜阳～｜神～｜签～｜阴～｜易～｜卜～｜跋［buah⁸］～｜别［bat⁸］～（打卦）｜打～｜算～｜占～　**过**罪［ze⁶］～　**盖**鼎～｜笼～｜锅～｜勘［kam⁵］～｜掀～｜屉～｜头壳～

　　k　①**夸**浮～｜矜～｜虚～｜炫～｜自～｜自卖自～　③**可**小［sio³］～　**垮**摧～｜松松～～　⑤**跨**横～　**舸**手～｜骹～｜头～｜放～（放置）

　　gg　③**我**你～　⑥**外**出～｜万～｜千～｜百～｜编～｜不～｜出～｜除～｜此～｜额～｜分～｜格～｜国～｜海～｜号～｜化～｜见～｜郊～｜局～｜开～｜课～｜例～｜另～｜媚～｜门～｜内～｜校～｜店～｜党～｜度～｜边～｜塞～｜江～｜婚～｜老～｜排～｜跑～｜攘～｜塞～｜涉～｜四～｜题～｜野～｜以～｜意～｜余～｜口～｜在～｜里［lai⁶］～｜屉～｜室～｜域～｜员～｜援～｜自～｜中～｜五服之～｜置之度～｜逍遥法～｜拒之门～｜摈诸门～｜概莫能～｜置身事～｜里里外～｜喜出望～｜超然物～｜意在言～｜除此以～｜出乎意～｜九霄云～｜古今中～｜驰名中～｜驰誉中～｜闻名中～｜十仔～～（15个以上）

　　h　①**花**烟～｜探～｜礼～｜香～｜泪～｜鲜～｜～～｜走马观～｜下马观～｜笔下生～｜落地生～｜头昏眼～｜水性杨～｜锦上添～　②**华**才～｜春～｜繁～｜芳～｜纷～｜风～｜浮～｜高～｜光～｜豪～｜京～｜锦～｜宝～｜秀～｜珍～｜烟～｜翠～｜妙～｜秋～｜文～｜丰～｜龙～｜素～｜词～｜菁～｜精～｜年～｜凝～｜铅～｜荣～｜韶～｜奢～｜升～｜无～｜英～｜月～｜中～｜耶和～｜含英咀～｜虚度年～｜韶光年～｜豆蔻年～｜富贵荣～｜质朴无～｜无奢无～｜朴素无～　⑤**化**变～｜丑～｜纯～｜醇～｜淡～｜点～｜毒～｜恶～｜分～｜焚～

〜｜风〜｜腐〜｜感〜｜归〜｜幻〜｜活〜｜火〜｜激〜｜简〜｜僵〜｜
教〜｜蜕〜｜激〜｜进〜｜点〜｜老〜｜绿〜｜美〜｜慕〜｜奴〜｜欧
〜｜贫〜｜强〜｜弱〜｜光〜｜示〜｜神〜｜兴〜｜欧〜｜俗〜｜敦〜｜
理〜｜老［lao³］〜｜净〜｜仙〜｜劝〜｜热〜｜溶〜｜熔〜｜融〜｜软
〜｜烧〜｜深〜｜同〜｜退〜｜蜕〜｜文〜｜物〜｜消〜｜驯〜｜演〜｜
洋〜｜液〜｜异〜｜硬〜｜羽〜｜造〜｜转〜｜坐〜｜一般〜｜扩大〜｜
现代〜｜科学〜｜自动〜｜规范〜｜人格〜｜合理〜｜表面〜｜概念〜｜
白热〜｜公式〜｜庸俗〜｜机械〜｜多样〜｜多元〜｜一元〜｜大众〜｜
万千变〜｜食而不〜｜顽梗不〜｜泥古不〜｜食古不〜｜顽固不〜｜有伤
风〜｜贪污腐〜｜潜移默〜｜出神入〜｜千变万〜 ⑥**哗**滚〜｜讲〜｜反
〜｜喊〜｜摆［bio¹］〜｜大〜｜喧〜｜摆滚〜｜群情大〜｜寂静无〜｜
笑语喧〜｜嘻嘻〜〜 **话**诗〜｜夜〜｜共〜｜例〜｜词〜｜禅〜｜语〜
｜史〜

Ø ①**洼**低〜 **蛙**蝣〜｜青〜｜牛〜｜井底之〜 **娃**娇〜｜〜
〜｜洋〜〜 ②**何**无奈［da¹］（得）〜 ③**倚**偎〜｜拾〜｜〜〜｜依〜｜
归〜｜近〜｜衔〜｜合〜｜逼〜｜搭〜｜拱［ging¹］〜｜靠〜｜相依〜
⑥**画**国〜｜漫〜｜书〜｜彩〜｜油〜｜版〜｜名〜｜字〜｜年〜｜宣传
〜｜连环〜｜水彩〜｜水墨〜 **话**趣〜｜共〜｜诗〜｜史〜｜例〜｜屁
〜｜呾〜｜词〜｜语〜｜鬼〜

uah

b ⑦**钵**擂〜｜研〜｜瓷〜｜涂〜｜药〜 **拨**碾〜｜摆〜｜抽〜
（匀兑）｜划〜｜点〜｜移〜｜撨［ciao²］〜（挪移，改动）｜研〜 ⑧**跋**着
〜｜车（反［bing³]）〜（翻腾辗转，反复折腾） **镲**钹［cim²］〜

p ⑦**泼**雨〜｜水〜 ⑧**披**盘〜｜牵〜（藤类植物攀援蔓延，也比喻事
情纠缠不休）

bb ⑦**抹**涂〜｜一〜｜糊〜 ⑧**末**药〜｜幼〜｜〜〜｜买〜（笼络）
｜研〜

d ⑦**掇**挽［bban³］〜（因生气受委屈而摆出执拗不理人的态度）｜张
［diuN¹］〜（赌气而作态，不理不睬，甚至生气而扭身离去） ⑧**夺**气〜〜

t ⑦**屉**桌〜｜册〜｜橱〜｜衫〜｜床〜｜开〜｜关〜｜锁〜｜钱
〜 **脱**抽〜｜敚［tao³］〜｜仄［zeh⁷］〜（糟蹋，浪费）獭水〜｜涂〜｜

山~｜旱~

　　l　⑦捋势~｜赡~｜会~｜紧~　⑧捋搓［so¹］~｜理~　**辣**芥~｜粗~｜毒~｜老~｜麻~｜泼~｜甜~｜酸~｜辛~｜火~｜真~｜赡~｜沙茶~｜阴险毒~｜酸甜苦~｜大胆泼~｜心狠手~｜喙甜心~

　　热大~｜烧~｜寒~｜歇［hioh⁷］~｜烧~｜天~｜真~｜赡~｜无~｜郁［ut⁷］~｜翕［hip⁷］~（闷热）｜龌龊［ak⁷zak⁷］~

　　z　⑦攃摇~（摇曳，摇晃）　⑧攃精~（差别）｜歪~｜走~（走样，走失）｜对~（斜对）　**齹**家~｜剪~｜水家~｜海家~

　　c　⑦搴挽~｜惊~｜抽~｜会~｜赡~｜手~｜青~（惊慌）｜骹~｜搤搤［lak⁸］~｜谊谊［ggi⁶］~｜觳觳［kaoh⁸］~｜蛲蛲［ngiaoh⁷］~　**礤**菜~｜番薯~　⑧踭歪~

　　s　⑦煞劫~｜现~｜占~｜掠~｜就~｜随~｜是~｜喝［huah⁷］~｜劝~｜会~｜赡~｜怀~｜止~｜放~｜放死~｜无（止）~｜现~｜破喙~（急言劝止；插话）｜三推四~　**撒**杂~

　　g　⑦刮搜~｜舌~　**括**共［gang⁶］~｜斗［dao⁵］~（合伙）｜落~｜包~｜总~｜概~｜规~（合群）｜冏［siang²］~｜一大~　**割**过~｜交~（来往）｜利~（精通，内行）｜刣［tai²］~　**葛**番~｜香~｜树~｜交~

　　k　⑦渴喙~｜喉焦［da¹］喙~　**阔**宽~｜辽~｜真~｜壮~｜开~｜广~｜狭［ueh⁸］~

　　h　⑦砉刀~　**喝**咍［hai¹］~｜喊~｜叫~｜大~｜哄［hang³］~｜嚷~｜咍使［hai¹sai³］~（声色俱厉地责喝）　⑧伐大~（步伐大）｜细~

　　Ø　⑧活快［kuiN⁵］~｜会~｜赡~｜死~｜激~｜复~｜灵~｜救~｜佫［goh⁷］~（复活）｜哭死哭~｜要死要~

uaN

　　b　①搬照~｜生［ciN¹］~｜重［ding²］~｜斗［dao⁵］~｜徙［sua³］~　②盘杯~｜和~｜红~｜键~｜开［kui¹］~｜罗~｜明~｜全~｜沙~｜收~｜出~｜暗~｜瓷［hui²］~｜铁~｜铜~｜金~｜银~｜上［ziuN⁶］~｜秤~｜底~｜通~｜洋~｜营~｜窗~｜煎~｜碗

～｜骸～｜肚～｜手～｜面～｜骨～｜甜～｜井～｜有～（合算）｜无～（不上算）｜茶～｜大～｜细～｜头～｜尾～｜过～｜转 [zuan³] ～｜转 [dng³] ～｜菜～｜字～｜棋～｜冷～｜算～｜地～｜压 [deh⁷] ～｜轮胎～｜招～｜受～｜规～｜反 [huan³] ～｜浅～｜排～｜撚 [lian³] ～（转盘）｜停～｜光～｜硬～｜软～｜戥～｜顶～｜拼 [biaN⁵] ～｜定～｜捍 [huaN⁶] ～｜出～｜合～｜车～（反复折腾，缠磨）｜反 [bing³] ～｜晬～｜涂～｜曲～｜墨～｜腊～｜抄 [ciao¹] ～｜拍算～｜小算～｜方向～｜压茶～｜出大～ ③坂合～｜车～｜前～｜后～｜上 [ziuN⁶] ～｜下 [e⁶] ～｜无～阪 ⑤绊缠 [diN²] ～｜经 [giN¹] ～ 半无～｜对～｜一～｜大～｜两～｜小～｜日～｜月～｜夜～｜点～｜斤～｜箍 [koo¹] ～｜年～｜暝～｜过～｜两客～｜两下～｜两步～｜七月～｜八月～ ⑥拌凉～｜搅～｜拍～（拍打）

p ⑤贩过～ ⑥伴缴～（赌友）｜手～（伴手礼）｜斗 [dao⁵] ～｜搭～｜伙～｜结～｜就～｜老～｜新～｜旧～｜情～｜旅～｜陪～｜相 [sio¹] ～｜女～｜男～｜跟 [de⁵] ～｜人～｜歌～｜舞～｜规～（整群同伴）｜同～｜舞～｜无～｜有～｜好～｜否 [paiN³] ～｜拾 [kioh⁷] ～｜游～｜做～｜锁匙～｜链仔～｜囝 [ggin³] 仔～｜囝婿～｜新人～｜新娘～｜呼朋引～

bb ①幔雨～｜椅～（椅披）｜衫～｜番～（披风）｜风～｜肩胛～ ②麻青～｜白～｜结～｜黄～｜乌～｜大～｜穿～ 瞒哄～｜欺～｜隐～｜相 [saN¹] ～｜遮～ 鳗沙～｜鲈～｜乌耳～ ③满即～（现在）｜充～｜丰～｜饱～｜客～｜全～｜完～｜窒 [tat⁷] ～（塞满）｜遍排～｜积～｜自～｜拾 [kioh⁷] ～｜多 [zue⁶] 弥～｜滇 [diN⁶] ～ ⑥曼嫯 [lam²] ～（差劲，没本事）

d ①单名～｜坐～｜数 [siao⁵] ～｜清～｜税～｜货～｜保～｜药～｜提～｜册～｜报～｜钱～｜戏～｜汇～｜运～｜回～｜存～｜定～｜凭～｜菜～｜开～｜被～｜床～｜银～｜请～｜片 [pian⁵] ～｜片 [piN⁵] ～｜乌～｜孤～｜～～｜保家～ 端呼 [koo¹] ～｜卵～｜因（致）～｜无因（致）～ ②坛花～｜祭～｜天～｜地～｜日～｜月～｜体～｜乐～｜酒～｜花～｜讲～｜论～｜乒～｜球～｜诗～｜体～｜文～｜杏～｜学～｜艺～｜弈～｜影～ 弹炸～｜铳～｜导～｜投～｜飞～｜伴～｜子～｜评～｜氢～｜核导～｜原子～｜手雷～｜老调重～ ⑤旦戏～｜苦～｜彩～｜花～｜老～｜小～｜阿～｜武～｜正～ ⑥段唱～｜片

～｜线～｜手～｜身～｜阶～｜黄～｜顶～｜下～｜工～｜体～｜路～｜
地～｜区～｜过～｜选～｜波～｜大～｜细～｜分～｜头～｜尾～｜前～｜
｜后～｜有条有～　**弹**倒～｜反～　**情**臭～｜贫～｜想～

　　t　①**摊**照～｜排～｜地～｜茶～｜花～｜薰～｜报～｜册～｜分～｜公～｜货～｜菜～｜大～｜小～｜细～｜鱼～｜肉～｜均～｜平～｜铺～｜设～｜收～｜瘤 [san³] ～（油水或利益少）｜路边～｜果子～｜杂货～｜旧货～　**滩**暗～｜海～｜沙～｜涂～｜石～｜河～｜险～　⑤**澶**生 [siN¹] ～（繁殖）｜势～｜赡～｜会～　**炭**涂～｜火～｜窖～｜石～｜煤～｜烧～｜冰～｜柴～｜有 [ding⁶] ～｜冇 [paN⁵] ～｜竹～｜山～｜死～

　　n　②**拦**遮～｜阻～　**栏**围～｜栅～｜猪～｜牛～｜柴～｜铁～｜专～｜通～｜规～｜路～　③**摊**抄 (ciao¹) ～（和弄）｜拍～（拼搏，操劳）｜拌 (buaN⁶) ～（翻来覆去地摆弄）　⑤**嫩**倒～｜涂骹～　⑥**懒**拖～｜览～（邋遢）　**澜**苦～｜垂 [se²] ～｜呸～｜流～｜喙～（口水）｜鼻痰～｜白垒 [peh⁸] 仔～（白吐沫）｜有喙无～　**烂**破～｜臭～｜癞哥 [tai³go¹] ～（比喻浑身烂透）｜生 [ciN¹] 膏～（夹生）　**僆**鸡～

　　z　①**煎**水～　②**泉**水～｜汤～｜温～｜活～｜溪～｜山～｜死～　**残**喙～（口涎）｜澜～（唾液）｜狗～　③**怎**安～　**盏**酒～｜灯～｜把～｜茶～｜瓯～｜小～　⑤**煎**温火～　⑥**贱**懒～｜烂～　**溅**喷～

　　c　①**筴**竹～｜篾～｜裂～｜拆～（倒刺）｜刺 [ciah⁷] ～｜揭 [ggiah⁷] ～｜柴～｜掌甲～　⑤**闩**门～｜铁～｜柴～｜上 [ziuN⁶] ～｜开～｜关～｜落～　**灿**真～｜假～｜一 [it⁷] ～

　　s　①**山**里 [lai⁶] ～｜走～｜前～｜后～｜唐～｜崩～｜起～｜行 [giaN²] ～｜收～｜出～（出殡）｜登～｜跖～（爬山）｜盘～｜上 [zi-uN⁶] ～｜落 [loh⁸] ～｜开～｜封～｜矿～｜假～｜深～｜涂～｜石～｜柴～｜竹～｜外～｜火～｜河～｜新～｜靠～｜入～｜小～｜细～｜千～｜万～｜半～｜环～｜刀～｜封～｜江～｜冰～｜雪～｜仙～｜西～｜东～｜南～｜北～｜大～｜悬 [guaiN²] ～｜下 [ge⁶] ～｜阿～｜墓圹～｜赡收～（无法收拾的局面，烂摊子）｜臭头～｜否收～｜悭收～｜水崩～｜万水千～｜逼上梁～　③**散**药～｜喉～｜丸～　**伞**雨～｜凉 [niu²] ～｜跳～｜灯～｜阳 [iuN²] ～｜洋～｜保护～｜降落～　⑤**散**四～｜拆～｜懒～｜零～｜分～｜松～｜懒懒～～｜七零八～｜松松～～　**线**风～｜沙～｜鞈 [gap⁷]（装订，缀合）｜铁～｜钢～｜麵～｜石～｜合～｜

折～｜暗～｜单～｜防～｜伏～｜复金｜干～｜航～｜火～｜光～｜基～｜接～｜界～｜丝～｜路～｜里 [lai⁶] ～｜外～｜牵～｜绸～｜冲～｜压 [ah⁷] ～｜主～｜射～｜引～｜红～｜导～｜花～｜复～｜出～｜硬～｜软～｜纱～｜前～｜曲～｜阵～｜全～｜热～｜视～｜沿～｜眼～｜绣～｜引～｜有～｜无～｜占～｜战～｜针～｜支～｜直～｜专～｜崎 [kua⁵] ～（搁浅）｜海岸～｜亚铅～｜炒面～｜车仔～｜导火～｜补给～｜中继～｜总路～｜风景～｜五色～｜斑马～｜生命～｜走里～｜地平～｜水平～｜流水～｜交通～｜单行～｜逆行～｜平行～｜穿针引～｜联合战～｜统一战～｜转移视～

g ①干（乾）菜～｜豆～｜笋～｜饼～｜蛏～｜蚝～｜肉～｜鱼～｜虾～｜麵～｜麵包～｜葡萄～｜菜脯～｜彩鸢～（淡菜）｜番薯～（白薯干）｜龙眼～ **肝**柴｜猪～｜鸡～｜牛～｜心～｜粉～｜乌心～｜否 [paiN³] 心～｜烧心～｜荒心～｜胀心～｜顿 [dng⁵] 心～｜掫心～ **官**大 [da⁶] ～（公公）｜大 [dua⁶] ～｜阿～｜庄～｜赃～｜考～｜教～｜文～｜武～｜将～｜校～｜尉～｜士～｜警～｜法～｜判～｜副～｜军～｜史～｜贪～｜清～｜做～｜罢～｜升～｜宦～｜家 [ge¹] ～｜大家 [da⁶ge¹] ～｜亲家～｜新人～｜团婿～｜新娘～｜先行～ **倌**阿～ **菅**茅草～ **棺**入～｜收～｜石～｜勘 [kam⁵] ～｜起～｜吊～｜水晶～ ②寒大～｜勾～｜死～｜畏～｜乌（焦）｜乌阴～ ③赶逼～｜驱～｜追～ ⑤汗清～｜翕～｜流～｜大（粒）～｜细（粒）～｜流清 **掼**珠～｜手～｜贯～｜肚～｜马肚～｜有鬃 [sui⁶] 无～

k ①宽心～｜～～ ⑤看便～｜会～｜袂～｜好～｜否～｜有～｜无～｜爱～｜媛～｜中 [ding⁵] ～｜相 [saN¹] ～｜查～｜察～｜翻～｜观～｜轻～｜试～｜收～｜踏～｜细～｜小～｜平～（一起）｜罔 [bbong³] ～｜算～｜眼～｜照～｜金金～｜暧暧 [nih⁷] ～

h ①欢喜～ ②鼾起～｜大～｜袂～｜势～ ③罕～～（模糊）黄～～ ⑥焊电～ **捍**手～ **旱**苦～｜大～｜做～ **岸**田～｜门～｜齿～（齿龈）｜海～｜溪～｜上 [ziuN⁶] ～｜起～｜江～｜河～｜石～｜涂 [too²] ～｜两～｜对～｜口～｜沿～｜隔～｜倚 [ua³] ～｜回头是～

Ø ①鞍鼻～（鼻梁）｜茶～｜马～ **埞**山～ ③碗菜～｜饭～｜头～｜海～｜大～｜细～｜酒～｜茶～｜捧 [pang²] ～｜破～｜骹～｜瓷～｜铁～｜柴～｜薰～（烟袋窝）｜（大）水～｜八角～｜骹头～（膝盖骨）｜头壳～（天灵盖）｜灯火～（膝盖骨）｜铁饭～｜金饭～ **腕**手～

䤤钩～（耳挖子） ⑤晏早～｜退～｜眠～｜食～｜未～｜獪～ ⑥换包
～｜变～｜撤～｜串～｜倒～｜抵～｜调～｜掉～｜兑～｜改～｜更～｜
互～｜交～｜轮～｜替～｜贴～｜偷～｜退～｜置～｜转～｜对～｜相
～｜金不～

4. 互助韵

【-oo，-ooh，-ooN，-ooNh】

乌韵

【-oo，-ooh，-ooN，-ooNh】

oo

[b] ①波 [泉] 风～菠 [泉] ～菜玻 [泉] 坡 [泉] 马加～（地名）褒 [泉] ～贬痡
～柴晡埔夫丈～（男人）埠* ②蒲捕* 莆匍逋酺苞* 袍紺衫～婆 [泉] 鄌
[泉] ③保 [泉] ～守宝 [泉] ～玉堡 [泉] 緥 [泉] 褓 [泉] 补脯斧 ④部
[泉] ⑤报 [泉] 簸 [泉] 播布怖佈㭊傅（姓）⑥暴 [泉] 步哺捕薄～荷
部 [p] ①波 [泉] 水～坡 [泉] 铺敷麸濆 ②菩莆～田扶 ③颇 [泉]
叵 [泉] 普圃浦埔黄～（地名）谱溥掊剖 ④簿 [泉] 部一～册 [泉] ⑤破
[泉] 铺 ⑥簿部一～书廊 [bb] ①摸～底 ②模谟蟆蛤～漠沙～摹谋牟
眸 ③母 [泉] 拇 [泉] 牡某亩姥 ⑥墓募慕幕暮戊茂贸耄懋 [d]
①多 [泉] 刀 [泉] 哆 [泉] 都兜篼 ②逃 [泉] 涛 [泉] 陶 [泉] 淘 [泉]
萄 [泉] 陀 [泉] 沱 [泉] 跎 [泉] 佗 [泉] 华～驼 [泉] 驮 [泉] 砣 [泉] 酡
[泉] 鸵 [泉] 图徒屠瘏途涂荼厨～子师（厨师）骰投 ③岛 [泉] 捣 [泉]
躲 [泉] 垛 [泉] 倒 [泉] 祷 [泉] 朵 [泉] 堵赌睹肚斗枓抖蚪陡 ④舵
[泉] 杜 [泉] 道 [泉] 肚 [泉] 惰 [泉] 堕 [泉] 稻 [泉] ⑤到 [泉] 倒
[泉] 剁 [泉] 踱 [泉] 妒蠹斗透 ⑥导 [泉] 盗 [泉] 悼 [泉] 蹈 [泉] 驮
[泉] 度镀渡帱 [泉] 杜肚豆脰痘逗窦读句～ [t] ①叨 [泉] 韬 [泉]
滔 [泉] 拖 [泉] 它 [泉] 他 [泉] 绦 [泉] 饕 [泉] 弢 [泉]（人名用字）偷
②桃 [泉] 涂头 ③妥 [泉] 讨 [泉] 椭 [泉] 土吐 ④与（给）[泉] ⑤
套 [泉] 唾 [泉] 兔吐菟透 [l] ①烙 [泉] ②劳 [泉] 痨 [泉] 涝

[泉] 牢 [泉] 朒 [泉] 螺 [泉] 罗 [泉] 萝 [泉] 箩 [泉] 锣 [泉] 逻 [泉]
哪 [泉] ～吒（神话人物） 醪 [泉] 炉芦庐鸬泸鲈垆颅弩挐奴楼偻娄蒌蝼
髅耧 ③卤虏鲁噜橹老 [泉] ⑥卤落～尾路赂露橹陋镂 [z] ①遭
[泉] 糟 [泉] 租菹陬诹鲰邹驺诌 ②曹 [泉] 槽 [泉] 漕 [泉] 艚 [泉]
嘈 [泉] 徂殂雏 ③早 [泉] 枣 [泉] 左 [泉] 佐 [泉] 澡 [泉] 藻 [泉] 蚤
[泉] 祖阻组俎诅走 ④坐 [泉] 造 [泉] 皂 [泉] ⑤做 [泉] 躁 [泉] 诅
皱绉揍 ⑥助座 [泉] 祚 [泉] 骤 [c] ①磋 [泉] 搓 [泉] 蹉 [泉] 操
[泉] 粗初刍 ②愁 ③草 [泉] 楚础杵憯 ⑤操 [泉] 糙 [泉] 挫 [泉] 剉
[泉] 锉 [泉] 措 [泉] 错 [泉] 躁 [泉] 噪 [泉] 醋莝 [s] ①骚 [泉]
搔 [泉] 梭 [泉] 唆 [泉] 缲 [泉] 娑 [泉] 簑 [泉] 苏酥梳疏蔬搜馊飕
③扫 [泉] 嫂 [泉] 锁 [泉] 琐 [泉] 唢 [泉] 所数薮擞瞍叟嗾 ⑤燥 [泉]
躁 [泉] 嗽 [泉] 臊 [泉]* 漱数疏素诉塑愬愫溯瘦 [g] ①哥 [泉]
歌 [泉] 皋 [泉] 戈 [泉] 羔 [泉] 膏 [泉] 睾 [泉] 高 [泉] 糕 [泉] 姑辜
孤眔菇楇沽咕鸪枯酤轱蛄鲐骷觚觚钩佝沟篝鞲箍緱勾～践 ②糊鰗
③果 [泉] 裹 [泉] 镐 [泉] 槁 [泉] 缟 [泉] 杲 [泉] 舸 [泉] 古估诂罟
鼓瞽臌牯钴咕鼛股蛊贾酤狗苟枸垢诟 ⑤诰 [泉] 告 [泉] 郜 [泉] 过
[泉] 固痼锢顾雇故够枸购构媾遘觏彀 [k] ①科 [泉] 柯 [泉] 轲
[泉] 珂 [泉] 蝌 [泉] 窠 [泉] 苛 [泉] 疴 [泉] 颗 [泉] 棵 [泉] 稞 [泉]
枯箍篍呼抠眍 ②糊 ③坷 [泉] 许苦浒（地名） ⑤诰 [泉] ～命靠 [泉]
犒 [泉] 课 [泉] 铐 [泉] 库裤袴扣叩寇蔻 [gg] ②敖 [泉] 遨 [泉]
熬 [泉] 嗷 [泉] 鳌 [泉] 讹 [泉] 骜 [泉] 翱 [泉] 廒 吴蜈吾唔浯
梧鼯③五伍午仵忤 ④五伍 ⑥误寤晤悟捂五伍 [h] ①呼乎滹
呵 [泉] 诃 [泉] 蒿 [泉] 薅 [泉] ②河 [泉] 何 [泉] 禾 [泉] 豪 [泉] 毫
[泉] 壕 [泉] 蚝 [泉] 荷 [泉] 号 [泉] 胡湖瑚蝴糊葫狐弧壶嚎醐鬍猢
猴喉猴瘊篌捞* ③虎唬琥浒吼否缶 ④荷～重 [泉] 祸 [泉] 户沪扈
怙护怗祜雨 ⑤耗 [泉] 货 [泉] 鄗 [泉] 鄂冔 ⑥皓 [泉] 浩 [泉] 号
[泉] 获*收～颢 [泉] 灏 [泉] 昊 [泉] 户沪扈怙护祜雨后逅候鲎厚互
瓠 [Ø] ①阿 [泉] 疴沉～ [泉] 婀 [泉] 窝 [泉] 蜗 [泉] 涡 [泉] 倭
[泉] 莴 [泉] 乌鸨呜邬坞*污区沤欧鸥讴瓯 ②胡蝴弧壶葫瑚湖盂痰
～和圆～「泉」 ③㧬*（挖）呕瓯殴 ⑤恶可～讴怄污哑 ⑥芋

ooh

[Ø] ⑦呕*（吐）

ooN

[m] ①摸虻*牛~ [泉] ②磨蘑摩摹魔馍毛旄牦芼髦 ⑥磨[泉] 帽[泉] 耄[泉] 瑁[泉] 冒茂贸瞀懋 [n] ②挪[泉]*孥弩 ③挪[泉] 娜[泉] 老元~[泉] 姥[泉] 佬[泉] 脑[泉] 恼[泉] 努弩 ⑥那[泉] 懦糯怒耨 [k] ③可[泉] 哿[泉] 拷[泉] 考[泉] 烤[泉] 栲[泉] 坷[泉] [ng] ②俄[泉] 蛾[泉] 莪[泉] 峨[泉] 娥[泉] 哦[泉] 鹅[泉] 敖[泉] 遨[泉] 嗷[泉] 翱[泉] 讹[泉] 吴吾蜈 ③五伍忤仵迕我偶藕 ⑥卧[泉] 饿[泉] 傲[泉] 鳌[泉] 骜[泉] 晤悟误捂 [h] ②齁乎（语助词） ③好否火 ⑤好耗 [Ø] ①唔~~睭 ②捂 ⑤恶可~

ooNh

[m] ⑦膜*~壁瘼老~ ⑧膜 [Ø] ⑦唔乎*（疑问助词）

oo

b ①埔沙~｜溪~｜草~｜荒~｜圹~｜平~｜青~｜山~｜球~｜前~｜中~｜后~｜溪沙~｜狗屎~｜墓圹~｜冢[tiong³]仔~（坟地，坟场）｜火烧~ 埠港~｜本~｜开~｜商~｜河~｜市~｜大~｜船~｜外~ 夫丈[da⁶]~（男子，男性） 晡下~｜规~｜暗~｜顶~｜半~｜顶半~｜下半~ 痡柴~ ②袍龙~ 苞莲~ 蒲菜瓜~ 紺拗~｜下骹~ 醭徛[kia⁶]~｜酒~｜豆~｜蚝~｜豉~｜禽豆~｜化豆~ ③脯菜~｜杨梅[ciuN² m²，cim²]~｜勿仔~｜鱼仔~｜焦[da¹]~~（干瘪） 补有~｜食~｜加~｜扎~｜帮~｜抵~｜递~｜点~｜订~｜缝~｜候~｜弥~｜赔~｜示~｜光~｜暗~｜热~｜采~｜绣~｜互~｜温~｜删~｜织~｜替~｜提~｜填~｜贴~｜挖~｜修~｜织~｜添~｜增~｜找~｜整~｜焊~｜缀~｜滋~｜于事无~ 斧刀~｜手~｜石~｜大刀阔~ ⑤布昆~｜刀~｜麻~｜热~（麻布，夏布）｜经[giN¹]~｜衬[can⁵]~｜棉~｜粗~｜胶~｜土~｜洋~

|绸～|砂～|台～|纱～|油～|雨～|漆～|竹～|花～|葛～|风
～|卢～|碎～|绒～|幕～|织～|篷～(帆布)|染～|乌～|白～|
红～|远～|面～|桌～|黏～|铰～|剪～|纠[giu⁵]～|骹～|
轴～|摆～|颂～|遍～|传～|发～|分～|公～|广～|刊～|堪
～|流～|露～|密～|幕～|坯～|瀑～|洒～|散～|宣～|展～|
～～|涂骹～|斜纹～|苎[due⁶]仔～|遮着～|水呢仔～|星罗棋～

播传～|春～|秋～|点～|演～|夏～|试～|广～|联～|流
～|撒～|散～|条～|直～|转～ **怖**惊～|可～|恐～|震～|白
色恐～ ⑥**步**在[zai⁶]～|骹～|线～|无～|有～|后～|暗～|软
～|撤～|闭～|秘～|回～|改～|在[cai⁶]～|比～|园～|修
[zam⁵]～|收～|极～|变[bian⁵]～|拔～|初～|大～|细～|代
～|伐[huah⁸]～|地～|独～|毒～|方～|放～|弓～|狐～|缓
～|疾～|健～|箭～|进～|举～|跨～|快～|慢～|花～|走～|
举～|跬～|阔～|劳～|留～|迈～|漫～|跑～|起～|开～|齐
～|怯～|却～|让～|巧～|绝～|散～|碎～|猫～|踏～|台～|
同～|徒～|退～|稳～|信～|贼～|鬼～|臭～|好～|否[paiN³]
～|骹～|半～|徐～|正～|止～|逐～|纵～|屈头～(没法挽回的步
子活招数,比喻绝招;使人置于死地的招数)|八字～|拳头～|天寿～|槌
仔～|无园～|过角～|花草～|仙公～(偷巧的门径或做法)|佬仔～|
有变～|偷食～|久长～|存[cun³]后～(留有余地)|无变～|臭屎～
|奥[ao⁵]屎～(烂招数)|迈大～|留地～|四方～|大踏～|进一
～|轻足捷～|规行矩～|高视阔～|昂首阔～|望而却～|邯郸学～|
鹅行鸭～ **捕**逮～|兜～|缉～|拘～|搜～|巡～|追～ **哺**返～|
吐～|紧～|慢～|嗷嗷待～ **部**石～|东～|北～|本～|大～|队
～|腹～|胸～|腰～|肺～|臀～|里[lai⁶]～|头～|干～|局
～|军～|师～|旅～|团～|营～|连～|面～|男～|南～|女～|
全～|率～|说～|所～|外～|西～|细～|学～|阴～|分～|支
～|总～|外交～|国防～|教育～|文化～|商业～|工业～|农业～
|组织～|宣传～|统战～|司令～|参谋～|后勤～|俱乐～|统帅～

p ①**铺**猪～(架子猪)|炊～|总～(厨子)|忌～|油～|徒～
|床～|搬～ **麸**麦～|头～ **溥**嗉～(胃口不好,食无味)②**扶**势
[ggao²]～|瘦[san³]～(拍马屁,阿谀奉承)|免～ ③**普**重[ding²]
～(八月举行的盂兰盆会)|科～|吉～|做水～(为水里亡者做超度的习俗)
|～～ **谱**无～|菜～|否[paiN³]～|好～|指～|臭～|歌～|词

～｜画～｜家～｜族～｜恶［ao⁵］～｜简～｜兰～｜离～｜面～｜年～｜棋～｜图～｜曲～｜食～｜舞～｜系～｜印～｜乐～｜宗～｜色～｜有～｜琴～｜准～｜总～｜千金～　**圃**菜～｜花～｜苗～｜园～　⑤**铺**店～　⑥**簿**数［siao⁵］～（账本）｜戏～｜影～｜册～｜像～｜对～｜缘～｜写字～｜点名～｜循红～（红模子）｜日清～（日记账）｜户口～｜家甲～（户口本）　**廊**蔗～（旧时民间压榨甘蔗制作蔗糖的作坊）｜糖～

bb　②**谟**宏～　**漠**沙～｜荒～｜广～｜边～　**模**框～｜面～｜型～｜指～｜覆［pak⁷］～（汉字偏旁，宝盖头）｜手～｜胚～｜拍～｜压［ap⁷］～｜字～｜规～｜航～｜楷～｜劳～｜英～｜铜～｜砖～｜铁～｜印～｜涂～｜样～｜元～｜评～｜粗具规～　**摹**勾～｜临～｜描～　**谋**参～｜筹～｜毒～｜多～｜合～｜机～｜计～｜狡～｜力～｜密～｜奇～｜权～｜善～｜思～｜同～｜图～｜蓄～｜阴～｜预～｜远～｜智～｜主～｜钻～｜筑室道～｜足智多～｜善自为～｜有勇无～　**眸**回～｜惊～｜明～｜凝～　**霉**山～　③**母**（也读bbio³）慈～｜父～｜公～｜国～｜圣～｜师～｜义～｜再生父～　**亩**地～｜畎～｜公～｜农～｜长～｜税～｜百～｜千～｜田～　**牡**牝～　**某**查～｜大～｜前～｜子［ziN³］～（少妇）｜娶［cua⁶］～｜惊～｜翁（仔）～（夫妻俩）｜老查～｜水查～（美女）｜赤查～（泼妇）｜饲查～（养情妇、小三）｜抠［kao¹］查～（玩弄女性）｜痟［siao³］查～｜三八［sam¹bat⁷］查～｜间仔查～（暗娼）｜间底查～（暗娼）｜丈夫［da⁶boo¹］查～（男女）　⑥**墓**盗～｜坟～｜公～｜古～｜陵～｜丘～｜巡～｜省～｜祖～｜扫～｜培～｜茔～｜拜～｜祭～｜迁～｜上～｜祠～｜冢～｜汉～｜石～｜自掘坟～　**慕**欣～｜哀～｜爱～｜崇～｜景～｜敬～｜渴～｜恋～｜企～｜倾～｜孺～｜思～｜羡～｜向～｜歆～｜仰～｜晚～｜熏～　**幕**报～｜闭～｜布～｜弹～｜毒～｜黑～｜揭～｜结～｜开～｜帘～｜面～｜落～｜营～｜里［lai⁶］～｜屏～｜启～｜纱～｜天～｜铁～｜帷～｜雾～｜谢～｜序～｜烟～｜夜～｜银～｜雨～｜战～｜竹～｜字～　**暮**薄～｜迟～｜垂～｜旦～｜日～｜岁～｜天寒岁～　**茂**繁～｜蓄～｜丰～｜朴～｜声情并～｜图文并～｜花繁草～｜竹苞松～｜根深叶～｜风华正～　**贸**财～｜商～｜国～｜外～　**戊**丙～　**募**化～｜劝～｜应～｜招～｜筹～｜征～　**耄**老［lo³］～

d　①**兜**网～　**都**阿～｜大～｜奠～｜定～｜钢～｜古～｜故～｜国～｜建～｜京～｜旧～｜陪～｜迁～｜首～｜通～｜行～　②**途**饼～｜

运～｜命～｜布～｜改～｜转［zuan³］～｜转［dng³］～｜共［gang⁶］～｜觉［siang²］～｜换～｜肉～｜半～｜长～｜短～｜归～｜宦～｜旅～｜路～｜迷～｜同～｜歧～｜前～｜穷～｜取～｜仕～｜首～｜坦～｜通～｜畏～｜沿～｜艺～｜用～｜正～｜杂～｜载～｜征～｜中～｜误入歧～｜不绝于～｜络绎于～｜末路穷～｜瞻念前～｜老马识～｜视为畏～｜荆棘载～　**涂** 胡～｜糊～｜一塌糊～｜糊里糊～　**荼** 如火如～　**图** 版～｜不～｜草～｜插～｜地～｜浮～｜附～｜构～｜挂～｜海～｜弘～｜宏～｜画～｜彩～｜绘～｜冀～｜框～｜蓝～｜力～｜良～｜略～｜企～｜试～｜私～｜贪～｜妄～｜希～｜雄～｜徐～｜要～｜意～｜舆～｜制～｜展宏～｜龙船～｜人仔～｜日子～｜历［la⁶］日～｜唯利是～｜大展宏～　**徒** 暴～｜博～｜歹～｜党～｜赌～｜非～｜匪～｜高～｜奸～｜教～｜酒～｜狂～｜门～｜圣～｜凶～｜刑～｜恶～｜党～｜家～｜叛～｜囚～｜僧～｜使～｜信～｜学～｜艺～｜不逞之～｜无耻之～｜不法之～｜不轨之～｜鼠狗之～｜亡命之～｜好色之～｜好事之～｜狂妄之～　**屠** 断～｜浮～　③**肚** 后～｜腹～｜屎～｜骹～｜手～｜腿～｜船～｜胖［pong⁵］～｜窟［tam⁶］～｜滥～｜碪［tiam³］～｜跑～｜骹后～｜大腹～　**堵** 屏［bin²］～｜枋［bang¹］～｜壁～｜床～｜塌～｜安～｜围～｜观者如～　**赌** 打～｜豪～｜嫖～｜聚～｜禁～｜牌～　**睹** 目～｜有目共～｜耳闻目～｜惨不忍～｜视若无～｜熟视无～　⑤**斗** 暗～｜搏～｜奋～｜格～｜决～｜角～｜苦～｜恶～｜拳～｜械～｜战～｜争～｜龙虎～｜明争暗～｜艰苦奋～｜龙争虎～｜困兽犹～　**妒** 恶［ooN⁵］～｜怨～｜嫉～｜忌～　**蠹** 书～｜户枢不～　**透** 相［saN¹］～（相互传染）　⑥**肚** 瓮～｜大～｜腿～｜肠～｜胀～｜腩［lam³］～｜胖［pong⁵］～｜反［bing³］～｜小～｜猪～｜牛～｜鸡～｜羊～｜屎～｜蜂岫～｜百箬［hioh⁸］～｜乌肠～（黑心肝）｜鸡肠乌（仔）～（食量小；心胸狭窄度量小）｜俭肠勒～｜搝［giuh⁷］肠搝～｜直肠直～｜死肠烂～｜急肠急～｜牵肠挂～　**逗** 挑～｜引～｜句～　**度** 法～｜罔［bbong³］～（姑且度日，得过且过）｜拢～｜会～（看过得去）｜袂～｜安～｜长～｜超～｜程～｜尺～｜纯～｜大～｜小～｜调～｜法～｜风～｜幅～｜高～｜悬［guaiN²］～｜下［ge⁶］～｜广～｜轨～｜国～｜过～｜合～｜厚～｜欢～｜极～｜几～｜季～｜角～｜进～｜经～｜精～｜局～｜刻～｜跨～｜宽～｜量～｜阔～｜亮～｜密～｜年～｜难～｜浓～｜坡～｜气～｜强～｜热～｜韧～｜色～｜深～｜湿～｜适～｜速～｜酸～｜台

～｜态～｜剃～｜推～｜弯～｜纬～｜温～｜无～｜限～｜虚～｜一～｜硬～｜软～｜用～｜月～｜再～｜制～｜精密～｜灵敏～｜跨年～｜耍态～｜无法～｜无法无～｜豁达大～｜恢宏大～｜修短合～｜繁简适～｜荒淫无～｜规章制～　**渡**过～｜轮～｜搭～｜普～｜摆～｜飞～｜横～｜津～｜竞～｜强～｜抢～｜泅～｜超～｜南～｜偷～｜引～｜远～｜龙舟竞～　**镀**电～　**窦**狗～｜情～｜疑～　**读**句～

t　②**涂**焦 [da¹] ～｜澹 [dam²] ～｜沙～｜海～｜泥～｜糊 [goo²] ～｜灰～｜瓷～｜臭～（电石）｜白～｜乌～｜红～｜黄～｜潆～｜田～｜软～｜烂～｜培～｜松～｜落 [loh⁸] ～｜入～｜翻～｜矾～｜底～｜黏～｜粪～｜电～｜薰～｜大～｜做～｜漆～｜灰 [he¹] ～｜搞～｜挖 [iah⁷] ～｜拓 [tuh⁷] ～｜抄 [ciao¹] ～｜观音～｜咸水～｜醪膏～｜红毛～｜白善～｜沟仔糜～｜红（赤）仁～　③**土**地～｜脾～｜出～｜本～｜表～｜尘～｜动～｜粪～｜风～｜故～｜国～｜秒～｜瘠～｜疆～｜焦 [ziao¹] ～｜净～｜客～｜乐～｜熟～｜冻～｜领～｜垆～｜泥～｜破～｜入～｜安～｜归～｜灰～｜乐～｜广～｜落 [loh⁸] ～｜怀～｜下～｜守～｜水～｜沃～｜乡～｜平洋 [bing² iuN²] ～｜旷～｜朽木粪～｜侨居客～｜挥金如～｜王道乐～｜在地在～｜不服水～　**吐**目～～｜⑤**吐**呕～｜孕～｜吞～｜喷～｜倾～｜谈～｜落 [lao⁵] ～｜乌白～｜半吞半～｜吞吞～～｜乌～白～｜七～八～｜目白舌～｜含珠不～　**兔**脱～｜玉～｜山～｜家～｜狮子搏～｜守株待～

l　①**焗**火～｜臭火～（东西烧焦时发出的难闻味道）｜着火～　②**孥**妻～　**垆**当～｜酒～　**炉**烘～｜围～｜金～｜暖～｜香～｜分 [bun¹] ～｜回～｜司～｜大～｜火～｜炭～｜出～｜锅～｜高～｜暖～｜手～｜煤～｜鼎～｜酒～｜徛 [kia⁶] ～｜捍 [huaN⁶] ～｜熔～　**鲈**原～｜石～｜舶～　**颅**头～　**奴**阿～｜某～｜矮～｜家～｜农～｜洋～｜房～｜老～｜狗～｜官～｜囡～｜马～｜女～｜男～｜匈～｜主～｜人～｜乌～｜看财～｜守财～｜心肝～｜亡国～｜入主出～｜我囝我～　**芦**水葫～｜闷葫～｜依样葫～　**髅**髑～｜骷～　③**卤**寄～｜徛 [kia⁶] ～｜茶～｜牵～｜谙～｜拍～　**虏**俘～　**鲁**蠢～｜粗～｜邹～｜愚～｜稚～　**噜**乌噜白～　**橹**摇～　⑥**卤**鱼～｜茶～｜肉～｜咸～｜盐～　**路**骹～｜车～｜街～｜港～｜稠～｜筋～｜巷～｜炒～｜刀～｜喙～｜甜～｜糯～｜饼～｜肉～｜小～｜水～｜好～｜海～｜碌～｜否 [paiN³] ～｜外～｜无～｜手～｜头～｜走～｜暗～｜险～｜完～｜共 [gang⁶] ～｜出～｜

理～｜钱～｜有～｜礼～｜世～｜云～｜球～｜棋～｜长～｜血～｜石～｜涂～｜沙～｜暝 [mi²]～｜狭 [ueh⁸]～｜断～｜天～｜幼～｜对～｜巧～｜软～｜行 [giaN²]～｜认～｜五 [ngoo³]～（四处）｜硬～｜隘～｜半～｜笔～｜财～｜岔～｜下 [ge⁶]～｜下 [e⁶]～｜歪～｜带～｜道～｜赶～｜过～｜旱～｜航～｜后～｜活～｜绝～｜开～｜来～｜旧～｜新～｜弯～｜田～｜食～｜莝 [seh⁸]～｜拦～｜老～｜领～｜陆～｜马～｜门～｜迷～｜末～｜焦 [cua⁶]～｜近～｜远～｜闸～｜胻 [siang²]～｜合～｜陌～｜坡～｜歧～｜去～｜让～｜上～｜生～｜熟～｜顺～｜思～｜死～｜铁～｜通～｜同～｜退～｜问～｜纹～｜贤～｜销～｜邪～｜斜～｜心～｜言～｜沿～｜养～｜一～｜引～｜正～｜中～｜分叉～｜双叉～｜放筋～｜掠筋～｜火车～｜蹒头～｜好利～｜找头～｜行短～｜屈头～｜食头～｜觅 [bba⁶] 头～｜贸 [bbaoh⁸] 稽～｜看骸～｜厚礼～｜一铺～｜使手～｜踏骸～｜相出～｜找短～｜四五 [ngoo³]～｜回头～｜盘陀～｜冤枉～｜广开财～｜别无出～｜穷途末～｜视同陌～｜轻车熟～｜投石问～｜走投无～｜广开贤～｜广开言～｜画痕行～｜有理有～｜青云有～｜必由之～ **赂**使～｜下 [he⁶]～｜赇～ **橹**（摇晃）摇～（划桨） **露**甘～｜冻～｜天～｜寒～｜白～｜暴～｜毕～｜表～｜呈～｜赤～｜初～｜发～｜花～｜揭～｜刻～｜裸～｜萌～｜披～｜浅～｜袒～｜透～｜吐～｜外～｜泄 [siap⁷]～｜显～｜雨～｜展～｜朝～｜徛 [kia⁶] 天～｜眮天～｜歇 [hioh⁷] 天～（露宿）锋芒毕～｜本相毕～｜凶相毕～｜原形毕～｜深藏不～｜含而不～｜锋芒初～｜词意浅～｜餐风宿～｜锋芒外～｜餐风饮～ **陋**卑～｜鄙～｜丑～｜粗～｜固～｜寡～｜谫～｜简～｜僻～｜朴～｜浅～｜猥～｜弇～｜愚～｜粗疏浅～ **镂**铭～｜精雕细～

z ①**租**厝～｜包～｜出～｜地～｜佃～｜田～｜车～｜厂～｜税～｜还～｜讨～｜年～｜月～｜谷～｜鱼～｜退～｜海～｜定～｜房～｜缴～｜学～｜押～｜招～｜转～ ③**祖**阿～｜安～｜公～｜鼻～｜太～｜仙～｜供～｜外～｜里 [lai⁶]～｜返～｜妈～｜接～｜高～｜始～｜祀～｜列～｜远～｜曾～｜佛～｜开基～｜天公～｜数典忘～｜光宗耀～ **诅**咒～ **阻**遏～｜防～｜梗～｜电～｜受～｜断～｜禁～｜拦～｜劝～｜无～｜室～｜险～｜畅通无～｜畅行无～｜风雨无～｜崎岖险～｜横加梗～ **组**班～｜词～｜分～｜改～｜党～｜剧～｜机～｜小～｜科研～ **俎**刀～｜俎上肉～ ⑤**绉**文～～ **皱**褶～ **揍**揍～ ⑥**助**内～｜赞

~｜赠［zan⁶］~｜接~｜帮~｜臂~｜补~｜扶~｜辅~｜互~｜借~｜救~｜捐~｜匡~｜里［lai⁶］~｜求~｜鼎~｜襄~｜佑~｜施~｜神~｜佐~｜护~｜语~｜内~｜劝~｜公~｜天~｜赈~｜告~｜谈~｜协~｜翼~｜援~｜资~｜爱莫能~｜天佑神~｜守望相~｜得道多~｜失道寡~　**骤**步~｜驰~｜急~｜纵横驰~　**祚**帝~｜国~｜践~

c ①**粗**沃［ak⁷］~｜担~｜短~｜老~｜气~｜心~｜手~｜胶~｜讲~｜幼~｜动~｜大老~｜五大三~　**刍**反~　**初**当~｜开~｜年~｜起~｜太~｜月~｜最~｜悔不当~｜和好如~｜完好如~｜恍然若~　③**础**基~｜柱~｜石~｜玉~　**楚**苦~｜痛~｜酸~｜齐~｜老~｜衣冠~~　**憷**发~　⑤**醋**食~｜陈［din²］~｜老~｜倒~｜乌~｜白~｜红~｜徛［kia⁶］~（酿造醋的方法）｜酸辣~｜半瓶~｜添油加~　**辏**辐~

s ①**疏**粗~｜扶~｜荒~｜空~｜生~｜稀~｜萧~｜注~｜奏~｜笺~｜人地生~｜志大才~　**蔬**菜~　**酥**豆~｜马蹄~｜喙口~｜瘠（脊背略弯曲）胛脊~~　**飕**冷~~　**苏**复~｜流~｜白~｜紫~｜死而复~　③**叟**老~｜智~｜邻~　**薮**渊~　**擞**抖~｜精神抖~　**所**补~（补偿）｜便~｜场~｜处~｜哨~｜失~｜寓~｜诊~｜住~｜厕~｜官~｜民~｜会~｜公~｜定~｜居~｜招待~｜看守~｜托儿~｜各得其~｜死得其~｜流离失~　⑤**诉**败~｜陈~｜反~｜告~｜公~｜控~｜起~｜泣~｜倾~｜上~｜申~｜胜~｜投~｜原~｜自~｜如泣如~

疏读~　**素**味~｜尺~｜词~｜语~｜食~｜毒~｜缟~｜寒~｜荤~｜平~｜朴~｜茹~｜要~｜因~｜音~｜元~｜简单朴~｜艰苦朴~｜安之若~｜朴朴素~｜我行我~｜训练有~｜相知有~　**愫**情~

数步~｜命~｜岁~｜谱~｜礼~｜成［sing²］~｜成［ziaN²］~｜总~｜成［siaN²］~｜报~｜变~｜差~｜常~｜充~｜次~｜凑~｜单~｜双~｜奇~｜偶~｜底~｜基~｜号~｜人~｜年~｜次~｜概~｜约~｜报~｜顶~｜读~｜多~｜额~｜过~｜劫~｜路~｜小~｜气~｜权~｜全~｜如~｜扫~｜少~｜实~｜寿~｜余~｜代~｜套~｜天~｜为~｜尾~｜无~｜悉~｜心~｜序~｜有~｜约~｜招~｜着~｜指~｜总~｜作~｜悉~｜厚礼~｜未知~｜大多~｜心中无~｜胸中无~｜浑身解~｜不计其~｜滥竽充~｜恒河沙~｜善工心~｜心中有~｜胸中有~｜不足齿~｜历历可~｜寥寥可~｜屈指可~｜擢发难~｜数不胜~｜不可胜~｜不可悉~　**漱**盥~｜洗~　**瘦**肥~｜干~｜黑

~｜精~｜枯~｜清~｜消~｜抽肥补~｜面黄肌~｜挑肥拣~　**溯**回~｜上~｜追~

g　①**沽**待价而~　**姑**阿~｜大~｜小~｜渔~｜师~｜菜~｜仙~｜乡~｜翁~｜道~｜尼~｜大娘~｜山野村~　**孤**孝~（本为孝祭孤魂，今多指吃，詈骂语）｜遗~｜托~｜孤吊~｜飿孝~｜孤对~　**枯**干~｜焦~　**菇**生~｜白~｜蘑~｜冬~｜草~｜香~｜冬~｜春~｜泡蘑~　**辜**无~｜死有余~　**箍**紧~　**鸪**鹧~　**蛄**火金~｜火焰~　**舴**大~（大木船）　**罛**牵~（拉网）　②**糊**米~｜饮［am³］~｜麵~｜譴~｜抆［kit⁷］~｜浆~｜芳~｜麦~｜麵线~｜烊~~　**鰗**白~　③**贾**商~｜大腹~｜余勇可~　**垢**尘~｜含~｜泥~｜污~｜忍辱含~｜藏污纳~　**苟**不~｜一丝不~｜蝇营狗~　**古**譀［ham⁵］~｜仙~｜讲畅~｜博~｜发~｜仿~｜复~｜高~｜怀~｜简~｜近~｜考~｜旷~｜拟~｜泥~｜盘~｜千~｜上~｜尚~｜太~｜万~｜远~｜先亘~｜蒙~｜守~｜前~｜今~｜好［hooN⁵］~｜鉴~｜思~｜中~｜终~｜自~｜作~｜五~｜七~｜厚今薄~｜文笔简~｜怀旧恋~｜彪炳千~｜自我作~｜人心不~　**股**拾［kioh⁷］~｜徛［kia⁶］~｜柱开~｜擤~｜手~｜潭［tuaN⁵］~｜份~｜空~｜踏~｜大~｜细矮~｜刺~｜认~｜参~｜公~｜退~｜集~｜私~｜山~｜敲~｜破~｜翼［sit⁸］~｜斗［dao⁵］~（合伙）｜分~｜即~｜迄［hit⁷］~｜逐~｜八~｜合~｜入~｜屁~｜招~｜倒一~（哪一个）　**估**低~｜高~｜物~｜赃~｜海~｜平~｜市~｜评~　**诂**训~　**鼓**风~（风车，扇车）｜耳~｜摇~｜花~｜石~｜铜~｜起~｜敲~｜车~｜拍~｜更［giN¹］~｜击~｜拼~｜锣~｜堂~｜鱼~｜渔~｜战~｜谯~｜操~｜戌~｜腰~｜偃~｜点~｜樵~｜琴~｜暮~｜和~｜金~｜合~｜槌~｜圣~｜听~｜大~｜小~｜鸣~｜擂~｜手~｜皮~｜金~｜鼙~烛~｜肝［piang⁶］~｜答喿~｜触喿~｜拍喿~｜鑱钗［cim²ce¹］~｜拍腰~｜玲唥~｜拍边~｜敲边~｜敲锣拍~｜紧锣密~｜大张旗~｜重整旗~｜打退堂~｜偃旗息~　**钴**茶~　⑤**故**无~｜因~｜代~｜超意~　**构**机~｜门~｜修~｜木~｜砖~｜佳~｜结~｜伟~｜虚~｜臆~｜向壁虚~　**购**采~｜代~｜订~｜定~｜洽~｜议~｜选~｜开~｜争~｜派~｜函~｜批~｜抢~｜认~｜赊~｜收~｜套~｜统~｜寻~｜询~｜邮~｜预~｜征~　**彀**入~　**媾**婚~｜交~　**觏**罕~　**顾**主~｜观~｜无~｜管~｜看~｜不~｜反~｜关~｜光~｜自~｜三~

｜四～｜盼～｜八～｜返～｜后～｜环～｜惠～｜兼～｜眷～｜钳 [kiN²]～｜瞻～｜照～｜怀～｜脍～｜只～｜不管不～｜悍然不～｜弃置不～｜义无返～｜统筹兼～｜公私兼～｜不屑一～ **雇**解～ **固**巩～｜坚～｜牢～｜凝～｜强～｜顽～｜稳～｜老顽～｜根深蒂～｜根深柢～｜磐石之～ **故**变～｜病～｜大～｜典～｜国～｜借～｜旧～｜如～｜身～｜因～｜代～｜温～｜何～｜世～｜事～｜托～｜亡～｜无～｜物～｜细～｜缘～｜原～｜掌～｜沾亲带～｜攀亲道～｜非亲非～｜非亲即～｜三亲六～｜一见如～｜依然如～｜人情世～｜老于世～｜责任如～｜人身事～｜平白无～｜无缘无～｜蹈常袭～｜毛举细～｜薄物细～｜持之有～ **痼**沉～ **锢**禁～

k ①**呼**大声～ **枯**豆～｜油～｜茶～｜目～｜柴～｜番藷～ **箍**肉～｜桶～｜篾～｜铁～｜柴～｜竹～｜络～｜手～｜喙～｜袖～｜拍～｜手～｜堃 [seh⁸]～｜日围～｜日拍～｜月围～｜月拍～｜牛喙手裼～｜烟筒～(旧时妇女的一种发髻,状如烟囱) **箍**一～｜无半～ ②**糊**钳～ ③**苦**我～｜知～｜咸～｜艰～｜气～｜乔～(留难,刁难)｜悲～｜惨～｜食～｜喙～｜何～｜良～｜凄～｜气～｜无～｜有～｜自～｜甘～｜吃 [kit¹]～｜愁～｜甘～｜孤～｜寒～｜好～｜何～｜疾～｜坚～｜叫～｜刻～｜困～｜劳～｜良～｜贫～｜勤～｜清～｜穷～｜受～｜诉～｜痛～｜挖～｜辛～｜忧～～｜苦重～｜何得(而)～｜同甘共～｜不辞劳～｜用心良～｜含辛茹～｜千辛万～ ⑤**库**册～｜宝～｜仓～｜国～｜金～｜兵～｜典～｜诗～｜圣～｜银～｜公～｜出～｜词～｜字～｜酒～｜军～｜里 [lai⁶]～｜外～｜山～｜皮～｜粮～｜血～｜水～｜府～｜入～｜财～｜文～｜武～｜清仓查～ **裤**短～｜长～｜里 [lai⁶]～｜外～｜跑～｜棉～｜马～｜绒～｜睏～｜衫～｜彩～｜水 [zui³]～(裤衩)｜拢 [lang³]～｜吊灯～(灯笼裤)｜密骹～(连裆裤)｜肚仔～(兜兜裤儿)｜练功～｜搦 [lak⁸]衫～｜撖 [ka⁵]衫～｜整衫～｜油衫～｜开底～｜三角～｜开尻川～｜里短～｜密底～(连裆裤)｜开骹～｜棉毛～ **蔻**豆～ **寇**草～｜海～｜流～｜穷～｜敌～｜入～｜外～｜倭～ **叩**三拜九～｜三跪九～

gg ②**唔**咿～ **梧**魁～｜枝～ ⑥**悟**疑～ **五**破～｜百～｜两百～｜初一十～ **摀**枝～

h ①**呼**明～｜先～｜称～｜传～｜高～｜欢～｜惊～｜狂～｜热～｜鸣～｜长～｜乌～｜招～｜拍招～｜打招～｜攘臂高～｜振臂高～｜

雀跃欢～｜大声疾～｜一命呜～ ②乎断～｜几～｜近～｜类～｜全～｜确～｜似～｜在～｜无怪～｜粘～～｜不在～｜不亦乐～｜满不在～ 狐玄～｜白～｜银～｜红～｜社鼠城～ 弧括～｜圆～ 壶漏～｜投～｜悬～ 胡大～｜臭羯～｜桸箆～ 捞手～｜网～｜水～ 侯公～｜王～｜诸～｜五～｜元～｜万户～ 猴猿～ 喉咽～｜骨鲠在～｜如鲠在～ 瑚珊～ 糊含～｜迷～｜模～｜裱～｜稠～｜马～｜粘～｜含含～｜马马～～｜迷迷～～｜模模～～｜模里模～｜血肉模～｜希希～～ 醐醍～ ③否可～｜能～｜是～｜不加可～｜不置可～ 吼狂～｜怒～ 虎飞～（鱀鳅）｜猛～｜猎～｜老～｜日～（闪电）｜奶～｜老～马〔ma³〕～｜步山～（穿山甲）｜出门～｜入门～（砍头疮，俗称带状疱疹）｜大官～｜生理～（大商贾）｜大食～｜覆〔pak⁷〕地～｜胡蝇～（壁虎）｜秋老～｜纸老～｜拦路～｜笑面～｜投畀豺～｜降龙伏～｜马马～｜生龙活～｜如狼似～｜藏龙卧～ 唬势～｜唅～ ⑤庑正～｜倒～｜冗〔ling⁶〕～～～｜稀稀～～ ⑥后背～｜此～｜敌～｜殿～｜断〔duan⁶〕～｜而～｜尔～｜今～｜绝～｜落～｜末～｜前～｜然～｜日～｜善～｜身～｜事～｜嗣～｜随～｜太～｜王～｜皇～｜先～｜以～｜战～｜之～｜最～｜皇太～｜阴山背～｜惩前毖～｜茶余饭～｜观前顾～｜瞻前顾～｜茶余酒～｜空前绝～｜争先恐～｜鸡口牛～｜瞠乎其～｜承前启～｜承先启～｜百年之～｜跋前疐～｜跋前踬～ 逅邂～ 厚薄～｜淳纯～｜醇～｜笃～｜敦～｜肥～｜丰～｜憨～｜浑～｜浸～｜宽～｜浓～｜仁～｜深～｜温～｜谦～｜恩～｜淳～｜雄～｜优～｜忠～｜周～｜天高地～｜得天独～｜温柔敦～｜笃实敦～｜实力雄～｜情深谊～｜情深意～ 候测～｜斥～｜伺～｜等～｜恭～｜火～｜季～｜敬～｜立～｜气～｜少～｜失～｜时～｜侍～｜守～｜天～｜听～｜问～｜物～｜迎～｜征～｜症～｜致～｜成气～｜全天～ 雨阵～｜沤～｜云～｜糜～｜透～｜大～｜中～｜细～｜小～｜沃〔ak⁷〕～｜淋〔lam²〕～｜觋〔bbih⁷〕～｜辟〔piah⁷〕～｜春～｜冬～｜冻～｜郁～｜落～｜乞～｜求～｜雷～｜风～｜暗～｜暝〔mi²〕～｜缺～｜鬼～｜时～｜阴～｜泼～｜歇～｜查某～｜大（阵）～｜西北～｜云片～｜雷阵～｜方〔bng¹〕时～｜风台～｜凶狂～｜青狂～｜风甲〔gah⁷〕～｜春水暝～｜黄酸仔～｜春水绵～｜霎〔sap⁷〕霎仔～｜毛毛仔～ 户徛〔kia⁶〕～｜存～｜大～｜细～｜佃～｜订～｜定～｜过～｜乌～｜绝～｜开～｜销～｜立～｜猎～｜落～｜门～｜客～｜富～｜穷～｜瘦〔san³〕～｜农～｜棚～｜铺

～｜首～｜屠～｜小～｜用～｜乐～｜债～｜数［siao⁵］～（账户）｜住～｜庄～｜租～｜食大～｜暴发～｜破落～｜挨家挨～｜挨门挨～｜夜不闭～｜关门闭～｜蓬门荜～｜独门独～｜对门对～｜家家～～｜安家落～｜另立门～｜孤门独～｜单门独～｜自立门～｜寒族小～　**互** 交～｜相～　**与**（给。也写作"互"）　**护** 爱～｜保～｜庇～｜辩～｜防～｜呵～｜回～｜监～｜救～｜看～｜偏～｜摄～｜守～｜袒～｜调～｜维～｜卫～｜掩～｜养～｜翼～｜荫～｜拥～｜照～｜官官相～　**怙** 失～　**扈** 跋～｜专横跋～｜飞扬跋～

Ø　①**乌** 天～｜金～｜衔［kaN²］～（天将黑时）｜吊～｜糖～｜造～｜墨～｜首～｜皂［zo⁶］～（抹黑）｜罕［huaN³］～（淡黑色）｜深～｜咖啡～｜日衔～｜青仁～｜册九日～｜爱屋及～　**沤** 浮～　**欧**　**殴** 斗～｜痛～｜凶～　②**壶** 尿～｜痰～｜夜～｜茶～｜酒～｜水～｜暖～｜喷～｜心～　**和**（麻将术语）　**弧** 圆～（圆场）　**胡** 青～｜大～｜二～｜京～｜墨～　**湖** 江～｜盐～｜西～｜东～｜老江～｜跑江～｜走江～｜闯江～｜闯荡江～｜浪迹江～　③**搞** 掘～　**瓯** 金～　**呕** 发～｜作～｜令人作～　⑤**恶** 可～　⑥**芋** 槟榔～｜番薯～

ooh

Ø　⑦**噁**

ooN

m　①**毛** 山～　**魔** 鬼～｜妖～｜恶～｜风～｜着～｜入～｜病～｜邪～｜灾～｜天～｜群～｜酒～｜起～｜疯～　**摸** 估～｜寻～｜约～｜暗～～｜偷偷～～｜不可捉～　**无** 南～（皈依）　②**毛** 不～｜发～｜毫～｜鸿～｜翎～｜皮～｜羽～｜千里鹅～｜轻如鸿～｜火烧眉～｜略知皮～｜九牛一～　**髦** 时～　**模** 劳～｜英～｜楷～　**摩** 按～｜揣～｜抚～｜观～　⑥**耄** 老～　**冒** 仿～｜感～｜假～　**袤** 广～

n　⑥**怒** 藏～｜触～｜大～｜动～｜发～｜愤～｜含～｜激～｜狂～｜恼～｜迁～｜盛～｜息～｜震～｜众～｜恼羞成～｜勃然大～　**懦** 怯～｜愚～

ng ③**五吊空** [kong⁵] ～（刁难）　**伍**队～｜行～｜落～｜入
～｜退～｜配～｜羞与为～　**午**重～｜端～｜过～｜上～｜亭～｜下
～｜正～｜中～　**连**违～｜相～　**偶**对～｜奇～｜佳～｜木～｜排～｜
配～｜求～｜丧～｜土～｜玩～｜怨～｜冤～｜择～｜提线木～｜无独有
～　**我**大～｜敌～｜故～｜忘～｜小～｜自～｜依然故～｜卿卿～～　⑥
误笔～｜差～｜迟～｜舛～｜错～｜耽～｜讹～｜诖～｜刊～｜勘～｜迷
～｜谬～｜失～｜疏～｜脱～｜违～｜无～｜延～｜贻～｜正～｜致～｜
坐～｜因循坐～　**牾**抵～　**悟**顿～｜解～｜憬～｜觉～｜领～｜神～｜
省～｜醒～｜颖～｜感～｜悔～｜执迷不～｜恍然大～｜翻然悔～　**晤**
会～

h ②**齁**（打呼噜）　**乎**（语助疑问词）③**火**玩～｜烽～｜渔～　⑤
好爱～｜癖～｜嗜～｜同～｜喜～｜阿其所～｜投其所～｜公诸同～｜洁
身自～　**耗**矗～｜空～｜亏～｜磨～｜内～｜伤～｜折～｜损～｜消～

Ø ①**唔**～～　②**捂**勘～　⑤**唔**应 [iN⁵] ～　**恶**可～｜痛～｜嫌
～｜羞～｜厌～｜憎～

ooNh

m ⑦**貘**　**瘼**焦 [da¹] ～～｜老～～　⑧**漠**～～　**膜**耳～｜清
[cin⁵] ～｜风～（风疹块）｜锡～｜薄～｜焦 [da¹] ～｜隔～｜胎～｜肠
仔～（肠衣）｜品仔～（笛膜）

h ⑦**嚰**

Ø ⑦**唔**应 [iN⁵] ～

羊韵 [漳]

【-iooN；-iooh】

iooN

[**d**] ①张 ②场 ③长 ⑤胀涨帐 ⑥丈　[**n**] ②娘量粮梁凉 ③
两 ⑥让量　[**z**] ①章樟漳～浦浆养头～ ②蟑～蜍 ③掌桨蒋 ⑤酱
⑥痒上　[**c**] ①鲳枪 ②墙蔷扬～粟 ③厂惝抢 ⑤唱 ⑥像象橡匠

上~水　[s]①相~思厢箱镶伤~咸　②疡（黏湿）　③赏　⑤相坐~　⑥尚想*　[g]①姜缰獐荆棘蒲~腔*上~　[k]①腔　[h]①乡香　[Ø]①鸯鸳~②羊洋阳溶熔杨③养臿⑥样

iooh

h　⑧诺（应答词）

5. 刀石韵

【-o，-oh；-io，-ioh】

学韵

【-o，-oh】

o

[b]①波菠~萝煲褒玻~璃②婆鄱③跛宝保葆堡裸鸨⑤报簸⑥暴~雨薄~荷　[p]①波风~坡③颇叵④抱［泉］⑤破泡*~馃⑥抱部一~册　[bb]②无*⑥帽磨石~　[d]①刀哆多②逃桃淘萄陀砣跎驼驮沱佗酡陶啕焘涛哪*③朵垛躲祷倒~台岛捣④道舵~手惰堕⑤到倒~水剁跺⑥驮窦纛蹈稻盗悼帱导道舵惰堕　[t]①叨拖滔韬绦饕他它②桃杨~佗迡*迌~（玩）③妥讨⑤套妥椭唾跥　[l]①罗啰~嗦哪~吒唠②罗萝逻锣猡箩椤儸骡螺牢醪膫挪捞劳唠涝痨崂那（姓）猱③老长~栳恼脑璕娜咾佬裸赢⑤躼*（身高）⑥懦唠涝那糯烙　[z]①遭糟~心漕慒邹（姓）［泉］②槽水~曹嘈漕銼瘥艚嵯③枣红~左佐澡藻早蚤④皂［泉］造［泉］坐［泉］座［泉］⑤作做灶燥皱［泉］奏［泉］⑥皂唣造坐座　[c]①臊臭~搓磋蹉操②嵯锉③草甘~楚清~⑤刲挫糙措错锉操躁凑［泉］　[s]①梭搔骚唆挲搓嗦啰~搜馊艘娑蓑缫缲②趖（爬行）唆③锁琐瘦*嫂叟唢⑤噪燥扫瘦躁~性臊琐　[g]①咖哥歌膏高篙羔糕皋槔锅埚涡戈柯②撬笱③稿槁缟果裹呆舸馃⑤告个过诰郜划

⑥膏~油号　　[k]①科苛~求蝌稞棵坷轲柯炣窠尻　③考可坷栲涍拷烤　⑤靠课锞苛~浅犒铐　　[gg]②遨厫聱讹敖嗷熬翱鏖鳌俄鹅峨哦娥蛾　⑥饿卧傲鳌鳌舁　　[h]①呵诃蔠蒿熇　②何河毫豪壕号嗥荷和蠔禾噱　③好　⑤货　⑥贺号荷薄~和唱~祸昊浩皓部滈镐颢　　[Ø]①诃阿窝涡埚蜗挝婀屙疴倭鍙　②荷蠔河~溪壕~沟蚝　③祅媪　⑤奥澳懊拗

oh

[b]⑦博~看搏脉~　⑧泊落~箔锡~薄~纸　　[p]⑦粕朴~实　　[bb]⑦卜*[泉]要*[泉]⑧莫[泉]~用膜[泉]　　[d]⑦桌卓　⑧着火~　　[t]⑧踱颠~(缓慢)　　[l]⑦落　⑧洛~阳骆(姓)落~雨络　　[z]⑦作　⑧昨踔*走~　　[c]⑦謷(说粗话)　　[s]⑦束嗍索(绳)　⑧镯玉~　　[g]⑦各阁搁胳佫*又廓轮~　　[h]⑦熇　⑧鹤　　[Ø]⑦偞(难)　⑧学

o

b　①褒相~　②婆夜~|密~(蝙蝠)|钳~(老虎钳)|姨~|姑~|姆~|婶~|妗~|伯~|阿~|翁[ang¹]~(俗称夫妻)|家~|赤~(泼妇)|花~(媒婆)|老~|婊~|产~|贼~|公~|媒~|虔~|产~|稳~|巫~|牙~|芋~|~~|丈姆~(岳母)|姐[ze³]仔~|老阿~|乞食~|契兄~(情妇)|乌龟~(老鸨)|老姑~|媒人~|管家~|番(仔)~|贩骚~(牙婆)|阔嗦~(鸭子)|拾姐[zia³]~|虎姑~|助产~|收生~|三姑六~　③保地~|中~|找~|帮~|担~|里[lai⁶]~|乡~|连~|太~|社~|医~|认~|宫~|营~|安~|对~|管~|酒~|具~|劳~|难~|铺~|取~|确~|准~|交~|作~|连环~|十三太~　宝马~|心~|展~|财~|法~|瑰~|国~|活~|墨~|三~|八~|家~|金~|马~|天~|地~|世~|纸~|良~|镇~|万~|怀~|玮~|献~|压~|押~|元~|珍~|至~|珠~|辇~|品~(炫耀)|~|甘~~|传家~|招财进~|文房四~|奇珍异~|无价之~|如获至~　鸨老~　葆永~　堡暗~|城~|地~|碉~|边~|楼~|土

~｜桥头~　　**裸**襁~　　**簸**颠~　　⑤**报**板~｜壁~｜禀~｜补~｜层~｜晨~｜呈~｜酬~｜党~｜登~｜电~｜谍~｜发~｜浮~｜公~｜果~｜海~｜合~｜画~｜谎~｜回~｜汇~｜简~｜见~｜捷~｜警~｜军~｜快~｜送~｜捏~｜墙~｜日~｜月~｜周~｜年~｜上~｜申~｜读~｜填~｜通~｜图~｜恶~｜书~｜看~｜晚~｜喜~｜美~｜头~｜早~｜买~｜卖~｜会~｜剪~｜业~｜探~｜抄~｜密~｜申~｜追~｜府~｜季~｜侦~｜订~｜定~｜怀~｜绘~｜媛~｜投~｜军~｜收~｜虚~｜学~｜旬~｜预~｜战~｜机关~｜现世 [si⁵] ~｜恩将仇~｜恶有恶~｜善有善~｜感恩图~　⑥**暴**残~｜粗~｜风~｜横~｜雷~｜冰~｜禁~｜乱~｜抗~｜狂~｜栗~｜强~｜海~｜兵~｜火~｜淫~｜险~｜严~｜寇~｜惨~｜沙~｜雪~｜奸~｜自~｜凶~｜以~易~｜不畏强~

　　p　①**波**（也读 [bo¹]）风~｜奔~｜碧~｜劫~｜鳞~｜秋~｜声~｜逝~｜水~｜天~｜烟~｜微~｜中~｜短~｜冲~｜云~｜洪~｜音~｜电~｜长~｜江~｜心~｜绿~｜回~｜兴~｜胞~｜眼~｜余~｜冲击~｜轩然大~｜平地风~｜暗送秋~　　**坡**沙~｜平~｜趄 [cu¹] ~（斜坡）｜陡~｜慢~｜山~｜退~｜上~｜下~｜落 [loh⁸] ~｜小~｜涂~｜大~｜小~｜护~｜脱~｜斜~｜滑~｜爬~｜距 [beh⁷] ~｜崎 [gia⁶] ~（陡坡）｜海沙~｜平~~　　**颇**偏~｜失之偏~　⑤**破**突~｜道~｜识~｜点~｜揭~｜击~｜攻~｜打~｜残~｜划~｜撞~｜说~｜爆~｜一语道~｜牢不可~｜颠扑不~　　**啵**~~　⑥**抱**拱~｜合~｜怀~｜襟~｜揽~（搂抱）｜偎~｜相~｜围~｜拥~｜山环水~｜推襟送~　　**部**几~

　　bb　②**无**有~｜苦~｜敢~｜拢~｜听~｜看~｜煞~｜食~｜拿 [teh⁸] ~｜拍~（丢掉，遗失）｜着~｜较 [kah⁷] ~｜都~｜怀~｜上 [siong⁶] ~｜总~｜若~｜抑 [ah⁷] ~｜要 [bbeh⁷] ~｜有若 [na³] ~｜有准~｜目地 [bbak⁸ de⁶] ~（不起眼）｜爱甲~（独立语，相当于"别想得那么美"）｜有抑~｜袂用~｜袂做~｜袂使 [sai³] ~（不可没有，必须有）｜看人~　⑥**帽**蚕~｜沙~｜猴~｜纱~｜通~｜铁~｜军~｜雪~｜乌~｜角~｜草~｜褪 [tng⁵] ~｜戴 [di⁵] ~｜溜 [liu⁵] ~｜睏~｜破~｜高~｜皮~｜谆~｜大~｜细~｜笔~｜碗~｜娘仔~｜瓢仔~｜螺丝~｜乌沙~｜吐舌仔~　　**磨**挨 [ue¹] ~｜磨 [bbua²] ~｜石~｜电~｜水~

d ①**刀**田～｜柴～｜铰～｜涂～｜推［tui¹］～｜抠［kao¹］～
(刨刀)｜髡～｜鼻～｜裁～｜弄～｜抹～｜钝～｜宝～｜刺～｜大～｜单
～｜刻～｜菜～｜耆［huah⁷］～｜食～｜尖～｜戒～｜军～｜开～｜关
～｜尖～｜利［lai⁶］～｜猎～｜牛～｜屠～｜战～｜捉～｜鬼头～｜掌
甲～｜剃头～｜手尾～｜鲎尾～｜保安～｜铳尾～｜喙须～｜螺丝～｜拍
铁～｜二把～｜指挥～｜(破)柴～｜笑里藏～｜鼻仔～～｜两面三～

多西［sai¹］～(宝刀鱼)｜大～｜繁～｜过～｜好～｜几～｜加～｜居
～｜良～｜贪～｜增～｜至～｜众～｜诸～｜最～｜差不～｜名目繁～
获益良～｜夜长梦～｜粥少僧～｜以少胜～｜见广识～②**陀**佛～｜盘
～｜陂～｜头～　**砣**大～｜磅～｜四角　**袉**大～(大襟)　**沱**滂～｜
涕泗滂～｜吐血吐～　**驼**骆～｜橐～　**跎**蹉～　**陶**熏～｜乐～～｜其乐
～～　**陶**号～｜嚎～　**萄**葡～　**涛**波～｜海～｜林～｜怒～｜松～｜烟
～　**桃**阳～｜杨～　**逃**败～｜奔～｜遁～｜出～｜窜～｜潜～｜拐～
卷～｜溃～｜叛～｜潜～｜在～｜望风而～｜落荒而～｜席卷而～｜败阵
而～｜在劫难～｜罪责难～｜畏罪潜～｜临阵脱～③**朵**骨～｜花～

倒(有的读轻声)偃［ian³］～(扳倒，掀翻)｜捒［sak⁷］～｜摔［siak⁷］
～｜拍～｜跋［bauh⁸］～｜车～｜转～｜会～｜𣍐～｜颠～｜昏～｜跙
［cu⁶］～｜挨［ue¹］～｜绊～｜病～｜驳～｜出～｜打～｜翻～｜跪
～｜眩［hin²］～｜惊～｜绝～｜拉～｜潦～｜难～｜碰～｜倾～｜推
［du¹，lu¹］～｜推［tui¹，lu¹］～｜卧～｜吓～｜压～｜晕～｜栽～｜覆
［pak⁷］～｜半𣍐［te¹，lu¹］～｜随风～｜两边～｜一边～｜阿不～｜食
会～｜食𣍐～｜七颠八～｜黑白颠～｜是非颠～｜神魂颠～｜令人绝～
𣍐𣍐［te¹］～～｜穷愁潦～｜穷途潦～｜东歪西～　**岛**半～｜孤～｜海
～｜荒～｜列～｜群～｜安全～　**捣**鼓～｜直～　**祷**默～｜盼～｜祈
～｜至～｜是所至～　**躲**藏～｜闪～⑤**到**挨～｜办～｜报～｜迟～｜
达～｜得～｜等～｜独～｜感～｜画～｜精～｜老～｜临～｜签～｜受
～｜晚～｜遇～｜遭～｜直～｜周～｜坐～｜面面俱～　**倒**反～(反而)
｜倾～｜尽腹　**剸**千刀万～⑥**道**公～｜霸～｜半～｜报～｜便～
秉～｜步～｜抄～｜称～｜歪～｜从～｜直～｜有～｜无～｜证～｜邪～
｜入～｜出～｜赤～｜传～｜打～｜大～｜当～｜地～｜东～｜妇～｜改
～｜开～｜栈～｜古～｜怪～｜轨～｜航～｜水～｜港～｜河～｜厚～
黄～｜夹～｜家～｜间～｜交～｜街～｜就～｜孔～｜老～｜妖～｜乐
～｜领～｜路～｜马～｜漫～｜门～｜难～｜盘～｜跑～｜频～｜清～

曲～｜渠～｜取～｜绕～｜人～｜柔～｜神～｜市～｜世～｜熟～｜顺～｜讲～｜索～｜天～｜铁～｜通～｜同～｜外～｜王～｜味～｜卫～｜悟～｜小～｜孝～｜邪～｜行～｜茶～｜修～｜地～｜要～｜古～｜故～｜一～｜医～｜甫～｜迁～｜原～｜近～｜远～｜载～｜遮～｜正～｜政～｜直～｜坑～｜中～｜转～｜走～｜一贯～｜阳关～｜好冬～（丰年）｜上轨～｜打交～｜不人～｜武士～｜不足～｜豪强霸～｜横行霸～｜大逆不～｜无足称～｜精于此～｜老于此～｜通衢大～｜康庄大～｜豺狼当～｜地地～～｜天公地～｜能说会～｜行将就～｜束装就～｜鸣锣开～｜津津乐～｜离经叛～｜大行其～｜惨无人～｜头头是～｜地下铁～｜邪魔歪～｜羊肠小～｜歪门邪～｜生财有～｜口碑载～｜饿殍载～｜怨声载～｜妇人之～｜养生之～｜中兴之～｜中庸之～｜尊师重～｜夫子自～｜卑不足～｜渺不足～｜微不足～｜旁门左～ **蹈** 舞～｜手舞足～ **悼** 哀～｜悲～｜伤～｜痛～｜轸～｜震～｜追～ **稻** 旱～｜水～ **盗** 防～｜匪～｜惯～｜海～｜强～｜失～｜偷～｜窃国大～｜江洋大～｜鸡鸣狗～｜鼠窃狗～｜诲淫诲～｜开门揖～｜监守自～ **舵** 把～｜掌～｜见风使～｜看风使～｜见风转～｜顺风转～｜随风转～ **惰** 怠～｜懒～ **导** 编～｜倡～｜传～｜督～｜辅～｜互～｜教～｜开～｜利～｜领～｜前～｜劝～｜疏～｜顺～｜推～｜先～｜向～｜响～｜训～｜引～｜诱～｜指～｜制～｜主～｜谆谆教～｜因势利～ **驮** 牛车马～（车载斗量）

t ①**叨** 念～｜数～｜絮～ **滔** ～～ **饕** 老～ ②**桃** 鸡～｜寿～｜扁～｜面～｜仙～｜蟠～｜水蜜～ **迢** 迤 [cit⁷] ～ ③**妥** 安～｜不～｜平～｜欠～｜停～｜稳～ **讨** 汰～｜检～｜乞～｜商～｜申～｜逼～｜声～｜探～｜檄～｜研～｜征～ ⑤**套** 指～｜水 [sui³] ～（绒衣）｜胸～｜奶～｜通～｜帮～｜成～｜客～｜老～｜旧～｜新～｜配～｜圈～｜乱～｜护～｜耳～｜规～｜落～｜全～｜熟～｜册～｜外～｜里 [lai⁶] ～｜俗～｜虚～｜鞋～｜手～｜袜～｜枕～｜头～｜衫～｜整～｜拍通～｜上圈～｜老一～｜成龙配～｜不落俗～｜生搬硬～ ⑥**踱**

l ①**唠** 乱～｜势～ **罗** 姣～｜加哩～（吵闹，纠缠不休） ②**劳** 疲～｜功～｜苦～｜代～｜有～｜效～｜徒～｜勤～｜积～｜心～｜操～｜枉～｜房～｜宴～｜赏～｜辛～｜外～｜空～｜偏～｜酬～｜职～｜慰～｜犒～｜酬～｜汗马功～｜以逸待～ **痨** 焦 [da¹] ～｜鬱～｜栙～｜肺～｜癫哥烂～ **锣** 大～｜细～｜拍～｜开～｜鸣～｜敲 [ka⁵] ～｜破镲（ceh⁷）～ **醪** 潘 [pun¹] ～（以残羹烂菜等搅和成的猪饲料）｜油～｜水

~｜浆～｜黏～｜洽 [gap⁸] ～～｜杂～～ **罗**～｜包～｜喽～｜绮～｜收～｜搜～｜网～｜阎～｜张～｜面～｜五纱～｜花哩～（混乱）哩哩～ **逻**巡～ **猡**猪～ **筻**篓～｜米～｜竹～ **萝**藤～ **螺**大吹法～ **萝**傜～ **捞**捕～｜打～｜渔～ **牢**把～｜大～｜地～｜记～｜监～｜囚～｜水～｜土～｜坐～｜亡羊补～｜画地为～ **唠**叨～ ③**恼**懊～｜烦～｜苦～｜气～｜可～痛～ **老**长～｜苍～｜垂～｜佛～｜父～｜告～｜耇～｜孤～｜耆～古～｜卖～｜衰～｜偕～｜养～｜遗～｜元～｜月～｜和事～｜天荒地～｜倚～卖～｜白头偕～｜胜朝遗～ **佬**阄～ **咾**阿～（称赞） **栳**筊 [ga¹] ～（盛器） **裸**赤～～ **娜**婀～｜袅～｜婷婷婀～｜婷婷袅～ ⑤**躴**癏 [san³] ～（瘦高身材）｜抽～（身材拔高）｜长～～ ⑥**唠**莇～｜七～八～ **烙**火～｜烧～｜臭火～（食物烧焦的味道） **涝**防～｜排～｜里 [lai⁶] ～

z ①**遭**周～ **糟**烦～｜醪～ **懆**阿 [o¹] ～ ②**曹**尔～｜军～两～｜汝～｜吾～｜功～｜部～｜阴～ **嘈**杂～（事物繁杂；声音杂乱扰人）｜觑 [zak⁷] ～ **槽**网～｜盖～｜覆～｜笑～｜研～｜心～｜牙 [gge²] ～｜马～｜酒～｜河～｜落～｜平～｜胸～｜帘檐～ **漕**运～｜边～｜河～ **艚**钓～ ③**枣**乌～｜红～｜酸～｜甜～｜蜜～｜大～｜金～｜仙～｜芋～｜猴～｜寸～｜糯 [ziN⁵] ～｜麻～｜娘仔～（蚕茧）｜咸金～｜麵粉～（炒面，面茶）｜囫囵吞～ **澡**擦～｜泡～｜搓～ **藻**辞～｜品～｜水～｜海～｜红～｜词～｜小球～ **左**极～｜同～｜相～｜山～｜江～ **佐**辅～｜官～｜僚～｜毗～ ⑤**作**生～｜会～｜饴～｜掠～｜小题大～ ⑥**坐**打～｜端～｜反～｜静～｜枯～｜连～｜默～｜小～｜席地而～｜平起平～｜正襟危～ **座**车～｜宝～｜池～｜讲～｜叫～｜就～｜钓～｜邻～｜落～｜卖～｜满～｜上～｜雅～｜灯～｜烛～｜在～｜正～｜末～｜让～｜入～｜石龟～｜宾朋满～｜高朋满～｜稠人广～｜依次入～｜次第入～ **造**编～｜抄～｜创～｜打～｜私～｜土～｜具～横～｜选～｜神～｜填～｜翻～｜新～｜仿～｜兴～｜独～｜缔～｜仿～｜改～｜构～｜假～｜建～｜坤～｜两～｜酿～｜捏～｜乾～｜人～深～｜生 [ciN¹] ～｜塑～｜伪～｜心～｜修～｜虚～｜臆～｜营～｜再～｜制～｜铸～｜独～｜粗制滥～｜凭空捏～｜胡编乱～｜恩同再～

皂乱～（乱涂抹） **唣**罗～

c ①**搓**揉～｜接～ **磋**切～ **操**节～ **臊**鱼～｜油～｜开～｜

禁～｜鲜［ciN¹］～｜食～｜臭～｜腥～ ③**草**老［liao³］～｜碧～｜芳～｜花～｜狂～｜兰～｜粮～｜潦～｜落～｜牧～｜蓬～｜起～｜甘～｜疾风劲～｜断粮绝～｜浮皮潦～｜奇葩异～ ⑤**挫**迭～｜顿～｜力～｜受～｜抑扬顿～ **剉**大力～ **糙**粗～｜毛～｜毛～～｜毛里毛～ **错**不～｜参～｜差～｜舛～｜大～｜攻～｜过～｜交～｜迷～｜盘～｜认～｜铸～｜铸成大～｜一差二～｜山珍海～｜觥筹交～｜盘亘交～｜纵横交～｜犬牙交～｜将～就～｜大～特～｜犬牙相～｜阴差阳～ **措**筹～｜举～｜失～｜惊慌失～｜苍黄失～｜张皇失～｜周章失～｜不知所～｜诧然无～｜茫然无～｜手足无～

s ①**娑**婆～｜天矫婆～｜树影婆～ **唆**教～｜罗～｜骗～｜调～｜骚风～｜牢～｜老风～｜稍逊风～ **嗦**哆～｜暗～～｜褒罗～｜罗里罗～ **挲**摩～｜手～｜敷～ **梭**网～｜穿～｜日月穿～ ②**趖**懒～｜周～｜势～｜哈～｜会～｜慢慢～｜慢死～｜匀仔～｜鼎边～｜蛜蛜～｜四界～｜倚壁～｜慢死～｜乌～～｜软～～ **唆**茹～｜怪～｜孽［ggiat⁸］～｜吵～｜使～｜搅～｜插［cap⁷］～｜无臭～ **臊**害～｜羞～｜没羞没～ ③**琐**卑～｜烦～｜繁～｜猥～｜委～ **锁**暗～｜封～｜枷～｜连～｜反～｜落～｜倒～｜上［ziuN⁶］～｜石～｜铁～｜铜～｜金～｜铁钩～｜长命～｜珠仔～｜自动～｜眉头紧～｜名缰利～ **嫂**阿～｜兄～｜姑～｜表兄～｜隔腹（兄）～（堂嫂）｜姑换～ **叟**猴～｜着猴～ ⑤**噪**鼓～｜聒～｜呼～｜乱～ **燥**尿～｜焦［da¹］～｜热［liat⁸］～｜炽～｜干～｜高～｜枯～｜焦～～｜热～～｜唇焦口～ **扫**粪～｜拜～｜横～｜洒～｜乃～（来苏尔消毒剂） **躁**暴～｜烦～｜浮～｜急～｜焦～｜毛～｜长躁～｜不骄不～｜戒骄戒～｜少安毋～｜稍安毋～ **臊**害～｜羞～｜没羞没～ **琐**委～（哨子）

g ①**戈**兵～｜倒～｜反～｜干～｜探～｜同室操～｜大动干～ **高**冲［cing⁵］～（骄傲自大，出风头）｜节［zat⁷］～（比喻很有限度，不过如此）｜拔～｜崇～｜登～｜孤～｜加～｜弥～｜清～｜提～｜风～｜兴～｜眼～｜跳～｜细～｜音～｜增～｜劳苦功～｜自命清～｜年事已～ **膏**涂～｜灰～｜吊～｜消～｜薰～｜糖～｜齿～｜油～｜醪［lo²］～（纠缠不休，啰嗦）｜笔～｜墨～｜有～｜无～｜药～｜脂～｜松［siong²］～｜血～｜红～｜黄～｜乌～｜土～｜唇脂～｜凤～｜石～｜芳～｜杏～｜龙～｜鸡（屎）～｜麦仔～｜涂糜～｜目屎～｜鼻（屎）～｜牛奶～

｜瓜子～｜薰吹～｜缚糖～（拔丝）｜石花～｜麦芽～｜鸦片～｜乌薰～｜磨鸡～（泡蘑菇）｜杂醪～｜番～～｜圆辊辘～｜民脂民～｜春雨如～

歌 悲～｜对～｜儿～｜放～｜高～｜酬～｜欢～｜凯～｜俚～｜恋～｜民～｜牧～｜讴～｜情～｜山～｜笙～｜诗～｜颂～｜秧～｜渔～｜乐～｜赞～｜战～｜扭秧～｜慷慨悲～｜四面楚～｜引吭高～｜放声高～｜笑语欢～ **羔** 羊～ **糕** 米～｜蛋～｜霜～（雪糕，冰淇淋）｜冰～｜凉～｜雪～｜蜂～｜油～｜碗～｜鸡卵～｜咸米～｜满煎～｜皇片～｜秫米～｜排仔～（雪片糕）｜橘红～｜雪片～｜千层～｜绿豆～｜茯苓～

皋 汉～｜江～ **哥** 猪～｜鹦～｜鸭～｜二～｜阿～｜大～｜兄～｜痴[ci¹]～（好色之徒）｜友～（轻声）｜头～（轻声）｜猴～（奸夫）｜农～（轻声）｜柳～（轻声）｜洽～｜中～（中指）｜癫[tai³]～｜碍～｜槌～｜孽～｜拐～｜胀～｜鸭瘅～｜娅[ggian⁵]｜仙～｜挢[giao⁶]中～｜拍铁～｜牵猪～｜王哥柳～（轻声） **篙** 钓～｜竹～｜尺～（标尺）｜徛[kia⁶]～ **锅** 开～｜罗～｜火～｜砸～ ②**挈**摇～｜起～｜唬～｜臭～（耍赖）｜滚～｜厚～｜茹～｜洽[gap⁸]～（迂拙）｜花～｜软～｜羁[gi¹]羁挈～～｜花其六～ ③**裹**包～｜装～ **稿**釉～｜抽～｜幼～｜菜～｜豆～｜麦～｜麻～（麻秸）｜箬[hioh⁸]～（叶柄）｜枝～｜办～｜草～｜写～｜定～｜交～｜会～｜来～｜改～｜译～｜史～｜出～｜主～｜供～｜诗～｜截～｜办～｜清～｜退～｜删～｜赐～｜初～｜底～｜发～｜腹～｜画～｜图～｜讲～｜校[gao⁵]～｜拟～｜拍～（起草）｜起～｜清～｜审～｜手～｜投～｜脱～｜完～｜文～｜遗～｜原～｜约～｜征～｜撰～｜拙～｜组～｜电讯稿 **果**苹～｜成～｜恶～｜后～｜坚～｜结～｜苦～｜如～｜硕～｜未～｜鲜～｜效～｜因～｜战～｜正～｜前因后～｜开花结～｜毫无结～｜自食其～ **杲**～～（明亮）**槁**枯～｜形容枯～ ⑤**告**哀～｜报～｜被～｜禀～｜布～｜祷～｜电～｜奉～｜讣～｜甫～｜公～｜广～｜警～｜控～｜求～｜劝～｜上～｜通～｜文～｜乞～｜央～｜入～｜赐～｜指～｜戒～｜函～｜谢～｜诏～｜谕～｜请～｜普～｜清～｜举～｜具～｜传～｜状～｜反～｜申～｜诬～｜宣～｜央～｜预～｜原～｜正～｜忠～｜嘱～｜转～｜无可奉～｜奔走相～ **划**慢～ **个**挨～｜各～｜几～｜每～｜整～｜逐～｜漉～束～（乱七八糟的东西）**过**罪～｜怀～｜补～｜不～｜错～｜对～｜改～｜功～｜好～｜悔～｜记～｜难～｜通～｜委～｜谢～｜越～｜拗不～｜左不～｜不贰～｜劝善规～｜得～且～ ⑥**膏**滚～（打滚）｜光～～｜圆辊六～ **号**年～

k ①**苛**过～｜严～ **炣**（烹饪方法） **科**齿～｜里～｜外～｜本～｜商～｜伤～｜骨～｜医～｜出～｜登～｜正～｜副～｜分～｜乡～｜升～｜史～｜大～｜百～｜产～｜妇～｜耳～｜眼～｜罚～｜未～｜社～｜树～｜首～｜刑～｜名～｜八～｜预～｜坐～｜金～｜新～｜武～｜全～｜作～｜工～｜理～｜文～｜学～｜预～｜专～｜转～｜农～｜皮肤～｜作奸犯～｜照本宣～ ③**洘**水～ **考**报～｜备～｜补～｜中～｜审～｜赴～｜高～｜初～｜预～｜应～｜月～｜姘～｜年～｜省～｜核～｜府～｜过～｜案～｜小～｜县～｜复～｜征～｜察～｜抽～｜会～｜参～｜查～｜大～｜待～｜稽～｜监～｜期～｜寿～｜思～｜投～｜先～｜应～｜招～｜主～｜半季～｜无可稽～ **烤**烘～ **可**轻～｜不～｜两～｜猛～｜宁～｜认～｜小～｜许～｜有何不～｜断乎不～｜未始不～｜缺一不～｜模棱两～｜依违两～｜不知其～｜点头认～｜非同小～ **坷**坎～ ⑤**靠**手～｜刁～｜乔～｜挨～｜可～｜牢～｜求～｜停～｜投～｜妥～｜依～｜倚～｜指～｜翔实可～｜牢牢～～｜卖身投～｜无依无～ **课**落～｜罢～｜备～｜卜～｜补～｜新～｜旧～｜正～｜逃～｜听～｜税～｜停～｜田～｜早～｜晚～｜大～｜党～｜功～｜兼～｜讲～｜开～｜旷～｜上～｜授～｜温～｜下～｜占～｜主～｜必修～ **锞**银～｜金～ **铐**镣～｜手～

gg ②**讹**以～传～ **峨**嵯～｜巍～ **哦**吟～ **娥**嫦～｜宫～｜姮～ **遨**线～｜拍～（打转转）｜风～（玩具）｜车仔～（缝纫机上用来缠绕线的轴形物）｜涸涸［kok⁸］～｜四界～｜匀仔～｜辚辚～｜趖金龟～ **廒**仓～ **蛾**喉～ **熬**煎～ ⑥**卧**安～｜横～｜仰～｜伏～｜静～｜侧～｜俯～ **饿**枵～｜饥～｜解～｜挨冻受～ **臬**排～｜排～纵横～ **傲**高～｜孤～｜骄～｜倨～｜夸～｜兀～｜啸～｜自～｜戒骄戒～｜居功自～｜骜桀～

h ①**熇**火～ **呵**叱～｜～～｜乐～～｜傻～～｜笑～～ ②**号**哀～｜干～｜呼～｜怒～｜奔走呼～ **毫**分～｜挥～｜兼～｜狼～｜秋～｜市～｜厘～｜纤～｜丝～｜纤～｜羊～｜明察秋～｜一丝一～ **嗥**狼～｜鬼哭狼～ **豪**粗～｜富～｜土～｜文～｜英～｜诗～｜权～｜自～ **壕**城～｜堑～｜战～ **嚎**鬼哭狼～ **禾**青～｜野～｜柴～｜农～｜神～｜玉～｜薪～ **何**几～｜奈～｜任～｜如～｜若～｜为～｜无～｜没奈～｜无奈～｜无可奈～｜无论如～｜其奈我～ **荷**藕～ **河**暗～｜拔

～｜长～｜江～｜界～｜开～｜山～｜天～｜投～｜先～｜星～｜银～｜黄～｜淮～｜引～｜里［lai⁶］～｜川～｜爱～｜清～｜月～｜｜阴～｜运～｜信口开～｜暴虎冯～｜气吞山～｜锦绣山～｜气壮山～｜口若悬～

和取～｜饱～｜不～｜袂～｜充～｜醇～｜慈～｜共～｜媾～｜缓～｜乐～｜谋～｜平～｜谦～｜清～｜晴～｜求～｜劝～｜人～｜融～｜柔～｜失～｜顺～｜说～｜随～｜调～｜违～｜温～｜协～｜谐～｜言～｜颐～｜议～｜中～｜讲～｜主～｜总～｜心平气～｜天晴气～｜地利人～｜握手言～ ③**好**行～｜袂～｜着～｜会～｜上［siong⁶］～｜盖～｜足～｜一～｜诚［ziaN²］～｜真～｜喝［huah⁷］～｜创～｜要～｜爱～｜安～｜称～｜大～｜刚～｜还～｜和～｜见～｜叫～｜交～｜绝～｜盟～｜失～｜喜～｜献～｜较［kah⁷］～｜邻～｜旧～｜新～｜前～｜燕～｜甚～｜同～｜情～｜结～｜看～｜办～｜姣～｜作～｜至～｜可～｜良～｜买～｜卖～｜蛮～｜美～｜恰～｜也～｜讨～｜通～｜完～｜问～｜相～｜幸～｜修～｜学～｜有～｜也～｜友～｜正～｜只～｜至～｜最～｜套～（好）｜拄（仔）～｜诚拄～｜无拄～｜一一单～（非常好）｜万代～｜设汰～｜无若～｜注～～｜加减～｜袂拄～｜做拄～｜怀拄～｜准拄～｜百年之～｜连声叫～｜累世通～｜言归于～｜通家之～ ⑥**号**体～｜囟～｜煦～｜字～｜店～｜名～｜即～｜迄［hit⁷］～｜暗～｜编～｜标～｜别～｜病～｜彩～｜称～｜绰～｜大～｜细～｜代～｜等～｜帝～｜封～｜讯～｜印～｜病～｜彩～｜兵～｜题～｜序～｜调～｜坐～｜标～｜顿～｜特～｜中～｜小～｜批～｜排～｜对～｜逗～｜顿～｜番～｜分～｜符～｜负～｜挂～｜国～｜呼～｜徽～｜诨～｜记～｜加～｜减～｜除～｜乘～｜僭～｜句～｜军～｜口～｜括～｜溜～｜螺～｜冒～｜庙～｜年～｜牌～｜旗～｜伤～｜商～｜头～｜外～｜问～｜信～｜星～｜型～｜雅～｜银～｜引～｜正～｜专～｜倚字～｜删节～｜省略～｜书名～｜感叹～｜惊叹～｜破折～｜着重～｜相［saN¹］报相～

昊苍～ **贺**拜～｜道～｜电～｜恭～｜庆～｜祝～ **荷**负～｜感～｜为～｜载～ **和**拌～｜掺～｜搅～｜暖～｜热～｜软～｜温～｜匀～｜唱～｜酬～｜附～｜应～｜一唱一～｜随声附～｜逢迎附～ **祸**惨～｜车～｜闯～｜大～｜匪～｜飞～｜贾～｜横～｜巨～｜雁～｜殃～｜惹～｜人～｜外～｜遗～｜灾～｜战～｜招～｜肇～｜弥天大～｜飞来横～｜飞灾横～｜幸灾乐～｜招灾惹～｜天灾人～

∅ ①**阿**大～｜家己～｜刚正不～ **窝**目～｜狗～｜酒～｜挪～｜山～｜草～｜笑～｜心～｜贼～｜捅马蜂～ **涡**旋～｜漩～ **诃** **坞**

疴沉～｜染～｜养～ ②蚝珠（仔）～｜鼻～ ③袄棉～｜皮～｜师 [sai¹]公～ ⑤奥古～｜冥～｜深～｜堂～

oh

b ⑦博拼 [biaN⁵] ～（赌运气）｜有～（有望）｜无～（无望）｜罔 [bbong³] ～（姑且赌一下，有望无望无所谓） ⑧薄轻 [kiaN¹] ～（孱弱）｜厚～｜命～｜淡～（仔） **箔**金～｜银～｜纸～ **泊**落～（破落）

p ⑦粕药～｜豆～｜肉～｜粗～｜躁 [so⁵] ～（急躁）｜糟～｜蔗～｜茶心～｜茶米～｜豆豉～｜肉油～ **朴**素～

d ⑦桌菜～｜坐～｜开～｜办～｜请～｜上～｜排～｜长～｜圆～｜半～｜灵～｜册～｜压 [deh⁷] ～｜酒～｜菜～｜宴～｜球～｜椅～｜食～｜压 [deh⁷] ～｜餐～｜供～｜书～｜册～｜茶～（仔）｜几～（仔）｜四角～｜食饭～｜新人～｜镜台～｜写字～｜五屉～｜八仙～｜公案～｜酒柜～｜香案～｜桌球～｜台球～｜眠床椅～｜碗碟架～ ⑧着火～｜会～｜飫～｜好～｜无～｜点～｜势～｜否 [paiN³] ～｜心狂火～

t ⑧跢拖～｜颠 [tian¹] ～（慢悠悠；吊儿郎当）

l ⑦落顶～｜下 [e⁶] ～ ⑧落后～｜深～｜顶～｜前～｜下 [e⁶] ～｜上～｜理～｜起～｜下 [he⁶] ～｜凹 [nah⁷] ～｜无下 [he⁶] ～｜塌～｜发～｜落 [lak⁷] ～（掉落）｜倒～（哪里）｜有下 [he⁶] ～｜大院～｜无着～｜起起落～ **络**网～｜笼～｜脉～

z ⑦作种～｜撒 [ka⁵] ～（贱骨头）｜粗～｜掠～ ⑧昨今～踸青 [ciN¹] ～（慌张）｜撞 [zong²] ～｜争～（闯荡）｜走～（奔走）｜东走西～（四处奔突）

c ⑦臇欠～｜起～｜爱～｜势～｜会～｜飫～｜啡啡～｜姦挢 [gan⁵ giao⁶] ～（粗言野语）｜七～八～

s ⑦束花～ **嗍**喙～ **索**绺～｜草～｜料～｜绳～｜棕～｜麻～｜铁～｜铜～｜大～｜幼～｜丝～｜鼓 [tao³] ～｜花～｜揪 [kiu³] ～｜钢（丝）～｜马 [缆]～｜粗～｜幼～｜缚～｜岸～｜船～｜络～｜耄～｜拔～｜行～（走绳）｜拍～｜髻～｜～（仔）｜跳～（仔）｜牛料～｜牛犁～

g ⑦各怪～ **佫**也～｜野～｜重 [ding²] ～｜怀～｜犹～｜吗～

阁 绣~｜迎~｜扛~｜出~｜入~｜组~｜楼~｜艺~｜蜈蚣~｜池亭水~　胳肩~（从肩头到腋下的部位）｜插~（插腰或插手的形态）

　h　⑦熇火~

　Ø　⑦偓（难）真~｜野~　⑧学同~｜社~｜夜~｜暗~｜开~｜破~（开蒙）｜走~（逃学）｜小~｜中~｜大~｜停~｜放~｜怀~｜要~｜爱~｜勤~｜选~｜无~｜有~｜紧~｜会~｜絵~｜势~｜太~｜免~｜相~｜实~｜假~｜若~｜升~｜转~｜强~｜县~｜通~｜偷走~

烧韵

【-io，-ioh】

io

[b] ①标~枪镖保~膘肥~摽*~笑鳔[泉]　③表手~裱~褙 ⑥鳔鱼~

[p] ①飘轻~ ②瓢水~藻浮~ ③剽[泉] ⑤票漂　[bb] ②牟[泉]眸[泉]侔[泉]蛑[泉]谋[泉]贸*外~[泉]描瞄 ③母[泉]姆[泉]拇[泉] ⑥茂[泉]贸[泉]庙懋瞀　[d] ①兜[泉]篼[泉] ②投[泉]骰[泉]潮跳（踩、顿）长~泰（地名）③斗[泉]阿~（人名）蚪[泉]抖[泉]枓[泉]陡[泉] ④赵[泉] ⑤斗[泉]奋~钓 ⑥豆[泉]逗[泉]抖*[泉]痘[泉]脰[泉]读[泉]句~窦[泉]铫掉（发抖）赵　[t] ①偷[泉]挑佻 ②头[泉]跳（反弹）③敲[泉] ⑤透[泉]窠　[l] ①瞜*[泉]（偷看）②楼[泉]娄[泉]蝼[泉]偻[泉]耧[泉]髅[泉]撩 ③搂[泉]篓[泉]嵝[泉]缕*[泉]丝~瞭*（瞟）⑤躼*（身高）[泉] ⑥陋[泉]镂[泉]瘘[泉]漏[泉]尿　[z] ①招椒蕉③少 ⑤醮照

[c] ①猹*~鸡角②愁[泉]* ⑤笑俏 ⑥耀~电灯　[s] ①烧霄云~（地名）萧相（相互）②咻③小⑥邵　[zz]⑥尿[漳]　[g]①勾[泉]钩[泉]沟[泉]句[泉]~践（人名）佝[泉]篝[泉]韝[泉]缑[泉]购*[泉]收~②桥荞茄③枸[泉]苟[泉]狗[泉]垢[泉]诟[泉]⑤购[泉]构[泉]媾[泉]遘[泉]觏[泉]够[泉]叫⑥轿菖 [k]①抠[泉]眍[泉]③口[泉]⑤扣[泉]叩[泉]寇[泉]蔻[泉]窍　[gg]①谣*②蛲③偶[泉]藕[泉]⑥疟藠露~（藠头）

［h］①靴 ②侯［泉］喉［泉］猴［泉］篌［泉］猴［泉］浮［泉］～名 ③否［泉］缶［泉］吼［泉］④厚［泉］后［泉］近［泉］藠［泉］⑤垕 ⑥候［泉］近［泉］厚［泉］后［泉］近［泉］藠鲎 ［Ø］①区［泉］欧［泉］鸥［泉］瓯［泉］讴［泉］沤［泉］殴［泉］么邀（育*）腰 ②摇窑 ③呕［泉］舀 ⑤沤［泉］怄［泉］哟

ioh

［d］⑦擢 ⑧着 ［t］⑦桌 ［l］⑧略惜~弱软~ ［z］⑦借绩棉~ ⑧石嚼 ［c］⑦尺螫（小虫咬）炽 ⑧席草~ ［s］⑦惜 ⑧液骰~俗臭~勺杯~芍~药 ［g］⑦脚好~（好角色）［k］⑦拾* ［gg］⑧谑*虐 ［h］⑦歇 ⑧箬（叶子）鹗觅~（老鹰）叶* ［Ø］⑦约（猜）溢*（摇晃）⑧药

io

b ①摽（嬉闹；掷）爱~｜相［saN¹］~ **标**中~｜招~ **镖**着~｜送~｜保~｜飞~ ③**表**~（仔）｜袋~｜秒~｜手~｜怀~｜跑~｜电~｜水~｜年~｜月~｜华~｜战~｜领~｜交~｜修~｜图~｜报~｜钟~｜仪~｜分~｜填~｜磅~ ⑥**鳔**鱼~｜胶~

p ②**藻**浮~｜水~ **瓢**水~｜招~（洋式礼帽）⑤**票**铰~｜徛［kia⁶］~｜坐~｜银~｜当~｜拆［tiah⁷］~｜绑~｜包~｜保~｜彩~｜金~｜假~｜油~｜米~｜马~｜送~｜买~｜押~｜花~｜收~｜角~｜党~｜走~｜房~｜半~｜监~｜当［dng⁵］~｜查~｜唱［ciang⁵］~｜钞~｜纸~｜大~｜小~｜传~｜发~｜废~｜股~｜红~｜汇~｜监~｜剪~｜拘~｜开~｜客~｜门~｜车~｜船~｜戏~｜粮~｜肉~｜饭~｜菜~｜免~｜期~｜钱~｜售~｜撕~｜通~｜投~｜退~｜选~｜邮~｜月~｜支~｜飞机~｜打保~｜反对~｜赞成~｜天财~｜月台~｜打包~｜打保~｜空头支~ **漂**浮~｜轻~

bb ⑥**庙**祖~｜宫~｜厝［ang¹］~（庙宇）｜佛~｜庵~｜圣~｜文~｜武~｜陵~｜孔~｜寺~｜太~｜宗~｜家~｜廊~｜祠~｜龙~｜公~｜岳~｜社~｜大~｜小~｜野~｜关帝~｜土地公~

d ②**跳**势~｜弅~｜会~｜大~｜猋［cio¹］~（活跃，有生气）｜

凑凑［cao⁶］～｜趄趄［cik⁸］～｜皼皼［kaoh⁸］～｜三骹弄～｜三骹花～ ⑤钓鱼～｜续［sua⁵］～｜钩～｜上［ziuN⁶］～｜食～ ⑥掉起～｜护～｜筘筘［kaoh⁸］～｜楞寒清～ 胱白～（皮肤病） 铫手～｜铁～ 赵（姓）

t ①挑出～（出落）｜涂～｜搬～（挑拨）②跳会～｜袂～｜势～ ⑤粜

l ②撩饮［am³］～ ③瞭目～ ⑥尿虹［king⁶］～（出虹又下雨）｜拽［cua⁶］～（尿床）｜渗［siam⁵］～｜胀～｜茶～｜唑～｜屎～｜忍～｜放～｜减［zuaN⁶］～｜激～（憋尿）｜闭～｜牛～｜马～｜人～｜食～｜血～｜禁～｜搦［lak⁸］屎搦～｜拽屎拽［cua⁶］～（拉屎拉尿）

z ①招相～｜互人～（入赘）椒辣～｜番～｜甜～｜花～｜胡～ ③少较～｜加～｜上［siong⁶］～｜多［zue⁶］～｜减～｜绝～｜缺～｜稀～｜人烟稀～｜僧多粥～｜无多无～｜道多不～｜凶多吉～ ⑤醮做～（由道士主持的祭祀活动）照西～｜东～｜日～｜车～｜牌～｜里［lai⁶］～｜近～｜对～｜戏～｜合～｜外～｜玉～｜探～｜镜～｜光～｜拍～｜返～｜验～｜护～｜倒～ ⑥噍倒～（反刍）

c ①猎（起）～｜假～｜展～｜会～｜袂～ ⑤俏～～ 笑滚～｜讲～｜鄙～｜谑～｜爱～｜讪～｜赏～｜酸［sng¹］～｜摽［bio¹］～｜歆［kam³］～｜清～｜冷～｜奸～｜发～｜狂～｜暗～｜微～｜说～｜欢～｜含～｜苦～｜大～｜玩～｜讥～｜耻～｜嘲～｜取～｜嬉～｜卖～｜失～｜喜～｜强～｜偷～｜娅［ggian⁵］～｜鳘［diN⁵］～｜倒［do⁵］～（向后跌到）｜反［bing³］～（翻身仰卧）｜挺［tan³］～（脸部和胸部等整个身躯的正面朝上）｜睏挺～｜睏反［bing³］～｜反盖［bing³kap⁷］～｜反挺［bing³tan³］～｜眯眯～｜麻文～｜麻微～｜无滚～｜麻微仔～｜清清仔～｜文文仔～｜小七仔～｜眉开眼～｜哄堂大～｜破涕为～｜付之一～｜嫣然一～｜喙～目～｜讲哗讲～ ⑥耀对～

s ①烧急～（銚子）｜酥～｜煅［tng⁶］～｜火～｜烘～｜又～｜红～｜熏～｜野～｜跑［gu¹］～｜跕［ku¹］～｜煎［u⁵］～｜哈［haNh⁷］～｜谑［ggioh⁸］～（讥笑）｜温～｜挤［kueh⁷］～｜发～｜焚～｜燃～｜高～｜下［ge⁶］～（低烧）｜退～｜延～｜臭火～｜着［dioh⁸］火～｜药急～｜抢火～（趁火打劫）｜怒火中～ ②咻咻～（迟钝，不灵敏）③小初～｜高～｜完～｜实～｜国～｜附～

g ②茄挽～ 桥便～｜搭～｜大～｜鹊～｜天～｜小～｜栈～｜

细～｜浮～｜渡～｜长～｜搭～｜断～｜船～｜过～｜仙～｜红～｜涂～｜石～｜铁～｜柴～｜吊～｜引～｜拱～｜架～｜安平～｜江东～｜洛阳～｜立交～｜独木～｜瘸痹［un³gu¹］～｜过河拆～｜喜鹊搭～ ⑤**叫** 差～｜号～｜牵～｜丕［pe¹］～(以为)｜掠～(以为)｜喊～｜吼［hao³］～｜呼～｜惊～｜哭～｜鸣～｜鸡～｜狗～｜牛～｜羊～｜虎～｜啼～｜嘘～｜咙咙～｜啡啡～｜哀哀～｜律律～｜呱呱～｜大吵大～｜大喊大～ ⑥**轿**椅～｜手～｜辇～｜红～｜佛～｜扛～｜坐～｜竹～｜大～｜起～｜彩～｜花～｜山～｜新娘～ **蕌**露～(蕌头)

k ⑤**窍**做～ **箔**水～(导水的长竹水管)

gg ①**谑**弄～ ②**蛲**买～ ⑥**蕌**露～

Ø ①**腰**海～｜猪～｜骹～｜鼻～｜癣［soo¹］～(水蛇腰；微驼)｜凹［nah⁷］～｜揩［aN⁵］～｜束～｜抱～｜叉～｜撑～｜当～｜下～｜中～｜山～｜树～｜裤～｜哈～｜拦～｜懒～｜伸～｜蛇～｜牛～｜围～｜长～｜细～｜屈～｜折～｜狗公～｜水蛇～｜葫芦～｜点头哈～｜虎背熊～ **邀**(育*)好～(好养育)｜否～ ②**摇**头～｜手～ **窑**瓦～｜碗～｜瓷～｜砖～｜煤～｜石灰～｜火灰～ ③**舀**水～｜勺仔～ ⑤**哟**哎～

ioh

d ⑦**擢**出～(拔尖，超拔)｜引～(引逗)｜拔～ ⑧**着**(有些"着"要读轻声)怀～｜有～｜无～｜早～｜致～｜透～｜靠～｜过～｜感～｜冷～｜寒～｜郁～｜热～｜毒～｜凝～｜道～｜定～｜着～｜徛～｜撞～｜冲［cing⁵］～｜触［dak⁷］～｜记～｜带～｜想～｜忆～｜眩～｜顺～｜犯～｜傍～｜惊～｜掠～｜硬～｜约［ioh⁷］～｜找～｜挂～｜拢～｜总～｜吗～｜得～｜也～｜都～｜敢［gam³］～｜敢［gaN³，gan³］～｜哪～｜甲～｜抑～｜煞～｜相带［saN1dua⁵］～｜磕［kap⁸］而～(动不动)｜坐［ze⁶］怀～(赔不是)｜回［he²］怀～｜敢［gaN³，gan³］使～｜赶会～｜赶矣～｜无想～｜无碍～｜鬼拍～｜怀值～｜无定～｜相挂［du³］会～

l ⑧**略**惜～(爱惜，珍惜)

z ⑦**绩**棉～｜拍棉～ ⑧**石**星～｜浮～｜大～｜细～｜碎～｜扛～｜拍～｜岩～｜刻～｜海～｜料～｜滑～｜英～｜盘～｜铁～｜柱～｜

磨～｜刀～｜火～｜沙～｜山～｜涂～｜磅～｜结～｜碟～（钻石）｜有 [ding⁶] ～｜冇 [paN⁵] ～｜吸～｜石 [sia⁶] ～（大理石）｜角～｜楪 [ge³] 骹～｜绊骹～｜涂骹～｜石灰～｜跙 [cu⁶] 尻川～｜摩崖刻～

c ⑦**螯**虫～ **炽**日～ **尺**猪～｜压 [ah⁷] ～｜腰～｜格～｜铁～｜摆～｜寸～｜鲜～｜得寸进～ ⑧**席**箆～｜草～｜～（仔）｜忌～｜竹～｜竹栱～｜被铺～（卧具）｜大甲

s ⑦**惜**宝～｜无～｜珍～｜爱～｜可～｜怜～｜体～｜吝～｜惋～｜疼 [tiaN⁵] ～｜得人～ ⑧**俗**无～（没趣，无聊）｜臭～（习见而觉得乏味无趣；庸俗）｜落～｜～～（乏味；冷清寂寞；平凡）｜无想～｜老无～ **液**骹～（脚汗）｜手～（手汗）｜臭骹～｜鼻臭～｜～～（平庸，呆滞）

g ⑦**脚**武～｜配～｜丑～｜扮～｜短～（帮工）｜替～｜否 [paiN³] ～｜老～｜新～｜出～（出色，拔尖）｜好～｜扛～｜红～｜漤 [lam³] ～｜查某～（坤角儿）｜成才出～

k ⑦**拾**＊牵～（提携）｜款～｜拍～｜好牵～

gg ⑧**虐**碍～（别扭；不顺） **谑**讪～（挖苦讽刺）｜相～

h ⑦**歇**小～｜安～｜借～（借宿）｜踏～（住宿） ⑧**箸**翻～｜树～｜展～｜枝～｜茶～｜薰～｜菜～｜粽～｜车～｜侥～｜莲花～｜耳仔～｜娘仔～｜生枝生～ **鹗**觅～｜老～

Ø ⑦**溢**浮～｜轻～ **约**谜～ ⑧**药**刀～｜糊～｜膏～｜农～｜和～｜派～｜仙～｜重～｜合 [gap⁷] ～｜服～｜拆～｜抹～｜落～｜铳～｜毒～｜毒 [tau⁶] ～｜补～｜草～｜中～｜国～｜良～｜火～｜换～｜蒙～｜妙～｜配～｜食～｜开～｜入～｜买～｜芍～｜麻～｜热～｜凉～｜汤～｜九～｜制～｜研～｜目～｜成～｜熬～｜散 [san⁵] ～｜圣～｜投～｜西～｜下～｜医～｜买～｜卖～｜挽～｜煎 [zuaN¹] ～｜燃 [hiaN²] ～｜煮～｜抓～｜针～｜泻～｜拾 [kioh⁷] ～｜青草～｜铳刀～｜安眠～｜老鼠～｜家螯 [ga¹ zuah⁸] ～｜蒙汗～｜迷魂～｜铳支弹～｜狗皮膏～｜不可救～｜苦口良～｜对症良～｜回春灵～｜灵丹妙～｜仙丹神～｜灵丹圣～｜对症下～｜臭头厚～

6. 西堤韵

【-e，-eh，-eN，-eNh；-ə，-əh；

-ee，-eeh，-eeN，-eeNh；-ue，-ueh，-ueN，-ueNh】

帝韵

【-e，-eh，-eN，-eNh】

e

[b] ①飞菠~菱菜笸 [漳] 肧* [漳] 屄 (阴户) [漳] ②辈爬琶琵~杷枇~
耙赔培 ③把火~靶 ④爸 [泉] 陛 [泉] ⑤币蔽敝弊毙坝背褙 ⑥惫
币背焙爸倍陛 [p] ①丕坏胚批 ②皮 ⑤睥媲帕帔配箄碗~ ⑥
被椑 [漳] [bb] ②迷谜糜 ③马码玛蚂~蚁尾美买 [漳] ⑥未谜
袂妹卖 [漳] 繪 [漳] 袂 [漳] [d] ①低氐坻低羝堤 ②题醍缇蹄
荑茶 ③氏柢砥骶牴觚底抵邸诋坻短* 贮 [漳] ④弟 [泉] ⑤帝蒂
缔谛蟐滞带戴跟* 块* ⑥第娣睇缔递悌滞棣螲地代袋埭后江~(地
名) 弟苧 [漳] [t] ①梯籦 (斜躺) 撑~船推胎 ②提啼堤* ③体
⑤替剃涕屉嚏退 ⑥悌蛇水~(水母) [l] ①妳 ②璃挼螺脶梨犁
丽高~ ③礼妳娘~蠡醴喠 ⑤锑 [漳] (磨搓) ⑥厉疠庋例隶攦俪骊丽
蛎砺唳荔 [漳] [z] ①斋跻渣灾 ②齐脐蛴荠 ③姐挤济~南 ④
剂 [泉] ⑤祭际济霁制赘债诈狡~这* 晬度~(周岁) ⑥寨侪多* [漳]
睡交~坐罪~过座剂药~ [c] ①妻萋悽栖凄叉权汊吹炊初 [漳] 差
②篈 ③扯~平髀 ④尺工~ [泉] ⑤切砌掣啜厕脆切 [漳] 擦(擦)鼎~
⑥找* 尺坐 [漳] ~清 [s] ①西犀榍纱砂硼~裟梳 [漳] 疏 [漳] 蔬
[漳] ②垂 ③洗所 [漳] 黍 [漳] ⑤细栖洒贳世誓势婿赛税垂 ⑥
逝誓瘥筮噬 [g] ①鸡乩笄圭闺硅鲑奎傢加街 [漳] ②椵睽
[漳] 鱼~ ③假果馃裹埚架*~悬(架高) 改 [漳] 解 [漳] ④下 (低) [泉]
低* [泉] ⑤计继蓟系价嫁架驾假放~解~差 [漳] 芥~蓝菜过髻鳜界
[漳] 四~疥 [漳] ⑥下低* 偈 [k] ①稽溪睽开科诙~谐 [hai²] ②
葵~扇痍 ③启稽~首 ④下 [泉] ⑤契憩课噢 [漳] ⑥下 (放)

[**gg**] ②牙芽衙仉霓猊倪睨 ⑥艺呓诣羿刈睨墙毅 [**h**] ①醯灰恢罅 ②兮奚蹊豀携虾霞痕~痾(哮喘) 回和 ③贿火伙夥 ④下暇放~(放学) ⑤岁货 ⑥系夏立~暇放~(放学) 下会分~(分辨) 蟹[漳]

[**Ø**] ①锅窝涡倭挨[漳] ②霞~美(地名) 的*个*鞋[漳] ③哑~口(哑巴) 矮[漳] 欸 ④下厦~门解(会) ⑤翳繄过秽噎 ⑥裔下厦解会祸

eh

[**b**] ⑦百~姓伯柏擘檗憋~腹踣~树八[漳] 捌[漳] ⑧白帛散~(裹脚布) 拔[漳] [**p**] ⑦僻 ⑧堛 [**bb**] ⑦要* ⑧麦脉袜 [**d**] ⑦压*啄鸡~米 [**t**] ⑦撤澈 ⑧宅拿* [**l**] ⑦勒*唎捩 ⑧裂咧勒 [**z**] ⑦栉节木屐~渍[漳] 仄平~ ⑧绝 [**c**] ⑦册栅策厕嚓啜(呷)切[漳] ⑧镲*(小钹) [**s**] ⑦泄屑说雪刷楔[漳] ⑧踅 [**g**] ⑦格骼隔膈嗝郭鲅锲[漳] 荚[漳] ⑧桀(阻拦) [**k**] ⑦客缺欠~睑狭[漳] 踑[漳] 箧[漳] 挈[漳] [**gg**] ⑧月 [**h**] ⑦吓* [**Ø**] ⑦轭厄溢*~奶呃应~

eN

[**m**] ①咩*羊~~ ②妹*阿~ ③蛏 ⑥骂 [**n**] ①奶 ②泥 ⑥泥~古 [**Ø**] ①婴~仔

eNh

[**m**] ⑦蛏 ⑧脉 [**ng**] ⑦夹挟荚

e

b ①飞(拍)箍~(翱翔)|起~|飓飓[iaN⁶]~|蓬蓬~ 箆大喙~ ②耙柴~|手~(手掌)|铁~|钉~|犁~|猪哥~|七叉八~(撒波使赖) 杷枇~ 琶琵~ 爬骹~(脚板)|鸭骹~|赤~~|粗~~|连滚带~ 赔包~|退~|无~ ③把大~|细~|草~|火~|着~|麦~|一~|大箍~(块头大)|细箍~(块头小) 靶拍~|脱~|中~|铳~|箭~|考~ ⑤币货~|金~|钱~|外~|伪~|

赝～|泉～|银～|硬～|纸～|辅～|铸～|人民～ 背起～|生
[siN¹] ～（生背疮）|掠～（一种按摩推拿方法）|着～ 褙裱～ 坝沙
～|水～|土～|石～ 毙倒～|冻～|击～|溺～|铳～（枪毙）|束
手待～|坐以待～|作法自～ 弊利～|积～|和～|流～|时～|世
～|私～|宿～|舞～|作～|兴利除～|补偏救～|针砭时～|切中世
～|有利无～|徇私舞～|营私舞～|贪赃舞～|有利有～|利多于～
蔽蒙～|屏～|掩～|荫～|隐～|壅～|遮～ 敝凋～|疲～|衰
～|振衰起～|唇焦舌～ ⑥爸老～|后～|娘～|契～|怎～|哭～
焙烘～ 倍加～|数～|百～|兼～|高～|成 [ziaN²] ～|双～|重
[ding²] ～|事半功～ 背项～|弓～|手～|骹～|捶～|刀～|违～
|耳～|纸～|人心向～

p ①丕～～ 坯涂～|贼～|纸～|粗～|猪～|陶～|钢～|
砖～|生 [ciN¹] ～|毛～|好～|大～|细～|否～|流氓～|鲈鳗
[loo²mua²] ～|乞食～ 胚田螺～ 批眉～ ②皮蚬～|裼 [tng⁵] ～
|骹～|面～|粗～|过～|溜 [liu⁵] ～|胖～|豆～|肉～|薄～|
册～|韧～|蛮～|目～|厚～|出～|抠 [kao¹] ～|外～|砚～|反
～|幼～|破～|箆～|惜面～|目珠～|鸡母～|面体～|目珠～|喙
唇～|厚面～|擦破～|惜面～|走骹～|绷面～ ⑤帔霞～|凤冠霞～
帕花～|奶～|网～|水～（胎膜，羊水）|尿～ 簿碗～|柴～|云
～|瓦～|竹～|石～|砖～|弹 [duaN²] ～|砖角瓦～ 配刺～|茶
～|酒～|菜～|物～|四～|龙凤～ ⑥被～（仔）|花～|棉～|入
～|盖～|弄 [lang⁶] ～|曝～|棉绩～

bb ②糜夏～|饮 [am³] ～|咸～|甜～|清～|贮 [due³] ～
|侈～|奢～|雨～|春～|糜～|食～|涂～（膏）|秫米～|番藷～
|蚵仔～|涝（头）～|煅 [tng⁶] 清～|拍铁仔～|米糕（仔）～|五花
饮～|涂沟仔～|臭沟（仔）～ 迷财～|沉～|痴～|低～|情～|昏
～|凄～|棋～|球～|入～|失～|戏～|舞～|昏～|贪～|书
[zu¹] ～|缴～|醉～|影～|着～|纸醉金～|意乱情～|心醉神～|
当局者～ 谜约 [ioh⁷] ～|猜～|灯～|哑～|字～|猜灯～ ③尾社
～|水～|山～|海～|风～|跟 [de⁵] ～|上 [siong⁶] ～|暝～|年
～|促～|月～|袖～|焦 [da¹] ～|尘 [su⁵] ～（也读 [su⁵ bbi³]，拂
尘）|骹～|肚～|手～|目～|舌～|气 [kui⁵] ～|针～|苦～|茶
～|火～|薰～|喙～|腮～|屎～|头～|到 [gao⁵] ～|力～|触～

｜货～｜数 [siao⁵] ～｜钱～｜额～（余额）｜贸 [bbao⁶] ～｜尖～｜鐺～｜冬～｜春～｜事～｜话～｜无～｜黄～（本指植物叶子枯黄，泛指植物枯萎；也比喻陷入困境、失败或倒霉糟糕）｜扫～｜收～｜续 [sua⁵] ～｜揽～｜成 [ciaN²] ～｜密～｜押～｜煞 [suah⁷] ～｜落 [loo⁶] ～｜后～｜了 [liao³] ～｜尽～｜完～｜交～｜结～｜大～（比喻事情闹大了，不好办了）｜细～｜榜 [bng³] ～（背榜）｜末～｜排～｜摇～｜罄（仔）～｜树～（溜）｜到（了）～｜终其～｜目眉～｜攞舌～｜头到～｜到落～｜摔目～｜零星～｜无话～｜兔仔～｜供 [ging⁵] 月～｜笔仔～｜使目～｜躘骹～｜续嗉～｜顺话～｜跟嗉～｜捋 [luah⁸] 狗～｜耳腔～｜拄手～｜天云～（云霄）｜头鬃～｜摇头摆～｜彻头彻～｜生头发～｜藏头露～｜无头无～｜截头去～｜掐头去～｜虎头蛇～｜畏首畏～｜有头无～｜对头到～｜街头巷～｜有头有～｜斩头去～｜芋茎 [huaiN²] 菜～（便菜便饭）｜布头布～｜货头货～｜厝边头～｜碗头箸～｜碗头碗～

美 角～

马 竹～｜驿 [iah⁸] ～｜车～｜面～｜败～｜铁～｜骑～｜走～｜牛～｜战～｜骏～｜探～｜野～｜好～｜否 [paiN²] ～｜跑～｜相 [siong⁵] ～｜纸～｜捎 [sao¹] ～（裙裾）｜报～｜胭脂～｜三骹～｜花斑～｜乱～～｜茹～｜火龙火～

码 布～｜胖～（虚数）｜大～｜小～｜光～｜暗～｜嘦～（商标，商号）｜编～｜尺～｜筹～｜电～｜号～｜加～｜价～｜解～｜密～｜明～｜起～｜页～｜番仔～（洋码子）｜拍胖～ ⑥**未** 野～｜犹～｜未曾～｜未八～ **妹** 阿～（也读 [a¹me²]）｜小～｜胞～｜表～｜弟～｜姊～｜令～｜堂～｜兄～｜姊～（仔）表小～｜表姊～｜隔腹小～｜隔腹姊～**袂** 分～｜奋～｜联～

d ①**低** 贬～｜高～｜减～｜降～｜眉眼高～｜手高手～｜眼高手～｜山高水～ **坻** 粪～ **低** 麦～｜蚝～（糊）｜面粉～｜米糕米～ ②**茶** 竹～｜绿～｜红～｜药～｜啉～｜滕 [tin²] ～｜倒～｜捧 [pang²] ～｜烧～｜冷～｜清～｜燃 [hiaN²] ～｜煎 [zuaN¹] ～｜甜～｜蹰 [tu⁶] ～（喝茶消闲）｜食～｜供 [ging⁵] ～｜扫～｜看～｜泡～｜麵～｜奶 [ni¹] ～｜花～｜油～｜送～｜品～｜泐～｜清～｜用～｜饮 [im³, iam³] ～｜早～｜午～｜晚～｜薄～｜厚～｜小种～｜普洱～｜咖啡～｜肉骨～ ③**短** 长～｜勾～｜半长～｜掠长补～ **邸** 府～｜官～｜庐～｜私～ **底** 班～｜彻～｜激～｜存～｜到～｜兜～｜根～｜功～｜封～｜海～｜家～｜交～｜揭～｜老～｜亮～｜留～｜露～｜漏～｜卖～｜谜～｜摸～｜年～｜铺～｜透～｜箱～｜泄～｜心～｜眼～｜有～｜月～｜知～｜归根到

～｜血战到～｜伊于胡～｜清澈见～｜归根结～｜寻根到～｜追根究～｜
刨根问～｜追根问～｜知根知～　**抵** 安～｜大～｜进～｜两～　**柢** 根～｜
⑤**帝** 皇～｜上～｜天～｜五～｜大［dai⁶］～｜义～｜称～｜黄～｜炎～
｜玉～｜土皇～｜玉皇大～｜保生大～　**谛** 妙～｜真～　**蒂** 芥～　**带** 镇
～（白占位置而不作为；碍事，碍手脚）｜到［gao⁵］～（到达目的地）｜无～
（无处）｜底［di⁶］～｜即～（这里）｜迄～（那里）｜别～（别处）｜倒一
～（何处）　**块** 身～｜柴～｜大～｜骨～｜涂～｜石～｜细～｜激大～｜
团婿～　**跟**＊陪～｜跟［gun¹］～｜当～｜缠～　**滞** 饮［am³］～　⑥**袋**
布～｜草～｜暗～｜裤～｜衫～｜批［pue¹］～｜冰～｜水～｜皮～｜大
～｜小～｜细～｜薰～｜沙～｜册～｜香［hiuN¹］～｜网（仔）～｜牛
奶～｜烧水～｜乾坤～｜网纱～｜团孙～｜香火～　**睇** 戒～｜凝～　**缔**
取～　**第** 不～｜次～｜登～｜等～｜府～｜及～｜科～｜里～｜落～｜
门～｜品～｜上～｜下～｜宅～｜书香门～　**棣** 棠～｜唐～｜贤～　**埭**
涂～｜水～｜石～　**弟** 老～｜令～｜盟～｜仁～｜如～｜舍～｜师～｜
徒～｜小～｜兄～｜砚～｜表～｜堂～｜胞～｜贤～｜内～｜义～｜子
～｜宗～｜称兄道～｜难兄难～｜孪生兄～｜仕宦子～｜纨绔子～｜膏粱
子～｜误人子～｜书香子～｜书香门～　**递** 呈～｜传～｜寄～｜迢～｜
投～｜邮～｜转～｜关山迢～　**悌** 孝～　**地** 土～｜性～｜住～｜宝～｜
故～｜圣～｜极～｜谷～｜人～｜楚～｜平～｜莹～｜胜～｜天～｜旺～
｜阵～｜就～｜野～｜绝～｜遍～｜当～｜望～｜要～｜耕～｜福～｜厚
性～｜否性～｜起性（～）｜使［sai³］性～｜发性～｜差天差～｜开天
辟～｜乌天暗～｜惊天动～｜别有天～｜冰天雪～｜欢天喜～｜顶天立
～｜攻城略～｜花天酒地～｜斯文扫～｜肝脑涂～｜翻天覆～｜改天换
～｜不毛之～｜呼天抢～　**埭** 海～｜涂～｜石～｜陈～｜后江～（厦门一
地名）　**㹟** 形同狗～

　　t ①**臀** 椅～｜交椅～　**胎** 拍～（坠胎）｜落［lao⁵］～｜脱［tut⁷］
～（坠胎）｜坐～（胎位）｜有～｜保～｜双～｜交落［gallaoh⁸］～　**推**
挨［ue¹］～（推托）②**提** 拖～｜别～｜重～｜孩～｜拘～｜菩～｜前
～｜旧事重～｜闲话休～　**鲷** 花～　**堤** 海～｜河～｜江～｜涂～｜沙～
｜石～｜冲～｜溃～　**啼** 哀～｜虎啸猿～③**体** 病～｜好～（情势、局面、
体态等好）｜否［paiN³］～｜无～（言行体态等不斯文，不讲究礼仪礼貌）｜
有～｜激～｜轻～｜本～｜别～｜补～｜草～｜称～｜大～｜得～｜个～
～｜古～｜国～｜机～｜肌～｜集～｜解～｜具～｜楷～｜篆～｜草～｜

隶～｜可～｜固～｜液～｜气～｜晶～｜客～｜流～｜裸～｜娆［hiao²］～｜母～｜骈～｜诗～｜词～｜躯～｜全～｜群～｜人～｜肉～｜散～｜骚～｜善～｜上～｜身～｜尸～｜实～｜事～｜四～｜五～｜解～｜俗～｜天～｜通～｜团～｜文～｜下～｜形～｜掩～｜一～｜仪～｜遗～｜异～｜幼～｜玉～｜载～｜整～｜正～｜政～｜肢～｜主～｜字～｜总～｜共同～｜章回～｜查某～｜统一～｜无伤大～｜不识大～｜魂不附～｜花灵花～｜浑然一～｜有礼无～｜三位一～ ⑤涕破～｜泣～｜痛哭流～ 替顶～｜更～｜交～｜枪～｜接～｜轮～｜嬗～｜衰～｜兴～｜冒名顶～｜世代交～ 退抽～｜进～｜促～｜病～｜革～｜败～｜击～｜辞～｜驱～｜倒～｜裁～｜谦～｜引～｜后～｜斥～｜敌～ ⑥蛇水～（水母）｜海～｜窋［tam⁶］～（手脚不方便，走路不稳）

l ②拶手～ 螺露～｜花～｜石～｜肉～｜水～｜田～｜矸～｜法～｜双～｜警～｜风～｜刺～｜碵［dan²］～｜嗌～｜警报～｜鲍仔～｜加锥～｜铁钉～｜手风～｜狗屎～｜拍铰～｜锅～（不明事理，缠磨不休）

丽高～｜洋参高～ 胭手～｜掌头仔～ 犁牛～｜铁～ ③礼回～｜够～｜压～｜吊～｜浸～｜觃～｜嘉～｜小～｜财～｜彩～｜答～｜典～｜顶～｜队～｜非～｜菲～｜浮～｜观～｜过～｜贺～｜厚～｜薄～｜还～｜婚～｜定［diaN⁶］～｜祭～｜嘉～｜见～｜敬～｜拘～｜军～｜抗～｜赔～｜聘～｜丧～｜少～｜失～｜坐～（赔礼）｜施～｜寿～｜新～｜旧～｜古～｜六～｜多～｜大～｜成～｜治～｜违～｜登～｜补～｜送～｜受～｜送～｜无～｜免～｜洗～｜献～｜相～｜襄～｜谢～｜唱～｜揖［ip⁷］～｜行～｜虚～｜巡～｜有～｜仪～｜赞～｜葬～｜赠～｜瞻～｜执～｜假够～｜先生～｜草鞋～｜金银～｜答纸～｜畏小～｜奠基～｜见面～｜注目～｜花红彩～｜虚文浮～｜卑词厚～｜熟不拘～｜分庭抗～｜繁文缛～｜怠慢失～｜斯文别～｜嗓花嗓～｜彬彬有～ 妳娘～ ⑥丽灿～｜端～｜繁～｜附～｜富～｜光～｜瑰～｜华～｜辉～｜佳～｜娟～｜绝～｜亮～｜流～｜曼～｜美～｜靡～｜明～｜秾～｜浓～｜绮～｜俏～｜清～｜柔～｜婉～｜雄～｜秀～｜绚～｜雅～｜艳～｜映～｜藻～｜工～｜典～｜风～｜妖～｜骄～｜骈～｜姣～｜殊～｜文～｜绝～｜浮～｜壮～｜争妍斗～｜无所附～｜光昌流～｜纤巧浓～｜风和日～ 厉惨～｜蹄～｜冷～｜凌～｜磨～｜凄～｜惕～｜雄～｜严～｜扬～｜发扬蹄～｜变本加～｜声色俱～｜铺张扬～｜再接再～ 励策～｜鼓～｜激～｜奖～｜勉～｜自～｜自勉自～ 疬疫～｜瘴～ 戾暴

～｜佛～｜乖～｜罪～　**例**俗～｜案～｜比～｜病～｜常～｜成～｜定

～｜凡～｜范～｜格～｜公～｜惯～｜禁～｜旧～｜新～｜举～｜释～｜

按～｜规～｜律～｜罪～｜用～｜特～｜除～｜开～｜老～｜判～｜破

～｜前～｜润～｜实～｜示～｜事～｜特～｜体～｜条～｜通～｜图～｜

违～｜先～｜向～｜循～｜一～｜援～｜战～｜照～｜不成比～｜因袭成

～｜援用成～｜格于成～｜向无此～｜发凡起～｜史无前～｜下不为～｜

不乏先～｜史无先～　**隶**奴～｜仆～｜走～｜小～｜正～｜家～｜皂～｜

俪伉～｜骊～　**砺**淬～｜砥～｜磨～　**唳**风声鹤～

　　z　①**渣**豆～｜肉～｜煤～｜炉～｜矿～｜沉～｜药～｜油～｜炭

～　**灾**鸡～｜着～｜猪～｜陋～（糟糕）｜落 [loo⁶] ～　**糟**面～　②**齐**

聚～｜参差不～｜良莠不～　**蛴**蟓蜅～（蝉）　③**姐**安～　**济**人才～～｜

挤排～｜压～｜拥～　⑤**济**精～（穿戴齐整清洁；小孩聪慧机灵）｜邋

[lap⁷] ～（邋遢）｜不～（穿戴邋遢）｜得～｜接～｜经～｜救～｜赈～｜

周～｜合衷共～｜同舟共～｜同恶相～｜宽猛相～｜刚柔相～　**祭**哀

～｜拜～｜公～｜国～｜路～｜陪～｜丧～｜遥～｜主～｜半路～　**际**

边～｜分～｜国～｜城～｜乡～｜校～｜厂～｜胸～｜海～｜交～｜空

～｜脑～｜实～｜天～｜无～｜心～｜星～｜涯～｜遭～｜族～｜漫无边

～｜不着边～｜无边无～｜茫茫无～｜漭漭无～｜一望无～｜平衍无～｜

生平遭～｜弥留之～　**制**编～｜裁～｜采～｜创～｜公～｜市～｜新

～｜泡～｜帝～｜扼～｜遏～｜法～｜仿～｜复～｜改～｜管～｜机～｜

监～｜精～｜方～｜失～｜拟～｜灌～｜承～｜订～｜专～｜兵～｜抑

～｜旧～｜巨～｜克～｜控～｜炮～｜配～｜牵～｜钳～｜绘～｜强～｜摄

～｜试～｜守～｜受～｜税～｜特～｜提～｜体～｜统～｜辖～｜粗

挟～｜形～｜学～｜熏～｜压～｜腌～｜缝～｜定～｜抵～｜建～｜节

～｜研～｜抑～｜应～｜宰～｜专～｜自～｜责任～｜五分～｜家长～｜议

会～｜供给～｜公有～｜私有～｜因袭旧～｜鸿篇巨～｜鸿章巨～｜如法

炮～　**债**背～｜逼～｜国～｜公～｜逋～｜躲～｜辟 [piah⁷] ～｜放

～｜侵～｜负～｜还～｜借～｜举～｜内～｜孳～｜欠～｜拖～｜病～｜

讨～｜旧～｜新～｜冤～｜文～｜赖～｜负～｜外～｜里 [lai⁶] ～｜血

～｜讨～｜逼～｜业～｜王爷～｜阎王～｜相欠～｜侵钱借～｜冤家量～

｜无业死～　**晬**度～（周岁）　**诈**欺～｜奸～｜诡～｜敲～｜权～｜业

～｜狡～｜尔虞我～｜兵不厌～　**赘**入～｜冗～｜瘰～｜肉～｜累～｜

疣～　**霁**色～｜雪～｜雨～　⑥**剂**毒～｜方～｜面～｜良～｜调～｜药

～｜强心～　**坐**后～｜椅～｜尾～｜食～｜尾～｜体～（样子）｜相～（因互相牵连而坐罪；账务等相互对抵）｜相食～（连坐；共同承担）｜相找 [ce⁶]～（彼此来往串门）｜顿跋～（身体失去平衡跌而未倒，屁股却狠狠着地）｜相 [siang⁵] 跋～（仰面向后跌到）｜顿大～　**寨**边～｜山～｜村～｜木～｜林～｜城～｜水～｜鱼～｜劫～｜连环～｜偷营劫～｜安营扎～

c　①**叉**火～｜撇 [puat⁷]～｜拍～｜刀～｜交～｜开～｜飞～｜尖～｜音～｜河～｜鱼～｜禾～｜马～｜画～｜分～｜药～｜夜～｜母夜～｜开骹～（叉腿）　**汊**港～｜河～｜湖～　**吹**薰～｜电～｜鼓～｜大～｜号～｜小～｜长～｜风～｜噌～｜水薰～｜厚薰～｜乌薰～（烟枪）｜鸦片薰～｜痟尾风～（比喻人疯疯癫癫不稳重）　**炊**炉～（炼铁炉）｜起～　**妻**发～｜夫～｜荆～｜前～｜后～｜娶～｜休～｜未婚～｜结发夫～｜抓髻夫～｜薄命夫～｜花烛夫～｜糟糠之～　**凄**悲～～｜风雨～～　**萋**芳草～～　**栖**共～｜两～　**差**杂～｜公～｜出～｜美～｜员～｜当～｜交～｜兼～｜信～｜听～｜掠～｜丁～｜拉～｜兵～｜押～｜军～｜肥～｜外～｜里 [lai⁶]～｜苦～｜替～｜钦～　②**篪**火～｜脱 [tut⁷]～　③**扯**总～｜对～　**髓**头～｜碗～｜骨～｜脑～｜龙～｜神～｜血～｜猪头～｜头壳碗～　⑤**砌**雕～｜堆～｜铺～｜雕栏玉～　**厕**公～｜男～｜女～｜窟 [hak⁸]～｜便～　**脆**松～｜酥～｜清～｜焦 [da¹]～｜生～｜葱～（脆生）　**切**一～　⑥**找**觇～｜抄 [ciao¹]～｜佻 [hiao¹]～（翻动箱柜等寻找）｜觅 [bba⁶]～｜觇踮～｜觇相～（捉迷藏）

s　①**西**阿～（讥讽脑子不精灵者）　**纱**网～｜窗～｜幼～｜走～｜纠 [giuh⁷]～（带皱纹的棉丝织品）｜胖 [pong⁵]～｜抹～｜浣～｜麻～｜素～｜绉～｜乌～｜白～｜棉～｜薄～｜粗～｜幼～｜面 [bbin⁶]～｜窗～｜纺～｜硼～｜抽～｜绢～｜香纹～｜车仔～（洋纱）｜柴箬～（桃子）　②**垂**老～｜颔 [am⁶]～｜饭～｜澜～｜肚～｜阿狗～｜落 [lao⁵]～｜颐 [dam⁵]～｜软～～　⑤**世**秒～｜半～｜避～｜尘～｜出～｜处～｜传～｜盖～｜故～｜后～｜家～｜今～｜涉～｜阅～｜当～｜近～｜经～｜旷～｜来～｜累～｜乱～｜面～｜末～｜没 [bbut⁸]～｜弃～｜前～｜去～｜人～｜入～｜身～｜盛～｜时～｜逝～｜晚～｜万～｜问～｜下～｜先～｜现～｜谢～｜厌～｜永～｜在～｜治～｜浊～｜流芳百～｜超脱尘～｜横空出～｜立身处～｜超时阿～｜忧时愤～｜恍如隔～｜衣被后～｜匡时济～｜今生今～｜洎乎近～｜躬逢盛～｜遭逢盛～｜升平盛～｜太平盛～｜丁兹盛～｜生生世～｜千秋万～｜不可一～

一生一～｜永生记～｜知人论～｜公之于～｜公诸于～　**誓**发～｜立
～｜盟～｜明～｜起～｜宣～｜赌咒发～｜山盟海～　**细**月～｜序～｜
杂～（小杂货）｜谦～（谦逊）｜粗～｜底～｜繁～｜工～｜过～｜奸～｜
谨～｜精～｜巨～｜苛～｜曼～｜琐～｜微～｜纤～｜详～｜心～｜仔
～｜事无巨～　**税**厝～｜纳～｜缴～｜收～｜欠～｜免～｜偷～｜车
～｜船～｜征～｜逃～｜避～｜走～｜保～｜上 [ziuN⁶] ～｜租～｜国
～｜盐～｜户～｜版～｜丁～｜官～｜重～｜完～｜科～｜田～｜关～｜
交～｜退～｜报～｜抽～｜查～｜拾 [kioh⁷] ～｜人头～｜食厝～　**势**
山～｜体～｜款～｜手～｜走～｜哄～｜起～｜气 [ki⁵] ～｜巧～｜节
[zat⁷] ～｜输～｜靠～｜有～｜泻～｜无～｜好～｜穤 [bbai³] ～｜旺
～｜凶～｜撒～｜恶～｜跩 [saNh⁷] ～｜比～｜拼 [biaN⁵] ～｜范
[ban⁶] ～｜否～｜就～｜知～｜使 [sai³] ～｜乘～｜挟～｜慄～｜掠～
｜食～｜着 [dioh⁸] ～｜笔～｜病～｜傱 [sang³] ～｜财～｜趁～｜大
～｜得～｜地～｜动～｜顺～｜攻～｜架～｜局～｜均～｜来～｜劣～｜
气 [ki⁵] ～｜情～｜趋～｜权～｜伤～｜生～｜声～｜失～｜时～｜守
～｜态～｜颓～｜懒～｜落～｜陋～｜懦～｜威～｜现～｜形～｜优～｜
长～｜仗～｜阵～｜姿～｜作～｜骑马～｜否手～｜促马～｜徛 [kia⁶]
马～｜阿狗～（小孩拿撒野来求得怜爱同情的样子）｜会好～｜赡好～｜怀是
～｜赞声～｜惊否～｜张（身）～｜展（身）～｜无着～｜怀着～｜看范
～｜凡挂～｜审时度～｜趋炎附～｜倚仗权～｜狗仗人～｜虚张声～｜以
壮声～｜傍官靠～｜鼎足之～｜装腔作～　**洒**扫～　⑥**瘥**软～（因挫折或
失败而垂头丧气无精打采的状态）｜灒～｜松～｜懒 [nua⁶] ～（懒散，无精打
采）｜～～｜松松～～（松松垮垮）　**噎**反～｜吞～　**视**睍 [gge⁶] ～
（讥笑）｜对喙睍～（反唇相讥）

　　g　①**笄**及～（簪子）　**加**尽～｜较～｜上～｜极～　**家**祖～｜大
[da⁶] ～（婆婆）｜外～｜里 [lai⁶] ～｜亲～｜头～（老板，上司）｜看～
｜冤～（吵架）｜人 [lang²] ～｜本～｜别 [bat⁷] ～｜旧～｜新～｜安
～｜治～｜天～｜夫～｜娘～｜探～｜买～｜卖～｜百～｜破～｜保～｜
成 [ziaN²] ～｜徛 [kia⁶] ～｜成～｜把～｜破～｜顾～｜钳～｜捍
[huaN⁶] ～｜管～｜出～｜大 [dai⁶] ～｜男～｜女～｜分～｜大
[dua⁶] ～｜小～｜店～｜起～｜厂～｜合～｜发～｜画～｜酒～｜通～
｜老～｜当～｜搬～｜安～｜治～｜后生～｜少年～｜杂念大 [da⁶] ～

　　闺深～｜幽～　②**椓**牛～｜骹～｜中～｜重～｜锁～｜相～｜触
[dak⁷] ～｜对～｜卸～｜揭 [gaih⁸] ～｜名利～（名缰利锁）　③**果**柿～

｜白～｜仙～｜干［gan¹］～　**假**真～｜掺［cam¹］～｜透～｜装～｜做～粿啵［po⁵］～｜糕～｜芋～｜糖～｜发～｜白～｜米～｜麦～｜水～｜甜～｜咸～｜粉～｜米烧～｜油炸～｜菜头～｜金瓜～｜麵必～｜油葱～｜九重～｜栀［giN¹］仔～｜碗糕～｜红龟～｜豆包仔～｜面发仔～ ⑤**架**衫（仔）～｜手～｜骹～｜铁～｜柴～｜井～｜床～｜笔～｜车～｜炮～｜十字～　**嫁**伴～｜后～｜张～｜出～｜送～｜陪～｜佫～　**驾**炮～　**假**放～　**计**艰～｜急～｜暗～｜筹～｜大～｜得～｜定～｜毒～｜恶～｜鬼～｜暗～｜受～｜讨～｜共～｜估～｜诡～｜合～｜核～｜活～｜伙～｜家～｜奸～｜狡～｜决～｜会～｜匡～｜累～｜妙～｜奇～｜巧～｜商～｜设～｜审～｜生～｜失～｜时～｜算～｜统～｜问～｜悉～｜献～｜心～｜预～｜约～｜综～｜总～｜空城～｜连环～｜木马～｜苦肉～｜千方百～｜数以百～｜在所不～｜百年大～｜阴谋诡～｜将～就～｜锦囊妙～｜数以千～｜不可胜～｜数以万～｜缓兵之～｜退兵之～｜万全之～｜终身之～｜权宜之～　**过**下～（下次）｜后～｜顶～（上次）｜前～｜别［bat⁸］～｜强～｜经～｜直～｜透～｜受～｜横～｜暗～｜超～｜放～｜好～｜否［paiN³］～｜即～（这次）｜迄［hit⁷］～（那次）｜逐［dak⁸］～｜伤［siuN¹］～｜借～｜往～｜无～｜有～｜会得～｜赡得～　**价**起～｜好～｜否～｜开～｜败～｜穤［bbai³］～｜拗～｜重～｜唱［ciang⁵］～｜摒～｜欲［hap⁷］～｜出～｜啄［dok⁷］～（讨价还价）｜喝～｜落［loh⁸］～｜攉［dioh⁷］～｜吓［hiaNh⁷］～｜无～｜平～｜有～｜半～｜比～｜贬～｜黜［lut⁷］～｜冲［cing⁵］～｜变～｜标～｜差～｜超～｜拍～｜代～｜单～｜等～｜跌～｜定～｜高～｜工～｜估～｜官～｜还～｜谎～｜货～｜基～｜计～｜加～｜报～｜票～｜本～｜减～｜贱～｜讲～｜廉～｜悬［guaiN²］～｜下［ge⁶］～｜削［siah⁷］～｜时～｜官～｜论～｜落［lak⁷］～｜买～｜卖～｜牌～｜评～｜斩～｜杀～｜身～｜时～｜市～｜公～｜售～｜抬～｜讨～｜特～｜提～｜调～｜物～｜虚～｜压［ap⁷］～｜要～｜议～｜原～｜造～｜涨～｜折～｜总～｜租～｜作～｜撨［ciao²］～（钱）｜讨～还～｜要～还～｜漫天要～　**髻**发～｜鸡～｜抓～｜鬏～｜头毛～｜网纱～　**继**承～｜出～｜不～｜过～｜后～｜相～｜中～｜饕餮不～｜前赴后～｜前仆后～｜难乎为～｜舳舻相～ ⑥**下**（低）悬［guaiN²］～（高低）

k　①**稽**笑～｜参～｜勾～｜钩～｜滑～｜无～｜有案可～｜荒诞无～｜反唇相～　**科**做～｜笑～　**开**九～ ②**瘸**骹～手～ ③**启**哀～｜

谨～｜钓～｜开～｜台～｜小～｜谢～ ⑤**课**工～｜幼工～｜贸［bbao⁶］工～｜粗（重）工～｜手面工～（手中的活儿；手工活） **憩**小～｜休～｜游～｜同作同～

gg ②**牙**簒～｜鳙［ggiang⁵］～｜暴［buh⁷］～｜舵～｜触［dak⁷］～｜做～｜尾～｜头～｜爪～｜佛～｜换～｜脱［tut⁷］～｜鸟～｜象～｜红～｜剧［giak⁸］～｜孤～｜红～～｜猪哥～｜虎喙～｜练（痫）～ **芽**豆～｜麦～｜菜～｜树～｜窖～｜翁～｜生～｜抽～｜爆［bok⁷］～｜暴［buh⁷］～ **倪**端～｜渐露端～｜略有端～ **睨**睥～霓云～ ⑥**艺**有～（有趣）｜厚～｜做～｜激～｜工～｜技～｜绝～｜卖～｜农～｜球～｜曲～｜手～｜特～｜玩～｜文～｜无～（乏趣）｜武～｜舞～｜献～｜游～｜园～｜制～｜作～｜无～（量）｜棚仔～｜激有～｜无事～｜手工～｜多才多～｜因材施～｜贪贿无～ **呓**梦～ **诣**造～｜苦心孤～

h ①**灰**乌～｜白～｜青～｜烟～｜银～｜壳～｜石～｜香～｜纸～｜骨～｜草～｜炉～｜洋～｜霸～（水泥）｜番仔～｜桐油～｜红毛［ang²moo²］～ **恢**有～（有持久力和耐力）｜无～（无持久力和耐力） **虺**含～（声音略带嘶哑）②**回**小［sio³］～ **虾**蜂～｜红～｜白～｜龙～｜青～｜对～ **霞**红～｜云～｜烟～｜锦～｜美～｜朝～｜晚～ **携**便～｜提～ ③**火**白～｜泻～｜风～｜肝～｜激～｜心～｜起～｜穗［bbai³］～｜窖［im⁵］～｜狂～｜文～｜燃［hiaN²］～｜翁［hip⁷］～｜电～｜下～｜香～｜乞～｜踏～｜烟～｜过～｜炎～｜清～｜醒～｜退～｜着～｜烀～｜走～｜失～｜灭～｜封～｜炮～｜焰～｜点～｜救～｜拍～｜野～｜灯～｜煤～｜天～｜烽～｜大～｜小～｜渔～｜明～｜暗～｜篝～｜烧～｜纵～｜放～｜借～｜鬼仔～｜番仔～｜请香～｜熵点～｜龌龊～｜满腹～｜一腹～｜臭焦着～｜隔岸观～｜飞蛾扑～｜煽风点～｜赴汤蹈～｜万家灯～｜洞若观～｜急如星～｜城门失～ **伙**做～｜包～｜拆～｜搭～｜打～｜合～｜家～｜入～｜散～｜同～｜退～｜规家～（仔）｜一家～（仔）｜大～儿｜好家～｜成群搭～｜成群结～｜大家～儿 **贿**家～⑤**货**穗～｜否～｜好～｜旧～｜新～｜起～｜下～｜粗～｜期～｜坐～｜幼～｜水～｜恶～｜滥［lam³］～｜放～｜鲜～｜摒～｜割～｜落～｜拾～｜死～｜啥～｜百～｜办～｜财～｜残～｜陈～｜蠢～｜次～｜存～｜订～｜定～｜国～｜乌～｜红～｜进～｜冷～｜年～｜盘～｜皮～｜期～｜俏～｜骚～｜山～｜别［bat⁷］～｜干～｜私～｜通～｜土～｜囤

~｜外~｜南~｜北~｜恶 [ao⁵] ~｜盘~｜交~｜验~｜笨~｜现 ~｜卸~｜杂~｜贼（仔）~｜啥~｜二路~｜下路~｜小百~｜下骹~ ~｜大路~｜热门~｜杀人越~ **岁**过~｜共~｜几~｜平~｜年~｜ 百~｜有~（上了年纪）｜加~｜少~｜足~｜周~｜虚~｜实~｜出 （头）~ ⑥**下**侯~（稍候）｜放~｜岢 [kua⁵] ~ **系**嫡~｜父~｜干 ~｜关~｜拘~｜联~｜母~｜派~｜谱~｜世~｜体~｜维~｜语~｜ 转~｜水~｜山~｜直~｜体~｜维~｜院~｜中文~｜物理~｜数学 ~｜历史~｜新闻~｜经济~｜生物~｜哲学~｜管理~｜拉关~｜无关 ~｜裙带关~｜因果关~｜社会关~｜人际关~ **夏**立~｜初~ **会**分 ~ **暇**放~（放学） **蟹**毛~

Ø ①**锅**涂~｜鉎 [siN¹] ~｜饭~｜糜~｜铁~｜茶~｜烧~｜ 暖~｜沙 [sa¹] 厘~（铝锅）｜漏母~（制冰糖用的长陶罐）｜狗母~（大的 陶瓷土锅）｜药（茶）~ ②**个**＊细~｜即~｜迄~｜逐~｜大~｜单~｜ 双~｜孤~｜数~（挨个儿）｜则 [ziah⁷] ~｜赫 [hiah⁷] ~｜规（图） ~｜偌多 [lua⁶] ~｜规百~｜几落 [loh⁸] ~｜几若 [na⁶] ~｜成百~ ｜成十~｜一廿 [it⁷ liap⁸] ~｜十外~｜百外~｜一两~｜百吐 [tong³] ~｜倒（落）一~｜恁 [lin³] 两~｜個两~｜阮两~｜咱两~ **的**我~ ｜仔~｜伊~ ⑤**缢**自~ **翳**荫~｜目~｜上 [ciuN⁶] ~｜云~｜目~ **噎**抽~｜哽~ **秽**屎~｜搦 [lak⁸] 屎搦~｜囥 [kng⁵] 屎囥~ ⑥ **下**大~｜细~｜顶~｜逐~｜目~｜手~｜树~｜桌~｜楼~｜天骹~｜ 做一~｜等一~｜睏一~ **祸**辟~｜灾~｜车~｜惹~｜匪~｜兵~｜ 病~｜惨~｜人~｜大~｜起~｜生~｜横~｜引~｜后~（后患）｜天 灾人~｜幸灾乐~｜飞来横~会上 [siong⁶] ~｜敢 [gan³] ~（怎会） 赡~ **裔**后~｜华~｜苗~｜四~ 〈轻声〉**的**母~｜公~｜老~｜契~｜ 表~｜堂~｜后~｜生~｜抱~｜偶~｜友~｜肥~｜病~｜分~｜倩 ~｜魔~｜养~｜乞~｜仿~｜夹~｜斗~｜孤~｜咱~｜序大~｜（阮） 老~｜接面~｜少年~｜敲更~｜烧火~｜做涂~｜补鼎~｜抱来~｜邀 奶~｜做木~｜斗阵~｜偷生~｜走水~｜神经~｜牵手~｜剪头~｜扛 轿~｜拢头~｜双生~｜相命~｜燃火~｜换帖~｜剃头~｜拍石~｜搭 头~｜作涂~｜佫斗~｜一个~｜会斗~｜哑口~｜走堂~｜唱礼~｜青 盲~｜做生理~｜有的无~

eh

b ⑦**伯**叔~｜大~｜渡~｜阿~｜安~｜丈人~｜老阿~｜着笑

～ **柏**松～｜扁～｜黄～｜刺～｜桧～ **擘**会～｜赊～｜好～｜否
[paiN³] ～ **跖**钳～（攀援）｜盘～ ⑧**白**雨～（烟雨）｜钓～（白带鱼）
｜网～（白带鱼）｜嗲～（不想吃，不爱吃）｜死～｜带～（带孝）｜攉～｜
口～｜韵～｜边～（旁白）｜乌～｜荫～｜青～｜白～｜献～｜苍～｜漂
～｜洁～｜银～｜灰～｜乳～｜斑～｜雪～｜花～｜荫～｜表～｜道～｜
说～｜对～｜韵～｜献～｜拆 [tiah⁷] ～｜跋 [buah⁸] ～（公开摊出来，
当面把话说明白）｜干～｜四念～｜本地～｜半乌～｜孔子～｜贼仔～｜土
匪仔～｜半文半～｜一穷二～｜无事无～｜皂 [zo⁶] 乌擦～｜反 [bing³]
乌反～ **帛**骸～（裹脚布）｜头～（丧家裹在头上的白布）

p ⑦**瞥**老鸟～（经历多，经验丰富，老谋深算者） ⑧**垻**涂～｜饮～
｜拍～｜暴 [buh⁷] ～｜牛奶～｜拍无～

bb ⑦**要**＊倚～｜爱～｜紧～｜当～｜强～｜硬～｜无～｜敢～｜
急～｜得～｜甲～｜咧 [leh⁷] ～｜拄 [du³] ～｜拢～｜紧～｜赶～｜只
～｜活～ ⑧**麦**番～（玉米）｜大～｜小～｜荞～｜燕～｜油～｜乌～｜
番大～ **袜**裤～｜短～｜丝仔～｜羊毛～｜尼龙～｜短统～｜长统
[tang³] ～｜玻璃丝～

d ⑦**压**＊纸～｜狭 [ueh⁸] ～｜担～｜虔 [kian²] ～～｜研
[ggian³] ～～｜娆 [hiao²] ～～｜庸 [song²] ～～

t ⑦**澈**白～｜褪～｜洗～｜食～｜褪剥～（光背） ⑧**拿**＊偷～｜
要～｜怀～｜罔 [bbong³] ～｜赊～（得） **宅**厝～｜卜～｜安～｜窟
～｜坤～｜内～｜乾～｜凶～｜阳～｜住～｜私～｜家～｜深～｜吵家闹
～｜浮家泛～

l ⑦**咧**（助词） **掳**手阉手～ ⑧**裂**必～｜破～ **咧**拢～｜当
｜有～｜在 [di⁶] ～｜都～｜怀～｜拄（在）～｜也无～｜着 [doh⁸] 无
～｜着 [dioh⁸] 无～｜也无～｜湿～～｜疡 [siuN²] ～～｜虬 [kiu²]
～～ **勒**筋～（精肉中类似筋的白膜）

z ⑦**仄**平 [biaN²] ～ ⑧**绝**死～｜存 [cun²] 死存～

c ⑦**册**书～｜旧～｜教～｜读～｜影～｜像 [siong⁶] ～｜鞈
[gap⁷] ～｜古～｜表～｜簿～｜底～｜分～｜画～｜简～｜另～｜名
～｜清～｜史～｜手～｜淘 [do²] ～（自学）｜医～｜药～｜页～｜禁
～｜念～｜数 [siao⁵] ～｜注～｜家甲～（户口本）｜歌仔～｜人仔～（连
环画）｜尪 [ang¹] 仔～｜线装～｜丁口～｜闲仔～｜花名～｜纪念～｜
彪炳史～｜名垂史～｜人手一～ **栅**落～｜漉～｜鱼鳞～｜当百 [hao⁶

beh⁷]～（百叶窗）｜落蚩落～　嘘呛～　啜小～｜大喙～　⑧镲破～｜滥～～

s　⑦雪落～｜大～｜小～｜积～｜雨～｜霜～｜滑～　屑釉～｜拾 [kioh⁷]～｜拾破～　说报～（报信）｜声～（声响，动静）｜乱主～｜滥穆 [lam⁶sam³]～｜七～八～｜无声无～　⑧踅转 [dng³]｜～蜷 [kun²]～｜围～｜拍～（盘旋，环绕）｜哴哴～｜浪浪～｜客客～｜绉 [iN¹] 绉～

g　⑦格合～｜体～｜人～｜风～｜升～｜降～｜品～｜诗～｜空 ～｜骨～｜及～｜旧～｜新～｜赏 [siong³]～｜韵～｜顶～｜性～｜资 ～｜够～｜严～｜及～｜出～｜破 [pua⁵]～（言行不得体，多用于女性）｜跳～｜规～｜价～｜方～｜国～｜入～｜间～｜破 [po⁵]～｜上 [ziuN⁶]～（合格）｜落 [lak⁷]～（身份地位下降；人品低下）｜炮～｜润 ～｜赏～｜修辞～｜独创一～｜不拘一～｜别具一～　隔篮～｜阻分～｜相～　鲙红～｜乌～　⑧桀拍～（闹意见，作梗）｜对～｜枛～（违 拗）｜更 [giN¹]～（别扭）｜横～｜相～　嗝食～

k　⑦客买～｜炮～｜番～｜拾～｜水～｜人～｜陪～｜搭～｜宾 ～｜外～｜来～｜会～｜宴～｜好～｜谢～｜待～｜请～｜留～｜远～｜乘～｜顾～｜房～｜刺～｜门～｜政～｜镖～｜剑～｜载～｜掮～｜游～｜旅～｜香～｜大炮～｜座上～｜倒头～（回头客）｜不速之～｜闭门谢 ～　缺塌～｜好～｜少～｜短～｜空～｜好～（肥缺）｜出～（开缺）欠～　桀～～（有隔阂，不和谐；不自然）｜相～｜对～

gg　⑧月包～｜当～｜缚～（包月）｜满～｜年～｜日～｜闰～｜元～｜正 [ziaN¹]～｜足～｜岁～｜过～｜到～｜大～｜小～｜闰～出～｜正 [ziaN⁵]～｜破～｜顺～｜鬼～｜否～｜旧～｜新～｜隔～早春二～｜长年久～｜久年长～｜四九五～｜九冬十～｜乌星暗～

h　⑦吓哄 [hang³]～（吓唬，恫吓）

Ø　⑦厄病～｜苦～｜辟～｜险～｜鬼～｜解～｜出～｜困～｜阻～｜过～｜灾～　呃拍～｜喝～｜饱～｜懊～｜干～｜应 [in⁵]～｜焦 [da¹]～｜呼 [koo¹] 屎～

eN

m　①咩羊～～　⑥骂詈～｜喝 [huah⁷]～｜嚷～｜臭～｜恶

～｜悉［tiam³］～｜相～｜叫～｜谩～｜辱～｜讪～｜痛～｜咒～｜破口大～

  Ø ①婴男～｜女～｜幼～｜团［gin³］仔～

eNh

  m ⑦蛞草～ ⑧脉箬～｜正～｜暝［bbai⁶］～｜候［hao⁶］～｜挽［bban³］～｜摸～｜捍［huaN⁶］～｜节～｜按～｜地～｜根～｜号～｜命～｜切～｜山～｜血～｜无～｜诊～｜支～｜正～｜动～｜静～｜大动～｜来龙去～｜炎黄一～

  ng ⑦夹火～｜熨～｜猪屎～

火韵［泉］

【-ə，-əh】

ə［泉］

［b］①飞 ②赔培～涂 ④倍 ⑤坝背手～褙裱～焙佩 ［p］①胚坯 ②皮 ④被棉～ ⑤配茶～箄柴～ ［bb］①微雨～～ ②糜（粥） ③尾美～蝶（蝴蝶） ⑤妹小～未～去 ［d］①低煎～ ③短* ⑤带即～（这里）戴（姓）跟*块*代朝～袋布～埭海～ ［t］①推胎头～ ⑤退 ［l］②螺胭手～挼（揉、搓） ③偝傀～ ［z］①灾鸡～ ④罪～过坐 ⑤晬度～（婴儿周岁）座 ［c］①吹炊 ②箠竹～ ③髓 ⑤脆找* ［s］②垂消～（消瘦） ⑤赛税 ［g］③果粿架*（垫） ⑤过髻鸡～鳜～鱼 ［k］①科蝌棵 ②葵～扇瘸～脚 ⑤课工～（活儿） ［h］①灰 ②和回～话 ③贿家～（家产）火伙夥 ⑤货岁会分～（分辨）荟芦～和 ［Ø］①祸*锅涡窝倭～寇 ④祸 ⑤过［泉］（传染）秽（脏）

əh［泉］

［b］⑦疕*（小儿惊风） ［p］⑧垺*（泡沫） ［bb］⑦要*卜*（要）⑧袜 ［d］⑦啄～食⑧夺 ［t］⑧拿* ［l］⑦勒*（用手指取） ［z］⑧绝 ［c］⑦啜*（食） ［s］⑦雪说刷漆～ ⑧踅（绕）

[g]⑦郭　　[k]⑦缺　　[gg]⑧月　　[Ø]⑦溢~奶呃应~（打嗝儿）

客韵[漳]

【-ee，-eeh，-eeN】

ee

[b]①㕺　②爬耙琶杷笆　③把靶　⑥爸粑　　[p]⑤帕　　[bb]③马玛码石~（地名）　　[d]②茶　　[t]⑥蛇水~（水母）　　[l]①咧*　[z]①查渣楂　⑤炸诈榨债　⑥寨　　[c]①叉杈差出~岔钗②查~字典　⑤厕　　[s]①沙纱砂袋　⑤洒　⑥石~榴瘌人~~　　[g]①家傢加茄筘伽瑜~痂嘉佳葭　②枷　③假瘕贾（姓）　⑤架驾稼嫁假价　⑥下（低）　　[k]②卡*（卡住）　　[g]①厝（好）真~　②牙芽讶蚜砑犽衙　⑥艺　　[h]①瘕声~~（沙哑）　②虾霞瑕暇遐　⑥下夏厦　[Ø]③痖　⑥下~底厦~门

eeh[漳]

[b]⑦百伯柏跖擘憋~腹（操心）　⑧白帛　　[bb]⑧麦密　　[d]⑦压*　　[t]⑦澈裼贴~沙（鱼名）　⑧宅　　[l]⑦咧雳霹~　⑧裂[z]⑦仄鹧绩纺~睫目~毛　　[c]⑦册厕　⑧破~声　　[s]⑦屑　[g]⑦隔格膈骼　⑧逆对~　　[k]⑦客　　[Ø]⑦厄轭

eeN[漳]

[b]①扳绷　②棚平坪上~（地名）　⑤柄　⑥病　　[p]①抨　②平~本钱彭澎　　[m]①摸*（手掌抓取）咩*　②盲青~（瞎眼）暝暗~（夜晚）明~年芒铓　③猛紧~敏~捷　⑥骂咩~~哭　　[d]①钉后~　⑤鐙（使劲用力；装）　⑥郑　　[t]①撑　②程捏（向上举）　⑤撑　　[n]①奶蛉田~尼安~　②晾拎　③妳　⑤蹍*（踮）　⑥呢　　[z]①争　②晴　③井阱⑤诤（争辩）　⑥静　　[c]①青生鲜菁星腥亲~姆　②镜（锐铍）　③醒儬（美）　　[s]①生牲鉎　③省　⑤姓性　　[g]①更庚羹赓鹒经惊~蛰　③哽　⑤径　　[k]①坑　　[ng]③雅　⑥硬　　[h]⑥哼[Ø]①婴嘤　②楹　③哑呃*　⑥厦~门

eeNh [漳]

[m] ⑦蜢 草~ ⑧脉　[n] ⑦蹑　[z] ⑦雀 厝头~仔　[ng] ⑦夹~仔 ⑧夹　[h] ⑦歇~睏赫

杯韵
【-ue，-ueh，-ueNh】

ue

[b] ①杯 茶~ 怀 球~ 飞 [漳] 菠 [漳] ②培陪赔斐裴菠~菱仔 [漳] ⑤背褙贝狈辈 ⑥背孛悖邶佩倍焙蓓狈* 　[p] ①胚坯醅批 (信) ②皮 [漳] ③醅 嗟~ (脸颊) ⑤配沛霈箨 碗~ ⑥稗被 [漳] 　[bb] ②梅 [漳] 莓 [漳] 酶 [漳] 霉 [漳] 煤 [漳] 媒 [漳] 枚 [漳] 玫 [漳] 糜 [漳] ③买每 [漳] 美 [漳] 尾 [漳] ④呣* (不会) [泉] ⑥昧眛妹卖* 未 [漳] 呣　[d] ②题蹄颓 ③底贮~饭 ④苎~仔布 [泉] ⑤缀对 联~ [漳] ⑥兑地苎　[t] ①推~刀钗* 金~ ②颓 ③体 ⑤退褪蜕替 [l] ②犁挼 ③馁罍 ⑤镙 ⑥内芮柄蚋锐睿　[z] ②齐 ④罪 ⑤最赘缀做 ⑥多* 罪睡 [漳] 交~ (瞌睡) 　[c] ①初妻 夫~ [漳] 炊 [漳] 吹 [漳] ②蠯 在涂脚~ 篟 [漳] ③髓 [漳] ⑤粞切 (擦) ⑥找* [漳] 　[s] ①衰梳疏蔬 ②垂 [漳] ③黍洗 ⑤帅说 游~ 税岁细 (小) 　[zz] ②挼 [漳] 　[g] ①瓜街鸡 ②胲 鱼~ ③改解果 [漳] 馃 [漳] 裹 [漳] 架* [漳] ~悬 (架高) ⑤会~计郐脍狯剀桧鲙刿鳜怪界 四~ (到处) 疥 解~送髻 [漳] 过 [漳] ⑥绘易* 　[k] ①盔恢魁悝溪诙 [漳] ②瘸 [漳] 葵 [漳] ~扇 ⑤契疟快~便课 [漳] 　[gg] ②仉 (姓) [漳] ⑥外艺做~ [漳] 　[h] ①灰恢诙花 ②回洄蛔迴茴徊捱~流疡和 [漳] ~尚 ③晦悔贿火 [漳] 伙 [漳] ④汇蟹 毛~ ⑤废海晦化 德~ (地名) 货 [漳] 岁 [漳] ⑥会荟绘殨溃愦惠 贤~汇蟹　[Ø] ①偎煨隈碨挨锅 [漳] ②鞋 ③猥矮 ④解 (会) [泉] ⑤秽荟 ⑥卫画 [泉] 话会

ueh

[b] ⑦八捌 ⑧拔 [泉] 　[t] ⑦贴 鞋~ (鞋垫) ⑧拿* [泉] 　[l]

⑧笠　[z] ⑦节 ⑧截　[c] ⑦切哭~　[s] ⑦楔柴~　[g] ⑦夹~菜锲~仔(镰刀)　[k] ⑦胎~目箧~仔(盒子) 挤踬(挤) ⑧榨*~油　[gg] ⑦挟夹~菜荚豆~ ⑧挟(夹住)　[h] ⑦血[漳]　[Ø] ⑧划[泉]字~狭(窄)

ueNh

[ng] ⑦挟夹荚 ⑧挟

ue

b ①杯齿~｜茶~｜桶~｜酒~｜大~｜细~｜奖~｜金~｜银~｜铜~｜揭[giah⁷]~｜贪~｜纸~｜铁~｜瓷~｜干~｜交~｜捧~｜玉~｜烧~｜碰~｜竹节~｜水[sui³]口~(刷牙的牙缸) **怀**老~竹~｜喙~(像鸭子那样片状的嘴)｜大~｜交~｜笑[cio⁵]~｜阴~｜信~｜准~｜正[ziaN⁵]~｜圣~[siaN⁵]｜上[siuN⁶]~(占卜掷玟时,两个玟呈现出一正一反的结果)｜盖[kap⁷]~｜跋~｜柴~｜球~｜奖~｜金~｜银~｜铜~｜举~｜碰~｜银~ ②陪交~｜奉~｜少~｜失~｜相~｜作~ **培**安~｜代~｜栽~ ⑤贝干~｜扇~｜宝~｜珍~｜财~｜拷~｜心肝宝~ **辈**彼~｜侪~｜父~｜行~｜后~｜老~｜年~｜平~｜前~｜汝~｜若~｜善~｜上~｜顶~｜鼠~｜同~｜晚~｜我~｜吾~｜下~｜先~｜小~｜长~｜祖~｜老前~｜小字~｜祖祖~~｜匹夫之~｜女流之~｜庸碌之~｜无名之~｜无能之~｜平庸之~ **褙**裱~ ⑥倍身价百~｜事半功~｜功半事~ **狈**狼[liong²]~ **悖**并行不~ **佩**敬~｜钦~｜纫~｜玉~｜赞~

p ①批竹~｜回~｜侨~｜情~｜乌~｜佃~(租约)｜通~｜来~｜规~｜写~｜寄~｜家~｜大~｜分~｜横~｜揭~｜眉~｜审首~｜朱~｜普通~｜航空~｜挂号~｜保家~ ③醅喙~｜尻川~｜挟喙~｜歪一~｜搁喙~ ⑤配般~｜比~｜相~｜不~｜会~｜赡~｜好~｜否~｜四[su⁵]~(相称,匀称)｜衬~｜刺~｜搭~｜调~｜发~｜分~｜婚~｜继~｜交~｜四~｜调~｜修~｜许~｜原~｜支~｜装~｜按劳分~｜按需分~ ⑥秠秕~｜蒲~

bb ③买采~｜购~｜收~｜赎~｜会~｜赡~｜贵~｜俗~｜怀

～｜招～｜千金难～｜重金收～ ⑥**卖**比～｜相～｜舱～｜舱～反～｜拼
[biaN⁵] ～｜变～｜标～｜拆～｜出～｜倒～｜盗～｜发～｜贩～｜拐
～｜货～｜寄～｜贱～｜叫～｜买～｜拍～｜叛～｜售～｜小～｜义～
会～｜舱～｜怀～｜好～｜否～｜俗 [siok⁸] ～｜贵～｜专～｜散
[suaN³] ～｜偷～｜转～｜公买公～　舱会～

　　d ②**蹄**猪～｜马｜铁～｜骹～｜踏～｜牛～｜鸭（母）～｜白骹
～｜跳 [dio²] 骹顿～｜跳骹傪 [zam⁵] ～｜马不停～　**题**本～｜标～｜
承～｜出～｜答～｜点～｜反～｜副～｜合～｜话～｜讲～｜考～｜课
～｜离～｜例～｜留～｜论～｜命～｜难～｜偏～｜品～｜破～｜切～｜
试～｜贴～｜问～｜无～｜习～｜议～｜正～｜主～｜专～｜选～｜副
～｜议～｜品～｜大～｜小～｜着 [dioh⁸] ～｜文不对～ ③**底**自～（本
来）｜旧～｜原～｜缸～｜鼎～｜碗～｜病～｜塌～｜带～｜火～｜菜
～｜手～｜裤～｜牢～｜俭～｜怨～｜货～｜矸～｜杯～｜瓯～｜有～｜
无～｜压 [deh⁷] ～｜摊～｜献～｜搞～｜挖 [iah⁷] ～｜影～｜像～｜
片～｜透～｜灖～（底子虚弱）｜坐～｜沉～｜拍～｜鞋～｜无～｜搭～
（见底）｜下～｜里 [lai⁶] ～｜本～｜班～｜彻～｜澈～｜搭～｜坐～
（沉淀）｜存～｜到～｜兜～｜根～｜功～｜封～｜海～｜家～｜交～｜揭
～｜老～｜厝～｜店～｜露～｜漏～｜卖～｜谜～｜摸～｜年～｜铺～
箱～｜泄～｜心～｜眼～｜目～｜月～｜知～｜骹（下）～｜贸 [bbao⁶]
货～｜间仔～｜家贿 [he³] ～｜骹迹～｜四点～｜归根到～｜血战到
～｜清澈见～｜归根结～｜寻根到～｜追根究～｜刨根问～｜追根问～
贮收～｜会～｜舱～｜怀～｜要～｜好～｜否 [paiN³] ～ ⑥**地**空～｜
圹～｜厝～｜在～｜山～｜天～｜田～｜涂～｜落～｜陆～｜离～｜平
～｜野～｜坡～｜场～｜林～｜土～｜种～｜坠～｜谷～｜基～｜失～
禁～｜原～｜产～｜圣～｜要～｜阵～｜驻～｜外～｜里 [lai⁶] ～｜战
～｜重～｜封～｜属～｜故～｜领～｜心～｜境～｜墓～｜死～｜余～
采N｜福～｜买～｜卖～｜租～｜目～｜冢（仔）～｜踏厝～｜立锥之
～铺天盖～｜惊天动～｜攻城略～｜花天酒～｜改天换～｜顶天立～｜
乌天暗～｜威信扫～｜骹踏实～｜弹九之～｜跳天顿～｜跳骹顿～

　　t ①**推**相～｜挨～　**钗**玉～｜金～｜银～ ②**颓**衰～ ③**体**母～
（男人女态）｜轻～（挖苦）｜供 [ging¹] ～（辱骂） ⑤**蜕**蝉～　**替**兴
～｜衰～｜代～｜交～｜接～｜顶～｜枪～｜更～｜相～｜塌～｜轮～｜
做交～（替死鬼）

　　l ②**犁**硬～｜铁～｜火～｜开～｜爬～｜柴～　③**罾**相～｜势

～｜爱～　**馁**冻～｜冷～｜气～｜自～　⑤**锶**刀～｜锯～｜签～（礤床儿）｜圆～｜扁～　⑥**锐**巴～（摆弄）｜锋～｜尖～｜精～｜敏～｜强～｜刃～｜新～｜养精蓄～｜披坚执～　**内**关～｜境～｜室～｜海～｜国～｜日～｜份～　**枘**凿～｜圆凿方～

z　②**齐**取～｜和～｜整～｜会～｜赡～｜叫～｜拉～｜汇～｜掠[liah⁸]～｜同～｜会～｜赡～｜对～｜看～｜共[gang⁶]～｜撨[ciao²]～｜禙[ziao²]～｜补～｜排～｜拾[kioh⁷]～｜真～　⑤**做**会～｜赡～｜好～｜否～｜掠～｜势～｜要～｜怀～｜乱～｜免～｜号～｜准～｜装～｜生～｜成～　**赘**入～｜不～　⑥**多***真～｜偌[lua⁶]～｜无～｜诚[ziaN²]～｜上～｜野～｜赡～｜较[kah⁷]～｜暝长梦～　**罪**坐～（认罪，垫背）｜食～（服罪，认罪）｜担～｜办～｜得～｜抵犯～｜伏～｜服～｜功～｜怪～｜归～｜论～｜免～｜判～｜赔～｜回～｜请～｜认～｜受～｜赎～｜死～｜怒～｜除～｜定～｜委～｜畏～｜问～｜谢～｜治～｜倒坐～（反坐）｜罚不当～｜吊民伐～｜该当何～｜负荆请～｜低头认～｜将功赎～｜立功赎～｜兴兵问～｜兴师问～

c　①**初**原～｜年～｜月～｜赡～｜（当）原～｜悔不当～　②**蹰**匀仔～（因年老或脚疾，脚板贴在地上慢慢拖着走）　③**揣**不～｜挣～　⑤**粞**挨[ue¹]～（推磨磨米浆）｜摊[nua³]～｜米～｜粿～　**擦**鼎～｜过～｜菜瓜～

s　①**衰**解～（迁怒）｜认～｜傍[bng⁶]～｜食～｜着～｜带～｜兴～｜落～（背运）｜早～｜盛～｜拍触[cik⁷]～｜买着～｜神明不～｜累世不～｜年老力～｜年老体～｜未老先～　**梳**柴～　**疏**～～　**蔬**鱼～｜水～｜草～｜菜～｜金鱼～　③**洗**焦[da¹]～（干洗）｜霎[sap⁷]～（垃圾）｜改～｜奢[zang2，ciang²]～｜稽[kue¹]～（讥讽）｜抠[kao¹]～｜讪～｜剧[bbin³]～｜茶～（茶具）　**黍**芦～｜番～　⑤**岁**比～｜辞～｜客～｜年～｜千～｜歉～｜去～｜守～｜太～｜万～｜新～｜终～｜卒～｜千秋万～｜聊以卒～　**说**游～　**细**自～｜从[zing²]～｜幼～｜序[si⁶]～（晚辈；排序最小的）｜上[siong⁶]～｜大～｜痟～｜矮～｜胆～｜狭[ueh⁸]～｜琐～｜微～｜纤～｜详～｜心～｜仔～｜无大无～｜胆大心～　**帅**挂～｜将～｜统～｜元～　**税**赋～｜贡～｜关～｜捐～｜课～｜粮～｜漏～｜免～｜纳～｜上～｜逃～｜偷～｜完～｜杂～｜征～｜租～｜版～｜丁～｜查～｜交～｜营业～｜苛捐杂～

g　①**乖**无～｜真～　**鸡**野～｜土～｜乌～｜白～｜菜～（脓

包）｜子［ziN³］～（小鸡；比喻幼稚）｜草～｜火～｜水［sui³］～｜灶～｜阁～｜番～｜山～｜阉～｜孽［ggiat⁸］～（促狭）｜觑～｜行～（死的戏谑词）｜抠～（机子）｜铳～（机子）｜上～｜脱～｜呼［koo¹］～｜统～｜起～｜雄～｜野～｜落汤～｜童子～｜大格～｜乌绒～｜相咬～｜白绒～｜揾呼［ng¹koo¹］～（藏猫儿）｜觌略［bbih⁷gok⁸］～｜偷咬～｜偷掠～｜臭头～（仔）｜倒手～（左撇子）｜呆若木～　**街** 当～｜临～｜骂～｜跑～｜上［ziuN⁶］～｜大～｜小～｜沿～｜游～｜行［giaN²］～｜趖［so²］～｜东～｜西～｜南～｜北～｜长～｜扫～｜出～｜市～｜巷～｜室［tat⁷］倒～（形容数量多得不得了）　**瓜** 刺～｜菜～｜金～｜南～｜鲍［bu²］～｜腌～｜冬～｜苦～｜西～｜甜～｜酱～｜红～｜矮仔冬～　②**膜抄**［ciao¹］～｜麦螺～｜乌蚶～｜蚬［gan³］仔～｜抄人～｜烂～～｜酱～～｜烊［iuN²］～～　③**改** 修～｜涂～｜翻～｜删～｜审～｜校～｜批～｜串～｜窜～　**解** ⑤**界** 四～（到处）｜满四～｜一四～｜满洋直～（处处）｜大母四（公）～｜**疥**生～｜沙～｜**会**财～｜**侩**市～｜文～｜駔～｜**狯狡**～｜故弄狡～｜**怪**莫～｜怨～｜**狢**～（得）｜**脍**垢［gao⁵］～（污垢）　⑥**易**＊真～｜无～｜讲甲怀～

k ①**溪**银～｜河～｜大～｜小～｜顶～｜下［e⁶］～｜沙～｜石～｜山～｜岩～｜深～｜建～｜清～｜落～　**稽**挨［ue¹］～（耽搁，流连）｜**盔**头～｜铝～｜铁～｜钢～｜战～　**魁**党～｜夺～｜花～｜罪～｜**恢**～～｜法网～～｜天网～～　**瞇**众目～～　⑤**契**厝～｜字～｜田～｜房～｜死～｜租～｜立～｜印～｜原～｜盟～｜身～｜密～｜地～｜旧～｜拜～　**謷**硬～｜好～｜否～｜

gg ⑥**外**内［lue⁶］～｜份～　**艾**怨～｜自怨自～

h ①**花**水～｜菜～｜弄～｜花～｜莲～｜红～｜白～｜青～｜绿～｜黄～｜芳［pang¹］～｜公～｜母～｜好～｜买～｜卖～｜纸～｜起～｜鲜～｜棉～｜桂～｜梅～｜菊～｜兰～｜桃～｜开～｜沃［ak⁷］～｜栽～｜挽～｜茶～｜草～｜火～｜电～｜种～｜礼～｜送～｜窗～｜烟～｜灯～｜浪～｜烛～｜钢～｜油～｜秤～｜耳～｜珠～｜扎～｜粗～｜撩～｜幼～｜暗～｜豆～｜卵［nng⁶］～｜葱～｜目～｜雪～｜贸～｜献～｜喙～｜插～｜二～｜浮～｜挑～｜刺～｜五～｜老～（目）｜春（仔）～｜兔仔～｜蒜仔～｜茉莉～｜鸦片～｜鼓吹～｜鸡鬐～｜水仙～｜春仔～｜扳枝～｜胭脂～｜掌甲～｜芳水～｜玉兰～｜雨伞～｜鹧鸪～｜抠刀～｜目珠～｜行骸～｜使喙～｜弄喙～｜弄拐仔～　**灰**烟～｜

炮～｜纸～｜草～｜炉～｜香～｜骨～｜洋～ ②回驳～｜撤～｜掣～｜续～｜收～｜退～｜返～｜来～｜轮～｜遣～｜挽～｜巡～｜萦～｜迁～｜折～｜百折不～ **洄**潆～ **徊**徘～｜低～ **捱**刀～ ③**睢**目～ **悔**懊～｜背～｜忏～｜翻～｜反～｜改～｜憾～｜后～｜嗟～｜愧～｜失～｜痛～｜追～ **贿**纳～｜受～｜贪～｜收～｜行～ ⑤**晦**悖～｜枯～｜隐～｜阴晴明～｜风雨如～｜韬光养～｜艰涩隐～ **废**报～｜残～｜荒～｜旷～｜偏～｜颓～｜作～｜中道而～｜半途而～｜改旧利～｜不可偏～ **诲**教～｜劝～｜训～ ⑥**会**囵～｜分～｜香～｜理～｜附～｜拜～｜帮～｜闲～｜茶～｜常～｜大～｜小～｜都～｜分～｜意～｜赴～｜傅～｜工～｜公～｜国～｜行～｜和～｜花～｜机～｜集～｜教～｜酒～｜聚～｜开～｜理～｜例～｜莅～｜领～｜流～｜庙～｜年～｜农～｜融～｜赛～｜散～｜商～｜社～｜省～｜盛～｜时～｜堂～｜体～｜晚～｜舞～｜误～｜相～｜教～｜协～｜兴～｜休～｜学～｜延～｜宴～｜议～｜体～｜幽～｜约～｜再～｜照～｜知～｜运动～｜茶话～｜营火～｜博览～｜碰头～｜游艺～｜群英～｜游园～｜委员～｜夜总～｜不期而～｜牵强附～｜穿凿附～｜风云际～｜适逢其～｜心领神～｜因缘时～ **绘**彩～｜测～｜勾～｜描～｜摹～｜藻～ **荟**番仔芦～ **溃**崩～｜击～｜一触即～

Ø ①**挨**相～ **偎**依～ **隈**山～｜城～ **煨**火～ ②**鞋**水～｜裰 [tng⁵]～｜弓～｜草～｜皮～｜棉～｜雨～｜穿 [cing⁵]～｜坫 [diam¹]～｜钉～｜坤～｜破～｜小～｜买～｜破～｜铁～｜绣～｜运动～｜空气～｜橡奶～｜塑料～｜缚鲛～ ③**矮**躲 [lo⁵]～ ⑤**秽**污～｜芜～｜亵～｜淫～｜荒凉污～｜自惭形～ ⑥**话**讲～｜说～｜大～｜痛～｜(闲话)｜厚～｜多 [zue⁶]～｜白～｜乌～｜辟 [piah⁷]～(暗语，行业语)｜落 [lao⁵]～｜空～｜旧～｜套～｜土～｜无～｜有～｜笑～｜插～｜加～｜屁～｜官～｜会～｜回～｜应 [in⁵]～｜痟～｜学～｜歕～｜冇～｜假～｜盘～｜真～｜枷～｜设巧～｜花婆～｜铺排～｜白贼～｜罩六～｜拉凉～｜私骹～｜激骨～｜倥歕～｜俗语～｜大空～｜垃圾～｜客气～｜练悆 [ggong⁶]～｜无影～｜练痟～｜庆揭 [li⁵ kiat⁷]～(歇后语)

ueh

b ⑦八十～｜落～(嘲笑辱骂)｜二路～｜二步～｜夹 [gah⁷]七

夹～｜杂七杂～｜讲七讲～｜有七无～

d ⑧**夺**狭［ueh⁸］～（窄小）

l ⑧**笠**雨～｜**篖**［hah⁸］～｜草～｜斗～｜甲篖［hah⁸］～｜日戴～（日晕）｜月戴～（月晕）

z ⑦**节**冬～｜年～｜时～｜做～｜季～｜春～｜过～｜贺～｜拜～｜月～｜守～｜大～｜佳～｜国庆～｜端午～｜三月～｜八月～｜五月～｜鬼仔～｜年冬月～｜倚年倚～｜过年过～｜赴时赴～ ⑧**截**斩～（决断）

c ⑦**切**惨～｜怨～｜哭～｜吼［hao³］～｜苦～

s ⑦**楔**狭［ueh⁸］～（偏狭）｜偎［ue¹］～（狎昵）｜查某～

g ⑦**荚**豆～ **锲**柴～ ⑧**狭**勾～｜惊～｜勾勾～～

k ⑦**眙**开～｜目开目～｜半目开～ **篋**铁～ **挤***狭［ueh⁸］～ ⑧**碣**换～

Ø ⑧**狭**阔～｜挤［kueh⁷］～｜冤家路～

ueNh

g ⑦**荚**豆～ **挟**手～｜箸［di⁶］～

7. 开怀韵

【-ai，-aiN；-uai，-uaiN】

海韵

【-ai，-aiN】

ai

［**b**］①捭 ②排俳徘～徊牌 ③摆跛～脚 ⑤拜 ⑥败稗悫 ［**p**］③否（坏）坏* ⑤湃派沛 ⑥旆 ［**bb**］②埋霾眉楣 ③穤死～（死板）⑥眛看～觅 ［**d**］①呆鲺 ②台臺臺骀蛤*米～（米虫）埋*坮*（埋）③歹傣宰淬油～ ④待［泉］殆［泉］怠［泉］迨［泉］舦*（舵）～公［泉］

⑤带蹛戴贷 ⑥代袋玳岱贷黛逮大舵埭事*待殆怠迨　　[t] ①苔胎炱邰箬米~筛*　②苔抬刣*（杀）　③体汰*番~癞*~哥（麻疯）　④待[泉]　⑤太汰态泰　⑥待怠逮袋碓　　[l] ②来徕莱崃梨　④里~面[泉]内*[泉]　⑥赖籁濑癞徕赍眜利里内*　　[z] ①栽哉斋灾知*崽*　②财材才豺脐肚~　③宰滓目~（眼泪）指载　④在[泉]　⑤载哉债再　⑥寨在　　[c] ①猜差钗　②裁材才柴　③采彩採睬踩　⑤菜蔡瘥　⑥在祀　　[s] ①腮鳃筛西犀~角师~父狮私~骰钱史（姓）③驶使~性屎　⑤晒赛塞要~使大~婿囝~　⑥似熟~姒同~（妯娌）侍服~祀~佛（供佛）　　[g] ①该陔赅垓咳皆偕阶街堦秸佳~哉（幸亏）③改解骱~沟　⑤丐钙介芥盖疥蚧骱槩届界尬戒诫溉概解~元廨公~　　[k] ①开揩　③楷锴凯铠恺暨*~南大学　⑤概慨溉忾欬　　[gg] ②獃涯崖哇皑呆~板捱　⑥艾碍　　[h] ①哈奅（大）　②骸孩颏鞋谐偕械*还*　③海　④亥[泉]骇[泉]解[泉]蟹[泉]　⑤懈廨邂械害瀣　⑥亥骇害械廨懈解蟹瀣　　[Ø] ①哀埃挨　③矮欸蔼霭　⑤爱嫒瑷暖暧隘

aiN

[b] ③跛　　[p] ③否坏*　⑥背偝　　[m] ②糜*（粥）[漳]③买　⑤嬷　⑥卖迈妹[漳]　　[d] ③歹宰滓　⑤殿~前（地名）[n] ③乃奶芳　⑥耐奈奈鼐荔~枝　　[z] ③怎*~样指*　　[k] ①掮牵　　[ng] ②艾　③骇　　[h] ①哼　③哼　⑥哼

ai

b　①捭哓[hiao¹]~（神气，傲慢；装饰妖艳，行为轻佻）　②排放~｜柴~｜铺[poo¹]~（应酬；厚待）｜笔~｜安~｜编~｜并~｜彩~｜发~｜付~｜横~｜平~｜屏~（屏蔽）｜头~｜尾~｜成[ziaN²]~｜开~｜调~｜大~｜鱼~｜摊~｜前~｜后~｜中~｜班~｜副~｜竹~｜猪~｜牛~｜鸡~｜肉~｜照~｜接~　**牌**旗~｜祟~｜招~｜神~｜墓~｜照~｜乌~（黑板）｜洗~｜捣~｜滥~｜献[hian⁵]~｜插[cap⁷]~｜塌~｜界~（界碑）｜词~｜拍~｜屏[bin²]~（盾牌）｜底~｜斗[dao³]~｜盾~｜挂~｜号~｜金~｜银~｜铜~｜铁

～｜红～｜头～｜大～｜主～｜副～｜酒～｜手～｜肩～｜验～｜看～｜挡～｜签～｜水～｜纸～｜放～｜叫～｜工～｜亮～｜光～｜暗～｜令～｜路～｜冒～｜门～｜车～｜船～｜跋［buah⁸］～｜收～｜出～｜落～｜抽［liu¹］～｜换～｜名～｜曲～｜摊～｜王～｜老～｜骨～｜杂～｜挂～｜神主～｜月份～｜四色～｜扑克～｜麻雀［bba²ciok⁷］～（麻将）｜徛［kia⁶］招～｜挡箭～　③**摆**下［e⁶］～（下次）｜流～（时候）后～｜顶～｜前～｜篡～｜过～｜落［lao⁵］～｜脆～｜徛～｜轮～｜几～｜续［sua⁵］～｜照～｜斗～（搭伙）｜僭［ciam⁵］～（加塞儿）｜即［zit⁷］～｜迄［hit⁷］～｜逐～｜见～｜唆～｜停～｜摇～｜往［ing³］～｜好流～｜否［paiN³］流～｜大摇大～｜左右摇～　⑤**拜**拜～｜参～｜朝～｜崇～｜答～｜跪～｜祭～｜起～｜相～｜家～｜迎～｜环～｜面～｜叩～｜回～｜结～｜叩～｜礼～｜膜～｜陪～｜团～｜下～｜再～｜一礼～｜合掌～｜大礼～｜小礼～｜做礼～｜顶礼膜～｜揭［giah⁸］香跟［de⁵］～｜躬身下～　⑥**败**泻～（辱没，玷污，败坏）｜破［pua⁵］～｜崩～｜惨～｜成～｜挫～｜打～｜拍～｜诈～｜大～｜凋～｜腐～｜击～｜垂～｜溃～｜完～｜两～｜残～｜胜～｜失～｜衰～｜颓～｜瘫～｜战～｜骄兵必～｜坐观成～｜不计成～｜屡战屡～　**惫**困～｜疲～｜衰～

p　③**否**好～｜真～｜呛～｜大～｜上［siong⁶］～｜拼［long⁵］～｜做～｜存［cun²］～｜拍～　⑤**派**大～｜差［ce¹］～｜科［ke¹］～（摊派）｜使［sai³］～（装腔）｜拍～｜帮～｜编～｜党～｜嫡～｜调～｜反～｜分～｜风～｜海～｜京～｜互～｜新～｜旧～｜闽～｜文～｜武～｜鹰～｜教～｜均～｜政～｜团～｜捐～｜老～｜勒～｜流～｜气～｜势～｜摊～｜特～｜托～｜委～｜选～｜学～｜右～｜正～｜政～｜指～｜支～｜宗～｜左～｜做～｜九～｜激屎～｜观潮～｜中间～｜两面～｜名士～｜保守～｜死硬～｜少壮～　**湃**滂～｜澎～｜心潮澎～｜汹涌澎～　**沛**丰～｜充～｜颠～｜丰［pong¹］～｜浩～

bb　②**眉**寿～｜目～｜颔［dam⁵］～｜掌甲～｜柳箸［hioh⁸］～｜勒［lik⁸］目～｜火烧目～｜喙须目～　**楣**门～｜过～　**埋**沉～｜活～｜掩～｜葬～　**霾**沉～｜阴～　③**媒**好～｜衰～｜死～｜上～｜无衰～｜看衰～　⑥**睬**吊～｜看～｜食～｜听～｜试～｜学～｜找～｜问～｜做～｜约［ioh⁷］～　**觅**寻～｜找［ce⁶］～｜

d　①**呆**孝～｜虬～｜干～｜痴～｜发～｜卖～｜书～｜册～｜大

~｜歆（大）~｜恁（大）~｜臭奶~｜大恁~｜闇［am¹］（大）~｜目瞪口~　**鮏鮕**~　②**台**戏~｜落［loh⁸］~｜拆~｜出~｜倒~｜登~｜敌~｜电~｜柜~｜锅~｜后~｜闽~｜平~｜站~｜徛［kia⁶］~｜灶~｜坐~｜歌~｜讲~｜开~｜看~｜垮~｜擂~｜灵~｜楼~｜炮~｜前~｜上~｜塌~｜坍~｜下~｜兄［hing¹］~｜瀛~｜舆~｜月~｜闹~｜走~｜行~｜花~｜天~｜凉~｜镜~｜灯~｜闽~｜平~｜站~｜徛［kia⁶］~｜灶~｜坐~｜歌~｜井~｜窗~｜晒~｜烛~｜舞~｜阳~｜道~｜债~｜转~｜电视~｜断头~｜排擂~｜打擂~｜拍擂~｜徛［kia⁶］擂~｜否落~｜脍落~｜下不了~｜平地楼~｜近水楼~｜历史舞~　**坮**涂~｜活~　**驷**驾~　**蛤**米~｜鸡~　③**滓**茶~｜油~｜积~｜乌~｜结~　**歹**好~｜蟯［ngiaoh⁷］~（戏谑死）｜为非作~　⑤**带**背~｜彩~｜地~｜附~｜拐~｜寒~｜夹~｜连~｜林~｜略~｜纽~｜佩~｜飘~｜频~｜宽~｜挈~｜裙~｜热~｜捎~｜顺~｜随~｜拖~｜外~｜温~｜携~｜一~｜引~｜映~｜磁~｜绶~　**戴**爱~｜穿~｜拥~｜感~｜插~｜推~｜翊~｜张冠李~　⑥**大**老［lo³］~｜半~｜博~｜粗~｜醋~｜措~｜放~｜高~｜光~｜广~｜浩~｜弘~｜宏~｜洪~｜巨~｜夸~｜宽~｜扩~｜老［lao³］~｜拿~｜庞~｜膨~｜强~｜盛~｜犹~｜硕~｜伟~｜雄~｜犹~｜远~｜正~｜重~｜壮~｜自~｜发扬光~｜声势浩~｜规模宏~｜阵容强~｜贪小失~｜因小失~｜兹事体~｜前程远~｜眼光远~｜前途远~｜光明正~｜才疏志~｜事关重~｜自高自~｜夜郎自~｜狂妄自~｜妄自尊~　**殆**危~｜百战不~　**代**好~（好事）｜否~｜无~｜底［di⁶］~（何事）｜乜［mih⁷］~｜朝~｜传~｜当~｜断~｜古~｜现~｜前~｜三~｜五~｜后~｜交~｜近~｜绝~｜旷~｜历~｜末~｜年~｜庹~｜取~｜上~｜时~｜世~｜替~｜万~｜现~｜一~｜万~｜秦~｜汉~｜隋~｜唐~｜宋~｜元~｜明~｜清~｜啥［siaN³］~｜泛［ham⁵］泛~｜正经~｜垃圾［lap⁷sap⁷］~｜可怜~｜见笑［gian⁵siao⁵］~｜过面~｜闲（仔）~｜小可~｜众人~｜钱银~｜凄惨~｜无治~｜衰三~｜凡世~｜可怜~｜划时~｜无治无~｜囝孙后~｜改朝换~｜传宗接~｜祖宗列~｜黄金时~｜千秋万~｜久年万~｜囝孙万~｜子孙万~　**舵**船~｜船老~　**贷**称~｜告~｜借~｜农~｜信~｜高利~｜严惩不~｜责无旁~　**待**也读［tai⁶］管~｜薄~｜厚~｜善~｜待~｜礼~｜苦~｜不~｜担~｜等~｜对~｜亟~｜接~｜看~｜苛~｜宽~｜款

～｜亏～｜虐～｜期～｜谦～｜少～｜相～｜优～｜有～｜招～｜直～｜坐～｜女招～｜企足而～｜迫不及～｜倚马可～｜指日可～｜时不我～｜拭目以～｜扫榻以～｜虚位以～｜严阵以～　**怠**倦～｜懒～｜懈～　**逮**匡我不～｜力有未～｜似有未～　**袋**口～｜脑～｜掉书～｜酒囊饭～　**碓**礚～

t ①**胎**拍～｜补～｜里～｜奶～｜球～｜保～｜打～｜坠～｜鬼～｜怀～｜祸～｜泥～｜娘～｜受～｜投～｜脱～｜怪～｜轮～｜车～｜外～｜安～｜头～｜二～｜双胞～｜怀鬼～｜心怀鬼～　**筛（筛*）**米～｜涂～　**台**风～｜热～｜烧～｜起风～　②**刣**相～｜对～　③**体**使[sai³]～｜侍～　**汰**番～｜使～（撒野）｜设～（非常）　⑤**太**阿～｜太～｜国～｜老[lo³]～｜姨～～　**汰**磨｜裁～｜删～｜淘～　**态**变～｜表～｜病～｜常～｜丑～｜动～｜富～｜固～｜故～｜憨～｜恒～｜娇～｜静～｜窘～｜倦～｜狂～｜老～｜美～｜媚～｜拟～｜女～｜情～｜神～｜生～｜失～｜世～｜事～｜睡～｜俗～｜碎～｜体～｜物～｜心～｜意～｜语～｜状～｜姿～｜醉～｜作～｜高姿～｜千姿百～｜一反常～｜形色意～｜骄矜之～｜紧急状～｜胶着之～｜故作姿～｜惺惺作～　**泰**富～｜交～｜舒～｜详～｜阴阳交～　**襹**褷～

l ②**来**未[bi⁶]～｜自[bbe⁶]～｜久～｜晏～｜起～｜转[dng³]～｜入～｜落～｜倒～｜会～｜给～｜有～｜无～｜本～｜出～｜从[zing², zng²]～｜到～｜走～｜行[giaN²]～｜飞～｜古～｜过～｜后～｜回～｜将～｜进～｜近～｜看～｜历～｜乱～｜年～｜日～｜上[ziuN⁶, siong⁶]～｜生～｜素～｜外～｜往～｜想～｜向～｜夜～｜以～｜由～｜原～｜招～｜通～｜照步～｜合给～｜讲给～｜做给～｜合会～｜到头～｜卷土重～｜远道而～｜滚滚而～｜慕名而～｜蜂拥而～｜接踵而～｜苦尽甘～｜死去活～｜招之即～｜古往今～｜与生俱～｜继往开～｜信手拈～｜突如其～｜纷至沓～｜否[pi³]极泰～｜苦尽甜～｜礼尚往～｜有生以～｜有史以～｜时不再～｜鉴往知～　**莱**草～｜荒～｜蓬～　**梨**山～｜鸭～｜王（旺）～　⑥**利**喙～｜刀～｜日仔～（一种高利贷）｜喙尖舌～　**里**山～｜春～｜年～｜日～｜腹～｜厝～｜房～｜省～｜市～｜乡～｜村～｜党～｜社～｜水～｜月～｜家～｜喙～｜海～｜分～｜国～｜境～｜山空～｜猪腹～｜牛腹～｜鸡腹～｜大厝～｜五服～｜心肝～｜心腹～｜做月～　**睐**青～　**赖**不～｜抵～｜讹～｜好～｜狡～｜聊～｜要～｜无～｜诬～｜信～｜仰～｜依～｜倚～｜

有～｜无聊～｜耍无～｜死气白～｜矢口抵～｜市井无～｜习钻无～｜籁天～｜万～

z ①**灾**消～｜祸～｜虫～｜旱～｜洪～｜风～｜兽～｜年～｜人～｜兵～｜救～｜抗～｜涝～｜雁～｜闹～｜禳～｜受～｜水～｜天～｜赈～｜泛滥成～｜灭顶之～｜无妄之～　**知***怀～｜会～｜真～｜要～｜免～｜鬼（会）～｜众人～｜通人～｜明其～　**栽**鱼～｜徙～｜菜～｜茶～｜花～｜树～｜盘～｜诬～｜倒头～　**崽**囝［gin³］仔～　**哉**鸣呼哀～｜何足道～｜乌足道～｜优哉游～　**斋**把～｜食～｜封～｜开～｜施～｜书～　②**才**好～｜人［lin²］～｜人［lang²］～｜里［lai⁶］～｜外～｜大～｜居［diam⁶］～（文静）｜妒～｜歪～｜辩～｜否～｜不～｜无～｜菲～｜干～｜将～｜口～｜奴～｜驽～｜奇～｜绮～｜贤～｜宏～｜偏～｜群～｜专～｜怀～｜名～｜正～｜美～｜高～｜鸿～｜伟～｜真～｜博～｜武～｜成［sing²］～｜成［ziaN²］～｜蠢～｜良～｜盛～｜用～｜弃～｜贱～｜多～｜异～｜屈～｜全～｜帅～｜天～｜通～｜文～｜雄～｜秀～｜英～｜庸～｜博学多～｜人尽其～｜文武全～｜栋梁之～｜旷世之～　**材**桑～｜好～｜否～｜穤［bbai³］～｜成［sing²］～｜成［ziaN²］～｜蠢～｜钢～｜笨～｜教～｜器～｜木～｜取～｜真～｜干～｜杉～｜货～｜资～｜石～｜食［sit⁸］～｜人～｜身～｜寿～｜素～｜题～｜选～｜药～｜资～｜怀成［ziaN²］～｜不成［sing²］～｜就地取～｜五短身～　**财**地～｜发～｜浮～｜横～｜家～｜理～｜敛～｜谋～｜破［po⁵］～｜钱～｜伤～｜生～｜贪～｜外～｜邪～｜洋～｜纳～｜净～｜聚～｜民～｜诈～｜资～｜恭喜发～｜万贯家～｜劳民伤～｜仗义疏～｜不义之～　**脐**肚～｜腹～｜尖～｜转～　③**宰**屠～｜主～｜指指［gi³］～（食指）｜骹～｜虎～（中指）｜穤～（无名指）｜手～｜中～｜尾仔～｜尾二～｜佬仔～｜挢［giao⁶］中～｜澍［cu⁶］中～｜十一～　**滓**目～　⑤**再**重［ding²］～｜佫～｜一～｜过～｜不～｜又～｜又佫～　**载**明［mia²］～｜押～｜拾［kioh⁷］～｜够～｜过～｜盘～｜接［ziap⁷］～｜接［zih⁷］～｜登～｜附～｜记～｜刊～｜连～｜转［zuan³］～｜超～｜承～｜负～｜满～｜运～｜装～｜起～｜今仔～｜明［bbin²］仔～｜一年半～｜三年五～　**哉**佳～｜（好）佳～　⑥**在**所～｜大～｜自～｜居［diam⁶］～（沉稳，镇定）｜撑～｜捍［huaN⁶］～｜比～｜出～｜据～｜由～｜随～｜原～｜凡～｜何～｜现～｜不～｜存～｜好～｜健～｜内～｜潜～｜实～｜所～｜外～｜拿［teh⁸］～｜行［giaN²］～

～｜捍［huaN⁶］～｜掠［liah⁸］～｜正～｜坐～｜倚［kia⁶］～｜现～｜～～（沉稳，稳住）｜老步～｜无所不～｜音容宛～｜人亡物～｜实实在～｜悠然自～｜悠悠自～｜优游自～｜自由自～

c ①**猜**字～｜谜～｜灯～｜约～｜猜灯～｜两小无～ **钗**金～｜荆～｜宝～｜玉～｜凤～｜髻～｜裙～ **差**办～｜兵～｜撤～｜出～｜当～｜到～｜公～｜兼～｜交～｜美～｜钦～｜外～｜听～｜小～｜信～｜邮～｜支～｜抓～｜专～ ②**柴**砍～｜木～｜劈～｜枯瘦如～ **裁**别～｜独～｜剪～｜套～｜体～｜心～｜制～｜仲～｜自～｜总～｜别出心～｜独出心～ ③**采**无～（可惜）｜青～｜清～｜欠～｜清［cin⁵］～（随便）｜博～｜风～｜丰～｜华～｜精～｜开～｜神～｜文～｜辞～｜多～｜词～｜无神～｜旁搜博～｜广征博～｜无精打～｜清清～～ **睬**～理～｜不理不～ **彩**小～｜藩～｜倒～｜灯～｜得～｜挂～｜中～｜光～｜喝～｜虹～｜剪～｜结～｜精～｜纳～｜七～｜五～｜倒～｜色～｜水～｜异～｜英～｜油～｜云～｜扎～｜喝倒～｜当场出～｜丰富多～｜绚烂多～｜绚丽多～｜悬灯结～｜张灯结～｜大放异～｜浓墨重～ ⑤**菜**淡～｜粗～｜豆～｜蕹～｜芳［pang¹］～｜煮～｜咸～｜做～｜切～｜杂～｜食～｜挟～｜布～｜洗～｜炒～｜煅［tng⁶］～｜大～｜点～｜饭～｜荤～｜酒～｜名～｜年～｜蔬～｜素～｜小～｜摘［diah⁷］～｜挽［bban³］～｜素～｜小～｜买～｜卖～｜野～｜青～｜腌～｜种～｜酱～｜泡～｜白～｜芥～｜菠～｜油～｜花～｜粤～｜闽～｜湘～｜川～｜红～｜盘～｜豆～｜甜～｜捻［liam⁵］～｜笋～｜猪～｜大路～｜土白～｜小白～｜牛皮～｜高丽～｜菠棱～｜芥蓝～｜中西～｜潮州～｜萝卜（～）｜加末～｜客家～｜头毛～｜军辣～｜番仔～｜拍某～｜赤根～｜猪母～｜大头～｜水芹～｜好肉～｜否肉～｜四川～｜沤咸～｜润饼～｜鬱豆～ ⑥**在**会～｜袂～

s ①**西**东～｜闽～｜日斜～｜惊东惊～｜指东指～｜指东行～ **师**二～｜木～｜土～｜老［lao⁶］～（老师傅）｜大～｜出～｜大木～｜涂水～｜地理～｜头手～｜拳头～｜金仔～｜钉铜～｜风水～｜拍石～｜厨子［doo2zi³］～｜半路～｜二路～｜拍铁～（父）**腮**哈～（呵斥）｜撑～｜牙槽～ **狮**鼻～｜弄～｜睡～｜醒～｜遥～｜胖［pong⁵］～｜红棋～｜盐棋～｜好鼻～｜庥抛～｜虎撑～｜胖～～｜谊［ggi⁶］～～ **犀**灵～｜木～ ③**使**教～｜路～｜差～｜会～｜袂～｜开～｜怀～｜也［a⁶］～｜使［su³］～｜敢～｜若～｜哪～｜插［cap⁷］～｜甲～｜乜

[mih⁷] ～（何必）｜有路～｜无路～｜无事～｜哪会｜抑会
～ **屎** 蚕～｜耳～｜鼻～｜袋～｜落 [lao⁵] ～｜曲 [kik⁷] ～｜目～｜
火～｜薰～｜炭～｜灯～｜放～｜焊～｜坳 [kiap⁷] ～｜激～｜铁～｜
应～｜奥～｜烛～｜话～｜曲～｜沃 [ak⁷] ～｜漉～（糟透了）｜～慑
[liap⁷] ～｜渗 [siam⁵] ～｜泄 [cuah⁷] ～｜鸟～｜饮（汤）～｜娘仔
～｜耳腔～｜喙齿～｜鼻腔～｜目珠～｜涂炭～｜厚话～｜半桶～｜抠耳
～｜名声透～｜鄙厘坳～ **驶** 驾～ ⑤**晒** 西～ **塞** 边～｜要～｜出～
赛 比～｜初～｜预～｜复～｜祭～｜径～｜竞～｜决～｜联～｜球～｜田
～｜友谊～｜对抗～｜锦标～｜邀请～｜淘汰～ **使** 大～｜出～ **婿** 妹
～｜孙～｜翁～｜囝～｜夫～｜快～｜女～｜择～｜赘～｜外甥～｜招囝
～｜招女～｜东床择～ **塞** 哇～（惊叹词，表示意外，称赞，不满等） ⑥**侍**
服～ **似** 熟～ **姒** 同～（连襟）

g ①**该** 本～｜合～｜活～｜应～ **赅** 言简意～ **阶** 官～｜军～｜
石～｜位～｜勋～｜门～｜登～｜升～｜涂～｜山～｜堂～｜进～｜晋
～｜天～｜官～｜降～｜音～｜初～｜文～｜台～ ③**改** 篡～｜窜～｜悔
～｜校～｜劳～｜批～｜整～｜翻～｜评～｜教～｜更～｜审～｜文～｜
语～｜删～｜涂～｜土～｜修～｜糟～｜累教不～｜闻过即～｜朝令夕～

解 爪～｜崩～｜辩～｜大～｜费～｜分～｜和～｜见～｜讲～｜开
～｜宽～｜理～｜谅～｜了～｜排～｜剖～｜曲～｜劝～｜褫～｜溶～｜
融～｜疏～｜俗～｜索～｜题～｜调～｜通～｜图～｜瓦～｜误～｜悟
～｜详～｜消～｜小～｜训～｜臆～｜肢～｜枝～｜注～｜一知半～｜百
思不～｜大惑不～｜困惑不～｜迷惑不～｜茫然不～｜迎刃而～｜难分难
～｜不求甚～｜土崩瓦～｜分化瓦～｜冰消瓦～｜通俗易～ ⑤**介** 耿～｜
荐～｜笑～｜媒～｜鳞～｜评～｜绍～｜简～｜中～｜雄～ **丐** 乞～
盖 翻～｜覆～｜涵～｜滑～｜华～｜弥～｜铺～｜修～｜掩～｜遮
～｜天灵～ **溉** 灌～ **骸** 骨～ **槩** 斗～ **芥** 草～｜尘～｜纤～｜视如
草～ **尬** 尴～｜不尴不～ **戒** 惩～｜传～｜犯～｜告～｜鉴～｜禁～｜
警～｜儆～｜酒～｜开～｜力～｜破～｜劝～｜杀～｜受～｜训～｜斋
～｜钻～｜猪八～｜大开杀～｜引以为～ **届** 本～｜即～｜历～｜年
～｜上～｜首～｜往～｜下～｜应～ **诫** 告～｜规～｜劝～｜训～｜谆
谆告～ **界** 边～｜出～｜地～｜分～｜各～｜国～｜划～｜疆～｜交
～｜过～｜画～｜省～｜市～｜县～｜区～｜乡～｜村～｜天～｜色～｜
法～｜山～｜经～｜文～｜标～｜接～｜犯～｜景～｜管～｜结～｜境

～｜框～｜临～｜冥～｜商～｜上～｜射～｜世～｜视～｜四～｜外～｜
下～｜仙～｜限～｜学～｜眼～｜越～｜封～｜女～｜男～｜河～｜商
～｜楚～｜江～｜武～｜福～｜政～｜租～｜影视～｜自然～｜有机～｜
无机～｜太古～｜宏观世～｜微观世～｜宇观世～｜花花世～｜震惊世
～｜极乐世～｜清平世～｜大千世～｜大同世～｜周游世～　**解** 递～｜
起～｜押～

k　③**凯** 奏～（胜利）　**铠** 铁～｜首～　**楷** 大～｜工～｜小～｜正
～｜寸～｜中～｜蝇头小～　⑤**慨** 愤～｜感～｜慷～　**概**（又读［gai⁵］）
大～｜权～｜英～｜要～｜胜～｜梗～｜气～　**忾** 敌～｜同仇敌～

gg　②**皑** ～～｜白～～　**崖** 摩～｜山～｜悬～｜石～｜断～｜水
～｜无～｜陡～｜云～　⑥**碍** 挂～｜妨～｜干～｜关～｜违～｜有～｜障
～｜室～｜滞～｜阻～｜无～

h　①**奀** 大～｜真～｜无～｜有～　②**孩** 男～｜女～｜小～｜婴～
谐 和～｜**诙**［ke¹］～｜俳～｜事～｜调～　**骸** 形～｜病～｜残～｜尸
～｜遗～　**颏** 下～　③**海** 讨～｜发～｜跳～｜落～｜砩～｜海～｜滨
～｜沧～｜出～｜大～｜蹈～｜瀚～｜航～｜宦～｜寰～｜火～｜近～
苦～｜林～｜领～｜楼～｜墨～｜文～｜会～｜北～｜外～｜里［lai⁶］
～｜拔～｜欲～｜远～｜近～｜学～｜山～｜雾～｜宦～｜气～｜填～｜
观～｜爱～｜公～｜人～｜四～｜下～｜血～｜雪～｜沿～｜烟～｜夜
～｜渊～｜云～｜入～｜过～｜脑～｜东～｜南～｜蹈～｜江～｜河～｜
讨小～｜曾经沧～｜以蠡测～｜石沉大～｜汪洋大～｜翻江倒～｜排山倒
～｜移山倒～｜福如东～｜刀山火～｜人山人～｜泥牛入～｜文浪书～｜
五湖四～｜囊括四～｜云游四～｜五洲四～｜情深似～｜精卫填～｜如堕
烟～｜浩如烟～　⑥**骇** 惊～｜异～　**害** 败～｜暗～｜被～｜病～｜残
～｜谗～｜虫～｜冻～｜毒～｜妨～｜风～｜寒～｜毁～｜祸～｜加～｜
坑～｜苦～｜涝～｜雷～｜厉～｜利～｜公～｜无～｜蒙～｜谋～｜鸟
～｜迫～｜戕～｜侵～｜杀～｜伤～｜受～｜霜～｜损～｜危～｜诬～
无～｜陷～｜要～｜贻～｜有～｜遇～｜灾～｜糟～｜为民除～｜切身利
～｜身受其～｜栽赃陷～｜击中要～｜切中要～｜自然灾～　**械** 机～｜
缴～｜军～｜器～｜枪～　**廨** 公～　**懈** 不～｜疏～｜松～｜常备不～｜
坚持不～｜始终不～　**瀣** 沆～

Ø　①**哀** 油～｜悲～｜发～｜节～｜举～｜默～｜势～｜大～｜会
～｜劝～｜致～｜乞～｜志～｜臭油～　**埃** 尘～｜黄～｜涓～　**哎** ③

矮高～｜缩～｜道高不～ 蔼和～ 霭霭～｜暮～｜雾～｜烟～ ⑤
爱瘟～｜意～｜怀～｜胞～｜宝～｜表～｜博～｜宠～｜慈～｜错～｜恩
～｜抚～｜父～｜割～｜关～｜顾～｜厚～｜互～｜兼～｜敬～｜可～｜
酷～｜怜～｜恋～｜令～｜母～｜溺～｜偏～｜亲～｜情～｜求～｜热
～｜仁～｜示～｜疼～｜痛～｜喜～｜相～｜心～｜遗～｜友～｜珍～｜
钟～｜自～｜做～｜忍痛割～｜三角恋～｜同性恋～｜自由恋～｜卿怜我
～｜洁身自～ 隘关～｜湫～｜山～｜狭～｜险～｜要～ 嫒令～

aiN

b ③跛骸～

p ③否好～｜真～｜佥～｜大～｜上［siong⁶］～｜拼［long⁵］
～｜做～｜存［cun²］～｜拍～ ⑥背［漳］

m ⑤嬷（别，不要） ⑥迈豪～｜老～｜高～｜朽～

d ③歹蛲［ngiaoh⁷］～ 滓

n ③乃使［sai³］～｜欸［ai⁵］～｜无～｜我间［gaiN⁵］～（叹
词，好家伙） ⑥奈无～｜怎～｜争～｜万般无～ 耐能～｜叵～｜忍
～｜急不可～｜俗不可～

z ③指指［gi³］～｜骸～｜虎～｜穤［bbai³］～｜手～｜鸡～｜
尾仔～｜尾二～｜佬仔～｜挢［giao⁶］中～｜澍［cu⁶］中～｜十一～

ng ③骇疑～（怀疑，疑惑）

h ①哼无献［hiN⁵］～（没什么，没关系，无碍）｜吐气唉～｜无献
［hiN⁵］无～ ③哼气～（漳） ⑥哼吐气～～

乖韵
【-uai，-uaiN】

uai

［z］④跩＊［泉］ ⑥拽跩＊（扭伤） ［s］①摔＊ ③甩＊ ⑤率＊～领
［g］①乖 ③拐 ④拐＊［泉］ ⑤怪＊ ⑥拐＊～骗 ［k］⑤快块
夬筷㧿 ［h］②淮槐怀踝 ⑥坏 ［Ø］①歪 ③崴

uaiN

[s] ⑥樣*~仔（芒果）　　[g] ①关 ②悬（高） ③秆 ⑤惯~势（习惯）
⑥县　[h] ②横~人茎　[Ø] ①弯*~人

uai

z　⑥跩（手、脚等筋骨扭伤）手~｜骸~｜頷管 [gun³] ~

g　①乖乌~｜尿~｜半~｜~~｜卖~｜嘴~｜花良~｜命途多
~ 蛙蛤 [gap⁷] ~（蝌蚪）③拐手~｜龟~｜健~｜诱~｜倒手~｜
一瘸一~ ⑤怪海~｜巧~｜龟~｜狡~｜怨~｜莫~｜嗔~｜错~｜古
~｜诡~｜鬼~｜骇~｜见~｜精~｜狂~｜灵~｜魔~｜难~｜奇~｜
神~｜无~｜妖~｜责~｜作~｜丑八~｜张鬼张~｜千奇百~｜见~不
~｜少见多~｜古里古~｜离奇古~｜稀奇古~｜刁钻古~｜古古~｜
奇奇~~｜妖魔鬼~｜三刁九~｜恬不为~｜大惊小~｜兴妖作~

k　⑤快捕~｜不~｜畅~｜称~｜飞~｜锋~｜赶~｜欢~｜尽
~｜~~｜凉~｜马~｜明~｜勤~｜轻~｜手~｜爽~｜松~｜痛~｜
外~｜愉~｜嘴~｜紧（捷）~｜亲痛仇~｜手勤较~｜心直口~｜凉凉
~~｜勤勤~~｜爽爽~~｜松松~~｜痛痛~~｜眼疾手~｜眼明手
~｜先睹为~｜手疾眼~｜胜任愉~　块~~｜铁~｜一~｜条条~~

h　②徊徘~ 怀骋~｜放~｜感~｜挂~｜关~｜介~｜襟~｜
开~｜空~｜满~｜缅~｜惬~｜情~｜伤~｜思~｜袒~｜忘~｜下
~｜乡~｜心~｜胸~｜雅~｜掩~｜萦~｜轸~｜追~｜不足介~｜袒
胸露~｜豪情满~宽大为~｜正中下~｜耿耿于~　槐指桑骂~ ⑥坏
败~｜好~｜毁~｜破~｜使~｜损~｜气急败~

Ø　①歪乌~｜尿~｜半~｜病~~｜七扭八~｜东倒西~

uaiN

s　⑥樣糍 [ziN⁵] ~

g　①关有~｜无~｜会~｜飻~｜好~｜否~ ②悬身~｜擢
[dioh⁷] ~｜踞 [beh⁷] ~｜揭 [giah⁸] ~｜徛 [kia⁶] ~｜真~｜野~

③杆铳～　秆菜～｜柚～｜豆～｜枝～｜麻～｜箬～｜葱～｜花～ ⑤惯食燴～｜看燴～ ⑥县大～｜小～

　　h ②横挺 [tan³] ～｜跋 [buah⁸] ～（使横）｜使 [sai³] ～ 茎芋～

　　Ø ①弯起～（闹别扭）｜清～～（清澈）

8. 逍遥韵

【-ao，-aoh，-aoN，-aoNh；-iao，-iaoh，-iaoN，-iaoNh】

交韵

【-ao，-aoh，-aoN，-aoNh】

ao

[b] ①包胞苞鲍* ②包*～公鬞庖咆刨狍 ③饱 ④鲍 [泉] 抱 [泉] ⑤豹 ⑥鲍　　[p] ①泡枹（柚子）抛脬 ②枹炮～制刨袍 ③跑 ④抱 [泉] ⑤炮泡袍*旗～ ⑥抱　　[bb] ②矛茅蝥猫锚 ③卯铆 ⑤貌 ⑥贸　　[d] ①兜年～（除夕）②投骰～仔（色子）③捣斗米～ ⑤斗（装配；凑合）罩到～底昼中～ ⑥豆逗痘脰棹读句～　　[t] ①偷 ②头潮水～（地名）③敨（解开）⑤透 ⑥毒～虫　　[l] ①捞 ②铙挠瘤刘留流楼 ③老～实佬～仔漖～草蓼麻～（食品）④老 [泉] ⑤落～空车 ⑥闹～热痿漏老淖　　[z] ①糟槽柴～ ②巢剿穧（齐、均匀）③爪笊走蚤 ④找*～钱 [泉] ⑤噪灶奏 ⑥找　　[c] ①抄钞操 ②撨* [泉] ③吵炒草 ⑤噪臭凑　　[s] ①谞稍梢艄蛸捎飕～声骚筲 ⑤稍哨潲嗽扫臊*　　[g] ①交郊蛟笅茭鸠佼铰鲛姣*胶跤勾沟钩高 ②猴侯（姓）③狡皎绞佼姣搅搞*九玖狗垢 ④厚 [泉] ⑤到校较漖教窖斠醇 ⑥厚　　[k] ①敲骸尻阄抽～薅～草抠 ③巧口 ⑤拷敲扣哭犒　　[gg] ②骜（能干）肴*佳～淆*混～ ③咬　　[h] ①哮嚣滈 ②爻肴崤淆敥侯（等一下）③吼（哭、叫）④后～生 [泉] ⑤孝哮*酵* ⑥校效崤侯后　　[Ø] ①凹欧瓯讴殴沤爊 ②号喉 ③拗呕* ④后 [泉] ⑤奥懊拗恶～臭 ⑥后

aoh

[b] ⑦暴~泡（起泡）　　[p] ⑦奅*胖（婴儿肥胖）　⑧雹落~唬　[bb]
⑧贸*　[d] ⑦罩*老鼠~（捕鼠器）笃 ⑧沓*~~来渍*涝~~　　[l]
⑦落~脸（丢脸）⑧落交~（丢落）　[g] ⑦裹*~肥（沤肥）　[Ø] ⑦
拗*~纸（折纸）

aoN

[m] ②毛矛茅锚 ③卯 ⑥貌　[n] ②挠饶 ③恼脑 ⑥闹淖
[ng] ②嗷熬肴崤 ③咬 ④藕[泉] ⑥藕

aoNh

[m] ⑦毫*　[ng] ⑦啮偶*　[h] ⑦㾪*

ao

b　①包皮~｜被~｜齿~｜芋~｜菜~｜肉~｜甜~｜咸~｜豆
~｜糖~｜麻~｜麵~｜挎~｜提~｜背~｜卵[nng⁶]~｜葱~｜红
~｜白~｜书~｜册~｜药~｜邮~｜打~｜假~｜草~｜替~｜拍~｜
掠~｜教~｜山~｜承~｜掉~｜大~｜细~｜豆~｜沙~｜货~｜汤
~｜荷包~｜脓~｜腰~｜掏腰~｜受气~｜烧肉~｜蒙古~｜无所不
~｜兼容并~　苞含~｜花~　胞侨~｜山~｜衣~｜难~｜台~｜同
~ ②包（姓）　庖代~｜名~｜越俎代~ ⑤豹全~｜管中窥~

p　③跑奔~｜长~｜短~｜飞~｜赶~｜空~｜狂~｜起~｜助
~｜赛~｜逃~｜小~｜迅~｜东奔西~ ⑤泡气~｜肺~｜灯~　炮
鞭~｜冷~｜空~｜铳~｜哑~｜头~｜钢~｜土~｜大~｜拍~｜放
~｜花~｜开~｜礼~｜鸣~｜排~｜火~｜空~｜发~｜野~｜重~｜
山~｜电光~｜天地~｜摔后~｜鸡仔~｜迫击~｜拍头~｜机关~｜冲
天~｜过山~｜高射~｜放大~｜小钢~｜马后~｜放空~｜连珠~
袍旗~｜蟒~｜旗~｜长~｜罩~｜棉~｜皮~｜战~

bb　③卯点~（上班点名）｜应~（应付上班或交际活动，以凑个数）
⑥贸总~（总包揽，全部包下）

d ①**兜**骸～（地上）｜山～｜厝～｜阮～（我们家）｜恁～（你们家）｜咱 [lan³]～｜伵～（他们家）｜里 [lai⁶]～｜近～｜年～（除夕）｜四箍～（四周）｜小年～｜蚝仔～｜厝边骸～ ②**投**缘～（标致）｜宿～（聪明）｜坐～（承担）｜空～｜相～｜设缘～（养面首）｜明珠暗～｜意气相～｜情趣相～｜意趣相～｜臭味相～｜气味相～ ③**斗**庰～（庰水工具；下巴突出）｜滴～｜门～｜埕～（庭院）｜堅 [zu⁶]～（卧床病人用的尿盆）｜笆～｜骸～｜尿～｜筛 [tai¹]～（筛子）｜粪～｜薰～｜饭～｜篮～｜碗～｜熨～｜墨～｜喙～（食欲）｜下～（下巴）｜舒 [cu¹]～｜车～｜拖～｜挂～｜轿～｜后～｜金～｜密～｜礼～｜硬～（费劲，费力）｜健～｜灿～｜散 [suaN⁵]～｜窒 [tat⁷]～｜唎 [leh⁷]～（有趣）｜坐～｜积～｜摔后～｜大蒂～｜尻川～｜穤 [bbai³] 喙～｜好喙～（食欲好）｜车后～｜否喙～｜车畚～（翻跟斗）｜帕 [pe⁵] 后～（从后面包抄）｜抛（车）辗～｜粗喙野～｜粗喙六～｜车抛辗～ **捣**即 [zit⁷]～｜迄 [hit⁷]～｜顶～｜下～ ⑤**斗**好～｜穤～｜硬～（勉强凑合）｜相～｜偬 [oh⁷]～｜尬～（得）｜会～（得）｜龙凤～｜双棚～（搭台比斗）｜杂落～（杂凑） **昼**倚 [ua³]～｜下～｜透～｜当～｜顶～｜中～｜过～｜正～｜眠～｜歇～｜日（中）～｜正（中）～｜透日～｜日当～｜日要～｜食日～ ⑥**豆**腐～｜涂 [too²]～｜乌～｜菜～｜肉～｜红～｜敏～｜温～｜枳仔～｜九月～｜番仔～｜娘仔～｜虎爪～｜荷仁～｜马齿～｜番仔～｜四季～｜拖乌～ **脰**吊～｜割～｜挽头折～ **读**句～

t ①**偷**惯～｜小～｜着贼～｜鼠窃狗～ ②**头**风～｜日～｜社～｜路～｜地 [de⁶]～｜地 [due⁶]～｜水～｜庄～｜涌 [ing³]～（浪峰）｜山～｜起～｜自～｜在～｜头～｜原～｜从～｜冬～｜上 [ciuN⁶]～｜暝～｜年～｜月～｜鸡～｜掌 [zng³]～｜龙～｜芳～｜菜～｜芋～｜蒜～｜葱～｜树～｜徛 [kia⁶]～｜厅～｜秤～｜樺～｜撰～（阉门）｜担～｜碗～｜桌～｜厝～｜房～｜会～｜贸～｜斗～｜喵 [bba²]～｜姨～｜缴～｜档～｜空 [kang¹]～（事儿）｜生 [ciN¹]～（不近人情、事理的陌生人）｜屈～｜贼～｜客～｜齿～｜豹～｜大～｜把～｜腿～｜拳～｜胸～｜鼻～｜声～｜臭～｜方～｜症～｜脓～｜秃～｜药～｜岁～｜胖～｜胆～｜扩～（额头突出）｜裤～｜被～｜首～｜针～｜线～｜剃～｜捋 [luah⁸]～｜灶～｜汤～｜面～｜车～｜埠～｜渡～｜跋～｜柴～｜势～｜魁～｜气 [ki⁵]～｜气 [kui⁵]～（劲头，力量；自高自大，装腔作势的作风，架子）｜彩～｜根～｜剪～｜剃～｜哄～｜双～｜档～（禁受的力量）｜名～｜摊～｜力～｜结 [gat⁷]～｜目～｜利～｜市

～｜货～｜抽～｜手～｜翘～｜店～｜牵～｜长［dng²］～（赚头，利润）｜当［dng⁵］～（典当的东西）｜魁～｜诓～｜报～｜套～｜话～｜刺～｜浮～｜兴～｜对～｜看～｜倡［ciang⁵］～｜标～｜阵～｜娇～｜恬［tiam³］～｜嫣～｜硬～｜显～｜灿［cuaN⁵］～｜实～｜颔［dam⁵］～｜揕［dim⁵］～｜翻～｜揞［aN⁵］～｜磕～｜幹～｜灶～｜知［zai¹］～｜唱～｜吐［too³］～｜摧～｜塌～｜转～｜拢～｜倡～｜偏［piN¹］～｜添～｜吓～｜捍～｜号～｜斩～｜凭～｜吐［tong³］～｜齐～｜出～｜楚～｜尾～｜底～｜里～｜西～｜后～｜南～｜顶～｜东～｜边～｜墘～｜北～｜角～｜重～｜案～｜熬～｜鳌～｜把～｜白～｜报～｜奔～｜笔～｜捕～｜彩～｜苍～｜抽～｜出～｜慨～｜打～｜带～｜当～｜倒～｜到～｜低～｜地～｜点～｜调～｜掉～｜顶～｜对～｜多～｜分～｜跟～｜骨～｜寡～｜关～｜光～｜过～｜滑～｜回～｜尖～｜接～｜街～｜劲～｜尽～｜镜～｜巨～｜开～｜刊～｜看～｜磕～｜控［kang⁵］～｜口～｜叩～｜扣～｜苦～｜块［kuai⁵］～｜来～｜浪～｜做～｜老～｜临～｜两～｜零［lan²］～｜领～｜留～｜龙～｜露～｜码～｜埋～｜矛～｜冒～｜眉［bbai²］～｜闷～｜苗～｜摸～｜木～｜挠～｜念～｜排～｜派～｜盼～｜绺～｜碰～｜辟～｜劈～｜姘～｜前～｜墙～｜桥～｜饶［liao²］～｜人～｜认～｜杀～｜山～｜梢～｜舌～｜势～｜手～｜梳～｜水～｜说～｜抬～｜天～｜甜～｜外～｜屋～｜下～｜先～｜想～｜心～｜行～｜兴～｜嚒～｜丫～｜押～｜摇～｜一～｜瘾～｜迎～｜蝇～｜由～｜冤～｜源～｜找～｜兆～｜折～｜枕～｜准～｜揭～｜薰～｜火～｜奶～｜斗～｜椅～｜锁～｜牛～（狱卒）畅～｜家私～｜大症～｜巷仔～｜暗～（仔）｜徛户～｜红菜～｜虱母～｜大刺～｜楼梯～｜砖仔～｜风火～｜莲花～｜水撰～｜某后～｜共房～｜晏房～｜大粒～｜乌龟～｜老斗～｜老套～｜团仔～｜尻川～｜大肠～｜五总～｜乌圆～｜乌颜～｜芋圆～｜尾豹～｜牙槽～｜过沟～｜琉璃～｜心肝～｜肩（胛）～｜吐肠～｜鬼剃～｜稳症～｜否症～｜死骨～｜火气～｜灶额～｜番薯～｜碧菜～｜排仔～｜好彩～｜稳彩～｜否彩～｜抠秤～｜平秤～｜偏秤～｜食看～｜食称～｜起曲～｜做诓～｜哭路～｜念诓～｜食诓～｜着诓～｜拾骨～｜宝盖～｜草字～｜草仔～｜竹仔～｜竹字～｜老套～｜水龙～｜水撰～｜厄仔～｜行拳～｜踏棚～｜死目～｜假鸡～｜厚空［kang¹］～｜蛮柴～｜嚼舌～｜比拳～（母）｜结目～｜踏话～｜有挡～｜有丁［du⁵］～｜否成～｜否剃～｜重手～｜否成～｜否剃～｜出空～｜激气～｜激派～｜食吓［hiaNh⁷］～｜偬剃～｜无挡～｜四角～｜蚀秤～｜赡畅～｜少白～｜火车～｜汽车～｜冤大～｜天地～｜死对～｜出风～｜栽跟～｜贼骨～｜懒骨～｜软骨～｜硬骨～｜二婚～｜赶浪～｜十字路～｜正月正～｜番仔菜～｜落大肠～｜死人骨～｜蛮死柴～｜独占鳌～｜一年到～｜顽石点～｜冤家对～｜百尺竿～｜紧要关～｜败子回～｜浪子回～｜冷水浇～｜十字街～｜事到临～｜大祸临～｜大难临～｜三日两～｜狗血喷～ ③**敨**松～｜通～｜开～｜消～｜赡通～｜名声～ ⑤**透**相～｜通～｜直～｜食～｜恨～｜讲～｜浸～｜精～｜风～｜雨～｜涌 [in³] ～｜看～｜灵～｜深～｜渗～｜湿～｜熟～｜谈～｜剔～｜玲珑剔～ ⑥**毒**药～｜虫～

l ①**捞**势～｜怀～｜爱～｜紧～｜ ②**流**转～｜倒～｜湾～｜退～｜透～｜顺～｜反～｜逆～｜横～｜推 [du¹] ～（逆流）｜刮～（激流）｜过～（过时）｜溪～｜赴～｜尾～｜大～｜小～｜翻～｜暗～｜滇 [diN⁶] ～｜划 [go⁵] 横～｜承尾～｜九降～｜渗 [siam⁵] 尾～｜放水～｜死囝 [gin³] 仔～（旧称手脚不动，躺在水面的仰泳）　**楼**铳～｜银～｜大～｜悬 [guaiN²] ～｜城～｜碉～｜吊～｜岗～｜阁～｜土～｜鼓～｜箭～｜角～｜门～｜牌～｜炮～｜谯～｜彩～｜青～｜高～｜洋～｜酒～｜茶～｜上～｜望～｜钟～｜主～｜支～｜暗～｜半～｜走马～｜番仔～｜万丈高～｜海市蜃～　**瘤**风～（荨麻疹，俗称鬼风疙瘩）　**留**无～｜有～｜赡～｜会～｜未～｜怀～｜着 [dioh⁸] ～ ③**老**阿～｜假～｜会～｜赡～｜真～　**佬**大～｜风巴～｜土巴～　**蓼**麻～｜米～ ⑤**落**呕～｜落 [loh⁸] ～｜拆～｜旧～～｜熟～～（烂熟）｜哩哩～ ⑥**老**张 [diuN¹] ～（老人为自己的后事做准备）｜臭～｜年～｜守～｜送～｜会～｜赡～｜易 [gue⁶] ～｜半老 [lo³] ～｜半旧～｜百岁年～　**漏**掠～（修葺）｜沙～｜酒～｜油～｜糖～｜痔～｜遗～｜挂～｜疏～｜缺～｜泄～｜走～｜透～｜水～　**淖**泥～

z ①**糟**勘～｜红～｜糠～｜酒～｜恼 [ao¹] ～（懊恼，窝憋）｜老～　**燋**炭～｜柴～｜老柴～ ②**巢**匪～｜老～｜倾～ ③**爪**鸿～｜鳞～｜魔～｜一鳞半～｜雪泥鸿～｜张牙舞～｜东鳞西～　**走**溜～｜偷～｜势～｜闪～｜滚～｜插 [cap⁷] ～（哪里，怎么）｜会～｜赡～｜怀～｜竞～｜慢～｜血驱～｜夺～｜抢～｜紧～｜跳～｜惊～｜跑～｜流～｜紧～｜逃～｜遁～｜脱～｜奔～｜拐～｜飞～｜挹 [iap⁷] ～（悄悄拿走）｜跐 [ling⁵] ～（挣脱走）｜赶～｜退～｜出～｜跟 [de⁵] 人～｜抛抛 [pa¹] ～｜使会～｜使赡～　**蛋**家～ ⑤**灶**猪～｜牛～｜口～｜大～｜炉～｜

涂～｜茶～｜土～｜火～｜金～｜磁～｜柴～｜搬～｜徒［sua³］～｜盐
～｜做～｜电～｜祭～｜病～｜小～｜掌～｜分（鼎）～｜小口～｜无鼎
无～｜另起炉～　**奏**伴～｜重～｜吹～｜合～｜节～｜齐～｜前～｜弹
～｜启～｜上～｜参～｜先斩后～　⑥**找**占～（零找）｜寻～｜两不～

　　c　①**操**差［ce¹］～（食物丰盛；热闹，盛情）｜早～｜体～｜会～｜
节～｜情～｜军～｜同～｜出～｜水～｜贞～｜上～｜广播～｜工间～｜
乱～～　**抄**包～｜查～｜传～｜过～｜兜～｜史～｜誊～｜手～｜诗
～｜摘～｜照～｜小～　**钞**会～｜冥～｜破～｜钱～｜诗～｜外～　**嘈**
念～～　③**草**绳［haN²］～｜薅［kao¹］～｜绕～｜田～｜釉～｜踢～
踏～｜麦～｜苦～｜花～｜丘～｜仙～｜菅～｜汉～｜柴～｜料～｜量
～｜力～｜裹～｜市～｜货～｜挽～｜抠～｜毒～｜青～｜芳～｜翻～
水～｜粮～｜除～｜鱼臊～｜臭臊～｜金鱼～｜珠仔～｜四川～｜牛尾
～｜加吻～｜蜈蚣～｜野麻～｜夜合～｜火炊～｜鬼箭～｜肺风～｜畏挠
～｜炮仔～｜泡泡～｜鼠麹［kak⁷］～｜痀狗～｜金剑～｜蚶壳～｜大号
兔～｜蛇舌～｜苦奶～｜五箸～｜五根～｜虎耳～｜珍珠～｜旱丹～｜还
魂～｜黄花～｜龙芽～｜蟛香～｜盲肠～｜面线～｜猫须～｜笔仔～｜笔
须～｜贼仔～｜蟋蟀～｜墨斗～｜墨汁～｜墨贼［bbak⁸zat⁸］～｜百病
～｜益［ah⁷］母～｜鸭跖～｜（白）珠仔～｜鹅不食～｜大本奶～｜磨仔
盾～｜蚶壳钱～｜咸酸甜～｜万病仙～｜毛蟹木～｜乞食碗～｜拍噗仔
～｜白头花～　**吵**争～｜争争～～　**炒**爆～｜烹～　⑤**臭**酒～｜无～｜
饹～｜芳［pang³］～｜狐～｜烂～｜奶～｜遗～｜屎～｜汗～｜屎～｜
口～｜喙～｜搜～（揭人短处；中伤）｜跋～（耍赖；使出卑劣或恶劣的手
段）｜恶［ao⁵］～～｜乌～～　**凑**紧～｜拼～｜生～｜杂～｜七拼八
～｜紧紧～～｜拼拼～～｜东拼西～

　　s　①**梢**尾～｜钉～｜盯～｜眉～｜末～｜树～｜下～｜眼～｜花
里胡～｜喜上眉～　**飕**含～（瓷器老化或碰击后产生的龟裂）　**诮**讥～　**蛸**
水～｜红～｜葫～骚贩～（人贩子）｜骹～（蹩脚，脓包）｜解～（自我解
嘲）　**稍**～～　**筲**斗～　⑤**哨**步～｜查～｜放～｜岗～｜花～｜呼～
唔～｜前～｜巡～｜花里胡～｜站岗放～　**嗽**咳［ga¹］～｜咁［kam⁵］
～｜压～｜声～｜连珠～｜百日～｜好声～｜穤声～｜否声～｜否声否～
（口气不好）　**扫**芒～｜竹～｜落地～

　　g　①**交**孔～｜邦～｜成～｜初～｜递～｜缔～｜落［lao⁵］～（遗
漏）｜订～｜烦～｜故～｜国～｜建～｜结～｜接～｜旧～｜绝～｜转

～｜好～｜否［paiN^{3}］～｜托～｜回～｜上～｜合～｜初～｜公～｜失～｜素～｜开～｜滥～｜面～｜社～｜深～｜神～｜世～｜摔～｜私～｜提～｜外～｜相～｜新～｜性～｜移～｜杂～｜择～｜知［di^{1}］～｜至～｜互～｜过～（过关；脱险火得安宁）｜转［zuan^{3}］～｜忘年～｜南北～｜老实巴～｜拍板成～｜不可开～｜心往神～｜水米无～｜八拜之～｜总角之～｜刎颈之～｜金兰之～｜一面之～｜患难之～｜莫逆之～｜忘年之～｜生死之～ **郊**米～｜布～｜糖～｜行［hang^{2}］～｜城～｜荒～｜近～｜市～｜四～｜远～｜南北～ **钩**搭～（仔）｜挂～｜鱼～｜钓～｜吊～｜秤～｜垂～｜直～｜窗～｜金～｜骹～｜手～｜衫～｜铁～｜双～｜上～｜耳～ **勾**手～｜拉～ **沟**坑～｜溪～｜阴～｜圳～｜河～｜地～｜车～｜垅～｜壕～｜暗～｜鸿～｜田～｜山～｜骱～｜鼻～｜里［lai^{6}］～｜壕～｜战～｜明～｜山～｜阳～｜光～｜阴～｜涵［am^{2}］～｜唇后～｜防空～｜头毛～｜帘檐～ **蛟**起～（发生海啸） ②**猴**蔗～｜涂～｜草～｜大～｜金～｜糖～｜饲～｜灯～｜掠～（捉奸）｜牵～（撮合，拉皮条）｜六～（一种骰子）｜棉～｜麺～｜老～｜瘖～｜吊～（卖关子；打乒乓等的吊球）｜跋［buah^{8}］六～（一种赌博游戏）｜红目～｜里山～｜刣鸡教～ ③**九**十～｜卌～ **狗**豺［sia^{2}］～｜痟［siao^{3}］～｜山～｜海～｜狼～｜猪～｜马～（旧讥讽暗探）｜阿～｜走～｜白～｜乌～｜否［paiN^{3}］～｜拍～｜死～｜工～｜乖～｜溜～｜譀［ham^{5}］～（浮夸，吹大炮）｜恷～｜否～（仔）｜胡狮～｜虎狮～｜鬖毛～｜番仔～｜魔神～｜青狂～｜挹［iap^{7}］尾～｜车反［bing^{3}］辗～（滚翻） **垢**涂～｜茶～｜油～｜耳～｜齿～｜薰～｜污～｜尘～｜烟～ **口**哑～｜大舌～（口吃） **姣**～～ **晈**～～ **佼**～～｜庸中～～ **绞**心如刀～｜心痛如～ ⑤**到***晏［uaN^{5}］～｜致～｜禮～｜无～｜有～｜提～｜想～｜受～｜来～｜碰～｜收～｜寄～｜送～｜未～｜紧～｜时～｜办～｜做～｜则～（才到）｜𣍐～｜𣍐致～ **够**有～｜无～｜阿～｜足～｜较［kah^{7}］～｜～～｜食人～（欺人太甚） **斠**酒～（量酒器具）｜油～ **校**参～｜核～｜审～｜点～｜少～｜中～｜大～｜准～ **较**比～｜计～｜大～｜锱铢必～｜斤斤计～ **教**食～｜考～｜罢～｜吃～｜传～｜赐～｜父～｜管～｜国～｜候～｜家～｜见～｜就～｜科～｜礼～｜领～｜聆～｜明～｜名～｜母～｜请～｜求～｜任～｜身～｜说～｜胎～｜叨～｜讨～｜调～｜文～｜雅～｜受～｜宣～｜言～｜遗～｜异～｜幼～｜在～｜执～｜指～｜助～｜宗～｜承～｜信～｜佛～｜道～｜回～｜治～｜传～｜基督

～｜天主～｜拜物～｜伊斯兰～｜不吝赐～｜有何见～｜移樽就～｜孺子
可～｜九流三～｜神道设～｜言传身～｜因材施～｜辱承指～｜不吝指～
窨冰～｜菜～｜地～

k　①**阚**反～｜拈～｜抽～｜僭～　**抠**舌仔～｜铅笔～　**敲**推
～｜零打碎～　**薅**紧～　③**口**社～｜海～｜空～｜腔[zi¹]～｜尾～（肛
门口）｜喙～｜粪～｜腔～｜空～｜利～｜家～｜束～｜看～｜店～｜随
～｜味～｜对～｜户～｜寸～｜开～｜合～｜借～｜松～｜托～｜捔
[cah⁷]～｜井～｜路～｜巷～｜街～｜虎～｜入～｜出～｜江～｜信
～｜可～｜改～｜失～｜启～｜风～｜反～｜人～｜通～｜叉～｜张～
活～｜渡～｜顺～｜对～｜行～｜盘～｜气～｜落[lao⁵]～｜外～｜风
喙～｜唇檐～｜门骹～｜门喙～｜窗仔～｜大舌～｜大家～｜尻川～｜小
家～｜巷仔～｜会看～｜𣍐看～　⑤**哭**哀～｜号～｜啼～｜痛～｜悲～
恼～｜爱～｜𣍐～｜势～｜姩[ggian⁵]～｜号啕大～｜长歌当～　**扣**木
～｜落～｜检～｜克～｜活～｜死～｜折～｜拍折～｜七折八～｜不折不
～｜丝丝入～

gg　②**势**假～｜上～｜一～｜诚[ziaN²]～｜会～｜无～｜𣍐～

h　①**哮**咆～　**滈**面～～　②**潲**混～｜**侯**小～（稍等）　③**吼**呼
～｜辚弄～｜律律～｜嚼嚼～｜嘛嘛～　⑤**孝**有～｜无～｜会～｜姩
[ggian⁵]～（爱吃，贪吃贬义）｜势～（很能吃，贬义）｜𣍐～｜怀～　⑥**校**
党～｜高～｜技～｜职～｜私～｜艺～｜总～｜分～｜体～｜全～｜将
～｜军～｜民～｜母～｜学～｜夜～　**效**应～｜报～｜成～｜仿～｜工
～｜功～｜后～｜见～｜疗～｜奇～｜神～｜生～｜失～｜时～｜实～
收～｜殊～｜速～｜特～｜投～｜罔～｜药～｜无～｜有～｜无奏～｜卓
有成～｜以观后～｜立奏奇～｜上行下～｜行之有～　**候**火～｜听
[ting⁵]～　**鲎**海～｜三九～｜山狗～

Ø　①**沤**水～　**瓯**酒～｜茶～｜勘[kam⁵]～｜饭～｜翕[hip⁷]
～｜后～｜金～｜银～｜瓷[hui²]～｜大～｜细～　②**喉**银～｜咙
[na²]～｜声～｜实[zat⁸]～｜白～｜转[dng³]～｜割～｜赶～｜燥
[zak⁷]～｜髡[kun¹]～（使喉咙感到干涩）　**号**会～｜势～｜𣍐～｜大
声～　③**拗**郁[ut⁷]～｜乌～｜应～｜对～｜喼[ggiat⁷]～（开除）｜违
～｜执～　**呕**　⑤**恶**（气味难闻；人品不好）真～｜无～　⑥**后**了[liao³]
～（之后）｜日～｜唇～｜家～｜接～｜山～｜门～｜断～｜脑～｜托
～｜台～｜前～｜身～｜背～｜唇～｜雨～｜风～｜向～｜饭～｜死～｜

帕~｜押~｜尾~｜上~｜过~｜存 [cun²] ~（留后步）｜押尾~｜胛脊~｜手挹~｜尻川~｜门扇~｜半暝~｜头壳~｜堂遮 [dng2zia (ziaN)¹] ~｜观前顾~

aoh

b　⑦暴漏~（暴露）　⑧咆旧落 [laoh⁷] ~｜古老~

bb　⑧贸总~（包揽）

d　⑦笃钦 [dim⁵] ~（沉重，严重）｜有 [ding⁶] ~（结实）　⑧沓笃有~~　渎涝~~（很稠）

l　⑧落交 [ga¹] ~（丢下，遗失）｜拍交~

aoN

m　①袤大~　②毛（姓）　茅名列前~　锚拔~｜抛~　③卯见 [giN⁵] 光~（清晨）｜应~（应付上班或交际活动，以凑个数）　⑥貌地~｜风~｜概~｜礼~｜美~｜面~｜年~｜品~｜全~｜容~｜气~｜古~｜声~｜形~｜身~｜伟~｜原~｜改~｜体~｜相~｜笑~｜形~｜玉~｜状~｜精神面~｜音容笑~｜绮年玉~

n　②铙弄~　挠刺~｜屈~｜抓~｜阻~｜不屈不~｜百折不~｜横加阻~　③脑大~｜电~｜首~｜头~｜主~｜颅~｜无~｜肝~｜玉~｜小~｜主~｜血冲~｜眩头眩~｜笨头笨~｜呆头呆~｜一股~儿｜怪头怪~｜鬼头鬼~｜憨头憨~｜猴头猴~｜虎头虎~｜滑头滑~｜油头滑~｜摇头摆~｜昏头昏~｜浑头浑~｜倔头倔~｜实 [zat⁸] 头实~｜毛头毛~｜磕头碰~｜傻头傻~｜缩头缩~｜探头探~｜土头土~｜针头线~｜晕头晕~｜贼头贼~｜巴头探~儿　恼气~｜苦~｜懊~｜烦~　⑥闹吵~｜打~｜大~｜嬉~｜取~｜胡~｜热~｜瞎~｜喧~｜大吵大~｜打打~~｜无理取~

ng　②肴菜~｜佳~　崤龟溜峒~　熬匀仔~　⑥藕田~｜莲~

aoNh

m　⑦耄乜~｜耄~｜嗦~

ng ⑦嚙大喙～ 偶一～

h ⑦渶真～｜～～（芋头、白薯、萝卜等因不够成熟火水分较多，吃起来有异样的感觉）｜过［gua¹］～～｜粗～～｜稀稀～～

朝韵

【-iao，-iaoh，-iaoN，-iaoNh】

iao

［b］①标镖膘飚镳彪 ③表裱婊 ④鳔［泉］ ⑤俵 ⑥骉鳔 ［p］①飘漂～流缥膘殍标 ②嫖瓢剽藻朴（姓） ③瞟缥 ⑤票漂～亮 ⑥骠 ［bb］②苗描瞄 ③秒杪眇渺缈淼藐邈 ⑥庙妙 ［d］①碉雕凋鲷雕朝貂刁叼 ②朝潮嘲调～整迢筲韶髫晁鲦条牢＊猪～ ④兆［泉］赵［泉］肇［泉］ ⑤钓吊窎～远 ⑥调铫口掉召兆赵肇 ［t］①挑佻桃超～工 ②迢髫笤韶鲦跳 ③窕 ④柱［泉］ ⑤跳眺粜 ⑥柱 ［l］②辽疗燎缭獠撩僚蹽嘹寮蟟皱饶娆妖～聊寥廖条椅～ ③潦了扰绕爪手～ ④缭秤～（秤毫）［泉］ ⑥镣料廖尿瞭钌缭 ［z］①焦礁蕉椒招昭钊沼＊ ②憔樵谯禚 ③沼剿爪（鸟）鸟＊ ⑤照诏醮 ⑥嚼 ［c］①超锹抄悄瞧＊ ②撨＊～动瞧＊ ③悄 ⑤俏峭笑鞘诮 ［s］①消梢销逍肖宵硝霄箫鞘＊魈潇萧蟏烧 ②韶溜＊（精液） ③少小痟＊（疯）筊 ④绍［泉］ ⑤少鞘啸笑肖数欠～（欠账） ⑥邵绍 ［g］①娇骄浇骁枭交 ②乔侨桥荞 ③侥矫饺缴搅 ④挢＊～中指［泉］ ⑤叫徼 ⑥轿撬＊挢 ［k］①撬跷 ②乔～苦（刁难）翘～楚 ③巧 ⑤窍翘 ［gg］②尧 ［h］①枵嚣枭骁侥＊～幸咣鸮 ②娆＊ ③晓 ⑤妖＊ ⑥蕎 ［Ø］①夭杳要腰邀鸮枵（饿）幺 ②摇窑遥谣瑶姚徭 ③夭窈舀杳犹 ⑤要 ⑥耀曜

iaoh

［z］①寂静～～ ⑧嚼＊（好说话） ［g］⑦撬＊～开 ［gg］⑦挠＊（搭钩） ［h］⑦妖＊嬉～（轻浮）

iaoN

［n］①猫 ③鸟裊鸢＊爪 ⑤爪 ⑥尿 ［ng］①蛲＊（搔痒） ［Ø］

①猫* ~咪

iaoNh

[ng] ⑧蟯* (蠕动)

iao

b ①标路~|商~|音~|航~|治~|锦~|夺~|招~|建~|立~|光~|坐~|达~|指~|袖~|灯~|横~|投~|目~ **膘**落~|上~|长~ **飑**狂~ **镖**分道扬~ **彪**虎~ ③**表**外~|地~|代~|师~|老~|言~|仪~|华~|荷~|意~|发~|姑~|姨~ **婊**土~|做~|娼~ **裱**装~

p ①标厓[ang¹]仔~(有图像的商标) **飘**浮~|清~(飘逸)|轻~|~~|空~~|轻~~~|虚~~ **漂**浮~ **殍**饿~ ②**剽**攻~

bb ②苗出~|根~|禾~|嫩~|青~|树~|幼~|育~|植~|麦~|釉~|豆~|保~|秧~|补~|出~|蒜~|间~|火~|猪~|矿~|疫~|鱼~|壮~ **描**白~|勾~|扫~|素~ ③**秒**分~|争分夺~|分分~~ **杪**春~|冬~|秋~|岁~|夏~|月~ **眇**微~|幽~ **渺**浩~|飘~|杳~|烟波浩~|虚无飘~ **淼**浩~ **邈**广~|荒~|绵~ ⑥**妙**奥~|不~|超~|高~|精~|净~|绝~|隽~|灵~|曼~|美~|敏~|奇~|巧~|神~|微~|玄~|幽~|贤~|殊~|优~|精严净~|曲尽其~|莫名其~|莫明其~ **庙**

d ①朝花~|今~|三~|一~|洗三[sam¹]~ **刁**逞~|放~(事前扬言做惩罚性的事以威吓人)|奸~|作~|撒~ **貂**乌~|紫~|水~|续~|狗尾续~ **雕**高~|贝~|瓷~|堆~|浮~|花~|漆~|石~|木~|牙~|玉~|圆~|否~|偬~|刻~|冰~|腊~|彩~|竹~|骨~|蛤~|怀~|势~|线~|朽木难~|泥塑木~|一箭双~ ②**牢**猪~|马~|羊~|牛~|荷~|掠~|缚~|揪~|忍~|兜~|捍[huaN⁶]~|拿[teh⁸]~|坐~|鸽(仔)~|丁蛤~|丁会~|挡会~|挡蛤~ **迢**千里~~ **调**排~|烹~|失~|协~|

谐～｜众口难～ **条**鲨～｜椅～｜藤～｜电～｜艾［hiaN⁶］～｜霜～

冰～｜枝～｜柳～｜藤～｜手～｜留～｜签～｜皮～｜头～｜尾～｜领

～｜身～｜批～｜车～｜长～｜白～｜通～｜滚～（绦子）｜斩～｜报

～｜凭～｜大～｜便～｜封～｜回～｜假～｜教～｜戒～｜借～｜路～｜

苗～｜细～｜线～｜电～｜字～｜屏～｜收～｜天～｜条～｜萧～｜信

～｜粿～｜麵～｜拉皮～｜里［lai⁶］腰～｜炒粿～｜冬瓜～｜请假～｜

车轮～（轮辐）｜索仔～｜橡奶～｜赤条～｜粗线～｜老油～｜井井有～

朝皇～｜上～｜胜～｜王～｜在～｜得胜回～｜班师回～ **潮**暗～｜

低～｜防～｜风～｜高～｜工～｜海～｜寒～｜红～｜来～｜浪～｜落

～｜弄～｜怒～｜热～｜思～｜退～｜心～｜学～｜涨～ **嘲**讽～｜讥

～｜解～｜自我解～｜聊以解～ ⑤**吊**割～（极度伤感、悲痛）｜半～｜倒

～乔［kiao²］～｜二～｜哀～｜开～｜陪～｜凭～｜起～｜上～｜倒

头～｜掠［liah⁸］倒～｜徛［kia⁶］倒头～｜形影相～ **骂**离～ **钓**垂

～ ⑥**调**才～｜大～｜笔～｜变～｜步～｜抽～｜词～｜单～｜低～｜函

～｜对～｜改～｜高～｜格～｜基～｜借～｜旧～｜滥～｜老～｜新～｜

唱～｜主～｜下［ge⁶］～｜乐～｜发～｜阴～｜阳～｜促～｜杂～｜句

～｜古～｜起～｜走～｜论～｜腔～｜强～｜情～｜曲～｜色～｜商～｜

声～｜时～｜提～｜同～｜外～｜小～｜选～｜移～｜音～｜语～｜征

～｜转～｜字～｜哭～｜北～｜撇［zuah⁸，cuah⁸］～｜歌仔～｜清平

～｜唱反～｜唱高～｜牵声拔～｜南腔北～｜油腔滑～｜陈词滥～｜浮词

滥～｜陈腔滥～｜引为同～ **召**感～｜号～｜传～｜征～ **兆**恶～｜吉

～｜前～｜瑞～｜先～｜凶～｜由～｜预～｜京～｜征～｜不吉之～｜不

祥之～ **赵**完璧归～｜围魏救～ **掉**尾大不～

ｔ ①**佻**轻～ **挑**选～｜细～ **桃**兼～｜宗～ **跳**花～ ②**髫**小

［siao³］～（小孩子）｜垂～ **调**烹～｜失～｜协～｜众口难～ **鲦**花～

③**窕**窈～ ⑤**跳**活～｜跳～｜走～｜颤～｜起～｜弹～｜心～｜眼～｜

仅仅［ciak⁸］～｜噗噗～｜活～～｜连蹦带～｜心惊肉～｜跑跑跳～｜上

窜下～ **眺**凭～｜仰～｜远～｜凭栏远～ ⑥**柱**外～｜石～｜柴～｜沙

～｜水～｜分～｜火～｜房～｜偏～｜分～｜同～｜旗～｜徛～｜天～｜

门～｜电～｜共［gang⁶］～｜舂［siang²］～｜正～｜烟～｜大（丛）

～｜细（丛）～｜电（灯）～ **庪**面～

ｌ ②**疗**医～｜诊～｜电～｜水～｜化～｜食～｜理～｜治～ **饶**

丰～｜富～｜告～｜宽～｜求～｜讨～｜不依不～｜求情告～｜讨情告～

娆娇～｜妖～　**缭**硬～（艰巨）　**皱**拍～｜拗～｜熨［ut⁷］～　**聊**交～｜点～｜～～｜裸～神～｜穷～｜无～｜闲～｜穷极无～　**僚**臣～｜阁～｜官～｜大～｜幕～｜同～　**寮**竹～｜茅～｜石～｜马～｜更［giN¹］～｜柴～｜草～　**嘹**过～（过门儿）｜板～（节拍）　**蹽**弄～（脱身，逃跑）｜过～　**燎**火～～｜心急火～｜烟熏火～　③**了**骹～｜无～｜～～（消耗干净）｜加～｜干～（枉费）｜白～（空耗，白费）｜惊～｜除～｜算～｜为～｜罢～｜便～｜做～｜煞［suah⁷］～（完结）｜不～｜得～｜明～｜临～｜拼［biaN⁵］～（罄尽）｜算～｜明～｜末～｜私～｜完～｜未～｜终～｜去～｜死～～｜骹得～｜食～｜用～｜大不短不～｜免不～｜受不～｜少不～｜不得～｜一百～｜不甚～～｜心中～～｜无完无～｜趁无够～（得不偿失）｜任算骹～（不可胜数）｜简单明～　**爪**骹～｜手～｜中～｜虎～｜前～｜后～｜魔～｜鸡骹～｜否手～　**扰**寀～｜打～｜烦～｜纷～｜干～｜搅～｜惊～｜侵～｜骚～｜肆～｜叨～｜袭～｜相～｜喧～｜徒自惊～｜庸人自～　**绕**缠～｜环～｜缭～｜袅～｜盘～｜围～｜旋～｜萦～｜歌声缭～｜炊烟缭～｜余音缭～｜歌声袅～｜歌声旋～｜炊烟旋～｜梦魂萦～　⑥**料**猪～｜水～｜干～｜秤～｜头～｜焦［da¹］～｜布～｜卤～｜豆～｜果［ge⁵］～｜真～｜假～｜成［ziaN²］～｜传［cuan²］～（备料）｜配～｜骹～｜芳～｜甜～｜否～｜好～｜品～｜有～｜大～｜生［ciN¹］～｜柴～｜好～｜食～｜备～｜不～｜材～｜衫～｜草～｜废～｜加～｜来～｜逆～｜史～｜双～｜塑～｜调～｜养～｜衣～｜意～｜预～｜原～｜照～｜质～｜资～｜自～｜作～｜颜～｜涂～｜药～｜燃～｜石～｜木～｜佐～｜肥～｜正～｜头～｜油～｜电～｜饲～｜马～｜牛～｜染～｜有～｜无～｜毛～｜棉～｜饮～｜下骹～｜偷工减～｜不出所～｜出乎意～｜出人意～｜生产资～｜消费资～｜生活资～｜图书资～｜文献资～　**镣**脚～

z　①**招**高～｜花～｜绝～｜市～｜虚～｜耍花～｜屈打成～｜不打自～　**昭**光～　**焦**心～｜煤～｜炼～｜三～｜上～｜中～｜下～｜舌敝唇～　**蕉**美人～　**礁**暗～｜明～｜石～｜触～　②**禈**拢～｜无～｜真～｜骹～｜～～　③**沼**池～｜泥～　**鸟**粉～｜子［ziN³］～（小鸟；幼稚，不成熟老练）｜客～｜了～｜溜～｜飞～｜海～｜花～｜水～｜老～｜卵［lan⁶］～（阴茎）｜否～｜火～（轻浮好事；贫嘴）｜鸡～（爱出风头）｜金～（精灵）｜冲［cing⁵］～（爱出风头；骄傲狂妄）｜宿［sik⁷］～（机灵，聪慧）｜喝［huah⁷］～（爱胡吹乱编）｜豆仔～｜暗光～｜虬龟～（瞌睡虫）｜头目～（机灵鬼）｜头目金～　**剿**清～｜围～　⑤**照**普～｜光～｜题～｜玉～｜剧～｜知～｜关～｜仿～｜对～｜按～｜比～｜参～｜依～｜查～｜准～｜遵～｜写～　**醮**打～｜再～

c　①**抄**包～｜搬～　**超**出～｜赶～｜高～｜入～　②**撬**催～（斟酌，商议；反复拨弄）　③**悄**～～｜静～～｜轻～～　⑤**俏**紧～｜俊～｜看～｜卖～｜讨～｜打情骂～｜倚门卖～　**峭**陡～｜寒～｜峻～｜冷～｜料～｜挺～｜春寒料～　⑥**诮**讥～

s　①**消**下［ha⁶］～（男子的一种暗疾；比喻无能，不中用）｜不～｜撤～｜打～｜无～｜开～｜条～（克化）｜抵～｜对～｜取～｜勾～｜冰～｜只～｜拍～｜童子～｜食会～｜食赡～｜疑云难～　**宵**春～｜良～｜深～｜通～｜夜～｜元～　**梢**尾～　**销**开～｜包～｜报～｜产～｜畅～｜当～｜撤～｜促～｜代～｜抵～｜吊～｜定～｜兜～｜返～｜供～｜勾～｜购～｜核～｜回～｜缴～｜经～｜里［lai⁶］～｜内［lue⁶］～｜倾～｜赊～｜试～｜运～｜推～｜脱～｜拓～｜外～｜行～｜滞～｜注～｜运～｜统～｜好～｜否～｜会～｜赡～｜拍擦～（抹杀）｜一笔勾～｜实报实～　**霄**重～｜九～｜凌～｜云～｜九重～｜响彻云～｜耸入云～｜直入云～　**硝**芒～　**萧**～～　**潇**～～　**箫**品～｜洞～｜唫～｜魁山～　②**溜**（凡带"溜"字的词均为粗鄙语）啥～｜目～｜茹～｜衰～｜怪～｜罨［hao¹］～｜恶［ao⁵］～｜阘～｜否～｜猫～｜洽～｜孽～｜宿～｜吵～｜忝～｜谗［sam⁵］～｜汕［suan¹］～｜插［cap⁷］～｜谑［ggioh⁸］～｜欺［kam³］～｜无插～（不理睬）｜怀插～｜谶［ham⁵］～｜无臭～（对离谱或不满的事表示谴责或非议）｜无衰～｜创啥～｜谶狗～｜茹～～　③**小**矮～｜从～｜胆～｜大～｜家～｜娇～｜老～｜渺～｜藐～｜妻～｜弱～｜瘦～｜缩～｜完～｜微～｜细～｜纤～｜狭～｜无～｜宵～｜些～｜幼～｜窄～｜料～｜不大不～｜道大不～｜来头不～｜可大可～｜妻儿老～　**少**多～｜不～｜稀～｜短～　**痟**花～｜酒～｜半～｜起～｜真～｜假～｜橙［diN⁵］～｜桃花～　⑤**少**恶～｜阔～｜老～｜遗～｜半老～｜男女老～｜青春年～　**数**骸～（人手；角色）｜脚［gioh⁷］～｜死～｜记～｜浮～（暂时记在水牌上的账目；无法收回的账款）｜挂［du³］～｜付～｜校～｜赊～｜徛［kia⁶］～（入账；账上立户头）｜挂～｜报～｜倒～｜讨～｜清～｜细～｜价～｜收～｜贵～｜开～｜在～｜交～｜暗～｜欠～｜旧～｜新～｜认～｜管～｜瘄～（小笔开支）｜转～｜算～｜穷［king²］～｜赔～｜放～｜有～｜还～｜过～｜胖～｜总

～｜冲～｜盘～｜摊～｜上～｜入～｜出～｜捍［huaN⁶］～｜坐～（认账，承担责任）｜结～｜闸～｜底～｜抵～｜押～｜销～｜准～｜省～｜额～｜好脚～｜灒脚～｜生骹～｜狗肉～｜流水～｜灒［lam³］脚～｜日记～｜怀认～｜无准～　笑见～｜惊见～｜赡见～　肖逼～｜毕～｜不～｜酷～｜生～｜神情毕～｜惟妙惟～　鞘刀～｜剑～｜出～　啸长～｜海～｜呼～｜尖～｜山呼海～｜龙吟虎～⑥劭年高德～　绍介～

g ①娇妖～｜作～｜多～｜撒～｜金屋藏～　骄天～｜逞～｜虚～②侨归～｜华～｜富～｜贫～｜难～｜外～③矫天～　饺水～　缴掠～｜掼～｜跋～｜压～｜输～｜赢～｜设～｜上～｜收～｜追～｜煞～　搅打～｜胡～⑤徼偏～⑥挢姦～（詈骂）

k ①跷骹～｜踏～｜手～｜弯～｜拗～｜蹊～｜虾米～｜手后～　橇雪～②乔大～｜虚～｜轻～　翘金～｜丰～｜英～③巧藏～｜凑～｜赶～｜刚～｜工～｜乖～｜奸～｜酥～｜机～｜技～｜精～｜可～｜灵～｜碰～｜偏～｜奇～｜乞～｜恰～｜取～｜手～｜讨～｜佻～｜偷～｜纤～｜小～｜新～｜正～｜投机取～｜熟能生～｜心灵手～⑤翘倥骹～｜欹［ki¹］空～　窍诀～｜开～｜七～｜通～｜机～｜心～｜通关～｜鬼迷心～

gg ②尧舜～

h ①枭私～｜盐～　嚣尘～｜烦～｜叫～｜市～｜喧～　侥反～　哓～～②娆老～③晓会～｜赡～（得）｜报～｜懂～｜洞～｜分～｜拂～｜揭～｜破～｜侵～｜通～｜橄～｜知～｜晨鸡报～｜家喻户～⑤婞嘻～（轻佻）

Ø ①枵青～｜止～｜会～｜赡～｜势～｜臭青～　妖女～｜水～｜凶～　夭凶～｜寿～｜～～　邀特～｜应～｜招～②谣风～｜歌～｜民～｜辟～｜童～｜造～　遥逍～　摇动～｜扶～｜飘～｜招～｜风雨飘～｜心悸神～　瑶江～｜琼～③犹尚～⑤要必～｜不～｜冲～｜次～｜撮～｜大～｜扼～｜概～｜纲～｜机～｜纪～｜记～｜简将～｜紧～｜诀～｜快～｜切～｜首～｜枢～｜索～｜提～｜显～｜险～｜须～｜需～｜择～｜摘～｜只～｜重～｜主～｜简单扼～｜无关紧～｜简明扼～｜地势险～⑥曜火～｜金～｜木～｜日～｜水～｜月～　耀光～｜辉～｜夸～｜荣～｜闪～｜显～｜炫～｜照～｜无讲无～

iaoh

z ⑦寂静~~｜吱吱~~ ⑧嚼吱吱~~

g ⑦撬酒~｜铁~

h ⑦姣嘻嘻~~（轻佻）

iaoN

n ①猫野~｜痟~｜山~｜虎~｜熊~｜真~（很客氣）｜狢~｜画虎~｜花~~｜乌~~｜暗~~｜花巴里~｜凶巴里~｜画虎变~ ③鸟飞~｜国~｜害~｜花~｜益~｜比翼~｜惊弓之~ 裊~~｜余音~~ 爪鸡~｜鸭~｜否手~ ⑤爪面~｜手~

ng ①蟯畏~

iaoNh

ng ⑦蟯死~

9. 心音韵

【-m，-mh，-im，-oom［漳］-əm［泉］】

心韵

【-m，-mh，-im】

m

［h］②媒~人茅~仔草根　　［Ø］②媒~人梅杨~莓花~茅山~ ③姆*阿~ ⑥不*怀*（不）

mh

[h] ⑦繫（从上向下猛击）　⑧默~~（沉默不语）

im

[d] ①砧 ②沉 ④朕 ⑤揕（掷）頕~头 ⑥鸩炄*~鸡朕　[t] ①琛郴 ⑤揕~石头　[l] ①啉*（喝）　②林淋霖琳临壬任（姓）　③檩凛懔廪忍荏绒*稔 ⑥任赁妊衽饪刃韧绒轫　[z] ①斟针篸箴唚*（吻）　②蟳*浔~美（地名）③枕婶 ⑤浸潜　[c] ①侵参~差深 ②岑涔镡 ③寝磣 ⑤沁谶　[s] ①心芯深森 ②忱浔寻 ③审婶沈甚 ④甚[泉]葚[泉]　⑤渗勒* ⑥蕈葚葚谂　[g] ①今衿矜金襟禁 ③锦 ④妗[泉]噤[泉] ⑤禁 ⑥妗噤　[k] ①钦衾襟 ②琴芩岑*禽擒檎嚙　[gg] ②吟碪石~（石阶）岑* ③锦　[h] ①歆鑫欣 ②熊　[Ø] ①音喑荫阴淹 ②淫霪 ③饮 ⑤荫窨~火

oom [漳]

[s] 参人~

əm [泉]

[z] ①针箴簪斟 ③怎　[c] ①参~差　[s] ①森参人~　[h] ①欣~~向荣

m

h　②媒做~

Ø　②梅刺~｜杨~｜虎~（茅梅）　媒做~　莓花~｜草~｜含~｜桑~ ③姆阿~｜亲[ciN¹]~｜丈[diuN⁶]~｜姐[ze³]仔~｜虎豹~｜虎伯~｜拾[kioh⁷]囝~（旧指接生婆）｜送嫁~ ⑥怀敢[gam³，giam³，gan³]~（哪里不，岂不）｜哪~（怎不）｜无~｜赫[heh⁷]~（着）｜要[bbeh⁷]准~（三心二意）〈轻声〉怀要~｜好~｜是~｜着[dioh⁸]~

mh

h ⑦繈（从上往下重击）大力～ ⑧默～～（沉默不语）

im

d ②沉低［de¹］～｜下［ge⁶］～｜下［ha⁶］～｜浮～｜醄～｜昏～｜击～｜浸～｜深～｜死～｜消～｜阴～｜乌～～｜暗～～｜灰～～｜阴～～｜暮霭～～｜昏昏～～｜暮气～～｜死气～～｜宦海浮～｜与世浮～｜意志消～ ⑤撢（抛掷）出力～ ⑥炁（蒸）清～

t ①琛阴～（心藏不善或诡计）

l ①啉大～ ②临贲～｜濒～｜登～｜光～｜惠～｜驾～｜降～｜来～｜莅～｜面～｜迫～｜亲～｜辱～｜踏～｜照～ 林碑～｜禅～｜词～｜丛～｜翰～｜老～｜绿～｜密～｜农～｜儒～｜山～｜树～｜森～｜艺～｜弈～｜幼～｜园～｜造～｜深山老～｜啸聚山～ 淋汗～～｜泪～｜湿～｜水～｜血～｜日曝雨～ 霖甘～｜秋～ ③忍不～｜残～｜坚～｜容～｜隐～｜争～｜～无可～ 荏色厉内～ 稔丰～｜熟～｜素～ 凛威风～～ 廪仓～ ⑥赁出～｜租～ 刃白～｜刀～｜利～｜兵不血～ 任常～｜充～｜出～｜担～｜到～｜调～｜返～｜放～｜赴～｜改～｜后～｜已～｜继～｜兼～｜简～｜荐～｜接～｜离～｜历～｜连～｜留～｜履～｜聘～｜前～｜荣～｜上～｜胜～｜首～｜特～｜听～｜委～｜无～｜现～｜卸～｜信～｜选～｜一～｜责～｜重～｜主～｜专～｜知人善～｜力不胜～｜力能胜～｜走马上～ 纫缝～｜感～ 韧坚～｜刚～｜柔～ 牣充～ 䩾发～ 饪烹～ 衽敛～｜襟～｜披发左～

z ①噆（吻）相～ 斟自～｜不～ ②蟳菜～｜有［paN⁵］～｜有［ding⁶］～｜红～｜河～｜膏～ ③枕瓷～｜后～｜衾～｜抱～｜交落［ga¹laoh⁸］～（落枕）｜睏落～｜头壳～｜曲肱而～ 媜阿～｜小［sio³］～｜大～ ⑤浸沉～

c ①侵欺～｜临～｜入～ 深笃～｜高～｜遥～｜幽～｜渊～｜进～｜水～｜沉～｜宏～｜更［giN¹］～｜精～｜景～｜良～｜精～｜弥

～｜情～｜加～｜艰～｜纵～｜莫测高～｜漏尽更～｜缲短汲～｜阅世渐
～｜博大精～｜感触良～｜舐犊情～｜一往情～｜入世不～｜山高海～｜
感人至～　②镌拍～　③寝宫～｜就～｜灵～｜陵～｜入～｜离宫别～｜
寿终正～　碐寒～｜牙～

　　s　①心焦 [ziao¹] ～｜痛 [boo¹] ～（植物内部纤维枯干）｜烂～｜
骹～｜手～｜抱～（心受压不适或无力）｜烧～（胃难受或疼痛感）｜纠～｜
刺 [ciah⁷] ～｜米～｜茶～｜车～｜雄～｜硬～｜痛～｜和～｜偻
[hiao¹] ～（负心）｜反～（变心）｜发～｜否 [paiN³] ～｜好～｜骚～｜
软～｜凶～｜（菜头）磅～｜（菜头）痛～｜趁～｜荒～｜胀～｜搭～｜致
～｜记～｜注～｜懵～｜惊～｜想～｜入～｜精～｜揪～｜居～｜决～｜
军～｜开～｜可～｜空～｜苦～｜激～（忧心）｜煞 [suah⁷] ～（死
心）｜切 [cueh⁷] ～｜嘈 [zo²] ～｜收～｜修～｜存～｜通～｜落～｜
跶 [saNh⁷] ～｜臭～（心地不良；果实内部变质）｜安～｜熬～｜靶～｜本
～｜变～｜冰～｜操～｜称～｜成～｜诚～｜痴～｜赤～｜春～｜粗～｜
闲～｜乡～｜小～｜歇～｜邪～｜寸～｜歹～｜童～｜丹～｜担～｜殚
～｜当～｜热～｜人～｜定～｜动～｜多～｜点～｜恶～｜二～｜贰～｜
凡～｜烦～｜芳～｜放～｜费～｜分～｜负～｜腹～｜垓～｜甘～｜一
～｜公～｜攻～｜清 [cin⁵] ～（凉了心，灰心，沮丧）｜挂～｜关～｜归
～｜寒～｜好～｜合～｜核～｜黑～｜狠～｜恒～｜横～｜红～｜欢～｜
灰～｜会～｜慧～｜祸～｜宽～｜亏～｜乌～（黑心）｜贼～｜爱～｜疼
[tiaN⁵] ～｜劳～｜离～｜仁～｜忍～｜散～｜善～｜伤～｜上～｜烧
～｜身～｜深～｜屈～｜衷～｜重～｜轴～｜专～｜壮～｜醉～｜省～｜
诗～｜实～｜收～｜手～｜兽～｜机～｜鸡～｜猪～｜夹～｜匠 [ziong⁶]
～｜交～｜中～｜忠～｜糟～｜贼～｜掌～｜真～｜枕～｜知～｜焦～｜
戒～｜尽～｜良～｜疗～｜留～｜忧～｜有～｜于～｜经～｜惊～｜齐
～｜起～｜潜～｜悫～｜倾～｜满～｜眉～｜昧～｜扪～｜民～｜铭～｜
耐～｜内～｜里 [lai⁶] ～｜呕～｜偏～｜痛～｜外～｜野～｜违～｜唯
～｜文～｜窝～｜无～｜信～｜舒～｜爽～｜顺～｜私～｜死～｜随～｜
遂～｜贪～｜谈～｜娱～｜圆～｜愿～｜在～｜贴～｜铁～｜同～｜悉
～｜细～｜疑～｜异～｜萦～｜用～｜雄～｜虚～｜蓄～｜磨仔～（石磨
的轴心；比喻夹在中间做调解）｜自尊～｜大细 [sue⁵] ～（偏心）｜一条
～｜怀过～｜艰苦～｜会过～｜赡过～（过意不去）｜赔小～｜心连～｜
上进～｜进取～｜得人～｜自信～｜十指连～｜漠不关～｜四海归～｜漫
不经～｜怵目惊～｜触目惊～｜动魄惊～｜别具匠～｜独具匠～｜独运匠

~｜碧血丹~｜一片苦~｜煞费苦~｜刻骨镂~｜清夜扪~｜刻骨铭~｜
镂骨铭~｜苦口婆~｜一见倾~｜掉以轻~｜激动人~｜振奋人~｜安抚
人~｜震撼人~｜蛊惑人~｜荧惑人~｜笼络人~｜包藏祸~｜收买人
~｜维系人~｜陶冶人~｜力不从~｜人面兽~｜促膝谈~｜戮力同~｜
鹤发童~｜有口无~｜革面洗~｜低首下~｜利欲熏~｜狼子野~｜万众
一~｜险恶用~｜无所用~｜别有用~｜内疚于~｜系念于~｜怀恨在
~｜铭记在~｜铭刻在~｜铭镂在~｜拳拳之~｜赤子之~｜赤胆忠~｜

芯灯~｜炮仔~｜蜡烛~ **森**阴~｜萧~｜苦~｜冷~~ ②**寻**搜
~｜索~｜苦~｜找~｜追~ **忱**赤~｜热~｜谢~｜满腔热~｜拳拳
之~ ③**审**编~｜复~｜公~｜候~｜精~｜送~｜检~｜终~｜初~｜
传~｜政~｜大~｜对~｜报~｜陪~｜提~｜预~｜原~｜再~ ⑤**勒**
(左右上下摇晃)势~｜赸~｜会~ ⑥**谂**验~ **甚**过~｜太~｜幸~｜尤~｜
~｜则~｜欺人太~｜莫此为~｜言之过~｜于今为~｜不为已~

g ①**今**从~｜当~｜而~｜方~｜古~｜暨~｜通~｜凡~｜即
~｜况~｜目~ (现在)｜迄~｜如~｜现~｜于~｜至~｜现当~｜厚
古薄~｜是古非~｜颂古非~｜借古讽~｜雄贯古~｜学贯古~｜扬榷古
~｜追古涵~｜薄古厚~｜以古况~｜自古迄~｜震古烁~｜博古通~｜
鉴古知~｜亘古至~ **金**年~｜母~｜前~｜烧~ (烧冥纸)｜寿~｜聘
~｜搭~ (贴金)｜拾 [kioh⁷] ~｜乌~｜熨~｜赤~｜酬~｜谢~｜流
~｜淘~｜本~｜镀~｜罚~｜股~｜合~｜黄~｜贿~｜基~｜奖~｜
劳~｜礼~｜描~｜千~｜烫~｜淘~｜贴~｜吞~｜白~｜五~｜现
~｜薪~｜恤~｜押~｜冶~｜佣~｜重~｜酽~｜资~｜租~｜足~
~~｜目头~ (识相)｜目珠 [ziu¹] ~｜点石成~｜点铁成~｜璞玉浑
~｜披沙拣~｜排沙简~｜铄石流~｜一刻千~｜一诺千~｜一掷千~｜
一字千~｜惜墨如~｜众口铄~｜沙里淘~ **襟**对~｜连~｜前~｜胸
~ **禁**不~｜忍俊不~ ③**锦**彩~｜集~｜什~｜云~｜繁花似~｜如
花似~ ⑤**禁**失~｜骹~ (脚刹车阀)｜车~ (刹车阀)｜手~ (手刹车
阀)｜后~ (后车轮刹车阀)｜前~ (前车轮刹车阀)｜查~｜弛~｜党
犯~｜捍 [huaN⁶] ~｜踏~｜海~｜监~｜解~｜拘~｜开~｜厉~｜
门~｜囚~｜软~｜失~｜违~｜宵~｜严~｜幽~｜缓刑弛~｜形格势
~｜入国问~｜情不自~ ⑥**妗**母~｜阿~｜小~｜大~ **噤**寒~

k ①**袈**衣~ ②**琴**喉~ (口琴)｜风~｜钢~｜月~｜古~｜操
~｜抚~｜弹~｜电子~｜手风~｜乱弹~｜对牛弹~｜煮鹤焚~ **禽**

飞～｜家～｜猛～｜鸣～｜野～｜珍～ **擒**生～｜束手就～

gg ②岑（踏）（栈［zan⁵］）～（台阶）｜石～（石阶） **吟**沉～｜歌～｜呻～｜如歌如～｜无病呻～ ③**锦**水～（木槿）｜喙～（话语）｜遍地～（草药名）｜盘喙～（搬话）

h ①**欣**欢～

Ø ①**音**走～｜南～｜衔［kaN²］～｜方～｜八～｜撇［zuah⁸］～（走调）｜土～（方音）｜哀～｜伴～｜鼻～｜播～｜颤～｜读～｜福～｜灌～｜话～｜回～｜佳～｜口～｜录～｜落～｜配～｜拼～｜注～｜清～｜观～｜浊～｜声～｜失～｜收～｜尾～｜五～｜乡～｜谐～｜和～｜译～｜余～｜语～｜玉～｜元～｜辅～｜舌～｜乐～｜喉～｜杂～｜噪～｜正［ziaN⁵］～｜知～｜重～｜足～｜轻～｜高～｜低［de¹］～｜悬［guaiN²］～｜下［ge⁶］～｜男～｜女～｜卷舌～｜舌尖～｜舌根～｜咙喉～｜鹧鸪～（南音术语）｜观世～｜读册～（文读音）｜文读白读～｜讲话～（白读音）｜土白～｜白话～｜铁观～｜靡靡之～｜静候玉～｜静候佳～｜弦外之～｜空谷足～｜一锤定～ **暗**万马齐～ **阴**树～｜太～｜乌～｜会～｜男～｜女～｜背～｜愁～｜寸～｜分～｜光～｜观落～｜弹指光～ **荫**绿～｜树～｜歇～ **淹**水～ ②**淫**荒～｜奸～｜卖～｜乱～｜手～ ③**饮**畅～｜对～｜洁～｜醋～｜豪～｜剧～｜冷～｜痛～｜饥餐渴［kat⁷］～ ⑤**荫**致～（庇荫）｜傍［bng⁶］～｜庇～｜德～｜恩～｜祖～

oom［漳］

［s］①**参**人～**森**～林

əm［泉］

［s］①**参**人～

10. 甘蓝韵

【-am；-iam】

探韵

【-am】

am

[d] ①担儋耽眈酖聃啖* ②覃潭谭谈郯澹 ③胆 ④淡[泉] 啖[泉] 氮[泉] 啗莟湛[泉] 澹[泉] ⑤担頕 ⑥淡啖氮啗莟湛澹 [t] ①坍贪 ②覃潭谭痰郯昙 ③毯 ④窞[泉] ⑤探 ⑥窞 [l] ①襤嵐 ②南楠湳喃男婪岚蓝篮襤淋~雨 ③腩蝻榄缆览灠 ④罱* 嵝 ⑥滥罱舰* [z] ①簪沾针[泉] 臢 ②馋谗巉 ③斩崭~然 ④鏨[泉] ⑤噆蘸 ⑥暂站*鏨 [c] ①参骖掺搀 ②蚕惭馋谗屠潺 ③惨黔 ⑤忏谶咒~ [s] ①三叁杉衫芟掺 ③嗲噡 ⑤鬖头毛~ 诊 [g] ①甘柑疳坩泔监尴缄 ②含 ③感减碱皲敢橄 ⑤监鉴绀淦赣 [k] ①坩嵌堪戡勘龛 ③坎崁砍歁槛 ⑤礛瞰坎阚勘嵌* [gg] ①儑 ②岩癌 [h] ①蚶酣颔菡憨 ②含函涵咸衔邯 ③扷喊 ⑤颔泛谽 ⑥憾撼陷馅颔菡 [Ø] ①罨庵鹌谙闇 ②含函涵颔* ③饮（米汤）⑤暗黯 ⑥颔艳陷

am

d ①啖（吃）小~ 担承~|分~|负~ 耽虎视~~ ②谈笔~|畅~|侈~|丛~|和~|会~|健~|交~|接~|恳~|空~|口~|漫~|美~|密~|面~|攀~|奇~|倾~|清~|趣~|俗~|长[diong²]~|细~|玄~|洽~|商~|深~|手~|晤~|闲~|乡~|详~|笑~|叙~|言~|杂~|纵~|座~|冇[paN⁵]~（闲谈）|避而不~|老生常~|无稽之~|不经之~|温暾之~|皮相之~|海外奇~|夸夸其~|混为一~|悠悠之~|泛泛而~|侃侃而~|娓娓而~ 澹（湿，水分多）涂骹~ ③胆胆~（胆怯）|卧薪尝~|披肝沥~|明目张~ ⑤頕头~~（头低垂）⑥淡暗~|黯~|惨~|扯~|冲~|寡~|冷~|浓~|平~|清~|素~|恬~|天高云~ 莟菡~ 啖健~ 湛澄~|精~|清~|深~|蓝~~

t ①贪闉~（贪得无厌）|瘖~（贪得无厌）|小~（贪小便宜）|巨~|肃~|反~ ②痰呸[pui⁵]~|祛~|化~|吐~ 潭古~|泥~|清~ ⑤探打~|暗~|包~|刺~|敌~|勘~|窥~|密~|试~|侦~|追~|钻~|坐~ ⑥窞（四下）凹[nah⁷]~|沙发~~|

腹肚～～

l ①**裧**（单衣）袍～｜衫～｜棉袄～ **罱**鸡～（罩鸡的笼子）｜手裧 [ng³]～（套袖）②**蓝**天～｜毛 [moo²]～｜宝～｜碧～｜靛～｜马～｜品～｜伽～｜天～｜瓦～｜蔚～｜藏～｜湛～｜青出于～ **男**孝～｜少～｜童～｜在室～（处男）**南**回 [he²]～（回南天）｜向～｜东～｜江～｜西～｜指～｜坐北朝～ **喃**呢～ **淋**雨～｜水～ **婪**贪～ 岚山～｜晓～ ③**览**饱～｜便～｜博～｜翻～｜观～｜惠～｜浏～｜披～｜赏～｜游～｜阅～｜展～｜总～｜纵～ **揽**把～｜包～｜承～｜兜～｜独～｜收～｜招～｜总～｜相 [sio¹]～（拥抱）**腩**牛～｜鱼～ **灠**虚～（孱弱）⑤**罱**（猛力踩或踢）骹～ **滥**落 [loh⁸]～（深陷）⑥**滥**掺～｜伴 [puaN⁶]～（陪同）｜杂～｜透～（搀杂混合）｜泛～｜（相）拍～（相搀和）｜相 [sio¹]～｜宁缺毋～ **舰**兵～｜船～｜军～｜炮～｜旗～｜战～

z ①**簪**插～ **沾**胡蝇～（苍蝇沾染）**臜**腌 [a¹]～（肮脏）**巉**②**谗**拍～（插话）｜破喙～（插话，劝止）崭～ ③**斩**腰～｜伴～｜开～｜抄～｜齐～｜问～｜开刀问～ ⑤**傪**（脚猛力踩踏，顿足）骹～｜出力～ ⑥**站**路～｜到 [gao⁵]～｜坎～（阶段）｜断～｜中～（中段，中间）｜兵～｜粮～｜前～｜车～｜驿～｜即～（这阵子）｜迄 [hit⁷]～（那时候）｜到坎～（事物到了顶点或极限）｜半中～（半途）｜火车～｜汽车～｜打前～ **鏨**石～｜生 [ciN¹]～｜折 [zih⁸]～

c ①**参**交～｜总～｜题～ **掺**（搀）对～｜交～｜相 [saN¹]～｜相滥～ ②**蚕**春～｜桑～ **惭**羞～｜自～｜大言不～ **馋**解～｜眼～｜嘴～ **孱**贫～ **潺**淙～ ③**惨**青～（凄惨）｜悲～｜凄～ ⑤**忏**拜～ **谶**歌～（带预言性的歌谣）｜咒～（抱怨）

s ①**三**瘪～｜举一反～｜接二连～｜考虑再～｜言之再～ **杉**大～｜云～ **衫**衣～｜云～｜汗～ ③**嗲**咁～（吃）｜滥～（胡乱，随便）｜七～八～ ⑤**鬖**（毛发松散垂落貌）头毛～～ **谂**（斥骂）乱主～｜七～八～

g ①**甘**青～｜怀～｜心～｜余～｜同～｜不～｜～～ **柑**油～｜桶～｜蜜～｜胖 [pong⁵]～｜水油～｜西 [sai¹]螺～｜印仔～ **疳**齿～ **监**收～｜入～｜舍～ ②**含**禁～（一种糖果）｜糖～ ③**感**百～｜恶～｜反～｜观～｜好～｜快～｜灵～｜美～｜敏～｜铭～｜情～｜善～｜

伤～｜手～｜口～｜随～｜敏～｜通～｜流～｜悲～｜交～｜心～｜冥～｜性～｜触～｜直～｜互～｜同～｜痛～｜外～｜遥～｜有～｜预～｜杂～｜志～｜重［ding²］～（再次受凉感冒）｜自卑～｜自豪～｜责任～｜优越～｜终身铭～｜多愁善～｜真情实～｜隔世之～　**顪**篷［pang²］～｜船～｜顶～｜车～　**敢**胆～｜果～｜勇～　⑤**监**太～　**鉴**洞～｜龟～｜惠～｜借～｜钧～｜年～｜赏～｜台～｜图～｜印～｜殷～｜可资借～｜引以为～｜覆车之～｜前车之～**绀**发～

k　①**嵌**镶～｜金镶玉～　**龛**神～｜佛～｜壁～｜祖～｜公婆～｜公妈～　**堪**不～｜何～｜难～｜不～｜会～（得）（受得了）｜唅～（得）（受不了）｜困惫不～｜疲惫不～｜狼狈不～｜困苦不～｜破烂不～｜庸俗不～　**勘**比～｜查～｜校～｜踏～｜探～　③**坎**胸～　**歁**（傻）起～｜假～｜悾～｜半～｜凑拄［cao⁵du³］～（凑巧）｜凑～　**崁**～（仔）　**砍**乱～　**槛**门～　⑤**勘**（盖）鼎～｜桌～｜暗～｜遮～｜掩～｜揾［ng¹］～｜瞒～｜裤仔～　**坎**门～｜心～｜够～（到顶点）　**磡**山～　**瞰**俯～｜鸟～

gg　①**儑**（傻呆）真～　②**癌**胃～｜肠～｜肺～｜肝～｜生～｜鼻～｜舌～｜血～｜着～（得癌症）

h　①**酣**半～｜酒～　**憨**痴～｜娇～　**蚶**文～｜血～｜落～｜目～（眼泡儿）｜珠（仔）～（小蚶）　**颔**下～｜顶～（上颌）　**菡**竹～　②**含**暗～｜包～｜内～｜蕴～　**函**便～｜复～｜公～｜贺～｜镜～｜来～｜书～｜信～｜修～｜唁～｜致～｜门～（两扇门咬合的槽）｜搧［bian³］～（在器物上划槽儿）　**涵**包～｜海～｜内～｜桥～｜蕴～　**衔**官～｜会～｜军～｜领～｜授～｜头～｜学～｜职～　**咸**大～｜贞～　③**扻**（猛击）大力～　⑤**颔**（浮肿，水肿）面（仔）～｜骸～　**泛**糊～｜泛～（马虎，得过且过）　**譀**呼～（好吹）｜风～（虚夸）　⑥**陷**凹～｜谗～｜沉～｜冲～｜攻～｜构～｜搆～｜沦～｜缺～｜失～｜塌～｜洼～｜诬～｜风～｜涂～｜崩～｜败～（败落）　**憾**抱～｜怅～｜恨～｜缺～｜遗～｜引以为～　**撼**摇～｜震～

Ø　①**罨**牛（嗦）～（牛嘴套）　**庵**茅～｜尼～｜寺～｜村～｜草～｜鸡～（鸡窝）　**谙**熟～｜素～｜唠～　**闇**（傻，不懂事）　②**含**（合在一起，兼顾）　**函**大草～（食量大）　**涵**沟～（水沟，阴沟）　③**饮**（米汤）浆～｜～（汤）｜啉～　⑤**暗**暗～｜薄～｜灰～｜晦～｜昏～｜阴～｜幽～

～｜天～｜今～｜明［mia²］～｜光～｜早～（早晚）｜规～（整夜）｜隔～（隔个晚上）｜二九～（除夕夜）｜乌～｜歇［hioh⁷］～｜逐［dak⁸］～（每晚）｜倚～（仔）（傍晚）｜半明半～｜明仔～（明晚）｜年兜～（除夕夜）｜日要～（傍晚）｜半明不～｜天昏地～｜忽明忽～｜若明若～｜偏听则～　**黯**凄～｜污～｜阴～　⑥**颔**喝［huah⁷］～｜割～｜撑～｜虎撑［teN¹］～（双手按在双膝上，撑住两颊或下巴）｜伸［cun¹］筋挽［bban³］～（伸懒腰）｜挽胸挽～　**艳**（茂盛）花～｜草～｜阴～　**陷**涂～（深土坑）

兼韵
【-iam】

iam

［d］①沾掂砧刀～ ②甜恬沉～沫（潜水） ③点 ④簞［泉］㞘［泉］ ⑤店站惦阽踮 ⑥㞘（娴静）簞垫　［t］①添觇 ③呇舔诂 ⑥垫～海

［l］①拈 ②镰廉臁帘奁黏（粘）鲶拈鬑蚶临～时 ③冉苒染敛脸 ⑤捻 ⑥殓潋捻念　［z］①占沾粘詹瞻尖歼櫼针 ②潜 ④渐［泉］ ⑤占僭 ⑥暂渐　［c］①金签歼觇纤钎 ②橙 ③锓*～仔 ⑤僭埕鳍　［s］①纤苫暹髟 ②寻挦两手～蟾 ③闪陕 ⑤渗～屎～尿 ⑥赡

［g］①兼蒹缣缄 ②咸 ③减碱检睑捡 ⑤剑　［k］①谦 ②钤黔钳 ③歉* ④俭［泉］ ⑤欠歉 ⑥俭芡　［gg］②严岩阎* ③俨 ⑥验酽～茶　［h］①苀 ②嫌 ③险嶮 ⑤喊*　［Ø］①恹奄淹阉醃腌阴半～阳（两性人）②盐檐炎阎 ③奄掩弇魇琰 ⑤厌餍 ⑥艳焰焱盐炎*

iam

d ①砧猪～｜柴～｜刀～｜铁～｜上～｜肉～｜菜～｜纸～｜石头～｜死狗镇～（尸位素餐）②沉浮～　**甜**忆苦思～ ③点斑～｜半～｜标～｜查～｜茶～｜打～｜地～｜顶～｜蹲～｜糕～｜观～｜基～｜极～｜加～｜检～｜交～｜焦～｜校～｜接～｜据～｜力～｜零～｜论

～｜难～｜盘～｜批～｜起～｜清～｜圈～｜缺～｜弱～｜试～｜特～｜晚～｜网～｜污～｜误～｜西～｜疑～｜优～｜有～｜雨～｜早～｜正～｜指～｜终～｜钟～｜重～｜装～｜过～（盘点，核查）｜小～｜甜～｜晏 [uaN⁵] ～（晚点）｜逗 [doo⁶] ～｜放～（放风声；扬言胁迫）｜喷～（点缀做应景）｜万～｜打～（提醒，检点）｜空白～｜差一～｜出发～｜制高～｜主焦～｜立骰～｜临界～｜定居～｜火力～｜转掫～｜着眼～｜转折～｜立足～｜新点～｜一星半～｜星星～～｜雇佣观～｜文不加～｜失于检～｜可圈可～｜战略要～ ⑤店饭～｜米～｜徛～｜倚～｜倒～｜割～｜影～｜册～（书店）｜分～｜乌～｜客～｜旅～｜马～｜盘～｜酒～｜肉～｜捍 [huaN⁶] ～｜开～｜关～｜商～｜书～｜下～｜当～｜瓷（仔）～｜金（仔）～｜鸡毛～｜夫妻～｜油柜～｜翁婆～（夫妻店）｜剃头～（理发店） 跕（住，在）四界～ 砧瑕～｜白圭之～ ⑥居（安生，静）～～ 垫衬～｜靠～｜赔～｜铺～

t ①添加～｜增～ ③惔真～｜无～｜殓～｜够～（很厉害） 谄诬～｜奸～

l ①拈偷～ ②廉低～｜价～｜清～｜物美价～ 臁骰～｜骰鼻～（小腿胫骨的中段） 黏手爪～｜手（蹄）～（手爱偷摸东西） 镰挂～｜开～ 奁陪～｜妆～ 帘窗～｜垂～｜酒～｜门～｜暖～｜眼～ 鬑苍～｜美～｜虬～｜白发苍～ ③冉～～ 苒荏～｜光阴荏～ 染传～｜点～｜感～｜渐～｜浸～｜漂～｜濡～｜污～｜习～｜渲～｜熏～｜印～｜沾～｜纤尘不～｜一尘不～｜耳濡目～｜大肆渲～ 敛暴～｜聚～｜凝～｜收～｜尖～（细心；善于计较）｜减～（俭省）｜较～（接近某数目）｜横征暴～ ⑤捻（拧，摘，折）查某～ ⑥念越～（背诵）｜带～（顾念）｜数 [siao⁵] ～（惦念）｜心～（想念）｜垂～｜叨悼～｜恬～｜笃～｜俯～｜概～｜感～｜顾～｜挂～｜观～｜怀～｜灰～｜纪～｜记～｜眷～｜渴～｜留～｜萌～｜默～｜牵～｜闪～｜私～｜思～｜素～｜体～｜妄～｜系～｜想～｜邪～｜信～｜蓄～｜悬～｜邀～｜意～｜萦～｜欲～｜杂～｜瞻～｜轸～｜转～｜追～｜糁～（数叨）｜暗～｜四句～（四句韵谣）｜倒头～（倒背诵）｜嘈嘈～（叨念）｜心心～～｜萦心为～｜私心杂～｜殊深轸～ 捻索 [soh⁷] ～｜对～ 殓殡～｜成～｜大～｜含～｜入～｜收～｜装～ 漱泛～｜滥～

z ①占一～｜散 [suaN³] ～（分币，零钱） 尖打～｜耳（仔）～（耳朵灵敏）｜冒～｜桥～（桥墩）｜目～（麦粒肿）｜目（珠 [ziu¹]）～

（眼光锐利）｜山（尾）～（山峰）｜喙～（言语刻薄）｜沙～（鱼名）｜骹～｜拔～｜牛角～｜蹋骹～（踮脚）｜钻牛角～｜风口浪～　**针**水～（沙钻鱼）｜金～（黄花菜）｜麦～（麦芒）｜钩～｜穿～｜方～｜度～（温度计）｜狗～｜南～｜扎～｜指～｜拍～（注射）｜禀[bin³]～（别针）｜撞[dong⁶]～（枪支发射装置）｜绣花～｜吊大～（吊瓶输液）｜指南～｜绵里藏～｜见缝插～｜磨杆成～｜海底捞～　**瞻**观～｜有碍观～｜以壮观～｜马首是～　②**潜**控～｜反～　⑤**占**霸～｜独～｜攻～｜进～｜强～｜抢～｜侵～｜圈～｜袭～｜鹊巢鸠～　⑥**渐**积～｜～～｜日～｜逐～｜防微杜～

　　c　①**签**豆～（一种豆制品）｜礤[cuah⁷]～（礤床磨出的丝）｜册～（书签）｜芋～（芋丝）｜标～｜草～｜竹～｜抽～｜浮～｜求～｜瑞～｜题～｜中～｜日～（日戳）｜番薯～｜菜脯[boo³]～（萝卜丝）　**纤**化～｜棉～　**钎**钢～｜铁～｜拍～　②**橙**柑～｜印仔～　③**镤**刀～（刀叉）｜米～（粮食探子）｜铜～｜花～（装饰品）｜油柑～｜山楂～｜桃仔～　⑤**堑**天～　**僭**（僭越）爱～｜势～　**鞯**鞍～

　　s　①**眈**偷～（偷看）　②**寻**四界～　**揣**手～　③**闪**辟～（闪避）｜退～｜走～（躲闪）｜消～｜躲～｜忽～｜扑～｜～～｜蓝～｜失～｜腾～｜畏～｜佮走～（跑不掉，避不了）　⑥**赡**丰～｜富～｜详～

　　g　①**兼**守～　②**咸**李～（蜜饯的一种）｜退～｜菜～｜豆～｜重～｜擢～｜朐～｜死～　③**减**加～｜裁～｜递～｜核～｜锐～｜节～｜清～｜衰～｜缩～｜销～｜栽～｜递～｜不～｜削～｜增～｜酌～｜有增无～　**检**翻～｜失～｜体～｜修～｜年～｜巡～｜安～｜监～｜按～｜质～｜点～｜活～｜行为不～｜言语失～　⑤**剑**宝～｜击～｜利～｜蒲～｜舞～｜尚方宝～｜上方宝～｜口蜜腹～｜刻舟求～｜唇枪舌～｜风刀霜～｜

　　k　①**谦**顾～｜课～｜卑～｜过～　③**歉**抱～｜道～｜荒～｜愧～｜致～　⑤**欠**侵～｜短～｜挂～｜哈～｜呵～｜积～｜亏～｜缺～｜赊～｜拖～｜尾～｜下～　⑥**俭**节～｜勤～｜虮[kiu²]～｜省～｜克勤克～

　　gg　②**严**从～｜华～｜家～｜威～｜解～｜戒～｜庄～｜谨～｜精～｜森～｜义正词～｜戒备森～｜警备森～｜壁垒森～｜威～　**岩**山～｜危～｜砂～　⑥**验**点～｜检～｜经～｜勘～｜考～｜灵～｜实～｜试～｜体～｜先～｜查～｜免～｜案～｜测～｜核～｜准～｜效～｜应～｜

证～　**酽**浓～

h　①**荄**臭～～　②**嫌**弃～|犯～|无～|殆～（得）|势～|避
～|猜～|前～|涉～|凤～|讨～|挟～|憎～|顾人～|相弃～|讨
人～|无弃～　③**险**险～|风～|凶～|保～|出～|～～|负～|火
～|奸～|艰～|惊～|救～|冒～|凭～|抢～|山～|涉～|寿～|
水～|山高水～|探～|天～|脱～|危～|凶～|阴～|遇～|铤而走
～　⑤**喊**势～|爱～

Ø　①**恢**～～|病～～　**腌**盐～　**阉**炭～|偷～　**阴**交～（背脊
有冷的感觉）　②**盐**粗～|官～|井～|食～|私～|曝～|买～|煮
～|幼～　**阎**间～　③**掩**苦～|遮～　**奄**气息～～　**魇**梦～　⑤**厌**郋
～|不～|讨～|憎～|学而不～|贪得无～|诛求无～|需索无～　⑥
炎发～|皮～|鼻～|喉～|火～|发～|脑～|耳～|肺～|胃～|肠
～|肝～|消～|日头～|赤炎～　**艳**哀～|丰～|浮～|光～|娇
～|竞～|明～|浓～|绮～|鲜～|香～|红～|妖～|冶～|百花争
～|粉光脂～|轻靡绮～|争妍斗～　**焰**敌～|光～|火～|气～|势
～|凶～|阳～　**焱**火～

11. 新春韵

【-in；-un】

宾韵

【-in】

in

[b] ①宾滨槟缤斌彬傧嫔颦濒 ②屏贫频颦濒嫔凭瓶 ③秉禀圃扁
～担屏倚～（屏风） ④牝 [泉] ⑤殡摈鬓箅 ⑥髌牝　[p] ①乒* ②
嚬 ③品 ⑥牝　[bb] ②民岷珉缗闽旻眠 ③黾渑闵悯抿泯愍敏
皿器～ ⑥面～色　[d] ①珍津天～嶝大～（地名）　②陈尘藤 ③震振
⑤镇纼 ⑥阵　[t] ①嗔瞋 ②滕～荼 ⑤趁 ⑥塍（嫁女）　[l] ②
鳞嶙璘辚磷麟遴邻人仁邻怜可～ ③恁*（你们） ⑤辗* ⑥吝遴蔺躏

认赁刃韧仞纫　　[z] ①津臻榛蓁真甄升~~米珍 ②秦蝾绳 ③震振赈缜疹诊轸畛拯 ④尽[泉]泸[泉] ⑤进晋搢缙 ⑥烬赆尽浕

[c] ①亲嗔瞋 ⑤衬榇秤称清(冷)　　[s] ①辛新薪莘锌申伸绅呻身娠诜 ②神辰晨宸臣承~水蝇绳 ③哂矧 ④蜃[泉] ⑤信囟汛讯迅 ⑥慎乘剩肾蜃　　[zz] ②人[漳]仁[漳] ⑥认[漳]　　[g] ①根[漳]跟[漳]巾[漳]斤[漳]筋[漳]均[漳]钧[漳]矜 ③紧谨仅瑾*馑* ⑤靳绢手~劲干~[漳] ⑥瑾馑觐近[漳]　　[k] ①轻氢矜 ②勤[漳]芹[漳] ③沁(浅)　　[gg] ②凝目~~银[漳]龈[漳]垠[漳] ⑥憖(恨,厌)　　[h] ①兴 ②眩头~雄~黄 ⑤衅 ⑥恨[漳]

[Ø] ①因姻洇茵氤涇個裡恩[漳]殷[漳] ②寅夤 ③引蚓靷引尹[漳]允[漳]隐[漳]陨[漳]殒[漳] ⑤印应~话 ⑥胤孕

in

b　①滨海~│水~│湖~　宾贵~│国~│嘉~│来~│佳~│幕~│上~│内~│主~│迎~│礼~│外~　彬文质~~　傧男~│女~　嫔妃~　颦效~│东施效~　斌~~ ②屏徛[kia⁶]~(围屏)│藩~│照~(影壁)│闸[zah⁸]~(立屏)│活~(隔扇)│隔~│镜~│扎~(屏风)│四仙~│八仙~　贫赤~│次~│济~│清~│扶~│劫富济~│惜老怜~　频~~│音~│调~　凭暴[bo⁶]~(刚;猝然)│听~│文~│任~│依~ ③秉秉~　禀回~│敬~│面~│天~　匾吊~(门帘)│篾~│光荣~ ⑤摈排~　殡出~│送~　鬓双~│两~│霜~│云~　篦栉[sat⁷]~ ⑥牝天~│谷~

p　②嚬~~(醉貌) ③品备~│补~│残~│产~│成~│出~│次~│毒~│废~│副~│贡~│供~│果~│画~│极~│祭~│奖~│绝~│礼~│人~│商~│上~│神~│食~│甜~│物~│下~│小~│赝~│样~│作~│逸~│音~│杂~│赠~│展~│珍~│正~│制~│明~(明说)│有~│无~│禁制~│在制~│化妆~│消费~│牺牲~│舶来~│展览~│宣传~│装饰~│艺术~│印刷~│处理~│战利~│纪念~│抵押~│副产~│半成~│工艺~│代用~│日用~

bb　②民安~│边~│蜑~│船~│公~│国~│饥~│贱~│

军～｜黎～｜良～｜流～｜牧～｜难～｜农～｜贫～｜富～｜士～｜村
～｜市～｜万～｜劳～｜小～｜平～｜侨～｜全～｜人～｜山～｜生～
市～｜手～｜庶～｜顺～｜先～｜选～｜移～｜遗～｜逸～｜游～｜宀
～｜殖～｜小市～｜拥政爱～｜治国安～｜祸国殃～｜能官能～｜亦管亦
～｜取信于～｜广土众～　**旻**苍～　**眠**饱～（睡足）｜无～｜乖 [gue¹]
～（梦呓）｜鸡（仔）～（短暂睡眠）｜贪～｜陷～（说梦话）｜甿 [duh⁷]
～（瞌睡，打盹）｜～～（似醒似睡状）｜睏～｜挽～（硬撑着不睡）｜重
[ding²] ～｜成～｜决 [kin³] ～（睡而不熟）｜鼾～（打呼噜）｜落
[loh⁸] ～（入眠）｜惜～｜轻～｜重 [dang⁶] ～（熟睡）｜暗头～｜半醒
～（睡而不熟）　③**泯**消～　**抿**（刷）鞋～｜齿～（牙刷）｜衫～（衣刷）
悯悲～｜愁～｜可～｜怜～｜忧～　**敏**不～｜聪～｜过～｜慧～｜机
～｜隽～｜灵～｜锐～｜敬谢不～｜神经过～　⑥**面**风～｜猪～｜人～
捋 [luah⁸] ～｜里 [lai⁶] ～｜口～（外面）｜顶～（上面）｜大～｜笑
～｜马～｜菜～（浇头）｜漆～（漆皮）｜手～｜边～（侧面）｜嘴～｜猫
～（麻脸）｜臭～｜清 [cin⁵] ～（脸色冷漠）｜头～｜倒 [do⁵] ～（背
面）｜势～｜洗～｜板～｜否（势）～｜店～｜挽～（修脸；板着脸）｜虬
[kiu²] ～｜好（势）～｜屁～（死皮赖脸）｜槌～｜忞 [ggong⁶] ～｜变
～｜见～｜生～｜青～｜过～（过关）｜开～｜髡 [kun¹] ～（毛）｜白
～｜红～｜乌～｜有～｜无～｜版～｜背～｜表～｜侧～｜层～｜场～｜
出～｜街～｜当～｜歁 [kam³] ～｜断～｜对～｜反～｜方～｜粉～｜
封～｜锋～｜浮～｜幅～｜后～｜护～｜画～｜会～｜见～｜截～｜局
～｜两～｜露～｜掠～｜满～｜门～｜谜～｜谋～｜跑～｜劈～｜皮
片～｜票～｜平～｜剖～｜扑～｜铺～｜前～｜情～｜全～｜上～｜市
～｜世～｜手～｜寿～｜书～｜鞋～｜四～｜体～｜外～｜晤～｜花～
下～｜相～｜修～｜颜～｜阳～｜一～｜阴～｜迎～｜右～｜正～｜桌
～｜字～｜左～｜看势～（看样子，看态势）｜痞势 [kiap⁷ si⁵] ～｜小七～
（丑角相）｜骹手～（四肢脸面）｜有 [diN⁵] 笑～｜加冠～（假面具）｜小
鬼～（丑角相）｜尫 [ang¹] 仔～（小巧玲珑而可爱的脸蛋；假面具）｜铁板
～｜相借 [saN¹ cio⁵] ～（打照面）｜死人～（毫无表情）｜起否 [paiN³]
～（翻脸）｜鸡卵～（圆脸）｜团 [gin³] 仔～｜卵鸟 [lan⁶ ziao³] ～（哭丧
脸；没本事的人）｜横肉～（满脸横肉）｜米筛 [tai¹] ～｜扮笑～｜撑
[tiN³] 门～｜张门～｜孝男～（哭丧脸）｜土匪～｜大手～（阔绰）｜小
手～（小手小脚）｜起卵 [lan⁶] ～（耍赖）｜鸟屎～（麻脸；小丑貌）｜起
挽 [bban³] ～（变脸）｜起屁～（变脸）｜恶 [ao⁵] 屎～（脸冷若冰霜；耍

赖相）｜瘠［siao³］猫～（脸脏）｜背手～｜～对～｜乌暗～｜猪哥～（色相）｜阴琛［tim¹］～｜青气［ciN¹kui⁵］～（脸有煞气）｜起花～（翻脸）｜绷场～｜撑场～｜见笑～（愧色）｜对立～｜排门～｜泻体～（丢脸面）｜装门～｜见世～｜青头清［cin⁵］～｜恶［ao⁵］头清～（灰头土脸）｜（当）众人～｜闇［am¹］头歁［kam³］～｜四方八～｜当头对～（面对面）｜起瘠猫～｜油头粉～｜洗心革～｜蓬首垢～｜囚首垢～｜蓬头垢～｜忧头苦～｜鸠形鹄～｜贼头贼～｜欢头喜～｜笑头笑～｜勘［kam⁵］头勘～（不识相）｜改头换～｜撑持局～｜出头露～｜抛头露～｜牛头马～｜春风满～｜病容满～｜愁容满～｜笑容满～｜支撑门～｜蹲点跑～｜觍然人～｜网开三～｜别开生～｜有失体～｜顾全颜～｜未尝一～｜独当一～｜大头大～（大模大样而无顾忌、羞耻）｜网开一～｜忝头忝～｜庐山真～

d ①**津** 坐［ze⁶］～（沉淀使干净）**珍** 袖～｜宝～｜如数家～｜敝帚自～ ②**藤** 抛～｜揪～｜牵～｜经［giN¹］～（缠绕茎）｜垫［diam⁶］～（压条）｜宣～（攀援茎）｜武靴～｜葫芦～｜无头～｜鸡屎～｜柑仔～｜信饭～｜白饭～｜白毛～｜挽瓜揪～ **尘** 旋～（开溜）｜凡～｜风～｜浮～｜拂～｜寒～｜红～｜后～｜灰～｜离～｜流～｜前～｜洗～｜纤～｜烟～｜征～｜承［sin²］～（覆盖方帐上的薄板）｜断点～（十分干净）｜沦落风～｜满面风～｜仆仆风～｜看破红～｜步人后～｜回顾前～｜和光同～｜接风洗～ **陈** 宋～（陈皮梅）｜点～（细致）｜电～｜敷～｜开～｜胪～｜缕～｜铺～｜条～｜详～｜茵～｜水陆俱～｜乏善可～ ⑤**镇** 冰～｜城～｜集～｜市～｜乡～｜雄～｜重～｜藩～｜边～｜要～｜纸～｜府～｜山～｜坐～ ⑥**阵** 输～｜做～（结伴，一块儿）｜斗［dao⁵］～（搭帮，结伴）｜大～｜细～｜规～（整群）｜一～｜落［lao⁵］～｜散［suaN⁵］～（散伙）｜跟［de⁵］～（跟上大家）｜头～｜败～｜输～（败阵）｜敌～｜叫～｜怯～｜上～｜陷～｜疑～｜战～｜滥～（混杂在一起）｜对～（对垒）｜小～｜推［du¹］头～｜长蛇～｜背水～｜迷魂～｜做头～｜拍头～（打头阵）｜赤膊上～｜披挂上～｜冲锋陷～

t ②**滕**（斟）小～（小酌）｜食啉～（吃喝）⑤**趁** 亮［liong⁶］～（欢畅）⑥**媵**（嫁）相～（相配）｜四～（匀称）｜对～（双方般配）

l ①**轔** 抛车～（翻跟斗）②**人** 大～｜家～｜贵～｜贱～｜爱～｜仙～｜先～｜闲～｜贤～｜保～｜专～｜族～｜罪～｜鄙～｜便～｜冰～｜常～｜超～｜成～｜仇～｜传～｜蠢～｜道～｜得～｜敌～｜动～｜伊～｜宜～｜艺～｜用～｜游～｜友～｜愚～｜原～｜猿～｜哲～｜真

～｜证～｜恶～｜恩～｜凡～｜烦～｜废～｜夫～｜妇～｜个～｜古～｜贾～｜故～｜寡～｜官～｜国～｜骇～｜汉～｜何～｜后～｜佳～｜匠～｜今～｜近～｜惊～｜举～｜巨～｜军～｜可～｜快～｜诓～｜狂～｜来～｜浪～｜老～｜恋～｜良～｜猎～｜路～｜媒～｜美～｜门～｜蒙～｜名～｜明～｜牧～｜男～｜难～｜恼～｜内～｜能～｜泥～｜拟～｜佞～｜女～｜偶～｜旁～｜仆～｜前～｜强～｜亲～｜情～｜穷～｜求～｜孺～｜骚～｜商～｜上～｜神～｜生～｜圣～｜诗～｜时～｜士～｜世～｜适～｜私～｜斯～｜损～｜他～｜调～｜通～｜同～｜偷～｜外～｜完～｜妄～｜为～｜伟～｜文～｜闻～｜吾～｜武～｜喜～｜下～｜乡～｜小～｜新～｜行～｜羞～｜雪～｜雅～｜阉～｜洋～｜妖～｜要～｜中～｜主～｜醉～｜代言～｜发言～｜单徛 [kia⁶]～｜双徛～｜畏小～｜明眼～｜创始～｜代理～｜催生～｜证婚～｜奠基～｜嫂夫～｜底下～｜辩护～｜文化～｜梯己～｜牵线～｜陌路～｜读书～｜何许～｜候选～｜重新做～｜咄咄逼～｜锋芒逼～｜寒气逼～｜形势逼～｜出丑丢～｜怨天尤～｜俯仰由～｜迥不犹～｜光彩照～｜下里巴～｜丰姿照～｜后继有～｜委过于～｜嫁祸于～｜仰给于～｜假手于～｜见笑于～｜取信于～｜受制于～｜委罪于～｜秋色宜～｜后发制～｜先发制～｜楚楚动～｜哀婉动～｜以己度～｜先声夺～｜有己无～｜后继无～｜旁若无～｜目中无～｜寒气袭～｜倚势压～｜睹物思～｜自欺欺～｜依势欺～｜倚势欺～｜仗势欺～｜不乏其～｜文如其～｜字如其～｜圣诞老～｜月下老～｜借刀杀～｜暗箭伤～｜出口伤～｜以貌取～｜大量容～｜判若两～｜春色撩～｜视同路～｜悲天悯～｜作假骗～｜绝傍前～｜依傍前～｜株守前～｜因袭前～｜两世为～｜寂无一～｜委身事～｜血口喷～｜含血喷～｜御用文～｜盛气凌～｜～无完～｜志士仁～｜舍己为～｜势利小～｜息事宁～｜和易近～｜平易近～｜孤家寡～｜一鸣惊～｜治病救～｜舍己救～｜才子佳～｜泥足巨～｜达官贵～｜肝胆过～｜膂力过～｜胆识过～｜以理服～｜以力服～｜无颜见～｜唐突古～｜前无古～｜推己及～｜不甘后～

仁卵 [nng⁶]～（蛋黄）｜有 [paN⁵]～（花生米）｜生 [sing¹]～（花生米）｜白～（白眼珠）｜薏～（薏米）｜蚶～（蟹黄）｜乌～（黑眼珠）｜目（珠）～（眼珠子）｜饱～（果实肥硕）｜话～（话旨）｜无～（空洞无物）｜气～（性格乖戾）｜散 [suaN⁵]～（蛋黄散开）｜成 [sing²]～｜不～｜果～｜枣～｜同～｜涂豆～（花生米）｜纽仔～（纽扣）｜激～（抠人，钻牛角尖，乖戾）｜电（罐）～（热水瓶胆）｜镜～（镜面，镜片）｜目镜～（眼镜片）｜齿～（齿龈）｜乌（目）～（黑眼珠）｜手肚～｜胶肚～（腱

子）｜厄仔～（眸子）｜反［bing³］白～（吊白眼）｜吊白～（翻白眼）｜

反［bing³］白～（翻白眼）｜鸡卵～（鸡蛋黄）｜激五～（言语等悖理让人难

接受）｜大肪［paN⁵］～（炸花生）｜落花生～（花生米）｜为富不～｜麻

木不～｜杀身成～｜一视同～　**邻** 比～｜卜～｜地～｜芳～｜紧近

～｜旧～｜睦～｜毗～｜善～｜四～｜友～｜老亲旧～｜敦交睦～　**鄰**

～～｜清～～　**麟麒**～｜抛麒～（侧滚翻）　　**鳞鱼**～　**辚车**～～　③**恁**

（你们）　⑤**辇**（旋转）空～（空转）｜圆～（滴溜圆）｜四界～（四处转

悠）｜踅［seh⁸］箍～（盘旋）｜蚵仔～（海蛎羹）　⑥**认**记～（记号）｜食

～（承认，承担）｜辨～｜承～｜否～｜公～｜供～｜默～｜确～｜体～｜

招～｜追～｜六亲不～｜矢口否～　**吝**鄙～｜不～｜悭～　**蹒跚**～

　　z ①**津**坐～（沉淀使干净）｜渡～｜关～｜迷～｜要～｜问～｜指

破迷～｜遍体生～｜不敢问～｜无人问～｜身居要～｜位居要～｜窃据要

～　**升**屎～｜油～｜水～　**真**当～｜朴～｜清～｜率～｜天～｜童～｜

写～｜传～｜纯～｜论～（说真的；其实）｜顶～｜青～（异常较真）｜穷

～（认真说来）｜见［giN⁵］～（当真）｜逼～｜认～｜失～｜果～｜廉

～｜乱～｜生［ciN¹］～（活生生）｜～挂～（真正，真实）｜弄假成～｜

去伪存～｜剔伪存～｜返朴归～｜以假乱～　**蓁**菅［guaN¹］～　**臻**日

～　**珍**宝～　②**秦**先～　**绳**坠～（吊线）｜牵～（木工等取直线用的细

绳）｜过～（过火）｜对～（相互定睛看，凝视）｜走～（走样）｜弹［duaN⁶］

～（木工轻弹拉直线的细绳）　③**振**不～｜提～一蹶不～｜委靡不～｜

萎靡不～　**赈**助～　**震**地～｜抗～｜威～｜余～｜声威大～　**诊**出～｜

初～｜候～｜急～｜门～｜确～｜施～｜巡～｜会～｜应～　⑤**进**凹～｜

并～｜沉～｜促～｜寸～｜递～｜奋～｜改～｜干～｜后～｜混～｜激

～｜急～｜继～｜渐～｜精～｜卷～｜亢～｜跨～｜累～｜躐～｜买～｜

迈～｜冒～｜猛～｜前～｜劝～｜扔～｜塞～｜上～｜仕～｜东～｜西

～｜南～｜北～｜挺～｜突～｜推～｜先～｜并～｜分～｜行～｜幸～｜

演～｜引～｜跃～｜增～｜长～｜会～（及格）｜殆～（不及格）｜水陆并

～｜齐头并～｜知难而～｜提携后～｜奖掖后～｜循序渐～｜勇猛精～｜

突飞猛～｜高歌猛～｜闲人免～｜里出外～｜彼退我～　**晋**两～｜东

～｜西～　⑥**尽**了～（完尽）｜完～｜畅～｜大～｜殆～｜费～｜干～｜

耗～｜竭～｜净～｜历～｜罄～｜穷～｜详～｜小～｜自～｜取之不～｜

民穷财～｜一网打～｜搜罗殆～｜毁灭殆～｜详详～～｜筋疲力～｜山穷

水～｜机关算～｜无穷无～｜无止无～｜除恶务～｜扫地以～｜仁至义

~｜同归于~｜骀了骀~（无尽无休）｜算骀了~（数不胜数）

c ①**亲**公~（调解人）｜允~｜胞~｜成~｜慈~｜嫡~｜定~｜父~｜干~｜躬~｜媾~｜和~｜换~｜结~｜近~｜老~｜双~｜令~｜六~｜母~｜内~｜攀~｜牵~（攀亲）｜抢~｜求~｜娶~｜舍~｜双~｜说~｜思~｜探~｜讨~｜提~｜投~｜退~｜乡~｜省~｜血~｜姻~｜迎~｜远~｜堂~｜长~｜招~｜尊~｜做~｜至~｜袒~（偏私）｜讲~（说媒，说亲）｜求~｜外家~（外戚）｜某头~（内亲）｜䌷线~（远亲）｜䌷干~（远亲）｜二婚~｜做公~（调解人）｜任人唯~｜举目无~｜和蔼可~｜蔼然可~｜葭莩之~｜骨肉至~｜平易可~｜大义灭~｜事必躬~ ⑤**秤**够~（重量足）｜足~｜吊~｜轻~（小秤）｜大~｜细~｜磅~｜地~｜蚀［sih⁸］~（折秤）｜定盘~（盘秤）｜千斤~｜吊樌［oo¹］~ **清**（凉快）寒［guaN²］~｜秋~（凉快，爽快）｜青［ciN¹］~（凄凉，冷清）｜半烧~（半热半凉） **衬**帮~｜反~｜烘~｜环~｜陪~｜铺~｜映~ **樆**灵~

s ①**申**引~｜重~｜三令五~ **辛**悲~｜艰~｜茹苦含~｜历尽艰~ **莘**~~ **娠**妊~ **伸**欠~｜延~｜能屈能~ **身**树~（树干）｜母~（母体，娘胎）｜替~（替代人家；纸人）｜凶~｜后~｜顶（半）~（上身）｜带~（怀孕）｜过~（去世）｜落［lak⁷］~｜料~｜布~（布质）｜有［paN⁵］~（质地稀松）｜有［ding⁶］~（质地硬实）｜炮~｜重~｜空~｜揞［aN⁵］~（哈腰）｜化~｜上［siong⁶］~｜上［ziuN⁶］~（下神）｜厝~（房屋主体）｜武~｜轻~｜健~｜缚~（紧身）｜笑~｜魂~（纸人）｜翻~｜起~｜周~｜转~｜自~｜纵~｜有~（怀孕）｜抄~｜荫~（少受阳光的身躯）｜闲~（安逸）｜挺敧［tan³ki¹］~（侧身）｜拆~（分身）｜歇~（歇息）｜本~｜白（人）~｜规~（全身）｜瀺［lam³］~（身体脆弱）｜安~｜本~｜藏~｜厕~｜插［cah⁷］~｜称~｜持~｜抽~｜出~｜存~｜单~｜动~｜独~｜发~｜分~｜孤~｜合［hah⁸］~｜河~｜化~｜浑~｜可~｜老~｜卖~｜平~｜栖~｜起~｜前~｜欠~｜切~｜亲~｜洗~（洗澡）｜探~（欠身）｜人~｜容~｜肉~｜丧~｜闪~｜反［huan³］~｜反［bing³］~（翻身）｜舍~｜尸~｜失~｜赎~｜束~｜搜~｜随~｜转~｜贴~｜挺~｜通~｜投~｜脱~｜委~｜文~｜下［e⁶］~｜陷~｜献~｜修~｜萦~｜葬~｜正~｜只~｜置~｜终~｜一~｜交落［ga¹laoh⁸］~（流产）｜地牛翻~（旧称地震）｜抱憾终~｜科班出~｜行伍出~｜著作等~｜明哲保~｜奋不顾~｜惹火烧~｜引火烧~｜独善其~｜孑然一~｜验明正~｜

待罪之～ **绅**豪～｜缙～｜劣～｜士～｜耆～｜乡～ **新**尝～｜常～｜清～｜求～｜重～｜创～｜从～｜篆～｜鼎～｜履～｜弥～｜纳～｜翻～｜革～｜更～｜立～｜反 bing³]（翻新）｜时～｜靳～｜刷～｜维～｜自～｜迎～｜全～｜半旧～｜除旧更～｜万象更～｜岁序更～｜除旧换～｜破旧立～｜终古常～｜革故鼎～｜历久弥～｜花样翻～｜推陈出～｜吐故纳～｜除旧布～｜新益求～｜完好如～｜整旧如～｜弃旧图～｜厌旧喜～｜耳目一～｜修葺一～｜焕然一～｜记忆犹～｜温故知～｜熔旧铸～｜改过自～｜悔过自～ **薪**干～｜欠～｜工～｜加～｜减～｜日～｜底～｜年～｜评～｜月～｜周～｜杯水车～｜釜底抽～｜曆火积～｜曲突徙～ ②**承**（承接）手～ **神**爱～｜安～｜财～｜操～｜出～｜火～｜地～｜～～｜四～｜守～｜水～｜求～｜传～｜定～｜费～｜分～｜丰～｜鬼～｜矫～｜劳～｜留～｜门～｜凝～｜注～｜女～｜入～｜目～（眼神）｜赛～｜伤～｜失～｜淘～｜提～｜天～｜跳～｜瘟～｜巫～｜喜～｜下～｜心～｜凶～｜眼～｜养～｜里～｜精～｜面～｜送～迎接 [zih⁷] ～｜灶～｜笑～｜猪～｜醋～｜无～（失神）｜瘄 [se⁶] ～（怅惘，颓靡）｜跳～｜衰～（倒霉）｜花～（骚劲儿）｜疳～（癫狂）｜巧～（俏皮）｜颔 [dam⁵] ～｜卵 [lan⁶] ～（笨拙）｜爽～（快意，舒服）｜歇～（傻气）｜忞 [ggong⁶] ～（傻气）｜魔～（昏乱，魔怔）｜猫～（吝啬，小气）｜业～（自找麻烦而烦恼）｜起～｜有～（传神）｜讹～｜费心～｜犾 [ggin⁶] ～（恶心，厌恶；一气之下，索性）｜损 [sng³] ～（劳神，淘神）｜风（龟）～（吹牛）｜冲 [ciong¹] ～（恼火，厌恶）｜悾歕 [kam³] ～（傻气）｜好笑～（笑容可掬）｜小面～｜无头～（健忘）｜下心～｜着魔～｜猪哥～（好色之徒）｜臭臊～（好色之徒）｜大面～（无赖）｜起犾～（怅恨，嫌恶）｜叫精～（晚辈呼唤刚断气的死者）｜揪 [kiu³] 精～｜聚精会～｜炯炯有～｜进取精～｜振刷精～｜牛鬼蛇～｜～乎其～｜用兵如～｜料事如～｜操心费～｜点睛传～｜抖擞精～｜振作精～ **臣**宠～｜大～｜贰～｜功～｜奸～｜荩～｜佞～｜权～｜章～｜忠～｜老～｜钦差大～ **辰**北～｜诞～｜忌～｜良～｜生～｜时～｜寿～｜星～｜生不逢～｜日月星～ **晨**凌～｜侵～｜清～｜霜～｜翌～｜雨～｜早～ **蝇**龟 [gu¹] ～｜枯～｜胡～（苍蝇）｜金（光）胡～ ③**晒**不值一～ ⑤**信**报～｜不～｜忠～｜自～｜宠～｜电～｜笃～｜复～｜印～（政府机关的图章；干脆）｜昭～｜置～｜贺～｜黑～｜谎～｜回～｜家～｜坚～｜可～｜口～｜来～｜迷～｜溺～｜平～｜凭～｜亲～｜轻～｜取～｜确～｜深～｜失～｜守～｜书～｜私～｜死～｜送～｜听～｜通～｜透～｜威～｜误

～｜相～｜凶～｜引～｜音～｜批～（书信）｜航空～｜公开～｜匿名
～｜鸡毛～｜毫无音～｜迄无音～｜杳无音～｜不可置～｜难以置～｜通
风报～｜无征不～｜不足凭～｜破除迷～｜偏听偏～｜轻诺寡～ **讯**传
～｜电～｜简～｜鞫～｜零～｜审～｜死～｜提～｜通～｜闻～｜问～｜
喜～｜刑～｜音～｜侦～ **汛**潮～｜春～｜防～｜伏～｜凌～｜秋
～｜桃～｜鱼～｜渔～｜桃花～ **迅**奋～｜捷～ **囟**头～ ⑥**剩**出～
（剩余）**肾**护～｜补～｜凌～ **慎**不～｜谨～｜审～｜失～｜博洽矜～

g ①**矜**哀～｜骄～｜自～ ③**龛**合～ **紧**趁～（趁快）｜精～（快
捷；精灵）｜较～（快些）｜打～｜上～（最快）｜尽～｜脚～｜逼～｜要
～｜食～（吃紧）｜拼[biaN⁵]～｜当～｜赶～｜加～｜口～｜手～（手
勤快）｜松～｜抓～｜嘴～｜走～～｜行～～｜无打～｜无要～｜娭要
～｜手头～｜无宽无～｜无要无～ **谨**纯～｜恭～｜拘～｜谦～｜严
～｜勤～ **仅**不～｜～～ **觐**朝～ ⑤**擎**马～（外来语，缝纫机）

k ①**轻**骹～｜手～｜重～｜看～｜耳腔～｜重头～ ③**沠**（浅）水
～｜册～（书浅显）｜真～｜深～

gg ②**凝**（斜视，表轻视或怒视）目珠～～（眼神呆滞）⑥**狨**（厌恶，
嫌恶）顾人～（惹人讨厌）

h ②**眩**头～（头晕）｜目～（眼晕）｜羊～（癫痫）｜羊母～（羊角
风）｜乌暗～（昏晕）

Ø ①**因**病～｜成～｜近～｜诱～｜原～｜远～｜主～｜事～｜罪
～｜内～｜里[lai⁶]～｜起～｜外～｜陈陈相～｜事出有～ **洇**～～
個（他们）阮恁～（我们你们他们）**茵**绿～｜绿草如～ **姻**婚～｜联
～｜世～｜族～｜良～｜完～ **绲**线～（络子）｜车仔～（桄子）②**寅**
交～（结婚）③**引**药～（导火线）｜火～（火捻）｜纸～（纸媒儿）｜称
～｜逗～｜发～｜勾～｜汲～｜荐～｜具～｜牵～｜吸～｜小～｜援～｜
摘～｜招～｜征～｜指～｜话～｜繁征博～｜旁征博～ ⑤**印**煦～（烙
印）｜顿[dng⁵]～（盖印）｜手～｜铁～｜勘～（盖章）｜重～｜抽～｜
盗～｜大～｜叠～｜翻～｜付～｜钢～｜挂～｜脚～｜刊～｜烙～｜摹
～｜排～｜铅～｜手～｜水～｜缩～｜套～｜洗～｜血～｜影～｜复～｜
用～｜油～｜掌～｜指～｜橡奶～｜糕仔～（糕模）｜心心相～ **应**
（答话）怀～｜娭～｜无～｜七～八～ ⑥**胤**血～ **孕**包～｜避～｜怀
～｜身～｜受～

恩韵[泉]

【-ne】

ne

[g] ①根跟巾斤筋均钧 ④近　　[k] ①坤髡 ②勤芹 ③恳垦
[gg] ②银龈垠 　[h] ②痕龈* ③很狠 ⑤恨 　[Ø] ①恩殷 ③
尹允隐

春韵

【-un】

un

[b] ①奔贲分 ②嗌*（吹）　③本苯畚 ④笨[泉]　⑤粪 ⑥笨桻
[p] ①奔潘米~贲 ②盆溢翩 ⑤喷　[bb] ②文纹汶雯蚊闻门扪
③吻刎 ⑥问紊闷焖懑　[d] ①敦墩钝燉吨蹲惇 ②唇 ③盾腯盹
④钝[泉]沌[泉]囤[泉]　⑤顿 ⑥遁炖钝沌囤　[t] ①暾吞椿
②屯豚尘臀 ③独蠢⑤褪蠢*　⑥填~沙涂　[l] ①伦崙 ②沦伦崙
轮抡纶仑囵论~语润 ③懔碾忍 ⑤抡 ⑥论嫩闰润韧囵崙　[z]
①尊樽遵谆 ②存船蝉 ③撙准捘[泉]　⑤圳稕俊峻浚睃骏竣颤
⑥阵捘*（拧）　[c] ①村春皴伸 ②存 ③蠢忖 ④伸*~钱[泉]
⑤寸　[s] ①孙荪狲飧询 ②纯醇淳鹑循巡驯旬峋荀*旬*询*
③损隼榫吮恂 ⑤舜瞬逊巽 ⑥殉徇顺　[zz] ⑥闰[漳]润[漳]
韧[漳]嫩[漳]　[g] ①巾斤筋跟根军皲君莙均钧龟筠* ②群裙
拳焄*~肉骨 ③衮滚滚绲辊鲧 ④近[泉]窘[泉] ⑤艮茛棍捃 ⑥郡
近窘　[k] ①坤髡堃困昆崑鹍鲲混 ②芹群勤蜷 ③恳垦捆悃壼
阃菌* ⑤困睏　[gg] ②垠龈银 ③阮*（我们）　[h] ①分芬纷
氛雰昏婚阍熏薰燻曛醺荤勋 ②坟汾焚魂浑珲痕馄云 ③粉很狠
④混[泉]　⑤训忿粪奋混楦衅 ⑥愤恨狠分份晕诨混　[Ø] ①温
瘟蕴煴氲恩晕殷鳁 ②云芸耘纭匀筠 ③尹隐稳瘾允狁陨殒酝蚓

⑤愠酝蕴揾（沾）塭 ⑥韵晕郓运

un

b ①**分**平～｜对（半）～｜相［saN¹］～｜无～｜稛［bbai³］～｜否［paiN³］～ **奔**出～｜飞～｜急～｜狂～｜逃～｜投～｜私～｜直～ ②**嗋**（吹）乱～ ③**本**版～｜资～｜标～｜唱～｜抄～｜成～｜底～｜读～｜赌～｜对～｜翻～｜范～｜坊～｜父～｜副～｜复～｜稿～｜歌～｜根～｜工～｜够～｜股～｜孤～｜固～｜国～｜话～｜还～｜基～｜简～｜脚～｜教～｜节～｜剧～｜刻～｜课～｜亏～｜蓝～｜捞～｜老～｜秘～｜模～｜摹～｜赔～｜贴～｜善～｜折［sih⁸］～｜蚀［sih⁸］～（亏本）｜伤～（费钱，投资或消耗大）｜手～｜骹～｜拓～｜台～｜忘～｜伪～｜文～｜戏～｜写～｜选～｜血～｜母～（本金）｜选～｜赝～｜样～｜译～｜印～｜原～｜张～｜账～｜珍～｜正～｜资～｜奏～｜祖～｜自～（原本）｜在～（本来）｜了～（亏本）｜普及～｜单行～｜原原～～｜源源～～｜不惜工～ ⑤**粪**水～（尿肥）｜涂～（土肥）｜粗～｜肥～（粪肥）｜底～｜牛～｜马～｜鸟～｜袋～（草包） ⑥**笨**痴～｜蠢～｜粗～｜呆～｜鲁～｜傻～｜愚～｜拙～｜嘴～｜臭～｜口拙嘴～ **棒**粟～（谷桶）

p ①**潘**米～｜醪［lo²］～｜臭～ **贲**虎～ ②**盆**花～｜临～｜骨～｜便～｜脚～｜倾～｜（洗）浴～｜面～（脸盆）｜坐～｜柴～｜聚宝～ ③**翩**（扒拉）披～（肆意施为）｜使［sai³］～（挥霍） ⑤**喷**花～（喷壶）

bb ②**文**跋～｜白～｜榜～｜碑～｜本～｜变～｜成～｜呈～｜重～｜电～｜发～｜范～｜分～｜讣～｜公～｜古～｜国～｜和～｜换～｜回～｜祭～｜寄～｜今～｜金～｜经～｜具～｜课～｜空～｜来～｜诔～｜论～｜盲～｜明～｜铭～｜骈～｜人～｜散～｜上～｜时～｜释～｜收～｜水～｜斯～｜天～｜条～｜外～｜西～｜檄～｜戏～｜下～｜行～｜雄～｜虚～｜序～｜叙～｜衍～｜阳～｜洋～｜疑～｜译～｜逸～｜阴～｜说～｜引～｜右～｜语～｜原～｜韵～｜杂～｜载～｜征～｜正～｜中～｜汉～｜华～｜日～｜英～｜俄～｜法～｜德～｜序～｜祷～｜呈～｜全～｜志～｜籀～｜朱～｜主～｜著～｜转～｜撰～｜缀～｜拙～｜咨～｜作～｜雪［sat⁷］～（外来语，肥皂）｜甲骨～｜白话～｜文

言～｜小品～｜语体～｜应用～｜臭雪～（药皂）｜芳雪～（香皂）｜偓武

修～　纹斑～｜波～｜花～｜裂～｜条～｜笑～｜斜～｜指～｜皱～

闻丑～｜传～｜耳～｜风～｜讣～｜罕～｜旧～｜令～｜难～｜奇～｜要

～｜遗～｜逸～｜顷～｜趣～｜声～｜琐～｜听～｜见～｜习～｜新～

与～｜预～｜珍～｜奏～｜耸人听～｜秒～见～｜置若罔～｜旷古未～

前所未～｜默默无～｜湮没无～｜马路新～｜听而不～｜充耳不～｜一如

所～｜略有所～｜续有所～｜浅见寡～｜孤陋寡～｜骇人听～｜惨不忍～

③刎自～　吻唇～｜飞～｜接～｜口～｜亲～　⑥问策～｜查～｜垂

～｜答～｜打～｜叮～｜钉～｜动～｜发～｜访～｜抚～｜敢～｜顾～

过～｜诘～｜借～｜究～｜鞠～｜考～｜拷～｜叩～｜盘～｜聘～｜请

～｜审～｜试～｜探～｜套～｜提～｜推～｜慰～｜闻～｜学～｜寻～

询～｜讯～｜疑～｜音～｜责～｜质～｜追～｜自～｜反躬自～｜抚躬自

～｜扪心自～｜不闻不～｜明知故～｜毫无疑～｜不耻下～｜答非所～

闷憋～｜沉～｜愁～｜烦～｜忿～｜解～｜苦～｜纳～｜气～｜遣～｜散

～｜忧～｜郁［ut⁷］～｜室～｜糟～（烦闷）｜心～（愁闷，忧闷）｜凝重

沉～　紊有条不～　懑愤～〈轻声〉们你～｜人～｜它～｜他～｜我～

　　d　①敦憨～　墩矮～｜粗～｜肥～｜厚～　钝刀～　②唇鼎～｜

碗～｜耳～｜必～｜含［gam²］～｜缺～｜兔～｜厚～｜喙～｜窗仔

～｜目珠～　③盾后～｜矛～｜金～｜银～｜敌我矛～｜自相矛～　脮

武～　盹打～　⑤顿安～｜断～｜困～｜劳～｜赢～｜疲～｜委～｜停

～｜整～｜生计困～｜舟车劳～｜鞍马劳～｜旅途劳～　⑥钝迟～｜慢

～｜鲁～｜驽～｜顽～｜臭～｜目～｜成百利～　趸拥～　沌浑～　炖

清～　遁水～｜逃～｜隐～｜远～｜仓皇逃～

　　t　①吞并～｜独～｜鲸～｜活～｜侵～｜生～｜巴图～｜慢～

～｜蚕食鲸～　暾温～｜朝～　②屯驻～　豚猪～｜鸡～｜鸭～｜囤

［gin³］仔～（小孩）　尘鼎～｜（乌）烟～｜笤～（洗尘）　③蠢搵［un⁵]

～（愚顽执拗）　⑥填涂～｜沙～

　　l　①囵勾［giu¹]～（伸缩）　崙山埔～（山坡）　②伦经～｜绝

～｜乱～｜人～｜天～｜五～｜无～｜敦～｜常～｜比拟不～｜拟于不

～｜荒谬绝～｜美艳绝～｜超群绝～｜英勇绝～　沦沉～　崙涂～（土

埔）｜沙～（沙丘）｜山～｜浮～（沙洲）　轮班～｜地～｜扶～｜光

～｜巨～｜客～｜货～｜渡～｜邮～｜渔～｜滑～｜两～｜耳～｜火～｜

独～｜车～｜三～｜年～｜日～｜月～｜腿～｜脱～｜转［dng³]～｜伸

［cun¹］～（伸懒腰）　圁圆～｜　润肥～｜幼～｜油～｜渍［ci²］～｜湿

～　纶纷～｜经～｜复杂纷～｜满腹经～　③忍强～｜魟～｜坚～｜容

～｜吞～　碾石～　懔会～｜魟～　⑤坅涂～｜山～　⑥嫩脆～｜粉

～｜娇～｜面～｜青～｜柔～｜甜～｜细～｜幼～｜鲜～｜稚～｜软～

韧筋～（坚韧）｜软～（柔韧）｜咸涩～（吝啬，小气）　润油～｜幼～

（细润）｜肥～｜渍～（潮湿）｜分～｜丰～｜光～｜红～｜滑～｜浸～｜

朗～｜利～｜腻～｜湿～｜温～｜细～｜圆～｜滋～｜双糕～（一种糕

点）｜珠圆玉～　闰三年一～　论罢～｜辩～｜并～｜不～｜策～｜持

～｜说～｜导～｜定～｜泛～｜概～｜高～｜公～｜瞽～｜怪～｜弘～｜

宏～｜互～｜遑～｜讲～｜结～｜考～｜空～｜理～｜立～｜文～｜歪

～｜妙～｜谬～｜目～｜评～｜社～｜申～｜时～｜试～｜谈～｜讨～｜

通～｜推～｜无～｜狃～｜序～｜绪～｜言～｜议～｜迁～｜舆～｜争

～｜正～｜政～｜总～｜比～（比方）｜算～（计算）｜相对～｜循环～｜

唯理～｜宿命～｜无神～｜有神～｜唯物～｜先验～｜一元～｜另当别

～｜相提并～｜存而不～｜格杀勿～｜长篇大～｜泛泛而～｜一概而～｜

平心而～｜好为高～｜放言高～｜高温宏～｜高谈阔～｜格杀勿～｜姑置

勿～｜大发议～｜社会舆～｜浮泛之～｜肤泛之～｜不刊之～｜不可知

～｜凿空之～｜浮夸之～｜迂阔之～｜一偏之～｜持平之～｜违心之～｜

诛心之～｜不易之～　圁拉～（微微）　崙沙～（沙坡）｜涂～（小土坡）

　　z　①尊令～｜年～｜屈～｜天～｜自～｜大～｜族～｜独～｜席

～｜家～｜道～｜惟我独～　遵恪～｜凛～　谆言者～～　②存保～｜

并～｜残～｜长～｜储～｜封～｜共～｜苟～｜滚～｜惠～｜积～｜集

～｜寄～｜结～｜仅～｜库～｜留～｜盘～｜生～｜图～｜温～｜下～｜

现～｜幸～｜依～｜余～｜贮～｜片甲不～｜万古长～｜浩气长～｜一息

尚～｜救亡图～｜荡然无～｜片瓦无～　船茶～（茶托）｜袜～｜起～｜

浮～（夏船）｜抛～｜大～｜班～｜缚［bak⁸］～（包船）｜拖～｜行～｜

划［go⁵］～｜倚～（搭脚儿）｜飞～｜火（烟）～～｜驶～｜眩～（晕

船）｜电～（火轮）｜篷～（帆船）｜落～（上船，下船）｜战～（军舰）｜

讨鱼～（渔船）｜讨海～（渔船）｜墨贼～（海螺蛸）｜爬龙～（划龙舟）

蝉蟷枅～（知了）　③准允～（准许）｜照～｜凭～｜定～｜相［siong⁵］

～｜换～｜掠～（以为）｜标～｜不～｜对～｜核～｜获～｜基～｜校

～｜隆～｜瞄～｜批～｜水～｜邀～｜以此为～　搏节～　⑤颤呵［si⁶］

呵～｜觳［kok⁸］觳～｜筘［kauh⁸］筘～｜滚懔～（打颤）　圳水～

俊才～｜清～｜英～　**浚**疏～｜修～　**峻**巇～｜陡～｜高～｜冷～｜清
～｜险～｜雄～｜严～　**竣**告～｜完～　⑥**阵**雨～｜时～｜有时～｜即
～（这时候）｜做～（分娩前的阵痛）｜催～｜歇～（歇会儿）｜即（时）
～｜迄～（那时）｜逐时～（时时）｜拄时～（碰上时候）｜照时～（按
时）｜无时无～｜甚物时～　**搂**（拧）颔～｜鸡颔～（鸡脖子）｜滚憷～
（打颤，蜷曲）

c　①**伸**出～（剩余）｜有～｜勾～｜无～　**春**播～｜珠～｜插
～｜饭～｜怀～｜开～｜立～｜暮～｜青～｜三～｜伤～｜新～｜阳～｜
迎～｜行～｜插～（插春花）｜早～｜仲～｜韭菜～｜小阳～｜着手成
～｜枯木逢～｜大地回～｜妙手回～｜永葆青～｜温暖如～｜踏青寻～
村农～｜撒～｜山～｜乡～｜三家～　②**存**相～（互相尊重）｜尊～（敬
重）　③**忖**思～｜自～　**蠢**愚～　⑤**寸**尺～｜方～｜分～｜头～｜市～｜
英～｜积铢累～

s　①**孙**大～｜外～｜祖～｜里［lai⁶］～｜团［giaN³］～（子
孙）｜鸡～（龟孙子；吝啬鬼）｜公～｜妈～（仔）｜儿～｜徒～｜族～｜
王～｜玄～｜曾～｜长～｜叔～｜尾～｜侄～｜子～｜查某～（孙女，侄孙
女）｜橄榄～｜油柑～｜话仔话～｜炎黄子～｜徒子徒～｜不肖子～｜骹
目仔～｜含饴弄～｜子子孙～｜孝子贤～｜外家查某～（仔）　②**询**查
～｜征～｜垂～｜探～｜质～｜咨～　**纯**单～｜清～｜提～｜邃密周～
巡重［ding²］～（双眼皮）｜饶～｜必～｜出～｜逡～｜梭～｜无重～
旬年～｜饭～（饭食）｜做～｜七～｜初～｜兼～｜上～｜顶～｜下
～｜中～　**峋**嶙～｜瘦骨嶙～｜怪石嶙～　**循**～～｜因～｜遵～｜人事
因～　**驯**温～｜雅～｜桀骜不～　**淳**憨～　**醇**清～　③**损**贬～｜海～｜
耗～｜亏～｜磨～｜破～｜消～｜嘴～｜有益无～　**隼**鹰～　**榫**斗（落）
～空｜对～｜称～｜落～｜有空无～｜激空激～｜假空假～｜生空生
～　**笋**芦～｜春～｜冬～｜麻～（毛笋）｜茭白～｜雨后春～　**恂**青
［ciN¹］憷～（惨白）｜交［ga¹］憷～（寒战）｜青～～　⑤**逊**卑～｜不
～｜略～｜谦～｜稍～｜傲慢不～｜出言不～　**舜**尧～　**瞬**一～｜转～
⑥**顺**循～｜耳～｜恭～｜归～｜和～｜平～｜柔～｜随～｜通～｜婉
～｜温～｜降～｜孝～｜驯～｜逊～｜依～｜忠～｜笔～｜文从字～｜百
依百～｜安常处～｜一帆风～｜温和柔～｜文理通～｜名正言～｜风调雨
～｜字通句～

g　①**斤**一～｜斧～｜千～　**君**暴～｜帝～｜夫～｜国～｜昏～｜

乱～｜灶～｜欺～｜幼～｜人～｜令～｜先～｜郎～｜灶～　**军**白～｜
红～｜裁～｜参～｜充～｜从～｜大～｜敌～｜殿～｜督～｜匪～｜孤
～｜冠～｜海～｜挥～｜魔～｜将～｜进～｜禁～｜异～｜殿～｜季～｜
犒～｜空～｜扩～｜劳～｜联～｜陆～｜叛～｜配～｜全～｜荣～｜三
～｜守～｜兽～｜水～｜随～｜投～｜顽～｜伪～｜我～｜行～｜亚～｜
友～｜国～｜乱～｜拥～｜援～｜常备～｜后备～｜国防～｜解放～｜正
规～｜飞将～｜生力～｜主力～｜同盟～｜火头～｜近卫～｜急行～｜强
行～｜义勇～｜志愿～｜野战～｜娘子～｜童子～｜溃不成～｜横扫千～

　　均平～｜人～　**钧**陶～｜一发千～｜力重千～｜雷霆万～　**根**开～｜
（性）命～｜钱～｜（喙）齿～｜钉～（扎根）｜草～｜克～（甘愿，舍
得）｜病～｜侧～｜除～｜祸～｜生～｜银～｜扎～｜追～｜刨～｜哺舌
～（嚼舌根）｜会克～（甘愿，舍得）｜䀵克～（不甘愿，舍不得）｜一条～
（草药）｜喙齿～｜摧［dioh⁷］舌～｜齿龈～｜茅仔草～｜铲草除～｜剪
草除～｜叶落归～｜咬齿龈～　**筋**板～｜血～（血管）｜纠～｜虬［kiu²］
～（抽筋）｜挽～｜掠～（推拿）｜搝［giuh⁷］～｜抽～｜脑～｜箬
［hioh⁸］～（叶脉）｜领仔～｜颞边～｜动脑～｜伤脑～｜死脑～｜抽沙
～　**巾**面～｜桌～｜腰～｜领～｜床～｜鞅［iang⁶］～｜领～｜领～｜
头～｜披～｜脚～｜纸～｜手～（仔）｜纶～｜领～｜涂骹～｜被头～｜
桌布～｜羽扇纶～　**跟**后～｜骹～　②**裙**被～｜裤～｜短～｜衫～｜连
衣～｜迷你～｜围身～｜油身～｜荆钗布～　**群**落～｜超～｜合～｜机
～｜人～｜随～｜咬～｜逸～｜原始～｜兄弟（仔）～｜卓尔不～｜三五
成～｜鹤立鸡～　**拳**抱～｜猜～｜花～｜划～｜擂～｜老～｜空～｜铁
～｜握～｜行～｜喝～（猜拳）｜拍～（头）（打拳）｜少林～｜太极～｜五
祖～｜赤手空～　③**滚**颔～（脖子）｜奢［ciang²］奢～（滚沸，沸腾）｜摽
［bio¹］～｜绞～（闹腾）｜打～｜翻～｜肥～～｜热～～｜圆～｜哗哗
～｜芳［pang¹］～～｜急流～～　**衮**～～｜画～　⑤**棍**党～｜赌～｜恶
～｜拐～｜夹～｜讼～｜土～｜学～｜光～｜缴～（赌棍）｜神～（神
乩）｜流氓土～　⑥**近**挨～｜逼～｜凑～｜附～｜迹～｜将～｜接～｜就
～｜靠～｜促［cik⁷］～（贴近，靠近）｜邻～｜临～｜迫～｜浅～｜切
～｜亲～｜四～｜贴～｜晚～｜相～｜新～｜以～｜远～｜最～｜左～｜
搭～｜倚～（靠近）｜在～（就近）　**窘**枯～｜困～｜艰～｜受～｜文思
枯～｜艰难困～

　　k　①**髡**（刮）刀～｜　**昆**后～　**鲲**鲸～　**坤**乾～｜扭转乾～｜

旋转乾～ ②**蜷**草～（草堆）｜弯～｜蝹～（蜷曲）｜叠～｜温轮～｜骸叠
～（盘腿） **勤**出～｜地～｜后～｜考～｜空～｜内～｜缺～｜手～｜外
～｜辛～｜殷～｜战～｜执～｜值～｜忠～｜献殷～｜四体不～ ③**捆**麦
～｜柚［diu⁶］～ **垦**军～｜开～｜屯～｜围～ **恳**诚～｜敬～｜勤
～｜仰～｜转 **悃**谢～｜忠～ **阃**阃～｜令～ **菌**细～｜菇～ ⑤**睏**
爱～｜歇～（歇息）｜好～｜否～｜觞～｜无～｜势～｜覆［pak⁷］咧～
（伏睡）｜倒咧～｜坐咧～｜徛［kia⁶］咧～｜反覆［bing³pak⁷］～｜挺
［tan³］覆～｜挺敧［ki¹］～｜唔［ooN²］唔～ **困**乏～｜艰～｜交～｜
窘～｜贫～｜穷～｜围～｜慵～｜坐～｜扶危济～｜内外交～

　　gg ②**银**大～｜库～｜批［pue¹］～｜钱～｜定～（定金）｜白
～｜烧～（烧冥纸）｜纹～｜足～｜龙仔～｜鹰仔～ **垠**无～｜浩瀚无
～｜一望无～ ③**阮**（我们）

　　h ①**分**百～｜比～｜春～｜得～｜瓜～｜划～｜化～｜积～｜微
～｜工～｜余～｜学～｜群～｜公～｜多～｜考～｜等～｜时～｜条～｜
计～｜记～｜均～｜满～｜平～｜评～｜秋～｜区～｜十～｜万～｜夜
～｜处～｜预～｜秋～｜春～｜八［bat⁷］～｜够～｜十二～｜皂白不
～｜泾渭不～｜难解难～｜有口难～｜难舍难～｜秋色平～｜入木三～｜
焦急万～ **芬**清～ **纷**缤～｜～～｜纠～｜乱～～｜五彩缤～｜五色缤
～｜落英缤～｜议论～～｜排难解～ **氛**气～ **雾**雨雪～～ **熏**火～｜
臭火～｜断火～ **薰**炙～｜火～｜水～｜熟～｜红～（旱烟）｜厚
［gao⁶］～（旱烟）｜嗍［suh⁷］～｜食～｜乌～（鸦片）｜蟆～（蚊香）｜
鸦片～｜条丝～（水烟）｜草［co³］喙～｜车仔～（香烟） **醺**醉～～
勋功～｜奇～｜授～｜殊～｜元～｜开国元～ **昏**晨～｜发～｜黄
血～（崩症） **荤**开～｜冷～｜五～ **婚**成～｜重［diong²］～｜初～｜
订～｜悔～｜结～｜金～｜赖～｜离～｜求～｜闪～｜群～｜通～｜退
～｜完～｜合～｜晚～｜晏［uaN⁵］～｜未～｜新～｜许～｜已～｜银
～｜再～｜早～｜纸～｜主～｜二～｜抢～｜旅行结～｜燕尔新～ ②**坟**
上～｜祖～ **焚**自～｜玉石俱～｜心急如～｜五内如～｜忧心如～｜玩
火自～ **痕**手～｜脚～｜额齰［ziaN³］～（额头纹）｜花～｜破～｜暗
～｜勒～｜裂～｜蚀～｜缺～｜拗～｜必～｜皱［liao²］～｜斑～｜瘢
～｜创～｜弹～｜刀～｜泪～｜血～（血迹）｜褶［zih⁷］～｜含［gam²］
～（裂痕）｜裂～｜伤～｜污～｜印～｜皱～｜斧凿～｜头额～｜掌头仔
～（指纹） **云**乌～｜密～｜彩～｜风～｜遮～｜愁～｜残～｜飞～｜断

～｜孤～｜碧～｜浮～｜高～｜凌～｜青～｜疑～｜阴～｜战～｜行～｜
烟～｜浓～｜白～｜高唱入～｜高耸入～｜响遏行～｜壮志凌～｜不知所
～｜人～亦～｜渺若烟～｜平步青～｜叱咤风～｜不测风～｜风卷残～｜

魂 勾～｜鬼～｜国～｜海～｜还～｜惊～｜灵～｜梦～｜神～｜销～｜消
～｜艺～｜断～｜夜～｜心～｜乡～｜失～｜游～｜孤～｜阴～｜英～
幽～｜冤～｜招～｜散～｜神～｜回～｜引～｜亡～（仔）（鬼魂）｜无神
～（失魂落魄）｜民族～｜借尸还～｜扬幡招～ **浑**苍～｜搅～｜雄～｜
圆～｜把水搅～ ③**粉**涂～（灰尘）｜灰～｜肥～｜花～｜胖～｜水～｜
面［bbin^6］～｜麵～｜芳～｜米～｜炊～｜卵［nng^6］～（蛋粉）｜兜
～｜冬～｜发～（焙粉）｜齿～（牙粉）｜金～｜傅～｜斋～｜抹～｜受
～｜授～｜脂～｜红～｜药～｜铅～｜米～｜滑～｜芡～｜拍～｜搓
［so^1］～｜烟～｜爽身～｜味素～｜胡椒～｜太白～｜番薯～｜涂沙米～
（沙尘）｜涂脂抹～ ⑤**训**古～｜校～｜遗～｜整～｜集～｜家～｜教～
反～｜冬～｜庭～｜严～｜音～｜遗～｜守～｜互～｜军～｜轮～｜培
～｜受～｜因袭古～｜不足为～ **忿**不～｜～～｜脑～ **屼**挑～｜启
～寻～ **檀**帽～｜鞋～ **奋**发～｜感～｜激～｜亢～｜勤～｜兴～｜
振～｜群情激～ **混**鬼～｜含～｜搅～｜蒙～｜胡～｜浑～｜厮～ ⑥
分（份）等～｜股～｜年～｜全～｜省～｜县～｜月～｜荫［im^5］～｜
穷［king^2］～（计较）｜讨～｜生［siN^1］～（陌生）｜认～｜惜（本）
～｜安～｜辈～｜本～｜部～｜才～｜成～｜充～｜非～｜福～｜过～｜
过～｜名～｜情～｜身～｜时～｜水～｜天～｜养～｜应～｜逾～｜缘
～｜职～｜自～｜惊生～｜正名定～｜安安～～｜恰如其～｜有失身～

愤悲～｜发～｜～～｜感～｜公～｜激～｜民～｜气～｜余～｜众～｜愁
～｜震～｜私～｜泄～｜羞～｜义～｜忧～｜幽～｜怨～｜激于义～
恨懊～｜抱～｜怅～｜仇～｜忿～｜愤～｜含～｜憾～｜怀～｜悔～｜恚
～｜嫉～｜记～｜解～｜旧～｜可～｜愧～｜恼～｜痛～｜衔～｜泄～｜
雪～｜遗～｜饮～｜怨～｜憎～｜厌～｜拾［kioh^7］～（怀恨）｜深仇大
～｜家仇国～｜新仇旧～｜报仇雪～｜终天之～ **狠**发～｜凶～｜恶～
～｜争强斗～ **诨**打～｜插科打～

Ø ①**恩**报～｜感～｜洪～｜开～｜谢～｜思～｜皇～｜沐～｜深
～｜天～｜圣～｜受～｜仁～｜厚～｜活命之～｜救命之～｜知遇之～
殷殷～｜欢寡愁～｜辞情般～ **温**保～｜常～｜重～｜恒～｜降～｜升
～｜气～｜水～｜湿～｜加～｜减～｜地～｜调～｜体～ **瘟**春～｜暑

～｜鸡～｜猪～｜冬～ **鳁**溪～ **缊**缊～ **煴**烟～ **氲**氲～ ②**匀**均
～｜调～｜亭～｜停～｜沙～｜早～｜字～｜下［e⁶］～｜老～（老
辈）｜顶～｜字～（字辈，辈分）｜落［loh⁸］～｜禈［ziao²］～ **云**行～
（云游，散步）**芸**～～ **纭**纷～｜纭～｜众说纷～｜聚讼纷～｜头绪纷
～ **耘**耕～｜春耕夏～ ③**尹**府～｜道～ **允**应～｜容～｜俯～｜公
～｜慨～｜平～｜俞～｜中～ **殒**香消玉～ **隐**恻～｜晦～｜民～｜退
～｜隐～｜探颐索～｜远山～～｜难言之～ **稳**在～｜保～｜包～｜抱
～｜安～｜四平八～｜把～｜沉～｜工～｜牢～｜平～｜稳～｜手不～｜
安安稳～｜十拿九～｜平平稳～ **蚓**涂～（蚯蚓）｜猴～（蚯蚓）⑤**愠**
不～ **揾**（沾）手～ **塭**鱼～（鱼池）**蕴**底～｜含～｜精～｜意～ ⑥
运搬～｜背～｜驳～｜财～｜调～｜厄～｜贩～｜国～｜海～｜空～｜陆
～｜航～｜河～｜红～｜鸿～｜机～｜集～｜客～｜货～｜联～｜陆～｜
霉～｜民～｜命～｜农～｜工～｜学～｜盘～｜启～｜起～｜气～｜时
～｜水～｜营～｜家～｜灵～｜劫～｜禁～｜恶～｜倒～｜停～｜代～｜
托～｜驮～｜幸～｜押～｜应～｜转～｜装～｜走～｜字～｜补～｜改
～｜好（字）～｜衰～｜否［paiN³］（字）～｜转～｜行［giaN²］～｜出
～｜福～｜跛字～（赌命运）**韵**步～｜词～｜次～｜叠～｜丰～｜古
～｜今～｜风～｜和～｜气～｜骚～｜神～｜诗～｜叶［hiap⁸］～｜压
～｜押～｜合～｜阳～｜逸～｜阴～｜余～｜喉～｜入声～｜阳声～｜阴
声～｜中州～｜松声竹～ **晕**日～｜月～

12. 安全韵

【-an，-ian，-uan】

丹韵

【-an】

an

［b］①班斑颁扳般～配搬 ②片［泉］便～宜瓶贫～惰［泉］③板版版
版坂扳～手 ⑤扮 ⑥办瓣范扮 ［p］①攀番～禺（地名）⑤盼攀判

[bb] ②蛮闽鳗馒 ③挽 ⑥万蔓曼缦熳谩漫慢幔馒* [d] ①丹单郸箪瘅*殚吨* ②弹坛檀亭陈瑱 ③等掸疸 ⑤旦瘅诞蛋钉盯*叮* ⑥但惮弹诞昼 [t] ①滩摊瘫蜒 ③坦袒疸黄~ 挺~直忐*毯* ⑤叹炭碳澶趁~钱 [l] ①跤*手~（手茧） ②兰栏拦阑澜斓难困~鳞零~星 ③懒咱*赧 ④卵（阴茎） ⑥难患~烂卵 [z] ①层曾（姓）噌 ②残努层 ③盏攒赞* ⑤赞攒酂站*~岗栈 ⑥赠（帮助） [c] ①餐呻 ②残潺塍（田）* ③铲 ⑤灿粲璨衬~布 [s] ①山舢删珊姗跚潸星零~ ③产散瘗（瘦）瘦* ⑤散汕讪疝伞* [g] ①干玕肝竿奸杆艰矸*酒~间萱 ③敢杆秆擀赶柬*蚬东拣简裥娴*查某~ ⑤姦*干旰间~接谏涧铜赣* [k] ①刊悭看牵 ③侃 ⑤看 [gg] ②颜严*（冷） ③眼 ⑤彦 ⑥岸豻雁赝彦谚唁吊~ [h] ①顸鼾番~薯 ②寒韩闲娴痫樊~梨花（人名）顸 ③罕喊* ④旱限 ⑤汉暵 ⑥翰瀚捍汗焊悍旱限 [Ø] ①安鞍氨桉垵 ②恒（紧） ③安*~尔（这样） ⑤案按晏

an

b ①斑乌~|~~|光~|汗~|雀~|日~|寿~|锈~|朱~|白~|黄~|色~|血~|一~|血迹~~|血渍~~|可见一~|略见一~ 班续[sua⁵]~|透~|落[loh⁸]~|落[lak⁷]~|落[lao⁵]~|大~|细~|共~|曶[siang²]~|京~|插~|搭~|倒~|顶~|跟~|航~|换~|加~|交~|接~|科~|领~|留~|轮~|排~|日~|上[siong⁶, ziuN⁶]~|升~|替~|跳~|同~|脱~|晚~|戏~|下[ha⁶]~|下[e⁶]~|歇~|夜~|晏[uaN⁵]~|早~|中~|坐~|尾~|快~|慢~|开~|掌~|值~|按部就~ ②瓶茶~|花~|酒~|电~|药~|水~|滚水~ ③板油~|跙~（滑板）|天罗~（天花板）|门扇~|有~（有本事）|寿~|接~|乌~（黑板）|坚[zu⁶]~（垫板）|过~（过关；过门儿）|无~（无本事）|败~|畅~（愉快，高兴）|嚷~（高兴，欢快，含幸灾乐祸意味）|正~|呆~|古~|刻~|老~|露~|拍~|身~|死~|跳~|铁~|手~|锌~|钢~|甲~|脚~|铅~|床~|光~|倒~|快~|木~|柴~|图~|石~|翻~|闸[zah⁸]~|墙~|慢~|地~|叫~|大~|小~|竹~|蜡~|样~|走~|腰~|死~~|无败~|执

死～｜亚铅～｜老古～｜死死～～｜一字一～｜离弦走～　**坂**如九走～

版重［ding²］～｜出～｜初～｜底～｜翻～｜绝～｜木～｜平～｜头～｜原～｜再～　⑥**扮**打～｜改～｜假～｜装～｜穿戴打～｜乔装打～｜梳妆打～　**范**人［lang²］～｜外～｜才～｜合［hah⁸］～｜好～｜样～｜货～｜够～｜大～｜配～｜中～｜出～｜倚［ua³］～｜胀～｜衫～｜比～｜无～｜激大～｜团婿～｜中套仔～　**办**帮～｜包～｜备～｜采～｜查～｜承～｜惩～｜筹～｜创～｜促～｜代～｜督～｜法～｜仿～｜公～｜官～｜合～｜缓～｜伙～｜兼～｜交～｜接～｜究～｜举～｜开～｜买～｜民～｜拿～｜难～｜商～｜试～｜停～｜托～｜协～｜兴～｜严～｜押～｜照～｜置～｜重～｜主～｜酌～｜总～｜存［cun²］～｜否～｜一手包～｜首恶必～｜撤职查～｜公事公～｜依法究～｜呫嗼立～｜文化买～｜撤职押～｜碍难照～｜万难照～　**瓣**花～｜七棱八～｜心香一～

p　①**攀**登～｜高～｜高不可～　⑤**判**送［song⁵］～（傻里傻气；大手大脚）　**襻**纽仔～

bb　②**蛮**拗～｜横～｜边～｜凶～｜刀～｜山～｜荒～｜野～｜闽八～｜　③**挽**牵～（耐力，承受力）｜硬～（硬撑）　⑥**万**一～｜巨～｜千～｜万～｜亿～｜成千累～｜挂一漏～｜成千上～　**慢**早～｜含～（反应迟钝，拖沓）｜傲～｜迟～｜怠～｜高～｜缓～｜减～｜简～｜较～｜快～｜紧～｜且～｜轻～｜侮～｜～～　**漫**汗～｜烂～｜浪～｜～～｜弥～｜迷～｜散～｜山花烂～｜天真烂～｜散散～～｜长夜～｜烟雾弥～｜硝烟弥～　**蔓**根～｜枝～｜滋～　**缦**烂～　**熳**烂～

d　①**单**简～｜不～｜买［mai⁶］～｜～～｜简简～～　**丹**国～｜炉～｜恒～｜炼～｜灵～｜牡～｜书～｜仙～｜万应灵～｜丸散膏～　**瘅**结～｜鸭仔～｜囝［ggin³］仔～　②**弹**重～｜动～｜讥～｜乱～｜抨～｜导～｜飞～｜流～｜炮～｜实～｜投～｜铳～｜炸～｜氢～｜核～｜原子～｜信号～｜烟幕～｜旧调重～｜老调重～　**檀**旃～　**亭**册～｜雨～｜石～｜茶～　**陈**姓～　**瞋**雷～｜风～｜拍～（打响）｜拍艙～（打不响）｜耳腔［kang¹］～（耳鸣）　③**等**较～｜小～｜艙～｜当～（守候，伺机）　⑤**诞**圣～｜怪～｜放～｜华～｜荒～｜寿～｜夸～｜虚～｜冥～　**蛋**皮～｜捣～｜滚～｜混～｜完～｜笨～｜当～　**盯**目～　**旦**彩～｜达～｜毂～｜花～｜撒～｜老～｜文～｜武～｜一～｜元～｜正～｜通宵达

～｜枕戈待～｜坐以待～｜信誓～～｜毁于一～ ⑥**但**不～｜非～｜岂～

诞放～｜怪～｜华～｜荒～｜夸～｜冥～｜圣～｜寿～｜虚～ **惮**忌

～｜肆无忌～

t ①**瘫**蜷～｜风～｜偏～ **蛏**跷 [ngiaoh⁷] ～｜**娆** [hiao⁵] ～｜

排面～｜铺面～ ③**坦**挺 **毯**毛巾 **袒**偏～｜左～｜左右～ ⑤**叹**怨

～｜哀～｜悲～｜长～｜感～｜浩～｜嘉～｜嗟～｜惊～｜慨～｜喟～｜

兴～｜咏～｜赞～｜慨然长～｜喟然长～｜连声称～｜长嗟短～｜长吁短

～｜一唱三～｜望洋兴～ **炭**冰～｜枯～｜雪中送～｜生灵涂～ **趁**讨

～｜散～｜嚷～｜四～｜顺～｜合仔～

l ①**跲** (趼) 厚～｜结～ (结趼)｜骹～ (脚趼)｜手～ (手趼)

②**鳞**花～｜鱼～｜青～ **剺** (弄断，削) 刀～ **兰**剑～｜福～｜春～｜金

～｜马～｜木～｜玉～｜芝～｜龙舌～｜紫罗～ **拦**截～｜遮～｜阻～

栏存～｜勾～｜凭～｜桥～｜通～｜栅～｜专～ **阑**岁～｜夜～ **澜**

安～｜波～｜狂～｜漪～｜力挽狂～｜推波助～ **斓**斑～｜色彩斑～｜

五彩斑～｜五色斑～ **难**碍～｜烦～｜繁～｜犯～｜费～｜高～｜艰

～｜困～｜两～头｜为～｜畏～｜万～｜作～｜进退两～｜勉为其

～｜强人所～｜左右为～｜排除万～｜千～万～ ③**咱*** 有～｜无～ **懒**

发～｜疏～｜酸～｜偷～｜心灰意～ **赧**羞～ ⑥**卵** (多为粗鄙语) 碍～｜

(粗鄙语，意为故意作对)｜猫～ (意为吝啬)｜卬 [duh⁷] ～ (迟钝笨拙)｜

煞 [suah⁷] ～｜㤉 [gge²] ～｜𥄂 [ggin⁶] ～｜冲～｜齪 [cak⁸] ～｜

歁 [kam³] ～｜含 [gam²] ～｜神～｜假歁～｜画虎～ (鬼画符)｜裼裤

～ (裤子脱光；赤身裸体) **难**被～｜避～｜辩～｜驳～｜大～｜刁～｜发

～｜非～｜赴～｜国～｜海～｜患～｜急～｜救～｜苦～｜雁～｜留～｜

论～｜落～｜～～｜磨～｜魔～｜内～｜受～｜死～｜逃～｜脱～｜危

～｜殉～｜疑～｜遇～｜灾～｜遭～｜责～｜阻～｜三灾八～｜政治避

～｜扶危急～｜分忧解～｜救苦救～｜阻挠留～｜毁家纾～｜质疑问～｜

三灾五～｜幸免于～｜急人之～

z ①**层**后～ (齿)｜前～ (齿) **晋**揭 [giah⁷] ～ ②**层**篮～ (盛

器)｜涂～｜表～｜底～｜断～｜高～｜基～｜夹～｜阶～｜上～｜深

～｜下 [ge⁶] ～｜楼～｜顶～｜悬 [guaiN²] ～｜下 [he⁶，e⁶] ～｜中

～ **努**刀～ ③**赞** (好) 真～ ⑤**赞**参～｜称～｜夸～｜盛～｜翊～｜咏

～｜极口称～｜交口称～｜连声称～ **攒**积～ **栈**石～｜客～｜行～｜

货～｜恋～｜徛仔～｜岑堆～｜楼梯～ ⑥**赠**助～｜帮～ (帮助)

c ①呻哎～｜㤭饱～｜哀哀～｜哼［haiN¹］哼～　餐会～｜进～｜就～｜聚～｜快～｜圣～｜素～｜晚～｜午～｜野～｜夜～｜早～｜中～｜西～｜加～｜佐～｜露宿风～｜秀色可～｜尸位素～②残粗～｜病～｜摧～｜凋～｜伤～｜凶～　塍（田）好～｜否［paiN³］～｜水～｜溇［lam⁵］～（烂泥田）｜瘴～｜山～｜烤～｜犁～｜作［zoh⁷］～｜浸～｜曝～｜洼～｜播～⑤灿光～｜名～｜光～｜黄～｜金～｜明～～　粲博～　璨璀～　衬陪～｜映～｜播～｜帮～｜反～｜烘～｜铺～｜环～

s ①山出～｜保～｜冰～｜朝～｜隔～｜关～｜河～｜江～｜开～｜靠～｜矿～｜假～｜深～｜泰～｜童～｜雪～｜名～｜出～｜积土成～｜名川大～｜放虎归～｜纵虎归～｜半壁江～｜锦绣河～｜开门见～｜半壁江～｜铁打江～｜调虎离～｜逼上梁～｜寿比南～｜万水千～｜绿水青～｜铁案如～｜执法如～｜堆积如～｜铁证如～｜恩重如～｜名落孙～｜安如泰～｜稳如泰～｜重于泰～｜叠石为～｜日薄西～｜日衔西～｜愚公移～　删增～　星零［lan²］～｜扶［poo²］零～｜零［lan²］零～　珊阑～｜意兴阑～｜春意阑～　蹒跚～　潸～～｜泪～～③产业～｜破～｜包～｜变～｜财～｜超～｜出～｜催～｜地～｜定～｜动～｜丰～｜公～｜国～｜海～｜野～｜恒～｜家～｜减～｜临～｜流～｜名～｜亩～｜难～｜逆～｜年～｜破～｜欠～｜日～｜生～｜盛～｜水～｜私～｜特～｜停～｜投～｜土～｜脱～｜物～｜小～｜富～｜遗～｜渔～｜月～｜早～｜增～｜助～｜资～｜祖～｜小生～｜再生～｜乌焦～｜倾家荡～｜优质高～⑤散起～（不顾一切，壮着胆子蛮干，铤而走险）｜跋［buah⁸］～｜发～｜放［hong⁵］～｜分～｜涣～｜解～｜溃～｜扩～｜离～｜流～｜弥～｜披～｜疏～｜舒～｜四～｜松～｜逃～｜逸～｜云～｜遣～｜失～｜消～｜星～｜阴魂不～｜不见不～｜一哄而～｜不欢而～｜好说好～｜魂飞魄～｜如鸟兽～｜云消雾～｜烟飞云～｜风流云～｜烟消云～｜妻离子～

g ①干裢～｜涸～｜阑～｜若～｜瘦～｜天～｜无～｜相～｜阴～｜不相～｜星斗阑～｜墨迹未～｜墨渖未～｜乳臭未～｜口血未～｜了不相～｜外强中～｜唾面自～　间日～｜此～｜坊～｜行～｜居～｜空～｜里～｜民～｜年～｜期～｜其～｜人～｜舍～｜时～｜世～｜瞬～｜套～｜田～｜跳～｜外～｜晚～｜乡～｜阳～｜夜～｜阴～｜中～｜酒吧～｜混时～｜霎时～｜人世～｜转瞬～｜亭子～｜字里行～｜踬足其～｜

涉足其～｜黄金时～｜咫尺之～｜造次之～｜刹那之～｜疑似之～｜俯仰之～｜须史之～｜弹指之～　**矸** 花～｜酒～｜玻璃～　**竿** 日上三～　**奸** 藏～｜锄～｜刁～｜国～｜汉～｜鸡～｜轮～｜内～｜强～｜耍～｜通～｜诱～｜捉～｜狼狈为～｜朋比为～｜姑息养～｜洞察其～｜兜售其～｜以售其～｜洞烛其～　**艰** 丁～｜维～｜家计维～｜物力维～｜步履维～｜创业维～　③**敢**（怎么）　**蚬** 河～　**娴** 查某～（仔）　**简** 纠～｜从～｜苟～｜精～｜宽～｜书～｜小～｜竹～｜断编残～｜断篇残～｜残编断～｜残篇断～｜删繁就～｜因陋就～　**柬** 请～　⑤**间** 乘～｜反～｜离～｜无～｜相～｜读书得～｜挑拨离～｜团结无～｜亲密无～｜和睦无～　**干** 才～｜单～｜公～｜骨～｜基～｜精～｜苦～｜蛮～｜盲～｜能～｜培～｜躯～｜提～｜桢～｜主～｜甩手不～｜洗手不～｜敢说敢～｜敢想敢～｜有何公～｜埋头苦～｜精明强～　**旰** 宵～　**奸** 桥謷〔giao¹coh⁷〕～（满嘴尽是不堪入耳的粗话）　**铜** 撒手～｜杀手～　**涧** 山～｜溪～　**谏** 兵～｜规～｜进～｜死～｜诤～

k ①**牵** 手～｜相〔sio¹〕～　**刊** 报～｜创～｜丛～｜复～｜副～｜集～｜季～｜期～｜书～｜特～｜停～｜校～｜旬～｜月～｜年～｜增～｜周～｜专～　③**侃** ～～｜调～

gg ②**严**（冷）天～｜真～　**颜** 初～｜慈～｜犯～｜汗～｜红～｜厚～｜开～｜郝～｜破～｜强～｜容～｜觍～｜童～｜笑～｜鹤发童～　③**眼** 字～（字眼；情理；有趣）｜招～｜针～｜转～｜着～｜光～｜碍～｜白～｜板～｜榜～｜刺～｜瞪～｜对～｜法～｜放～｜飞～｜过～｜心～｜红～｜花～｜开～｜泪～｜冷～｜满～｜猫～｜眉～｜起～｜睡～｜顺～｜贼～｜扎～｜眨～｜亲～｜青～｜惹～｜肉～｜入～｜傻～｜手～｜挑～｜偷～｜显～｜现～｜耀～｜走～｜醉～｜不错～｜厚字～｜抠字～｜挑字～｜咬字～｜老花～｜不起～｜千里～｜窟窿～｜势利～｜斗心～｜丹凤～｜翻白～｜耍心～｜死心～｜小心～｜直心～｜真字～（很有趣）｜无字～（乏趣；无理，不像话）｜遭人白～｜云烟过～｜鼓睛暴～｜独具慧～｜粗眉大～｜浓眉大～｜打马虎～｜贼眉鼠～｜横眉竖～｜愁眉锁～｜喜眉笑～｜一个心～｜一板三～｜鹰鼻鹞～｜一板一～｜炫目耀～｜有板有～｜大处着～｜舒眉展～｜无字无～（不像话）｜独具只～　⑤**彦** 名～｜才～｜英～｜美～　⑥**雁** 大～｜鸿～｜飞～｜孤～｜失群之～　**岸** 傲～｜彼～｜驳～｜泊～｜魁～｜回头是～　**谚** 古～｜农～｜俗～｜谣～

h ①鼾打～ ②闲安～｜帮～｜得～｜等～｜防～｜赋～｜空～｜农～｜轻～｜清～｜偷～｜消～｜歇～｜休～｜悠～｜幽～｜余～｜忙里偷～｜贪懒好～｜游手好～ 娴幽～ 寒大～｜小～｜春～｜单～｜胆～｜风～｜高～｜沍～｜饥～｜苦～｜酷～｜隆～｜耐～｜贫～｜轻～｜清～｜受～｜搪～｜心～｜严～｜阴～｜御～｜唇亡齿～｜啼饥号～｜乍暖还～｜家境贫～｜家境清～｜月色清～｜一曝十～｜岁暮天～ 颔颠～ 痫癫～ ③罕纳～｜稀～｜希～ ⑤汉痴～｜大～｜好～｜河～｜懒～｜老～｜烈～｜罗～｜莽～｜神～｜铁～｜霄～｜银～｜硬～｜云～｜醉～｜细～｜血〔hiat⁷〕～（慷慨，不吝啬）｜厝仔～｜庄稼～｜叠罗～｜单身～｜门外～｜男子～｜大母～｜彪形大～｜绿林好～｜英雄好～｜十八罗～｜气冲霄～｜气凌霄～ ⑥限程～｜大～｜断～｜户～｜极～｜界～｜仅～｜局～｜宽～｜门～｜年～｜期～｜权～｜上～｜时～｜无～｜下～｜有～｜逾～｜展～｜只～｜跳～｜冗～｜到～ 旱防～｜伏～｜干～｜抗～｜苦～｜大～｜起～｜受～｜水～｜天～ 焊电～ 捍对～｜戍～｜守～ 悍习～｜犷～｜精～｜剽～｜慓～｜强～｜骁～｜凶～｜短小精～｜凶猛强～｜勇猛强～ 汗盗～｜发～｜挥～｜愧～｜冷～｜泌～｜虚～｜血～ 翰华～｜文～｜藻～ 瀚浩～

Ø ①安保～｜编～｜不～｜长～｜春～｜大～｜冬～｜富～｜公～｜苟～｜教～｜金～｜久～｜偏～｜平～｜请～｜秋～｜日～｜偷晚～｜问～｜午～｜夏～｜相～｜学～｜研～｜宴～｜燕～｜颐～｜父～｜玉～｜早～｜招～｜治～｜著～｜撰～｜平平安～｜局促不～｜歉疚不～｜惶恐不～｜坐立不～｜扰扰不～｜寝食不～｜忐忑不～｜坐卧不～｜惴惴不～｜随遇而～｜长治久～｜国泰民～｜苟且偷～｜转危为～ 鞍马～｜下～｜歇～ ②恒真～｜捏～｜缚～｜会～｜无～｜手头～ ⑤按笔者～｜编者～｜译者～｜作者～ 案白～｜办～｜报～｜备～｜病～｜驳～｜惨～｜草～｜存～｜错～｜答～｜档～｜定～｜断～｜法～｜翻～｜犯～｜方～｜伏～｜公～｜归～｜红～｜假～｜教～｜结～｜旧～｜立～｜脉～｜命～｜拍〔pik⁷〕～｜判～｜破～｜窃～｜审～｜书～｜提～｜铁～｜投～｜图～｜问～｜香～｜销～｜悬～｜血～｜疑～｜议～｜冤～｜在～｜专～｜罪～｜作～｜无头～｜编者～｜冤假错～｜无头公～ 晏饮～｜河清海～

仙韵

【-ian】

ian

[b] ①边笾编蝙鞭砭扳 ②便~宜缏骈胼蹁 ③扁匾褊谝贬 ④辨[泉]辬[泉]辩[泉] ⑤变遍 ⑥便卞忭弁*马~辨辬辩 [p] ①篇偏翩编扁~舟 ⑤骗片 [bb] ②眠棉绵 ③免勉冕娩鮸缅渑愐腼靦丏眄沔 ⑥面 [d] ①颠巅癫滇 ②田钿畋填缠躔 ③典碘腆觍觍展辗 ④滇[泉]填[泉] ⑥电佃甸钿奠殿淀靛滇填 [t] ①天 ②阗 ③展~翼腆觍觍殄 [l] ①蔫 ②连鲢涟莲联怜然燃年裢梿琏 ③辇撵撚碾捻*脸* ⑥练炼链健栋荔[泉]~枝 [z] ①笺戋煎鞯鳣鹯旃毡* ②前钱 ③剪谫蒹 ④践[泉] ⑤煎箭糈战颤荐 ⑥贱溅饯荐践 [c] ①千迁阡芊 ②延~时间 ③浅阐 ⑤茜倩 [s] ①先仙跹鹯鲜身一~佛 銛膻 ②婵蝉禅单涎 ③筅冼铣跣鲜癣狝燹 ④善[泉]鳝[泉]膳[泉]缮[泉]*肾羡 ⑤线腺霰扇搧煽 ⑥善鳝膳缮瘡*(累)蟮擅肾~子(睾丸)单禅嬗瘡羡 [zz] ②然[漳]燃[漳] [g] ①坚肩 ②虔 ③茧趼謇蹇搴 ④件[泉]胘[泉] ⑤建腱毽见 ⑥健腱键件胘鸡~ [k] ①牵搴褰愆 ②乾~坤虔 ③犬遣谴 ⑤遣谴 [gg] ①言研妍凝 ②山献研妍* ⑤婩谚彦喭砚研* ⑥妍彦砚喭谳 [h] ①轩掀锨袄 ②贤弦舷玄眩悬 ③显蚬 ④苋[泉]泫[泉]炫[泉] ⑤献宪 ⑥现岘县绚苋泫炫眩 [Ø] ①烟咽胭鸢湮燕渊焉鄢嫣 ②延筵蜒铅沿缘芫~荽 ③演衍偃兖 ⑤燕嚥咽郾堰宴

ian

b ①边半~|北~|东~|多~|后~|花~|靖~|靠~|寇~|里~|两~|溜~|南~|旁~|前~|上~|身~|手~|双~|谁~|四~|天~|外~|无~|西~|下~|镶~|一~|右~|沾~|走~|左~|浩瀚无~|茫茫无~|漭漭无~|一望无~ **砭**针

～｜痛下针～　**编**长～｜短～｜改～｜胡～｜汇～｜简～｜扩～｜乱～｜收～｜缩～｜瞎～｜新～｜续～｜在～｜摘～｜整～｜正～｜主～｜副～｜断简残～｜残简断～　**扳**手～　**鞭**磅～｜教～｜扬～｜掌～｜牛～｜狗～｜海狗～｜仙人～｜霸王～｜快马加～｜策马扬～　②**便**～｜大腹～～　③**贬**褒～｜诋～｜诽～｜怒～　**扁**侧～　**匾**金～｜牌～　**谝**易［gue⁶］～｜否～｜势～　⑤**变**改～｜皱［liao²］～（裂纹）｜兵～｜民～｜病～｜惨～｜大～｜陡～｜多～｜改～｜更～｜哗～｜势～｜易［gue⁶］～｜舱～｜会～｜机～｜激～｜畸～｜急～｜渐～｜巨～｜剧～｜遽～｜量～｜裂～｜叛～｜丕～｜切～｜求～｜权～｜善～｜衍～｜嬗～｜生～｜尸～｜事～｜衰～｜突～｜蜕～｜形～｜惨～｜演～｜应～｜灾～｜折～｜政～｜质～｜骤～｜转～｜一成不～｜处惊不～｜恒久不～｜通权达～｜倏忽多～｜诡谲多～｜求新求～｜谈虎色～｜穷极思～｜穷则思～｜酌情通～｜瞬息万～｜摇身一～｜临机应～｜随机应～｜天～地～｜宫廷政～　**遍**普～｜周～　⑥**便**～～｜未～｜传～｜夹～｜利～｜快［kue⁵］～｜不～｜趁～｜称～｜乘～｜得～｜方～｜告～｜即～｜简～｜近～｜就～｜两～｜灵～｜轻～｜请～｜任～｜省～｜顺～｜随～｜听～｜通～｜无～｜稳～｜以～｜自～｜食～｜穿～｜传［cuan²］～（准备好）｜大～｜小～｜续［sua⁵］～（乘便）｜手头～｜随随～～｜诸多不～｜与人方～｜听其自～｜听凭尊～｜悉听尊～　**弁**马～｜武～　**忭**欣～　**辩**答～｜分～｜伏～｜诡～｜狡～｜抗～｜论～｜强～｜巧～｜舌～｜申～｜雄～｜争～｜置～｜百喙莫～｜无可争～｜无庸争～｜斤斤置～｜不容置～｜不屑置～　**辨**不～｜分～｜明～｜思～｜皂白不～｜青红不～｜依稀可～｜真伪莫～

　　p　①**偏**补～｜纠～｜～～　**翩**连～｜联～｜～～｜浮想联～｜风度～～｜舞姿～～　**篇**残～｜长～｜短～｜鸿～｜开～｜连～｜内～｜外～｜短～｜名～｜诗～｜通～｜闲～｜续～｜遗～｜中～｜急就～｜断简残～｜连属成～｜废话连～｜鬼话连～｜谎话连～｜假话连～｜空话连～｜瞎话连～｜白字连～｜错字连～　③**翩**披～　⑤**骗**哄～｜说～｜棍～｜瞒～｜串～｜盗～｜拐～｜诓～｜行～｜蒙～｜欺～｜受～｜诱～｜诈～｜撞～｜上当受～｜牢笼诱～｜招摇撞～　**片**跑～｜走～｜整～｜断～｜名～｜相～

　　bb　②**眠**安～｜长～｜成～｜催～｜冬～｜酣～｜睡～｜休～｜不～｜入～｜春～｜永～｜彻夜不～｜和衣而～｜彻夜难～｜猫鼠同～

绵缠～｜连～｜联～｜～～｜芊～｜软～～｜阴雨连～｜情愫～～｜烟雨
～～ ③免罢～｜避～｜不～｜撤～｜黜～｜豁～｜减～｜蠲～｜难
任～｜赦～｜未［be⁶］～｜未［bi⁶］～｜怀～｜幸～｜以～｜在所难～
鲩金钱～ 勉奋～｜共～｜规～｜互～｜嘉～｜黾～｜期～｜勤～｜
劝～｜同～｜慰～｜勖～｜训～｜自～ 娩分～ 冕冠～｜加～｜卫～
湎沉～ ⑥眄顾～ 面迎～｜扑～｜文～｜体～｜局～｜谋～｜片
～｜舍体～｜惜体～｜失体～｜独当一～｜网开一～｜蓬头垢～｜洗心革
～｜鸠形鹄～

d ①颠酒～｜番～｜华～｜踏～（踉跄）｜顶～｜倥倥～｜老番
～｜假病假～｜半病六～｜连跑带～｜腔病腔～ 巅峰～｜山～ 癫疯
～｜发～｜疯疯～～ ②廛市～ 填充～｜欲壑难～ 田农～｜庄～｜
沙～｜梯～｜坡～｜耕～｜良～｜归～｜秋～｜书～｜心～｜解甲归～｜
沧海桑～ ③典宝～｜操～｜出～｜词～｜辞～｜大～｜恩～｜法～｜书
～｜古～｜故～｜国～｜经～｜庆～｜荣～｜盛～｜释～｜文～｜药～｜
应～｜用～｜字～｜总～｜反［bing³］字～｜擎［beh⁷］字～｜引经据
～ 展发～｜画～｜书～｜车～｜爱～｜婭［ggian⁵］～｜暖～｜会～｜
开～｜布～｜联～｜花～｜怀～｜磋～｜进～｜宽～｜扩～｜美～｜平
～｜铺～｜伸～｜施～｜舒～｜推～｜拓～｜延～｜演～｜预～｜招～｜
愁眉不～｜一筹莫～｜花枝招～ ⑥电充～｜触～｜着～｜传～｜断～｜
停～｜送～｜发～｜正～｜负～｜节～｜阴～｜阳～｜输～｜放～｜损
［gong⁵］～（打电报）｜代～｜带～｜导～｜函～｜贺～｜回～｜配～｜
急～｜来～｜雷～｜联～｜密～｜跑～｜闪～｜通～｜过～｜外～｜唁
～｜邮～｜致～｜专～｜手～｜碰～｜接～｜漏～｜落［lao⁵］～｜摩擦
～｜拍～（报） 佃撤～｜承～｜东～｜退～｜收～｜租～ 钿宝～｜
翠～｜金～｜螺～ 淀沉～ 绽开～｜破～｜皮开肉～ 奠祭～｜吊
～｜路～｜丧～｜布～｜没～｜敬～ 甸沉～～ 殿大～｜里［lai⁶］
～｜御～｜中～｜龙～｜神～｜宫⁶｜宝～｜配～｜正～｜边～｜偏～｜
佛～｜金銮～｜皇帝～ 靛蓝～ 垫坐～｜褥～｜气～｜软～｜草～｜
床～

t ①天拉～｜聊～｜变～｜苍～｜青～｜上～｜九～｜西～｜江
～｜霜～｜冲～｜航～｜露～｜归～｜回～｜改～｜终～｜春～｜夏～｜
秋～｜冬～｜阴～｜光～｜开骹～（叉脚）｜无连～（极端）｜不见～｜热
火朝～｜不共戴～｜叫苦连～｜坐井观～｜盘古开～ ②阗骈～｜喧～｜

车马喧～ ③靦 (腆) 腼～

l ①蔫卷～ (卷缩) | 痛～ (姜蔫) | 发～ | 萎～ | 抠刀～ ②**连**颠～ | 干～ | 勾～ | 接～ | 流～ | 留～ | 毗～ | 牵～ | 通～ | 相～ | 一～ | 株～ | 拖屎～ | 厚枝～ | 浪溜～ | 藕断丝～ | 骨肉相～ | 山水相～ | 血肉相～ **怜**哀～ | 爱～ | 垂～ | 乞～ | 乞哀告～ | 摇尾乞～ | 同病相～ | 顾影自～ **莲**金～ | 睡～ | 水浮～ | 水荷～ | 并蒂～ | 三寸金～ **裢**马～ (马褡子) **联**白～ | 邦～ | 并～ | 蝉～ | 串～ | 春～ | 对～ | 互～ | 长～ | 牵～ | 贺～ | 相～ | 结～ | 左～ | 文～ | 关～ | 门～ | 绵～ | 上～ | 寿～ | 通～ | 挽～ | 喜～ | 下～ | 横～ | 侨～ | 学～ | 妇～ | 工～ | 楹～ | 珠～ | 婚～ | 徛 [kia⁶] ～ (楹联) | 柱仔～ **然**了～ (枉然；明白清楚) | 崭～ | 本～ | 蔼～ | 安～ | 岸～ | 黯～ | 昂～ | 盎～ | 傲～ | 必～ | 勃～ | 不～ | 惭～ | 惨～ | 粲～ | 侧～ | 诧～ | 鞻～ | 怅～ | 超～ | 诚～ | 怆～ | 猝～ | 淡～ | 澹～ | 当～ | 荡～ | 定～ | 陡～ | 断～ | 顿～ | 俄～ | 愕～ | 幡～ | 翻～ | 斐～ | 废～ | 纷～ | 愤～ | 怫～ | 艴～ | 嘎～ | 公～ | 呱～ | 固～ | 傀～ | 果～ | 骇～ | 酣～ | 憨～ | 鼾～ | 悍～ | 浩～ | 赫～ | 轰～ | 哄～ | 訇～ | 忽～ | 哗～ | 涣～ | 焕～ | 恍～ | 惠～ | 浑～ | 或～ | 霍～ | 豁～ | 既～ | 寂～ | 戛～ | 孑～ | 截～ | 岂～ | 井～ | 憬～ | 竟～ | 迥～ | 居～ | 遽～ | 决～ | 慨～ | 溘～ | 铿～ | 岿～ | 喟～ | 悝～ | 悢～ | 凛～ | 茫～ | 贸～ | 瞢～ | 猛～ | 靡～ | 渺～ | 悯～ | 漠～ | 默～ | 木～ | 赧～ | 偶～ | 判～ | 沛～ | 翩～ | 飘～ | 裒～ | 凄～ | 歉～ | 悄～ | 愀～ | 嵌～ | 蘧～ | 阒～ | 全～ | 仍～ | 飒～ | 骚～ | 森～ | 清～ | 使～ | 释～ | 爽～ | 悚～ | 肃～ | 虽～ | 索～ | 嗒～ | 泰～ | 坦～ | 倘～ | 陶～ | 倜～ | 天～ | 恬～ | 帖～ | 突～ | 徒～ | 颓～ | 宛～ | 枉～ | 惘～ | 巍～ | 蔚～ | 忟～ | 翁～ | 显～ | 倏～ | 萧～ | 欣～ | 悻～ | 轩～ | 泫～ | 醺～ | 洵～ | 哑～ | 讶～ | 嫣～ | 奄～ | 俨～ | 快～ | 杳～ | 依～ | 怡～ | 已～ | 亦～ | 屹～ | 逸～ | 毅～ | 喑～ | 嘤～ | 悠～ | 油～ | 跃～ | 崭～ | 绽～ | 昭～ | 整～ | 骤～ | 惴～ | 卓～ | 纵～ | 皤～ | 昏昏～ | 飘飘～ | 当其～ | 未必～ | 暴其～ (突然) | 应该～ | 应当～ | 勃其～ | 昂昂～ | 再不～ | 所以～ | 泠泠～ | 想当～ | 憨憨～ | 超自～ | 大自～ | 合该 (其) ～ | 道貌岸～ | 生趣盎～ | 天趣盎～ | 兴趣盎～ | 雅趣盎～ | 春意盎～ | 毅～决 | 势所必～ | 大谬不～ | 理所当～ | 情所当～ | 不期而～ | 自～而串 | 舆论哗～ | 举座哗～ | 莫不皆～ | 不尽～ | 秩序井～ | 一目了～ | 浩气凛～ | 大义凛～ | 音信渺～ | 浮云飘～ | 白发皤～ | 果不其～ | 毛骨悚～ | 兴味索～ | 意兴索

～｜兴致索～｜处之泰～｜处之恬～｜不以为～｜防患未～｜四壁萧～｜
听其自～　**年**少～｜成～｜百～｜比～｜编～｜残～｜长～｜常～｜陈
～｜初～｜大～｜待～｜多～｜丰～｜贺～｜荒～｜纪～｜经～｜来～｜
老［lo³］～｜累～｜历～｜连～｜流～｜末～｜暮～｜耆～｜绮～｜青
～｜生～｜熟～｜天～｜髫～｜通～｜同～｜童～｜晚～｜万～｜昔
享～｜小～｜新～｜凶～｜有～｜幼～｜余～｜元～｜灾～｜早～｜中
～｜终～｜周～｜逐～｜壮～｜正当～｜风烛残～｜似水流～｜芳龄妙
～｜社会青～｜待业青～｜度日如～｜翩翩少～｜亿万斯～｜尽其天～｜
颐养天～｜安度晚～｜遗臭万～｜耄耋之～｜黄发之～｜束发之～｜弱冠
之～｜不惑之～｜及笄之～｜总角之～｜寿考之～｜豆蔻之～｜垂老
～｜髦老之～｜耆老之～｜而立之～｜老迈之～｜耋耄之～｜老耄之～｜
寿民之～｜迟暮之～｜垂暮之～｜有生之～｜再生之～｜皓首之～｜眉寿
之～｜喜寿之～｜耳顺之～｜垂髫之～｜古稀之～｜期颐之～｜桑榆之
～｜风烛之～　**燃**点～｜死灰复～　**鲢**大头～　**涟**清～｜泪～～｜涕泪
～～｜泣涕～～　③**撵**手～　**辇**车～｜佛～｜发～｜步～｜空～｜舱
～｜势～｜扛～｜风吹～　**捻**纸～　**脸**发～（发火）｜落［lak⁸］～（丢
脸）｜小鄙～｜小鬼～　**碾**石～　⑥**炼**试～｜锤～｜锻～｜精～｜凝～｜
熔～｜提～｜修～｜冶～｜千锤百～　**练**惯～（熟练）｜谙～｜彩～｜操
～｜闯～｜达～｜简～｜教～｜苦～｜拉～｜老～｜历～｜磨～｜凝～｜
排～｜巧～｜熟～｜团～｜稳～｜洗～｜项～｜训～｜演～｜勤学苦～
链钉～｜脱［tuah⁷］～｜领～｜披［pua¹］～｜拉～｜锁～｜铁～｜金
～｜银～｜项～

z　①**毡**地～｜乌油～｜如坐针～　**煎**卷～｜熬～｜麵粉～｜蚝仔
～　**戋**～～｜为数～～　**笺**便～｜信～　**鞯**鞍～　②**前**从～｜当～｜跟
～｜空～｜目～｜趋～｜日～｜生～｜史～｜事～｜提～｜无～｜午～｜
先～｜眼～｜以～｜之～｜支～｜向～｜进～｜止步不～｜踌躇不～｜踟
蹰不～｜趑趄不～｜退缩不～｜畏缩不～｜畏葸不～｜停滞不～｜裹足不
～｜大敌当～｜盛况空～｜一往无～｜所向无～｜勇往直～　③**剪**删～｜
铰～｜火～｜推～｜熨～｜烛～｜裁～｜反～｜修～｜水铰～（水螅）｜
铰刀～（剪刀石头布的游戏）｜风飞燕～　⑤**战**拍～｜尘～｜备～｜笔～｜
参～｜初～｜督～｜恶～｜奋～｜观～｜海～｜酣～｜寒～｜激～｜交
～｜决～｜败～｜赢～｜硬～｜开～｜抗～｜空～｜苦～｜冷～｜力～｜
恋～｜圣～｜胜～｜论～｜弭～｜怀～｜耐～｜内～｜里［lai⁶］～｜对

～｜求～｜热～｜善～｜舌～｜实～｜水～｜死～｜挑～｜停～｜统～｜

巷～｜休～｜序～｜宣～｜血～｜厌～｜野～｜义～｜反～｜夜～｜大

～｜出～｜好 [hooN⁵] ～｜恋～｜铳 [cing⁵] ～｜迎～｜应～｜征～｜

主～｜助～｜转～｜作～｜白刃～｜肉搏～｜歼灭～｜前哨～｜闪电

运动～｜游击～｜拍冷～｜拍野～｜车轮～｜遭遇～｜南征北～｜心惊胆

～｜浴血奋～｜来之能～｜能征善～｜决一死～｜挑灯夜～｜背水一～｜

率尔应～｜并肩作～｜孤军作～　**荐**保～｜稿～｜举～｜推～｜慰～

引～｜自～｜毛遂自～　⑥**贱**臭～｜卑～｜低～｜贵～｜贫～｜轻～｜微

～｜下～　**荐**草～　**饯**蜜～　**溅**迸～｜飞～｜喷～｜澎～　**践**揉～｜

实～｜糟～｜真～｜作～

c　①**千**打～｜万～｜秋～｜真～（正巧）｜千挂～｜万儿八～｜变

化万～｜感慨万～｜气象万～｜思绪万～　**迁**搬～｜变～｜播～｜超

～｜乔～｜升～｜跃～｜左～｜事过境～｜情随事～｜见异思～｜安土重

～　②**延**臭～（言语重复啰嗦）｜挨 [ue¹] ～（拖延，延缓）｜延 [ian²] ～

（迟延，拖延）　③**浅**羁 [gua⁵] ～（船底触到砂石滩搁浅）｜嵍 [ko⁵] ～

（搁浅）｜孤～（放祭品的浅底盘子）｜粗～｜短～｜匪～｜肤～｜浮～｜搁

～｜深～｜危～｜眼福不～｜雅兴不～｜目光短～｜眼光短～｜见识短

～｜获益匪～｜受益匪～｜才疏学～

s　①**仙**数～｜假～｜屁～｜归～｜散～｜半～｜畅～｜病～｜诀

～｜扶～｜练～｜欲 [hap⁷] ～｜设～（故弄玄虚，诱骗）｜喝 [huah⁷]

～（闲谈；吹嘘）｜八～｜成～｜狐～｜求～｜神～｜做～｜水～｜天～｜

修～｜酒～｜茶～｜缴～（赌徒）｜药～｜拳头～｜草药～｜风水～｜地

理～｜阿散～｜鸦片～｜乌薰～｜堪舆～｜学仔～｜大细～｜乐畅～｜饭

桶～｜数 [siao⁵] 柜～｜仙拼～｜歃 [sap⁷] 仔～（瘪三一类的人）｜飘飘

欲～｜王禄仔～｜茹头毵 [sam⁵] ～｜教学仔～　**先**当～｜尽～｜领

～｜起～｜抢～｜代～｜事～｜率～｜首～｜优～｜预～｜原～｜在～｜

早～｜占～｜争～｜祖～｜最～｜头前～｜一马当～｜奋勇当～｜遥遥领

～｜有言在～｜有约在～　**跹**翩～｜跹～　**鲜**光～｜海～｜活～｜时

～｜新～｜鱼～｜屡见不～｜数见不～　**身**大～（大的人或事物）｜细

～｜一～　**铣**铜～（铜锈）｜铁～｜水～｜生～　**膻**腥～｜群蚁附～｜如

蚁附～　②**涎**吐连～（荒诞无根据的言语）　**禅**打～｜坐～｜口头～　**蝉**

寒～｜喋若寒～　③**鲜**茶～（茶具，盛茶渣用）　**癣**手～｜胶～｜头～｜生

～｜顽～｜牛皮～｜头毛～｜蛮皮～　**冼**梦～（梦遗）　　**铣**（外来词，钱）

无~｜有~　**燹**兵~　⑤**搹**大力~　　**线**眼~｜视~　⑥**善**不~｜慈~｜改~｜和~｜美~｜面~｜亲~｜妥~｜完~｜伪~｜心~｜行~｜良~｜积~｜发~｜至~｜仁~｜好［hooN⁵］~｜益~｜友~｜伐~｜劝~｜心怀不~｜居心不~｜与人为~｜隐恶扬~｜多多益~　**禅**受~｜缮修~　**膳**早~｜午~｜晚~｜开~｜退~｜用~　**擅**兼~｜专~　**肾**大细~（疝气）　**癙**瘟［ia⁵］~｜瘘［sng¹］~｜想~｜歇~　**羡**欣~

　　g　①**坚**收~｜喙~｜焦~｜溜~｜忠~｜攻~｜弥~｜披~｜中~｜忠~｜攻关陷~　**肩**比~｜并~｜披~｜骈~｜身~｜耸~｜息~｜歇~｜仔~｜携手并~　②**虔**洁~｜忠~｜恭~｜不~｜敬~　③**謇**语~　**蹇**乖~｜淹~｜命途多~｜命运多~｜时乖命~　**茧**娘仔~（蚕茧）　⑤**见**拜~｜鄙~｜不~｜参~｜常~｜朝~｜成~｜创~｜定~｜洞~｜短~｜高~｜管~｜罕~｜回~｜会~｜己~｜接~｜仅~｜进~｜晋~｜觐~｜可~｜窥~｜陋~｜另~｜梦~｜目~｜碰~｜偏~｜瞥~｜起~｜浅~｜求~｜日~｜少~｜识~｜私~｜推~｜望~｜闻~｜引~｜习~｜显~｜鲜~｜相~｜想~｜叙~｜眼~｜谒~｜意~｜臆~｜引~｜愚~｜预~｜遇~｜远~｜再~｜召~｜政~｜证~｜赘~｜主~｜撞~｜拙~｜卓~｜灼~｜足~｜寻短~｜闹意~｜视而不~｜倏忽不~｜囿于成~｜自寻短~｜习文惯~｜睚瑜互~｜各持己~｜坚持己~｜发抒己~｜各抒己~｜直抒己~｜孤行己~｜各执己~｜固执己~｜隐约可~｜喜闻乐~｜一如所~｜~所未~｜开诚相~｜推诚相~｜兵戎相~｜显而易~｜一得之~｜门户之~｜一孔之~｜一偏之~｜妇人之~｜先入之~｜世俗之~｜真知卓~｜真知灼~　**建**重~｜筹~｜创~｜大~｜封~｜改~｜构~｜基~｜扩~｜开~｜在~｜组~｜土~｜小~｜兴~｜修~｜营~｜整~　**腱**肌~　**毽**踢~｜纸~｜鸡毛~　⑥**肷**鸡~（鸡胜）｜鸭~　**健**保~｜刚~｜矫~｜康~｜强~｜轻~｜顽~｜稳~｜雄~｜壮~｜遒劲刚~　**键**关~｜琴~｜门~｜手~｜按~｜机~｜

　　k　①**牵**门~｜连~｜挂~｜拘~　**愆**前~｜罪~　②**乾**大~（大块头）　**虔**假~｜真~（很会娇憨、撒娇）｜势~｜阿狗~　③**犬**警~｜猎~｜鹰~｜画虎类~｜丧家之~　**遣**编~｜差~｜调~｜排~｜派~｜驱~｜先~｜消~｜自~｜托言自~　⑤**谴**俗［sioh⁸］~

　　gg　②**言**弁~｜谚~｜昌~｜常~｜倡~｜陈~｜重~｜出~｜传~｜说~｜导~｜断~｜恶~｜发~｜方~｜浮~｜附~｜甘~｜格~｜

恒～｜胡～｜秒～｜进～｜狂～｜谰～｜立～｜例～｜留～｜流～｜谩～｜美～｜名～｜诺～｜片～｜申～｜声～｜失～｜食～｜矢～｜誓～｜婉～｜妄～｜文～｜戏～｜闲～｜序～｜叙～｜宣～｜伴～｜扬～｜妖～｜谣～｜遗～｜异～｜引～｜语～｜预～｜寓～｜怨～｜约～｜喷～｜谮～｜赠～｜箴～｜诤～｜直～｜忠～｜赘～｜真～｜忠～｜毋妄～｜隐忍不～｜小小不～｜知无不～｜刊落陈～｜诟语恶～｜喷有烦～｜沉默寡～｜木讷寡～｜无可讳～｜无庸讳～｜断不可～｜妙不可～｜徒托空～｜口出狂～｜无耻谰～｜金玉良～｜至理名～｜有口难～｜审如其～｜自食其～｜洋洋万～｜闭口不～｜缄口不～｜哑口无～｜默默无～｜惭然无～｜喑然无～｜文学语～｜文艺语～｜畅所欲～｜毫无怨～｜临别赠～｜悟道之～｜幽愤之～｜肺腑之～｜一家之～｜刍荛之～｜金石之～｜药石之～｜媒妁之～｜违心之～｜由衷之～｜仗义执～　**妍** 百花斗～｜百花争～　**凝**　**研** 精～｜钻～　⑤**妠** 薰～｜过～｜空～｜干焦～（因喜欢却无法得到而干瞪眼）｜妗（过）～（心里不高兴，不痛快）　⑥**彦** 硕～　**砚** 端～｜磨穿铁～　**唁** 电～｜吊～｜慰～　**谳** 定～

h　①**掀** 木～｜②**玄** 钩～｜～之又～　**弦** 定～｜断～｜上～｜外～｜下～｜心～｜续～｜挨[ue¹]～｜三～｜和～｜粗～｜壳（仔）～｜大壳～｜大广～｜动人心～｜扣人心～　**舷** 船～　**贤** 前～｜慕～｜名～｜礼～｜大～｜古～｜后～｜让～｜引～｜至～｜能～｜明～｜圣～｜时～｜先～｜步武前～｜踵武前～｜敬老尊～｜任人唯～　**悬** 倒～｜虚～｜明镜高～｜秦镜高～　③**显** 明～｜浅～｜摇～｜倥倥～｜荡荡～｜官高爵～　⑤**献** 狐～（狐臭）｜奶[ni¹]～｜路～｜酒～（酒臭味）｜腥～｜臭～｜臊～｜呈～｜奉～｜贡～｜敬～｜捐～｜文～｜献～（向两边张开而露出）｜臭涂～｜臭奶～　**宪** 立～｜违～｜制～　⑥**苋** 刺～　**现** 表～｜呈～｜重～｜出～｜兑～｜发～｜浮～｜活～｜闪～｜实～｜体～｜显～｜贴～｜付～｜应～｜突～｜隐～｜涌～｜再～｜展～｜浅～｜露～｜现～｜现拄～｜明拄～｜看～～｜徛真徛～｜食便领～｜自我表～｜生龙活～｜活灵活～｜活龙活～｜神气活～｜若隐若～｜时隐时～｜昙花一～　**眩** 昏～｜迷～｜目～｜头晕目～

Ø　①**渊** 深～｜天～｜海～｜天差～（天壤之别）｜判若天～｜如临深～｜万丈深～｜相去天～　**烟** 油～｜炊～｜风～｜烽～｜灰～｜忌～｜人～｜夕～｜香～｜硝～｜云～｜冒～｜旱～｜卷～｜戒～｜晒～｜敬～｜禁～｜水～｜纸～｜大～｜一溜～｜七窍生～｜断了香～｜过眼云

～ **焉**乐不大～｜心不在～ **鸢**纸～ **嫣**新～｜食新～ ②**沿**花～｜河
～｜前～｜边～｜帽～｜相～ **延**顶～｜迟～｜搁～｜曼～｜蔓～｜宛
～｜拉～｜绵～｜迁～｜顺～｜推～｜拖～｜内～｜外～｜压～｜周～
筵寿～｜喜～ **铅**硬尾～｜铅笔～ **缘**题～｜二～｜离～｜边～｜尘
～｜化～｜机～｜结～｜绝～｜攀～｜人～｜投～｜有～｜无～｜血～｜
因～｜姻～｜黍～｜有人～｜无人～ ③**偃**相～ **衍**蕃～｜繁～｜敷
～｜平～｜铺～｜推 **演**搬～｜扮～｜表～｜操～｜重～｜出～｜
会～｜汇～｜串～｜导～｜调～｜公～｜合～｜讲～｜开～｜排～｜上
～｜推～｜义～｜预～｜主～｜故技重～ ⑤**咽**吞～｜狼吞虎～｜细嚼慢
～ **宴**便～｜赴～｜国～｜婚～｜盛～｜圣～｜家～｜午～｜晚～｜开
～｜设～｜欢～

川韵

【-uan】

uan

[b] ①搬般 ②盘磐槃蹒 ④拌 [泉] 伴 [泉] ⑤半绊 ⑥拌伴叛
[p] ①潘 ②盘磐槃蟠蹒 ④伴 [泉] ⑤判泮盼 ⑥拌伴 [bb]
②瞒颟鳗 ③满挽晚 ⑥曼谩漫熳 [d] ①端耑 ②传漙抟 ③短
转段 ④断 [泉] ⑤锻断 ⑥段缎煅传断 [t] ①湍 ②传团漙抟
③椽瞳攒 ⑤锻 ⑥篆 [l] ②栾峦孪滦鸾挛銮脔恋* ③卵暖软
⑥乱 [z] ①专砖颛镌 ②全泉铨*诠*痊*荃*筌* ③转啭纂
赚* ④撰 [泉] ⑤钻 ⑥撰馔隽 [c] ①川穿荃诠痊铨荃筌梭揎
村 ②传～料 ③喘舛 ⑤串审钏*篡爨 [s] ①酸狻闩栓拴宣瑄
喧*暄*揎*萱*渲*讪* ②船旋璇镟漩踹 ③选 ⑤算蒜渲涮 ⑥
旋楦*羡碳 [zz] ③软 [漳] 卵 [漳] 暖 [泉] [g] ①官倌棺纶
鳏冠观关捐娟涓鹃鞘 ②权拳颧 ③管馆琯卷捲锩莞 ⑤贯惯掼灌
瓘罐鹳盥狷绢观冠眷卷券 ⑥倦圈 [k] ①宽髋 ②蜷圈鬈倦环
寰 ③款绻 ⑤劝 [gg] ②元沅芫顽玩鼋原源嫄螈员*～外袁*
③阮 ⑥愿玩 [h] ①欢灌獾番藩翻幡膰喧暄渲谖 ②桓狟凡帆
矾烦蕃膰蹯樊繁还环寰圜鬟纨缳嬛 ③返返 ④犯 [泉] 范 [泉] 缓

[泉]豢 [泉]浣 [泉] ⑤泛贩奂唤痪涣焕楦绚 ⑥患湍宦瀚浣换饭梵幻犯范缓豢 [Ø] ①弯湾蜿豌剜鸳冤鹓 ②丸完烷玩纨员圆园爰援袁猿辕媛垣湲* ③玩远皖脘莞婉宛箢腕*惋*苑* ④缓 [泉] ⑤苑怨腕惋 ⑥院援缓媛

uan

b ②**盘**杯～｜罗～｜明～｜营～｜虎踞龙～ ⑤**半**参～ ⑥**拌**搅～｜凉～｜杂～ **叛**背～｜反～｜纳～｜招降纳～

p ②**盘**叠～（跌坐） ⑤**判**送～（傻里傻气；大手大脚）｜批～｜评～｜宣～｜研～ **泮**入～（清代指考中秀才） **盼**顾～｜期～｜企～｜左顾右～

bb ③**满**小～｜饱～｜暴～｜不～｜充～｜丰～｜服～｜届～｜客～｜美～｜期～｜塞～｜完～｜圆～｜罩～｜自～｜滇[diN⁶]～～｜精神饱～｜恶贯～盈｜骄傲自～ **挽**敬～｜遮～ **晚**傍～｜当～｜今～｜明～｜前～｜夜～｜早～｜昨～

d ①**端**笔～｜弊～｜不～｜大～｜顶～｜发～｜极～｜尖～｜借～｜开～｜两～｜事～｜万～｜无～｜先～｜衅～｜要～｜一～｜异～｜云～｜造～｜战～｜肇～｜争～｜供[ging¹]～（辱骂）｜好～～｜连锅～｜抉择弊～｜荦荦大～｜作恶多～｜变化多～｜诡计多～｜首鼠两～｜滋生事～｜感慨万～｜举其一～｜各执一～ ②**传**承～｜单～｜嫡～｜电～｜讹～｜风～｜哄～｜口～｜流～｜飞～｜不～｜家～｜邮～｜急～｜留～｜缪～｜频～｜失～｜师～｜世～｜相～｜心～｜宣～｜言～｜谣～｜遥～｜遗～｜真～｜祖～｜正宗嫡～｜薪尽火～｜谬种流～｜代代相～｜衣钵相～｜口耳相～｜一脉相～｜名不虚～ ③**短**长～｜护～｜简～｜揭～｜精～｜苦～｜亏～｜气～｜缩～｜修～｜扬长避～｜截长补～｜取长补～｜道长不～｜说长道～｜可长可～｜来日苦～｜家长里～｜三长两～｜争长论～｜问长问～｜一长一～ ⑤**断**无～｜判～｜裁～｜特～（定规） ⑥**断**点～（点穴） **传**经～｜列～｜评～｜外～｜小～｜自～｜序～｜集～｜不见经～｜树碑立～｜圣经贤～｜言归正～ **段**波～｜唱～｜地～｜阶～｜节～｜句～｜片～｜区～｜身～｜手～｜章～｜不择手～ **缎**绸～｜锦～｜绫罗绸～

t ①**湍**急～ ②**团**兵～｜财～｜党～｜集～｜剧～｜饭～｜面

～｜线～｜乡～｜使～｜入～｜草～｜谜～｜民～｜商～｜社～｜团～｜
疑～｜乐～｜大兵～｜保安～｜文工～｜歌舞～｜主席～｜代表～｜小集
～｜满腹疑～　**传**宣～　③**椽**雕～｜大笔如～　⑥**篆**大～｜秦～｜小～

　　l　②**鸾**彩～（贻贝）｜红～｜绣～　**峦**峰～｜冈～｜山～　**挛**痉
～｜拘～　**脔**禁～｜尝鼎一～　**銮**金～　**恋**爱～｜初～｜怀～｜婚～｜
畸～｜眷～｜留～｜迷～｜热～｜失～｜贪～｜系～｜乡～｜依～　③**软**
脸～｜绵～｜疲～｜柔～｜翠～（翡翠）｜手～｜松～｜酥～｜酸～｜瘫
～｜细～｜心～｜心慈手～｜心善手～　**暖**采～｜供～｜和～｜回～｜
冷～｜取～｜温～｜风和日～｜春风送～｜问寒问～｜嘘寒问～｜席不暇
～　⑥**乱**谈～｜痰～（痰气）｜茹～｜病～｜反～｜暴～｜避～｜变～｜
兵～｜错～｜打～｜捣～｜动～｜纷～｜搞～｜构～｜胡～｜慌～｜荒
～｜昏～｜混～｜祸～｜惑～｜搅～｜靖～｜戡～｜溃～｜缭～｜撩～｜
凌～｜零～｜忙～｜内～｜弄～｜叛～｜蓬～｜平～｜扰～｜散～｜丧
～｜骚～｜紊～｜淆～｜心～｜性～｜絮～｜淫～｜杂～｜战～｜肇
作～｜慌～～｜神经错～｜思绪纷～｜手忙骰～｜眼花缭～｜心绪缭～｜
兵荒马～｜心烦意～｜心慌意～

　　z　①**专**大～｜精～｜美～｜擅～｜师～｜中～｜独～｜职～｜笃
～｜自～（专擅）　**砖**敲门～｜引玉之～　**镌**雕～　②**泉**飞～｜黄～｜九
～｜矿～｜喷～｜温～｜盐～｜源～｜命赴黄～｜含笑九～｜啸傲林～｜
一泓清～　**全**安～｜保～｜补～｜成～｜苟～｜顾～｜健～｜两～｜齐
～｜求～｜十～｜瓦～｜完～｜万～｜圆～｜周～｜残缺不～｜五音不
～｜以偏赅～｜五毒俱～｜五色俱～｜五味俱～｜一应俱～｜货色齐～｜
委曲求～｜文武双～｜智勇双～｜计出万～　③**转**暗～｜承～｜倒～｜掉
～｜翻～｜好～｜回～｜流～｜递～｜扭～｜偏～｜宛～｜婉～｜旋～｜
展～｜辗～｜中～｜周～｜打～｜轮～｜运～｜公～｜自～｜溜溜～｜团
团～｜连轴～｜天旋地～｜星移斗～｜回肠九～｜三弯九～｜峰回路～｜
时来运～　**赚**白～｜黄～｜九～　**纂**编～｜修～　⑤**钻**习～｜电～｜风
～｜开～｜台～｜金刚～　⑥**撰**编～｜杜～｜肚里～（肚里胡诌）｜表
[bio³] 仔～　**馔**盛～｜肴～｜饮～

　　c　①**川**入～｜长～｜常～｜河～｜平～｜山～｜米粮～｜名山大
～｜一马平～　**穿**拆～｜戳～｜贯～｜揭～｜看～｜说～｜水滴石～｜
望眼欲～　**悛**怙恶不～　**诠**言～　**筌**得鱼忘～　②**传**互人～　③**喘**歇
～｜残～｜哮～｜起～｜气～｜哼哼 [puh⁸] ～｜呼呼 [peN¹] ～｜咽咽

[hiN⁵]～｜苟延残～ **舛**臭～｜讹～｜乖～｜命途多～ ⑤**串**反～｜贯
～｜客～ **钏**金～｜玉～ **窜**奔～｜点～｜改～｜流～｜鼠～｜逃～｜
抱头鼠～｜东奔西～ **爨**分～｜异～｜分居异～

　　s ①**宣**文～｜明～｜秘而不～｜心照不～ **揎**排～ **暄**寒～
讪倒头～ **酸**寒～ ②**旋**回～｜凯～｜盘～｜斡～｜周～｜飞～｜气
～｜运～｜归～｜班～｜班师凯～ **漩**泡[pa⁶]～（撒尿冒出的泡儿）
③**选**补～｜初～｜大～｜当～｜浮～｜复～｜改～｜贿～｜辑～｜拣
～｜节～｜竞～｜连～｜遴～｜水～｜海～｜另～｜落～｜民～｜票～｜
聘～｜评～｜普～｜圈～｜人～｜入～｜筛～｜筛[tai¹]～｜提～｜挑
～｜推～｜伪～｜文～｜膺～｜优～｜预～｜甄～｜中～｜自～ ⑤**蒜**大
～｜葱～ **涮**洗～ **算**笔～｜口～｜合～｜成～｜计～｜珠～｜电～｜
清～｜结～｜推～｜核～｜换～｜演～｜验～｜折～｜胜～｜妙～｜划
～｜打～｜盘～｜暗～｜预～｜决～｜稳操胜～｜神机妙～｜老谋深～
⑥**羡**称～｜企～｜叹～｜欣～｜歆～｜艳～ **楼**煎[ziN⁵]～（一种食
品）**磺**火～（金刚石）｜充～（人造钻石）｜金刚～

　　g ①**关**把～｜边～｜公～｜过～｜海～｜机～｜交～｜开～｜难
～｜年～｜双～｜无～｜相～｜雄～｜牙～｜攸～｜有～｜报～｜验～｜
封～｜河～｜闭～｜叩～｜鬼门～｜打通～｜拍通～｜蒙混过～｜斩将过
～｜性命交～｜一语双～｜休戚相～｜息息相～｜痛痒相～｜咬紧牙
利害攸～｜性命攸～｜生死攸～ **观**悲～｜鼻～｜参～｜达～｜大～｜
道～｜改～｜概～｜宏～｜景～｜旧～｜可～｜客～｜旷～｜乐～｜史
～｜美～｜旁～｜奇～｜通～｜外～｜微～｜雅～｜直～｜主～｜壮～｜
综～｜总～｜世界～｜壁上～｜人生～｜宇宙～｜蔚为大～｜洋洋大～｜
迥非旧～｜大为可～｜袖手旁～｜冷眼旁～｜等量齐～｜作壁上～ **冠**
凤～｜桂～｜花～｜免～｜王～｜跳加～｜怒发冲～ **棺**劫～｜寄～｜
入～｜起～｜园～｜出～｜落～ **官**达～｜天～｜地～｜水～｜太～｜
客～｜清～｜贪～｜仕～｜锦～｜礼～｜道～｜感～｜器～｜五～｜先行
～ **倌**堂～｜羊～｜猪～ **捐**募～｜税～｜唐～｜细大不～｜功不唐～
娟婵～ **鹃**杜～ ②**权**僭[ciam⁵]～｜拢～｜霸～｜放～｜兵～｜财
～｜产～｜从～｜篡～｜大～｜当～｜法～｜夫～｜皇～｜集～｜军～｜
君～｜揽～｜利～｜民～｜拿～｜弄～｜女～｜平～｜弃～｜强～｜全
～｜人～｜擅～｜神～｜实～｜事～｜受～｜授～｜特～｜威～｜无～｜
有～｜越～｜债～｜掌～｜政～｜职～｜主～｜专～｜族～｜所有～｜制

空～｜著作～｜选举～｜表决～｜否决～｜独揽大～ ③**管**中～｜南～｜弦～｜北～｜无～｜包～｜保～｜别～｜不～｜监～｜接～｜尽～｜经～｜拘～｜看～｜搁～｜托～｜信～｜掌～｜照～｜只～｜主～｜乌～（仔）｜双簧～｜撂手不～｜撒手不～ **卷**裹～｜漫～｜舒～｜席～ **馆**医～｜菜～｜班～｜戏～｜批～（邮局）｜曲～｜冷～｜热［liat⁸］～（起劲）｜拼～（决斗）｜桀［geh⁸］～｜宾～｜饭～｜公～｜旅～｜茶～｜花～｜学～｜缴～｜舍～｜邮～｜坐～｜烟～｜酒～｜面～｜使～｜蒙～｜南～｜北～｜无～｜插［cap⁷］～｜魂亭～（旧时办理丧事兼出租丧服和用具的地方）｜印字～｜文化～｜图书～｜天文～｜殡仪～｜体育～｜领事～｜展览～ ⑤**卷**案～｜白～｜宝～｜吊～｜调～｜画～｜交～｜经～｜开～｜考～｜课～｜判～｜披～｜试～｜手～｜文～｜压～｜掩～｜手不释～ **券**库～｜债～｜证～｜左～｜入场～｜国库～｜稳操胜～｜有价证～ **灌**浇～｜排～｜提～｜淹～｜淤～ **罐**茶～｜痰～｜电～｜霜～｜冰～｜瓷～｜冲～｜闷～｜酒～｜拔火～｜滚水～｜坛坛～～ **冠**弱～｜夺～｜三连～｜沐猴而～ **贯**横～｜籍～｜连～｜联～｜专～｜条～｜万～｜一～｜鱼～｜一仍旧～ **惯**专～｜习～｜司空见～ **眷**宝～｜芳～｜家～｜～～｜女～｜侨～｜挈～｜亲～｜携～ **观**道～｜宫～ ⑥**倦**困～｜劳～｜闷～｜迷～｜疲～｜厌～｜诲人不～｜力学不～｜孜孜不～

k ①**宽**从～｜放～｜姑～｜拓～｜心～｜～～ ②**惓**～～ **圈**手～｜叠～｜拍～｜菣［seh⁸］～｜抛［pa¹］～｜项～｜眼～｜辇～｜辗［lin⁵］～｜香［hiuN¹］～｜煎［ziN⁵］～｜扫～｜领～｜圆～｜铁～｜铜～｜跳火～｜月拍～｜橡奶～ **环**耳～｜光～｜花～｜回～｜连～｜循～｜手～｜颌～｜圆～｜门～｜玉～｜指～｜铁～｜铜～ ③**款**人～｜病～｜好～｜有～｜欠～｜无～｜灏～｜否［paiN³］～｜激～｜舄～｜变［bian⁵］～｜变［biN⁵］～｜换～｜共［gang⁶］～｜别～｜啥［siaN³］～｜贷～｜罚～｜公～｜私～｜汇～｜筹～｜巨～｜提～｜价～｜钱～｜数［siao⁵］～｜存～｜赃～｜垫～｜借～｜兑～｜行～｜货～｜价～｜进～｜拨～｜捐～｜～～｜落～｜募～｜赔～｜付～｜上～｜顶～｜即～｜迄［hit⁷］～｜照～｜面～｜条～｜下～｜现～｜新～｜旧～｜押～｜税～｜镫［diN⁵］～｜收～｜付～｜专～｜看～｜像～｜一～｜甚物～｜囝仔～｜无像～｜怀成～ **绻**缱～ ⑤**劝**奉～｜规～｜解～｜苦～｜相～｜婉言相～

gg ②元中～｜上～｜下～｜单～｜改～｜公～｜纪～｜解～｜会～｜立～｜状～｜新纪～　**原**犹～｜照～｜本～｜草～｜复～｜高～｜归～｜还～｜莽～｜平～｜探～｜糖～｜雪～｜燎～｜归本还～｜情有可～｜星火燎～　**源**本～｜财～｜导～｜发～｜富～｜根～｜河～｜来～｜能～｜起～｜泉～｜水～｜稿～｜心～｜渊～｜源～｜资～｜探～｜光～｜热～｜电～｜货～｜穷～｜病～｜震～｜开～｜左右逢～｜断绝来～｜正本清～｜追本穷～｜探本求～｜木本水～｜饮水思～｜推本溯～｜追本溯～｜世外桃～｜中得心～　**顽**痴～｜习～｜冥～｜凶～｜愚～｜浑沌痴～｜浑沌愚～　③**阮**（我，我们）　⑥**愿**落～｜谢～｜下〔he6〕～｜允～｜还～｜答～｜发～｜消（心）～｜满～｜足～｜怀～｜称～｜诚～｜初～｜发～｜甘～｜弘～｜宏～｜谨～｜宁～｜情～｜请～｜如～｜奢～｜誓～｜夙～｜素～｜宿～｜遂～｜乡～｜心～｜许〔hu3〕～｜遗～｜意～｜至～｜志～｜祝～｜自～｜化～｜心甘情～｜怀甘怀～｜两厢情～｜一厢情～｜甘心情～｜封官许～｜烧香许～｜平生之～｜自觉自～

h　①**番**全～｜土～｜生〔ciN1〕～｜半～｜假～｜翻～｜更～｜轮～｜过～（下南洋）｜和～｜通～｜红毛～｜屡次三～｜五次三～　**藩**屏～｜外～　**翻**过～｜重〔ding2〕～｜兜～｜闹～｜推～｜反〔bing3〕手～｜人仰马～｜马仰人～｜地覆天～　**欢**哀～｜悲～｜承～｜寡～｜合～｜狂～｜联～｜旧～｜新～｜言～｜相～｜结～｜交～｜失～｜喜～｜追～｜撒～儿｜荣辱悲～｜落落寡～｜快快寡～｜郁郁寡～｜布笑失～｜薄海同～｜讨人喜～｜杯酒言～｜握手言～　②**还**璧～｜不～｜偿～｜发～｜奉～｜返～｜归～｜回～｜寄～｜交～｜清～｜生～｜思～｜送～｜索～｜退～｜往～｜未～｜找～｜掷～｜追～　**桓**盘～　**帆**轻～｜扬～｜征～｜起～　**烦**操〔cao1〕～｜操〔co1〕～｜劳～｜槽〔zo1〕～｜浮～｜敢～｜麻～｜磨～｜耐～｜腻～｜心～｜絮～｜厌～｜央～｜忧～｜要言不～｜不胜其～｜不厌其～　**凡**不～｜大～｜但～｜发～｜非～｜举～｜平～｜思～｜下～｜气度不～｜自命不～｜出手不～｜身手不～　**繁**纷～｜浩～｜频～｜卷帙浩～　**寰**尘～｜人～｜瀛～｜宇～｜惨绝人～　**圜**转～　**嬛**琅～｜娜～　**缳**投～　**鬟**丫～｜云～　**矾**明～｜绿～｜胆～　③**反**佻～｜走～（逃难）｜对～｜策～｜谋～｜平～｜肃～｜逃～｜违～｜相～｜造～｜镇～｜搬海～｜物极必～｜官逼民～｜适得其～｜一隅三～｜截然相～　**返**遢～｜复～｜归～｜回

~｜遣~｜往~｜一去不~｜积重难~｜徒劳往~｜流连忘~｜迷途知~

⑤**贩**行~｜马~｜盐~｜牛~｜人~｜商~｜摊~｜小~　**泛**~~｜肤

~｜浮~｜广~｜活~｜空~｜宽~　**唤**传~｜高~｜呼~｜叫~｜使

~｜召~｜千呼万~　**痪**瘫~　**焕**离~｜成~　**奂**美轮美~　⑥**犯**畏

~｜不~｜冲~｜触~｜从~｜干~｜惯~｜监~｜进~｜冒~｜再

屡~｜盗~｜欺~｜过~｜嫌~｜共~｜贼~｜首~｜来~｜侵~｜囚

~死~｜人~｜入~｜逃~｜违~｜凶~｜要~｜战~｜主~｜罪

未决~｜已决~｜刑事~｜教唆~｜现行~｜嫌疑~｜政治~｜明知故

~｜众怒难~｜秋毫无~　**范**典~｜防~｜风~｜规~｜轨~｜就~

模~｜师~｜示~｜遗~｜为世师~　**梵**作~｜修~　**缓**弛~｜迟~

和~｜减~｜平~｜舒~｜死~｜坦~｜延~｜迁~｜暂~｜不可或~

刻不容~　**浣**上~｜下~｜中~　**宦**仕~｜官~｜达官显~　**患**匪~｜

后~｜病~｜为~｜消~｜风~｜兵~｜祸~｜疾~｜弭~｜水~｜外

~｜内~｜里［lai⁶］~｜遗~｜贻~｜隐~｜忧~｜灾~｜养痈成~｜

内忧外~｜有备无~｜养虎遗~｜饱经忧~｜心腹之~｜腹心之~　**漶**

漫~　**换**转~｜轮~｜置~｜撤~｜兑~｜变~｜更~　**幻**变~｜梦

~｜空~｜虚~｜风云变~

　　∅　　①**冤**沉~｜含~｜喊~｜鸣~｜喝［huah⁷］~｜叫~｜申

~｜伸~｜衔~｜雪~｜洗~｜相［sio¹］~｜势~｜老鼠仔~｜不白之

~｜覆盆之~　**弯**拗~｜斡［uat⁷］~｜拐~｜急~｜遛~｜绕~｜转

~｜手（斡）~｜急转~｜骹斡~｜手后~　**湾**水~｜河~｜江~｜海

~｜港~　②**完**用~｜肹~｜食~｜做~　**玩**贪~｜爱~｜游~｜把

~｜赏~　**丸**臭~｜药~｜鱼~｜肉~｜水~｜饭~｜弹~｜泥~｜交

~｜涂~｜消气~｜定心~｜宽心~　**员**兵~｜病~｜裁~｜超~｜成

~｜大~｜党~｜访~｜幅~｜复~｜阁~｜雇~｜官~｜定~｜动~｜

减~｜教~｜满~｜超~｜补~｜人~｜冗~｜生~｜属~｜随~｜团

~｜委~｜学~｜演~｜要~｜译~｜议~｜职~｜专~｜辅导~｜指导

~｜邮递~｜运动~｜总动~｜战斗~｜指挥~｜研究~｜协理~｜特派

~｜技术~｜公务~｜勤务~｜通信~｜通讯~｜教养~｜营业~｜指战

~｜教职~｜政治委~｜反面教~｜勤杂人~　**垣**短~｜颓~｜城~

省~　**猿**人~｜意马心~　**辕**驾~｜行~｜车~　**圆**团~｜桂~｜浑

~｜金~｜银~　**园**田~｜庄~｜故~｜家~｜庭~｜春色满~　**媛**婵

~　③**远**鸢［diao⁵］~｜僻~｜边~｜长~｜达~｜淡~｜高~｜古~｜

静~｜久~｜辽~｜偏~｜平~｜绕~｜深~｜疏~｜跳~｜修~｜玄~｜遥~｜以~｜永~｜悠~｜辽~｜殷鉴不~｜为期不~｜任重道~｜天差地~｜年岁久~｜舍近求~｜为期甚~｜登高眺~｜好高务~｜路途遥~｜山川悠~｜言近旨~｜任重致~｜慎终追~ **玩**把~｜古~｜观~｜好~｜清~｜赏~｜文~｜游~｜珍~ **苑**禁~｜林~｜文~｜艺~｜鹿~｜御~ **宛**幽~ **婉**哀~｜和~｜凄~｜清~｜柔~｜委~｜温~｜幽~ ⑤**怨**哀~｜拾[kioh⁷]~｜哀~｜抱~｜仇~｜恩~｜结~｜劳~｜埋~｜媒~｜民~｜宿~｜嫌~｜幽~｜顾人~｜得人~｜以德报~｜天怒人~｜任劳任~｜旧仇宿~｜睚眦之~ **惋**叹~ ⑥**缓**展~ **援**奥~｜驰~｜打~｜后~｜接~｜救~｜乞~｜请~｜求~｜声~｜外~｜无~｜应~｜增~｜支~｜阻~｜围城打~｜孤立无~ **媛**名~｜仕~

13. 灯光韵

【-ng，-ngh；-ing】

光韵

【-ng，-ngh】

ng

[**b**] ①崩[泉]绷[泉]方（姓）帮~份枫 ②朋[泉]棚[泉] ③榜本~钱[泉] ⑤迸[泉] ⑥傍~福气饭 [**p**] ①烹[泉]怦[泉]抨[泉]砰[泉] ②彭[泉]澎[泉]膨[泉]鹏[泉]硼[泉] [**m**] ①毛山~ ②毛门③晚~冬 ⑥问 [**d**] ①当 ②藤[泉]滕[泉]誊[泉]腾[泉]唐塘堂长肠传劐 ③长~大涨水~转~屑 ④荡[泉]断[泉]~气丈杖[泉] ⑤顿当 ⑥撞*盪邓[泉]荡断丈杖 [**t**] ①汤 ②藤[泉]滕[泉]誊[泉]腾[泉]糖传团 ④煅[泉]杖[泉]孝~ ⑤烫褪 ⑥搪杖煅 [**n**] ①囡 ②囡能[泉]郎牛~榔槟~瓢瓜~酿 ③软 ④卵两 ⑤囡~空 ⑥酿米~卵两 [**z**] ①曾[泉]增[泉]憎[泉]甑[泉]争[泉]挣[泉]峥[泉]筝[泉]狰[泉]铮[泉]砖庄赃桩妆装粧僧[泉]

②曾 [泉] ~经层 [泉] 全旋尝 (舔) 从~来 ③掌~甲 ④吮 [泉] ⑤诤 [泉] 憎 [泉] 增*钻 [泉] 状旋藏牵~脏小~赠 [泉] 吮 [c] ①撑 [泉] 仓伧创刀~舱沧疮穿川伸僧村 ②床 ③吮~骨头 ⑤串窜呛* [s] ①闩僧 [泉] 生 [泉] 笙 [泉] 牲 [泉] 甥 [泉] 孙 (姓) 酸桑痠丧霜拴栓 ②床笼~ ③爽损榫 ⑤算蒜~头 [g] ①更 [泉] 庚 [泉] 赓 [泉] 羹 [泉] 耕 [泉] 扛缸光肛③哽 [泉] 鲠 [泉] 梗 [泉] 埂 [泉] 管水~卷捲广~州 ⑤更 [泉] 贯卷杠钢~铁 [k] ①坑 [泉] 铿 [泉] 吭 [泉] 康糠圈~皮 ③肯 [泉] ⑤劝矿 [泉] 圹墓~ [泉] 囥 (藏) [h] ①亨 [泉] 哼 [泉] 方药~坊昏下~荒开~ ②恒 [泉] 衡 [泉] 横 [泉] 园公~ ④哼 [泉] 远 [泉] ⑥远 [Ø] ①央秧揞* (遮掩) ②黄磺 ③影裍手~篾阮 (姓) ⑤向映 ⑥晕

ngh

[b] ⑦嘣 ⑧哞 [m] ⑧物 [c] ⑦呛 ⑧呛 [s] ⑦匿 擤 [h] ⑧哼

ng

b ①方 (姓) 帮柴~ ③榜正~｜诏~｜题~｜落~｜发~红~｜出~｜张~｜文~｜中~｜金~｜光荣~｜龙虎~ 本蚀~｜了~｜救~ ⑥傍倚 [ua³] ~ 饭配~｜糜｜酒~｜油~｜菜~｜清 [cin⁵] ~｜冲 [cing⁵] ~｜炊~｜添 [tiN¹] ~｜贮 [due³] ~｜翁 [hip⁷] ~｜粒~｜焖~｜咸~｜白~｜捞 [hoo²] ~｜食~｜(白) 米~｜秫米~｜大鼎~｜围炉~｜粗菜便~

m ①毛山~｜雨~ ②毛鬖 [sam⁵] ~｜幼~｜头~｜白~｜红~｜苦~ (寒毛) ｜䎃 [cang⁵] ~｜生~｜领 [nia³] ~ (表示事情不好办, 情事、状况不妙糟糕) ｜鸡~｜猪~｜鸟~｜粗~｜胎~｜起~｜绒~｜阴~｜牛~｜长~｜雨~ (仔) ｜面~｜虬 [kiu²] ~｜狗仔~｜厚 (细) ~｜目 (睫) ~｜落 [lak⁷] 头~｜电头~｜刺 [ciah⁷] 羊~｜幼~~｜铰头~｜鼻腔~｜目眉~｜目珠~ 门柴~｜声~｜布~｜边~｜大~｜细~｜房~｜铁~｜锁~｜正~｜守~｜偏~｜后 (尾) ~｜前~｜对~｜灶~｜挡~ (涵闸) ｜过~｜球~｜顾~｜拍~｜敲 [ka⁵] ~｜上

[ziuN⁶] ～ | 出～ | 入～ | 开～ | 关～ | 搞 [oo³] ～ | 挢 [giao⁶] ～ | 串～ | 挟 [sak⁷] ～ | 同 [dang²] ～ (连襟) | 东～ | 西～ | 南～ | 北～ | 对面～ | 瓮城～ | 后尾～ | 屏堵～ | 弯弓～ | 行后～ | 格仔～ | 无过～ | 疏子仔～ ③晚早～ ⑥问借～ | 倒～ | 相借～ (打招呼)

d ①当轮～ | 看～ (看待) | 鸟 [ziao³] ～ | 担 [dam¹] ～ | 老鼠～ | 无知 [bbo²di¹] ～ | 怀敢～ ②长久～ | 揪 [kiu³] ～ | 牵～ | 伸～ | 有～ | 痟～ | 掠～ | 抽 [kiu³] ～ | 长～ **传艕～ 堂菜～** | 学～ | 课～ | 公～ | 讲～ | 坐～ | 草～ | 中～ | 庙～ | 澡～ | 佛～ | 过食～ | 刑～ | 拜～ | 孝～ | 灵～ | 走～ (堂倌) | 上 [ziuN⁶] ～ | 祠～ | 礼～ | 会～ | 大～ | 热心～ | 礼拜～ | 直肚～ | 大厅～ | 番仔学～ **塘**陂～ | 涂～ | 池～ | 海～ | 河～ **肠**猪～ | 大～ | 小～ | 肚 [doo⁶] ～ | 腹～ | 生 [siN¹] ～ | 直～ | 纠～ | 坠～ | 洗～ | 空～ | 心～ | 饥～ | 烂～ | 羊～ | 搁 [giuh⁷] ～ **剔薰～** (烟屁股) | 对～ | 半～ | 下 (半) ～ | 半 (中) ～ | 砖仔～ | 半中 (而) ～ | 矮仔人～ ③转辚～ | 倒～ | 反 [huan³] (倒) ～ (反而,反倒) | 平 [piaN²] 倒～ | 抛 [pa¹] 辚～ | 反 [bing³] 辚～ | 弹倒～ | 驳倒～ | 斡辚～ | 辚辚～ | 斡倒～ | 四辚～ | 四鞑辚～ **涨水～** ⑤当准～ (当头) | 首 [ciu³] ～ (赎当) | 借～ (押当) | 落～ **顿**正～ | 时～ | 矮～ | 向 [ng⁵] ～ (愚顽) | 落 [loh⁸] ～ (放下心来;事情得到落实) | 早 (起) ～ | 暗 (暝) ～ | 下昼～ | 下昏～ | 中昼～ | 日昼～ | 度三～ | 肥～～ | 矮～～ ⑥撞拄 [du³] ～ (偶尔) | 横行直～ **盪洗～** | 加 [ga¹] ～ (冲荡) | 损 [sng³] ～ (糟蹋,浪费) **断**拍～ | 卖～ | 无～ | 落～ (落实) | 斩～ | 截～ | 切～ | 掣 [cuah⁷] ～ | 遏 [at⁷] ～ | 骨～ | 压 [deh⁷] ～ | 揪 [kiu³] ～ | 挽 [bban³] ～ | 买～ | 卖～ | 擘 [beh⁷] ～ **荡使～ | 死荡～ 丈路～ 杖**拐～ | 魔～

t ①汤茶～ | 麵～ | 甜～ | 卤～ | 烧～ | 药～ | 流～ | 洗～ | 菜～ | 鱼～ | 肉～ | 米～ | 饮 [am³] ～ (米汤) | 鸡～ | 鸭～ | 啉～ | 遏 [at⁷] ～ | 番薯～ | 圆仔～ | 杂菜～ | 金银～ | 菜头～ | 肉骨～ | 鸡卵～ | 落花生～ | 涂豆仁～ ②传会～ | 艕～ | 无～ **团**大～ | 一～ | 规～ | 结～ **糖**乌～ | 红～ | 软～ | 含 [gam²] ～ (仔) | 贡～ | 角～ | 白～ | 喜～ | 明～ | 沙～ | 潮～ | 掺～ | 豆～ | 冬瓜～ | 橡奶～ | 落花生～ ⑤烫电～ | 光～ | 滚～ | 冷～ | 烧～～ **褪**敊 [tao³] ～ ⑥搪瓷～ | 淋～ **煅**过～ **杖**槌～ | 柴～ | 孝 [ha⁵] ～ (哭丧棒) | 桐～

锡～

n ①囷伸 [cun¹] ～｜②囷交～｜拾 [kioh⁷] 交～ **瓢**肉～｜篾～（篾黄）｜二～（猪皮下的脂肪；竹皮下的篾黄）｜漉～｜顲 [ham⁵] 二～（水肿）**酿**酒～ **郎**牛～ ③**软**肥～｜酸～｜落～｜齿～（倒牙）｜回～｜心～｜幼～｜飕 [sao¹] ～｜瘼 [se⁶] ～（疲软）⑤**囷**（钻进；逛荡）势～｜四界～ ⑥**卵**伏 [bu⁶] ～｜鸡～｜鸭～｜鹅～｜蚕～｜生～｜虾～｜石～｜红～｜芋～｜炆 [dim⁶] ～｜鱼～｜放～｜卤～｜灰～｜鸟仔～｜鸭（母）～｜咸（鸭）～｜娘仔～｜骹后～｜菜脯～｜病软～｜虱母～｜断人～｜石扩（仔）～｜刣鸡阉～（杀鸡取卵）**两**怀成三～

z ①**妆**添～｜嫁～ **庄**村～｜做～ **砖**煤～｜花～｜涂～｜瓦 [hia⁶] ～｜地～｜茶～｜盐～｜金～｜红～｜灰～ **赃**分～｜贪～｜窝～｜销～｜栽～｜追～｜坐～｜坐地分～ **装**瓶～｜袋～｜包～｜散～｜线～｜精～｜平～｜筒～｜分～｜安～｜古～｜假～ ②**旋**黄～｜搵 [ng¹] ～ **全**禚 [ziao²] ～｜光～｜舱十～｜十路～ **尝**贪～ ③**掌** ⑤**钻**匕～｜撚～｜录 [lak⁷] ～｜转～｜圉 [nng⁵] ～（钻营；善于拼搏或工作而取得好的效果或利益）风～｜尖～（善于寻找时机而获得利益）｜搣搣 [ui¹] ～ ⑥**藏**牵～（引魂）**旋**双个～ **脏**小～｜大肠小～ **状**小～｜告～｜写～｜送～｜诉～｜入～ **吮**舌仔～

c ①**穿**网～（织网用的梭子）｜奶～（奶汁的出口）｜蛀～（小蛀孔）｜生 [siN¹] ～（蛀洞）｜钻～｜鲈鳗田～ **仓**粟～｜米～｜谷～｜公～｜盐～｜粮～｜出～｜盘 [buaN²] ～｜搬～｜入～ **川**尻～｜长尻～｜拭尻～｜拍尻～｜裰赤尻～ ②**床**吊～｜眠～｜水 [zui³] ～｜睏～｜竹～｜铁～｜胖 [pong⁵] ～（沙发）｜忌 [ki⁶] ～｜单人～｜双人～ ③**吮**好～｜否 [paiN³] ～ ⑤**串**大～｜细～｜规～

s ①**闩**门～ **栓**药～｜铳～｜柴～｜铁～｜话仔话～（冷言冷语）**酸**黄～（发育不好，脸黄肌瘦）｜鬱～｜刺～｜臭～｜死～｜悲～｜寒～｜尖～｜穷～｜心～｜辛～｜臭汗～｜菜头～｜孤死～｜抄细～｜寒寒酸～ **瘦**骹～｜手～｜腰～｜腰脊骨～ **丧**觅 [bbai⁶] ～｜出～ **霜**冻～｜结～｜落～｜糖～｜磋 [cuah⁷] ～｜激～｜死～｜冰～｜六月～｜孤死～（孤僻）②**床**炊～｜馃～｜笼～｜大～｜细～｜出～｜缚笼～｜矮仔笼～ ③**爽**（玩）爱～｜势～ **损**猴～（疳症）｜谴～（魔魅）｜抠～｜拍～｜势～｜着猴～｜做谴～ **榫**空～（空子，把柄）｜变空～｜起空～（无事生非）｜生空生～（生事）｜橙［diN⁵］空橙～（装腔作势）｜变空变～｜做空做～｜假空假～ ⑤**算**穷［king²］～｜势～｜按～（打算）｜拍～｜掠～（揣度）｜论～｜格～（推算；计较）｜徛～（约莫）｜准～｜笔～｜口～｜喙～｜画～（盘算；合算）｜计～｜电～｜清～｜结～｜推～｜核～｜换～｜演～｜验～｜盘～｜暗～｜预～｜决～｜格［gik⁷］～｜料～（料想，预卜）｜含口～｜无拍～｜无准～｜赡按～｜拍总～｜蒜北～｜达～

g ①**光**天～｜睭［tiN²，ciN²］～｜过～（打磨，抛光）｜磨～｜目～｜推～｜通［tong¹］～｜通［tang⁵］～｜惊～｜发～｜闪～｜走～｜出～｜炎～｜X～｜赡～｜真～｜荣～｜双面～｜醭醭～｜闪尴～｜天要～｜日头～｜褪～～｜（天）未～｜拍醭～｜规暝到～ **扛**轿～｜八人～ **缸**潘［pun¹］～｜水～｜米～｜大～｜酱～｜酒～｜茶～｜浴～｜鱼～｜染～｜汽～ **肛**脱～ ③**卷**相～｜花～｜胶～｜大～｜葱～｜锁～（仔）｜小～（仔）**管**米～｜火～｜毛～｜雷～｜喷～｜喉～｜被～（被窝儿）｜插～｜门～｜瓷～｜乌～（单簧管，黑管）｜咙喉～（气管）｜胂［cang⁵］毛～ ⑤**贯**钱～｜有算无～ **卷**考～｜试～｜开～｜交～｜白～｜改～｜上～｜下～｜画～｜调～｜查～ **杠**单～｜双～｜柴～｜铁～｜车～｜悬下［guaiN²ge⁶］～ **钢**炼～｜轧～｜百炼成～

k ①**圈 糠**粗～｜米～｜绞～｜粟［cik⁷］～｜箬［tai¹］～ ⑤**困**寄～｜收～｜暗～｜存～｜稳～｜揾［ng¹］～（掩藏）｜瞒～｜积～｜觑［bbih⁷］～｜贮［due³］～｜偷～｜拾［kioh⁷］～ **劝**苦～｜解～｜相～｜款～（劝说）

h ①**方**土～｜药～｜秘～｜便～｜插～｜门～ **坊**石～｜酒～｜便～ **荒**放～｜抛［pa¹］～（荒凉）｜枋～｜青～｜饥～｜烧～｜开～｜臭青～ **昏**昨～｜下［e⁶］～（晚上）｜暝～｜二九下～ ②**园**塍［can²］～｜沙～｜戏～｜公～｜故～｜果～｜花～｜家～｜酱～｜乐～｜梨～｜陵～｜山～｜庭～｜校～｜伊甸～｜幼儿～｜幼稚～｜洲仔～｜动物～｜植物～｜电影戏～｜唇顶花～｜春色满～ ⑥**远**僻［piah⁷］～｜真～｜无～｜野～｜赡～｜～～

Ø ①**央**中～｜半中～｜正中～ **揾**遮～ **秧**埔～｜水～｜披［ia⁶］～ ②**黄**焦［da¹］～｜徛［kia⁶］～｜金～｜青～｜乌～｜浅［ciN³］～｜恶［ao⁵］～｜麦仔～ ③**裰**短（手）～｜手～｜长～｜束～

箃孤~　影日~|树~|阴~|荫~|歇~|有云无~　⑤映有~|
无~　向对~　映有~|无~|　⑥晕烟~（眼花）

ngh（多拟声词）

b　⑦嘣　⑧嗙

p　⑧嘣

m　⑧物［泉］

c　⑦呛　⑧呛嗤嗤~~

s　⑦匰~颔滚　擤~鼻

h　⑧哼

英韵
【-ing】

ing

［b］①兵冰崩绷　②平凭屏爿—~朋棚瓶　③丙炳秉饼反　④並比~
［泉］⑤柄并合~拼摒迸　⑥病並　　［p］①娉傅姘烹怦抨砰　②评
坪萍苹枰彭澎膨硼鹏　⑤聘拼合~　　［bb］②明名铭冥螟暝瞑溟茗
盟萌甍鸣　③猛勐蜢艋锰酩皿　⑥孟命　　［d］①丁钉仃玎盯叮靪
疔酊登噔蹬灯　②澄橙惩亭婷葶廷庭蜓霆埕重腾藤誊　③顶酊戥鼎
等　⑤钉订矴钉碇中~意蹬凳嶝镫磴帧　⑥定锭郑填邓有（硬）碇*
澄瞪　　［t］①汀厅听撑瞠蛏　②呈程醒亭~午停婷葶廷霆蜓腾滕
藤誊鹏　③逞骋挺铤艇梃町宠　⑤听　　［l］①茏奶［漳］②灵棂伶
玲铃拎翎龄囹羚蛉苓瓴聆零陵凌绫菱棱拧宁咛聍狞柠仍扔能龙垄
③伶冷领岭　④垄*—~［泉］⑤躐*（跃起）⑥令鸰另宁泞侫楞愣
冗（松）垄*　　［z］①精菁睛晶旌牲贞侦祯帧惩蒸征症正怔舂盅
钟漳~州［泉］曾增憎罾争峥筝狰铮睁挣僧　②前晴情赪松榕曾~经
层从~来　③井阱拯整肿种~子掌*~甲［漳］④静靖　⑤正政症证怔
甄众种~田净憎*　⑥净静靖赠　　［c］①青蜻清圊称撑千　②榕　③
请笭忡鲭浅　⑤称对~秤铳（枪）冲荐枪*蹭　⑥穿*　　［s］①星腥

猩惺腥声升僧生笙甥牲先 ②成城诚鲼盛承丞乘绳 ③醒省瘳 ④恖[泉] ⑤胜姓性圣 ⑥盛恖嵊剩乘恖 　[g]①京惊荆经泾兢肩鲸粳弓宫供口~更庚赓耕羹间肩 ②擎檠鲸劲穷 ③景璟憬警境儆耿颈泂炯迥炅拱龚哽鲠梗埂裍 ⑤敬警竞竟镜亘颈劲径*痉茎*供~祖公更 ⑥竞拱竞 　[k]①卿轻氢倾框眶筐硁坑铿吭②琼茕穷擎檠鲸劲 ③顷綮肯 ⑤庆磬謦 ⑥虹* 　[gg]②迎*凝眼 ③研*眼 ④硬 ⑥硬 　[h]①兴兄馨胸亨哼 ②形刑型荥行珩还雄卿有~弘~一法师(人名)[泉]恒姮衡横 ④幸[泉]悻[泉]杏[泉] ⑤兴 ⑥行贶横苋幸悻杏 　[Ø]①英瑛应膺莺鹦~哥婴鹰膺樱嘤缨罂痈雍飏涂粉真~ ②盈楹赢莹萤荣嵘茔营荧萦闲 ③影颖颍郢永泳咏涌海~往~过(往昔) ⑤应映壅蕹~莱 ⑥孕用塍

ing

b ①冰激~|滑~|坚~|煏[u⁵]~|溜~|食~|卖~|买~|干~|旱~|破~|结~|碎~|冷~~|如履薄~|滴水成~

兵铳[cing⁵]~|营~|败~|搬~|标~|步~|裁~|残~|撤~|称~|出~|大~|当~|刀~|动~|分~|伏~|护~|载甲~|尖~|交~|骄~|进~|精~|溃~|练~|操~|乱~|弹~|民~|募~|炮~|骑~|奇~|弱~|伞~|伤~|哨~|士~|收~|水~|号~|逃~|天~|起~|发~|开~|退~|屯~|卫~|宪~|新~|兴~|雄~|养~|疑~|用~|援~|阅~|增~|招~|征~|重~|追~|老破~|子弟~|空降~|勤务~|老弱残~|先礼后~|草木皆~|秣马厉~|纸上谈~|弃甲曳~|摄甲执~

崩山~|雪~　**绷**紧~ ②乑番~(旧指南洋)|柴(字)~|字~|反~|分~|翻~|武(字)~|对~|规~|斜~|半~|西~|南~|两~|双~|东~|北~|即~|一~|迌[hit⁷]~|男~|女~|左~|右~|大~|细~|两~(边)|正(手)~|倒(手)~|丝字~|丝仔~|斜土~|斜玉~|斜王~|待人~|待心~|抱心~|禾字~|挑土~|火字~|单人~|反文~|双人~|半礼~|挑手~|重规~|钩耳(仔)~　**平**扁~|划~|铲~|承~|持~|荡~|垫~|公~|和~|戳~|克~|拉~|溜~|敉~|不~|铺~|清~|扫~|升~|生~|水~|踏~|太~|讨~|天~|填~|削~|展~

抱不~｜愤愤不~｜气愤不~｜凹凸不~｜坎坷不~｜抑郁不~｜歌舞升~｜粉饰太~　**朋**宾~｜良~｜亲~｜硕大无~　**凭**任｜听~｜依~｜不足为~｜空口无~｜口说无~　③**反**车~｜倒~（反面，反向）｜翻~｜过~｜对~｜势~｜跋［buah⁸］~（翻滚）｜正~　**丙**付~（信件等用火烧掉）　**炳**彪~　⑤**并**裁｜归~｜合~｜火~｜兼~｜吞~｜一~　**柄**把~｜兵~｜国~｜话~｜权~｜谈~｜笑~｜政~　⑥**並**比~（比试，比拟，比较）｜相比~｜艁比~｜势比~

p　①**烹**兔死狗~　②**评**短~｜好~｜讲~｜剧~｜戏~｜杂~｜点~｜测~｜考~｜点~｜批~｜品~｜社~｜时~｜史~｜书~｜述~｜妄~｜影~｜综~｜总~｜自我批~｜文艺批~　**萍**浮~｜水~　⑤**聘**报~｜出~｜敦~｜解~｜礼~｜受~｜选~｜延~｜招~｜来~｜就~｜纳~｜求~｜应~｜缓~　**鹏**龙~｜风~｜云~｜大~｜鲲~

bb　②**萌**复~｜故态复~　**盟**拜~｜会~｜加~｜结~｜联~｜同~｜交~｜东~｜民~｜海誓山~｜攻守同~｜歃血为~｜城下之~　**明**清~｜挑~｜品~｜折~｜辨~｜标~｜表~｜查~｜阐~｜昌~｜聪~｜点~｜发~｜分~｜复~｜高~｜光~｜晦~｜简~｜精~｜开~｜黎~｜判~｜平~｜剖~｜启~｜认~｜申~｜神~｜声~｜圣~｜失~｜说~｜探~｜天~｜通~｜投~｜透~｜微~｜文~｜鲜~｜贤~｜显~｜不~｜敦~｜元~｜奏~｜倡~｜讲~｜说~｜详~｜修~｜羞~｜宣~｜严~｜因~｜英~｜幽~｜照~｜证~｜指~｜注~｜石决~｜小聪~｜来历不~｜来路不~｜去向不~｜意向不~｜绝顶聪~｜耍小聪~｜自作聪~｜黑白分~｜层次分~｜赏罚分~｜壁垒分~｜脉络分~｜泾渭分~｜恩怨分~｜爱憎分~｜另请高~｜正大光~｜大放光~｜一线光~｜柳暗花~｜耳聪目~｜内疚神~｜奉若神~｜双目失~｜灯火通~｜弃暗投~｜察察为~｜旗帜鲜~｜剀切详~｜先见之~｜自知之~　**茗**啜~｜品~｜香~　**冥**晦~｜~~｜幽~｜愚~｜幽思~　**铭**碑~｜鼎~｜志~｜座右~｜墓志~　**溟**东~　**瞑**目~｜不~｜顽~　**瞑**晦~｜昏~｜阴~｜夜~　**螟**虫~｜蝗~　**名**知~｜大~｜小~｜品~｜乳~｜命~｜具~｜无~｜有~｜署~｜匿~｜唱~｜顶~｜定~｜浑~｜成~｜盛~｜英~｜美~｜扬~｜慕~｜浮~｜实~｜驰~｜骂~｜闻~｜师出无~｜青史留~｜金榜题~｜隐姓埋~｜徒有虚~｜举世闻~｜欺世盗~｜赫赫有~　**薨**雕~　**鸣**哀~｜悲~｜长~｜共~｜和~｜轰~｜鸡~｜雷~｜鸟~｜啸~｜争~｜自~｜戛然长~｜

鸾凤和～｜瓦釜雷～｜掌声雷～｜孤掌难～｜金鼓齐～｜不平则～｜百家争～　③**猛**假～｜勇～｜凶～｜迅～｜真～｜无～｜敆～｜一［it⁷］～｜斗［dao⁵］～｜（好）马～（敏捷勇猛，剽悍）｜十八～｜二四～｜来势凶～　**皿**器～　⑥**命**亡～｜奔～｜逼～｜毕～｜毙～｜薄～｜偿～｜成～｜敕～｜从～｜催～｜待～｜抵～｜度～｜短～｜非～｜奉～｜福～｜复～｜诰～｜革～｜狗～｜害～｜狠～｜活～｜矫～｜救～｜抗～｜苦～｜老～｜卖～｜没～｜民～｜拼～｜请～｜饶～｜人～｜任～｜认～｜辱～｜丧～｜舍～｜生～｜使～｜寿～｜受～｜授～｜死～｜送～｜算～｜逃～｜特～｜天～｜听～｜玩～｜衔～｜效～｜性～｜雅～｜严～｜要～｜殒～｜挣～｜致～｜自～｜遵～｜逼人～｜反革～｜疲于奔～｜红颜薄～｜收回成～｜死于非～｜谋财害～｜图财害～｜安身立～｜耳提面～｜为民请～｜草菅人～｜幸不辱～｜政治生～｜不辱使～｜历史使～｜见危授～｜临危受～｜俯首听～｜相依为～｜身家性～｜听天由～｜乐天知～

　　d　①**丁**病～（病夫）｜蒜～｜了～（不成材的家伙）｜半［buan⁵］～（不成材）｜白～｜兵～｜补～｜成～｜抽～｜家～｜抗～｜冷～｜零～｜出～（添丁）｜门～｜亲～｜人～｜生～｜添～｜园～｜鸡～｜肉～｜狼狈～｜掠壮～｜平拄～｜怀成～｜冷不～｜冷孤～｜死～｜目不识～｜不识一～　**仃**俏～｜结～｜伶～｜孤苦伶～　**疔**生～　**钉**石～｜交～（锅子）｜碰～｜铁～｜铜～｜竹～｜柴～｜销～（销子）｜镶［ciam³］～（横拴在中间的钉子）｜图（画）～｜蜈蚣～｜螺丝～｜眼中～｜板上钉～　**盯**直～～　**酊**碘～　**灯**挂～｜吊～｜风～｜马～｜点～｜骹～｜提～｜磅～（汽灯）｜汽～｜斗～｜吹～｜宫～｜花～｜华～｜幻～｜龙～｜绿～｜明～｜台～｜挑［tio¹］～｜熄～｜油～｜壁～｜掌～｜卖大～｜桌头～｜鼓仔～｜新娘～｜牛目～｜琉璃～｜涂油～｜保家～｜信号～｜霓虹～｜吊大～｜放水～｜放天～｜红绿～｜走马～｜上元～｜五彩～｜长明～｜安全～｜车后～｜无影～　**登**叨～｜丰～｜刊～｜摩～攀～｜摘～｜满～～｜五谷丰～｜红不棱～｜花不棱～｜捷足先～　**噔**咯～　**蹬**踢～　②**廷**朝～｜宫～｜教～｜龙～｜里［lai⁶］～｜内～　**庭**出～｜法～｜家～｜刑～｜民～｜径～｜开～｜天～｜休～｜门～｜楼～｜退～｜过～｜后～｜内～｜外～｜闲～｜对簿公～｜大相径～｜大有径～　**亭**册～｜报～｜岗～｜凉～｜风～｜水～｜邮～｜拜～｜吊～书～｜茅～｜石～｜茶～｜亭～　**婷**～～｜娉～｜袅袅～～　**霆**雷～｜

大发雷～　　重佫～　　惩奖～｜严～｜膺～　　橙黄～～　　澄过～（过滤）

誉过～（誉清）　　藤葛～　③顶天～｜山～｜北～（北方）｜楼～｜门

～｜桌～｜路～｜壁～｜棒［bun⁶］～｜会～｜崁～｜冲～｜面～｜灶

～｜册～｜身～｜朝～｜打～｜到［gao⁵］～｜峰～｜尖～｜极～｜绝

～｜灭～｜没～｜透～｜秃～｜碑～｜歇～｜墙（仔）～｜街（路）～｜

厝（尾）～｜水（面）～｜地面～｜田岸～｜山尾～｜树尾～｜楼尾～｜

椅仔～｜头壳～｜醒酬灌～　　酊酪～　　鼎～～｜定～｜同～｜赝～｜大

名～～｜一言九～｜拔山扛～　　等不～｜超～｜初～｜次～｜对～｜分

～｜高～｜何～｜恒～｜甲～｜均～｜老～｜立～｜劣～｜躐～｜平～｜

赌～｜上～｜特～｜同～｜下～｜相～｜乙～｜优～｜中～｜坐～｜三六

九～｜高人一～　　戳厘～　⑤蹭蹬～　　凳冷板～｜老虎～｜坐冷板～

订编～｜补～｜裁～｜改～｜校～｜考～｜拟～｜签～｜审～｜修～｜续

～｜预～｜增～｜制～｜装～　　帧装～　　钉饳～　⑥定杜～｜准～｜安

～｜必～｜不～｜裁～｜测～｜插～｜查～｜奠～｜笃～｜断～｜额～｜

法～｜放～｜否～｜更～｜固～｜规～｜核～｜恒～｜划～｜既～｜假

～｜坚～｜检～｜鉴～｜界～｜决～｜肯～｜厘～｜立～｜料～｜命～｜

内～｜拟～｜判～｜平～｜评～｜钦～｜确～｜认～｜入～｜商～｜审

～｜说～｜算～｜特～｜铁～｜推～｜稳～｜下～｜限～｜协～｜选～｜

一～｜议～｜预～｜约～｜暂～｜站～｜镇～｜指～｜制～｜注～｜酌

～｜坐～｜保不～｜（四骰）杜～｜摇摆不～｜恍惚不～｜飘忽不～｜徘

徊不～｜惊魂不～｜神魂不～｜捉摸不～｜举棋不～｜心神不～｜神思不

～｜五心不～｜摇曳不～｜迟疑不～｜游移不～｜行踪不～｜安安～～｜

矢口否～｜一口否～｜明文规～｜拍板决～｜盖棺论～｜指挥若～｜一言

为～｜惊魂未～｜张惶无～｜行迹无～｜行止无～｜行踪无～｜绅士协

～｜君子协～｜一口咬～｜大局已～｜命中注～　　碇启～｜起～｜下～

填户～（门槛）　　有（模）真～｜会～｜殓～｜焦［da¹］～（干

结）｜垫～（结实）｜结～　　澄黄～～　　瞪迷～｜目～｜直～～

　　　t　①汀沙～｜绿～｜平拄～　　撑支～　　听打～｜聆～｜窃～｜旁

～｜视～｜中～｜谛～｜偏～｜兼～｜动～｜侦～｜洗耳恭～｜危言耸

～｜混淆视～｜娓娓动～　　厅府～　②腾倚［kia⁶］～（倒立）｜奔～｜

冲～｜捣～｜倒～｜翻～｜飞～｜沸～｜欢～｜乱～｜闹～｜扑～｜升

～｜踢～｜图～｜喧～｜折～｜蒸～｜热～～｜雾～｜万马奔

～｜磅礴冲～｜热血沸～｜民怨沸～｜举国欢～｜万众欢～｜慢慢～～｜

热气~~｜杀气~~｜雾气~~｜烟雾~~　**婷**娉~｜~~　**停**较
[kah⁷]~（等会儿）｜小~｜怀~｜畭~｜居~｜调~｜消~｜匀~｜暂
~｜昼夜不~｜就中调~｜居中调~　**蜓**蜻~　**程**单~｜双~｜登~｜
工~｜归~｜规~｜过~｜航~｜回~｜兼~｜教~｜进~｜课~｜里
~｜历~｜疗~｜流~｜路~｜旅~｜启~｜起~｜前~｜中~｜长~｜
短~｜全~｜日~｜射~｜途~｜行~｜议~｜远~｜章~｜征~｜专
~｜日夜兼~｜昼夜兼~｜各奔前~｜断送前~｜锦绣前~｜议事日~
呈辞~｜面~｜送~｜状~｜签~　**醒**解~｜醉~　**霆**雷~｜轰~｜疾
~｜惊~　③**挺**笔~｜尖~｜坚~｜英~｜硬~｜刚~｜直~　**艇**舰
~｜炮~｜战~｜小~｜汽~｜潜~｜飞~｜快~｜游~｜钻水~｜潜水
~　**宠**娇~｜男~｜失~｜荣~　**逞**不~｜得~　**骋**驰~｜游~｜纵横
驰~

　ｌ　①**茏**青~~　②**宁**安~｜丁~｜归~｜康~｜鸡犬不~｜坐卧
不~｜思绪不~｜心绪不~　**狞**狰~　**咛**叮~　**凌**欺~｜侵~｜冰~｜
防~｜驾~｜清~~　**棱**模~｜摸~｜扑~　**绫**白~｜罗~　**龙**山~
（山脉，地脉）｜涂~｜护~｜横~｜鼻~｜掠~｜弄~｜刺~｜飞~｜蛟
~｜天~｜地~｜伏~｜降~｜壁~｜玉~｜火~｜水~｜游~｜滚蛟
~｜起蛟~｜五爪~（五指）｜过江~｜穿山~｜活~~　**垄**培 [be²]
~　**灵**倚~｜辞~｜飞~｜培~｜魂~｜机~｜精~｜空~｜乞~｜起
~｜轻~｜神~｜生~｜失~｜会~｜畭~｜真~｜守~｜水~｜停~｜
亡~｜移~｜除~｜显~｜行 [giaN²] ~（凑效）｜心~｜性~｜英~｜
幽~｜钟~｜水~~｜冥顽不~｜人杰地~｜荼毒生~｜超度亡~｜福至
心~｜在天之　**玲**玉~｜彩~｜碧~　**瓴**高屋建~　**铃**串~｜警~｜
响~｜哑~｜银~｜解~｜系~｜电~｜风~｜摇~｜敲~｜銮~｜掩耳
盗~　**陵**冈~｜凭~｜丘~｜山~｜谒~　**棂**窗~　**翎**雁~　**零**凋
~｜丁~｜孤~｜挂~｜奇~｜畸~｜抹~｜飘~｜拾~｜涕~｜有~｜
孤~~｜感激涕~｜化整为~　**龄**超~｜大~｜党~｜芳~｜高~｜工
~｜婚~｜及~｜教~｜军~｜妙~｜年~｜适~｜髻~｜团~｜修~｜
学~｜艺~｜役~｜育~　**能**本~｜才~｜逞~｜德~｜低~｜方~｜
高~｜功~｜官~｜技~｜机~｜可~｜权~｜全~｜万~｜无~｜贤
~｜效~｜性~｜职~｜欲罢不~｜嫉贤妒~｜良知良~｜全知全~｜全
智全~｜昏聩无~｜庸碌无~｜软弱无~｜老朽无~｜昏庸无~｜积不相
~　③**伶**机~｜坤~｜名~｜优~　**冷**生~｜冰~｜齿~｜干~｜寒

～｜清～｜拍～｜阴～｜畏～｜死绝～｜半烧～｜令人齿～｜心灰意～｜

头兴尾～ **岭**秦～｜南～｜分水～｜崇山峻～｜高山峻～｜开山劈～｜

童山秃～｜翻山越～ **领**拜～｜本～｜带～｜纲～｜将～｜谨～｜首

～｜率～｜头～｜心～｜要～｜引～｜占～｜招～｜统～｜衣～｜圆～｜

蓝～｜白～｜冒～｜提纲挈～｜不得要～ ⑤**趵**滚～｜田蛤仔～ ⑥**宁**不

～｜毋～｜无～ **佞**不～｜谗～｜奸～｜显忠斥～ **楞**拾～｜起～ **冗**

松～｜充～｜冗～｜手～｜漉～｜放～｜伤 [siuN¹] ～｜钱根～ **另**挑

～ **令**逼～｜饬～｜传～｜命～｜春～｜词～｜辞～｜当～｜调～｜冬

～｜法～｜功～｜号～｜喝～｜即～｜将～｜矫～｜节～｜禁～｜酒～｜

军～｜口～｜勒～｜密～｜明～｜命～｜秋～｜申～｜时～｜寿～｜司

～｜条～｜通～｜违～｜伪～｜下～｜夏～｜县～｜限～｜小～｜行～｜

训～｜严～｜月～｜责～｜政～｜指～｜纵～｜尊～｜拗口～｜急口～｜

绕口～｜逐客～｜总司～｜金丝苦～｜冬行春～｜外交辞～｜不善辞～｜

长于辞～｜巧于辞～｜善于辞～｜擅于辞～｜娴于辞～｜强迫命～｜重申

前～｜东行秋～｜发号施～｜春行夏～｜猜拳行～｜划拳行～ **鸰**鹩～｜

愣呆～｜发～｜傻～｜斜～｜呆～～

z ①**贞**坚～｜童～｜忠～ **旌**铭～｜明～ **争**斗～｜纷～｜竞

～｜力～｜论～｜内 [lue⁶] ～｜里 [lai⁶] ～｜战～｜分秒必～｜寸土必

～｜自由竞～｜据理力～｜鹬蚌相～｜与世无～ **挣**硕～ **征**长～｜出

～｜从～｜义～｜东～｜入～｜南～｜力～｜起～｜纳～｜苛～｜缓～｜

开～｜亲～｜秋～｜特～｜象～｜应～｜远～｜御驾亲～｜信而有～

铮铁骨～～ **静**怒目圆～ **筝**断线风～ **蒸**清～｜霞～｜熏～｜暑气熏

～ **舂**相～ (相撞击)｜挋摘～ (比喻争吵，闹腾)｜涂墙～ (干打垒)

钟喉～ (悬雍垂)｜时～｜金～｜铜～｜分～｜秒～｜点～｜警～｜洪

～｜袁～｜台～｜挂～｜壁～｜大～｜摆～｜电～｜座～｜敲 [ka⁵]

～｜摈～｜桌头～｜咙喉～｜声如洪～｜暮鼓晨～ **曾**现～｜不～｜未

～｜犹未～ **憎**可～｜嫌～｜面目可～ **增**倍～｜递～｜激～｜猛～｜

锐～｜频～｜与日俱～｜马齿徒～ **精**泄～｜灵～｜走～ (走样)｜受

～｜妖～｜遗～｜滑～｜射～｜味～｜芳 [pang¹] ～｜酒～｜糖～｜相

[siong⁵] ～～｜马屁～｜～益求～｜学有专～｜体大思～｜去粗取～

蛊茶～｜勘～｜瓮 [hip⁷] ～ (瓯子) **僧**高～｜斋～｜舍～｜密陀～

晶冰～｜茶～｜结～｜墨～｜水～｜液～｜蓝～～｜亮～～ **睛**定～｜

眼～｜画龙点～｜火眼金～｜目不转～ ②**前**早～｜进～｜头～｜日～｜

台～｜槽～（槽头）｜拼头～｜占头～｜见人～｜几日～｜出人～｜面头～｜目珠　**情**才～｜原～｜谅～｜爱～｜案～｜朦～｜表～｜别～｜病～｜薄～｜补～｜常～｜承～｜痴～｜传～｜春～｜催～｜道～｜敌～｜动～｜多～｜恩～｜发～｜风～｜感～｜寡～｜国～｜含～｜旱～｜行～｜豪～｜激～｜讲～｜做～｜交～｜矫～｜尽～｜剧～｜军～｜恋～｜领～｜留～｜隆～｜民～｜内～｜奇～｜浅～｜亲～｜求～｜群～｜热～｜人～｜任～｜容～｜柔～｜色～｜伤～｜商～｜客～｜深～｜神～｜盛～｜实～｜世～｜事～｜抒～｜水～｜说～｜私～｜送～｜讨～｜调～｜同～｜偷～｜忘～｜慰～｜温～｜无～｜物～｜下～｜险～｜乡～｜详～｜谢～｜心～｜性～｜虚～｜徇～｜艳～｜夷～｜疫～｜隐～｜幽～｜友～｜舆～｜雨～｜冤～｜灾～｜真～｜知～｜钟～｜衷～｜酌～｜纵～｜诉衷～｜求谅～｜好客～｜伤感～｜拉交～｜套交～｜送人～｜托人～｜行人～｜卖人～｜做人～｜鱼水～｜难为～｜人之常～｜自作多～｜脉脉含～｜毫不留～｜笔下留～｜手下留～｜满腔热～｜通达人～｜不近人～｜顺水人～｜空头人～｜风土人～｜触景生～｜即景生～｜深表同～｜水火无～｜冷酷无～｜翻脸无～｜一见钟～｜倾诉衷～　**晴**放～｜天～｜阴～｜响～｜雨过天～　**松**（也读［cing²］）红～｜厝角～（瓦松）｜鸟屎～（瓦松）　③**种**芒～｜脱～｜拍［pah⁷］～｜放～｜披［ia⁶］～｜窨［im⁵］～｜澶［tuaN⁵］～｜翕［hip⁷］～｜落［loh⁸］～｜好～｜戏～｜货～｜借～｜人［lang²］～｜透［tao⁵］～｜无～｜有～｜军～｜播～｜披［ia⁶］～｜烂～｜恶［ao⁵］～｜贼～｜孽～｜鸡～｜牛～｜否～｜透～｜逐～｜断～｜传～｜变～｜兵～｜播～｜火～｜菜～｜剧～｜绝～｜军～｜良～｜劣～｜灭～｜谬～｜品～｜人［lin²］～｜税～｜特～｜物～｜选～｜引～｜育～｜杂～｜土～｜野～｜大格～｜小格～｜细格～｜大人利～（大人，成人）｜有色人～　**肿**頹［ham⁵］～｜肥～｜水～｜浮～｜朦～　**整**挨～｜打～｜工～｜平～｜齐～｜调～｜完～｜休～｜修～｜严～｜匀～｜整～　⑤**正**板～｜辩～｜辨～｜补～｜呈～｜纯～｜订～｜端～｜反～｜方～｜斧～｜改～｜刚～｜更～｜公～｜归～｜娇～｜校～｜教～｜洁～｜纠～｜就～｜勘～｜匡～｜立～｜廉～｜平～｜务～｜修～｜雅～｜严～｜真～｜指～｜周～｜转～｜心术不～｜五官端～｜品行端～｜拨乱反～｜改邪归～｜矫枉过～｜持身严～｜堂堂正～　**症**过～｜阴～｜反～｜病～｜急～｜僻［piah⁷］～｜大～｜对～｜旧～｜紧～｜绝～｜死～｜顽～｜险～｜无半～（无能）｜败血～｜落［lao⁵］吐～｜否囝～（花柳病）｜粒仔～（鼠疫）｜后遗～｜梦游

～｜老鼠仔～｜不治之～　**证**干～｜保～｜辩～｜辨～｜查～｜党～｜作～｜血～｜取～｜对～｜反～｜公～｜孤～｜见～｜考～｜例～｜论～｜明～｜旁～｜凭～｜签～｜求～｜人～｜认～｜实～｜铁～｜物～｜显～｜训～｜验～｜引～｜印～｜赃～｜罪～｜左～｜佐～｜铁干～｜通行～｜工作～｜户口～｜身份～｜结婚～｜循环论～　**怔**发～｜愣～｜怔～　**诤**谏～　**政**暴～｜秉～｜柄～｜财～｜朝～｜从～｜务～｜篡～｜当～｜德～｜法～｜家～｜简～｜建～｜军～｜苛～｜民～｜内～｜虐～｜亲～｜仁～｜摄～｜施～｜时～｜市～｜听～｜宪～｜行～｜邮～｜执～｜专～｜各自为～｜参～议～｜精兵简～　**种**播～｜耕～｜芒～｜抢～｜套～｜栽～｜刀耕火～　⑥**静**居〔diam⁶〕～｜安～｜背～｜沉～｜动～｜寂～｜冷～｜宁～｜僻～｜平～｜清～｜肃～｜恬～｜温～｜文～｜娴～｜心～｜幽～｜镇～｜风平浪～｜沉着冷～｜夜阑人～｜更深人～｜夜深人～｜故作镇～　**净**白～｜纯～｜干～｜洁～｜静～｜明～｜清～｜素～｜匀～｜不干不～｜一干二～｜窗明几～　**靖**安～｜宁～｜平～｜绥～　**赠**赙～｜捐～｜馈～｜转～｜追～

c　①**清**卵〔nng⁶〕～（蛋白）｜沃〔ak⁷〕～（浇尿）｜挑～｜酱～｜坐～（沉淀，澄清）｜澄～｜分～｜划～｜看～｜廓～｜冷～｜血明～｜满〔bbuan³〕～｜三～｜至～｜凄～｜认～｜收～｜肃～｜誉～｜鸡卵～｜鸭卵～｜冷～～｜玉洁冰～｜纠缠不～｜恍惚不～｜含混不～｜弊绝风～｜海晏河～｜扫数还～｜志洁品～｜天朗气～｜冷冷～～｜身爽神～｜激浊扬～｜抑浊扬～｜宿弊一～｜旁观者～　**千**万～｜一～｜成〔ziaN²〕～｜～～万万　**青**冬～｜菜～｜茶～｜垂～｜催～｜丹～｜淡～｜靛～｜放～｜绀～｜汗～｜红～｜看～｜年～｜杀～（今指写定著作）｜石～｜踏～｜天～｜铁～｜蟹～｜玄～｜雪～｜压～｜藏～｜知～｜鸭蛋～｜万古长～｜冬夏常～｜炉火纯～｜雨过天～｜愣头儿～　**称**爱～｜辩～｜别～｜反～｜官～｜诡～｜号～｜褒～｜贬～｜泛～｜代～｜名～｜别～｜美～｜尊～｜讹～｜昵～｜总～｜雅～｜谎～｜简～｜口～｜声～｜俗～｜通～｜统～｜妄～｜宣～｜载～｜憎～｜职～｜著～｜自～｜尊～　②**榕**大～｜老～　③**请**报～｜呈～｜吃～｜敦～｜呈～｜烦～｜回～｜奏～｜提～｜烦～｜央～｜礼～｜约～｜祈～｜陈～｜敢～｜恭～｜固～｜雇～｜恳～｜聘～｜申～｜声～｜延～｜宴～｜仰～｜邀～｜有～｜吁～｜约～｜不情之～　**筅**棕～｜鼎～｜漆～｜竹～｜鸡毛～　**忡**心～｜噗噗～　**鲭**大目～　**浅**觑〔cu³〕～（近视）　⑤

铳大～｜马～｜短～｜火～｜土～｜水～｜风～｜乌～｜暗～｜手～｜长～｜拍～（枪毙）｜鸟～｜猎～｜开～｜着 [dioh⁸] ～｜饭匙～｜电焊～｜信号～｜冲锋～｜车仔～｜老手～｜拍手～｜机关～｜火药～｜鹿骹马～（泼皮流氓之辈） **冲**草～（螳螂）｜浮～（虚浮）｜芳～～ **荐**稿～（植物的干、茎）｜草～（草垫子） **称**对～｜相～｜匀～｜铢两悉～ **秤**开～｜心～｜压～ **蹭**磨～｜磨～～｜磨磨～～ ⑥**穿***粗～｜食～｜身～｜张 [diuN⁶] ～｜大骹～（粗腿病）｜衣裳 [ziuN²] ｜身～（穿载）

s ①**升**超～｜递～｜飞～｜回～｜晋～｜冒～｜爬～｜上～｜探～｜提～｜跃～｜擢～｜旭日东～｜玉兔东～｜冉冉上～ **牲**三～｜五～｜牺～｜献～｜壮烈牺～｜流血牺～ **生**骹～｜安～｜半～｜毕～｜残～｜苍～｜产～｜长～｜超～｜计～｜出～｜畜～｜次～｜丛～｜催～｜脆～｜诞～｜耳～｜发～｜放～｜更～｜贡～｜老～｜好～｜横～｜红～｜后～｜环～｜寄～｜夹～｜监～｜降～｜接～｜今～｜救～｜捐～｜考～｜来～｜孪～｜门～｜萌～｜面～｜民～｜陌～｜谋～｜男～｜女～｜怕～｜派～｜平～｜欺～｜前～｜怯～｜亲～｜轻～｜求～｜人～｜认～｜儒～｜杀～｜伤～｜摄～｜收～｜书～｜双～｜逃～｜天～｜童～｜偷～｜头～｜投～｜托～｜晚～｜为～｜卫～｜武～｜下～｜先～｜小～｜写～｜新～｜须～｜学～｜眼～｜养～｜野～｜一～｜医～｜营～｜永～｜优～｜余～｜再～｜增～｜招～｜终～｜众～｜转～｜滋～｜孳～｜鲰～｜落花～｜学堂～｜看医～｜高才～｜研究～｜接线～（话务员）｜待应～｜好～～｜活～～｜怯～～｜娃娃～｜大学～｜留学～｜通学～｜小学～｜中学～｜走读～｜笔下超～｜百病丛～｜荆棘丛～｜油然而～｜应运而～｜由衷而～｜谈笑风～｜绝处逢～｜绝路逢～｜死而复～｜髀肉复～｜自力更～｜妙趣横～｜逸趣横～｜险象环～｜起死回～｜民不聊～｜国计民～｜素昧平～｜栩栩如～｜忧世伤～｜脆脆～～｜文弱书～｜死里逃～｜苟且偷～｜舍死忘～｜黼文为～｜清洁卫～｜坎坷一～｜九死一～｜劫后余～｜忧患余～｜情急智～｜奋斗终～｜超度众～｜悠悠众～｜芸芸众～ **声**歌～｜喊～｜呼～｜欢～｜嗓～｜厉～｜连～｜曼～｜名～｜男～｜女～｜悄～｜人～｜失～｜蜚～｜童～｜无～｜吞～｜先～｜响～｜心～｜形～｜嘘～｜哑～｜应～｜噪～｜泣不成～｜吠形吠～｜吠影吠～｜走漏风～｜诺诺连～｜口口～～｜朗朗书～｜异口同～｜忍气吞～｜饮泣吞～｜万籁无～｜鸦雀无～｜寂然无～｜悄然无～｜哑然无～｜喑然无～｜言为心～｜淙淙有～｜铿然有～｜默不作～ **先**代～｜头～｜上代～｜上头～ **星**名～｜繁～｜恒～｜晨～｜

金～｜火～｜彗～｜陨～｜零～｜福～｜灾～｜占～｜流～｜寥若晨～｜
大步流～ **惺**～～｜假～～ **猩**～～ **腥**荤～｜土～｜血～｜鱼～
甥外～ ②**成**收～｜生［siN¹］～｜牵～（提挈，栽培）｜不～｜垂～｜促
～｜达～｜浮～｜告～｜构～｜合～｜老～｜礼～｜落～｜年～｜酿～｜
收～｜守～｜速～｜提～｜完～｜无～｜现～｜相～｜形～｜有～｜玉
～｜圆～｜赞～｜造～｜责～｜组～｜作～｜一笔～｜集大～｜担责～｜
总其～｜功败垂～｜衰辑而～｜大功告～｜一气呵～｜少年老～｜坐享其
～｜急于求～｜水到渠～｜约定俗～｜大器晚～｜一事无～｜相辅相～｜
习与性～｜终底于～｜卒底于～｜玉汝于～ **诚**赤～｜纯～｜竭～｜精
～｜掏～｜虔～｜热～｜输～｜投～｜真～｜至～｜挚～｜忠～｜专～｜
精忠赤～ **城**府～｜江～｜屠～｜众志成～｜困坐愁～｜价值连～｜连
下数～ **承**秉～｜禀～｜待～｜奉～｜继～｜看～｜师～｜仰～｜应～
（承应）｜担［daN¹］～（担待）｜阿谀奉～｜一脉相～ **乘**出～｜搭～｜
大～｜上～｜下～｜小～｜有机可～｜无隙可～｜有隙可～ **绳**缰～｜
跳～｜准～｜走～ ③**省**减～｜简～｜俭～｜节～｜轻～｜外～｜反～｜
归～｜警～｜猛～｜内～｜深～｜自～｜发人深～｜反躬自～ **醒**唤
～｜惊～｜警～｜觉～｜叩～｜猛～｜清～｜苏～｜提～｜昏迷不～｜大
梦初～｜如梦初～ ⑤**性**心～｜紧～｜原～｜懒～｜癖～｜煞～｜死～｜
挺～｜执～｜使～｜起～｜秉～｜禀～｜本～｜变～｜雌～｜党～｜定
～｜毒～｜惰～｜耳～｜恶～｜范～｜赋～｜感～｜个～｜根～｜共～｜
惯～｜活～｜火～｜急～｜懦～｜记～｜假～｜理～｜两～｜烈～｜慢
～｜母～｜耐～｜男～｜牛～｜女～｜派～｜脾～｜痴～｜品～｜气～｜
人～｜任～｜土～｜牛～｜韧～｜软～｜生～｜食～｜兽～｜属～｜率
～｜爽～｜水～｜素～｜索～｜弹～｜特～｜天～｜同～｜忘～｜悟～｜
习～｜局～｜小～｜心～｜雄～｜血～｜延～｜阳～｜药～｜野～｜灵
～异～｜阴～｜硬～｜直～｜真～｜中～｜躁～（地）｜土公～｜劣根
～｜鸡角～｜两重～｜决定～｜能动～｜主动～｜类化～｜灵魂～｜积极
～｜时间～｜戏剧～｜两面～｜片面～｜人民～｜必然～｜盖然～｜偶然
～｜涵摄～｜艺术～｜可塑～｜排他～｜思想～｜倾向～｜沿续～｜创造
～｜雷公～｜魔狂～｜草仔～｜团仔～｜风火～｜生马～｜普遍～｜周遍
～｜火烁（仔）～｜凶残成～｜豺狼成～｜嗜杀成～｜灭绝人～｜宽心懒
～｜怡情养～｜修身养～ **胜**不～｜得～｜好～｜获～｜决～｜览～｜
名～｜取～｜形～｜优～｜战～｜争～｜制～｜拍木～（拳击）｜哀兵必

～｜无往不～｜战无不～｜旗开得～｜争强好～｜寻幽览～｜慰情聊～｜屡战屡～｜引人入～｜反败为～｜山川形～｜克敌制～｜出奇制～　**圣**朝～｜神～｜灵～｜先～｜显～｜超凡入～　⑥**盛**冗［liong⁶］～｜充～｜昌～｜炽～｜鼎～｜繁～｜丰～｜华～｜隆～｜茂～｜气～｜强～｜全～｜旺～｜心～｜兴～｜繁荣昌～｜春秋鼎～｜躬逢其～｜年轻气～｜精力旺～｜民气旺～｜元气旺～　**蕙**宠～｜受～｜饗～　**乘**史～｜野～　剩过～｜余～｜冗～

g　①**更**变～｜打～｜起～｜五～｜值～｜夜半三～｜半夜三～　**庚**贵～｜年～｜同～　**耕**备～｜笔～｜春～｜秋～｜舌～｜目～｜代～｜火～｜农～｜深～｜浅～｜中～｜躬～｜刀～　**羹**闭门～　**肩**落［lao⁵］～｜拿［teh⁸］～（耸肩）｜坚［zu⁶］～（垫肩）｜冲～｜担～（耸肩）｜转～｜横～｜削～｜卸～｜垂［se⁶］～｜假～｜垫～｜披～｜挺欹［tan³ki¹］～｜～拄～｜豆腐～｜三角～　**弓**棉～｜相～｜鸟～｜弩～｜拉～｜硬～｜弯～｜三骹～　**荆**布～｜负～｜识～｜拙～　**供**口～｜串口～　**宫**大～｜佛～｜后～｜文化～｜慈济～｜土地公～　**间**厝～｜柴～｜草～｜里［lai⁶］～｜外～｜灶～｜口～｜栈～｜园～｜孤～｜房～｜空～｜暗～｜大～｜细～｜浴～｜栊～｜缴～（赌场）｜花～｜柴草～｜寮仔～｜里面～｜外口～｜查某～｜婊仔～　**经**正～｜神～｜诵～｜饱～｜财～｜曾～｜读～｜佛～｜念～｜穷～｜取～｜圣～｜痛～｜通～｜五～｜饱～｜业～｜一～｜巳～｜月～｜自～｜裂～｜离～｜古兰～｜十三～｜生意～｜假正～｜怪诞不～｜荒诞不～｜四书五～｜一本正～　**惊**担～｜受～｜虚～｜压～｜震～｜处变不～｜鸡犬不～｜宠辱不～｜受宠若～｜石破天～｜胆战心～｜骤然一～　**兢**～～｜战战～～　②穷赤～　③**境**边～｜惨～｜出～｜入～｜处～｜顺～｜逆～｜词～｜国～｜过～｜化～｜画～｜环～｜幻～｜佳～｜家～｜接～｜窘～｜绝～｜苦～｜困～｜老～｜离～｜劣～｜梦～｜妙～｜情～｜人～｜善～｜胜～｜危～｜仙～｜心～｜压～｜意～｜越～｜止～｜驱逐出～｜如入画～｜濒于绝～｜恍如梦～｜恍若梦～｜身历其～｜身临其～｜濒于危～｜大军压～｜学无止～　**耿**～～｜忠心～～　**梗**顽～｜阻～｜作～｜从中作～　**鲠**骨～　**褧**摄～｜勒～｜拾［kioh⁷］～　**景**光～｜尾～｜有～｜幼～｜创～｜设～｜背～｜布～｜场～｜衬～｜春～｜夏～｜秋～｜冬～｜风～｜雨～｜仙～｜光～｜海～｜后～｜幻～｜即～｜近～｜老～｜美～｜画～｜暮～｜内～｜里［lai⁶］～｜年～｜盆～｜奇～｜前～｜情

～｜路～｜取～｜全～｜山～｜蜃～｜胜～｜图～｜外～｜晚～｜雪～｜
写～｜野～｜应～｜远～｜中～｜杀风～｜西洋～｜缘情布～｜此情此
～｜大煞风～｜大杀风～｜良辰美～｜桑榆暮～｜**憬憧**～｜**拣**势～｜七
～八～｜**炯**～～｜目光～～｜⑤**劲**标～｜差～｜吃～｜冲～｜闯～｜带
～｜嗲～｜对～｜费～｜干～｜够～｜鼓～｜后～｜虎～｜犟～｜来～｜
卖～｜牛～｜起～｜上～｜使～｜松～｜下～｜泄～｜邪～｜心～｜虚
～｜用～｜拙～｜醋～｜加把～｜猛～儿｜巧～｜苍～｜刚～｜强～｜道
～｜雄～｜苍老道～｜鼓足干～｜**颈**瓶～｜长～｜曲～｜列～｜引～
亘横～｜连～｜绵～｜盘～｜**敬**孝～｜崇～｜奉～｜恭～｜互～｜回
～｜可～｜虔～｜谦～｜钦～｜失～｜孝～｜致～｜尊～｜毕恭毕～｜必
恭必～｜恭恭～～｜可亲可～｜肃然起～｜**供**口～｜拜～｜**警**报～｜
法～｜告～｜火～｜机～｜路～｜门～｜民～｜示～｜交～｜路～｜海
～｜水～｜刑～｜巡～｜干～｜军～｜探～｜武～｜风尘之～｜**竟**毕
～｜究～｜**径**荒～｜剪～｜捷～｜口～｜路～｜门～｜曲～｜途～｜蹊
～｜小～｜行～｜山～｜半～｜野～｜直～｜终南捷～｜独辟蹊～｜另辟
蹊～｜⑥**拱**相～｜**竞**奔～｜争～

k ①**框**刀～｜面～｜开～｜边～｜镜～｜柴～｜铁～｜钢～｜窗
仔～｜玻璃～｜四角～｜茹绒毪［sam⁵］～（支离破碎）｜**轻**年～｜避重
就～｜文人相～｜**筐**竹～｜菜～｜涂～｜花～｜**硁**～～｜**倾**右～｜左～
卿爱～｜公～｜上～｜客～｜～～｜②**穷**无～｜势～｜～～｜**琼**杜～
苇～～｜③**肯**宁～｜首～｜中～｜怀～｜**顷**俄～｜少～｜有～｜碧波
万～｜**綮**肯～｜深中肯～｜⑤**庆**大～｜国～｜吉～｜喜～｜校～｜欢
～｜厂～｜节～｜寿～｜家～｜嘉～｜额手称～｜普天同～｜弹冠相～
馨告～｜⑥**虹**＊出～｜五彩～｜七彩～｜（倒）地～

gg ②**凝**冷～｜浓～｜**迎**逢～｜恭～｜亲～｜欢～｜失～｜曲意
逢～｜阿谀逢～｜夹道欢～｜笑脸相～｜③**眼**龙［ling（gging)²］～｜福
～｜纽仔～｜**研**石～

h ①**兄**胞～｜弟～｜父～｜家～｜老～｜令～｜盟～｜乃～｜仁
～如～｜师～｜世～｜学～｜砚～｜长～｜宗～｜族～｜孔方～｜**胸**
鸡～｜翁［hip⁷］～｜献～（坦露胸部）｜鸭～｜搭～｜顿［dng⁵］～｜挺
～｜心～｜捶～｜并～｜**兴**奋～｜勃～｜不～｜晨～｜大～｜时～｜新
～｜振～｜中～｜作～｜复～｜文艺复～｜百废俱～｜**亨**大～｜**馨**芳

～｜清～｜温～｜如兰之～　②**行** 颂～｜暴～｜濒～｜并～｜步～｜畅

～｜成～｜驰～｜出～｜辞～｜此～｜代～｜断～｜恶～｜随～｜独～

淫～｜丑～｜发～｜仿～｜放～｜飞～｜风～｜奉～｜躬～｜孤～｜航

～｜横～｜后～｜滑～｜画～｜环～｜秽～｜纪～｜饯～｜进～｜举～

踽～｜开～｜刊～｜可～｜苦～｜逆～｜力～｜厉～｜例～｜临～｜另

～｜流～｜旅～｜履～｜爬～｜平～｜起～｜潜～｜强～｜善～｜上～

蛇～｜摄～｜盛～｜施～｜时～｜实～｜试～｜兽～｜肆～｜送～｜通

～｜同～｜推～｜微～｜无～｜五～｜下～｜先～｜现～｜销～｜孝

邪～｜偕～｜性～｜修～｜巡～｜言～｜一～｜懿～｜印～｜游～｜预

～｜运～｜远～｜趋～｜暂～｜执～｜志～｜自～｜罪～｜遵～｜势在必

～｜不止不～｜不虚此～｜代拆代～｜祸不单～｜独断专～｜踽踽独～

相辅而～｜鱼贯而～｜见机而～｜量力而～｜三思而～｜雷厉风～｜一意

孤～｜直情径～｜身体力～｜寸步难～｜蜗步牛～｜谨言慎～｜一言一

～｜简便易～｜嘉言懿～｜庸言庸～｜径情直～｜衣食住～｜独断专～

形 威～（威仪）｜面～｜散～｜圆～｜方～｜椎～｜变～｜彪～｜波～

雏～｜地～｜队～｜遁～｜赋～｜化～｜畸～｜矫～｜口～｜喙～｜情

～｜体～｜条～｜图～｜外～｜忘～｜无～｜小～｜微～｜显～｜现～

相～｜象～｜有～｜原～｜整～｜字～｜母～（男人女态）｜鸡卵～｜鸭

卵～｜斜糕～（菱形）｜三角～｜四角～｜椭圆～｜匿影藏～｜随物赋

～｜绘色绘～｜如影随～｜得意忘～　**雄** 牛～（小公牛）｜觑～（发

情）｜有～（蛋有胚胎）｜反［huan³］～（胚胎变质）｜拍～｜踏～（禽兽交

配）｜鸡～（小雄鸡）｜鸭～（仔）　**刑** 处～｜从～｜大～｜动～｜毒

～｜非～｜服～｜宫～｜判～｜缓～｜畸～｜现～｜极～｜减～｜绞

酷～｜量～｜临～｜流～｜免～｜肉～｜上～｜私～｜死～｜徒～｜五

～｜行～｜严～｜主～｜附加～｜明正典～｜无期徒～｜有期徒～　**还**

无～｜怀～｜有～｜舣～｜总～　**恒** 无～｜永～｜有～｜逾～｜持之以

～　**型** 成～｜大～｜典～｜定～｜发～｜巨～｜类～｜模～｜扇～｜体

～｜微～｜血～｜流～｜小～｜新～｜原～｜造～｜纸～｜中～｜重～

横 打～｜连～｜纵～｜笔意纵～　**衡** 均～｜抗～｜平～｜度量～｜稳定

平～　⑤**兴** 败～｜背～｜乘～｜高～｜豪～｜即～｜尽～｜扫～｜诗～｜

酒～｜雅～｜意～｜游～｜余～｜助～｜话～｜呕～｜恶～｜当～（兴头

上）　⑥**幸** 薄～｜不～｜有～｜宠～｜侥～｜倖～｜庆～｜荣～｜天～｜

万～｜羑～｜喜～｜欣～｜忻～｜驾～｜巡～｜三生有～　**悻**～～　**觋**

相 [sio¹] ～　**行**道～｜德～｜品～｜肚～｜厚～｜心～｜操～｜毒～｜有～｜暗～（暗计）｜短～｜臭～｜在 [cai⁶] ～（横下心或执意干某事）｜囥～｜修～（修心养性）｜胀～（自己生闷气）｜激～（自己生闷气）｜拾 [kioh⁷] ～｜无～｜好德～｜好心～｜使心～｜无心～｜否心（毒）～｜乌心毒～｜矮人厚～｜黄酸结～　**杏**银～　**横**豪～｜骄～｜蛮～｜强～｜凶～｜专～

Ø　①**痈**蜂岫～（蜂窝织炎）｜瘩背～　**英**精～｜菁～｜落～｜石～｜文～｜兰～｜玉～｜群～｜蒲公～｜苦～｜蓝～～　**膺**服～｜荣～｜悲愤填～｜义愤填～　**莺**夜～｜黄～　**婴**保～｜妇～｜溺～｜弃～｜育～　**嘤**～～　**缨**长～｜红～｜请～　**鹰**苍～｜夜～（鹞子）　②**茔**坟～｜祖～　**荧**～～　**闲**无～｜有～｜趁～｜拉～｜斗无～｜想死较～　**荣**哀～｜蕃～｜繁～｜殊～｜华～｜光～｜显～｜虚～｜夫贵妇～｜夫贵妻～｜卖国求～｜卖友求～｜以耻为～｜引以为～｜安富尊～｜欣欣向～｜虽死犹～｜本固枝～　**赢**净～｜余～｜利～　**嵘**峥～｜头角峥～　**盈**充～｜丰～｜轻～｜笑～～｜恶贯满～｜体态轻～　**莹**澄～｜晶～　**营**安～｜拔～｜兵～｜公～｜国～｜合～｜民～｜自～｜专～｜经～｜老～｜露～｜绿～｜私～｜宿～｜偷～｜行～｜野～｜运～｜扎～｜阵～｜怔～｜钻～｜小本经～｜惨淡经～｜苦心经～｜步步为～｜狗苟蝇～　**萦**牵～｜魂牵梦～　③**永**隽～　**泳**游～｜蛙～｜蝶～｜侧～｜仰～｜潜～｜自由～　**咏**歌～｜吟～　**颖**才～｜聪～｜锋～｜慧～｜新～｜秀～　**影**翁 [hip⁷] ～｜拾 [kioh⁷] ～｜小～　**涌**风～｜水～｜海～｜泉～｜大～｜无～｜做～｜势做～｜无风无～｜泪如泉～　**往**～～　⑤**应**报～｜策～｜承～｜酬～｜答～｜对～｜响～｜反～｜供～｜呼～｜接～｜救～｜内～｜外～｜回～｜效～｜适～｜顺～｜相～｜照～｜支～｜现～｜一～｜一呼百～｜因果报～｜此呼彼～｜有求必～｜连锁反～｜变态反～｜如响斯～｜桴鼓相～｜以资因～　**映**衬～｜反～｜放～｜晖～｜辉～｜上～｜相～｜掩～｜展～｜交相辉～　**蕹**水～｜埔～　⑥**用**路～｜粗～｜侵～｜差～｜会～｜赡～｜怀～｜要～｜未～｜禁～｜加 [ge¹] ～｜妙～｜停～｜好～｜否 [paiN³] ～｜互～｜常～｜租～｜误～｜备～｜挪～｜选～｜暂～｜急～｜共～｜乱～｜借～｜周～｜拢～｜徙 [sua³] ～｜莫～｜合～｜开（使）～（开销，花费）｜会（得）｜赡～（得）｜食穿～｜零星～｜滥糁～（乱用）｜有路～｜无路～｜趁无够～｜有路使 [sai³] ～｜无路使～

14. 江东韵

【-ang；-iang；-uang】

红韵

【-ang】

ang

[b] ①邦梆帮崩枋柴~ 方四~封红~（红包） 浜（地名） ②庞（姓）房冯逢幸~缝~衫朋~山岭（地名） ③绑 ④蚌[泉] 棒[泉] ⑤放 ⑥泵*蚌棒 [p] ①滂蜂峰~尾（地名）芳（香） ②庞~大篷~布捧帆*房 ③纺 ⑤胖 ⑥缝山~ [bb] ②忙芒茫盲庞尨氓*流~ ③莽漭懵蟒蠓（蚊子）魍 ④网[泉] ⑥望梦网 [d] ①当铛东冬 ②同筒桐铜童跳~ ③党（姓）董校~挡 ④动[泉] 重[泉] ⑤当档冻栋倚~（立柱子）眮~目 ⑥动重洞 [t] ①窗通熥 ②桐~油虫 ③桶统长~ ⑤趟痛通~心 ⑥桶浮~ [l] ①拢茏疏~（稀疏）啷*巴~（鱼名） ②砻石~（地名）农脓笼~床（蒸笼）聋臭耳~人* ③拢总~笼竹~栊 ④笼[泉] ⑤弄 ⑥弄笼箸~ [z] ①脏棕~色鬃 ②丛树~砻*~水 ③掌*手~总~头 ⑤粽壮四~ [c] ①苍葱聪~明 ③傯*茹~~ ⑤纵~毛翀 [s] ①双~手[泉]松轻~ ②愬*~款[泉]俍（谁*）[泉] ③搡嗓 ⑤送 [g] ①冈刚纲岗肛蚣蜈~公工功江 ③港讲耩坑*牛~ ⑤降绛洚杠 ⑥共相~（帮忙） [k] ①康有~（富有）空腔耳~（耳朵）工课（活儿） ③孔面~ ⑤空~地控~头 [gg] ②昂 [h] ①夯烘虹~仔鱼 ②航杭行绗*吭颃降~服 ③哄 ④项[泉] ⑤放（肿大） ⑥巷项 [Ø] ①肮翁（丈夫）尪*~公（佛像） ②红洪（姓） ⑤瓮齆盎

ang

b ①枋石~｜柴~｜楼~｜踏~｜壁~｜铺~｜店~｜堵~｜刀~｜床~｜桶~｜布~｜糖~｜纸~｜纸坯~｜锯屑［sut⁷］~｜衫（仔）~｜橱仔~｜眠床~｜店窗~ 帮后~（以后）｜顶~（上次）｜下

～｜即～｜迄［hit⁷］～｜车～｜单～｜匪～｜行～｜乌～｜客～｜马～｜相～｜跑单～ **邦**番～｜郎～（寄食人家，帮人家做事）｜联～｜邻～｜盟～｜土～｜友～｜丧～｜安～｜乱～｜藩～｜兴～｜远～｜万～｜异～｜硬～～｜乌托～｜治国安～｜多难兴～ **崩**涂～｜唇～｜塌～｜山～｜地～ ②**房**马～｜绣～｜里［lai⁶］～｜口～｜外～｜后～｜栈～｜货～｜舱～｜睏～（卧室）｜二～｜大～｜小～｜细～｜下［e⁶］～｜顶～｜踮～｜敛～｜汤～｜边～｜正～｜厢～｜合～｜数［siao⁵］～｜暗～｜温～｜班～｜捕～｜洞～｜闺～｜柜～｜号～｜库～｜牢～｜楼～｜门～｜民～｜闹～｜暖～｜陪～｜配～｜偏～｜票～｜乳～｜扫～｜书～｜私～｜堂～｜填～｜同～｜心～｜新～｜行～｜刑～｜药～｜营～｜圆～｜远～｜长～｜住～｜徛［kia⁶］～｜过～｜探～｜伴～｜册～｜拼～（阅墙）｜新娘～｜新人～｜月里～｜铺面～｜闹新～ **缝**粗～｜纺～｜线～ ③**绑**捆～｜陪～｜松～｜五花大～｜绳捆索～ ⑤**放**回～｜过～｜无～｜怀～｜敌～｜纲缠［iN¹ diN²］～ ⑥**棒**平～｜棍～｜拳～｜硬～｜当头一～

p ①**芳**米～｜谴～｜咸～｜清～｜冲～｜食～｜磅米～ **蜂**蜜～｜飞～｜母～｜虎蝼～｜虎头～｜乌叮～ ②**房**大～｜规～｜一～｜胥［siang²］～｜斗规～ **捧**双手～ **篷**布～｜转～｜共～｜胥～｜竹～｜船～｜车～｜斗［dao³］～｜帐～｜落［lao⁵］～｜落［loh⁸］～｜出～｜收～｜机～｜风～｜出～｜雨～｜弓［ging¹］～｜抠［kao¹］～｜驶～｜看风转～ **庞**面～ ③**纺**穲～｜否～ ⑤**胖**矮～｜发～｜肥～｜虚～｜肥肥～～｜心宽体～ ⑥**缝**骹～｜手～｜破～｜弄～｜空～｜合［gap⁷］～｜字～｜话～｜大～｜细～｜骨～｜落［lao⁵］～｜补～｜针～｜必～｜挖［iah⁷］～｜山～（仔）｜掠话～｜（裤）骹～｜掌头仔～｜找空找～｜想空想～｜吮［cng³］空吮～｜生空生～

bb ②**芒**菅～ **氓**群～｜流～｜愚～ ③**魍**变～｜变无～ **懵**觑～（近视） **蠓**饲～｜拍～｜灭～｜厚～｜乌纱～｜乌叮～｜乌骹～｜无影无～ ⑥**网**抛～｜放～｜箬［hioh⁸］～（叶脉）｜刺［ciah⁷］～（缀网）｜髻～｜头～｜尘～｜拍～｜经［giN¹］～｜法～｜河～｜漏～｜罗～｜补～｜组［tiN⁶］～｜鱼～｜落［lao⁵］～｜情～｜头毛～｜蜘蛛～｜仙人抛～｜天罗地～｜自投罗～ **梦**做～｜否～｜眠～｜春～｜恶～｜厚～（多梦）｜托～｜睏～｜美～｜迷～｜入～｜旧～｜圆～｜重温旧～｜白日做～ **望**希～｜期～｜热～｜深～｜失～｜有～｜无～｜众

～｜映［ng⁵］～（希望）｜大喜过～｜大失所～

d ①**冬**寒［guaN²］～（冬季）｜早～（早季农作物）｜立～｜海～｜大～（水果丰年）｜小～｜下［e⁶］～｜收～｜否～｜穑～｜后～｜稳～（晚季作物）｜晚［mng³］～｜双～｜年～｜单～｜烂～｜旧～｜加～（补）～｜放～（学校放学或放假）｜笔～｜热～（夏季）｜正～｜逐～｜十月～｜好年～｜否年～｜三月～｜六月～｜麦仔～｜十二月～｜凶年否～ **当**无知［bbo²di¹］～（走神儿）｜弄叮［din¹］～｜痟［siao³］～｜～痟［siao³］叮～｜好～～ **铛**金～～｜水［sui³］～～ **东**山～｜正～｜向～ ②**同**相～｜伴～｜对～（符合） **童**跳［dio²］～｜退～｜跳［tiau⁵］～｜上［ziuN⁶］～｜起～｜乩～ **铜**钉～｜古～｜红～｜青～｜白～｜黄～｜紫～｜臭～｜破～｜否～ **筒**瓦～｜炮～｜笔～｜灯～｜烟～｜钱～｜话～｜签～｜灯～｜批～｜箭毛～｜大骹～｜大松～桐松～ ③**董**校～ **挡** ⑤**冻**窖～｜瓷～（顽钝固执，好耍性子）｜坚～（凝固成似冰冻状）｜涂笋～｜青草～｜石花～ **当**稳～｜会～（可以，能）｜赡～ **眈**目睭［hue³］目～（狠丢眼色）⑥**重**回［he²］～｜秤～｜粗～｜过～｜坠～｜臭～｜厚～｜觇～｜项～｜加［ga¹］～（增加重量，使负担）｜下［he⁶］～｜接～｜加［ge¹］～（重量规定的量）｜平～｜抱～（持重）｜压［deh⁷］～｜载～｜蚀［sih⁸］～（折秤）｜失～｜实～｜约［ioh⁷］～｜手头～｜耳腔～｜挑轻惊～ **动**地［doo⁶］～（旧称地震）｜地［due⁶］～｜行［giaN²］～｜起～｜徙～｜振［din³］～｜显［hiaN³］～｜活～｜抽～｜蟯［ngiao⁶］蟯～｜头目知［zai¹］～（识趣）**洞**瓷～（油缸）

t ①**通**光～｜无～｜好～｜怀～｜敢［gam³，gaN³］～｜吗～｜也～｜哪～｜甲～｜有～｜会～｜赡～｜抑～｜未（得）～｜会（得）～｜赡得～｜苦赡（得）～（巴不得）｜～怀～｜赫［heh⁷］阿～（怎可，岂可）**窗**胖～｜风～｜脱［tuah⁷］～（对眼）｜店～｜气～｜纱～｜玻璃～｜开天～｜上［ciuN⁶］店～ **煺**火～ ②**虫**米～｜地～｜蝻［bbin⁶］～｜剪～｜蟳～｜蠓～｜飞～｜生～｜山～｜精～｜海～｜害～｜龟～｜昆～｜螟～｜臭～｜草～｜着～｜否～｜孽～｜践～｜车～｜毒［tao⁶］～｜粪口～｜屎窟［hak⁸］～｜狗仔～｜狗母～｜鳄鱼～｜蜈仔～｜糊涂～｜贫惰～ ③**桶**屏～｜骹～｜粗～｜尿～｜屎～｜海～｜勾～｜恶～｜面～｜潘～｜喷～｜掯～｜碗～｜上～｜浮～｜拔［buah⁸］～｜醋～｜棍～｜散～｜炊～｜饭～｜水～｜宣～（一种特制水桶）｜黄酸

～｜粪扫［bun⁵so⁵］～｜吊乌～｜破厝～｜囝孙～｜激屎～｜激糖仔～｜

统长～｜短～｜袜～　⑤**痛**苦～｜痛［tiaN⁵］～　**通**弄［lang⁵］～｜

看～｜行［giaN²］～　⑥**桶**浮［pu²］～（水面上的浮标；候船的浮船）

l　①**拢**含巴～（一包在内）　**啷**巴～　②**人**别～｜病～｜常～｜超

～｜丈～｜大～｜用～｜闲～｜保～｜专～｜证～｜犯～｜工～｜怪～｜

害～｜好～｜红～｜乌～｜白～｜嫁～｜臭～｜客～｜阔～｜老～｜骗

～｜熟～｜死～｜众～｜中～｜亲～｜外～｜主～｜穷～｜新～｜旧～｜

前～｜土～｜死～｜头～｜媒～｜现～｜唐［dng²］～｜猛～｜富～｜扁

～｜官～｜线～｜横～｜直～｜恶～｜客～｜秽～｜知～｜成［ziaN²］～｜

～｜众～｜牙～｜贸［bbaoh⁸］～｜褪～｜抢～｜掠～｜呵～｜媵［tin⁶］

～（许配人）｜乞～｜涂～｜糕～｜做～｜传～｜答～｜抹～｜执～｜做

～｜饗［siaN²］～｜惊～｜惊～（轻读）｜喝～｜矮～｜势～｜躼［lo⁵］

～｜习～｜乔～｜允～｜央～｜咱［lan³］～｜某（也）～｜倒～｜排

～｜忝～｜啥［sia³，siaN³］～｜逐～｜各［gok⁷，goo³］～｜随（在）

～｜否～｜前～｜后～｜设～（轻读）｜乜［mih⁷］～｜借～｜互～｜无

～｜有～｜在～｜即个～｜迄个～｜迹［ziah⁷］个～｜赫［hiah⁷］个

～｜单徛［kia⁶］～｜双徛～｜创始～｜代理～｜证婚～｜奠基～｜辩护

～｜文化～｜家己～｜厝里～｜生分～｜当事～｜局外～｜过来～｜读书

～｜中间～｜同路～｜过路～｜有心～｜老好～｜买卖～｜意中～｜番仔

～｜序大［si⁶dua⁶］～｜厝里～｜妇人［lin²］～｜丈夫［da⁶boo¹］～｜

查某～｜家己～｜先生～｜生理～｜百姓～｜有身～｜柴（头）～｜外面

～｜外江～｜外位～｜五色～｜保家～｜无命～｜好额～｜世间～｜世俗

～｜守寡～｜里山～｜在地～｜老大～｜势做～｜枵鬼～｜贫惰～｜甘棠

～｜囝仔～｜船底～｜讨海～｜行船～｜艰苦～｜空身～｜红花～｜白身

～（布衣）｜生分～｜山里～｜出门～｜出外～｜熟事～｜北顶～｜读册

～｜作田～｜作穑～｜条直～｜妥直～｜诸娘～｜怀知～｜做大～｜规世

～｜半世（代）～｜一世～｜九八～｜死互～｜倒欹～｜会做～｜顶世

～｜下世～｜做媒～｜后世～｜妆膏～｜接班～｜繪做～｜人～｜沓～｜

叫救～｜创景～｜怀成～｜成大～｜惊死～｜有钱～｜有康～｜无钱～｜

喝救～｜亲像～｜大母～｜中范［ban⁶］～｜后代～｜阴阳～｜平常～｜

含血喷～｜中套仔～　**脓**含～｜伏［bu⁶］～｜煮～｜奋～｜吊～｜发

［buh⁷］～｜酝～｜灌～｜胀～｜暴～｜攉～｜恶～｜滤～　**聋**臭耳～

砉涂～｜挨～　③**拢**瓮～（冥顽）｜把［ba³］～｜把［be³］～｜势～｜

项～（承揽，包揽）｜总～　**笼**鸡～｜箸～｜溜～｜斗～（篓子）｜箱～｜

筐~｜戏~｜颓［ham⁵］斗~（箩筐）｜牛喙~｜翻箱倒~ **栊**房~｜柴~ ⑤**弄**疏［sue¹］~~ ⑥**弄**猴~｜敆~｜挑~｜通~｜松~｜挑［tiao¹］~｜拐~｜饗［siaN²］~｜蜕~｜变~｜阔~｜开~｜使~｜疏~｜变猴~｜做猴~｜骹松手~

z ①**鬃**头~｜角~｜猪~｜金~｜马（脻）~｜电头~｜铰头~ ②**丛**母~｜倚~｜邋~｜好~｜否~｜十~｜矮~｜潭~｜水~｜花~｜树~｜草~｜健~｜幼~｜倒~｜逐~｜茶~｜大~｜细~｜巡花~｜青仔~ ③**总**头~｜着~（得法）｜菜~｜假~｜头毛~｜揹着~（摸门儿）｜无头（无）~｜揹无头~｜掠无头~ ⑤**粽**裹［ge³］~｜缚~｜食~｜甜~｜咸~｜豆~｜栀［giN¹］仔~｜烧肉~ **壮**四~（粗壮结实）｜高强［gao¹ciang²］四~

c ①**葱**~（仔）｜青~｜北~｜奶~｜油~｜焦［da¹］尾~｜闹~~｜绿~~ **苍**白~~ ⑤**翀**毛~~

s ①**松**肉~｜鱼~｜弄［lang⁶］~｜疏~｜稀~｜放~｜焦［da¹］（而）~ ③**搜**扶［poo²］~（巴结，献媚，阿谀吹捧人） **嗓**吊~｜金~ ⑤**送**保~｜播~｜递~｜断~｜发~｜迎~｜接~｜奉~｜告~｜函~｜护~｜欢~｜解~｜馈~｜目~｜陪~｜遣~｜输~｜选~｜押~｜拘~｜调~｜交~｜扳~｜呈~｜扭~｜放~｜运~｜葬~｜赠~｜转~

g ①**工**半~｜大~｜外~｜里［lai⁶］~｜担~｜散［suaN³］~｜粗~｜加［ge¹］~｜放~｜人~｜暝~｜散［suaN⁵］~｜作［zoh⁷］~｜做~｜记~｜罢~｜苦~｜换~｜动~｜施~｜矿~｜旷~｜武~｜完~｜监~｜夜~｜交~｜闲~｜竣~｜兴~｜复~｜歇［hioh⁷］~｜收~｜出~｜包~｜下［e⁶］~｜帮~｜杂~｜军~｜化~｜返~｜翻~｜停~｜加［ga¹］~｜超~｜幼~｜够~｜厚~｜了~｜延~｜专~｜唱~｜省~｜弄~｜食~｜拨~｜逐~｜车~｜钳~｜铸~｜锻~｜拍~（打工，干活）｜有彩~｜无彩~｜有闲~｜无闲~｜隔转~｜路头~｜师仔~｜学徒~｜囝仔~｜拍锡~｜脚［gioh⁷］仔~｜巧夺天~｜异曲同~｜鬼斧神~ **公**猪~｜鸡~｜狗~｜猫~｜鸭~｜牛~｜相［siong⁵］~（旧时妻子称呼丈夫）｜相［siuN⁵］~（旧时称呼有身份地位的人，相当于"老爷"） **蚣**蜈~｜海蜈~ **纲**纪~｜照纪~ **功**练~｜用~｜武~｜唱~｜气~｜做~｜苦~｜里［lai⁶］~｜外~ **江**滨~｜临~｜下~｜沿~｜投~｜长~｜过~｜大~｜小~｜倒海翻~ ③

港放～｜入～｜出～｜正～（地道）｜大～｜细～｜一～｜汉～｜海～｜空～｜军～｜商～｜外～｜里［lai⁶］～｜引～｜渔～｜油～｜引～｜领～｜不冻～｜避风～　**讲**演～｜宣～｜主～｜评～｜开～｜串～　**忼**牛～｜羊～　⑤**降**霜～｜石～｜暗～｜黜～｜递～｜空～｜升～｜下～｜骤～｜祸从天～　⑥**共**相～｜无～｜斗相［dao⁵saN¹］～

k　①**康**展～｜激～｜有～｜大～｜无～｜好～｜否［paiN³］～｜激大～　**空**大～｜涵～｜阴～｜磅～｜洞～｜泉～｜虎～｜壁～｜灶～｜插［cap⁷］～｜插［cah⁷］～｜樺～｜被～｜针～｜桥～｜破～｜细～｜蛀～｜炮～｜后～｜暗～｜铳～｜钱～｜起～｜套～｜传［cuan²］～｜吭［cng³］～｜有～｜好～｜假～｜橙［diN⁵］～｜软～｜相［siang⁵］～（吹牛）｜做～（设陷阱或圈套）｜知［zai¹］～｜斗［dao⁵］～｜放～｜讲～｜相［siong⁵］～（看准孔洞）｜创～｜变～｜生～｜拾［kioh⁷］～｜摵～（挖孔洞）｜死～｜过～｜落［lao⁵］～｜落［lak⁷］～（比喻事情不成功）｜搞～｜填［tun⁶］～｜穿［cng¹］～｜漏～｜假～｜厚～｜穿～｜串～｜弄～｜钻～｜塌～｜逼［biak⁷］～（事情败露）｜托～｜对～｜揆～｜撞～｜抽～｜贴～｜室［tat⁷］～｜拍～｜挖［iah⁷］～｜楔［sue⁵］～｜山～｜涂～｜肚脐～｜百百～｜毛管～｜胳下～｜窗仔～｜鸽仔～｜图［nng⁵］～｜钱～｜楔后～（私下行贿）｜墓圹～｜赌大～｜怀是～　**腔**耳～｜喙～｜喉～｜鼻～｜声～｜目～｜灶～｜窒喙～｜咙喉～　③**孔**跳～｜大面大～　⑤**控**爬～｜手～

gg　⑥**卬**～～（愣神）

h　①**夯**打～｜拍～｜砸～　**烘**过～｜～～　**虹**珠～｜乌～｜黄～｜燕～　②**行**米～｜在［zai⁶］～｜外～｜郊［gao¹］～（旧时批发商行）｜熟～｜本～｜懂～｜发～｜批［pue¹］～｜改～｜脚［gioh⁷］～｜里［lai⁶］～｜排～｜戎～｜商～｜提～｜跳～｜同～｜菖～｜树～｜武～｜出～｜入～｜牙［gge²］～｜雁～｜洋～｜银～｜金～｜钱～｜库～｜车～｜当～｜杉～｜九八［gao³bueh⁷］～（牙行）｜侨批［pue¹］～七十二～｜一目十～｜方家同～　**降**归～｜纳～｜乞～｜洽～｜请～｜求～｜劝～｜受～｜投～｜伴～｜诱～｜诈～｜招～　**航**出～｜导～｜返～｜归～｜护～｜开～｜领～｜迷～｜民～｜起～｜试～｜停～｜通～｜误～｜续～｜巡～｜夜～｜引～｜宇～｜扬帆起～　③**哄**喝～｜大声～　⑤**放**面～｜手～｜脚～　⑥**巷**通～｜陌～｜间～｜深～｜僻～｜前街后～｜万人空～｜弯街僻～｜花街柳～｜大街小～　**项**刺～｜下～

～｜钱～｜出～｜存～｜各～｜逐～｜随～（逐项）｜后～｜花～｜进～｜款～｜系～（头绪，着落）｜胘～｜前～｜强～｜弱～｜颈～｜事～｜说～｜义～｜用～｜惯孤～（单打一）｜有系有～｜无系无～

Ø ①尪犁～｜拜～｜信～｜供［ging⁵］～｜送～｜请～｜迎～｜接～｜雕～｜门～ **翁**老～｜好～｜否～｜忕～｜势～｜无～｜鸡～｜海～｜前～｜嫁～｜钓鱼～ ②**红**咯［kak⁷］～（咯血）｜换～｜转～｜水～｜透～｜通～｜水～｜面～｜目～｜正～｜呕～｜粉～｜钦［dim⁵］～（般红）｜箸下～｜乌透［doo⁵］～｜石［sia⁶］榴～｜月月～ ⑤**瓮**米～｜酒～｜窖～｜醋～｜金斗～（仔）｜金筒（仔）～｜篁金斗～｜车龟弄～ **鼪**鼻～｜耳～

凉韵
【-iang】

iang

［**b**］①砰*（拟声词）⑤进*硬～～ ⑥进 ［**p**］①砰（拟声词）②苹~果 ⑤进~开（爆裂）⑥肨大母~ ［**d**］①张［漳］②长［漳］苌［漳］场［漳］③长［漳］⑤胀［漳］帐［漳］涨［漳］怅［漳］⑥丈［漳］仗［漳］杖［漳］ ［**t**］⑤畅［漳］怅［漳］ ［**l**］②凉梁［漳］梁高~酒晾［漳］量［漳］良［漳］粮［漳］娘［漳］莨［漳］③两［漳］俩［漳］辆［漳］魉［漳］⑥亮量［漳］谅［漳］晾［漳］踉［漳］ ［**z**］①漳~州章［漳］樟［漳］獐［漳］蟑［漳］璋［漳］嫜［漳］将［漳］浆［漳］锵［漳］②砻*~水③掌奖［漳］桨［漳］蒋［漳］涨［漳］水~长［漳］~进⑤仉［漳］将［漳］障［漳］嶂［漳］瘴［漳］幛［漳］酱［漳］ ［**c**］①枪机~娼［漳］鲳［漳］昌［漳］猖［漳］菖［漳］阊［漳］跄［漳］戕［漳］伥［漳］锵［漳］②肠蜡~长［漳］橙~汁砻*场［漳］偿［漳］戗［漳］墙［漳］蔷［漳］樯［漳］③跄*（跛行）呛［漳］厂［漳］敞［漳］抢［漳］氅［漳］趄戗［漳］⑤伥唱~票倡⑥像［漳］象［漳］橡［漳］匠［漳］像［漳］橡［漳］ ［**s**］①双相［漳］湘［漳］厢［漳］箱［漳］缃［漳］镶［漳］襄［漳］商［漳］熵［漳］伤［漳］殇［漳］筋［漳］②详［漳］祥［漳］庠［漳］常［漳］嫦［漳］尝［漳］偌*（谁）翔（一样）⑤相⑥尚［漳］上~好 ［**zz**］

③嚷[漳] 壤[漳] 攘[漳] 瓤[漳] ⑥让[漳]　　[g]①姜[漳] 羌[漳]（姓） 僵[漳] 缰[漳] 荆[漳] 蒲~疆碗~ ②强[漳] ③强[漳]勉~ 襁[漳] ⑥犟[漳]　　[k]①腔[漳] 羌[漳] ⑤勥*（能干）　　[gg]①铆*~仔（小铃子） ③仰[漳] ⑤齴~牙（龅牙）　　[h]①香[漳] 芗[漳] 乡[漳] ③享[漳] 飨[漳] 向[漳] 响[漳] 饷*[漳] ⑤向[漳] 饷[漳]　　[Ø]①央~求 秧[漳] 殃[漳] 泱[漳] 鞅[漳] ②羊[漳] 洋[漳] 飏[漳] 佯[漳] 徉[漳] 阳[漳] 疡[漳] 扬[漳] 杨[漳] 炀[漳] ③养[漳] 痒[漳] 氧[漳] ④漾（在水中涮洗） ⑥样[漳] 恙[漳] 漾（在水中刷洗） 鞅（背东西）~巾

iang

b ⑤迸硬~~｜猛~~｜勇~~｜紧~~ ⑥迸我~｜哭~

p ①砰 ⑤迸大声~ ⑥肨大~（个头大）｜细~

l ②凉煞~｜拉~｜消~｜透心~（透人心脾）｜拍拉~（扯谈）⑥亮光~｜明~｜挑[tiao¹]~

z ①漳~州（地名） ②沧水~（水冲） ③掌手~

c ②沧水~｜滚~~　长高[gao¹]~｜粗~｜笨~　橙柑~｜印仔~　肠沙~｜胭~｜灌~｜风~｜腊~ ③趄孤脚~（独脚蹦跳）呛茹~~ ⑤倡大声~　唱明~｜重~

s ①双箸~｜一~ ②尚（相同）相[sio¹]~｜有~｜无~｜真~｜煞~　佮（谁）是~ ⑤相（吹牛）会~｜煞~｜乱~｜势~

g ①疆碗~｜大~｜八宝~｜八角~

k ①腔控~　羌铿~ ⑤勥真~｜煞~｜展~｜赌~｜

gg ①铆摇~｜~~ ⑤齴喙齿~~

h ③响音~

Ø ①央中~

风韵[泉]

【-uang】

uang

[**h**] ①风

15. 栋梁韵

【-ong；-iong】

王韵

【-ong】

ong

[**b**] ①鲂帮 ②房洞~花烛旁傍彷~徨膀~胱磅~礴螃 ③榜蒡膀~臂 ④磅~秤[泉] 镑[泉] ⑤谤 ⑥镑英~傍磅 [**p**] ①丰滂乓 ②嘭篷蓬旁彷磅~礴 ③捧 ⑤胖~大海碰凸* [**bb**] ①摸 ②蒙濛礞朦矇礞檬艨芒忙茫亡铓盲 ③莽蟒漭懵蠓网罔惘辋魍 ⑤檬樣 ⑥梦望妄忘墓 [**d**] ①当铛筜裆珰东冬咚 ②同铜桐侗茼筒童潼僮唐塘幢搪螗瞳堂棠膛螳彤佟疼 ③党谠董懂 ④荡[泉] 动[泉] ⑤当档挡冻栋倲 ⑥宕砀洞恫侗胴恸撞~针幢荡恸动 [**t**] ①通樋汤筜贲~(地名) ②糖 ③徜淌躺傥统桶捅帑吐* ⑤趟通痛烫 ⑥橦箭 [**l**] ①啷杏~鼓 ②郎狼浪螂琅廊锒阆榔咙珑栊胧瓷聋笼茏昽眬农浓哝脓侬囊攘 ③朗笼拢陇垄拢~总 ⑤弄挵* ⑥弄浪埌阆茛 [**z**] ①赃脏臧宗棕鬃综踪庄桩妆装 ②藏丛淙琮崇撞 ③总偬骔 ⑤粽壮葬 ⑥赃藏西~状奘幢撞 [**c**] ①匆葱仓苍伧沧舱创疮窗囱璁聪璁 ②床 ⑤创怆 [**s**] ①桑丧双霜孀松参 ②庸土~(土气) ③爽颡磉嗓 ⑤丧宋送 ⑥凇 [**g**] ①冈岗纲刚罡缸扛工功攻公蚣光胱桄肱 ②狂诳桁 ③广犷邝讲栱*汞* ④诓~头[泉] ④杠赣

逛钢贡摃* （打） 煩*大~（大炮） ⑤诓 ［k］①空倥崆箜悾康榡糠匡筐框眶 ②穷*［泉］（盘点、清理） ③孔倥~僕慷阆况* ④亢伉抗炕~汤园空控矿旷圹犷 ⑤诓~头（一种巫术） ［gg］②昂 ⑥忢*（傻）

［h］①风枫疯讽*轰蜂峰烽锋荒慌方芳坊妨哄烘訇丰肓薨封 ②杭吭行航颃桁黄磺璜簧潢簧蟥癀皇蝗徨凰楻煌惶簧隍湟遑汞洪红虹鸿宏纮弘~一法师闳泓妨防肪适缝逢房冯訇薨 ③晃幌恍汞况舫觊仿纺彷肪访舫讽捧哄谎 ④奉［泉］ ⑤放况 ⑥俸缝凤讧沆奉哄 ［Ø］①汪翁嗡肮 ②王 ③枉往蓊 ⑤瓮盎魟 ⑥旺

ong

b ②房天［tian¹］~（天花板） 旁耳~｜近~｜两~｜偏~｜身~｜四~｜形~ ③膀臂~｜翅~｜肩~ ⑤谤风~（标榜，哄传）｜诋~｜诽~｜毁~｜弭~｜濒濒~~ ⑥磅够~（极限，足够）｜过~｜仓［cong¹］~（莽撞，仓皇慌张）｜冲~（鲁莽）｜尽~（极限，最大限度）｜地~｜放尽~（开足马力）｜桌头~ 傍偎~｜依~

p ①乓乒~ ②嗙砰~ 蓬~~~｜乱~~｜转~ ③捧藤~｜品~（炫耀）｜棕~ ⑤胖~~ 碰触~

bb ①摸会~｜怀~｜势~｜舱~｜乱~｜手~｜鸡~（鸡腿）暗眠~（黑乎乎）｜四界~｜乱子~｜暗~~ ②亡牵~（引魂）｜出~｜存~｜悼~｜覆~｜救~｜流~｜沦~｜沦~｜灭~｜散~｜丧~｜伤~｜衰~｜死~｜逃~｜危~｜消~｜兴~｜阵~｜败~｜天寿~｜共存~｜生死存~｜国破家~｜家破人~｜饮弹身~｜名存实~ 芒锋~｜光~｜初露锋~｜初试锋~｜小试锋~｜万丈光~ 茫苍~｜浩~｜~迷｜渺~｜森~｜微~｜白~~｜黑~~｜暮色苍~｜夜色苍~｜渺渺~~｜烟波渺~｜月色微~｜烟涛微~ 铓锋~ 盲法~｜眇~｜扫~｜色~｜脱~｜文~｜音~｜乐~｜问道于~ 蒙发~｜承~｜启~｜童~｜开~｜愚~｜乱~｜承~｜叨~｜发~｜鸿~｜开~｜空~｜欺~｜启~｜白~~｜灰~~｜雾~~｜雨~~ 濛空~｜起~｜溟~~｜白~~｜雾~~｜雨~~｜山色空~ 幪帡~ ③莽苍~｜草~｜丛~｜浩~｜卤~｜鲁~｜仓~｜榛~ 漭沆~｜~~｜罔虽~｜欺~｜姑~ 惘怅~｜迷~ ⑤攃春［zing¹］~｜起~｜出力

～｜大力～ ⑥**妄**僭～｜狂～｜虚～｜愚～｜谵～ **忘**淡～｜健～｜难～｜善～｜遗～｜不～｜没齿不～｜铭记不～｜念念不～｜没世不～｜永志不～｜永世难～ **妄**狂～｜愚～｜虚～｜无～ **梦**眠～｜春～｜噩～｜酣～｜幻～｜旧～｜美～｜迷～｜入～｜睡～｜托～｜圆～｜占～｜做～｜黄粱～｜重温旧～｜黄粱美～｜酣然入～｜鼾然入～｜痴人说～｜南柯一～｜黄粱一～｜同床异～｜白日做～ **墓**培～｜觅～｜扫～｜坟～｜公～｜新～｜陵～｜侨～｜洋～｜故～｜旧～｜石～｜盗～｜巡～ **望**巴～｜拜～｜才～｜承～｜德～｜观～｜过～｜厚～｜鹄～｜冀～｜酒～｜绝～｜觖～｜看～｜渴～｜了～｜弥～｜名～｜凝～｜盼～｜期～｜祈～｜企～｜跂～｜热～｜人～｜奢～｜深～｜声～｜失～｜守～｜朔～｜探～｜眺～｜威～｜闻～｜有～｜无～｜希～｜想～｜信～｜悬～｜雅～｜仰～｜欲～｜远～｜怨～｜愿～｜在～｜瞻～｜展～｜张～｜指～｜众～｜属～｜伫～｜资～｜引领而～｜倚门而～｜大喜过～｜濒于绝～｜春色弥～｜引颈翘～｜大失人～｜极目四～｜纵目四～｜大失所～｜一线希～｜东张西～｜项背相～｜胜利在～｜四顾张～｜探头张～｜不负众～｜深孚众～

d ①**东**缴～｜做～｜宾～｜财～｜店～｜丁～｜房～｜股～｜行～ **当**定～｜伴～｜承～｜充～｜担～｜丁～｜叮～｜该～｜便～｜敢～｜合～｜郎～｜理～｜相～｜应～｜正～｜敢作敢～｜锐不可～｜势不可～｜吊儿郎～｜有难同～｜旗鼓相～ **裆**横～｜开～｜裤～｜连～｜裥～｜直～ **铛**银～｜铃～ **冬**残～｜丁～｜寒～｜严～｜今～｜立～｜隆～｜孟～｜明～｜暮～｜穷～｜晚～｜越～｜仲～ **咚**咕～｜黑咕隆～｜圆咕隆～ ②**同**伴～｜帮～｜不～｜大～｜等～｜非～｜共～｜苟～｜合～｜会～｜混～｜伙～｜雷～｜连～｜陪～｜如～｜随～｜通～｜下～｜相～｜协～｜偕～｜一～｜异～｜攸～｜约～｜赞～｜胡～｜迥乎不～｜迥然不～｜与众不～｜不约而～ **彤**红～～ **侗**倥～ **堂**亲～｜庵～｜拜～｜祠～｜大～｜嫡～｜高～｜公～｜过～｜哄～｜华～｜讲～｜课～｜亮～｜灵～｜令～｜名～｜庙～｜～～｜退～｜萱～｜学～｜中～｜天～｜印～（眉心）｜群言～｜一言～｜燕雀处～｜对簿公～｜仪表～～｜相貌～～｜人间天～｜荟萃一～｜济济一～ **膛**开～｜上～｜胸～ **唐**荒～｜颓～ **螳**芒～ **童**报～｜儿～｜孩～｜家～｜蒙～｜牧～｜神～｜书～｜顽～｜文～｜返老还～ **瞳** **幢**人影～～ ③**董**古～｜骨～｜理～｜商～｜校～｜习古～｜矮古～｜老古～ **党**白

～｜父～｜母～｜叛～｜朋～｜妻～｜私～｜死～｜同～｜入～｜斗

[dao⁵]～（入伙）｜退～｜脱～｜余～｜清～｜整～｜政～｜绞群绞～

（成群结伙）｜规汪规～ **谠**诤～ **懂**不～｜懵～｜懵懵～～｜似～非

～｜晦涩难～｜浅近易～｜粗浅易～｜通俗易～｜浅显易～｜不～装～

⑤**冻**挨～｜冰～｜防～｜化～｜解～｜开～｜冷～｜凝～｜上～｜速

～｜天寒地～ **挡**抵～｜空～｜拦～｜排～｜遮～｜有～｜无～｜阻～

栋汗牛充～｜雕梁画～ **当**定～｜赎～｜顺～｜停～｜妥～｜稳～｜

押～｜允～｜正～｜直～｜满～｜直截了～｜受骗上～｜举措失～｜处置

适～｜大而无～ **档**骹～｜手～｜够～｜到～｜查～｜存～｜旧～｜搭

～｜高～｜归～｜脱～｜退～｜中～｜老搭～｜硬～～｜恒 [an²] ～～

⑥**宕**跌～｜推～｜延～ **洞**地～｜狗～｜空～｜龙～｜漏～｜山～｜石

～｜涂～｜岩～｜窑～｜门～｜蛀～｜桥～｜涵 [am²] ～｜乌～｜捣

[oo³] ～｜挖 [iah⁷] ～｜窒 [tat⁷] ～｜填 [tun⁶] ～｜无底～｜空～

～｜防空～｜空空～～ **撞**碰～｜相 [sio¹] ～ **荡**持～｜浪～｜波

～｜簸～｜冲～｜闯～｜骀～｜涤～｜迭～｜动～｜放～｜浮～｜逛～｜

浩～｜晃～｜洄～｜激～｜摇～｜流～｜靡～｜飘～｜扫～｜坦～｜傥

～｜闲～｜旋～｜淫～｜游～｜悠～｜振～｜震～ **动**患 [hun⁶,

huan⁶] ～（疔疮发炎产生脓血）｜震～｜行 [hing²] ～｜摆～｜扳～｜搬

～｜暴～｜被～｜变～｜波～｜博～｜不～｜策～｜颤～｜冲～｜抽～

出～｜触～｜搐～｜传～｜蠢～｜打～｜带～｜地～｜电～｜调～｜抖

～｜发～｜翻～｜反～｜浮～｜改～｜感～｜更～｜鼓～｜滚～｜撼～｜

轰～｜滑～｜晃～｜挥～｜活～｜机～｜激～｜搅～｜惊～｜举～｜开

～｜扣～｜叩～｜劳～｜雷～｜流～｜乱～｜脉～｜盲～｜萌～｜能～｜

挪～｜平～｜启～｜起～｜牵～｜倾～｜扰～｜蠕～｜骚～｜扇～｜煽

～｜生～｜说～｜松～｜耸～｜胎～｜挑～｜跳～｜推～｜妄～｜舞～｜

翁～｜掀～｜响～｜泻～｜心～｜行～｜佯～｜摇～｜一～｜移～｜引

～｜运～｜躁～｜振～｜主～｜转～｜他～｜自～｜走～｜～不～｜半自

～｜风不～｜按兵不～｜文风不～｜原封不～｜岿然不～｜纹丝不～｜风

吹草～｜蠢蠢而～｜闻风而～｜相机而～｜待时而～｜人心浮～｜欢声雷

～｜掌声雷～｜乱讲乱～｜春心萌～｜春意萌～｜魂悸魄～｜形象生～｜

气韵生～｜轻举妄～｜灵机一～｜蠢蠢欲～｜体育运～｜政治运～｜群众

运～ **恸**哀～｜悲～｜隐～

　　t ①**通**拍～｜打～｜变～｜不～｜畅～｜串～｜粗～｜共～｜勾

～｜沟～｜贯～｜海～｜亨～｜互～｜交～｜精～｜卡～｜开～｜会～｜
舱～｜连～｜灵～｜流～｜买～｜扑～｜普～｜清～｜深～｜神～｜疏
～｜私～｜～～｜相～｜圆～｜直～｜红～～｜百事～｜万事～｜狗屁不
～｜一窍不～｜水泄不～｜融会贯～｜豁然贯～｜万事亨～｜官运亨～｜
触类旁～｜大显神～｜普普通～｜脉搏相～ ③**统**传～｜道～｜法～｜笼
～｜体～｜通～｜统～｜系～｜血～｜一～｜正～｜总～｜军～｜中～｜
不～｜不成体～｜笼笼统～ **帑**公～｜国～ **淌**流～ **傥**倜～｜风流倜
～ **躺**横～｜平～｜斜～ **捅**手后～（肘子）｜实［zat⁸］～～ **吐***百
～（一百出头）｜千～（一千出头）｜万～（一万出头）｜较～（挂零，有余）
⑤**痛**哀～｜悲～｜病～｜惨～｜沉～｜绞～｜剧～｜苦～｜肿～｜刺
～｜愧～｜忍～｜伤～｜酸～｜疼～｜隐～｜阵～｜镇～｜止～｜情真词
～｜痛定思～｜含悲饮～｜切肤之～｜隐隐作～ ⑥**橦**大～｜细～｜规
～｜一～｜一大～ **箐**匀～匀仔～

l ①**啷**哐～｜摇鼓～（拨浪鼓）｜喝［huah⁷］黎～（拍卖小贩）｜
骑马～（骑坐）｜空～～（空荡）｜趆玲～（环绕）｜丁零当～ ②**郎**伴
～｜才～｜货～｜令～｜女～｜情～｜侍～｜新～｜牛～｜花～｜二～｜
儿～｜夜～｜田～｜员外～ **螂**螳～ **狼**豺～｜虎～｜中山～ **囊**被～
（被套）｜手～（套袖）｜阴～｜脬［pa¹］～（阴囊）｜批～｜册～｜革
～｜皮～｜私～｜窝～｜行～｜智～｜枕头～｜倒头～｜臭皮～（皮
囊）｜手裗～（单袖）｜慷慨解～｜中饱私～ **廊**巷～（过道，夹道）｜走
～｜长～｜穿～｜画～｜回～｜后～（后厦）｜游～｜走～ **琅**～～｜琳
～ **茏**葱～ **珑**玲～｜八面玲～｜纤巧玲～｜小巧玲～｜娇小玲～ **栊**
帘～｜猪～ **咙**曚～｜瞳～ **胧**朦～｜蒙～｜朦朦～～ **聋**耳～｜震耳
欲～ **农**菜～｜茶～｜蚕～｜佃～｜富～｜雇～｜花～｜老～｜林～｜
蔗～｜三～｜支～｜老～｜果～｜棉～｜贫～｜务～｜小～｜烟～｜药
～｜中～｜贫下中～ **浓**春意正～ **唪**嘟～｜咕～｜唧～｜～～ **脓**化
～｜溃～｜漤～（糜烂）｜恶［ao⁵］～（腐臭）｜恶～～ ③**拢**褙～（全
都）｜全～｜怀～（恐怕）｜归～｜合～｜聚～｜靠～｜捆～｜拉～｜收
～｜疏～｜围～ **朗**豁～｜健～｜开～｜明～｜清～｜晴～｜疏
～｜爽～｜坦～｜稀～｜硬～｜晴～｜硬～～｜豁然开～｜书声～～｜
疏疏～～｜爽爽～～｜稀稀～～｜硬硬～～｜天清气～ ⑤**弄**深～～
拚辚辚～～ ⑥**浪**白～｜波～｜恶～｜放～｜风～｜浮～｜鼓～｜骇～｜
激～｜巨～｜流～｜麦～｜孟～｜热～｜声～｜谑～｜浊～｜野而不～｜

大风大～｜险峰恶～｜久经风～｜掀风鼓～｜长风破～｜乘风破～｜无风起～｜劈风斩～｜兴风作～｜推涛作～　**埌圹** ～　**弄** 摆～｜搬～｜使 [sai³] ～（唆使，挑唆）｜唆～｜拨～｜播～｜嘲～｜撺～｜撮～｜逗～｜掇～｜抚～｜糊～｜和～｜里～｜巷～｜卖～｜盘～｜侍～｜耍～｜挑～｜团～｜抟～｜玩～｜舞～｜戏～｜愚～｜捉～｜作～

　　　z　①**庄** 别～｜村～｜端～｜饭～｜农～｜票～｜钱～｜山～｜田～｜坐 [zo⁶] ～｜轮流坐～　**桩** 界～　**装** 洋 [iuN²] ～｜汉～｜中～｜安～｜扮～｜包～｜春～｜冬～｜服～｜改～｜古～｜红～｜化～｜假～｜简～｜精～｜平～｜旗～｜乔～｜轻～｜戎～｜上～｜盛～｜时～｜束～｜伪～｜武～｜西～｜戏～｜下～｜夏～｜卸～｜行～｜治～｜学生～｜全副武～　**宗** 禅～｜大～｜小～｜细～｜规～｜华～｜卷～｜神～｜山～｜本～｜连～｜同～｜文～｜正～｜祖～｜万源归～｜列祖列～｜一代文～　**综** 错～　**踪** 藏～｜芳～｜跟～｜蹑～｜萍～｜潜～｜失～｜行～｜追～｜浪迹萍～｜无影无～　②**撞** 乱～｜走～｜四界～｜跐跐 [cih⁸] ～　**藏** 暗～｜昂～｜包～｜保～｜储～｜躲～｜庋～｜裹～｜含～｜库～｜矿～｜冷～｜埋～｜潜～｜深～｜收～｜私～｜窝～｜行～｜掩～｜隐～｜蕴～｜遮～｜珍～｜贮～｜鸟尽弓～｜用行舍～　**崇** 敬～｜推～｜尊～　**丛** 草～｜花～｜论～｜人～｜树～｜译～　③**总** 合～（合计）｜拢～（总共）｜成～｜打～｜共～｜归～｜集～｜揽～｜老～｜一～｜林林～～　**偬** 倥～｜戎马倥～　⑤**壮** 勇～（健壮）｜悲～｜粗～｜肥～｜豪～｜健～｜精～｜强～｜少～｜硕～｜雄～｜苗～｜当～（鼎盛）｜身强力～｜兵强马～｜青春气～｜理直气～｜师直为～｜老当益～｜粗粗壮～　**葬** 出～｜送～｜落～｜安～｜殡～｜树～｜棺～｜国～｜海～｜火～｜涂～｜埋～｜墓～｜陪～｜迁～｜丧～｜水～｜随天～｜土～｜下～｜殉～　⑥**状** 保～｜病～｜惨～｜告～｜供～｜奖～｜摹～｜情～｜诉～｜万～｜现～｜行～｜形～｜性～｜原～｜症～｜罪～｜委任～｜军令～｜自供～｜恶人告～｜奇形怪～｜不可名～｜惊恐万～｜安于现～｜不可言～　**撞** 莽～　**脏** 五～｜腑～｜里 [lai⁶] ～｜内 [lue⁶] ～｜心～　**藏** 宝～｜道～｜考～｜库～｜三～｜释～

　　　c　①**仓** 填～｜添～｜义～｜颗粒归～　**苍** ～～｜莽～｜穹～｜上～｜白发～～｜郁郁～～　**匆** ～～｜来去～～｜行色～～　**创** 重～　**疮** 剜肉补～｜百孔千～　**窗** 橱～｜寒～｜天～｜铁～｜同～｜舷～｜开天～｜十年寒～｜剪烛西～　**葱** 茏～｜青～｜倒栽～｜郁郁～～　**璁** 珑～

聪耳～｜失～ ②**床**东～｜河～｜灵～｜温～｜牙～ ⑤**创**草～｜初
～｜独～｜重～｜开～｜乱～｜首～｜乌白～ **怆**悲～｜凄～

s ①**双**无～｜盖世无～｜举世无～ **霜**冰～｜风～｜冷若冰～｜
饱经风～｜雪上加～ **松**胖～｜胖弄～ **参**含～｜人～｜西洋～ **丧**问
～｜报～｜奔～｜出～｜初～｜除～｜吊～｜发～｜服～｜号～｜居～｜
守～｜送～｜治～ **桑**沧～｜扶～｜饱经沧～ **孀**孤～｜遗～ ②**庸**笑
～｜土～｜里山～｜食～｜看～｜山里［lai⁶］～｜乡下～｜食人～ ③
爽舒～｜无～｜豪～｜心～｜亢～｜凉～｜清～｜飒～｜会～｜直～｜觥
～｜毫发不～｜分毫不～｜丝毫不～｜毫厘不～｜屡试不～｜神清目～｜
秋高气～｜英姿飒～｜清清爽～ **嗓**倒～｜哑～ ⑤**宋**唐～｜直弄～｜
浮弄～｜空弄～ **送**欢～｜传［tuan²］～｜迎～｜奉～｜运～｜馈～｜
转～｜断［duan⁶］～｜目～｜呈～ **丧**懊～｜沮～｜沧～｜颓～ ⑥**潲**
漉～（邋遢不整洁）｜鸭仔趁～

g ①**公**天～｜雷～｜舅～｜阿～｜外～｜祖～｜佛～｜厝［ang¹］
～｜土～｜太～｜里［lai⁶］～｜安～｜叔～｜伯～｜舵［dai⁶］～｜师
［sai¹］～｜相［siong⁵］～｜庙～｜仙～｜菜～（斋公）｜办～｜秉～｜
不～｜充～｜归～｜师［su¹］～｜王～｜要～｜寓～｜月公～｜亲家
～｜查某～｜老伯～｜老相～｜棉袄～｜大伯～｜普渡～｜土地［di⁶］
～｜祖师～｜帝爷～｜有应～｜大道～｜灶君～｜三界～｜王（爷）
孝天～｜供［ging⁵］天～｜厝宅～｜草蜢～｜使仙～｜丈人～｜船舵
［dai⁶］～｜文抄～｜主人～｜开诚布～｜枵腹从～｜克己奉～｜廉洁奉
～｜涓滴归～｜一国三～｜舍己为～｜衮衮诸～ **功**讨～｜立～｜记
～｜庆～｜排～｜大～｜小～｜品～｜偕～成～｜归～｜邀～｜居～｜练
～｜卖～｜铭～｜评～｜奇～｜请～｜事～｜殊～｜外～｜里［lai⁶］
～｜武～｜喜～｜叙～｜要～｜邀～｜阴～｜幼～｜战～｜基本～｜丑表
～｜马到成～｜计日程～｜急于事～｜冒誉贪～｜劳而无～｜徒劳无～｜
文治武～｜好大喜～｜一得之～｜贪天之～ **冈**山～ **刚**～～｜金～｜
血气方～｜以柔克～ **纲**大～｜党～｜纪～｜乾～｜提～｜政～｜总～
缸染～ **罡**天～ **光**暴～｜不～｜采～｜晨～｜春～｜灯～｜耳～｜
反～｜风～｜观～｜国～｜寒～｜候～｜火～｜借～｜精～｜亮～｜灵
～｜溜～｜流～｜目～｜递～｜年～｜曝～｜日～｜容～｜闪～｜赏～｜
韶～｜湿～｜时～｜曙～｜叨～｜天～｜霞～｜眼～｜艳～｜阳～｜荧
～｜油～｜月～｜增～｜锃～｜沾～｜折～｜争～｜红～～｜净～～｜亮

～～｜明～～｜穷～～｜秃～～｜油～～｜八面～｜假精～｜鼠目寸～｜

一扫而～｜消磨时～｜暗淡无～｜为国增～ **攻**反～｜夹～｜进～｜强

～｜围～｜伴～｜主～｜助～｜专～｜总～｜内外夹～｜左右夹～｜远交

近～｜术有专攻 **肱**股～ ②**狂**火～｜酒～｜痶［siao³］～｜枵～｜慌

～｜凶～｜青～｜赶～｜横～｜急～｜雄～｜热～｜紧～｜起～｜掠～｜

揭［giah⁸］～｜猖～｜癫～｜发～｜疯～｜轻～｜色～｜兴～｜阳～｜

伴～｜张～｜茹～｜着～｜激～｜丧心病～｜若疯若～｜欣喜若～ **桁**

徛［kia⁶］～｜门～｜横～ ③**广**宽～｜两～｜深～｜推～｜耳目不～｜

见多识～ **桸**米～｜齿～｜火～｜酒～｜水～｜锓［ciam⁵］～｜铁～｜

竹～｜骹～｜手～｜漉～｜蜍～｜漉～｜鼻篓～｜拔封～ **讲**否～｜斗

［dao⁵］～｜势［ggao²］～｜照～｜愩～｜免～｜空～｜白～｜颔

［ham⁵］～｜串～｜嗦～｜汰～｜幕［bbong²］～｜通［tang¹］～｜姢

［ggian⁵］～｜会～｜赡～｜罔～｜总～｜听～｜掠～｜据～｜乱～｜照

～｜直～｜佫～｜较～｜总无～｜则佫～｜拍白～｜乌白～｜滥摻～｜清

采～｜无话～｜赡使～｜赡用～｜赡晓（通）～｜七～八～｜皮皮仔～

⑤**損**强～（盗匪）｜春拍～（比喻吵架、争斗） **煩**大～｜开～｜大龙～

贡铜～｜北～｜进～｜过～｜强～｜含～｜朝～｜进～｜纳～｜红～

k ①**倥**～～ **空**肾～｜碧～｜长［diong²］～｜当～｜防～｜高

～｜航～｜寂～｜架～｜凌～｜领～｜镂～｜落～｜凭～｜扑～｜晴～｜

色～｜上～｜太～｜腾～｜天～｜星～｜虚～｜悬～｜夜～｜真～｜凿

～｜一场～｜夜幕垂～｜四大皆～｜十室九～｜买～卖～｜坐吃山～｜海

阔天～｜天马行～｜洗劫一～ **康**安～｜健～｜小～～｜身心健～～｜家道

小～｜长乐永～ **框**旧～｜老～～～｜条条～～ **楝**榔～ **糠**秕～｜筛

～｜糟～ **眶**眼～｜热泪盈～ ③**孔**面～｜针～｜七～｜气～｜穿～｜

瞳～｜千疮百～ **慷**悲～ ⑤**亢**高～｜不卑不～ **抗**抵～｜反～｜对

～｜顽～｜违～｜死力抵～｜负隅顽～｜迹近违～｜软磨硬～ **旷**拼

～｜宽～｜阔～｜空～｜宽扩～｜空空～～ **炕**工～｜火～｜暖～｜落

～ **空**亏～｜得～ **圹**寿～｜双～｜墓～｜生～ **犷**粗～｜豪～ **控**

被～｜失～｜遥～｜指～ **矿**厂～｜富～｜开～｜金～｜贫～｜锡～｜

铜～｜采～｜选～｜铁～｜煤～｜钨～｜探～ ⑥**诓**念～｜做～

gg ②**昂**昂～｜高～｜激～｜轩～｜气昂～｜士气高气～｜意气高

～｜慷慨激～｜眉宇轩～｜气宇轩～｜器宇轩～ ⑥**忿**起～｜愚～｜假

～｜～～｜眩［hin²］～｜歁［kam³］～｜闇［am¹］～｜倲［dong⁵］

～│圹 ～│创 ～│橙〔diN⁵〕～│闇〔am¹〕歉 ～│倥歉〔kong¹kam³〕～

h ①**封**查～│尘～│敕～│谞～│追～│护～│加～│弥～│密～│启～│赏～│喜～│信～│原～│自～│开～│拔〔buih⁸〕～（拔罐子）│固步自～│故步自～ **峰**冰～│顶～│高～│洪～│群～│山～│上～│驼～│险～│主～ **锋**笔～│兵～│冲～│词～│刀～│话～│机～│交～│偏～│前～│谈～│先～│中～│八面～│急先～ **蜂**蜜～│一窝～ **丰**繁～│永～│阜～│方～│物阜民～│人寿年～│羽毛未～ **风**起～│推〔du¹〕～│痛〔siao³〕～│顺～│煞〔suah⁷〕～│搧～│转〔dng³〕～│冲〔cing¹〕～│煞～│骹～│感～│挽〔bban³〕～│胖〔pong⁵〕～│病～│胀～│披～│破～│放～│拍～│歪～│臭～（味）│大～│细～│小～│阵〔zun⁶〕～│恶〔ao⁵〕～（味）│哈〔hah⁷〕～│暍〔haNh⁷〕～│把〔iap⁷〕～│曳〔iat⁸〕～│柴～│徛〔kia⁶〕～│敨〔dao³〕～│透～│飕〔sao¹〕～│抠〔kao¹〕～│消～│噴〔bun²〕～│弄〔lang⁶〕～│飑〔iaN⁶〕～│闸〔zah⁸〕～│食～│趿〔saNh⁷〕～│台～│东～│西～│南～│北～│烧～│冷～│寒～│清〔cin⁵〕～│狂～│头～│痛～│海～│逆～│春～│秋～│国～│采～│接〔ziap⁷〕～│望～│观～│抽～│古～│耳～│观～│中〔diong⁵〕～│口～│和～│刮～│漏～│落〔lao⁵〕～│门～│家～│医～│球～│队～│排～│牌～│伤～│世～│屏～│翕〔hip⁷〕～│山～│受～│威～│微～│文～│下～│阴～│旋～│学〔hak⁸〕～│熏～│巡～│遗～│妖～│迎～│余～│作～│涨～│整～│通～│凄～│校～│把〔be³〕～│顶～│颓～│麻～│民～│追～│敲〔kao¹〕～│遮～│嗷～│把～│采～│成～│抽～│吹～│春～│顶～│东～│兜～│耳～│放～│刚～│灌～│古～│观～│海～│寒～│和～│疾～│接～│金～│口～│狂～│冷～│临～│漏～│屏～│饯～│清～│秋～│伤～│上～│世～│收～│朔～│通～│敨〔tao³〕～│颓～│望～│绪～│炎～│谣～│遗～│招～│走～│作～│回南～│鬼仔～│九降～│走马～│月里～│敲遮～│闪西～│一阵～│大港～│推头～│送顺～│肚脐～│小门～│东南～│西北～│西南～│东北～│巷廊～│耳边～│枕头～│打秋～│青〔ciN¹〕狂～│流行～│鼻（腔）～│耳边～│吹吹～│裙带～│吹冷～│放冷～│刮冷～│耳旁～│摆威～│逞威～│耍威～│蔚然成～│口角春～│满面春～│化雨春～│月晕而～│弱不禁～│空穴来～│玉树临～│世情民～│两袖清～│遇事生～│笔下生～│一路

顺～｜八面威～｜甘拜下～｜血雨腥～｜树大招～｜微微仔～｜使鼻腔～｜绞螺仔～｜捲螺仔～｜鼓螺仔～｜沐雨栉～｜食西北～　**疯**发～｜装～｜发酒～｜撒酒～　**方**阔～｜书～｜涂～｜塌～｜四～｜八～｜北～｜比～｜处～｜大～｜丹～｜单～｜地～｜东～｜端～｜对～｜多～｜官～｜后～｜己～｜开～｜秘～｜魔～｜男～｜南～｜女～｜偏～｜前～｜十～｜收～｜双～｜朔～｜北～｜坍～｜天～｜挖～｜万～｜无～｜五～｜西～｜验～｜药～｜义～｜游～｜有～｜远～｜资～｜大后～｜四面八～｜美观大～｜落落大～｜朴素大～｜见笑大～｜贻笑大～｜举止大～｜品行端～｜大大～～｜祖传秘～｜外圆内～｜宦游四～｜云游四～｜志在四～｜奔走四～｜仪态万～｜称霸一～　**坊**街～｜牌～｜书～｜作～　**芳**芬～｜流～｜群～｜艳～｜斗～｜春～｜残～｜野～｜贞～｜垂～｜万古流～｜万世流～　**妨**不～｜何～｜无～　**轰**雷～｜炮～　**訇**阿～　**哄**闹～｜乱～｜闹～～　**烘**冬～｜臭～｜暖～　**荒**备～｜草～｜度～｜放～｜洪～｜饥～｜救～｜开～｜垦～｜粮～｜落～｜闹～｜沙～｜烧～｜生～｜熟～｜逃～｜拓～｜灾～｜惊～｜闹饥～｜破天～｜闹灾～｜备战备～｜地老天～　**肓**膏～｜病入膏～　**慌**发～｜惊～｜恐～｜心～｜着～　②**弘**取精用～　**宏**宽～　**颃**颉～　**逢**躬～｜每～｜适～｜相～｜欣～｜遭～｜久别重～｜旧雨重～｜千载难～｜狭路相～｜窄路相～｜萍水相～　**缝**裁～｜弥～　**防**边～｜布～｜撤～｜城～｜提～｜持［di²］～（预防）｜调～｜固～｜国～｜海～｜河～｜江～｜失～｜换～｜回～｜接～｜谨～｜联～｜设～｜消～｜心～｜严～｜移～｜预～｜驻～｜冷不～｜猛不～｜猝不及～｜暗箭难～｜步步设～｜～不胜～　**癀**退～｜吊～（拔毒）｜冲～｜行［giaN²］～（发炎）｜发～｜擢［dioh⁷］～｜铜～（铜绿）｜火～｜牛舌～｜大疔～｜蛇舌～｜鸡骨～｜柳枝～｜包骨～｜狗咬～｜千根～｜八卦～｜麦穗～｜片仔～｜发火～　**黄**牛［ggiu²］～　**红**寸～｜唇～｜口～｜鲜～｜绯～｜通～｜猩～｜分～｜见～｜跑～｜嫣～｜杏～｜朱～｜鸡舌～｜满山～｜一点～｜满堂～｜满江～｜姹紫嫣～｜万紫千～　**篁**竹～　**航**民～｜导～｜夜～｜出～｜护～｜试～｜返～　**皇**假～｜冲～｜展～｜捻［liam⁵］～（杀威风）｜仓～｜教～｜女～｜旁～｜三～｜堂～｜天～｜张～｜太上～｜形色仓～｜堂堂～～｜人心～～｜富丽堂～｜冠冕堂～　**洪**暴～｜防～｜分～｜山～｜泄～｜溢～｜蓄～｜滞～　**虹**彩～｜长～｜副～｜霓～　**鸿**飞～｜来～　**凰**凤～　**惶**惨～｜～～｜惊～｜凄～｜恓～｜人心～～

遑 不~｜~~　徨 彷~｜落寞彷~　煌 ~~｜辉~｜金碧辉~｜战果辉~｜灯火辉~｜灿烂辉~　隍 城~　潢 银~｜装~　篁 修~｜幽~　簧 双~｜投~｜弹~｜巧舌如~ ③汞 种~（种痘）｜出~（出天花） 晃 摇~｜看~（摆设，做样子）｜排~（供认观看的摆设）　访 拜~｜采~｜查~｜察~｜出~｜过~｜回~｜家~｜叩~｜上~｜私~｜探~｜寻~｜造~｜走~｜胆［dam³］~（窥探）｜明察暗~｜造府拜~｜登门拜~｜微服私~｜登门造~　仿 模~｜摹~｜相~｜效~｜防~｜装~　舫 画~｜游~　哄 诳~｜瞒~｜蒙~｜欺~　谎 说~｜要~｜圆~｜瞒天大~｜弥天大~ ⑤放 安~｜奔~｜陈~｜粗~｜存~｜发~｜豪~｜寄~｜解~｜开~｜狂~｜流~｜码~｜牧~｜施~｜释~｜疏~｜停~｜投~｜颓~｜下~｜~~（心不在焉）｜华灯初~｜大鸣大~｜含苞待~｜粗犷豪~｜心花怒~｜百花齐~｜含苞未~　况 比~｜病~｜惨~｜而~｜概~｜何~｜近~｜境~｜窘~｜苦~｜情~｜盛~｜实~｜战~｜状~｜自~｜真情实~ ⑥奉 顶~｜信~｜崇~｜供~｜敬~｜自~｜侍~｜进~　凤 金~｜锦~｜龙~｜鸾~｜丹~　烘 发~　讧 内~　哄 欺~｜蒙~｜瞒~｜起~　缝 中~｜骑~｜夹~｜门~｜人~｜裂~｜天衣无~

Ø ①汪 ~~｜泪~~｜水~~｜油~~　翁 富~｜老~｜渔~｜乃~｜家~｜不倒~｜主人~　嗡 大轰大~ ②王 徛［kia⁶］~｜霸~｜大~｜帝~｜鬼~｜国~｜龙~｜魔~｜女~｜亲~｜勤~｜天~｜先~｜阎~｜封~｜兽~｜蜂~｜猴~｜蚁~｜阎罗~ ③往 神~｜通~｜~~｜向~｜已~｜以~｜来~｜前~｜过~｜继~｜明来暗~｜常来常~｜独来独~｜不咎既~｜熙来攘~｜心驰神~｜令人神~｜寒来暑~｜来来往~｜长此以~｜从此以~　枉 冤~｜屈~｜诬~ ⑤瓮 请君入~ ⑥旺 衰~｜健~｜兴~｜艳~｜壮~

强韵
【-iong】

iong

［d］①张中忠衷 ②长重肠场 ③长~辈涨 ④丈［泉］仗［泉］杖［泉］

重[泉]尊～ ⑤中涨胀账 ⑥仲丈仗重 [t] ①衷伥忡 ②虫冬～ ③宠冢昶 ④丈[泉] 仗[泉] 杖[泉] ⑤畅 [l] ②良粮狼*～狈踉娘莨酿梁粱凉量瀼瓤穰禳戎绒茸龙隆癃窿 ③两俩蜽辆魉壤攘嚷冗陇垄 ⑥亮喨凉晾谅让酿量踉冗 [z] ①章璋樟漳獐彰嫜蟑将浆忪终盅钟 ②从崇～武（地名） ③奖桨蒋掌仉种肿踵 ⑤将酱种众嶂障幛 ⑥匠状～元 [c] ①昌猖鲳娼枪呛玱跄戗锵冲艟憧充 ②墙樯嫱戕 ③抢厂敞惝氅 ⑤唱倡铳纵冲呛跄 ⑥匠 [s] ①相箱湘厢襄镶商伤觞殇嵩汤淞 ②常嫦裳尝偿徜详祥痒翔松疡 ③赏想上～声晌饷耸怂悚竦 ④上[泉] 象[泉] 像[泉] 橡[泉] ⑤相饷 ⑥颂诵讼尚上～山象像橡 [zz] ②戎[漳] 绒[漳] 茸[漳] 蓉[漳] ⑥冗～员[漳] [g] ①疆缰僵薑姜弓芎躬宫恭供 ②强穷蛩 ③拱栱强勉～襁龚 ④强[泉] ⑤供 ⑥共犟糨强 [k] ①羌穹腔～调 ③恐巩 [gg] ②喁颙 ③仰 [h] ①香芗乡匈胸凶汹 ②雄熊 ③响享飨饷* ⑤向 [Ø] ①央秧殃鞅泱鸯雍臃饔痈邕雝拥* ②羊详佯徉烊杨扬疡飏炀阳庸镛慵容熔榕蓉溶镕融 ③养氧痒勇甬诵踊蛹拥俑恿涌 ⑤怏拥蕹壅 ⑥样漾恙用佣

iong

d ①**中**家～｜暗～｜便～｜寸～｜当～｜个～｜彀～｜集～｜就～｜居～｜空～｜郎～｜内～｜其～｜热～｜人～｜日～｜适～｜五～｜心～｜央～｜域～｜月～｜折～｜正～｜之～｜对～（当中）｜里[lai⁶]～（个中）｜正～｜～～（正中，中等）｜做～｜山～｜水～｜年～｜无形～｜不意～｜无意～｜正当～｜半空～｜如日方～｜鱼游釜～｜入我彀～｜待字闺～｜秀外惠～ **衷**（也读[tiong¹]）私～｜苦～｜隐～｜初～｜热～｜和～｜折～｜失～｜优～｜由～｜无动于～｜言不由～｜食糜坩～ **忠**尽～｜精～｜矢～｜效～｜守～｜纳～｜竭～｜愚～ **张**重～｜分～｜更～｜乖～｜关～｜慌～｜紧～｜开～｜夸～｜扩～｜廓～｜铺～｜伸～｜声～｜舒～｜翕～｜嚣～｜样～｜印～｜纸～｜诗～｜主～｜改弦更～｜神色慌～｜铺陈辉～｜气势开～｜纲举目～｜敌焰嚣～｜气焰嚣～｜慌慌张～｜自作主～ ②**长**见～｜漫～｜绵～｜枭～｜颀～｜擅～｜善～｜身～｜伸～｜深～｜特～｜细～｜狭～｜修～｜延～｜扬

～｜悠～｜专～｜好景不～｜尺短寸～｜来日方～｜飞短流～｜蜚短流～｜福寿绵～｜儿女情～｜意味深～｜用意深～｜寓意深～｜一无所～｜地久天～｜日久天～｜语重心～｜一技之～｜学有专～　**场**道～｜监～｜疆～｜校～｜较～｜沙～｜文～｜武～｜袍笏登～｜粉墨登～｜驰骋疆～｜逐鹿名～｜十里洋～｜虚惊一～｜混战沙～　**肠**愁～｜断～｜坠～｜饥～｜枯～｜心～｜衷～｜荡气回～｜鼠肚鸡～｜小肚鸡～｜搜索枯～｜古道热～｜菩萨心～｜铁石心～　**重**～～｜双～｜困难重～　③**长**增～｜生～｜擅～｜少～｜家～｜丰～｜疯～｜学～｜师～｜成～｜百夫～｜千夫～｜祭司～　⑤**中**击～｜看～｜命～｜切～｜言～｜百发百～｜谈言微～｜言必有～　**胀**鼓～（水臌）　**涨**海～｜头昏脑～　⑥**仲**伯～｜昆～　**重**嵩［siong¹］～（严重，危重）｜致～（重视，注重）｜对～（重视）｜保～｜笨～｜並～｜惨～｜侧～｜超～｜沉～｜吃～｜持～｜粗～｜笃～｜繁～｜负～｜贵～｜过～（偏重）｜荷～｜厚～｜浑～｜加～｜借～｜敬～｜看～｜口～｜隆～｜毛～｜凝～｜浓～｜偏～｜朴～｜器～｜轻～｜深～｜慎～｜失～｜手～｜推～｜危～｜稳～｜言～｜严～｜倚～｜载～｜珍～｜郑～｜注～｜庄～｜着～｜辎～｜自～｜尊～｜端正庄～｜善自保～｜质量并～｜损失惨～｜伤亡惨～｜老成持～｜如牛负～｜忍辱负～｜畸轻畸～｜挚诚凝～｜拈轻怕～｜缓急轻～｜举足轻～｜无足轻～｜灾难深～｜罪孽深～｜德高望～｜端庄稳～｜互道珍～｜稳稳重～｜声冷字～｜拥兵自～　**仗**对～｜开～｜炮～｜凭～｜仰～｜依～｜仪～｜倚～｜明火执～

t　①**伥**为虎作～　**忡**怔～｜忧心～～　②**虫**涂～｜蠹～｜害～｜懒～｜蛆～｜蛀～｜书～｜丝～｜星～｜昆～｜成～｜神～｜风～｜飞～｜蚊～｜爬～｜蛔～｜可怜～｜害人～｜寄生～｜应声～　③**冢**丛～｜古～｜荒～｜义～｜公～｜坟～｜衣冠～　**昶**和～　**宠**得～｜惯～｜光～｜偏～｜失～｜受～｜专～｜哗众取～　⑤**畅**过～｜暗～｜会～｜舱～｜真～｜假～｜大～｜安～｜充～｜酣～｜和～｜欢～｜流～｜明～｜伸～｜舒～｜顺～｜条～｜调～｜通～｜晓～｜乐～｜舒泰安～｜雄雌舒～｜文笔条～｜明白晓～　**怅**恓～｜惘～

l　②**茸**入～｜蓬～｜鹿～｜参［song¹］～｜～～｜绿～～｜毛～｜掌甲～｜蓬～～　**良**天～｜不～｜从～｜改～｜精～｜昧～｜善～｜天～｜贤～｜驯～｜优～｜忠～｜无天～｜除暴安～｜心地善～｜丧尽天～　**凉**悲～｜冰～｜苍～｜乘～｜冲～｜风～｜荒～｜纳～｜凄

～｜清～｜秋～｜受～｜歇～｜炎～｜阴～｜荫～｜着～｜满目荒～｜荒荒～～｜凄凄～～｜清清～～｜满目凄～｜世态炎～ **梁**大～｜栋～｜脊～｜津～｜强～｜桥～｜山～｜跳～｜悬～｜中～｜花～｜米～｜上～｜下～｜画～｜浮～｜玉～｜鼻～｜正～｜后～｜飞～｜顶～｜跳～｜挑大～｜画栋雕～｜不畏强～｜余音绕～｜小丑跳～ **梁**膏～｜一枕黄～ **戎**兵～｜从～｜元～｜投笔从～ **绒**芋～｜蒜～｜艾～｜鹅～｜鸭～｜肉～｜栽～｜骆驼～ **龙**苍～｜黄～｜火～｜蛟～｜青～｜虬～｜沙～｜玉～｜变色～｜一条～｜独眼～｜配套成～｜快婿成～｜麟凤龟～｜叶［siap8］公好［hooN5］～｜车水马～｜商～｜酗～｜驯～｜优～ **隆**咕～｜犨～｜穹～｜兴～ **癃**疲～ **瀧**～～ **穰**～～ **量**测～｜衡～｜丈～｜估～｜思～｜车载斗～ ③**嚷**吵～｜叫～｜喧～｜相～｜大～｜哗哗～｜人声喧～ **俩**伎～｜鬼蜮伎～ **两**斤～｜三三两～｜不三似～｜掂斤播～ **蛃**蜩～ **魍**魑魅魍～ **壤**接～｜僻～｜天～｜沃～｜霄～｜穷乡僻～ **攘**扰～｜～～｜熙熙～～｜干戈扰～ ⑥**冗**拨～｜烦～｜繁～ **量**有～｜无～｜好～｜节～｜大～｜比～｜变～｜标～｜参～｜产～｜常～｜忖～｜大～｜胆～｜等～｜定～｜肚～｜度～｜放～｜分～｜过～｜海～｜含～｜涵～｜恒～｜极～｜洪～｜计～｜剂～｜较～｜尽～｜约～｜酒～｜力～｜能～｜气～｜器～｜热～｜容～｜少～｜身～｜食～｜节［zat7］～｜适～｜数～｜微～｜限～｜小～｜雅～｜音～｜雨～｜质～｜重～｜自～｜药～｜饭～～｜约其～～｜充其～｜好团～｜大气～｜不自～｜保质保～｜宽宏大～｜有生力～｜武装力～｜充乎其～｜恩德无～｜功德无～｜前途无～｜不知自～ **谅**见～｜体～｜希～｜鉴～｜宥～｜原～ **亮**擦～｜发～｜光～｜洪～｜豁～｜晶～｜嘹～｜明～｜漂～｜清～｜闪～｜水～｜天～｜通～｜透～｜乌～｜鲜～｜响～｜雪～｜眼～｜银～｜莹～｜油～｜月～｜锃～｜明～｜蒙蒙～｜精光发～｜晶莹透～｜心明眼～ **喨**嘹～ **踉**跄～｜蹡～ **酿**佳～｜酝～

z ①**章**报～｜宸～｜词～｜辞～｜党～｜典～｜规～｜鸿～｜华～｜肩～｜简～｜奖～｜句～｜领～｜篇～｜诗～｜图～｜文～｜闲～｜宪～｜像～｜袖～｜勋～｜印笔～｜乐～｜证～｜周～｜奏～｜昭～｜团～｜臂～｜主～｜违～｜金～｜银～｜雅～｜鸿～｜会～｜胸～｜班～（骨牌）｜急就～｜军功～｜纪念～｜做文～｜出口成～｜顺理成～｜斐然成～｜文物典～｜率由旧～｜笔晕墨～｜历史篇～｜约法三～｜官样文

～｜杂乱无～｜狼狈周～｜煞费周～　**彰** 褒～｜表～｜昭～｜欲盖弥～｜相得益～｜罪恶昭～｜劣迹昭～｜众目昭～　**嫜** 姑～　**樟** 香～　**獐**弄～｜麋～　**璋** 玉～｜弄～　**将** 方～｜即～｜扶～｜输～｜行～｜终～｜姑不（二）～｜慷慨输～｜日就月～　**浆** 粉～｜泥～｜灰～｜血～｜纸～｜岩～｜琼～｜脑～｜糖～｜蜂王～｜玉液琼～｜箪食壶～｜引车卖～　**忪** 惺～｜忪～｜睡眼惺～　**终** 告～｜临～｜年～｜善～｜月～｜始～｜送～｜剧～｜命～｜寿～｜归～｜自始至～｜饮恨而～｜全始全～｜善始善～｜养老送～｜不知所～｜有始无～｜原始要～｜有始有～｜从始至～　②**从** 服～｜过～｜扈～｜盲～｜仆～｜屈～｜师～｜侍～｜顺～｜任～｜随～｜听～｜无～｜胁～｜信～｜驯～｜依～｜主～｜自～｜遵～｜择善而～｜何去何～｜言听计～｜轻车简～｜轻装简～｜鸡尸牛～｜无所适～　③**奖** 颁～｜褒～｜过～｜嘉～｜金～｜夸～｜领～｜谬～｜评～｜受～｜授～｜银～｜中～｜发～｜得～｜有～｜立功受～　**掌** 抚～｜拊～｜鼓～｜击～｜魔～｜拍～｜执～｜手～｜胲～｜巴～｜鞋～｜熊～｜鸭～｜马～｜职～｜抵～｜巴～｜仙人～｜摩拳擦～｜易如反～｜了如指～　**踵** 接～｜旋～｜不旋～｜摩顶放～｜比肩继～｜摩肩接　⑤**众** 出～｜大～｜当～｜公～｜观～｜惑～｜民～｜群～｜示～｜听～｜万～｜御～｜超群出～｜寡不敌～｜劳师动～｜兴师动～｜稠人广～｜大庭广～｜妖言惑～｜造谣惑～｜游街示～｜斩首示～｜人多势～｜公诸于～｜乌合之～　**将** 败～｜闯～｜大～｜中～｜副～｜点～｜干～｜悍～｜虎～｜拜～｜名～｜激～｜健～｜老～｜良～｜猛～｜禅～｜强～｜儒～｜上～｜少～｜宿～｜武～｜骁～｜小～｜主～｜败军之～｜残兵败～｜手下败～｜哼哈二～｜走马换～｜调兵遣～｜虾兵蟹～｜损兵折～　**障** 保～｜故～｜路～｜花～｜魔～｜内～｜孽～｜屏～｜业～｜音～｜天然屏～　**嶂** 叠～｜层峦叠～｜重峦叠～　**幛** 贺～｜寿～｜挽～｜喜～

　　c　①**充** 补～｜假～｜扩～｜冒～｜权～｜抵～｜回～｜填～　**冲**路～｜对～｜～～｜俯～｜缓～｜要～｜折～｜对忤～（互相憎恶）｜急～～｜怒～｜气～～｜喜～｜兴～｜怒气～～｜首当其～｜交通要～　**娼** 暗～｜私～｜沤［ao⁵］～｜宿～　**憧** ～～｜人影～～　②**墙** 骑～｜萧～｜牰列门～｜狗急跳～｜铁壁铜～｜兄弟阋～｜祸起萧～　**樯**帆～｜桅～　③**抢** 争～｜行～｜打～｜双～　**敞** 宽～｜轩～　**氅** 大～　⑤**纵** 操～｜放～｜惯～｜娇～｜骄～｜宽～｜欲擒故～　**倡** 首～｜提～　**唱** 伴～｜重～｜酬～｜独～｜对～｜高～｜歌～｜合～｜绝～｜领

～｜轮～｜卖～｜齐～｜清～｜说～｜演～｜大合～｜表演～｜千古绝
～｜低吟浅～　**跄**跄～｜跄跄～～　⑥**匠**工～｜巨～｜名～｜意～｜宗
～｜能工巧～｜别具意～｜一代宗～

　　s　①**相**端～｜互～｜交～｜两～｜一～｜争～｜自～　**伤**哀～｜
暗～｜悲～｜创～｜挫～｜负～｜感～｜工～｜毁～｜着～｜吊～｜郁
～｜靠～｜责～｜铳［cing⁵］～｜刀～｜劳～｜鳞～｜内～｜殴～｜杀
～｜死～｜损～｜烫～｜颓～｜外～｜里［lai⁶］～｜误～｜养～｜忧
～｜中～｜踧［zik⁷］～｜救死扶～｜两败俱～｜遍体鳞～｜五劳七～｜
五痨七～｜造谣中～｜恶语中～　**商**厂～｜筹～｜磋～｜官～｜奸～｜
经～｜客～｜洽～｜参～｜私～｜通～｜外～｜货～｜海～｜盐～｜面
～｜票～｜智～｜富～｜洋～｜坐～｜厂～｜函～｜会～｜护～｜招～｜
婉～｜相～｜协～｜行～｜士农工～　**殇**国～　**觞**称～｜滥～｜侑～｜
嵩华～　**襄**赞～　②**详**参～｜安～｜不～｜端～｜和～｜内～｜未～｜
周～｜语焉不～｜耳熟能～｜不厌其～　**祥**不～｜慈～｜端～｜发～｜
吉～｜灾～｜龙凤呈～　**翔**翱～｜飞～｜滑～｜回～　**痒**流～　**尝**备
～｜何～｜品～｜浅～｜体～｜未～　**常**～～｜反～｜非～｜纲～｜惯
～｜家～｜经～｜伦～｜每～｜平～｜日～｜如～｜失～｜时～｜守～｜
素～｜四～｜通～｜往～｜无～｜寻～｜异～｜逾～｜照～｜正～｜中
～｜好景不长｜平平～～｜持平守～｜习以为～｜反复无～｜变化无～｜
变幻无～｜出没无～｜超乎寻～｜异乎寻～　**偿**报～｜补～｜代～｜抵
～｜赔～｜清～｜取～｜无～｜夙愿得～｜宿愿得～｜如愿以～　**松**青
～｜不老～　③**想**暗～｜猜～｜畅～｜痴～｜驰～｜断～｜浮～｜感～｜
构～｜怀～｜幻～｜回～｜假～｜渴～｜空～｜苦～｜狂～｜理～｜联
～｜料～｜乱～｜梦～｜缅～｜冥～｜盘～｜设～｜试～｜思～｜推～｜
妄～｜遐～｜休～｜玄～｜悬～｜意～｜臆～｜预～｜追～｜着～｜前思
后～｜苦思苦～｜冥思苦～｜胡思乱～｜冥思冥～｜朝思暮～｜不堪设
～｜解放思～｜敞开思～｜作客思～｜中心思～｜痴心妄～｜东想西～｜
左思右～　**悚**焦～｜震～　**耸**高～　**赏**爱～｜称～｜观～｜击～｜激
～｜鉴～｜奖～｜犒～｜受～｜叹～｜玩～｜欣～｜悬～｜游～｜赞～｜
珍～｜有目共～｜雅俗共～｜奇文共～｜邀功请～｜论功行～｜孤芳自～｜
晌半～｜傍～｜歇～　⑤**相**扮～｜本～｜变～｜傧～｜丞～｜丑～｜
恶～｜福～｜怪～｜窘～｜看～｜苦～｜老～｜亮～｜露～｜面～｜手
～｜对～｜皮～｜破～｜卿～｜穷～｜色～｜上～｜少～｜识～｜首～｜

属～｜天～｜星～｜形～｜凶～｜洋～｜宰～｜站～｜长～｜照～｜真～｜装～｜坐～｜食～｜狼狈～｜可怜～｜出洋～｜寒酸～｜吉人天～｜穷形尽～ ⑤**饷**发～｜关～｜军～｜粮～｜薪～｜月～ ⑥**上**春～｜犯～｜府～｜关～｜皇～｜路～｜马～｜如～｜身～｜圣～｜世～｜堂～｜天～｜晚～｜无～｜向～｜以～｜早～｜长～｜罩～｜之～｜至～｜祖～｜犯得～｜赶得～｜基本～｜犯不～｜赶不～｜说不～｜气头～｜甚嚣尘～｜溯流而～｜蜂拥而～｜迎头赶～｜后来居～｜桌面儿～｜蒸蒸日～｜蒸蒸日～｜兴头儿～｜至高无～｜箭在弦～｜奋发向～｜高高在～｜苍天在～｜扶摇直～｜青云直～｜跃然纸～｜爱情至～ **尚**崇～｜风～｜高～｜好～｜和～｜时～｜俗～｜习～｜品德高～｜人格高～ **讼**保～｜辞～｜涉～｜诉～｜听～｜调词架～ **象**表～｜病～｜惨～｜成～｜抽～｜对～｜怪～｜旱～｜幻～｜活～｜迹～｜假～｜景～｜乱～｜脉～｜气～｜如～｜神～｜天～｜图～｜万～｜物～｜险～｜现～｜想～｜相～｜星～｜形～｜虚～｜意～｜印～｜影～｜映～｜征～｜四不～｜盲人摸～｜瞎子摸～｜包罗万～｜森罗万～ **像**翁［hip⁷］～｜拾［kioh⁷］～｜洗～｜雕～｜佛～｜画～｜偶～｜群～｜人～｜神～｜实～｜塑～｜头～｜图～｜肖～｜翁［hip⁷］～｜涂～｜照～｜胸～｜绣～｜遗～｜造～｜征～｜风景～｜团体～｜集体～｜个人～｜好事～（好奇）｜石膏～ **诵**背～｜朗～｜吟～｜熟读背～｜过目成～ **颂**称～｜歌～｜敬～｜赞～｜祝～

g ①**恭**袋～（愚笨）｜出～（排泄大小便）｜谦～｜玩世不～｜却之不～｜前倨后～ **弓**弩～｜左右开～｜盘马弯～ **宫**逼～｜蟾～｜春～｜东～｜故～｜皇～｜冷～｜离～｜龙～｜寝～｜天～｜王～｜行～｜月～｜文化～ **躬**背～｜反～｜鞠～｜哈腰打～ **芎**川～ **供**提～｜逼～｜口～｜笔～｜串～｜翻～｜画～｜录～｜攀～｜上～｜招～｜自～｜严刑逼～ **僵**冻～｜李代桃～ **缰**信马由～ **疆**边～｜海～｜无～｜封～｜万寿无～ ②**强**逞～｜富～｜刚～｜高～｜豪～｜好～｜加～｜坚～｜列～｜顽～｜外～｜崛～｜牵～｜争～｜要～｜赌～（逞强）｜音～｜增～｜年富力～｜武艺高～｜国富民～｜奋发图～｜发愤图～｜扶弱抑～ **穷**缝～｜哭～｜贫～｜受～｜无～｜层出不～｜理屈词～｜黔驴技～｜罗掘俱～｜日暮途～｜贻害无～｜遗害无～｜后患无～｜其乐无～｜回味无～｜其味无～｜趣味无～｜意味无～｜韵味无～ ③**拱**环～｜强勉～｜牵～ ⑥**共**计～｜公～｜合～｜拢～｜通～｜统～｜一～｜总

～｜甘苦与～｜患难与～｜休戚与～｜生死与～　**强㑌**～

　　k　①**穹**苍～｜天～　③**恐**恫～｜惶～｜惊～｜深～｜生～｜惟～｜诚惶诚～｜有恃无～

　　gg　②**喁**～～　③**仰**俯～｜景～｜敬～｜久～｜钦～｜信～｜瞻～｜宗～｜万流共～｜前俯后～｜翘首瞻～｜海内宗～

　　h　①**乡**本～｜城～｜故～｜怀～｜还～｜回～｜家～｜老～｜离～｜梦～｜山～｜水～｜睡～｜思～｜四～｜他～｜同～｜阿～｜外～｜望～｜下～｜异～｜游～｜醉～｜衣锦还～｜告老还～｜背井离～｜作客他～｜鱼米之～　**凶**宋～（贫穷）｜孔～｜帮～｜逞～｜吉～｜行～｜元～｜正～　**汹**～～｜来势～～｜其势～～｜气势～～　**胸**心～｜成竹在～　**香**清～｜五～｜异～｜芳～｜幽～｜书～｜馨～｜沉～｜松～｜线～｜檀～｜燃～｜夜来～｜月下～　②**雄**起～（发狠）｜措～｜粗～｜奸～｜赌～（逞凶）｜存［cun²］～｜称～｜雌～｜枭～｜英～｜争～｜鬼～｜豪～｜群～｜决雌～｜使强～｜割据称～｜一决雌～｜决一雌～｜内秀外～｜巾帼英～｜无名英～｜民族英～｜顾盼自～　③**享**安～｜有福同～　⑤**向**单～｜导～｜定～｜动～｜方～｜风～｜归～｜航～｜横～｜径～｜面～｜偏～｜倾～｜趋～｜去～｜山～｜所～｜通～｜投～｜外～｜对～（相向）｜回～（倒座儿）｜一～｜意～｜指～｜志～｜转～｜走～｜人心归～｜锋芒所～｜矛头所～｜民心所～｜人心所～｜有偏有～｜蒙头转～｜晕头转～

　　Ø　①**泱**～～　**殃**病～～｜灾～｜遭～　**鸯**鸳～　②**阳**倒～｜回～｜残～｜朝～｜重～｜端～｜还～｜骄～｜太～｜夕～｜向～｜斜～｜朝～｜丹凤朝～　**疡**溃～｜脓～　**羊**羚～　**徉**徜～　**容**包～｜病～｜不～｜忧～｜愁～｜从～｜动～｜涵～｜毁～｜军～｜宽～｜敛～｜美～｜面～｜内～｜怒～｜市～｜收～｜喜～｜先～｜相～｜笑～｜形～｜冶～｜仪～｜遗～｜颐～｜音～｜雍～｜优～｜阵～｜整～｜姿～｜纵～｜大度包～｜天地难～｜情理难～｜天理难～｜窒塞内～｜从从～～｜难以形～｜瞻仰遗～｜态度雍～｜无地自～　**溶**～～｜消～　**蓉**芙～｜木芙～｜出水芙～　**融**交～｜金～｜熔～｜～～｜通～｜消～｜暖～｜情景交～｜水乳交～｜春光～～｜其乐～～｜春雪易～　**扬**昂～｜褒～｜表～｜不～｜阐～｜传～｜导～｜发～｜飞～｜激～｜飘～｜声～｜颂～｜外～｜显～｜宣～｜扬～｜抑～｜悠～｜揄～｜赞～｜张～｜小飞～｜斗志昂～｜其貌不～｜光大发～｜趾高气～｜沸沸扬～｜纷纷扬

~|臭名远~|威名远~ **杨**百步穿~ **飏**飞~|飘~|轻~ **庸**凡~|附~|荒~|昏~|平~|无~|毋~|中~|老朽昏~|平平庸~ ③**痒**发~|技~|痛~|不痛不~|隔靴搔~|无关痛~ **俑**陶~|作~|兵马~ **拥**簇~|蜂~|前呼后~ **涌**溢~|泉~|汹~|波涛汹~|风起云~ **恿**怂~ **踊**擗~ **勇**粗~（粗实）|假~|赌~|奋~|刚~|悍~|豪~|骠~|神~|骁~|义~|英~|倒~|忠~|自告奋~|无拳无~|散兵游~|匹夫之~ **养**孝~（笨蛋）|补~|安~|保~|抱~|哺~|奉~|扶~|抚~|供~|惯~|涵~|护~|蓁~|给~|寄~|将~|娇~|教~|静~|鞠~|疗~|领~|培~|弃~|赡~|生~|收~|饲~|素~|调~|喂~|休~|修~|畜~|学~|驯~|颐~|营~|滋~|娇生惯~ ⑥**用**备~|不~|采~|拆~|抄~|代~|盗~|调~|顶~|动~|费~|服~|公~|功~|管~|惯~|合~|急~|家~|俭~|借~|军~|滥~|利~|连~|零~|录~|民~|耐~|挪~|启~|无~|有~|起~|任~|施~|实~|食~|使~|适~|试~|受~|套~|通~|习~|袭~|享~|效~|信~|叙~|选~|沿~|移~|引~|应~|御~|援~|运~|征~|中~|重~|擢~|自~|租~|作~|反作~|副作~|心无二~|省吃俭~|古为今~|综合利~|一搭两~|量才录~|经久耐~|物尽其~|美观实~|大材小~|宽打窄~|学以致~|洋为中~|专款专~|刚愎自~|师心自~|异化作~ **佣**雇~|女~ **恙**贵~|无~|别来无~|安然无~ **漾**荡~

16. 吸入韵

【-ip】

入韵

【-ip】

ip

[d] ⑧蛰　[l] ⑧立笠粒入　[z] ⑦执汁缉辑 ⑧集楫　[c]
⑦咠缉茸葺辑楫　[s] ⑦湿隰涩 ⑧十什拾习袭　[g] ⑦级汲

圾急给 ⑧及笈 　[k] ⑦泣吸 ⑧及 　[gg] ⑧岌 　[h] ⑦翕~

相 　[Ø] ⑦揖邑挹悒熠

ip

d 　⑧蛰惊~

l 　⑧入出~｜堕~｜渗~｜收~｜输~｜投~｜幻~｜加~｜介~｜进~｜阑~｜纳~｜潜~｜侵~｜深~｜陷~｜选~｜跃~｜长~｜切~｜放~｜传~｜混~｜痛 [siao³] ~｜单刀直~｜长驱直~｜排闼直~｜格格不~｜扞格不~｜无孔不~｜破门而~｜乘隙而~｜乘虚而~｜一拥而~｜诱敌深~｜孤军深~｜四舍五~　**立**壁~｜成~｜矗~｜创~｜倒~｜订~｜陟~｜独~｜分~｜鼎~｜辅~｜对~｜而~｜公~｜孤~｜国~｜鹄~｜建~｜林~｜另~｜起~｜确~｜设~｜侍~｜树~｜竖~｜私~｜耸~｜肃~｜挺~｜兀~｜屹~｜站~｜直~｜峙~｜中~｜伫~｜卓~｜自~｜不破不~｜大破大~｜傀然独~｜遗世独~｜直面而~｜重足而~｜哀毁骨~｜势不两~｜巍然耸~｜嵬然耸~｜屹然耸~｜嵬嵬耸~｜坚拔挺~｜傲然挺~｜傲然屹~｜挺然屹~｜巍然屹~｜亭亭玉~｜婷婷玉~

z 　⑦**执**父~｜固~｜坚~｜拘~｜迷~｜收~｜回~｜长 [diong³] ~｜存~｜公~｜主~｜交~｜迁~｜走~｜争~　**缉**走~ ⑧**集**全~｜别~｜采~｜筹~｜丛~｜凑~｜攒~｜存~｜调~｜逢~｜赶~｜汇~｜会~｜积~｜交~｜结~｜纠~｜鸠~｜聚~｜密~｜募~｜年~｜凝~｜齐~｜全~｜群~｜麇~｜上~｜下~｜诗~｜市~｜收~｜搜~｜蒐~｜猬~｜文~｜堆~｜词~｜编~｜撰~｜小~｜大~｜丛~｜遗~｜补~｜句~｜章~｜续~｜蓄~｜选~｜邀~｜影~｜约~｜云~｜招~｜召~｜征~｜中~｜专~｜总~｜分~｜哀然成~｜悲感交~｜悔愧交~｜悲喜交~｜惊喜交~｜雷雨交~｜冠盖云~｜经史子~

c 　⑦**昙**茶~｜水~　**葺**修~　**缉**（也读 [zip⁷]）通~｜巡~｜广~｜追~｜搜~｜侦~　**楫**（也读 [zip⁸]）舟~｜击~｜飞~｜棹~　**辑**（也读 [zip⁷]）编~｜勾~｜剪~｜逻~｜哀~｜特~｜追~｜缀~｜选~｜搜~｜采~｜校 [gao⁵] ~｜专~｜补~｜纂~

s 　⑦**湿**收~｜澹 [dam²] ~｜~~｜潮~｜打~｜浸~｜淋~｜

濡～｜寒～｜暑～｜温～｜吸～｜下～｜阴～｜积～｜风～｜澪［ci²］润～　⑧**十**双～｜合～　**习**补～｜传～｜恶～｜复～｜固～｜痼～｜积～｜见～｜讲～｜教～｜旧～｜练～｜陋～｜俗～｜相～｜时～｜实～｜熟～｜诵～｜温～｜～～｜闲～｜修～｜学～｜研～｜演～｜肄～｜预～｜自～｜陈规陋～｜遗风余～｜相沿成～　**袭**奔～｜抄～｜剿～｜承～｜蹈～｜卷～｜空～｜奇～｜侵～｜世～｜偷～｜突～｜沿～｜夜～｜因～｜一～　**拾**掇～｜收～｜拾［kioh⁷］～（点滴珍惜）

g ⑦**急**褊～｜灼～｜发～｜干～｜告～｜缓～｜火～｜济～｜加～｜焦～｜紧～｜救～｜猵～｜峻～｜内～｜起～｜气～｜情～｜特～｜湍～｜危～｜心～｜性～｜迅～｜应～｜燥～｜着～｜操之过～｜轻重缓～｜先后缓～｜十万火～｜缓不济～｜燃眉之～｜当务之～　**级**班～｜层～｜超～｜初～｜中～｜高～｜等～｜低～｜分～｜各～｜降～｜阶～｜晋～｜军～｜连～｜留～｜能～｜年～｜排～｜品～｜评～｜上～｜下［ha⁶］～｜下［ge⁶］～｜升～｜省～｜师～｜团～｜营～｜连～｜军～｜排～｜市～｜首～｜特～｜梯～｜提～｜跳～｜团～｜县～｜学～｜营～｜越～给补～｜供～｜配～｜取～｜薪～｜仰～｜自～｜日不暇～　⑧**及**比～｜遍～｜波～｜不～｜齿～｜顾～｜惠～｜祸～｜累～｜料～｜旁～｜普～｜企～｜涉～｜推～｜危～｜无～｜以～｜又～｜赶不～｜来不～｜赶得～｜来得～｜后悔不～｜始料不～｜措手不～｜过犹不～｜连类而～｜无暇顾～｜愚不可～｜鞭长莫～｜望尘莫～｜后悔莫～｜追悔莫～｜噬脐莫～｜悔之莫～｜力所能～｜不可企～｜管见所～｜管窥所～｜目力所～｜耳目所～｜后悔无～｜嗟悔无～｜悔之无～

k ⑦**吸**呼～｜吮～　**泣**抽～｜啜～｜哽～｜哭～｜涕～｜饮～｜呱呱而～｜呱然而～｜向隅而～｜可歌可～　⑧**及**钳～（抓攀）

gg ⑧**岌**～～

h ⑦**翕**哄［hang³］～（恫吓）

Ø ⑦**邑**通都大～　**悒**快～｜忧～｜郁～　**挹**奖～　**揖**作～｜打躬作～

17. 接纳韵

【-ap；-iap】

鸽韵

【-ap】

ap

[d] ⑦答嗒搭褡劄沓耷 ⑧踏沓　　[t] ⑦塔塌遢榻蹋鳎 ⑧踏

[l] ⑦跶*（蹄踏）塌~窟（低陷的小坑）邋 ⑧呐肭纳衲讷捺拉垃腊蜡

[z] ⑦匝咂砸眨汁[泉] ⑧杂闸十拾什　[c] ⑦插　[s] ⑦跦飒

霎雨~仔卅歃（吃）圾*垃~（脏）　⑧煠霎　[g] ⑦甲钾胛胳夹挟浃郏

合相~鸽蛤盖 ⑧洽　[k] ⑦掐溘盖（姓）恰 ⑧磕*　[h] ⑦呷歃

哈蛤 ⑧合盒颌洽狭峡匣狎柙箧盍阖　[Ø] ⑦压押鸭 ⑧盒匣

ap

d　⑦耷垂~｜下~　嗒嘀[dih⁷]~（吵嘴，多嘴）　**答**报~｜笔

~｜酬~｜对~｜奉~｜回~｜解~｜问~｜应~｜赠~

t　⑦遢邋~　塌补~｜崩~｜倒~｜疲~｜坍~｜颓~　榻病

~｜扫~｜卧~｜下~

l　⑦塌凹[lah⁷]~　邋哩哩~~　⑧纳接~｜采~｜出~｜归

~｜含~｜集~｜嘉~｜交~｜缴~｜容~｜哂~｜收~｜笑~　衲老~

z　⑦匝密~　⑧十一~｜二~｜三~｜四~｜五~｜六~｜七

~｜八~｜九~｜百~｜亲情五~｜以一当~｜一五一~　杂插[cap⁷]

~（交错杂乱）｜驳~｜嘈~｜揉~｜吵~｜错~｜烦~｜繁~｜复~｜

混~｜夹~｜间~｜苛~｜拉~｜乱~｜庬~｜冗~｜散~｜食~｜猥

~｜芜~｜闲~｜淆~｜错乱丛~｜错综复~｜鱼龙混~｜拉拉杂~

c　⑦插交~｜怀~（不理睬）｜杂~（好管事）｜无~｜斗~（手）

（插手介入）｜无管无~

s ⑦歇（吃）大～｜勢［ggao²］～｜怀～｜爱～｜娿［ggian⁵］～｜有～｜乱（子）～｜大嗦～｜七～八～　坺垃［lap⁷］～（肮脏）窭饼～｜沙～｜碎～｜雨～（仔）（小雨）　飒衰～｜萧～　⑧窭糊～～｜糊邋［lap⁸］～（糊乱脏）

g ⑦合阿～（共有）｜相～（共有）　鸽菜～｜信～｜白～｜肉～｜和平～　蛤田～｜花～　⑧洽醪［lo²］～～（浑浊）｜哑［e³］～～（哑口无言）

k ⑦盖翻～｜反［bing³］～　⑧礚触［dak⁷］～（不顺，坎坷）｜牵～（牵连，牵涉）｜相～｜烚摸烚～（动不得，摸不得）

h ⑦欱大嘴～｜真勢［ggao²］～　⑧合配～｜暗～｜百～｜捭～｜闭～｜不～｜参～｜场～｜重～｜凑～｜撮～｜缝～｜符～｜复～｜苟～｜寡～｜化～｜回～｜汇～｜会～｜混～｜集～｜胶～｜接～｜结～｜纠～｜鸠～｜就～｜聚～｜离～｜理～｜联～｜六～｜开～｜分～｜弥～｜黏～｜捏～｜啮～｜偶～｜配～｜契～｜巧～｜切～｜熔～｜融～｜糅～｜适～｜说～｜调～｜投～｜吻～｜相～｜光～｜迎～｜遇～｜愈～｜折～｜缀～｜综～｜总～｜组～｜珠联璧～｜志同道～｜不谋而～｜落落寡～｜百年好～｜前仰后～｜一拍即～｜悲欢离～｜落落难～｜里应外～｜情投意～｜延津之～｜天作之～｜起承转～｜排列组～　狎玩～　狭偏～｜促～｜宽～｜褊～

Ø ⑦压按～｜高～｜搁～｜积～｜欺～｜镇～｜下［ge⁶］～｜低～｜填～｜降～｜加～｜负～｜液～｜稳～｜电～｜重～　押抵～｜典～｜关～｜管～｜花～｜画～｜羁～｜拘～｜看～｜扣～｜签～｜收～｜退～｜在～　⑧盒荐～

帖韵
【-iap】

iap

[d] ⑦辄窭嗻 ⑧喋揲碟谍牒蝶堞蹀辄叠　　[t] ⑦贴帖 ⑧叠
[l] ⑦聂慑*摄*蹑颞镊 ⑧立捏*涅*猎躐粒廿～年　　[z] ⑦接睫摺汁⑧捷　[c] ⑦妾窃*　[s] ⑦摄慑叶～公好龙燮泄躞涩卅（四十）⑧涉　[g] ⑦颊铗荚夹挟侠*峡*劫　[k] ⑦疰悏箧　[gg] ⑦

挟夹 ⑧业郏　[h] ⑧协胁挟狭洽　[Ø] ⑦挹厴 ⑧叶烨晔

iap

d　⑦辄动～　⑧喋唼～　撲抬～｜打～　辄迄～（仔）（那时）｜即～（仔）（这时）　蝶蝴～｜花～｜粉～｜蜂～　谍间～｜边～｜士～｜侦～｜奸～｜反～　叠重～｜打～（办理）｜堆～｜套～｜折～　碟飞～｜光～　牒度～｜戒～｜谱～｜通～　蹀躞～

t　⑦帖谢～｜白～｜门～｜换～｜禀～｜庚～｜换～｜回～｜束～｜揭～｜落～｜请～｜下～｜伏～｜服～｜宁～｜切～｜妥～｜熨～｜碑～｜法～｜画～｜字～｜八字～｜放白～｜伏伏～～｜服服～～　贴帮～｜添～｜挹 [iap⁷] ～（藏匿，隐蔽）｜补～｜倒～｜伏～｜服～｜剪～｜津～｜切～｜体～｜妥～｜熨～｜粘～｜张～｜招～｜妥妥～～　⑧叠涩～（堆放紧凑整洁，简单利索）

l　⑦摄会～（能干）｜贻～（不行）｜调～｜统～｜珍～｜上册 [ziuN⁶siap⁷] 贻～（旧时指年过四十体力精力日渐走下坡）　慑会～｜贻 [nih⁷] ～｜惊～｜无～｜懔 [lun³] ～｜威～｜震～　⑧廿上 [ziuN⁶] ～　捏乱～｜莫～｜莫之莫～（捏造）　粒米～｜展～｜否 [paiN³] ～（坏种）｜大（母）～｜细～｜幼～｜冇 [paN⁵] ～（不结实饱满）｜健～｜拾 [kioh⁷] ～（子实等匀称结实而饱满）｜颗～　猎出～｜涉～｜射～｜狩～｜田～｜围～｜行～｜渔～

z　⑦汁膏～｜出～｜脓～｜流～｜脑～｜奶～｜汤～｜膏～～　接转～｜比～｜接 [zih⁷] ～（接待，接洽）｜交～｜承～｜剪～｜直～｜间～｜交～｜紧～｜连～｜联～｜邻～｜密～｜跳～｜衔～｜迎～｜青黄不～｜吱吱 [zi¹] ～～｜目不暇～｜短兵相～　睫眉～｜眼～｜交～｜倒～｜目 [bbak⁸] ～｜目不见～｜目不交～｜迫在眉～｜失之眉～　⑧捷 [liap⁸] 立～（迅速）｜快～｜紧～

c　⑦妾姬～｜妻～｜小～　窃盗～｜惯～｜剽～｜失～｜偷～｜行～

s　⑦册上 [ziuN⁶] ～　泄梦～｜水～　涩粗～｜退～｜薄～｜喙～｜焦 [da¹] ～｜目～｜咸～｜生～｜剥～｜发～｜晦～｜艰～｜枯～｜苦～｜生～｜羞～｜拙～｜咸挂～（吝啬，小气）　摄挹～（藏匿，隐

藏) **躞**蹀~ ⑧**涉**跋~｜干~｜关~｜交~｜牵~｜步~｜远~｜染
~｜跨~｜利~｜历~｜徒~

　　g ⑦**夹**发~｜卷~ **侠**豪~｜轻~｜大~｜英~｜仙~｜义~
女~｜剑~｜武~｜游~ **峡**海~｜山~ **荚**蒉~ **颊**缓~｜面~｜批
~｜腮~ **劫**拍~（打劫）｜打~｜盗~｜浩~｜㸌~｜路~｜抢~｜磨
~｜剥~｜洗~｜行~｜遭~｜趁火打~

　　k ⑦**疟**（坏）拍~｜真~ **怯**卑~｜胆~｜恐~｜露~｜畏~
羞~ **箧**行~｜翻箱倒~｜倾箱倒~

　　gg ⑦**挟**手~｜箸~ **夹**衫~ ⑧**业**毕~｜产~｜创~｜大~｜
正~｜副~｜产~｜工~｜功~｜行~｜基~｜家~｜结~｜就~｜举
~｜开~｜课~｜矿~｜厝~｜肆~｜营~｜林~｜牧~｜农~｜商~
渔~｜事~｜丕~｜企~｜生~｜失~｜实~｜始~｜事~｜守~｜受
~｜真~（很劳碌受罪）｜停~｜待~｜药~｜专~｜转~｜卒~｜祖
作~｜职~｜同~｜伟~｜无~｜歇~｜休~｜修~｜学~｜勋~｜爸公
~｜祖公~｜食厝~｜重工~｜轻工~｜就就业~｜重操旧~｜安居乐
~｜各安生~｜成家立~｜不务正~｜百年大~｜未竟之~｜自由职~｜
流水作~

　　h ⑧**协**和~｜农~｜调~｜妥~｜政~ **胁**裹~｜威~｜诱~
挟裹~｜威~｜负~｜扶~｜要~

　　Ø ⑦**揞**搵［ng¹］~（藏匿）｜搵搵~~（躲闪） **黡**酒~｜笑
⑧**叶**末~｜枝~｜中~｜风鼓~｜枯枝败~｜粗枝大~｜添枝加~｜红
花绿~

18. 出日韵

【-it；-ut】

质韵

【-it】

it

［**b**］⑦笔滗必毕跸 ⑧弼　［**p**］⑦匹　［**bb**］⑧密蜜谧宓

[d] ⑦窒得 ⑧侄秩帙直值　[t] ⑦迭*~迢（玩）　[l] ⑧日暍栗慄溧傈　[z] ⑦质踬栉窒桎蛭郅即~位鲫唧脊职侄织 ⑧疾嫉蒺一*　[c] ⑦七柒叱漆拭迢*~迢（玩）　[s] ⑦式失悉蟋膝室瑟虱息熄媳穑啬 ⑧实食蚀植殖翼（翅膀）夕朝~漳汐[漳]矽[漳]席[漳]　[g] ⑦吉诘佶讫疙橘 ⑧姞　[k] ⑦乞 ⑧杢*牛~　[gg] ⑦屹圪迄*讫*　[h] ⑦迄~位 ⑧绒*~千秋　[Ø] ⑦一乙溢忆~着 ⑧佚轶逸翼

it

b ⑦**必**不~｜何~｜谅~｜势~｜未~｜务~｜想~｜手~（手皲裂）｜骸~｜嘴唇~ **毕**哀~｜甫~｜礼~｜天~｜完~ **笔**破~｜开~｜玉~｜手~｜水~｜铁~｜揾[un⁵]｜败~｜秉~｜补~｜辍~｜代~｜刀~｜动~｜伏~｜附~｜膏~（圆珠笔）｜搁~｜工~｜挥~｜金~｜绝~｜开~｜枯~｜励~｜落~｜漫~｜妙~｜命~｜木~｜起~｜亲~｜诞[daN⁶]~（笔误）｜刻~｜涂[too²]~（石笔）｜曲~｜冗~｜濡~｜润~｜煞~｜涉~｜石~｜史~｜试~｜随~｜秃~｜文~｜下~｜信~｜译~｜运~｜执~｜朱~｜主~｜住~｜拙~｜捉~｜着~｜练~｜正~｜良~｜神~｜应~｜投~｜弃~｜飞~｜纸~｜彩~｜走~｜收~｜墨水~｜银珠~｜鸭嘴~｜大手~｜倒插~（倒叙）｜捉刀代~｜生花妙~｜丹青妙~｜欣然命~｜如椽之~｜生花之~｜点睛之~｜神来之~｜倩人之~ ⑧**弼**辅~

p ⑦**匹**布~｜马~｜良~｜群~｜配~｜相~

bb ⑧**密**保~｜稠~｜繁~｜告~｜机~｜紧~｜精~｜绝~｜茂~｜秘~｜绵~｜浓~｜窃~｜亲~｜失~｜细~｜详~｜私~｜神~｜深~｜稀~｜泄~｜严~｜缜~｜致~｜周~｜仔~｜人烟稠~｜过从甚~ **谧**安~｜静~ **蜜**甜~｜蜂~｜花~｜酿~｜甘~｜酥~｜甜~~｜甜甜~~

d ⑦**得**罕~｜会~｜怀~（这也不是，那也不是）｜恁~（难得）｜獪克~（因不平而愤懑，不忍心）｜会斗~｜獪斗~｜会顾~｜獪顾~（顾不了）｜会挡~（受得了）｜獪挡~｜会丁~｜獪丁~（挡不住）｜会摸~｜獪摸~｜会磕[kap⁸]~｜獪磕~（动不得）｜会出~（舍得）｜獪出~（舍不得）｜会堪~（承受得了）｜獪堪~（承受得了）｜会做~（可以）｜獪做～｜袂离～（离不了）｜会用～｜袂用～｜袂做～（不行，不可做）｜袂免～（不可避免）｜袂怪～｜袂使～（不能）｜怀值～｜会晓～｜好（代）～（好在）｜柑仔～（西红柿）｜会值～｜袂值～ ⑧帙残～｜卷～｜逸～

直行～（下民间自制的土围棋）｜压［deh⁷］～（下民间自制的土围棋）死～｜土～｜套～｜躁～｜条～（完结）｜嘴～｜挺～｜忠～｜硬～｜直～｜横～｜笔～｜纯～｜刚～｜梗～｜耿～｜鲠～｜憨～｜简～｜僵～｜径～｜朴～｜曲～｜率～｜爽～｜一～｜正～｜质～｜悫［ggong⁶］～（憨厚刚直）｜拍拄～（抵消，扯平）｜直拄～（直截了当）｜平拄～｜头路～（干脆利落）｜开透～｜条不二～（干脆）｜头理路～（干脆）｜头路理～｜是非曲～ **侄**内～

t ⑦迌食啉～｜食跋～（吃喝玩乐）

l ⑧日今（仔）～｜明（仔）～｜后～（来日）｜后～［lit］（后天）｜另～｜昨［za⁶］～｜昨［zoh⁸］～（前天）｜别～｜顶～｜半一～｜下～｜规（图）～（整天）｜天～｜逐～｜熄～｜月～｜看～｜否［paiN³］～｜好～｜吉～｜历［la⁶］～｜间［gaiN⁵］～｜当～｜等～｜度～｜即～｜迄［hit⁷］～｜白～｜规～（整天）｜透～｜庚～｜宁～｜平～｜前～｜人～｜闰～｜出～｜无～｜来～｜生～｜过～｜隔～｜即～｜集～｜忌～｜假～｜往～｜昔～｜向～｜旭～｜旬～｜暝～｜节～｜近～｜竟～｜旧～｜克～｜来～｜累～｜丽～｜食～｜时～｜队～｜炙～｜度～｜连～｜烈～｜落～｜明～｜末～｜囊～｜异～｜不～｜翌～｜早～｜朝～｜镇～｜指～｜终～｜朔～｜素～｜他～｜暍［haNh⁷］～｜规半～｜几若［na⁶］～（好几天）｜几落～｜头尾～｜逊昨～｜逊佐～｜顶几～｜顶月～｜顶半～｜下月～｜年兜～｜成月～｜半月～｜即月～｜一半～（一两天）｜一月～｜落后～｜落昨～｜隔转～｜月吐～（一个多月）｜做七～｜纪念～｜月外～｜做生～｜暝甲～｜暝拍～（夜以继日）｜暝作［zue⁵］～｜即几～｜逐月～｜西照～｜大天白～｜浮云蔽～｜杲杲出～｜营工度～｜狂犬吠～｜蜀犬吠～｜光天化～｜无暝无～｜偷天换～｜黄道吉～｜和风丽～｜延误时～｜稽延时～｜迁延时～｜尧天舜～｜重见天～｜暗无天～｜有朝一～｜不可终～｜饱食终～｜夸父追～｜夜以继～｜拨云见～｜当头白～｜当昼白～｜

z ⑦职黜［lut⁷］～（降职）｜降～｜升～｜留～｜带～｜停～｜在～｜离～｜去～｜任～｜免～｜失～｜要～｜本～｜称～｜辞～｜调～｜供～｜旷～｜正～｜副～｜到～｜渎～｜复～｜尽～｜罢～｜革～｜兼～｜实～｜闲～｜停～｜天～｜退～｜述～｜殉～｜专～｜文～｜武

～｜公～｜身居要～｜官复原～｜以身殉～　**质**恶～｜本～｜变～｜朴～｜气～｜人～｜实～｜素～｜体～｜物～｜性～｜牙～｜音～｜优～｜杂～｜资～｜纯～｜对～｜品～｜蜕化变～｜天生丽～｜道德品～　**即**（这）立～｜织编～｜纺～｜勾～｜交～｜罗～｜组～｜游人如～　**颞**颠～｜⑧**疾**暗～｜残～｜负～｜病～｜心～｜忧～｜生～｜奋～｜阴～｜痛～｜问～｜眼～｜滞～｜罪～｜消～｜头～｜恶～｜痼～｜宿～｜迅～｜婴～｜隐～｜操劳成～｜积劳成～｜治病疗～｜纤芥之～｜癣疥之～

　　c　⑦**七**头～（民间在逝者死去后的第七天举行的祭拜习俗）｜断～二步～｜血三～｜白贼～（撒谎者）｜不八不～（什么都不像）　**拭**火～（火柴）｜乌牌～（黑板擦）｜乌板～（黑板擦）　**漆**雕～｜朱～｜红～｜情同胶～｜如胶似～

　　s　⑦**式**款～　**息**消～　**失**报～｜错～｜得～｜丢～｜挂～｜过～｜亡～｜消～｜流～｜冒～｜迷～｜缺～｜散～｜丧～｜闪～｜销～｜语～｜亏～｜自～｜报～｜疏～｜损～｜遗～｜走～｜坐～｜若有所～｜得不偿～｜千虑一～｜粗鲁冒～｜鲁莽冒～｜患得患～｜怅然若～｜茫然若～｜爽然若～｜惘然若～｜遗漏疏～｜百无一～｜万无一～｜惟恐有～　**熄**日～｜月～｜火～　**穑**粗～｜幼～｜作［zoh⁷］～　**膝**盘～｜屈～｜卑躬屈～｜奴颜婢～　**悉**得～｜洞～｜骇～｜获～｜知～｜惊～｜缕～｜审～｜收～｜熟～｜探～｜闻～｜纤～｜详～｜欣～｜如～　⑧**食**消～｜伤～｜结～｜隔～（食道癌）｜扁～｜日～｜子［kiat⁷］～（零食）｜吞～｜食［ziah⁸］～（饭食）｜吸～｜乳～｜衣～｜饮～｜侑～｜月～｜暴～｜捕～｜蚕～｜耳～｜饭～｜主～｜副～｜盱～｜寒～｜进～｜酒～｜绝～｜克～｜粮～｜零～｜流～｜觅～｜民～｜偏～｜乞～｜寝～｜全～｜日～｜膳～｜庙～｜冷～｜鲸～｜坐～｜辍～｜美～｜自～｜淡～｜禁～｜蛀～｜饱［bao³］～｜财～｜猎～｜伙～｜摄～｜素～｜甜～｜停～｜食子［kiat⁷］～｜烟火～｜节衣缩～｜解衣推～｜鲸吞蚕～｜发愤忘～｜废寝忘～｜因噎废～｜宵衣盱～｜缩衣节～｜弱肉强～｜锦衣玉～｜饥不择～｜灭此朝～｜嗟来之～｜饿虎扑～｜丰衣足～　**实**诚［sing²］～｜诚［ziaN²］～｜其～｜叠～｜密～｜严～｜充～｜瓷～｜粗～｜笃～｜敦～｜肥～｜丰～｜故～｜果～｜憨～｜核～｜厚～｜坚～｜结～｜精～｜口～｜老～｜皮～｜平～｜朴～｜切～｜求～｜确～｜如～｜失～｜塌～｜踏～｜吐～｜妥～｜委～｜史～｜事～｜务～｜现～｜详～｜翔～｜写～｜信～｜虚～｜殷～｜硬～｜匀～｜扎～｜折

～｜真～｜直～｜忠～｜壮～｜着～｜茁～｜坐～｜审～｜记～｜盈～｜实打～｜以虚带～｜贻人口～｜敦里敦～｜予人口～｜开花结～｜浑厚朴～｜木讷朴～｜华而不～｜名副其～｜名符其～｜名不符～｜言过其～｜春华秋～｜虚虚实～｜扎扎实～｜既成事～｜有名无～｜循名责～｜征实证～　**蚀**剥～｜腐～｜海～｜枯～｜亏～｜侵～｜吞～｜销～｜推排消～　**翼**鸟～｜鱼～｜飞～｜添～｜机～｜尾～｜落［lao⁵］～｜勾～｜鼻～｜黄～（鱼名）脊［ziah⁷］～（在窗户顶或屋顶用铁皮等做一个伸向屋外能遮阳挡雨的片状物）｜胡蝇～　**植**扶～｜培～｜手～｜移～｜栽～｜种～　**殖**繁～｜货～｜垦～｜生～｜学～｜养～｜增～

g　⑦**吉**大～　**橘**柑～

k　⑦**乞**求～｜讨～｜行～　**讫**收～　⑧**杢**（桩）牛～｜马～｜柴～｜拍～

gg　⑦**屹**昂～｜惇～　**讫**收～

h　⑦**迄**（那）即～（这那）　⑧**绒**（甩，摇荡）大～

Ø　⑦**一**初～｜第～｜十［zap⁸］～｜万～｜千～｜廿［liap⁸］～｜卌［siap⁷］～｜不～｜划～｜平～｜纯～｜单～｜归～｜惟～｜逐～｜专～｜十［sip⁸］～（国庆）｜五～（劳动节）｜同～｜统～｜一粒～｜单打～｜馺接～｜不接～｜杂说不～｜大年初～｜九九归～｜整齐划～｜背城借～｜心口如～｜表里如～｜始终如～｜以防万～　**乙**勾～｜涂～　⑧**佚**散～｜残～｜辑～｜亡～｜疏～｜遗～｜逃～｜阙～　**逸**劳～｜安～｜闲～｜逃～｜奔～｜飘～｜超～｜一劳永～｜骄奢淫～　**翼**左～｜右～｜两～｜添～｜如虎添～｜为虎傅～

骨韵
【-ut】

ut

［**b**］⑦**不抔**＊～沙　⑧**勃脖渤佛**　［**p**］⑦**刜**＊　［**bb**］⑧**勿扬物没殁扬**＊　［**d**］⑦**绌咄**　⑧**突葵挵咄**　［**t**］⑦**凸绌黜秃**　⑧**突凸脱**　［**l**］⑦**黜**　⑧**律捋讷率**效～　［**z**］⑦**卒**　⑧**术**白～秫～米沭

［c］⑦出卒猝　　［s］⑦恤抚~率~领蟀屑锯~戌　⑧术算~述沐秫

［g］⑦骨　⑧掘倔崛滑猾　　［k］⑦窟屈　⑧屈裍*大~（大衣）

［gg］⑧兀杌讫*迄*　　［h］⑦忽惚唿囫弗佛绋茀拂绂祓芾揔*

⑧核劾佛　　［Ø］⑦尉（姓）熨~斗郁　⑧聿鹬

ut

b　⑦**不**从~｜毫~｜好~｜何~｜决~｜绝~｜莫~｜无~｜要
~｜再~｜暂~｜无［bbu²］所~（什么都有或都要）　**抔**总~　⑧**佛**拜
~｜信~｜祀［cai⁶］~｜尪~（佛像）｜框~｜玉~｜泥~｜乞~｜供
［ging⁵］~｜仙~｜念~｜神~｜古~｜大~｜石~｜篮仔~（番石榴）｜
（阿）肥勒~　**勃**蓬~｜郁~｜兴~~｜冲［cing⁵］~~｜生机~~｜蓬
蓬~~｜生气~~｜英气~~｜朝气~~｜野心~~｜兴致~~｜英姿~
~｜牛溲马~｜朝气蓬~

p　⑦**刜**乱~（乱砍杀或劈开）｜开使［kai1sai³］~（挥霍）

bb　⑦**勿**　⑧**扬**（狠劲击打）乱~　**物**四［su⁵］~（滋补的四味中
药）｜宝~｜博~｜财~｜产~｜长~｜地~｜动~｜毒~｜读~｜废
~｜风~｜格~｜公~｜古~｜谷~｜怪~｜鬼~｜货~｜景~｜静~｜
旧~｜刊~｜礼~｜猎~｜名~｜器~｜人~｜神~｜生~｜失~｜什
~｜实~｜食~｜事~｜饰~｜书~｜俗~｜土~｜玩~｜万~｜文~｜
无~｜信~｜妖~｜药~｜衣~｜遗~｜异~｜尤~｜赃~｜造~｜证
~｜植~｜赘~｜浊~｜作~｜杯中~｜囊中~｜冷血动~｜恃才傲~｜
别无长~｜身无长~｜待人接~｜一无长~｜庞然大~｜探囊取~｜风流
人~｜头面人~｜铁腕人~｜暴殄天~｜烛照万~｜空洞无~｜言之无
~｜身外之~｜风云人~｜叙景状~　**没**病~｜抄~｜沉~｜出~｜覆
~｜汩~｜埋~｜泯~｜辱~｜吞~｜陷~｜淹~｜湮~｜隐~｜陨~｜
赍志而~｜全军覆~｜神出鬼~　**殁**病~

d　⑧**突**冲~｜奔~｜唐~｜驰~｜狼奔豕~　**咄**叱~｜昔~｜
震~

t　⑦**凸**凹~｜肥~~　**秃**短~｜光~｜短~~｜光~~　**绌**支
~｜相形见~｜心余力~｜左支右~　**黜**罢~｜贬~｜屏~｜废~　⑧
脱踏~（踩空）

l　⑦**黜**踏~　⑧**讷**口~｜木~　**捋**手~　**律**定~｜法~｜格~｜

规～｜纪～｜自～｜节～｜戒～｜禁～｜门～｜排～｜七～｜声～｜诗～｜五～｜心～｜刑～｜旋～｜一～｜音～｜乐～｜韵～｜珠～（雪茄烟）｜主旋～｜清规戒～｜千篇一～｜金科玉～｜哩哩～～　**率**比～｜功～｜利～｜频～｜速～｜效～｜增长～｜死亡～

z　⑦**卒**～仔｜郁［ut⁷］～｜暴～｜兵～｜病～｜隶～｜士～｜小～｜狱～｜走～｜马前～｜过河～｜身先士～｜无名小～　⑧**秫**落～　**沭**乱～｜短～～

c　⑦**出**戏～｜痟～（多指精神病人家里的东西拿出去送给别人的行为）｜倍～｜辈～｜层～｜超～｜重～｜嫡～｜叠～｜发～｜付～｜大～｜小～｜细～｜革～｜公～｜杰～｜进～｜娩～｜旁～｜喷～｜歧～｜输～｜庶～｜特～｜凸～｜突～｜退～｜脱～｜析～｜演～｜涌～｜展～｜支～｜短～｜看出～｜漏洞百～｜矛盾百～｜丑态百～｜错误百～｜破绽百～｜悖入悖～｜人才辈～｜英雄辈～｜层见叠～｜倾巢而～｜冲口而～｜脱口而～｜破门而～｜挺身而～｜脱颖而～｜入不敷～｜深居简～｜深入浅～｜水落石～｜和盘托～｜量入为～｜昼伏夜～｜喷薄欲～｜呼之欲～　**猝**匆～

s　⑦**恤**不～｜抚～｜怜～｜体～｜周～　**率**表～｜草～｜粗～｜大～｜督～｜荒～｜轻～｜坦～｜统～｜相～｜直～　**屑**锯～｜铁～｜柴～｜米～｜碎～｜饼～　**蟀**蟋～　**蟋**～　**戍**卫～　⑧**术**道～｜法～｜国～｜幻～｜技～｜马～｜美～｜魔～｜骗～｜权～｜拳～｜儒～｜手～｜算～｜武～｜心～｜学～｜妖～｜医～｜艺～｜战～｜智～｜要～｜仙～｜巫～｜邪～｜剑～｜旁～｜教～｜谋～｜政～｜方～｜兵～｜机～｜经～｜宦～｜王～｜主～｜星～｜天～｜棋～｜相［siong⁵］～｜政～｜枕中～｜占星～｜高枝～｜光律～｜点金～｜不学无～｜工艺美～｜回天乏～｜民间艺～｜造型艺～｜人海战～　**述**阐～｜陈～｜称～｜传～｜复～｜记～｜讲～｜口～｜缕～｜论～｜描～｜上～｜绍～｜申～｜诉～｜详～｜行～｜叙～｜译～｜引～｜著～｜转～｜撰～｜追～｜赘～｜自～｜综～｜细祖～

g　⑦**骨**排～｜龙～｜肉～｜幼～｜麻～｜大～｜地～｜枝～｜脚～｜强［giuN⁶］～｜粒～｜转～｜字～｜践～｜贱～｜否～｜簙～｜软～｜激～｜落～｜入～｜通～｜傲～｜彻～｜刺～｜反～｜风～｜骸～｜筋～｜刻～｜露～｜媚～｜入～｜尸～｜痟［san³］～｜接～｜手～｜（偷）食～｜头壳～｜（透）龙～｜大枝～｜幼枝～｜小腿～｜天寿～｜

贫惰～│乞食～│腰脊～│后脑～│颔管～│颔仔～│臋边～│脚筒～│
签仔～│饭匙～│好枝～│龙楞～│臭贱～│丑仔～│否囝～│破枝～│
髋［piaN¹］枝～│骱边～│胸坎～│皮包～│胛脊～│脊梁～│主心
～│掌头仔～│骹头趺～│粗枝大～│寒风砭～│寒风刺～│脱胎换～│
贼皮贼～│泽及枯～│铭肌镂～│铭心镂～│奴颜媚～│恨之入～│粉身
碎～│铮铮铁～│脚掌头仔～ ⑧滑路～│金～│手～│甘～│软～│润
～│速～│光～│金～～ **猾**狡～ **掘**采～│发～│开～│罗～│挖～
崛奇～

k ⑦**屈**鬱～│冤～│枉～│拗～│强～│抱～│负～│不～│叫
～│受～│委～│宁死不～│至死不～│威武不～│坚贞不～│忠贞不
～│含冤负～│鸣冤叫～│指不胜～│忍辱受～ **窟**潭～│水～│泉
～│山～│塌～│墓～│死～│涂～│酒～│匪～│魔～│石～│贫民
～│肩头～│狡兔三～ ⑧**屈**孤～ **裋**大～（大衣）

gg ⑧**兀**傲～│桌～│突～ **杌**椅～

h ⑦**忽**超～│怠～│恍～│飘～│倏～│疏～│玩～│奄～│悠
～ 惚恍～│神思恍～│迢遥恍～ **绋**执～ **搇**相～│大力～ **嗯**喝
～（呐喊，大声喊叫） **佛**仿～ **拂**吹～│～～│披～│飘～│照～ ⑧
核卵～（睾丸）│蛙～ **劾**弹～ **佛**奉～│念～│拜～│供［ging⁵］
～│信～│祀［cai⁶］～│大～│石～│烧香拜～│食斋念～│阿弥陀
～│借花献～

Ø ⑦**熨**火～ **鬱**拗～│弯～

讫韵［泉］

【-ət】［泉］

tə

［**gg**］⑦迄*屹*讫*仡* ⑧兀杌 ［**h**］⑧核劾纥*

19. 发达韵

【-at；-iat；-uat】

察韵

【-at】

at

[**b**] ⑦八捌别（认识，懂得）~人识* ⑧别（其他）~人　[**bb**] ⑦别识*

八*（曾经）　⑧密　[**d**] ⑦姐笪靼 ⑧达值笛笪*谷~　[**t**] ⑦挞

囡獭踢窒草~塞*　[**l**] ⑧捺刺喇辣瘌力栗~子　[**z**] ⑦扎札轧

紮节 ⑧铡实~鼻　[**c**] ⑦察擦镲礤漆 ⑧贼　[**s**] ⑦杀刹铩煞

萨撒虱木~枂~茏（一种梳子）　[**g**] ⑦割葛结　[**k**] ⑦渴克~根

[**h**] ⑦喝瞎 ⑧辖黠曷褐核牵~乏真~　[**Ø**] ⑦遏阏轧

at

b ⑦八丘~｜王~｜三~（傻而悖理；不正经）｜也~（也曾）｜怀

~（不曾）　**别**（认识，懂）相 [sio¹] ~（相识）｜怀~（不认识，不懂）｜

真~｜会~｜怀~假~（不懂装懂；装模作样）

bb ⑧**密**殓~｜真~｜揾 [ng¹] ~｜有~｜会~｜囡~｜遮~

d ⑦**靼**鞑~　⑧**达**拍~（划算）｜雕~（整齐清楚）｜跳~（聪明

活泼）｜款~（应得而无愧）｜乏 [hat⁸] ~（缺少）｜表~｜畅~｜传~｜

聪~｜到~｜抵~｜洞~｜发~｜放~｜哈~｜厚~｜豁~｜阔~｜练

~｜溜~｜明~｜上~｜送~｜腾~｜通~｜下~｜先~｜贤~｜显~｜

直~｜奉~｜专~｜马~｜疏~｜申~｜跳~｜转~｜阿里不~（不三不

四；黏涎）｜四通八~｜欲速不~｜溜溜~~｜兴旺发~｜人情练~｜下

情上~｜飞黄腾~｜人情通~｜社会贤~　**值**价~｜怀~｜有~｜无

~｜保~｜殓~（得）｜会~（得）　**笪**谷~（农具）　**笛**嗌 [bun²] ~

跶蹦~｜溜~｜跳~（活泼；调皮）

t ⑦**挞**鞭～　**闼**排～　**窒**（塞）草～（软木塞子）｜笔～｜屁［pui⁵］～（小不点）｜堵～｜阻～｜活～｜积～｜着～（卡壳；受挫）｜瓶仔～｜矸（仔）～（瓶塞）　**踢**脚～｜出力～

l ⑧**力**土～｜气［kui⁵］～｜比～（角力）｜够～（吃力，够呛）｜激～（憋劲儿）｜臭～（自然有的力气）｜韧～｜搐～（言行有劲，有力量）｜够～｜煞［suah⁷］～（尽兴而满足）｜激～｜惜～｜闭～（控制力气）｜鲁～（费劲又苦累）｜下［he⁶］～（下力气，卖劲）｜了［liao³］～（花力气，徒劳）｜赞～（助力）｜赠［zan⁶］～（出力帮助）｜续［sua⁵］～｜拼～｜接［zih⁷］～（承载重量）｜节～｜落～｜着［dioh⁸］～（吃力，费劲）｜出～｜兵～｜食～（吃力；糟糕）｜阻～｜费～｜骨～（用功，勤奋）｜骹～｜手～｜有～｜无～｜卖～｜活～｜火～｜气［kui⁵］～｜体～｜听～｜省～｜实～｜视～｜势～｜死～｜外～｜威～｜大～｜细～｜压～｜药～｜用～｜粗～｜尾～｜手尾～｜芝居～（巧克力）　**栗**里～（淋巴结核病）
刺乖～｜泼～　**擦**按～

z ⑦**扎**包～｜捆　**札**笔～｜大～｜简～｜手～｜书～｜批～（书简）｜信～　**扎**屯～｜稳～｜驻～｜挣～｜死命挣～｜垂死挣～　**节**筋～｜半～（半截）｜细～（末节）｜章～｜站～（段落；分寸）｜根～（做事周至）｜勒［lik⁷］～（不顺）｜居［diam⁶］～（做事扎实稳重）｜搏～｜断［dng⁶］～（中断）｜布～（仔）（布头）｜猪骹～｜雨伞～｜品仔～｜手下～（前臂）　⑧**实**饱～｜敆～｜真～｜会～｜居～（踏实，谨慎）｜有［ding⁶］～（硬实）　**贼**墨～（乌贼）

c ⑦**漆**乌～｜白～｜红～｜食［ziah⁸］～｜落［lak⁷］～｜鼓［ga⁶］～｜忌［ki⁶］～　**擦**火～（火柴）｜乌牌～（黑板擦）｜摩～｜磨～　**嚓**咔～｜喀～｜啪～　**察**洞～｜督～｜观～｜监～｜检～｜警～｜纠～｜觉～｜勘～｜考～｜苛～｜窥～｜谅～｜明～｜审～｜视～｜失～｜探～｜体～｜省～｜调～｜侦～｜诊～｜端倪可～｜习焉不～　⑧**贼**鼠～｜海～｜强～｜白～（谎话）｜盗～｜飞～｜叛～｜戕～｜窃～｜工～｜惯～｜国～｜家～｜马～｜蟊～｜民～｜卖国～｜乌面～｜独夫民～｜贼喝掠～

s ⑦**杀**涂～｜诮［sao¹］～（凶横的斥责、责骂）｜暗～｜残～｜误～｜凶～｜掩～｜弈～｜诱～｜宰～｜折～｜诛～｜自～｜他～｜惨～｜仇～｜刺～｜扼～｜故～｜减～｜绞～｜坑～｜抹～｜谋～｜虐～｜捧～｜枪～｜厮～｜肃～｜屠～｜血腥屠～｜缴枪不～｜畏罪自～｜自相残

～｜一笔抹～｜不教而～｜秋气肃～　**煞**凶～｜凶神恶～　**刹**巴～（外来语，市场）｜古～　**虱**狗～｜木～（臭虫）　**栉**沐～｜犀～｜比～　**撒**弥～｜泼～｜扬～　**萨**菩～

g　⑦**葛**洞～（外来语，拐杖）｜瓜～｜纠～　**结**纠～｜厚［gao⁶］～｜眉［bbai²］～｜心～｜布～｜衫～｜死～｜活～｜拍～（打结子）｜敨［tao³］～（解开结子）　**墼**涂～（未烧的土坯）

k　⑦**克**勘～（得）｜会～（得）　**渴**饥～｜焦～｜解～｜如饥如～｜求贤若～｜思贤若～｜如饥似～｜望梅止～｜饮鸩止～

h　⑦**喝**叱～｜呵～｜吆～｜当头棒～　**豁**开～｜显～｜醒～　⑧乏真～｜勘～｜限～（限制）　**辖**管～｜统～｜直～　**核**率～（淋巴发炎肿大）　**褐**短～　**黠**诡～｜慧～｜狡～

Ø　⑦**轧**倾～　**遏**沮～｜阻～｜拗［ao³］～（扭弯而折）｜怒不可～

列韵
【-iat】

iat

［b］⑦别辨~鳖憋瘪　⑧别离~瘪　　［p］⑦撇瞥　⑧擎　　［bb］⑧灭蔑篾　　［d］⑦哲蜇　⑧迭瓞耋跌辙垤撇秩帙　　［t］⑦铁彻撤澈餮　　［l］⑧列烈洌冽裂趔热捏涅陧　　［z］⑦节疖折打~餮　⑧截誓捷*　　［c］⑦切窃沏掣　　［s］⑦设泄绁亵楔薛屑　⑧舌折　　［g］⑦结拮桔洁孑揭讦吉橘*　⑧揭锲杰桀竭碣　　［k］⑦揭孑挈诘　⑧揭竭碣　　［gg］⑦啮　⑧陧孽蘖臬啮　　［h］⑦血蝎歇缬　⑧颉撷絜穴页　　［Ø］⑦谒咽呜~　⑧悦阅曳

iat

b　⑦**别**识～｜判～｜分～　**鳖**瓮中之～｜瓮中捉～　⑧**别**辨～｜差～｜辞～｜道～｜分～｜告～｜个～｜各～｜话～｜级～｜饯～｜鉴～｜诀～｜暌～｜阔～｜类～｜离～｜临～｜留～｜派～｜判～｜区～｜

识～｜死～｜送～｜特～｜吻～｜握～｜惜～｜细～｜性～｜叙～｜永～｜有～｜赠～｜甄～｜职～｜种～｜作～｜挥泪而～｜洒泪而～｜生离死～｜千差万～｜男女有～｜判然有～｜内外有～｜天地之～｜云泥之～｜天壤之～｜霄壤之～｜渊壤之～｜天壤之～　瘪干～｜平～

p　⑦瞥一～　**撇**飘～（帅，靓丽）｜一～｜倒～（左撇）｜正～（右撇）｜无半～（没本事）　⑧擎（手打）

bb　灭覆～｜幻～｜毁～｜灰～｜寂～｜歼～｜兼～｜剿～｜溃～｜泯～｜磨～｜没～｜破～｜扑～｜扫～｜渐～｜死～｜吞～｜熄～｜消～｜湮～｜陨～｜殒～｜天诛地～｜全军覆～｜不可磨～｜自生自～

d　⑦哲先～｜贤～　⑧跌暴～｜大～｜猛～｜扑～｜下～｜泄～｜涨～　**迭**不～｜更～｜忙不～｜后悔不～｜叫苦不～｜称赞不～　**垤**丘～｜蚁～　**耋**耄～　**辙**覆～｜改～｜轨～｜合～｜涸～｜离～｜没～｜跑～｜十三～｜如出一～｜改弦易～｜南辕北～｜重蹈覆～｜一改故～

t　⑦撤裁～｜后～　**彻**澄～｜洞～｜贯～｜通～｜透～　**澈**澄～｜明～｜清～　**餮**饕[to¹]～

l　⑧热寒[han²]～｜寒[guaN²]～（打摆子）｜湿～｜燥～｜白～｜炽～｜闹～｜发～｜烦～｜沸～｜滚～｜烧～（天气热；因妒忌而心里难受）｜火～｜受～｜隔～｜加～｜酷～｜狂～｜闷～｜亲～｜伤～｜暑～｜退～｜炎～｜眼～｜郁～｜燠～｜燥～｜灼～｜寒～｜斗闹[dao⁵lao⁶]～｜肠仔～｜着烧～｜说亲道～｜酒酣耳～｜忽冷忽～｜水深火～｜炙手可～｜乍冷乍～　**列**并～｜陈～｜出～｜行～｜横～｜开～｜胪～｜论～｜罗～｜排～｜平～｜前～｜入～｜上～｜条～｜系～｜下～｜序～｜一系～　**洌**冷～｜凛～｜清～｜北风凛～｜寒风凛～｜朔风凛～　**冽**甘～｜酒～｜香～　**烈**暴～｜惨～｜炽～｜刚～｜功～｜悍～｜激～｜节～｜剧～｜酷～｜猛～｜强～｜热～｜威～｜先～｜英～｜郁～｜贞～｜忠～｜壮～｜灼～　**裂**暴～｜崩～｜迸～｜车～｜坼～｜分～｜干～｜割～｜决～｜绝～｜龟～｜鞋～｜开～｜灭～｜劈～｜破～｜压～｜绽～｜山崩地～｜天崩地～｜心胆俱～｜鲁莽灭～｜身败名～｜四分五～

z　⑦折有～（上算）｜无～｜波～｜摧～｜挫～｜对～｜磨～｜拍～｜攀～｜曲～｜心～｜天～｜周～｜转～｜奏～｜对半～｜往返曲～｜迂回曲～｜隐晦曲～｜曼延曲～｜蜿蜒曲～｜猿扳蛇～｜一波三～　**节**

八～｜拜～｜变～｜春～｜冬～｜符～｜关～｜过～｜环～｜击～｜季～｜佳～｜礼～｜亮～｜名～｜末～｜年～｜品～｜气～｜情～｜屈～｜三～｜删～｜失～｜时～｜使～｜守～｜调～｜脱～｜晚～｜细～｜小～｜殉～｜章～｜贞～｜枝～｜圣诞～｜团圆～｜四时八～｜盘根错～｜枝枝～～｜高风亮～｜细枝末～｜卑躬屈～｜繁文缛～｜不拘小～｜横生枝～　**誓**油～｜臭～　⑧**捷**报～｜便～｜大～｜告～｜简～｜矫～｜快～｜敏～｜轻～｜庆～｜迅～｜祝～｜奏～｜才思敏～｜文思敏～

c ⑦**切**密～｜悲～｜关～｜急～｜精～｜恳～｜迫～｜弥～｜操～｜恰～｜情～｜确～｜深～｜热～｜贴～｜痛～｜心～｜殷～｜真～｜切～｜凯～｜一～　**掣**牵～｜风驰电～

s ⑦**泄**发～｜排～｜倾～｜宣～　**屑**不～｜琐～　**亵**淫～｜抠 [kao¹]～（讽刺挖苦）｜猥～　**设**排～｜安～｜摆～｜陈～｜创～｜分～｜敷～｜附～｜假～｜架～｜建～｜开～｜铺～｜虚～｜天造地～　⑧**舌**饶～｜口～｜调～｜嚼～｜鼓～｜喉～｜咋～｜张口结～｜瞠目结～｜鼓唇弄～｜鹦鹉学～｜调嘴学～｜令人咋～｜惊讶咋～｜如簧之～｜笨口拙～

g ⑦**结**秘～（便秘）｜纠～｜交～｜束～（简洁；小巧玲珑）｜巴～｜保～｜缔～｜冻～｜干～｜甘～｜勾～｜归～｜集～｜交～｜胶～｜纠～｜具～｜联～｜了～｜黏～｜凝～｜扭～｜盘～｜死～｜团～｜完～｜小～｜郁～｜症～｜终～｜总～｜组～｜逢迎巴～｜愁肠百～｜鹑衣百～｜兵连祸～｜精诚团～　**吉**大～｜择～｜诹～｜关门大～｜完事大～｜万事大～｜开张大～｜逢凶化～　**橘**柑～｜红～｜甜～｜蜜～　**揭**昭然若～　**讦**攻～　**洁**纯～｜高～｜光～｜简～｜皎～｜廉～｜清～｜圣～｜贞～｜整～｜操守廉～｜公正廉～｜冰清玉～　⑧**杰**古～（小巧玲珑而可爱）｜豪～｜俊～｜灵～｜人～｜英～｜英雄豪～　**桀**古～（癖性乖戾）　**揭**按～｜提～｜树～｜标～｜发～　**竭**耗～｜涸～｜枯～｜匮～｜疲～｜穷～｜衰～｜精疲力～｜筋疲力～｜声嘶力～｜再衰三～｜心力衰～　**碣**碑～｜墓～｜残碑断～

k ⑦**揭**火～（火柴）｜褯 [li⁵]～（俏皮不正经）｜火刀～（火石，打火机）　**子　诘**驳～｜反～｜究～｜盘～　**挈**带～｜提～　⑧**揭**死～（死对头）｜死对～（争斗不相让）　**竭**麪～｜乌焦～｜干～　**碣**坎～｜焦 [da¹]～（干硬）

gg ⑦啮（牙啃） 嘴齿～ ⑧陧杌～ 臬圭～｜兀～ 孽妖～｜余～｜冤～｜造～｜罪～｜作～｜死～｜真～｜憨～｜死～｜残渣余～

h ⑦蝎蛇～ 缬花～ 血喋～｜碧～｜热～｜沥～｜呕～｜心～｜歃～｜贫～｜泣～｜淤～｜止～｜浴～｜茹毛饮～｜满腔热～｜呕心沥～ ⑧穴巢～｜洞～｜匪～｜虎～｜结～｜空～｜孔～｜圹～｜墓～｜寿～｜龙潭虎～ 撷采～｜广～

Ø ⑦咽哀～｜悲～｜哽～｜凄～｜呜～｜幽～ 谒拜～｜参～｜干～｜进～｜晋～ ⑧阅参～｜订～｜索～｜查～｜赠～｜圈～｜审～｜校～｜检～｜翻～｜传～｜批～｜评～｜大 [dai^6] ～（神气，骄傲） 曳拖～｜摇～ 悦和～｜欢～｜取～｜喜～｜欣～｜怡～｜愉～

决韵
【-uat】

uat

[b] ⑦钵拨 ⑧拔钹魓跋 [p] ⑦泼撇 [bb] ⑧末抹袜茉沫秼 [d] ⑦缀掇啜辍裰 ⑧夺 [t] ⑦脱 [l] ⑦捋 ⑧劣 [z] ⑦苗拙撮 ⑧绝 [c] ⑦啜 [s] ⑦说雪刷 ⑧踅 [g] ⑦决诀抉块觖谲了厥獗撅橛蹶刮鸹栝聒括 [k] ⑦缺炔厥獗阕阙阔 [gg] ⑧月玥刖 [h] ⑦发法珐砝豁 ⑧伐筏阀罚活滑猾乏 [Ø] ⑦斡啰挖 ⑧粤悦阅越曰

uat

b 拨根～｜调～｜划～｜撩～｜盘～｜增～｜支～ 钵研～｜乳～｜杖～｜衣～ ⑧钹铙～ 魓旱～｜混～ 拔超～｜简～｜开～｜峭～｜识～｜提～｜挺～｜选～｜甄～｜振～｜自～｜一毛不～｜坚忍不～｜破格提～｜苍劲挺～｜道劲挺～｜不自振～｜不克自～｜不能自～ 跋题～｜拓～｜寞～｜画～｜序～

p ⑦撇倒～｜～～

bb ⑧**末**本～｜春～｜颠～｜冬～｜粉～｜毫～｜季～｜切～｜秋～｜始～｜岁～｜微～｜夏～｜月～｜年～｜周～｜世纪～｜详述本～｜舍本求～｜强弩之～｜舍本逐～　**沫**泡～｜濡～｜吐～｜唾～｜相濡以～　**秣**粮～

d ⑦**缀**补～｜点～｜连～｜拼～　**辍**中～｜日夜不～｜时作时～　**掇**揎～｜掂～｜拾～　**裰**补～｜直～　⑧**夺**剥～｜裁～｜褫～｜篡～｜定～｜讹～｜豪～｜劫～｜凌～｜掠～｜剽～｜抢～｜巧～｜侵～｜攘～｜席～｜袭～｜争～｜巧取豪～｜生杀予～

t ⑦**脱**摆～｜超～｜出～｜讹～｜活～｜解～｜开～｜清～｜洒～｜熟～｜甩～｜逃～｜挺～｜通～｜兔～｜推～｜卸～｜颖～｜挣～｜活～～

l ⑦**捋**采～｜磨～　⑧**劣**卑～｜粗～｜低～｜恶～｜猥～｜芜～｜优～｜孏～｜拙～｜方头不～｜卑鄙恶～

z ⑦**拙**笨～｜藏～｜工～｜古～｜朴～｜奇～｜浅～｜手～｜雅～｜眼～｜迂～｜愚～｜藏巧于～｜将勤补～｜弄巧成～｜心劳日～　**撮**取～　⑧**绝**超～｜垂～｜杜～｜断～｜告～｜隔～｜根～｜回～｜叫～｜禁～｜拒～｜决～｜灭～｜七～｜奇～｜气～｜弃～｜无～｜谢～｜艳～｜卓～｜自～｜阻～｜风清弊～｜继起不～｜叹赏不～｜累世不～｜滔滔不～｜络绎不～｜源源不～｜拍案叫～｜严词拒～｜婉言拒～｜万念俱～｜弹尽粮～｜死净灭～｜赶尽杀～｜深恶痛～｜艰苦卓～

c ⑦**啜**饮～｜抽～｜啖～｜口～｜强～

s ⑦**雪**初～｜大～｜滑～｜积～｜瑞～｜申～｜伸～｜洗～｜小～｜昭～｜暴风～｜阳春白～｜鹅毛大～｜披霜蹈～｜如汤沃～　**说**按～｜悖～｜剿～｜陈～｜称～｜成～｜分～｜瞽～｜关～｜海～｜好～｜胡～｜话～｜假～｜解～｜界～｜据～｜乱～｜论～｜漫～｜明～｜传～｜难～｜评～｜浅～｜劝～｜却～｜申～｜实～｜数～｜述～｜诉～｜虽～｜听～｜图～｜妄～｜诿～｜瞎～｜小～｜叙～｜学～｜演～｜臆～｜邪～｜众～｜杂～｜再～｜诀～（做圈套骗取）｜拘泥成～｜好说歹～｜长话短～｜不容分～｜不由分～｜有话明～｜自圆其～｜道听途～｜长篇小～｜短篇小～｜中篇小～｜著书立～｜异端邪～

g ⑦**抉**刮～｜掌～｜探～　**决**表～｜裁～｜冲～｜处～｜否～｜公～｜果～｜坚～｜绞～｜解～｜溃～｜判～｜票～｜铳～｜取～｜速～｜未～｜先～｜议～｜勇～｜斩～｜自～｜迟迟不～｜依违不～｜迟疑

不～｜犹豫不～｜亟待解～｜速战速～｜悬而未～　**诀**歌～｜口～｜秘
～｜妙～｜永～｜死～｜得［dit⁷］～（得法；得意）｜谴咮～（绕口令）｜
执死～（固执己见，顽梗）　**刮**搜～　**鸹**老～　**聒**絮～　**谲**怪～｜诡～
蹶竭～｜艰难竭～　**括**包～｜赅～｜概～｜涵～｜浑～｜简～｜囊
～｜搜～｜综～｜总～

　　k　⑦**缺**补～｜残～｜出～｜短～｜肥～｜遗～｜余～｜开～｜空
～｜欠～｜缺［kih⁷］～（不足，缺乏）｜无～｜完好无～｜完美无～｜填
空补～｜刊谬补～｜抱残守～　**阙**城～｜宫～｜上～｜魏～｜下～｜乐
～｜终～｜拾遗补～　**厥**昏～｜惊～｜痰～｜晕～　**阔**摆～｜博～｜广
～｜浩～｜开～｜空～｜宽～｜辽～｜疏～｜遥～｜迁～｜壮～｜胸襟开
～｜心胸开～｜波澜壮～

　　g　⑧**月**残～｜岁～｜皓～｜玩～｜旺～｜望～｜朔～｜淡～｜冬
～｜风～｜弥～｜腊～｜蜜～｜明～｜品～｜平～｜御～｜斋～｜朔望
～｜吴牛喘～｜披星戴～｜早春二～｜众星拱～｜光风霁～｜寒冬腊～｜
十冬腊～｜海底捞～｜水中捞～｜长年累～｜成年累～｜经年累～｜穷年
累～｜五黄六～｜猴年马～｜清风明～｜朗朗明～｜吟风弄～｜荒时暴
～｜光照日～｜阳春三～｜镜花水～｜消磨岁～｜峥嵘岁～｜蹉跎岁～｜
优游岁～｜烘云托～｜风花雪～｜累日逾～

　　h　⑦**法**讲～｜着～｜办～｜笔～｜变～｜兵～｜不～｜有～｜守
～｜违～｜抗～｜合～｜长～｜大～｜得～｜斗～｜犯～｜方～｜非～｜
佛～｜伏～｜公～｜国～｜合～｜护～｜技～｜家～｜军～｜看～｜礼
～｜立～｜历～｜民～｜枪～｜取～｜设～｜师～｜手～｜书～｜说～｜
司～｜私～｜土～｜王～｜枉～｜违～｜普～｜文～｜西～｜戏～｜宪
～｜想～｜效～｜写～｜刑～｜语～｜约～｜章～｜正～｜政～｜执～｜
宗～｜作～｜做～｜无～（度）｜无伊～｜无你～｜激将～｜变戏～｜优
选～｜掩眼～｜障眼～｜遮眼～｜辩证～｜检字～｜正字～｜横行不～｜
知～犯～｜以身试～｜两面手～｜奉公守～｜现身说～｜徇情枉～｜贪赃
枉～｜绳之以～｜秉公执～　**发**冀～｜毛～｜毫～｜华～｜理～｜落
～｜鬈～｜烫～｜须～｜蓄～｜削～｜结～｜癀～｜颁～｜收～｜爆～｜
暴～｜迸～｜并～｜播～｜勃～｜阐～｜出～｜触～｜打～｜分～｜奋
～｜风～｜复～｜告～｜焕～｜击～｜激～｜揭～｜进～｜举～｜抉～｜
开～｜刊～｜萌～｜偶～｜拍～｜喷～｜批～｜启～｜签～｜散～｜缮
～｜生～｜抒～｜摅～｜一～｜益～｜印～｜诱～｜越～｜照～｜征～｜
自～｜童颜鹤～｜间不容～｜披头散～｜千钧一～｜春意勃～｜引而不

～｜一言不～｜整装待～｜嚼齿戴～｜踔厉风～｜意气风～｜容光焕～｜精神焕～｜英姿焕～｜一触即～｜触机即～｜雄姿俊～｜弹不虚～ ⑧**罚** 惩～｜处～｜赏～｜受～｜体～｜刑～｜重～｜轻～｜责～｜信赏必～｜有赏有 **活**生～｜成～｜私生～｜性生～｜半死不～｜寻死觅～ **乏** 不～｜承～｜道～｜解～｜倦～｜绝～｜空～｜匮～｜困～｜劳～｜累～｜疲～｜贫～｜穷～｜缺～｜歇～｜人困马～ **伐**笔～｜步～｜采～｜砍～｜杀～｜挞～｜讨～｜口～｜党～｜诛～｜侵～｜斩～｜征～｜作～｜口诛笔～｜不矜不～｜大张挞～ **阀**财～｜党～｜军～｜门～｜学～

Ø ⑦**斡**移～｜弯～｜转～｜九弯十八～ ⑧**曰**语～｜子～ **越**超～｜翻～｜飞～｜激～｜僭～｜跨～｜浸～｜清～｜腾～｜优～｜逾～｜南～｜古～｜陨～｜卓～｜心驰神～｜不可逾～ **阅**也读 [iat⁸] 参～｜查～｜传～｜订～｜定～｜阅～｜翻～｜检～｜校～｜批～｜披～｜评～｜圈～｜赏～｜审～｜索～｜赠～｜展～ **悦**（也读 [iat⁸]）欢～｜喜～｜取～｜和～｜欣～｜怡～｜愉～ **粤**闽～｜南～｜东～

20. 北角韵

【-ak；-iak】

角韵

【-ak】

ak

[b] ⑦剥驳北幅福长～里（地名）腹～肚 ⑧雹缚捆～卜萝～ [p] ⑦仆（伏）覆（趴）⑧曝 [bb] ⑦翟～着油 ⑧木目墨 [d] ⑦琢啄触*牛相～浊 ⑧逐～日独孤～碡浊～物濯 [t] ⑦踔剔～齿斥体～（斥责）挞～算盘 ⑧读 [l] ⑦落～树叶录～钻辘轳～ ⑧六陆搦～沙荦碌～礴落 [z] ⑦龊～耳 [c] ⑦戳 ⑧凿帚 [s] ⑦㨂*～倒 [g] ⑦角桷觉谷五～曲神～（药名）菊～花 ⑧桷 [k] ⑦壳榷确曲大～（酒）[gg] ⑧岳乐狱监～ [h] ⑦蓄～家私 ⑧学覆屎～ [Ø] ⑦握

渥龌幄沃~水

ak

b ⑦北西~｜东~｜南~｜天南地~｜山南海~｜东西南~ **驳**批~ **剥**加~｜敲［kao¹］~｜抢~｜耗~｜盘~｜吞~｜生吞活~ **幅**阔~｜篇~｜画~｜像~｜横~｜条~｜狭［ueh⁸］~｜长~｜短~｜大~｜细~｜一~｜规~｜布~ **腹**山~（里）｜饱~｜枵［iao¹］~｜鼎~｜胴［siang²］~（同胞）｜规~（满腹）｜胸~（胸腔）｜包~（夹馅）｜母~｜胚［pue¹］~（长相）｜实［zat⁸］~｜心~｜里［lai⁶］~（骨子里）｜泻~｜臭~｜胀［diaN⁵］~｜俭~｜切~｜鱼~｜牛~｜走~（拉肚子）｜破［pua⁵］~｜落［lao⁵］~｜反［huan³］~｜反［bing³］~｜削~｜被~｜灶~｜空~｜懊~｜入~｜一~｜隔~（的）（堂亲）｜拼［biaN⁵］~（倾心吐露）｜憋［beh⁷］~（牵挂，苦闷）｜填［tun⁶］~（肚）｜操心憋~｜伤肠割~｜憎心憋~ ⑧**缚**把~｜包~｜捆~ 卜红萝~

p ⑦**覆**倒~｜躄［pih⁷］~｜反［bing³］~｜反挺［bing³tan³］~ ⑧**曝**披~｜日~｜风吹日~

bb ⑦**翌**（沾染）四界［si⁵gue⁵］~ ⑧**木**大~｜幼~｜树~｜土~｜束~｜草~｜花~ **目**节~｜落~｜竹~｜卵~｜细~｜变［biN⁵］~｜脚~（外踝）｜大~｜醪［lo²］~｜微~｜指~｜骨~｜觑~｜横［huaiN²］~｜沙~｜吐~｜条~｜心~｜红~｜白~（白眼）｜风~｜过~｜碍~｜爪［niao⁵］~（疤瘢眼儿）｜瓮~｜布~｜柴~（眼睛呆滞）｜母~｜头~｜贼~｜字~｜刺［ci⁵］~｜上［ziuN⁶］~｜钝~｜显［hiaN³］~｜否~｜食~｜眜~｜睢［hue³］~（丢眼色）｜开~｜盯~｜转~｜数［siao⁵］~（账目）｜无~｜睑［kueh⁷］~（闭目）｜蚶［ham¹］~（眼泡儿）｜展［tiN³］~｜眲［ciN²］~（光线刺眼）｜摄~｜直~｜摔［sut⁷］~（使眼色）｜齧［cak⁸］~｜揭~｜桀［geh⁸］~（碍眼）｜爽［sng³］~（费眼）｜规［dang⁵］~（怒目瞪人）｜顺~｜合［gah⁷］~（合意）｜刺［ciah⁷］~｜赤狗~｜风火~｜鸡仔~｜米筛［tai¹］~｜三角~｜大细~｜老人~｜拍鸟~｜无鼻无~｜掌头仔~｜歪喙暖~｜歪喙撇［zuah⁸］~｜拌须展~｜咸蚬仔~ **墨**笔~｜绳［zin²］~｜磨~｜乌~｜乌~~

d ⑦触相~|挂~（抬杠）|着［dioh⁸］~（蹭蹬）|挑~（撩拨）|罜［bbak⁸］~（沾上）|乌牙乌~（贫嘴薄舌）|枵鬼枵~（抠搜）⑧浊油~|醪~ **独**孤~ **碌**碌［lak⁸］~（农具） **濯**洗~

t ⑦**斥**体［tue³］~（斥骂） **剔**（拨动）齿~ ⑧**读**走~|解~|借~|精~|粗~|宣~|选~|寄~|泛~|工~|攻~|研~|熟~|通~|误~|苦~|半工半~

l ⑦**落**舣~|会~ **辘**轳［ga¹］~（农具） ⑧**六**万~（扑克游戏的一种）|拜~（星期六）|罳［hao¹］~（失实，扯淡）|瘠~~（疯疯癫癫） **搦**下［ha⁶］~（掌管，处置）|总~（一把抓）|茹~~（乱七八糟） **荦**~~|卓~ 落交［ga¹］~（丢下，落下）

z ⑦**龊**蝷［ak⁷］~

c ⑧**凿**刺~（刺痒）|着加［ga¹］~（呛着）|矮~~|指［gi³］指凿~（指指画画） **箬**褙［be⁶］~

s ⑦**拣**抨［biaN¹］~|革~（开除）|倒~（倒掉）|放~|捆［gok⁸］~（抛掷掉）|拍~（打掉）|献［hiN⁵］~（丢掉）|推［tui1，du¹］~（推掉）|呸［pui⁵］~（吐掉）|啮［ggiat⁷］~（除掉，吃掉）|甩［hiu⁵］~（甩掉）|挨［ue¹］挨~~（推搡）|献捘［hiN⁵danⁿ⁵］~车车~~（推推搡搡）

g ⑦**角**冰~|石~|鹅~|鸡~|羊~|鸭~|八~|嘴~|目~|薰~|麦~|柴~|缺［kih⁷］~|大~|过~|斡［uat⁷］~（拐弯处）|到~|四~|里［lai⁶］~|吊~（斜角）|散~（零票）|揾~|壁~|僻［piah⁷］~（背旮旯儿）|抿［iap⁷］~|霜~|鬓~|触~|额~|鼓~|号~|岬~|口~|棱~|墙~|三~|视~|死~|头~|转~|总~|丑~|口~|名~|配~|主~|露头~|猞［cio¹］鸡~|臭喙~（口角炎）|里底~|银~仔（小银币）|勾心斗~|天涯海~|凤毛麟~|拐弯抹~|转弯过~|崭露头~|有棱有~|过芒［mi²］过~ **觉**察~|触~|错~|发~|感~|乖~|幻~|警~|冷~|色~|视~|听~|痛~|味~|温~|先~|嗅~|知~|直~|自~|不知不~|大梦初~|先知先~|政治嗅~| **曲**神~|大~|红~ ⑧**捅**献［hiN⁵］~|拾［kioh⁷］~（无用之人或物）

k ⑦**确**的~|精~|明~|碗~|真~|正~|准~|无的~（说不准）|千真万~ **壳**龟~|褪［tng⁵］~|卵［nng⁶］~|酥~|框~|头~|被~|外~|妿［hiao⁵］~（表皮脱落）|金~|空~|铁

～｜驳～｜落～｜字～｜批～（信封）｜甲～｜躯～｜敲［ka⁵］头～｜病
字～｜控［kang⁵］头～（抓搔头皮）｜耙头～（头皮抓痒）｜金蝉脱～
榷商～｜杨～

   gg ⑧乐音～｜哀～｜鼓～｜国～｜军～｜古～｜靡～｜民～｜奏
～｜配～｜器～｜声～｜西～｜交响～｜轻音～ **岳**山～｜五［ngoo³］
～ **狱**地～｜典～｜断～｜监［gaN¹］～｜劫～｜牢～｜入～｜出～｜
系～｜下～｜冤～｜越～｜探～｜文字～｜银铛入～｜人间地～

   h ⑦蓄置～｜无～｜有～ ⑧**学**大［dai⁶］～｜家～｜公～｜私
～｜饱～｜博～｜才～｜初～｜辍～｜村～｜道～｜督～｜笃～｜放～｜
复～｜国～｜汉～｜后～｜苦～｜赖～｜力～｜留～｜美～｜蒙～｜朴
～｜浅～｜求～｜入～｜上～｜讲～｜教～｜经～｜旧～｜就～｜绝～｜
开～｜科～｜太～｜逃～｜停～｜同～｜退～｜文～｜社～｜神～｜升
～｜失～｜实～｜西～｜中～｜显～｜乡～｜向～｜小～｜效～｜新～｜
兴～｜休～｜玄～｜义～｜游～｜哲～｜治～｜就～｜转～｜自～｜视
～｜硕～｜新文～｜文艺～｜贻误后～｜奖掖后～｜勤工俭～｜自然科
～｜社会科～｜自然科～｜技术科～｜应用科～｜形而上～｜真才实～｜
讲唱文～｜说唱文～｜古典文～｜报告文～｜民间文～｜暴露文～｜儿童
文～｜口头文～｜烦琐哲～ **覆**大～｜化～（厕所）｜屎～（茅坑）

   Ø ⑦**沃**水～｜尿～ **渥**般～｜优～ **握**把～

摔韵*[泉]
【-iak】

iak

（＊此韵部所管的字，除下面例词表所例举的有"△"号的
字是厦门话也存在的外，其余绝大多数为泉州的读音。）
［**b**］⑦百佰伯柏迫舶＊檗擘逼煏壁璧辟躄碧 ⑧白帛愎舶   ［**p**］
⑦拍珀泊魄辟僻癖躄劈霹碧 ⑧擗△甓   ［**bb**］⑧麦脉墨默陌貊
觅幂泪   ［**d**］⑦德得滴嫡摘谪嫡镝的陟竹竺 ⑧泽择掷狄获迪笛
敌涤籴擢翟直值特宅蛰惊～轴邃△   ［**t**］⑦媍踢剔惕倜愬忒忑拆
饬敕彳斥驳～ ⑧特   ［**l**］⑦慄 ⑧慄力勒鰳历沥雳栎砾跞鬲溺搦

绿碌氯 ［z］⑦绩责喷积即鲫唧稷脊瘠借则侧迹仄昃织职跻炙隻窄摭烛叔 ⑧贼籍藉寂疾嫉蒺 ［c］⑦尺赤斥册策侧测恻厕栅刺戚慼粟促七柒 ⑧趣路真~ ［s］⑦色啬穑释螫适析皙淅蜥昔惜锡息熄媳式轼饰识塞瑟室宿（水果成熟）摔△悉蟋 ⑧石硕夕汐矽席食蚀植殖熟 ［g］⑦格击激革隔膈嗝戟呕殛棘 ⑧极屐剧△局 ［k］⑦克客隙刻曲唱~ ［gg］⑧玉逆额 ［h］⑦黑吓赫 ⑧核劾阂或惑获划橄翩域蜮肉 ［Ø］⑦益厄呃扼轭忆亿抑臆 ⑧翼翌翊绎译铎驿亦液掖腋易奕抑弈弋役疫域蜮魊划浴逸

iak

⑦逼磅~（崩裂，迸裂）│雄~~（凶相）│硬~~│恒［an²］~ ~（很紧）**煏**磅~

p ⑧擗（搧打）大力~

d ⑧箆（指头弹打）手~

g ⑧剧醪~~（浑浊）

21. 积极韵

【-ik】

得韵

【-ik】

ik

［b］⑦百泊佰伯柏迫泊舶*檗擘逼壁璧襞辟躄碧 ⑧白帛愎舶 ［p］⑦拍珀泊魄辟僻癖躄劈霹碧 ⑧躄 ［bb］⑧麦脉墨默陌貊觅幂汩 ［d］⑦德得滴嘀摘谪嫡镝的陟竹竺 ⑧泽择特掷踯狄获迪笛敌涤籴翟直值特宅轴蛰*惊~擢 ［t］⑦踢剔惕倜慝忑忒拆伤敕彳斥驳~坼 ⑧特 ［l］⑦慄 ⑧慄力肋勒鳓历枥沥呖雳轹栎砾跞雳鬲匿溺搦录昵绿碌氯 ［z］⑦绩勣责喷踧积即鲫唧稷脊

瘠借则侧迹仄昃只织职跖炙隻窄摭烛叔 ⑧瘠贼籍藉寂疾嫉蒺 [c] ⑦尺赤斥册策侧测恻厕栅刺戚感粟促 ⑧趣_{路真~} [s] ⑦色啬穑释螫适析晰皙淅蜥昔惜锡褐息熄媳式轼饰识塞瑟室宿摔* 悉蟋 ⑧石硕夕汐矽氽席食蚀植殖熟 [g] ⑦格击激革隔膈嗝戟亟殛棘菊橘 ⑧极笈屐剧局 [k] ⑦克尅客隙刻曲_{唱~} [gg] ⑧玉逆额 [h] ⑦黑吓洫赫阒 ⑧核劾阂或惑获划橛翮域蜮肉 [Ø] ⑦益溢厄呃扼轭忆亿抑臆 ⑧翼翌翊绎译铎驿亦液掖腋易奕抑弈弋役疫域蜮魊划浴逸

ik

b ⑦逼催~｜紧~｜进~｜勒~｜立~｜凌~｜强~｜威~｜恐~｜迫~｜胁~｜相~｜狷~｜直~｜追~｜雄~~_{（凶相）}｜硬~~｜恒[an²] ~~_{（很紧）} **百**半~｜举一贱~｜惩一警~｜杀一儆~｜以一儆~ **泊**湖~｜血~ **柏**松~｜翠~｜苍松翠~ **迫**被~｜逼~｜急~｜交~｜紧~｜窘~｜强~｜驱~｜进~｜侵~｜诱~｜困~｜威~｜胁~｜压~｜从容不~｜贫病交~｜饥寒交~ **辟**复~ **璧**半~｜戈~｜坚~｜间~｜绝~｜峭~｜削~｜崖~｜影~｜悬崖峭~｜悬崖绝~｜家徒四~｜铜墙铁~｜悬崖峭~｜飞车走~｜飞檐走~ **璧**合~｜完~｜玉~ **襞**皱~ **擘**巨~ ⑧**白**班~｜斑~｜颂~｜辩~｜辨~｜表~｜宾~｜补~｜旁~｜抢~｜清~｜大~｜道~｜独~｜对~｜笺~｜晓~｜自~｜文~｜太~｜雪~｜惨~｜告~｜黑~｜科~｜露~｜明~｜苏~｜细~｜说~｜坦~｜韵~｜定场~｜开场~｜明明~~｜清清~~｜半文半~｜不明不~｜真相大~｜说黑道~｜一清二~｜一穷二~｜颠倒黑~｜混清黑~｜须发皆~｜沉冤莫~｜身家清~｜心地坦~｜襟怀坦~｜青红皂~ **帛**布~｜财~｜缣~｜玉~｜竹~｜功垂竹~ **愎**刚~

p ⑦珀琥~ **拍**拍[pah⁷] ~_{（南音击板）} **碧**珠~｜云~｜丹~｜朱~ **魄**落~｜魂~｜气~｜体~｜心~｜销魂荡~｜惊心动~｜丧魂落~｜三魂七~｜动人心~｜慑人心~｜凄惨落~ **劈**刀~｜尖~｜雷~ **辟**大~｜精~｜开~｜透~｜鸿蒙初~

bb ⑧麦不辨菽~ **觅**寻~ **陌**阡~ **脉**含情~~｜温情~~

墨 翰～｜落～｜浓～｜泼～｜绳～｜贪～｜闹～｜文～｜遗～｜朱～｜着～｜形诸笔～｜胸无点～｜大处落～｜舞文弄～｜挥毫泼～｜拘守绳～｜不中绳～　**默** 沉～｜缄～｜静～｜哑～｜幽～｜渊～｜～～

d　⑦**德** 报～｜大～｜道～｜恩～｜功～｜公～｜积～｜令～｜美～｜品～｜缺～｜仁～｜容～｜善～｜失～｜私～｜文～｜武～｜师～｜戏～｜贤～｜医～｜艺～｜阴～｜不道～｜做功～（做法事）｜以怨报～｜大恩大～｜感恩戴～｜仁义道～｜离心离～｜立言立～｜三从四～｜歌功颂～｜同心同～｜贤明贤～｜一心一～　**竹** 红～｜天～｜毛～｜翠～｜苦～｜斑～｜观音～｜哀丝豪～　**得** 博～｜不～｜懂～｜分～｜记～｜见～｜觉～｜亏～｜来～｜懒～｜乐～｜了～｜落～｜免～｜难～｜取～｜认～｜舍～｜省～｜使～｜算～｜所～｜显～｜晓～｜心～｜幸～｜要～｜引～｜应～｜赢～｜有～｜值～｜只～｜自～｜必～｜失～｜非～｜总～｜巴不～｜怪不～｜见不～｜来不～｜了不～｜免不～｜少不～｜舍不～｜使不～｜说不～｜要不～｜由不～｜怨不～｜天晓～｜不见～｜不由～｜求之不～｜垂手而～｜唾手而～｜唾手可～｜心安理～｜一举两～｜人才难～｜千虑一～｜咎有应～｜罪有应～｜管见之～｜怡然自～｜悠然自～｜洋洋自～｜扬扬自～｜悠悠自～　**滴** 馋涎欲～｜垂涎欲～　**镝** 锋～｜鸣～　**谪** 贬～｜众人交～　**的** 端～｜鹄～｜目～｜坡～｜中［diong⁵］～｜是～｜似～｜连中鹄～｜一语破～｜众矢之～｜　⑧**泽** 草～｜恩～｜芳～｜溉～｜光～｜湖～｜惠～｜墨～｜袍～｜润～｜色～｜手～｜水～｜涂～｜香～｜沼～｜名川大～｜深山大～　**择** 别～｜采～｜抉～｜练～｜选～　**轴** 挂～｜画～｜卷～｜　**敌** 残～｜仇～｜大～｜对～｜赴～｜公～｜歼～｜劲～｜克～｜论～｜匹～｜前～｜强～｜轻～｜劲～｜情～｜却～｜杀～｜守～｜受～｜树～｜死～｜凤～｜天～｜通～｜投～｜退～｜外～｜顽～｜无～｜迎～｜御～｜政～｜如临大～｜势均力～｜腹背受～｜举世无～｜所向无～｜工力悉～　**笛** 警～｜汽～｜犬～｜鸣～　**迪** 启～｜训～　**涤** 荡～｜洗～　**特** 不～｜敌～｜独～｜反～｜防～｜非～｜匪～｜模～｜奇～　**掷** 浪～｜抛～｜投～｜虚～｜孤注一～

t　⑦**斥** 贬～｜摈～｜驳～｜充～｜呵～｜劾～｜喝～｜怒～｜排～｜申～｜痛～｜训～｜责～｜指～｜斥［tak⁷］～（斥骂）　**坼** 天崩地～｜天寒地～　**饬** 谨～｜申～｜整～　**忑** 忐～　**忒** 差～　**剔** 抉～｜挑～｜**惕** 怵～｜警～｜朝乾夕～

l ⑦**慄**（恐惧，瘫软）惊～ ⑧**力**接～｜暴～｜笔～｜毕～｜臂～｜兵～｜不～｜才～｜财～｜畜～｜大～｜胆～｜得～｜鼎～｜动～｜独～｜乏～｜法～｜费～｜奋～｜功～｜工～｜国～｜合～｜极～｜竭～｜助～｜有～｜物［bbut⁸］～｜尽～｜精～｜角～｜军～｜苦～｜劳～｜量～｜戮～｜卖～｜魅～｜勉～｜绵～｜民～｜魔～｜目～｜脑～｜内～｜能～｜努～｜魄～｜气～｜潜～｜倾～｜权～｜全～｜人～｜神～｜实～｜视～｜水～｜肆～｜弹～｜体～｜听～｜通～｜外～｜威～｜为～｜伟～｜握～｜无～｜武～｜物～｜悉～｜效～｜协～｜泄～｜心～｜学～｜压～｜眼～｜药～｜毅～｜用～｜有～｜知～｜致～｜智～｜主～｜专～｜着～｜出～｜无～｜阻～｜费～｜活～｜火～｜风～｜天～｜省～｜势～｜死～｜无～｜惜～｜劳劲～｜战斗～｜想象～｜记忆～｜淘神费～｜齐心合～｜同心合～｜尽心竭～｜自不量～｜度德量～｜不自量～｜齐心戮～｜同心戮～｜自食其～｜竭尽全～｜群策权～｜无能为～｜苍白无～｜有气无～｜回天无～｜齐心协～｜同心协～｜粗大有～｜简短有～｜雄浑有～｜强健有～｜雄健有～｜苍劲有～｜遒劲有～｜圆润有～｜孔武有～｜实与有～｜粗壮有～｜雄壮有～｜不遗余～｜涓埃之～｜一臂之～｜绵薄之～｜吹灰之～｜回天之～ **历**公～｜黄～｜皇～｜简～｜经～｜旧～｜古～｜新～｜来～｜履～｜年～｜农～｜亲～｜日～｜身～｜台～｜西～｜学～｜阳～｜阴～｜游～｜月～｜阅～｜资～｜～～｜番仔～（西历）｜万年～ **勒**肥～｜勾～｜羁～｜弥～ **碌**磨～｜真～ **绿**铫［dim⁵］～｜碧～｜草～｜葱～｜翠～｜黛～｜淡～｜豆～｜墨～｜嫩～｜凝～｜浓～｜品～｜浅～｜鳞［kin³］～｜青～｜深～｜石～｜水～｜新～｜油～｜荫～（青葱）｜苹果～｜豆仁～（草绿）｜金龟～（黛绿）｜弓蕉～（葱绿）｜大红大～｜嫩红娇～｜灯红酒～｜桃红柳～｜花红柳～｜花花～～｜娇红嫩～ **肋**鸡～ **沥**滴～｜披～｜余～｜渐～ **呖**～～ **枥**老骥伏～ **轹**凌～｜陵～ **砾**沙～｜瓦～ **雳**霹～｜晴天霹～｜青天霹～ **匿**藏～｜遁～｜伏～｜逃～｜隐～ **昵**爱～｜亲～｜狎～ **溺**沉～｜陷～

z ⑦**只**（隻）形单影～ **仄**逼～｜欹～ **叔**阿～｜后［ao⁶］～（后爹）｜小～｜细～｜胞～｜安～｜表（阿）～｜隔腹（阿）～（堂叔）｜十一～（单身汉）｜丈人～ **积**消～（消食）｜食～｜粒～（积攒，聚集）｜疳～（食积）｜聚～｜沉～｜冲～｜堆～｜居～｜累～｜面～｜容～｜山～｜体～｜囤～｜委～｜修～｜蓄～｜盈～｜淤～｜郁～ **则**法

～｜否～｜附～｜规～｜然～｜简～｜然～｜实～｜守～｜虽～｜通～｜细～｜原～｜章～｜准～｜总～｜以身作～　**责**对～（对质）｜贬～｜斥～｜叱～｜负～｜过～｜呵～｜恨～｜苛～｜谴～｜权～｜塞～｜文～｜卸～｜言～｜职～｜指～｜专～｜罪～｜匹夫有～｜守土有～｜横加指～｜反躬自～｜引咎自～｜开脱罪～｜敷衍塞～　**窄**狭～｜宽～｜心～｜逼～｜冤家路～｜心地狭～｜胸怀狭～｜心胸狭～　**啧**人言～～｜绩业～　**踧**（身体猛戳物体而受伤）手～｜骹～　**烛**蜡～｜火～｜花～｜点～｜香［hiuN¹］～｜芳［pang¹］～（香烛）　**绩**业～｜伟～｜功～｜劳～｜成～｜败～｜政～｜效～｜丕～｜鸿～｜丰～　**迹**史～｜笔～｜陈～｜遁～｜发～｜古～｜轨～｜航～｜痕～｜秽～｜脚～｜径～｜旧～｜绝～｜浪～｜敛～｜劣～｜灭～｜墨～｜匿～｜奇～｜人～｜胜～｜事～｜史～｜手～｜污～｜心～｜行～｜形～｜血～｜遗～｜真～｜字～｜踪～｜足～｜罪～｜名胜古～｜萍踪浪～｜藏踪敛～｜蛛丝马～｜毁尸灭～｜销声匿～｜藏踪匿～｜目为奇～｜叹为奇～｜来踪去～｜罕无人～｜渺无人～｜名山胜～｜不拘形～　**炙**焦～｜亲～｜脍～｜残杯冷～｜残羹冷～　**稷**社～　**即**当～｜立～｜随～｜旋～｜迅～｜在～｜成功在～　⑧**瘠**贫～｜荒～｜凋～｜干～｜流～｜肥～｜枯～｜瘦～　**藉**狼～｜声名狼～｜杯盘狼～　**籍**版～｜簿～｜党～｜典～｜古～｜国～｜省～｜户～｜团～｜寄～｜经～｜军～｜本～｜客～｜闽～｜台～｜侨～｜秘～｜史～｜书～｜图～｜土～｜外～｜学～｜原～｜珍～｜祖～｜乡～｜市～　**寂**岑～｜沉～｜孤～｜荒～｜静～｜枯～｜冷～｜阒～｜森～｜死～｜幽～｜圆～｜天籁俱～｜万籁俱～

c ⑦**促**（计议）小～｜相～　**策**鞭～｜筹～｜对～｜方～｜国～｜画～｜计～｜简～｜决～｜良～｜妙～｜谋～｜驱～｜善～｜言～｜专～｜圣～｜长～｜秘～｜文～｜定～｜问～｜上～｜失～｜史～｜下～｜献～｜遗～｜振～｜政～｜中～｜上上～｜筹商对～｜战略决～｜束手无～｜同化政～｜愚民政～｜鸵鸟政～｜出谋献～｜万全之～　**粟**米～｜冇［paN⁵］～（糠秕）｜稳［un³］～（晚稻）｜晚［mng³］～｜挨［ue¹］～｜披［ia⁶］～（撒种）｜扬［ciuN²］～｜摔［siak⁷］～（打谷）

厕杂～｜如～　**戚**哀～｜悲～｜亲～｜外～｜内～｜休～｜忧～｜宗～｜国～｜皇～｜沾亲带～　**侧**两～｜偏～｜攲～｜左～｜右～｜倾～｜外～｜翼～｜清君～　**测**不～｜猜～｜草～｜揣～｜观～｜航～｜勘～｜窥～｜蠡～｜目～｜叵～｜探～｜推～｜遥～｜臆～｜预～｜天有

不~｜深不可~｜管窥蠡~｜变化莫~｜神秘莫~｜高深莫~｜心怀叵~｜居心叵~　**恻**怆~｜悱~｜凄~｜缠绵悱~　**赤**光~｜足~｜火~｜面红耳~｜金无足~　⑧**趩**超~（神气，活跃）

s　⑦**色**铱［dim⁵］~｜菜~｜肉~｜人~｜面~｜湖｜山~｜水［zui³］~｜水［sui³］~｜素~｜各~｜颜~｜重~｜浅~｜鳞［kin³］~（浅色）｜殕［pu³］~（灰色）｜沤［ao⁵］~｜眼~｜退~｜本~｜掉~｜捎~｜套~｜退~｜走~｜透~｜转［dng³］~｜名~｜栗~｜目［bbak⁸］~｜国~｜寒~｜好［hooN⁵］~｜死~｜俏~｜恶［ao⁵］~｜清~｜玉~｜音~｜印~｜原~｜月~｜夜~｜日~｜曙~｜春~｜褪~｜鲜~｜秀~｜杂~｜正~｜血~｜上~｜设~｜神~｜生~｜声~｜漆~｜暮~｜难~｜愧~｜愠~｜肤~｜改~｜脱~｜落~｜着~｜姿~｜棕~｜足~｜作~｜滥~｜掺~｜怒~｜男~｜女~｜暖~｜藕~｜配~｜起~｜气~｜秋~｜慄~｜货~｜基~｜增~｜减~｜酱~｜董~｜景~｜角~｜绝~｜夹~｜底~｜驼~｜润~｜五~｜食~｜逊~｜失~｜白~｜红~｜桃~｜橙~｜花~｜黄~｜乌~｜青~｜灰~｜齜［ziaN³］~（淡色）｜醒~｜蓝~｜米~｜牙［gge²］~｜褐~｜暗~｜调~｜特~｜天~｜本~｜变~｜彩~｜菜~｜茶~｜成~｜出~｜物~｜黛~｜妃~｜粉~｜风~｜喜~｜晓~｜行~｜词~｜辞~｜有~｜无~｜保护~｜古铜~｜火烁~｜牙蓝~｜咖啡~｜茄仔~｜米黄~｜好目~｜否目~｜否面~｜使目~｜丢眼~｜清一~｜无人~｜水天一~｜有声有~｜怒形于~｜喜形于~｜义形于~｜和颜悦~｜怡颜悦~｜面有愠~｜当行出~｜不豫之~｜愤然作~｜怫然作~｜目迷五~｜以壮行~｜毫不逊~｜毫无逊~｜绘声绘~｜毫无惧~｜了无惧~｜毫无愧~｜满面春~｜满园春~｜霉气困~｜正言厉~｜正颜厉~｜巧言令~｜察颜观~｜五颜六~｜面有难~｜形于辞~｜面不改~｜丢眉弄~｜平分秋~｜面无人~｜形形~~｜湖光山~｜山光水~｜不动声~｜不露声~｜风云变~｜大惊失~｜黯然失~｜相形失~｜五光十~｜五花十~｜山清水~

式板~｜程~｜法~｜范［ban⁶］~｜方~｜格~｜公~｜款~｜老~｜架［ga⁵］~｜规~｜标~｜景~｜单~｜卓~｜双~｜定~｜立~｜复~｜条~｜常~｜变³｜形~｜手~｜模~｜南~｜时~｜古~｜体~｜西~｜新~｜旧~｜洋~｜样~｜仪~｜蛙~｜蝶~｜正~｜中~｜自由~（自由泳）　**拭**擦~｜拂~　**识**博~｜辨~｜才~｜常~｜达~｜胆~｜共~｜见~｜结~｜妍~｜认~｜知~｜卓~｜赏

~│熟~│特~│相~│学~│意~│潜意~│无意~│下意~│有意
~│素不相~│远见卓~│宏观博~│多闻博~│一面之~│广见多
~│一般见~　**析**辨~│分~│解~│离~│缕~│论~│开~│破
~│崩~│厘~│条~│清~│区~│晓~│剖~│赏~│释~│分崩
离~│条分缕~　**晰**明~│清~　**皙**白~　**褐**袒~　**饰**雕~│粉~│
服~│花~│矫~│夸~│润~│首~│添~│涂~│文~│修~│掩
~│衣~│藻~│妆~│装~　**宿**(聪慧，机灵)真~│无~　**昔**畴
~│古~│今~│曩~│平~│往~│一如往~│今不如~│今胜于
~│抚今追~　**息**安~│休~│鼻~│屏~│音~│止~│室~│子
~│作~│坐~│出~│喘~│蕃~│姑~│股~│信~│将~│冷
~│利~│声~│脉~│年~│月~│日~│平~│栖~│气~│憩
~│全~│瞬~│太~│叹~│歇~│停~│消~│定~│坐~│长
~│仰~│逆~│心~│宁~│将~│有~│无~│屏气敛~│经久不
~│川流不~│自强不~│生生不~│孜孜不~│休养生~│渺无声
~│扼腕叹~│小道消~│偃~│奄奄一~│仰人鼻~　**适**心~(风
趣)│斗心~│无心~　**室**暗~│侧~│斗~│官~│画~│皇~│继
~│科~│陋~│墓~│妻~│内~│寝~│王~│温~│卧~│浴
~│茶~│正~│宗~│教~│课~│地下~│教研~│实验~│办公
~│休息~│引狼入~│登堂入~│升堂入~│芝兰之~　**释**保~│冰
~│阐~│获~│假~│诠~│解~│注~│考~│开~│消~│训
~│真~│稀~│涣然冰~│旧嫌尽~│无罪开~│疑团莫~│爱不忍
~　**啬**贪~│贫~│寒~│吝~　**塞**闭~│蔽~│充~│堵~│哽
~│梗~│鲠~│搪~│拥~│壅~│淤~│阻~│顿开茅~　**穑**务
~│农~│桑~│力~│稼~　**媳**婆~│童养~　⑧**夕**除~│旦~│今
~│朝~│七~│前~│日~│朝不虑~│朝不保~│朝不谋~│危在
旦~│连朝接~│一朝一~│只争朝~　**汐**潮~　**穸**窆~　**席**出~│
割~│还~│即~│酒~│联~│列~│缺~│终~│虚~│道~│登
~│首~│中~│衽~│入~│全~│软~│硬~│坐~│首~│素
~│逃~│退~│西~│筵~│宴~│议~│择~│枕~│主~│专
~│流水~│座无虚~　**熟**相~│面~│煮~│未~│无~│谙~│
半生(拉)~│半面相~　**硕**肥~│壮~│名~│鸿~│丰~
　　g　⑦**击**搏~│侧~│冲~│出~│打~│反~│奋~│伏~│攻
~│合~│轰~│还~│回~│技~│夹~│歼~│截~│进~│狙~│

抗～｜叩～｜扣～｜雷～｜目～｜排～｜炮～｜抨～｜破～｜拳～｜闪～｜射～｜痛～｜突～｜围～｜袭～｜要～｜邀～｜迎～｜游～｜撞～｜追～｜阻～｜拍游～（打游击）｜旁敲侧～｜人身攻～｜肩摩毂～｜分进合～｜无懈可～｜迎头痛～｜反戈一～｜不堪一～｜跟踪追～ **革**变～｜斥～｜鼎～｜改～｜开～｜兴～｜沿～｜因～｜土地改～｜民主改～｜文字改～｜历史沿～ **戟**桨～ **格**物～｜诗～｜仙～｜交～｜耐～｜丰～ **激**相～｜刺～｜愤～｜感～｜过～｜急～｜偏～ **菊**杭～花～ **隔**分～｜间～｜暌～｜相～｜悬～｜阻～｜天悬地～｜两地悬～｜幽明永～ **亟**危～｜疾～ **棘**荆～｜披荆斩～ **殛**雷～ ⑧**极**到～｜终～｜北～｜登～｜地～｜积～｜两～｜南～｜太～｜天～｜消～｜已～｜至～｜醪［lo²］～～（浑浊）｜罪大恶～｜登峰造～ **屐**木～｜步～ **笈**负～ **局**布～｜大～｜当～｜定～｜平～｜棋～｜和～｜全～｜时～｜书～｜册～｜邮～｜战～｜政～｜厅～｜骗～｜设～｜变～｜护～｜对～｜危～｜银～｜分～｜总～｜批［pue¹］～（信局）｜出～｜公安～｜教育～｜人事～｜文化～｜商业～｜工业～

k ⑦**刻**版～｜碑～｜此～｜丛～｜雕～｜即～｜忌～｜尖～｜镌～｜峻～｜刊～｜苛～｜立～｜镂～｜铭～｜摹～｜木～｜石～｜篆～｜初～｜仿～｜翻～｜监～｜坊～｜片～｜顷～｜少～｜深～｜时～｜溪～｜一～｜竹～｜篆～｜一时半～｜此时此～｜无时无～｜精雕细～ **曲**大～｜南～｜唱～｜北～｜歌～｜摇篮～｜催眠～｜歌仔～｜唱歌弄～｜唱歌念～ **剋**忌～｜相～｜对～｜冲～ **克**忌～｜不～｜攻～｜力～｜休～｜务期必～｜攻无不～｜罗曼蒂～｜相生相～

gg ⑧**逆**违～｜横［hing²］～｜横［huaiN²］～｜忤～｜行～｜悖～｜拂～｜附～｜横～｜莫～｜叛～ **玉**白～｜金～｜佩～｜珠～

h ⑦**吓**恫～｜恐～｜威～｜镇～ **洫**沟～ **赫**威～｜显～｜煊～｜～～ **黑**昏～｜焦～｜黧～｜黎～｜漆～｜黝～｜天昏地～｜起早摸～｜一团漆～｜近墨者～ ⑧**檄**传～｜羽～ **劾**弹～ **阋**隔～ **核**复～｜稽～｜校～｜考～｜评～｜审～｜综～ **或**即～｜间～｜容～｜设～｜甚～｜倘～｜抑～ **获**捕～｜查～｜抄～｜创～｜俘～｜缴～｜接～｜截～｜攫～｜虏～｜拿～｜破～｜荣～｜收～｜不劳而～ **域**地～｜海～｜疆～｜境～｜绝～｜领～｜流～｜区～｜视～｜水～｜外～｜异～｜音～｜畛～ **惑**不～｜蛊～｜鼓～｜惶～｜困～｜迷～｜煽～｜疑～｜荧～｜诱～ **划**计～｜区～｜筹～

Ø ⑦忆回～｜记～｜琐～｜追～｜思～　**益**裨～｜补～｜公～｜
教～｜进～｜利～｜权～｜日～｜实～｜收～｜受～｜损～｜无～｜增～
｜滋～｜效～｜有～｜集思广～｜徒劳无～｜开卷有～　**溢**充～｜浮～｜
横～｜漫～｜溢～｜飘～｜散～｜幽香四～｜热情洋～　**厄**苦～｜困～
｜险～｜遭　**抑**贬～｜过～｜勒～｜压～｜怨～｜臧否扬～　**臆**胸～
｜直抒胸～　⑧**弋**巡～｜游～　**役**兵～｜差～｜服～｜赋～｜工～｜劳～
｜免～｜奴～｜仆～｜使～｜退～｜现～｜衔～｜徭～｜战～｜预备
疫病～｜瘟～　**液**补～｜汗～｜津～｜溶～｜血～｜汁～｜肉～｜鸡
～｜牛肉　**浴**洗～｜沐～｜奢［ziang²］～（冲凉）　**掖**藏～｜扶～｜
宫～｜奖～｜诱～　**腋**肘～｜变生肘～　**译**笔～｜编～｜重～｜翻～
改～｜今～｜口～｜通～｜移～｜意～｜音～｜直～｜拙～　**绎**抽～｜络
～｜寻～｜演～　**弈**博～｜对～　**奕**神采～～　**逸**安～｜超～｜冲～
飞～｜高～｜飘～｜散～｜逃～｜秀～｜淫～｜隐～｜劳～｜神采飘～
清雅飘～｜风姿秀～｜骄奢淫～｜一劳永～　**翼**比～｜侧～｜右～｜羽～
｜左～｜两～｜卵～｜为虎傅～｜如虎添～｜为虎添～｜小心翼～｜

22. 目录韵

【-ok；-iok】

福韵

【-ok】

ok

［**b**］　⑦北爆博搏驳　⑧卜泊箔薄礴膊舶暴爆曝　［**p**］⑦博搏
粕扑仆朴璞蹼濮噗　⑧噗仆暴瀑曝　［**bb**］⑦霂　⑧木沐莫寞漠瘼
膜睦穆目牧苜　［**d**］⑦啄涿琢督笃桌卓踔　⑧渎椟犊牍黩独毒铎
度踱髑擢　［**t**］⑦托饦拓橐柝秃魄　⑧读牍　［**l**］⑦漉簏　⑧鹿
漉麓辘禄碌落洛骆络烙珞雒诺乐搦荦　［**z**］⑦作捉　⑧昨作酢族
镞浊镯擢凿　［**c**］⑦戳簇措错嘬龊撮*　⑧凿　［**s**］⑦朔烁缩速
数索簌束*觫溯*塑*宿*谡　⑧梁　［**g**］⑦国蝈帼腘掴馘虢胳阁
骼搁各谷毂鹄梏郭椁　⑧掴*（丢）略　［**k**］⑦哭酷喾恪廓扩壳

⑧涸*_{敲~（敲木鱼）} 咯　　[gg]⑧腭萼鳄鄂锷愕鹗噩　　[h]⑦复復腹覆蝮福辐幅霍藿匐郝壑蠖 ⑧复復馥服鹤缚貉涸鹄斛槲镬伏茯袱匐　　[Ø]⑦屋恶沃握龌幄

ok

b　⑦北_{败~} 爆_{火~} 卜_{难~｜问~｜预~｜占~｜休咎难~｜吉凶难~｜求签问~} 驳_{辩~｜倒~｜反~｜斑~｜批~｜起~｜铁~｜拖~} ⑧卜_{仙~｜萝~｜红萝~} 薄_{鄙~｜单~｜淡~｜菲~｜厚~｜瘠~｜浇~｜刻~｜绵~｜命~｜喷~｜浅~｜硗~｜轻~｜佻~｜微~｜稀~｜儇~｜厌~｜妄自菲~｜空疏肤~｜尖酸刻~｜空疏浅~} 礴_{磅~｜大气磅~｜气势磅~} 爆_{燃~｜了~｜防~｜震~}

p　⑦仆_{顿~｜公~｜男~｜奴~｜女~｜童~｜忠~｜主~｜风尘~~} 扑_{反~} 猛 朴_{笨~｜诚~｜纯~｜淳~｜古~｜厚~｜浑~｜俭~｜简~｜质~｜拙~} 博_{沉~｜赌~｜繁~｜该~｜赅~｜广~｜浩~｜心~｜炫~｜淹~｜渊~｜奥~｜征引繁~｜地大物~｜矜奇炫~} 搏_{脉~｜拼~｜肉~} 膊_{赤~} ⑧噗_{~~｜披披~~} 瀑_{飞~｜泉~｜山~｜冰~}

bb　⑦霖_{~~} ⑧沐_{熏~} 目_{反~｜不~｜入~｜案~｜编~｜侧~｜骋~｜触~｜夺~｜耳[ni³]~｜纲~｜过~｜极~｜价~｜节~｜举~｜剧~｜科~｜满~｜盲~｜眉~｜美~｜面~｜名~｜瞑~｜怒~｜篇~｜品~｜书~｜数~｜题~｜细~｜戏~｜项~｜醒~｜序~｜炫~｜眼~｜要~｜娱~｜愉~｜寓~｜悦~｜张[diong¹]~｜瞩~｜注~｜子~｜总~｜纵~｜惊堂~｜一叶蔽~｜伤心惨~｜以耳代~｜散魂荡~｜光彩夺~｜璀璨夺~｜艳丽夺~｜鲜艳夺~｜光耀夺~｜惑人耳~｜掩人耳~｜遮人耳~｜横眉立~｜琳琅满~｜疮痍满~｜巧立名~｜死不瞑~｜金刚怒~｜横眉努~｜张眉努~｜金刚怒~｜横眉怒~｜慈眉善~｜刺眼射~｜獐头鼠~｜以娱心~｜光彩炫~｜迷人眼~｜赏心悦~｜娱心悦~｜历历在~｜宛然在~｜一叶障~｜举世瞩~｜引人注~} 木_{草[co³]~｜冻~｜独~｜发~｜伐~｜棺~｜花~｜枯~｜林~｜麻~｜寿~｜树~｜土~｜朽~｜入~｜移花接~｜行将就~｜大兴土~｜一草一~｜无本之~} 牧_{放~｜畜~｜游~} 睦_{敦~｜和~｜亲~} 穆_{静~｜肃~｜庄~} 莫_{约~} 漠_{大~｜淡~｜广~｜荒~｜冷~｜邈}

～｜暗～～｜广袤邈～　**寞**寂～｜落～　**瘼**民～

　　d　⑦**笃**病～｜诚～｜危～｜钬［dim⁵］～（沉重）｜有［ding⁶］～（绷
硬）｜恒［an²］～～　**涿**谣～　**琢**雕～　**啄**雕～｜百～｜树～　**斵**雕～
督教～｜基～｜港～｜提～｜都～｜总～｜理～｜监～｜责～　⑧**度**猜
～｜裁～｜测～｜揣～｜忖～｜揆～｜审～｜推～｜臆～　**铎**铃～｜木～｜
司～　**毒**吊～（拔毒）｜拔～｜丹～｜种～｜热～｜钉～｜苦～｜百～｜
便～｜病～｜惨～｜歹～｜恶～｜防～｜放～｜服～｜寡～｜狠～｜解～
｜禁～｜刻～｜流～｜茶～｜污～｜无～｜五～｜消～｜心～｜遗～｜阴
～｜余～｜怨～｜鸩～｜中～｜瓮～（阴毒）｜暗～（阴毒）｜阴琛～（狠
毒）｜黄酸～（阴毒）｜以～攻～｜心狠手～｜人莫予～｜宴安鸩～｜众
人嘴～（众口铄金）｜做恶做～（为非作歹）　**渎**沟～｜亵～｜自～　**犊**牛
～｜老牛舐～｜初生之～　**牍**案～｜尺～｜公～｜函～｜简～｜书～｜文
～｜连篇累～　**独**孤～｜～～（唯独）｜不～｜单～｜唯～｜鳏寡孤～
椟木～｜玉～｜匣～｜匮～｜案～

　　t　⑦**拓**开～｜落～｜石～｜摹～｜落～｜临～｜排～｜展～｜防～
｜延～　**托**拜～｜衬～｜奉～｜付～｜烘～｜寄～｜假～｜恳～｜落～｜
请～｜全～｜日～｜入～｜受～｜推～｜伪～｜委～｜信～｜央～｜依～
｜重～｜嘱～｜转～｜摩～（摩托车）　**魄**落～　⑧**读**拜～｜藏～｜粗～
｜耽～｜泛～｜工～｜攻～｜寄［gi⁵］～｜校～｜解～｜借～｜精～
朗～｜领～｜默～｜审～｜释～｜熟～｜诵～｜通～｜误～｜宣～｜选～
｜研～｜异～｜阅～｜重［diong²］～｜卒～

　　l　⑦**漉**恶［ao⁵］～～（腐烂）｜花～～（混乱，一团糟）｜澹～
（湿漉漉）｜激［ga⁵］～～（水分多）｜酱～～（稀烂）　**簏**鼻～（拱）（鼻
腔）｜袋～（仔）（袋子）｜批～（信封）｜纸～（仔）（纸袋）　⑧**鹿**逐～｜
长颈～｜群雄逐～　**禄**俸～｜爵～｜王～｜贪～｜仕～｜司～｜田～｜官
～｜财～｜公～｜利～｜高官厚～｜无功受～　**碌**骨～｜劳～｜磨
［bbua²］～（操劳，劳碌）｜忙～｜庸～｜忙忙～～｜庸庸～～　**落**着
～｜败～｜崩～｜碧～｜剥～｜出～｜村～｜部～｜错～｜低～｜凋～｜
跌～｜段～｜堕～｜发～｜滚～｜击～｜减～｜降～｜角～｜聚～｜刊～
｜空～｜廓～｜磊～｜冷～｜篱～｜利～｜寥～｜零～｜流～｜沦～
～｜没～｜飘～｜破～｜起～｜群～｜日～｜撒～｜洒～｜散～｜失～
疏～｜数～｜衰～｜淌～｜屯～｜脱～｜奚～｜下～｜陷～｜摇～｜院～
｜陨～｜涨～｜中～｜坠～｜坐～｜空～～｜七零八～｜此起彼～｜参差

错～｜瓜熟蒂～｜腐化堕～｜应声而～｜兔起鹘～｜光明磊～｜干净利～｜疏星寥～｜冷冷～～｜零零～～｜心潮起～｜月沉星～｜星沉月～｜家道中～｜哩哩落～　**乐**安～｜伯～｜和～｜欢～｜康～｜快～｜取～｜喜～｜偕～｜享～｜行～｜宴～｜逸～｜游～｜娱～｜作～｜喜怒哀～｜怅怅不～｜闷闷不～｜快快不～｜悒悒不～｜忧郁不～｜郁郁不～｜快快～～｜自得其～｜助人为～｜天伦之～｜怡然自～｜寻欢作～　**洛**河～｜京～　**辘**矴～（陀螺）｜饥肠～～　**麓**山～｜北～｜南～　**络**经～｜联～｜笼～｜脉～｜网～｜活〔huat⁸〕～（顺适，舒服）　**烙**炮～　**诺**承～｜践～｜然～｜凤～｜宿～｜许～｜应～｜允～｜重然～｜一呼百～｜唯唯～～

　　　z　⑦**捉**把～｜捕～　**作**操～｜创～｜大～｜夜～｜杰～｜劳～｜下〔ha⁶〕～｜动～｜协～｜写～｜赝～｜原～｜运～｜造～｜力～｜岁～｜木～｜生～｜佃～｜画～｜诗～｜选～｜后〔hao⁶〕～｜营～｜监～｜圣～｜庸～｜伪～｜变～｜粗～｜遗～｜运～｜剧～｜词～｜不～｜绝～｜改～｜新～｜旧～｜拟～｜合～｜忤～｜习～｜细～｜制～｜著～｜装～｜拙～｜做～｜发～｜工～｜振～｜处女～｜小动～｜皇皇大～｜枪声大～｜日出而～｜见机而～｜无恶不～｜通力合～｜精耕细～｜矫揉造～｜上乘之～｜成功之～｜拟古之～｜压卷之～｜皮相之～｜呕心之～｜即兴之～｜五行八～　⑧**浊**臭～｜恶～｜浑～｜混～｜涸～｜闷～｜污～｜扬清激～　**族**大～｜贵～｜国～｜寒～｜家～｜氏～｜世～｜外～｜本～｜王～｜望～｜夷～｜遗～｜异～｜种～｜宗～｜亲～｜同～｜民～｜名门望～｜豪门大～　**凿**（也读〔cok⁸〕）穿～｜确～｜枘～｜自相枘～｜方枘圆～｜言之凿～　**怍**惭～｜愧～　**酢**酬～

　　　c　⑦**戳**印～｜日～｜手～｜邮～　**簇**花团锦～　**龊**龌～｜卑鄙龊～

　　　s　⑦**束**手～（手套）｜袜～（吊袜带）｜皮～｜管～｜光～｜花～｜检～｜结～｜拘～｜收～｜约～｜装～｜无拘无～　**烁**闪～　**朔**晦～　**数**频～　**速**从～｜飞～｜高～｜慢～｜低～｜声～｜光～｜即～｜变～｜火～｜急～｜加～｜减～｜快～｜全～｜神～｜失～｜时～｜迅～｜音～｜兵贵神～　**觫**觳～　**簌**簌～｜扑～｜～～　**塑**雕～｜面～｜泥～｜注～｜木雕泥～　⑧**槊**铁～（铁锹）

　　　g　⑦**搁**耽～｜担～｜延～　**各**～～　**谷**布～｜稻～｜河～｜钱～｜山～｜五～｜峡～｜树～｜幽～｜深～｜满坑满～｜虚怀若～｜万丈深

～｜进退维～｜遍山盈～　**鹄**中～　**国**救～｜爱～｜邦～｜报～｜北～｜南～｜岛～｜帝～｜敌～｜藩～｜古～｜建～｜兴～｜旧～｜祸～｜开～｜列～｜卖～｜盟～｜叛～｜窃～｜山～｜属～｜锁～｜天～｜通～｜各～｜三［sam¹］～｜强～｜弱～｜乱～｜丧～｜误～｜复～｜富～｜家～｜出～｜回～｜贵～｜大～｜小［sio³］～｜立～｜归～｜民～｜泽～｜邻～｜故～｜海～｜本～｜外～｜亡～｜王～｜殉～｜异～｜泽～｜中～｜美～｜俄～｜英～｜法～｜中立～｜同盟～｜协约～｜酋长～｜联合～｜君子～｜以身报～｜尽忠报～｜精忠报～｜泱泱大～｜周游列～｜倾城倾～｜丧权辱～｜闭关锁～｜里通外～｜独立王～｜保家卫～｜舍身为～｜以身许～｜远适异～｜天府之～｜千乘之～　**毂**摩肩击～　**椁**桎～郭城～｜耳～｜下［e⁶］～（下颚）　**帼**巾～　**阁**闺～｜绣～｜内～｜组～｜倒～　**椁**棺～｜衣衾棺～⑧**掴**（抛掷）　**咯**吱吱～～

k　⑦**酷**残～｜冷～｜严～｜落［loh⁸］～（落魄）｜有［ding⁶］～（硬邦邦）｜硬～～（僵硬）　**扩**米～｜齿～｜下～｜后～（脑勺子）｜前～（额头凸出）｜糍［ziN⁵］～（一种食品）｜水～（仔）（水舀子）　**廓**面～｜乐～⑧**涸**柴～（木鱼）｜敲［ka⁵］～｜更［giN¹］～（打更的梆子）｜练仙敲～（闲聊，摆龙门阵）

gg　⑧**鳄**大～｜非洲～　**愕**诧～｜错～｜骇～｜惊～　**噩**浑浑～～

h　⑦**复**过～（复核）｜反～｜三番五～　**福**食～（口福）｜惜～｜发～｜洪～｜鸿～｜后～｜祸～｜口～｜俪～｜纳～｜托～｜万～｜威～｜享～｜幸～｜眼～｜造～｜祝～｜作～｜过～｜折～（过分享受）｜全家～｜十一～｜大饱眼～｜一饱眼～　**幅**边～｜播～｜横～｜画～｜篇～｜条～｜不修边～　**腹**果～｜空～｜口～｜满～｜捧～｜心～｜食不果～｜牢骚满～｜愁绪满～｜令人捧～｜葬身鱼～｜君子之～｜推心置～　**覆**被［bi⁶］～｜颠～｜翻～｜倾～｜天翻地～｜前车之～　**壑**沟～｜丘～｜溪～｜欲～｜千山万～｜以邻为～　**霍**挥～｜磨刀～～⑧**服**孝～｜凶～｜戏～｜拜～｜便～｜宾～｜朝～｜臣～｜成～｜除～｜衰～｜和～｜华～｜敬～｜克～｜口～｜不～｜礼～｜佩～｜平～｜钦～｜屈～｜丧～｜慑～｜盛～｜收～｜舒～｜顺～｜说～｜素～｜叹～｜帖～｜推～｜吞～｜微～｜西～｜降～｜心～｜信～｜驯～｜压～｜悦～｜赞～｜折～｜征～｜中～｜水土不～｜心悦诚～｜心口～｜奇装异～　**伏**出～｜初～｜倒～｜二～｜俯～｜埋～｜末～｜匿～｜起～｜潜～｜屈～｜蜷～｜入～｜三～｜设～｜数～｜四～｜头～｜降～｜歇～｜隐～｜蛰～｜制～｜

终～｜尾～｜暗～（打埋伏）｜中～｜打埋～｜此起彼～｜思潮起～｜连绵起～｜杀机四～｜危机四～ **袾**包～ **匔**匒～ **缚**束～｜系～｜作茧自～ **馥**香～ 复光～｜收～ **涸**干～ **貉**一丘之～ **鹤**仙～｜黄～｜杳如黄～｜杳如云～ **鹄**鸿～

Ø ⑦**恶**横～｜丑～｜瘅～｜腐～｜秽～｜旧～｜狞～｜首～｜万～｜贯～｜险～｜邪～｜凶～｜溢～｜元～｜罪～｜作～｜凝 [ggin²]～（怒视）｜彰善瘅～｜赏善罚～｜穷凶极～｜行凶作～｜作威作～ **沃**肥～｜丰～ **屋**房～｜平～｜茅～｜书～｜叠床架～｜屋上架～｜修房造～｜筑房造～ **幄**帷～｜运筹帷～ **握**在～｜掌～｜胜利在～｜大权在～

俗韵

【-iok】

iok

[d] ⑦筑竺竹着沉～ ⑧逐轴妯躅着～手　　[t] ⑦于蠹畜搐蓄*
　　[l] ⑧六陆戮弱若诺喏箬偌略掠辱蓐缛绿碌氯碌衄篆录渌肉朒搦虐～待　　[z] ⑦祝烛酌灼芍妁斫爵粥足属嘱瞩 ⑧嚼
[c] ⑦蹴促捉*绰触雀鹊 ⑧浞*蹙促　　[s] ⑦削烁铄叔淑菽宿夙肃粟 ⑧续俗卖赎勺芍妁孰塾熟蜀属　　[zz] ⑧辱［漳］褥［漳］弱［漳］肉［漳］　　[g] ⑦矍攫鞠掬菊脚 ⑧局跼侷噱剧*　　[k]
⑦曲却　　[gg] ⑦玉虐　　[h] ⑦畜蓄旭勖谑郁*　　[Ø] ⑦约燠矍郁 ⑧欲浴育毓昱煜药钥跃瀹籥鬻

iok

d ⑦**竺**天～ **筑**卜～｜构～｜建～｜修～｜板～｜基～｜债台高～ **竹**天～｜空～｜爆～｜毛～｜修～ ⑧**着**沉～｜穿～｜附～｜胶～｜黏～｜无～｜衣～ **逐**驰～｜斥～｜放～｜角～｜驱～｜追～｜群雄角～ **躅**踯～

t ⑦**畜** 孳 [ggiat⁸] ～｜耕～｜家～｜力～｜牧～｜六～｜牲～ 擂抽～　**蓄** 储～｜含～｜涵～｜积～｜拦～｜余～｜私～｜蕴～｜贮～ ｜兼收并～

l ⑧**略** 才～｜策～｜从～｜粗～｜大～｜胆～｜方～｜概～｜忽～ ｜简～｜节～｜经～｜阔～｜领～｜漏～｜谋～｜侵～｜权～｜缺～｜删 ～｜省～｜史～｜事～｜韬～｜脱～｜详～｜崖～｜要～｜约～｜战～｜ 智～｜传～｜～～｜普其～｜普二～｜雄才大～｜雄图大～　**六** 呼么喝～ **辱** 暴～｜耻～｜玷～｜凌～｜屈～｜荣～｜污～｜侮～｜刑～｜羞～｜ 折～｜慢～｜体～｜灆 [lam³] ～（虚弱）｜盛衰荣～｜奇耻大～｜含垢 忍～｜胯下之～　**蓐** 临～｜坐～　**缛** 繁～　**肉** 骨～　**褥** 被～　**陆** 大～｜ 登～｜内～｜水～｜着～｜新大～　**录** 笔～｜编～｜采～｜抄～｜转～｜ 备～｜实～｜杂～｜翻～｜齿～｜登～｜附～｜过～｜集～｜辑～｜记～ ｜纪～｜检～｜节～｜摹～｜目～｜收～｜书～｜誊～｜选～｜移～｜语 ～｜摘～｜甄～｜著～｜备忘～｜回忆～｜有闻必～　**渌** 湿～～　**箓** 符 ～｜　**掠** 笞～｜劫～｜拷～｜掳～｜剽～｜抢～｜鲸～｜奸淫掳～　**肭** 腽～　**衂** 败～｜鼻～　**若** 恍～｜即～｜假～｜莫～｜如～｜设～｜倘～ ｜自～｜镇定自～｜泰然自～｜坦然自～｜神色自～｜神态自～｜谈笑自 ～　**弱** 薄～｜孱～｜脆～｜单～｜减～｜赢～｜懦～｜贫～｜怯～｜荏 ｜柔～｜善～｜示～｜瘦～｜衰～｜微～｜文～｜细～｜纤～｜虚～｜削 ～｜稚～｜灆 [lam³] ～｜体～｜老～｜软 [luan³] ～｜软 [nng³] ～｜积贫积～｜锄强扶～｜抑强扶～｜不甘示～

z ⑦**祝** 祷～｜庙～｜庆～｜预～｜卜～｜觞～｜巫～｜告～｜回 ～｜敬～｜祈～｜大～｜进～｜遥～｜馨香祷～　**属** 连～｜前后～　**嘱** 叮～｜医～｜遗～｜谆～｜遵～｜千叮万～　**瞩** 高瞻远～　**灼** 焦～｜烧 ～｜～～｜目光～～　**酌** 便～｜薄～｜参～｜对～｜菲～｜小～｜自～｜ 饮～｜筹～｜浅～｜审～｜申～｜品～｜商～｜斟～｜自斟自～｜敬具菲 ～｜字斟句～　**足** 补～｜不～｜插～｜长～｜充～｜跌～｜鼎～｜顿～｜ 丰～｜富～｜高～｜立～｜敛～｜良～｜蛇～｜涉～｜失～｜十～｜实～ ｜手～｜满～｜天～｜完～｜餍～｜远～｜知～｜仨～｜驻～｜不一而 ～｜先天不～｜美中不～｜势成鼎～｜家给户～｜品头论～｜评头论～｜家 给民～｜品头品～｜评头品～｜评头评～｜翘首企～｜家给人～｜劲头十 ～｜信心十～｜情同手～｜画蛇添～｜科头跣～｜心满意～｜胼手胝～｜ 自给自～｜快然自～　**芍** 赤～｜白～　**爵** 伯～｜公～｜官～｜侯～｜男

～｜勋～｜子～｜卖官鬻～　**妁**媒～　**粥**腊八～｜一锅～　**烛**秉～｜花
～｜风中之～｜风前残～｜洞房花～　⑧**嚼**咀～｜品～

　　c　⑦**雀**麻～｜家～｜瓦～｜铜～｜黄～｜寒～｜鸟～｜仙～｜孔
～｜鼠～｜金～｜山～｜门罗可～　**触**笔～｜桄～｜感～｜接～　**绰**宽
～｜阔～｜影影～～｜豪华阔～　**鹊**喜～｜惊～｜灵～｜扁～｜寒～｜鸣
～｜丹～｜山～　⑧**浞**四界［gue⁵］～　**蹙**紧～｜颦～｜穷～　**促**敦～
紧～｜仓～｜督～｜短～｜匆～｜急～

　　s　⑦**宿**伴～｜归～｜寄～｜夜～｜通～｜安～｜不～｜伴～｜嫖
～｜星～｜入～｜心～｜独～｜借～｜留～｜露～｜耆～｜膳～｜投～｜
歇～｜信～｜住～｜风餐露～｜晓行夜～　**肃**沉～｜检～｜严～｜整～
淑私～｜贤～　**烁**闪～　**铄**矍～　**粟**米～｜菽～｜布帛菽～｜沧海一～
削笔～｜斧～｜减～｜删～｜瘦～｜奇崛险～｜神寒形～　⑧**续**手～｜
替～｜持～｜存～｜待～｜赓～｜后～｜继～｜间～｜接～｜绝～｜连～
｜陆～｜延～｜时断时～｜断断续～｜陆陆～～｜存亡绝～　**俗**世～｜粗
～｜败～｜卑～｜鄙～｜伧～｜尘～｜凡～｜风～｜国～｜乡～｜不～｜
雅～｜从～｜出～｜陈［din²］～｜政～｜失～｜恶～｜市～｜返～｜群
～｜旧～｜众～｜婚～｜方～｜杂～｜还～｜庸～｜绝～｜礼～｜俚～｜
流～｜陋～｜媚～｜免～｜民～｜僧～｜世～｜释～｜通～｜脱～｜习～
｜入～｜超尘拔～｜伤风败～｜相沿成～｜愤世嫉～｜入乡随～｜通达脱
～｜入境问～｜移风易～｜感世愤～　**赎**自～　**塾**家～｜私～｜学～｜
义～｜乡～　**属**部～｜从～｜藩～｜附～｜归～｜家～｜金～｜眷～｜军
～｜抗～｜隶～｜僚～｜烈～｜领～｜亲～｜所～｜统～｜吐～｜下～｜
直～｜所～｜拥军优～　**蜀**川～｜入～｜乐不思～｜得陇望～

　　g　⑦**搁**可～　**菊**赏～｜野～｜咏～｜残～｜山～｜丹～｜杭～　⑧
局有～（有趣）｜无～｜小［siao³］～（气派规模小）｜败～｜变～｜博～
｜布～｜残～｜长～｜大～｜当～｜定～｜赌～｜对～｜饭～｜格～｜和
～｜僵～｜搅～｜结～｜了～｜骗～｜平～｜棋～｜器～｜全～｜蜷～｜
时～｜世～｜书～｜危～｜邮～｜战～｜政～｜终～｜局不～｜收拾残～
｜盱横大～｜顾全大～｜通观全～　**剧**悲～｜编～｜惨～｜丑～｜繁～｜
歌～｜话～｜急～｜加～｜闹～｜趣～｜诗～｜武～｜舞～｜喜～｜戏～
｜笑～｜哑～｜杂～｜正～｜广播～｜秧歌～｜独幕～｜多幕～｜悲喜～
｜恶作～　**嚎**笑～

　　k　⑦**曲**河～｜款～｜扭～｜盘～｜蟠～｜屈～｜拳～｜蜷～｜歪

～｜弯～｜委～｜乡～｜迁～｜袁～｜插～｜词～｜度～｜歌～｜南～｜散～｜套～｜舞～｜戏～｜序～｜心～｜组～｜元～｜乐～｜摇篮～｜催眠～｜奏鸣～｜圆舞～｜狂想～｜进行～｜小夜～｜诗词～｜间奏～｜前奏～｜协奏～｜同工异～　**却** 冷～｜了～｜抛～｜失～｜推～｜退～｜忘～｜谢～｜盛情难～

gg ⑧**玉** 翠～｜刚～｜金～｜碧～｜宝～｜秀～｜汉白～｜小家碧～｜乌金墨～｜守身如～｜抛砖引～　**虐**（也读［liok⁸]）暴～｜酷～｜凌～｜肆～｜凶～｜谑而不～｜旱魃为～｜助桀为～｜助纣为～

h ⑦**蓄** 积～　**旭** 朝～　**谑** 调～｜戏～｜谐～

Ø ⑦**约** 背～｜草～｜成～｜绰～｜大～｜缔～｜负～｜赴～｜纸～｜公～｜规～｜合～｜和～｜悔～｜婚～｜俭～｜简～｜践～｜节～｜解～｜履～｜盟～｜破～｜契～｜商～｜失～｜守～｜遵～｜誓～｜签～｜私～｜暗～｜聘～｜训～｜弃～｜背～｜应～｜明～｜幽～｜集～｜文稿～｜协～｜毁～｜门～｜止～｜爽～｜特～｜条～｜婉～｜违～｜相～｜邀～｜隐～｜预～｜制～｜租～｜量（其）～｜隐隐约～｜风采绰～｜丰神绰～｜丰姿绰～｜由博返～　**燠** 寒～　**矍** 矩～　⑧**育** 保～｜哺～｜德～｜发～｜繁～｜抚～｜教～｜节～｜鞠～｜绝～｜美～｜培～｜生～｜饲～｜体～｜选～｜训～｜养～｜优～｜孕～｜蕴～｜智～｜滋～｜高等教～｜中等教～｜幼儿教～｜普及教～｜学前教～｜特殊教～｜义务教～｜业余教～　**欲** 金～｜禁～｜情～｜肉～｜色～｜食～｜嗜～｜兽～｜私～｜纵～｜物～｜性～｜求知～｜从心所～｜随心所～｜口腹之～｜清心寡～　**矞** 炫～　**钥** 锁～｜北门锁～　**跃** 忭～｜欢～｜喜～｜活～｜雀～｜飞～｜跳～｜踊～｜欢呼忭～｜龙腾虎～｜欢呼雀～

附　　录

闽南话形容词生动形式举例表

1. 本表收入闽南话 170 多个常用形容词的部分生动形式。按闽南话的字母顺序 **A、B、BB、C、D、G、GG、NG、H、I、K、L、N、O、P、S、T、U、Z** 排列。这些常用形容词的生动形式只是举例性的，有不少形容词还有一些生动形式，读者可自行补充。

2. 形容词生动形式的用字多为同音字和近音字。它们只是单纯记录生动形式的符号，不能与它们的字义相联系。同一个形容词的生动形式，民间所用同音字、近音字不尽相同。本表对同一生动形式，有的采用本字，有的采用训读字，供读者选用。如：骹—脚；喙—嘴；齩—咬；等等。读者书写训读字可加注音。有些生动形式不同地方的人读音也不同，所以同一个字就会出现不同的变体。如："哼"有 [buh⁷]、[buh⁸] 两种读音。因此建议在使用形容词生动形式时，对生动形式的用字都注上闽南话注音符号，使其易懂易读。

3. 一个形容词虽有多种生动形式，但它们之间有意义上的细微差别、感情色彩、褒贬也有使用对象和范围的不同地区以及与社会不同人群在使用上存在些许差别。如"红"的生动形式"红支支、红贡贡"一般可指人也可指物，如："面仔（红支支、红贡贡）"，"日头（红支支、红贡贡）"；而"红丢丢、红记记"一般不指人而指物，同时说明红是一大片，比如："红霞红丢丢"，"规块布红记记"。"红冇冇 [paN⁵paN⁵]"不但指红的程度深，而且还有动态的感觉。因此，对有多种生动形式的形容词在形容具体事物时，选择哪个生动形式是颇有讲究的，既要符合具体事物的具体情境，又要符合社会约定俗成的使用习惯。

4. 本表形容词生动形式的注音只注本调不注变调。

A

饮　**am³**（稀米汤）　～通通［tong² tong²］，～漉漉［lok⁸ lok⁸］

暗　**am⁵**　～摸摸［bbong¹ bbong¹］，～沐沐［bbok⁸ bbok⁸］，～唆唆［so¹ so¹］，～墨墨［bbak⁷ bbak⁷］，～猫猫［niao¹ niao¹］，暗眠摸［am⁵ bbin² bbong¹］

闇　**am¹**（傻笨）～虱虱［duh⁷ duh⁷］

红　**ang²**　～支支［gi¹ gi¹］，～丢丢［diu¹ diu¹］，～贡贡［gong⁵ gong⁵］，～记记［gi⁵ gi⁵］，～冇冇［paN⁶ paN⁶］

恶　**ao⁵**（腐臭；坏，不好）　～脓脓［long² long²］，～臭臭［cao⁵ cao⁵］，～漉漉［lok⁷ lok⁷］，～死死［si³ si³］，～虱虱［duh⁸ duh⁸］，～殕殕［pu³ pu³］

恒　**an²**（紧）　～笃笃［dok⁷ dok⁷］

B

白　**beh⁸**　～苍苍［cang¹ cang¹］，～死皙［si³ siak⁷］，～皙皙［siak⁷ siak⁷］，～醋醋［pu³ pu³］，～抛抛［pa¹ pa¹］，～粉粉［hun³ hun³］，～咧设［liat⁷ siat⁷］

笨　**bun⁶**　～车车［cia¹ cia¹］，～捶捶［tui² tui²］

平　**biN²**　～坡坡［po¹ po¹］，～唆唆［so¹ so¹］

薄　**boh⁸**　～厘厘［li² li²］，～厘丝［li² si¹］，～丝丝［si¹ si¹］

肥　**bui²**　～渍渍［zih⁷ zih⁷］，～律律［lut⁷ lut⁷］，～车车［cia¹ cia¹］，～引引［iN⁵ iN⁵］，～溜溜［liu¹ liu¹］

扁　**biN³**　～　［so² so²］，～攃攃［go² go²］，～溜溜［liu¹ liu¹］

饱　**ba³**　～饫饫［i⁵ i⁵］，～秫秫［zut⁸ zut⁸］，～涸涸［kok⁸ kok⁸］

富　**bu⁵**　～六六［lak⁷ lak⁷］，～贡贡［gong⁵ gong⁵］，～油油［iu² iu²］，～溜溜［liu¹ liu¹］

BB

密　**bbat⁸**　～唧唧［ziuh⁷ ziuh⁷］

猛　**bbing³**　～剧剧［kiak⁸ kiak⁸］

雾　**bbu⁶**　～吵吵［saN³ saN³］，～摔摔［siak⁷ siak⁷］

慢　**bban⁶**　～趖趖［so² so²］，～死趖［si³ so²］，～罗趖［lo² so²］

C

青　**ciN**^{1}　～茫茫［ling^{1}ling^1］，～笋笋［sun^{3}sun^3］

粗　**coo**^{1}　～豹豹［ba^{5}ba^5］，～痹豹［bi^{5}ba^5］，～柏柏［beh^{7}beh^7］，
～爬爬［be^{2}be^2］，～粒粒［liap^{8}liap^8］，～荣荣［haoh^{7}haoh^7］

浅　**cian**^{3}　～辘辘［lok^{8}lok^8］，～比比［bi^{3}bi^3］，～乜乜［mih^{7}mih^7］

臭　**cao**^{5}　～荶荶［hiam^{1}hiam^1］，～奇奇［gia^{2}gia^2］，～囊囊
［long^{2}long^2］，～漉漉［lok^{8}lok^8］，～死死［si^{3}si^3］，～晗晗
［haN^{6}haN^6］

臊　**co**^{1}　～奇奇［gia^{2}gia^2］，～逼逼［biak^{7}biak^7］

溚　**ci**^{2}　～润润［lun^{5}lun^5］，～纳纳［lap^{7}lap^7］

清　**cin**^{4}　～卑卑［bi^{1}bi^1］，～支支［gi^{1}gi^1］

清　**cing**^{1}　～湾湾［uaiN^{1}uaiN^1］，～溜溜［liu^{1}liu^1］

吵　**ca**^{3}　～茹茹［lu^{2}lu^2］，～溜溜［siao^{2}siao^2］，～菇菇［lu^{2}lu^2］

冲　**cing**^{5}　～制制［put^{8}put^8］，～呱呱［gua^{6}gua^6］，～逼逼
［biak^{7}biak^7］，～高高［go^{1}go^1］

赤　**ciah**^{7}　（撒泼）　～兜兜［daoh^{8}daoh^8］，～爬爬［be^{2}be^2］，～六六
［lak^{8}lak^8］，～钳钳［kiN^{2}kiN^2］

生　**ciN**^{1}　～瓜瓜［gua^{1}gua^1］，～涩涩［siap^{7}siap^7］，～迸迸
［biang^{5}biang^5］

鲜　**ciN**^{1}　（鲜活）　～跳跳［tiao^{5}tiao^5，tio^{2}tio^2］，～茫茫［ling^{1}ling^1］

猹　**cio**^{1}　（气盛，好出风头）　～逼逼［biak^{7}biak^7］

D

长　**dng**^{2}　～眛眛［lo^{3}lo^3］，～眛唢［lo^{3}so^5］

短　**de**^{3}　～勾勾［giuh^{8}giuh^8］，～哼哼［buh^{8}buh^8］

直　**dit**^{8}　～弄宋［long^{5}song^5］，～弄弄［long^{5}long^5］

大　**dua**^{6}　～奁奁［hai^{1}hai^1］

甜　**diN**^{1}　～勿勿［bbut^{8}bbut^8］，～敛敛［liam^{5}liam^5］

有　**ding**^{6}　～扩扩［kok^{8}kok^8］，～笃笃［daoh^{7}daoh^7］

滇　**diN**^{6}　（坚实）　～满满［bbuan^{3}bbuan^3］

澹　**dam**^{2}　（湿，有水分）　～漉漉［lok^{7}lok^7］，～啁啁［ziuh^{7}ziuh^7］，～剃
剃［tih^{7}tih^7］，～酱酱［ziuN^{5}ziuN^5］

焦　**da**^{1}　（干）　～扩扩［kok^{7}kok^7］，～燥燥［so^{5}so^5］，～捎捎

[be⁵ be⁵]，～跷跷 [kiaoh⁸ kiaoh⁸]

恬 **diam⁶** (恬静)　　～褶褶 [zih⁷ zih⁷]

重 **dang⁶**　～锤锤 [tui² tui²]，～鳖哮 [bih⁷ buh⁷]，～扩扩[kok⁷ kok⁷]，
～腿腿 [duih⁷ duih⁷]

G

光 **gng¹**　～映映 [iaN⁵ iaN⁵]，～膏膏 [go⁶ go⁶]，～秃秃 [tut⁷ tut⁷]，
～闪闪 [siNh⁷ siNh⁷]，～铛铛 [dang¹ dang¹]

厚 **gao⁶**　～突突 [tut⁷ tut⁷]，～锵锵 [ciang² ciang²]

旧 **gu⁶**　～老老 [lao⁵ lao⁵]，～老臭 [lao⁵ cao⁵]，～臭臭 [cao⁵ cao⁵]，
～老泡 [lao⁵ pao⁵]

膏 **go¹** (黏糊)　～死死 [si³ si³]，～黐黐 [ti¹ ti¹]，～腜腜 [gue² gue²]，
～汁汁 [ziap⁷ ziap⁷]

悬 **guaiN²** (高) ～胈胈 [lo⁵ lo⁵]，～含含 [haN⁶ haN⁶]

下 **ge⁶** (低)　～觑觑 [bbih⁷ bbih⁷]，～微微 [bbi¹ bbi¹]

咸 **giam²**　～督督 [dok⁷ dok⁷]，～死死 [si³ si³]，～压压 [deh⁷ deh⁷]

甘 **gam¹**　～宝宝 [bo³ bo³]，～勿勿 [bbut⁷ bbut⁷]，～压压 [deh⁷ deh⁷]

漱 **ga⁵** (稀薄)　～通通 [tong¹ tong¹]，～漉漉 [lok⁸ lok⁸]

贵 **gui⁵**　～荐荐 [hiam¹ hiam¹]，～濂濂 [liam¹ liam¹]，～突突
[dut⁸ dut⁸]，～术术 [sut⁷ sut⁷]，～死死 [si³ si³]，～丝丝 [si¹ si¹]

过 **gua¹** (不细嫩)　～涩涩 [siap⁷ siap⁷]，～微微 [bbi¹ bbi¹]，～布布
boo⁵ boo⁵，～鳖鳖 [bih⁷ bih⁷]，～棠棠 [haoh⁸ haoh⁸]

急 **gip⁷**　～髀髀 [piaN⁶ piaN⁶]，～笃笃 [duah⁸ duah⁸]，～煞煞
[suah⁸ suah⁸]，～锵锵 [ciang² ciang²]

徛 **gia⁶** (陡峭)　～摔摔 [siak⁸ siak⁸]

狂 **gong²**　～髀髀 [piaN¹ piaN¹]，～煞煞 [suah⁷ suah⁷]

紧 **gin³** (快捷)　～捷捷 [ziap⁸ ziap⁸]，～术术 [sut⁸ sut⁸]，～制制
[put⁸ put⁸]，～溜溜 [liu¹ liu¹]

金 **gim¹** (光亮)　～闪闪 [siNh⁷ siNh⁷]，～捏闪 [nih⁷ siNh⁷]，～当当
[dang¹ dang¹]，～吵吵 [saNh⁷ saNh⁷]

滑 **gut⁸**　～律术 [lut⁸ sut⁸]，～溜榴 [liu⁵ siuh⁷]，～溜溜 [liu¹ liu¹]

骄 **giao¹**　～揭揭 [giah⁸ giah⁸]

娇 **giao¹**　～滴滴 [dih⁷ dih⁷]

洽 **gap⁷** (浓稠)　～醪醪 [lo² lo²]，～醪搅 [lo² go²]

GG

怣 ggong⁶（傻，痴）　～哖哖［mah⁷mah⁷］，～狮狮［sai¹sai¹］

孽 ggiat⁸（调皮）　～死死［si³si³］

妍 ggian³（娇媚）　～低低［de¹de¹］

NG

黄 ng²　～支支［gi¹gi¹］，～号号［ho⁶ho⁶］，～榴榴［siuh⁷siuh⁷］，
～黔黔［kam²kam²］，～汁汁［ziap⁷ziap⁷］，～膏膏［go¹go¹］

硬 ngi⁶　～扩扩［kok⁸kok⁸］，～砰砰［biang⁵biang⁵］，～档档
［dong⁵dong⁵］，～咚咚［dong¹dong¹］

H

横 huaiN²　～豹豹［ba⁵ba⁵］，～痹豹［bi⁵ba⁵］，～掰掰［beh⁷beh⁷］

兴 hing⁵（有兴致）　～制制［put⁸put⁸］，～戳戳［cak⁸cak⁸］，～呱呱
［gua¹gua¹］，～促促［ciok⁸ciok⁸］

花 hue¹　～漉漉［lok⁷lok⁷］，～猫猫［niao¹niao¹］，～攇攇［go²go²］，
～奇攇［gi²go²］，～巴厘猫［ba¹li²niao¹］

雄 hiong²（凶恶）　～介介［gai⁵gai⁵］，～死死［si³si³］，～～逼
逼［biak⁷biak⁷］

凶 hiong¹　～介介［gai⁵gai⁵］，～逼逼［biak⁷biak⁷］

姣 hiao²（轻佻而骚态）　～压压［deh⁷deh⁷］，～咧咧［leh⁷leh⁷］，～支
支［gi¹gi¹］，～奶奶［ni¹ni¹］

好 ho³　～当当［dang¹dang¹］，～叮当［din¹dang¹］，～是是［si⁶si⁶］，
～唯是［bbi²si⁶］

番 huan¹（悖理）　～汰汰［tai³tai³］，～耻汰［ti³tai³］，～膏膏
［go¹go¹］，～奇膏［gi²go¹］，～死死［si³si³］

煌 hong²（盛气凌人）　～逼逼［biak⁷biak⁷］

I

幼 iu⁵（细）　～咪咪［bbi¹bbi¹］，～廉廉［liam¹liam¹］

圆 iN²　～车车［cia¹cia¹］，～膏膏［go⁶go⁶］，～滚滚［gun⁵gun⁵］，
～客客［lin⁵liu⁵］

闲 ing²　～仙仙［sian¹sian¹］，～唆唆［so¹so¹］

炎　**iam**[6]　～剃剃［put[7] put[7]］，～贡贡［gong[5] gong[5]］，～冇冇［paN[5] paN[5]］

枵　**iao**[1]（饿）　～死死［si[3] si[3]］，～臊臊［soh[7] soh[7]］，～跛跛［saNh[7] saNh[7]］

饫　**i**[5]（饱而生厌）　～落落［lak[8] lak[8]］

勇　**iong**[3]　～剧剧［kiak[8] kiak[8]］

油　**iu**[2]　～膏膏［go[6] go[6]］，～卒卒［zut[7] zut[7]］，～渍渍［zih[7] zih[7]］

忧　**iu**[1]　～卒卒［zut[7] zut[7]］，～苦苦［koo[3] koo[3]］

阴　**im**[1]　～琛琛［tim[1] tim[1]］

K

阔　**kuah**[7]　～莽莽［bbong[3] bbong[3]］，～哢哢［long[1] long[1]］

沃　**kin**[3]（浅）　～微微［bbi[1] bbi[1]］

苦　**koo**[3]　～叶叶［iap[8] iap[8]］，～压压［deh[7] deh[7]］，～涩涩［siap[7] siap[7]］

挤　**kueh**[7]　～笃笃［daoh[8] daoh[8]］，～逐逐［dak[8] dak[8]］，～死死［si[3] si[3]］

虬　**kiu**[2]（吝啬；皱）　～猫猫［niao[1] niao[1]］，～叶叶［iap[8] iap[8]］，～死死［si[3] si[3]］，～饶饶［liao[2] liao[2]］

空　**kang**[1]　～弄弄［long[5] long[5]］，～吝弄［lin[5] long[5]］，～弄宋［long[5] song[5]］

勥　**kiang**[5]（太能干）　～氐氐［de[1] de[1]］，～剃剃［put[8] put[8]］

虔　**kian**[2]（娇撒）　～压压［deh[7] deh[7]］

洘　**ko**[3]（浓稠；退潮）　～突突［dut[8] dut[8]］，～渎渎［daoh[8] daoh[8]］，～秫秫［zut[8] zut[8]］，～揭揭［kiat[8] kiat[8]］

巧　**kiao**[3]（灵巧漂亮）　～氐氐［de[1] de[1]］

轻　**kin**[1]　～蟒蟒［bbang[3] bbang[3]］，～泗泗［si[5] si[5]］

跷　**kiao**[1]（弯曲）　～欹欹［ki[1] ki[1]］

粙　**kiu**[6]（软又嫩）　～压压［deh[7] deh[7]］

歁　**kam**[3]（傻）　～颠颠［dian[1] dian[1]］，～珍颠［din[1] dian[1]］

L

老　**lao**[6]　～扩扩［kok[7] kok[7]］，～瘼瘼［moh[7] moh[7]］，～虱虱［duh[7] duh[7]］

辣　**luah**[8]　～逼逼［biak[7] biak[7]］，～灰灰［he[1] he[1]］

皱　**liao**[2]　～颔颔［pue[3] pue[3]］，～庀颔［pi[3] pue[3]］，～豹豹［ba[5] ba[5]］，～

布布 ［boo⁵ boo⁵］

醪　lo²（浑浊）　～剧剧［giak⁸ giak⁸］，～支支［gi¹ gi¹］，～汁汁
［ziap⁷ ziap⁷］，～黐黐［ti¹ ti¹］，～膏膏［go¹ go¹］，～趖趖［so² so²］

冷　ling³　～卑卑［bi¹ bi¹］，～支支［gi¹ gi¹］

躼　lo⁵　～剧剧［kiak⁸ kiak⁸］，～摔摔［siak⁷ siak⁷］，～泻泻［sia⁵ sia⁵］

热　liat⁸　～滚滚［gun³ gun³］，～制制［put⁷ put⁷］，～贡贡
［gong⁵ gong⁵］，～胖胖［pong⁵ pong⁵］

热　luah⁸　～死死［si³ si³］

冗　ling⁶（松）　～庈庈［hoo⁵ hoo⁵］

澹　lam³（虚弱）　～屁屁［pui⁵ pui⁵］，～咴咴［he¹ he¹］

乱　luan⁶　～马马［bbe³ bbe³］，～操操［cao¹ cao¹］，～戳戳
［cak⁷ cak⁷］，～岔岔［ca⁵ ca⁵］，～槽槽［zao¹ zao］，～刺权［ci⁵ ca⁵］

茹　lu²（乱）　～锵锵［ciang³ ciang³］，～酵酵［gaN⁵ gaN⁵］，～马马
［bbe³ bbe³］，～搂搂［go² go²］，～溜溜［siao² siao²］（粗鄙语），～趖
趖［so² so²］

烈　liat⁸　～制制［put⁷ put⁷］

漉　lok⁷（差劲）　～喌喌［ziuh⁸ ziuh⁸］，～岔岔［caN⁵ caN⁵］

润　lun⁶　～布布［boo⁵ boo⁵］

韧　lun⁶　～布布［boo⁵ boo⁵］

黏　liam²　～黐黐［ti¹ ti¹］，～醪醪［lo² lo²］，～醪膏［lo² go¹］

绿　lik⁸　～支支［gi¹ gi¹］，～幽幽［iu¹ iu¹］

N

软　nng³　～搂搂［go² go²］，～咻咻［sio² sio²］，～趖趖［so² so²］，～勾
勾［giuh⁸ giuh⁸］，～喌喌［ziuh⁸ ziuh⁸］，～虬虬［kiu² kiu²］

懒　nua⁶　～趖趖［so² so²］，～漉漉［lok⁷ lok⁷］，～西西［se¹ se¹］

烂　nua⁶　～糊糊［goo² goo²］，～渣渣［ze¹ ze¹］，～唎唎［le¹ le¹］

凹　nah⁷　～哼哼［buh⁸ buh⁸］，～喌喌［ziuh⁸ ziu⁸］

O

乌　oo¹　～鬼鬼［gui³ gui³］，～黔黔［kam² kam²］，～如如［lu¹ lu¹］，
～臭臭［cao⁵ cao⁵］，～压压［deh⁷ deh⁷］，～墨墨［bbak⁸ bbak⁸］，
～趖趖［so² so²］，～仙仙［sian¹ sian¹］，～汁汁［ziap⁷ ziap⁷］，～猫
猫［niao¹ niao¹］

P

芳 **pang**[1]（香） ～贡贡 [gong[5] gong[5]]，～冲冲 [cing[5] cing[5]]，～滚滚 [gun[3] gun[3]]

否 **paiN**[3] ～死死 [si[3] si[3]]

凸 **pong**[5] ～狮狮 [sai[1] sai[1]]

冇 **paN**[5]（松，不实） ～漉漉 [lok[8] lok[8]]，～脓脓 [nong[2] nong[2]]，～浡浡 [puh[8] puh[8]]

破 **pua**[5] ～漉漉 [lok[7] lok[7]]，～纳纳 [lap[7] lap[7]]，～叉叉 [ce[1] ce[1]]，～糊糊 [goo[2] goo[2]]，～烂烂 [nua[6] nua[6]]，～膜膜 [gue[2] gue[2]]，～酱酱 [ziuN[5] ziuN[5]]

S

宿 **sik**[7]（聪慧） ～笃笃 [daoh[8] daoh[8]]

细 **sue**[5]（小） ～微微 [bbi[1] bbi[1]]

新 **sin**[1] ～点点 [diam[3] diam[3]]，～轴轴 [diak[7] diak[7]]（钞票）

瘦 **san**[3]（瘦） ～卑巴 [bi[1] ba[1]]，～巴巴 [ba[1] ba[1]]，～涸涸 [kok[8] kok[8]]，～支支 [gi[1] gi[1]]，～唆唆 [soh[8] soh[8]]

水 **sui**[3]（漂亮） ～当当 [dang[1] dang[1]]，～芒芒 [bbang[1] bbang[1]]，～溜溜 [liu[1] liu[1]]

酸 **sng**[1] ～支支 [gi[1] gi[1]]，～咎咎 [giuh[7] giuh[7]]，～蔫蔫 [liam[1] liam[1]]，～溜溜 [liu[1] liu[1]]

瘝 **sian**[6]（疲倦） ～庨庨 [hoo[5] hoo[5]]，～虱虱 [duh[7] duh[7]]，～唆唆 [so[1] so[1]]，～笃笃 [daoh[8] daoh[8]]，～搐搐 [diuh[7] diuh[7]]

烧 **sio**[1]（热） ～滚滚 [gun[3] gun[3]]，～烫烫 [tng[5] tng[5]]，～晗晗 [haN[6] haN[6]]，～逼逼 [biak[7] biak[7]]

庸 **song**[2]（俗气，土里土气） ～压压 [deh[7] deh[7]]

松 **sang**[1] ～哗哗 [hua[5] hua[5]]，～庨庨 [hoo[5] hoo[5]]

燥 **so**[5] ～剧剧 [giak[8] giak[8]]，～逼逼 [biak[8] biak[8]]，～剌剌 [put[8] put[8]]，～粕粕 [poh[7] poh[7]]

湿 **sip**[7] ～刮刮 [guah[8] guah[8]]，～笃笃 [daoh[8] daoh[8]]

死 **si**[3] ～丁丁 [ding[1] ding[1]]

痟 **siao**[3]（疯；轻佻） ～当当 [dang[1] dang[1]]，～叮当 [din[1] dang[1]]，～六六 [lak[8] lak[8]]，～珍颠 [din[1] dian[1]]，～颠颠 [dian[1] dian[1]]

散　suaN⁵　～披披［ia⁶ ia⁶］，～落落［laoh⁸ laoh⁸］

疡　siuN²（脏带黏糊）　～咧咧［leh⁷ leh⁷］，～黐黐［ti¹ ti¹］，～纳纳
［lap⁷ lap⁷］，～压压［deh⁷ deh⁷］

熟　sik⁸　～老老［lao³ lao³］，～斗斗［dao⁵ dao⁵］

涩　siap⁷　～刮刮［guah⁸ guah⁸］，～笃笃［daoh⁸ daoh⁸］

圾　sap⁷（脏而散落）　～披披［ia⁶ ia⁶］

袁　sue¹　～漉漉［lok⁷ lok⁷］

酥　soo¹　～脆脆［ce⁵ ce⁵］

爽　song³（快活）　～拂拂［put⁷ put⁷］

俗　siok⁸（便宜）　～虱虱［duh⁷ duh⁷］，～压压［deh⁷ deh⁷］

T

畅　tiong⁵（痛快）　～勿勿［bbut⁸ bbut⁸］，～怫怫［put⁷ put⁷］

土　too³（土里土气）　～漉扩［lok⁷ kok⁷］，弄松［long⁶ song²］

锤　tui²　～屈屈［kut⁸ kut⁸］，～突突［dut⁸ dut⁸］

U

歪　uai¹　～奇攲［gi² go²］，～攲攲［go² go²］，～掣掣［cuah⁸ cuah⁸］，
～刺掣［ci⁵ cuah⁸］

晏　uaN⁵（晚，迟）　～西西［sai¹ sai¹］

狭　ueh⁸　～痹痹［bih⁷ buh⁷］，～哼哼［buh⁷ buh⁷］，～闭哼［bih⁷ buh⁷］

矮　ue³　～凿凿［cak⁸ cak⁸］，～顿顿［dng⁵ dng⁵］，～闭哼［bi⁵ buh⁷］

活　uah⁸　～跳跳［tiao⁵ tiao⁵］，～茏茏［ling¹ ling¹］

稳　un³　～在在［zai⁶ zai⁶］

Z

多　zue⁶　～弥满［mi³ mua³］

子　ziN³（幼嫩）　～扩扩［kok⁷ kok⁷］，～溢溢［pun² pun²］

早　za³　～弯弯［uaiN¹ uaiN¹］

饯　ziaN³（淡而无味）　～闭哼［bi⁵ buh⁸］，～哼哼［buh⁸ buh⁸］，～裹裹
［gaoh⁸ gaoh⁸］

实　zat⁸　～统统［tong³ tong³］，～樴樴［ziN¹ ziN¹］

杂　zap⁸　～醪醪［lo² lo²］，～插插［cap⁸ cap⁸］，～落落［lao⁵ lao⁵］，
～醪膏［lo² go¹］

精 **zing**¹ （精灵）　～歪歪 ［uai¹ uai¹］，～律律 ［lut⁸ lut⁸］，～律术 ［lut⁸ sut⁸］

捷 **ziap**⁸ （迅捷）　～律律 ［lut⁸ lut⁸］，～律术 ［lut⁸ sut⁸］

静 **zing**⁶　～青青 ［cin¹ ciN¹］，～寂寂 ［ziaoh⁷ ziaoh⁷］

酱 **ziuN**⁵　～膜膜 ［gue² gue²］，～咧咧 ［leh⁸ leh⁸］，～沐沐 ［bbok⁸ bbok⁸］，～纳纳 ［lap⁸ lap⁸］，～漉漉 ［lok⁸ lok⁸］

在 **zai**⁶ （沉稳老练）　～逼逼 ［biak⁷ biak⁷］，～剌剌 ［put⁷ put⁷］

尖 **ziam**¹　～咧咧 ［le¹ le¹］

普通话十三辙与
新诗十八韵常用字表

普通话十三辙与新诗十八韵对照

1. 普通话的韵部有十三辙和十八韵之说。十三辙是宽韵，诗韵十八韵是窄韵。十八韵是从十三辙的部分韵辙中根据韵母主要元音的不同再分出的小韵部。本表把两者合在一起，便于读者看清楚它们之间的关系。十三辙把沿用的旧名排在前面，[ ]里所列的是我们起的新名，是用词语的形式出现，只是为了便于记忆。十八韵用传统的旧名。

2. 各韵辙所收的韵字是常用字，若有缺漏，请读者自行补上。

3. 各韵辙里按韵母排列字表。每个韵母再按普通话的声母次序：b、p、m、f、d、t、n、l、g、k、h、zh、ch、sh、r、z、c、s、j、q、x、Ø 排列，每个声母按声调的顺序分别用序号表示：①代表阴平，②代表阳平，③代表上声，④代表去声。读音用汉语拼音方案标注，[ ]里的音标为国际音标。

4. 古四声与普通话的四声概念不完全相同，因而古平仄所包括的声调与今平仄所包括的声调也不完全相同。古平声包括古平声一个声调，仄声包括古上声、去声、入声三个声调。古入声字在今普通话中已分别归入阴平、阳平、上声和去声四个声调。故今普通话平声就包括普通话阴平、阳平两个声调；今普通话的仄声包括普通话上声和去声两个声调。

5. 多音字在所属韵部里分别列示。如"薄"，既在"梭坡辙"里的"波"小韵的 b 声母②（阳平调）中出现，也在"遥条辙"里 b 声母②（阳平调）中出现。

6. 个别字后附小字的例词加以说明。如"发花辙"a 韵母 f

声母④（去声）的"发"字，旁边有小号字"理～"（～代替"发"字）。

普通话十三辙与新诗十八韵对照表

十三辙名称	十八韵名称	包括韵母	例　字
1 发花［麻花］	1 麻	a[a],ia[ia],ua[ua]	把闸·家甲·瓜滑
2 梭坡［客座］	2 波	o[o],uo[uo]	播婆博迫·多过坐
	3 歌	e[ɤ]	戈格可客何盒鹅恶
3 乜斜［节约］	4 皆	ie[ie],üe[ye]	鳖野谢·绝学月
4 一七［立志］	5 支	i[ɿ]	子此私·知齿市室
	6 儿	er[ər]	二耳尔
	7 齐	i[i]	比米踢尼寄气细锡
	11 鱼	ü[y]	女去序雨吕余句绿
5 姑苏［古都］	9 姑	u[u]	补猪树初故毒竹叔
6 怀来［开怀］	9 开	ai[ai],uai[uai]	拜寨改白·乖淮外
7 灰堆［玫瑰］	8 微	ei[ei],uei[uei]	被赔贼黑·为会规
8 遥条［逍遥］	13 豪	ao[au],iao[iau]	包岛号照勺·表交调
9 油求［周游］	12 侯	ou[ou],iou[iou]	斗周受够·酒球秀
10 言前［安全］	14 寒	an[an],ian[ian], uan[uan],üan[yan]	半战·边·转·卷
11 人辰［森林］	15 痕	en[ən],in[in], uen[uən],ün[yn]	本·紧侵·滚·韵
12 江阳［畅想］	16 唐	ang[aŋ],iang[iaŋ], uang[uaŋ]	帮丈港·将乡·望
13 中东［灯笼］	17 庚	eng[əŋ],ing[iŋ]	耕等翁·惊英
	18 东	ong[uŋ],iong[yŋ]	冬宗弓·炯迥用

普通话十三辙与新诗十八韵常用字表

一　发花辙【a，ia，ua】

（一）麻韵［a，ia，ua］

a

b①巴芭笆疤吧粑八叭扒捌 ②拔跋 ③把 ④耙爸把刀~儿霸坝罢 <轻>吧
p①趴 ②爬琶耙杷扒 ④怕帕<轻>琶琵~　m①妈抹~布 ②麻蟆 ③马码蚂
~蚁 ④骂蚂~蚱<轻>嘛吗　f①发 ②伐阀筏乏罚 ③法砝 ④发理~珐　d①
搭答~应 ②答~复瘩达打三~ ③打 ④大<轻>瘩疙~　t①他她它塌踏~实
③塔獭 ④沓踏~步榻拓~碑　n②拿 ③哪~里 ④那纳钠呐捺<轻>哪　l①
拉垃啦哗邋~遢 ②旯旮~ ③喇 ④辣刺瘌蜡腊 <轻>啦　g①嘎旮~儿 ②噶
轧 ③尜 ④尬尴~　k①咖喀 ③卡~车　h①哈蛤~蟆 ③哈~达　zh①楂山~
渣扎~针 ②炸油~札扎挣~轧~钢闸铡 ③砟眨 ④乍诈炸蚱榨栅　ch①叉差
~错喳插 ②茶搽查碴茬头~察 ③镲衩 ④差~劲岔叉树~诧刹古~　sh①沙纱
痧砂鲨杉~木杀刹~车 ②啥 ③傻 ④厦大~霎煞　z①扎包~匝咂 ②杂砸　c
①擦嚓　s①撒~手③洒撒~种 ④萨卅　Ø①啊阿 <轻>啊

ia

l③俩　j①加枷笳袈嘉家佳夹 ②夹荚颊 ③假贾甲钾胛 ④稼嫁驾架价假
q①掐 ③卡 ④恰洽　x①虾瞎 ②霞暇瑕狭侠峡狎匣辖 ④夏厦下吓　Ø①
丫呀鸦押鸭压 ②牙芽蚜崖衙 ③哑雅 ④亚讶轧揠压 <轻>呀

ua

g①瓜刮 ③寡剐 ④挂卦褂　k①夸 ③垮 ④挎跨胯　h①花哗 ②华哗铧划
滑猾 ④化话华桦划画　zh①抓 ③爪　sh①刷 ③耍 ④刷　Ø①蛙哇洼挖
②娃 ③瓦 ④袜 <轻>哇

二 梭坡辙【o，uo，e】

（二）波韵［o，uo］

o

b①玻波菠馎播拨剥钵 ②伯泊箔舶勃渤脖博搏膊薄驳钹帛 ③跛簸 ④簸薄

p①坡颇泼朴~刀 ②婆 ③叵 ④破迫珀粕魄 　m①摸 ②馍模膜摹摩磨蘑

魔 ③抹 ④磨末沫抹茉陌莫寞漠默墨没殁 　f②佛 　l<轻>咯

uo

d①多哆咄掇 ②夺度踱铎 ③朵躲 ④舵剁垛跺惰堕 　t①拖托脱 ②坨驼柁

驮 ③妥椭 ④唾柝拓 　n②挪娜 ④懦糯诺 　l①啰捋 ②骡螺罗逻萝锣箩

③裸 ④烙洛落络骆 <轻>咯 　g①锅郭蝈聒 ②国帼 ③果裹 ④过 　k④阔

括扩廓 　h①豁 ②和活 ③火伙 ④祸货或惑获霍豁 <轻>和暖~ 　zh①桌

捉拙涿 ②苗灼酌浊镯着啄诼琢擢濯卓 　ch①戳 ④绰啜辍龊 　sh①说 ④

硕烁铄妁朔搠槊蒴 　r④若弱 　z①作 ②昨琢 ③左佐 ④坐座做作柞酢 　c

①搓磋撮 ④锉挫措错 　s①唆梭娑蓑缩 ③琐锁所索 <轻>嗦啰~ 　Ø①涡

莴窝蜗倭挝喔 ③我 ④卧沃斡喔握龌

（三）歌韵［e］

e

m<轻>么末噁 　d②得德 <轻>地底的得 　t④特忒忑 　n②哪~吒 ④讷 <

轻>呢 　l①肋 ④乐勒 <轻>了 　g①戈哥歌搁胳疙割鸽 ②格阁蛤革膈隔葛

骼 ③葛 ④个各铬 　k①科蝌苛柯棵颗磕瞌 ②咳壳 ③可渴 ④课克刻客恪

　h①喝 ②禾和河何荷合核貉涸盒劾阂 ④贺赫褐鹤吓喝壑 　zh①遮 ②折

哲蜇辙辄磔谪 ③者赭褶 ④蔗这浙 <轻>着 　ch①车 ③扯 ④彻撤澈掣

sh①奢赊 ②蛇舌折 ③舍 ④射麝社舍赦设涉摄慑 　r③惹 ④热 　z ②则择

泽责 ④仄 　c④侧厕测侧策册 　s④塞涩色铯瑟啬穑 　Ø①阿婀 ②讹俄蛾

鹅额 ③恶 ④饿恶噩遏厄扼轭鄂腭鳄

三　乜斜辙【ie，üe】

（四）皆韵［ie，üe］

ie

b①鳖憋　②别蹩　③瘪　④别　**p**①瞥撇　③撇苤　**m**①咩　④灭蔑　**d**①爹跌　②迭叠谍堞碟牒蝶　**t**①贴帖　③铁帖　④帖　**n**①捏　④聂镊蹑镍孽蘖涅　**l**①咧　③咧　④列冽烈裂猎劣＜轻＞咧　**j**①阶街秸揭接疖　②诘洁结劫杰子　**q**①切　②茄　③且　④怯切窃妾挈锲　**x**①些歇蝎楔　②偕鞋携邪斜协胁挟　③写血　④械懈蟹卸泻谢泄屑亵燮　**Ø**①耶椰噎　②爷　③也冶野　④夜液掖腋叶页业谒咽

üe

n④虐疟　**l**④略掠　**j**①撅　②决诀抉觉珏绝倔掘崛厥橛蹶攫爵嚼　④倔　**q**①缺　②瘸　④却确鹊雀阙阕　**x**①靴薛削　②学穴噱　③雪　④血谑　**Ø**①约曰　③哕　④悦阅越粤月钺钥跃乐岳

四　一七辙【-i，er，i，ü】

（五）支韵［i］

z①姿咨资兹滋辎吱孜　③子仔籽姊滓紫　④字自恣　**c**①差疵　②词祠辞慈磁瓷雌　③此　④次赐伺刺　**s**①私思司斯撕丝鸶蛳　③死　④四肆似寺饲　**zh**①之芝支枝肢知蜘脂织汁只　②直值植殖执侄职　③止址趾纸旨指只～有　④志痣智至致治痔制置滞稚挚帜秩掷质窒蛭炙　**ch**①痴蚩笞吃　②池迟匙持弛驰　③耻侈豉齿尺　④翅炽斥赤叱饬　**sh**①尸诗师狮施虱湿失　②时十什拾石识食蚀实　③史使驶始屎矢　④是士示视世似市柿恃试誓逝事势氏室释适饰式拭弑　＜轻＞匙钥～殖骨～　**r**④日

（六）儿韵［er］

Ø②儿而　③耳饵尔　④二贰

（七）齐韵 ［i］

b①逼 ②鼻荸 ③匕比彼鄙笔 ④庇箅痹蔽弊币毙闭壁璧必毕碧辟避愎　p①披批砒坯劈～刀霹 ②皮疲啤脾枇琵 ③痞匹劈～柴癖 ④譬屁辟僻　m①眯 ②迷谜眯弥麋 ③米靡 ④泌秘密蜜觅幂泪　d①低堤滴 ②狄涤迪笛敌的嫡 ③底诋抵 ④弟递第帝谛缔蒂地的　t①梯 ②提堤题啼蹄 ③体 ④涕剃替嚏屉惕　n②尼呢泥霓 ③你拟 ④腻匿逆　l②离漓璃篱梨犁黎厘 ③李里理鲤 ④吏利俐莉痢厉励丽隶例沥荔　j①基箕击肌饥讥机叽鸡激唧 ②脊及级极急棘即集籍辑疾缉 ③己几给挤 ④季技忌记纪计寄寂既冀祭继际剂济鲫　q①欺妻凄栖七柒漆戚期 ②其旗棋奇骑齐脐祈歧乞讫迄膝 ③起岂启 ④气汽讫迄企弃器砌　x①希稀溪熹嘻西牺兮熙犀吸蟋夕汐息熄析蜥昔惜悉锡 ②习席媳檄 ③洗铣喜禧徙玺 ④系戏细隙　Ø①衣依一 ②姨宜 ③已椅以 ④溢译益意亿异易逸

（八）鱼韵 ［ü］

n③女 ④衄　l②驴闾 ③吕侣铝旅缕屡履 ④虑滤律率绿氯　j①居驹拘掬鞠疽车锔 ②局菊桔 ③矩举莒沮 ④巨拒炬距句具俱惧飓踞锯踞剧聚　q①区岖驱躯蛆趋曲屈 ②渠衢 ③取娶曲龋 ④去趣　x①虚嘘墟须需戌 ②徐 ③许栩 ④序叙婿絮绪酗续畜蓄恤旭煦　Ø①迂於淤 ②于盂余予俞渝愉榆鱼渔娱愚舆隅虞 ③羽予与屿宇雨语 ④誉预豫谕喻愈裕吁芋寓遇御育域浴欲玉狱郁毓

五　姑苏辙【u】

（九）姑韵 ［u］

b①逋晡 ②醭 ③补捕哺卜 ④布怖步部簿埠不　p①铺扑 ②葡蒲仆 ③普谱浦朴蹼 ④铺堡暴瀑曝　m②模 ③亩母拇姆牡 ④暮墓募慕幕木沐睦目苜穆牧　f①夫肤麸孵敷 ②扶符俘浮匐弗佛拂伏袱茯服幅福辐 ③府俯腑腐甫辅抚斧釜 ④付附赴妇负赋父副富傅缚复腹蝮鳆馥覆　d①都督 ②读牍犊独毒 ③堵赌睹肚 ④杜肚度渡镀妒　t①秃突凸 ②途涂屠徒图 ③土吐 ④兔吐　n②奴 ③努弩 ④怒　l②芦庐炉卢泸轳颅 ③鲁橹虏卤 ④路赂露鹭鹿漉辘麓录绿禄碌陆戮　g①估姑沽菇辜孤箍骨觳 ③古鼓股骨谷 ④故固锢雇顾梏　k①枯窟哭 ③苦 ④库裤酷　h①乎呼忽惚 ②胡湖葫蝴

糊狐弧壶斛囵鹄 ③虎唬浒 ④笏户沪护互 **zh**①朱珠株蛛诸猪 ②竹烛逐
竺术 ③主煮嘱睸 ④住注驻柱蛀苎贮助著铸祝筑 **ch**①初出 ②除厨橱锄
刍蹰 ③楚础处储杵褚 ④处触畜搐矗绌黜怵 **sh**①梳疏蔬抒舒输枢殊书叔
淑 ②秫赎孰塾熟 ③暑署薯曙鼠数黍属蜀 ④树竖漱恕数戍墅术述束 **r**②
如茹儒孺蠕 ③汝乳辱 ④入褥 **z**①租 ②足族卒镞 ③阻组祖 **c**①粗 ②
徂殂 ④醋促簇蹴 **s**①苏酥 ②俗 ④素诉塑肃速宿粟夙 **Ø**①乌呜钨诬污
屋 ②吾梧吴蜈无芜 ③五伍午侮武舞 ④坞恶悟晤误戊务雾勿物

六　怀来辙【ai，uai】

（十）开韵［ai，uai］

ai

b①掰 ②白 ③摆百柏 ④败拜稗 **p**①拍 ②排徘牌 ③迫～击炮 ④派湃 **m**
②埋 ③买 ④卖迈麦脉 **d**①呆 ③歹傣 ④代袋贷黛大待怠殆带戴逮玳 **t**
①苔台 ②台苔抬 ④太汰态泰 **n** ③乃奶 ④奈耐 **l**②来 ④赖癞 **g**①该
③改 ④盖溉概丐钙 **k**①开揩 ③楷凯慨 ④忾 **h**①嗨 ②孩还 ③海 ④害
骇 **zh**①斋摘 ②宅翟 ③窄 ④债寨 **ch**①差拆钗 ②柴豺 **sh**①筛 ③色～
子 ④晒 **z**①灾栽哉 ③宰载 ④在再载 **c**①猜 ②才材财裁 ③采彩睬踩
④菜蔡 **s**①腮鳃塞 ④赛塞 **Ø**①哀挨埃唉哎 ②挨癌皑 ③矮蔼 ④爱暧隘
艾碍

uai

g①乖 ③拐 ④怪 **k**③蒯 ④会快筷块脍 **h**②怀槐淮徊 ④坏 **ch**①揣 ③
揣 ④踹 **sh**①衰摔 ③甩 ④帅率蟀 **Ø**①歪 ③崴 ④外

七　灰堆辙【ei，uei】

（十一）微韵［ei，uei］

ei

b①卑碑杯悲背 ③北 ④贝倍蓓焙备惫被辈背 **p**①呸胚 ②培陪赔裴 ④配

佩沛　m②枚玫眉媒煤莓梅霉没酶　③美镁　④妹昧袂寐媚　f①非啡菲扉蜚
飞妃　②肥腓　③匪诽菲翡　④沸费肺废吠　d③得　n③馁　④内　l①勒　②
雷擂镭累～赘　③累偏垒蕾　④类泪累擂肋　<轻>嘞　g③给　h①黑嘿　z
②贼

uei

d①堆　④对兑队碓　t①推　②颓　③腿　④退蜕褪　g①闺归规龟瑰硅　③诡
鬼轨癸　④桂贵柜跪剑鳜　k①亏盔窥岿　②葵睽魁逵奎　③傀　④愧溃匮馈
　h①徽灰恢挥辉晖　②回茴蛔　③毁悔　④会绘烩汇慧惠贿秽讳海晦卉　zh
①追锥椎　④缀赘坠　ch①吹炊　②垂捶锤陲槌　sh②谁　③水　④税睡说
r②蕤　③蕊　④锐睿瑞　z③嘴　④罪最醉　c①崔催摧　③璀　④萃悴瘁翠粹
淬脆　s①虽尿　②随绥遂　③髓　④岁碎穗遂隧祟　Ø①威危微巍偎　②围违
惟唯维为桅　③伟苇纬炜闱趔委诿萎痿猥尾伪　④为畏喂胃谓猬尉蔚慰卫位
魏未味渭

八　遥条辙【ao，iao】

（十二）豪韵［ao，iao］

ao

b①包苞胞褒剥　②雹薄　③宝保堡葆褓饱　④报豹刨抱鲍暴爆曝　p①抛　②
咆袍刨　③跑　④泡炮　m①猫　②矛茅锚　③卯铆　④冒帽瑁貌茂贸　d①刀
叨　③倒岛捣导蹈祷　④道稻盗悼到倒　t①滔掏涛叨韬　②逃桃陶萄淘　③
讨　④套　n①孬　②挠铙蛲　③恼脑　④闹　l①捞　②劳痨牢　③老姥　④唠
涝烙酪　g①羔糕高膏篙皋　③搞稿镐　④告　k①尻　③考拷烤　④靠铐犒
h①蒿薅　②豪壕嚎毫号　③好郝　④号好耗浩　zh①招昭朝着　②着　③爪找
沼　④召照赵兆罩肇　ch①抄超钞　②朝潮晁巢嘲　③吵炒　④秒　sh①捎梢
稍烧　②韶勺芍　③少　④少哨绍邵　r②饶娆　③扰　④绕　z①糟遭　③早澡
枣蚤　④灶皂　c①操糙　②曹漕嘈槽　③草　s①搔骚臊缲　③扫嫂　④臊扫
　Ø①熬凹　②熬翱遨鳌鏖　③袄　④奥澳懊傲坳拗

iao

b①标膘彪　③表裱　④鳔　p①漂缥飘剽　②瓢朴嫖　③漂　④票漂　m①喵

②描 ③秒渺缈藐 ④庙妙 d①刁叼凋碉雕貂 ④吊钓掉调 t①挑 ②条调笤迢 ③挑 ④跳眺粜 n③鸟袅 ④尿 l①撩 ②僚潦缭燎辽疗寮聊 ③了蓼 ④料廖镣撂钌 j①交郊茭胶蛟姣娇骄浇教焦蕉礁椒 ②嚼 ③狡绞饺铰缴侥搅矫剿脚角 ④校较叫教窖轿酵觉 q①敲跷锹橇悄 ②乔侨荞桥翘瞧 ③巧 ④俏窍撬壳 x①器肖削宵消销硝霄萧箫 ②淆 ③晓小 ④肖效校孝哮笑啸 Ø①幺吆夭妖邀腰要约 ②姚窑谣摇遥肴尧 ③舀咬杳 ④要耀药钥鹞

九　油求辙【ou，iou】

（十三）侯韵［ou，iou］

ou

p①剖 ②裒 ③掊 m①哞 ②谋牟眸缪 ④某 f③否 d①都兜 ③斗抖蚪陡 ④豆逗痘窦斗 t①偷 ②头投 ④透 l①搂 ②喽楼耧髅 ③搂篓 ④陋漏露 <轻>喽 g①勾钩沟 ③狗苟 ④勾构购够垢 k①抠 ③口 ④扣寇蔻 h①齁 ②侯喉猴 ③吼 ④候后厚 zh①州洲周舟诌粥 ②轴妯 ③肘帚 ④皱骤昼宙咒胄 ch①抽 ②酬愁绸稠仇畴筹踌 ③丑瞅 ④臭 sh①收 ②熟 ③守手首 ④受授兽瘦寿售狩 r②柔揉糅 ④肉 z①邹 ③走 ④奏揍腠 c④凑 s①搜馊艘 ③叟嗾擞薮 ④嗽 Ø①区讴殴欧鸥 ③偶藕呕 ④沤怄

iou

m④谬 d①丢 n①妞 ②牛 ③扭纽忸 ④拗 l①溜 ②流琉硫留榴镏瘤刘 ③柳绺 ④溜镏六 j①纠赳鸠究揪阄 ③久灸九玖韭酒 ④臼舅旧救就疚柩 q①丘蚯秋鳅邱 ②求球裘囚泅仇酋 ③糗 x①休羞修 ③朽 ④秀锈臭嗅袖 Ø①优忧悠幽 ②由邮油铀蚰尤犹游 ③友有酉 ④又右佑幼柚釉诱

十 言前辙【an，ian，uan，üan】

（十四）寒韵 [an，ian，uan，üan]

an

b①般搬班斑颁扳 ③板版坂 ④半伴拌绊办瓣扮 **p**①潘攀 ②盘磐蟠蹒 ④判叛盼畔 **m**①颟 ②瞒馒蛮 ③满 ④慢漫蔓熳 **f**①番藩翻帆幡 ②烦繁樊凡矾 ③反返 ④饭贩犯范泛 **d**①丹单担耽眈箪 ③胆疸掸 ④旦但弹石诞蛋淡氮担 **t**①摊滩瘫坍贪 ②弹坛昙檀谈痰谭潭 ③坦袒毯忐 ④叹炭碳探 **n**②难男南楠喃 ③蝻赧 ④难 **l**②兰拦栏蓝篮阑澜婪岚 ③览揽缆榄懒 ④烂滥 **g**①干杆竿肝甘柑泔 ③杆秆赶敢橄感 ④干赣淦 **k**①看刊堪勘戡 ③坎砍侃槛 ④看瞰 **h**①顸酣蚶鼾 ②寒韩含函涵邯 ③罕喊 ④汗旱悍捍焊汉憾翰瀚 **zh**①占粘沾毡瞻 ③展盏斩辗 ④占战站绽栈蘸 **ch**①搀 ②婵禅蝉缠谗馋蟾潺 ③产铲阐谄 ④颤忏 **sh**①山舢删珊姗煽苫 ③闪陕 ④善缮膳扇擅赡苫单 **r**②然燃 ③染冉苒 **z**①簪 ②咱 ③攒 ④赞暂 ＜轻＞咱多～ **c**①餐参 ②残惭蚕 ③惨 ④灿 **s**①三叁 ③伞散松～ ④散～心 **Ø**①安桉鞍庵谙 ③俺 ④按案岸暗黯

ian

b①边蝙编鞭砭 ③扁匾贬 ④遍辨辩辫便变汴 **p**①偏篇翩片 ②便骈 ④片骗 **m**②棉绵眠 ③免冕勉娩缅 ④面 **d**①颠癫滇掂 ③典碘点踮 ④电佃甸殿靛淀奠店惦玷垫钿 **t**①天添 ②田填甜恬 ③舔腆 ④掭 **n**①蔫拈 ②年黏鲇 ③碾捻撵 ④念廿 **l**②连莲涟 ③脸敛 ④练炼恋链殓 **j**①肩奸间坚艰兼监煎尖歼缄菅笺 ③柬拣简茧减碱俭捡检剪 ④件间涧建健毽键见舰监槛鉴剑箭饯践贱溅荐渐 **q**①千扦迁钎签铅牵谦 ②黔钳前钱潜乾虔掮钤 ③遣浅谴 ④纤欠嵌歉堑 **x**①掀锨先仙鲜纤 ②弦闲贤嫌咸衔涎 ③显险冼 ④苋现宪限县献陷馅线腺羡 **Ø**①烟咽胭焉淹阉腌 ②延蜒筵沿檐盐炎阎言研颜严岩 ③衍演掩眼 ④燕咽宴堰焰厌艳雁谚砚验

uan

d①端 ③短 ④段缎煅断 **t**①湍 ②团 **n**③暖 **l**②栾滦峦孪挛 ③卵 ④

乱　g①官棺观关冠鳏纶　③管馆　④灌罐贯惯冠盥鹳　k①宽　③款　h①欢
獾　②还环桓寰　③缓　④换唤涣焕痪患幻宦豢浣　zh①专砖　③转～账　④传
转～盘赚篆撰　ch①川穿　②船传椽　③喘舛　④串钏　sh①涮　r③软阮　z
①钻　③纂　④钻攒　c①躜　②攒　④窜篡　s①酸　④算蒜　Ø①弯湾剜踠蜿
②丸纨完玩顽　③宛惋婉碗挽晚皖　④腕蔓万

üan

j①捐涓鹃　③卷　④卷倦圈眷绢　q①圈　②全痊拳权泉诠　③犬　④劝券　x
①宣喧暄轩萱　②旋悬玄　③选癣　④楦旋绚炫眩泫　Ø①冤渊鸢鸳　②元园
员圆袁猿辕援缘原源　③远　④苑怨院愿

十一　人辰辙【en，in，uen，ün】

（十五）痕韵［en，in，uen（un），ün］

en

b①奔锛　③本苯　④笨奔　p①喷　②盆　④喷　m①闷　②门扪　④闷＜轻＞
们　f①分吩纷芬　②坟焚汾　③粉　④分份奋愤粪　n④嫩　g①根跟　④亘
艮　k③肯啃垦恳　h②痕　③很狠　④恨　zh①贞侦帧真甄针斟砧珍胗　③
疹诊枕　④振赈震阵镇　ch①抻嗔琛　②辰　③趁衬称＜轻＞碜寒～　sh①申
伸呻绅身深参娠　②神什　③审婶沈　④慎肾甚渗蜃　r②人仁壬任　③忍　④
刃纫韧认任妊葚饪　z③怎　c①参　②岑　s①森　Ø①恩　④摁

in

b①宾滨缤槟斌彬濒　④殡鬓摈　p①拼姘　②贫频　③品　④聘牝　m②民
③敏抿泯悯闽皿　n②您　l②邻磷鳞麟遴林淋琳临　③凛檩　④赁吝蔺躏淋
过～　j①巾斤筋今矜金禁襟津　③仅谨紧锦尽谨　④近劲禁尽进晋浸烬妗
q①钦亲侵衾　②勤芹琴禽擒噙秦　③寝　④沁　x①辛莘锌新薪欣心馨　④信
衅囟　Ø①因姻殷音阴茵　②淫寅吟垠银龈　③尹引蚓隐瘾饮　④印饮荫

uen（un）

d①敦墩蹲吨　③盹趸　④炖钝顿囤盾遁　t①吞　②屯臀囤　④褪　l①抡　②

仑伦沦纶轮论 ④论　g③滚辊 ④棍　k①昆坤 ③捆 ④困　h①昏婚荤 ②魂浑 ④混　zh①谆 ③准　ch①春椿 ②唇纯淳醇 ③蠢　sh③吮 ④顺舜瞬　r④闰润　z①尊遵 ③撙　c①村皴 ②存 ③忖 ④寸　s①孙狲 ③损笋隼榫　Ø①温瘟 ②文纹蚊闻 ③稳刎吻紊 ④问

ün

j①均君军菌龟 ④菌俊峻骏浚竣　q②群裙　x①熏勋 ②旬询循巡寻 ④训驯讯迅汛殉徇逊　Ø①晕 ②云匀 ③允陨 ④运晕孕韵熨酝蕴

十二　江阳辙【ang，iang，uang】

（十六）唐［ang，iang，uang］

ang

b①邦帮梆 ③榜膀绑 ④蚌棒傍谤磅　p①乓谤 ②旁膀磅螃庞 ③耪 ④胖　m②忙氓芒茫盲 ③莽蟒　d①当裆 ③党挡 ④当档荡宕　t①汤 ②唐塘搪糖堂膛螳棠 ③倘淌躺 ④烫趟　n①囔 ②囊 ③曩 ④齉　l②郎廊榔螂狼琅锒 ④浪　g①缸肛冈刚纲钢 ③岗港 ④杠　k①康慷糠 ②扛 ④亢抗炕　h①夯 ②吭杭航行 ④巷　zh①章彰樟璋张 ③长涨掌 ④丈仗杖帐胀涨障瘴　ch①昌猖娼菖伥 ②长场肠常嫦尝偿 ③厂场敞氅 ④倡唱畅怅　sh①伤商墒 ③赏晌垧上 ④尚上绱 <轻>裳衣~　r②瓤 ③嚷壤攘 ④让　z①脏赃 ④葬藏奘脏　c①仓沧苍舱 ②藏　s①丧桑 ③嗓 ④丧　Ø①肮 ②昂 ④盎

iang

n②娘 ④酿　l②良粮凉量梁粱 ③两 ④谅晾亮辆量　j①江豇姜僵缰疆将浆 ③讲奖蒋桨 ④降强将酱匠绛　q①呛戗腔枪锵羌锖 ②强墙蔷 ③强抢襁 ④呛戗　x①相厢湘箱香乡襄骧镶 ②降详祥翔 ③享响饷想 ④向巷项象像橡相　Ø①央殃秧泱 ②羊洋阳扬杨 ③养氧痒仰 ④样恙漾快

uang

g①光胱 ③广犷 ④逛　k①诓筐 ②狂诳 ④旷矿况框　h①荒慌肓 ②皇凰

蝗黄磺簧璜 ③谎恍晃幌 ④晃　**zh**①庄桩装妆 ③奘 ④壮状撞幢　**ch**①窗疮创 ②床 ③闯 ④创　**sh**①双霜孀 ③爽　Ø①汪 ②王亡 ③往枉罔网 ④妄忘望旺

十三　中东辙【eng，ing，ueng，ong，iong】

（十七）庚韵 [eng，ing，ueng]

eng

b①崩绷 ②甭 ③绷 ④蹦泵迸　**p**①烹抨 ②朋棚硼彭澎膨蓬篷 ③捧 ④碰　**m**①蒙 ②蒙朦檬濛萌盟虻 ③猛锰蜢蒙勐 ④孟梦　**f**①峰锋蜂烽风枫疯丰封 ②逢缝冯 ③讽 ④奉凤缝俸　**d**①登灯 ③等 ④凳澄镫瞪磴邓　**t**①熥 ②疼藤腾誊　**n**②能冷　**l**①棱 ②棱 ③冷 ④愣　**g**①更耕羹庚 ③梗耿鲠哽 ④更　**k**①坑吭铿　**h**①亨哼 ②恒衡横珩 ④横　**zh**①正征症争挣狰峥睁筝蒸 ③整拯 ④正证政症郑　**ch**①称撑瞠铛 ②成诚城盛呈程承乘惩澄橙丞 ③逞骋 ④秤乘　**sh**①升生牲笙甥声 ②绳 ③省 ④胜剩盛圣　**r**①扔 ②仍　**z**①曾增憎 ④赠甑　**c**②曾层 ④蹭　**s**①僧

ing

b①冰兵槟 ③丙柄饼禀秉屏 ④并摒病　**p**①乒 ②平评苹萍屏瓶凭　**m**②名茗铭冥溟暝瞑螟明鸣 ③酩 ④命　**d**①丁叮钉盯仃 ③顶鼎 ④定锭订钉　**t**①听厅汀 ②廷庭蜓亭停 ③挺艇　**n**②宁咛拧狞凝 ③拧 ④宁泞佞　**l**①拎 ②伶铃蛉零玲龄凌陵菱灵 ③领岭 ④令另　**j**①京惊鲸经泾茎荆菁晴精晶粳兢 ③井景颈警阱 ④竞境镜敬劲径痉竞净静　**q**①轻氢青清蜻倾卿 ②擎情晴 ③顷请 ④庆亲　**x**①兴星猩腥 ②行邢形刑型 ③醒省 ④幸杏兴姓性　Ø①英应 ②蝇赢迎盈楹荧莹萤营萦 ③影颖 ④映应硬

ueng

Ø①翁嗡 ③蓊 ④瓮蕹

（十八）东韵〔ong，iong〕

ong

d①冬东 ③董懂 ④恫侗洞冻栋动 t①通 ②同桐铜童潼瞳 ③筒捅桶统 ④痛 n②农浓脓 ④弄 l②隆窿龙咙胧聋笼 ③陇拢垄笼 ④弄 g①工功攻公蚣弓躬供恭宫 ③拱巩汞 ④共贡供 k①空 ③孔恐 ④空控 h①哄烘轰 ②红虹宏洪鸿弘泓 ③哄 ④讧哄 zh①中忠盅钟衷终 ③肿种品~ ④中仲种耕~重众 ch①冲充舂 ②虫重崇 ③宠 ④冲 r②容蓉榕熔戎绒荣融茸 ③冗 z①宗综棕踪鬃 ③总 ④纵粽 c①囱匆葱聪 ②从丛淙 s①松 ③悚竦耸 ④宋送讼颂诵

iong

j ③窘迥 q②穷琼 x①兄凶汹匈胸 ②熊雄 Ø①庸佣拥壅臃 ③永泳咏勇涌蛹踊 ④用佣~金

古诗韵（平水韵）常用字表

1. 本表收录唐宋古诗（包括古体诗、律诗、绝句）所用的一些常用韵字，按平水韵的次序排列。若有个别常用韵字漏收，读者可按所属韵部补入。

2. 各韵部下所列的读音，是闽南话厦门音的文读音（读书音），并用闽南话的注音方案注音。诗韵的押韵只管韵母，不管声母，但注意声调，故有平声韵部、上声韵部、去声韵部和入声韵部之分。韵部字表的字，都按闽南话声母的次序 b、p、bb、m、d、t、n、l、z、c、s、g、k、ng、gg、h、Ø 分别归入，再分声调。声调用数字表示：1，阴平；2，阳平；3，上声；5，阴去；6，阳去；7，阴入；8，阳入。下表列示古四声在闽南话读书音系统里声调分化的对应规律。而古平仄是对古四声的再归类。古平声指古平声调，在闽南话中就是阴平和阳平调，古仄声包括古上声、去声和入声三个声调。在闽南话（厦门音）中就是上声、阴去、阳去、阴入和阳入 5 个声调。

古四声	平声		上声		去声		入声	
条件	古清音声母	古浊音声母	古清音声母次浊声母	古全浊音声母	古清音声母	古浊音声母	古清音声母	古清音声母
闽南话	1 阴平	2 阳平	3 阴上（上声）	4 阳去（泉州音）	5 阴去	6 阳去	7 阴入	8 阳入
例字	卑、东	脾、同	比、养	被、动	痹、冻	避、洞	鳖、督	舌、独

诗韵总表

平声			上声		去声		入声		
上1	东	ong,iong	1	董	1	送	1	屋	ok,iok
2	冬	ong,iong	2	肿	2	宋	2	沃	ok,iok
3	江	ang,ong	3	讲	3	绛	3	觉	ak
4	支	i[u],ui	4	纸	4	置			
5	微	i,ui	5	尾	5	未			
6	鱼	u[oo]	6	语	6	御			
7	虞	u[oo]	7	麌	7	遇			
8	齐	e,ue[ui]	8	荠	8	霁			
					9	泰			
9	佳	ai,ua,[a,ua]	9	蟹	10	卦			
10	灰	ai,ue,[ui,uai]	10	贿	11	队			
11	真	in,un	11	轸	12	震	4	质	it,ut
12	文	un[im]	12	吻	13	问	5	物	ut,it
13	元	uan,un,[ian]	13	阮	14	愿	6	月	uat,ut
14	寒	an,uan	14	旱	15	翰	7	曷	at,uat
15	删	an,uan	15	潸	16	谏	8	黠	at,uat
下1	先	ian,uan	16	铣	17	霰	9	屑	iat,uat
2	萧	iao	17	小	18	啸			
3	肴	ao	18	巧	19	效			
4	豪	o[oo]	19	皓	20	号			
5	歌	o[oo],io	20	哿	21	个			
6	麻	a,ia,ua	21	马	22	祃			
7	阳	ong,iong	22	养	23	漾	10	药	ok,iok
8	庚	ing,ong	23	梗	24	敬	11	陌	ik,[ok]
9	青	ing	24	迥	25	径	12	锡	ik
10	蒸	ing,ong					13	职	ik,ok
11	尤	iu,[oo]	25	有	26	宥			
12	侵	im	26	寝	27	沁	14	缉	ip
13	覃	am	27	感	28	勘	15	合	ap
14	盐	iam[ian]	28	琰	29	艳	16	叶	iap
15	咸	am,am[uan]	29		30	陷	17	洽	ap,iap,[uat]

平声常用韵字

上平声	
韵目	常用韵字
一东 ong,iong	**ong** [p]2 蓬篷 [bb]2 蒙濛艨懵梦 [d]1 东2 同铜桐筒童僮瞳峒恫侗 [t]1 通2 潼 [l]2 隆笼聋珑胧窿庞 [z]1 螽2 丛 [c]1 聪忽葱匆聪2 崇 [s]1 鬆 [g]1 公功工攻 [k]1 空倥 [h] 酆风枫丰2 冯洪红鸿虹烘讧 [Ø]1 翁 **iong** [d]1 中衷忠 [t]2 虫 [z]1 终盅 [c]1 充冲忡种 [l]2 戎绒 [s]1 嵩(崧) [g]1 弓躬宫2 穷 [k]1 穹芎 [h]2 雄熊 [Ø]2 融
二冬 ong,iong	**ong** [d]1 冬 [t]2 彤 [l]2 农浓侬 [z]1 宗踪2 淙 [c]1 憧 [g]1 蚣 [h]1 封峰锋烽2 逢缝(缝纫) [Ø]1 雍 **iong** [d]2 重(重复) [l]2 龙茸 [z]1 钟锺舂2 从 [c]1 冲 [s]2 松淞 [g]龚恭供 [k]2 蛩邛 [gg]2 喁 [h]1 匈汹胸凶 [Ø] 邕雍壅2 庸慵墉镛佣溶容蓉榕
三江 ang,ong	**ang** [b]1 邦 [p]2 庞逄 [g]1 江釭缸 [k]1 腔 [h]2 降(降伏) **ong** [t]2 幢 [z]1 桩2 撞 [c]1 淙窗 [s]1 双
四支 i,[u],ui	**i** [b]1 陂碑卑悲2 脾貔陴 [p]1 披丕2 皮疲罴 [bb]2 眉楣嵋麋糜縻弥 [d]1 知2 驰池迟治坻 [t]1 痴笞2 篪 [n]2 尼怩 [l]2 儿离螭狸篱璃魑漓骊鹂丽郦黎犁而蠡罹 [z]1 支枝肢之芝脂 [c]1 鸱眵2 持 [s]1 尸施时诗2 匙 [g]1 肌饥基羁姬厄栀2 歧岐奇琦崎畸其期棋骐祺旗淇琪耆箕綦鳍祁 [k]1 欺2 骑(跨马) [gg]2 宜仪疑嶷 [h]1 嬉嘻僖熹禧曦羲熙牺 [Ø]1 伊医漪2 移夷遗(遗失)彝姨痍怡饴贻颐蛇 **u** [z]1 兹资缁淄辎孜仔茨滋磁姿2 瓷慈 [c]1 差(参差)2 雌嵯疵赀蚩 [s]1 丝司思(思考)斯私师狮筛厮2 祠辞词 **ui** [d]1 追 [t]1 推 [l]2 赢累 [z]1 锥椎佳 [c]1 吹炊 [s]1 虽绥衰2 垂随隋谁隋 [g]1 规2 逵葵夔馗 [k]1 窥亏 [gg]2 危 [h]1 蕤睢麾 [Ø]1 萎委逶倭痿2 维帷惟为(施为)

五微 i,ui	**i** ［bb]2 微薇 ［g]1 畿机几(微小)讥矶2 颀圻 ［gg]2 沂 ［h]1 稀希欷 ［Ø]1 衣依 **ui** ［g]1 归 ［gg]2 巍葳 ［h]1 晖徽挥霏菲妃绯飞非扉2 肥腓 ［Ø]1 威2 韦围帏违
六鱼 u[oo]	**u** ［d]1 猪2 蹰除蜍滁 ［t]2 储 ［l]2 庐驴 ［z]1 诸沮且苴 ［c]1 蛆趄疽 ［s]1 书舒纾胥2 徐 ［l]2 如茹虑闾梠 ［g]1 居裾车2 渠 ［k]1 祛 ［gg]2 鱼渔 ［h]1 虚嘘墟 ［Ø]1 淤於2 余予(我)舆与畲 **oo** ［z]1 狙2 锄 ［c]1 初 ［s]1 疏蔬梳
七虞 u[oo]	**u** ［bb]2 无芜巫诬毋 ［d]2 厨 ［l]2 儒濡襦嚅懦颅轳 ［z]1 株诛蛛朱珠邾洙侏 ［c]1 趋 ［s]1 需输枢须2 殊姝 ［g]1 俱句驹拘劬2 衢瞿 ［k]1 区驱岖躯 ［gg]2 虞愚娱禺隅喁 ［h]1 夫麸乎桴俘敷凫肤2 扶符芙蚨拊 ［Ø]1 迂2 于盂瑜榆谀愉腴逾(瑜)喻纡竽俞逾觎揄萸臾渝 **oo** ［b]1 逋2 蒲 ［p]1 铺 ［bb]2 模谟膜摹 ［d]1 都2 徒途涂荼图屠 ［l]2 芦炉卢鲈泸栌舻垆奴驽帑孥 ［z]1 租2 徂殂雏驺 ［s]1 苏酥 ［g]1 辜姑鸪沽呱菰蛄枸 ［k]1 枯 ［h]1 呼2 胡湖瑚葫糊乎壶狐弧孤觚瓠 ［gg]2 吾梧吴鼯 ［oo]1 乌恶
八齐 e,ui	**e** ［b]1 篦2 鼙 ［p]1 批 ［bb]2 迷 ［d]1 堤低氐2 题黄缔 ［t]1 梯2 提 ［n]2 泥 ［l]2 黎犁梨藜(支韵同)黧骊鹂 ［z]2 齐蛴脐 ［c]1 妻萋凄 ［s]1 西楼犀 ［g]1 鸡稽 ［k]1 溪嵇蹊 ［gg]2 儿倪霓(蜺) ［h]2 兮奚携畦 **ui** ［g]1 圭(珪)闺 ［k]2 暌奎
九佳 ai,uai, [a],[ua]	**ai** ［b]2 俳牌排 ［bb]2 埋霾 ［z]1 斋2 侪豺 ［c]1 钗差(差使)2 柴 ［g]1 佳街皆喈偕阶 ［k]2 揩楷 ［gg]2 涯 ［h]2 鞋谐骸 **uai** ［g]1 乖 ［h]2 怀淮槐 **a** ［g]1 佳 **ua** ［Ø]1 娲蜗娃哇蛙

十灰 ai,ue, [uai],[ui]	**ai** [b]2俳 [d]2台 [t]1苔胎 [l]2徕来莱崃 [z]1哉灾2才材财裁栽 [c]1猜 [g]1该垓陔 [k]1开 [gg]2皑 [h]1哈2孩颏 [Ø]2哀埃唉 **uai** [h]2槐 **ue** [b]2陪杯醅裴培 [k]1魁 [gg]2隗 [h]灰恢诙2回徊茴 [Ø]1煨偎隈 **ui** [m]2枚梅媒煤瑰酶 [d]1堆 [t]1推 [l]2雷罍 [c]1崔催摧 [gg]2嵬桅
十一真 in,un	**in** [b]1宾滨豳斌彬2频濒颦贫 [bb]2民岷缗岷泯闽 [d]1珍畛2尘陈 [l]2人仁邻鳞麟粼磷辚嶙纫 [z]1真津甄2臻榛秦溱 [c]1亲 [s]1辛新薪申呻伸绅莘身2晨辰娠臣神 [gg]2狺 [Ø]1因茵姻氤堙2寅夤 **un** [t]2屯 [l]2伦纶轮沦抡 [z]1谆淳醇鹑谆皴竣逡遵 [c]1春椿 [s]2莼纯唇询恂峋旬洵荀巡驯循 [g]1钧均筠巾 [gg]2银垠 [Ø]2匀
十二文 un,[im]	**un** [b]1赍 [bb]2文闻纹雯蕲 [g]1军君群裙斤筋 [k]2芹勤 [h]1氛分(分离)纷芬勋薰曛熏2焚坟汾荤 [Ø]1殷氲2云耘芸员郧 **im** [h]1欣昕
十三元 uan,un, [ian]	**uan** [gg]2元沅原源 [h]1翻萱喧藩幡番反2烦繁蕃樊 [Ø]1鸳鸢蜿宛2园袁猿辕媛援爰 **un** [b]1奔 [p]1喷2盆 [bb]2门扪 [d]1敦墩礅炖饨 [t]吞2屯豚臀 [l]2论(动词)抡 [z]1尊存蹲 [c]1村 [s]1孙荪2纯 [g]1根跟 [k]1坤昆琨鲲髡 [gg]2垠 [h]1昏婚阍2痕魂浑 [Ø]1温恩蕴 **ian** [gg]2言 [h]1轩掀

十四寒 an,uan	**an** ［p］2 胖弁 ［bb］2 曼漫馒鳗 ［d］1 丹殚单掸郸 ［t］1 滩摊 2 坛檀弹 ［l］2 阑栏澜谰兰拦难(艰难) ［z］2 残 ［c］1 餐 ［g］1 奸(奸犯)干肝竿乾 ［k］1 看刊 ［h］2 寒韩翰汗 ［Ø］1 安 **uan** ［b］1 瘢 2 盘 ［p］1 潘 2 蟠 ［bb］2 谩瞒 ［d］1 端 ［t］1 湍 2 团抟 ［l］2 鸾銮栾峦滦 ［z］1 钻 ［s］1 酸 ［g］1 倌官棺观(观看)冠(衣冠)莞 ［k］1 宽 ［h］1 欢獾 2 繁桓洹纨 ［Ø］1 剜 2 完丸
十五删 an,uan	**an** ［b］1 班斑颁般扳 ［p］1 攀 ［bb］2 蛮 ［c］2 屦潺 ［s］1 删潸讪山 ［g］1 艰间(中间)姦 ［k］1 悭 ［gg］2 颜 ［h］2 闲娴 ［Ø］1 鹣 **uan** ［g］1 关鳏菅 ［gg］2 顽 ［h］2 还环鬟寰 ［Ø］1 弯湾
下平声	
一先 ian,uan	**ian** ［b］1 扁编鞭 2 便(安也) ［p］1 篇偏翩 2 骈 ［bb］2 眠棉 ［d］1 颠巅滇 2 佃田钿填阗缠 ［t］1 天 ［l］2 连联涟莲怜年然 ［z］1 笺戋钱溅煎 2 前 ［c］1 千阡迁跹 ［s］1 先仙鲜(新鲜)扇 2 涎单(单于)婵癣澶 ［g］1 坚肩 ［k］1 牵搴骞 2 乾虔愆 ［gg］2 妍研 ［h］2 贤弦玄舷县 ［Ø］1 鄢嫣烟燕(国名)渊涓蠲焉咽 2 延筵沿缘铅 **uan** ［d］2 传 ［t］2 椽 ［l］2 挛 ［z］1 专颛镌 2 泉全 ［c］1 穿川梭诠痊荃 ［s］1 宣 2 船旋 ［g］1 捐鹃娟 2 权拳 ［k］2 蜷 ［Ø］2 圆员鸢
二萧 iao	**iao** ［b］1 飚镖标杓 ［p］1 漂飘 2 剽瓢 ［bb］2 苗描猫 ［d］1 貂刁凋雕 2 调迢条朝潮 ［t］1 挑佻 2 跳苕 ［l］2 聊辽寥撩僚寮嘹燎饶蛲獠 ［z］1 焦蕉樵谯椒昭招僬钊 ［c］1 超 ［s］1 萧箫宵消霄绡销哨逍硝烧潇 ［g］1 骄娇浇峤 2 荞乔桥侨 ［k］1 翘橇橇 ［gg］2 尧侥 ［h］1 嚣枭骁 ［Ø］1 要腰邀妖夭么 2 遥鹞姚摇谣瑶峣陶
三肴 **ao**	**ao** ［b］1 包胞 2 庖匏苞刨 ［p］1 抛 2 泡跑炮咆 ［m］2 茅 ［d］1 啁 ［l］2 唠铙挠 ［z］1 抓 2 巢剿 ［c］1 钞 ［s］1 梢捎鞘 ［g］1 交郊胶蛟茭教佼姣 ［k］1 敲 ［ng］2 肴淆崤爻咬 ［h］1 哮 ［Ø］1 坳

四豪 o,[oo]	**o** [b]2袍 [d]1刀2涛陶萄淘逃 [t]1叨饕洮滔韬2桃 [l]2猱牢醪哪(哪吒)劳涝捞 [z]1遭糟2漕槽嘈 [c]1操 [s]1艘骚缲臊搔 [l]2挠 [g]1高篙羔膏皋 [k]1尻 [gg]2翱熬敖骜 [h]1蒿薅2豪毫号 **oo** [m]2毛髦旄
五歌 o,[oo],io	**o** [b]1波番皤2婆 [p]1坡颇 [d]1多2陀跎驼佗沱驮 [l]2罗萝啰箩锣螺那 [c]1蹉磋搓嵯 [s]1莎娑蓑梭 [g]1歌哥过戈锅迦伽 [k]1科柯苛诃珂轲蝌 [gg]2娥蛾鹅峨俄哦讹 [h]1呵2禾和河荷 [Ø]1阿倭涡窝 **oo** [m]2摩魔磨么 **io** [g]2茄
六麻 a,ia,ua	**a** [b]1巴芭笆2爬杷琶 [p]1葩 [bb]2麻 [m]2麻蟆 [d]吒2茶 [n]2拿 [z]1楂哆 [c]1差叉杈 [s]1沙纱裟鲨 [g]1家嘉枷加笳茄痂珈迦葭 [gg]1牙芽衙涯吾 [h]2霞瑕遐瘕虾 [Ø]1桠哑呀鸦丫 **ia** [d]1爹 [z]1遮嗟 [c]1车 [s]1奢些佘畲赊2蛇斜邪 [Ø]2耶爷椰揶 **ua** [g]1瓜 [h]1花2华骅桦划 [k]1夸 [Ø]1蜗娲蛙娃哇洼挝
七阳 ong,iong	**ong** [b]2房磅膀螃傍 [p]1滂 [bb]2忙茫忘芒亡盲邙 [d]1当裆2塘唐搪堂棠螳 [t]1汤2糖 [l]2郎浪琅跟娘廊囊 [z]1庄赃妆装臧2藏 [c]1仓创苍沧2床 [s]1霜孀桑丧 [g]1光胱冈纲钢刚2狂 [k]1康筐匡眶亢吭 [gg]2昂 [h]1方芳鲂坊妨彷荒2防黄潢璜簧煌隍凰蝗惶遑皇行航杭 [Ø]1汪2王 **iong** [d]1张2长肠场 [l]2良粮梁樑凉量攘禳瓤 [z]1章樟彰障漳璋浆将蒋 [c]1昌猖倡闾锵抢枪伥2樯墙蔷嫱 [s]1商相湘箱缃镶襄骧骹殇伤2祥详裳尝偿常翔 [g]1姜僵缰疆2强 [k]1羌 [h]1香乡穰 [Ø]1殃央泱鸯秧2羊阳杨扬炀疡痒洋祥徉

八庚 ing,[ong]	**ing** [b]1 兵并 2 平棚 [p]1 烹 2 评彭 [bb]2 名明萌盟氓盲鸣 [d]1 丁 2 橙 [t]1 瞠撑 2 呈程 [l]2 令 [z]1 征正精睛菁旌晶筝铮贞争峥甑 2 晴情 [c]1 清 2 伧 [s]1 生甥笙牲声猩 2 成盛城诚 [g]1 庚赓更羹耕京惊荆 [k]1 轻卿倾铿 2 琼檠擎鲸 [gg]1 迎 [h]1 亨 2 横行衡蘅茎 [Ø]1 英瑛婴缨樱嘤鹦莺 2 荣莹嵘萦盈瀛嬴营 **ong** [g]1 觥 [h]2 宏闳泓
九青 ing	**ing** [b]1 瓶 [p]1 娉 2 屏萍鹏 [bb]2 冥溟螟瞑瞑铭 [d]1 丁钉仃町 2 亭庭廷霆 [t]1 听厅汀 2 蜓停 [l]2 宁灵棂龄铃苓伶零玲翎囹聆瓴 [c]1 青 [s]1 星腥醒惺 [g]1 经扃 [h]1 馨 2 泾形刑邢型陉 [Ø]2 荧萤荣
十蒸 ing,[ong]	**ing** [b]1 冰 2 凭冯朋 [bb]2 瞢 [d]1 登灯 2 誊滕藤 [t]2 腾 [l]2 仍扔能棱陵凌绫 [z]1 蒸缯僧增曾憎征 2 层惩 [c]1 称 [s]1 升胜 2 承丞绳乘 [g]1 兢矜 [gg]2 凝 [h]1 兴 2 恒 [Ø]1 膺鹰应 2 蝇渑 **ong** [h]2 弘肱
十一尤 iu,[oo]	**iu** [b]1 彪 [bb]2 缪 [d]2 俦畴筹绸稠惆 [t]1 抽 [l]2 流留榴骝瘤浏刘柔蹂揉 [z]1 周州洲舟 [c]1 秋啾湫 2 酋囚 [s]1 收修羞 2 酬售仇泅 [g]1 鸠 2 求裘球逑俅 [k]1 邱 [gg]2 牛 [h]1 休貅 2 浮蜉桴 [Ø]1 优忧尤幽 2 由油游遒猷悠攸邮犹疣 **oo** [bb]2 谋牟眸矛 [d]1 兜 2 投 [t]1 偷 2 头 [l]2 楼娄搂髅蝼偻篓 [z]1 邹陬 [c]2 愁 [s]1 搜叟 [g]1 句钩沟 [k]1 抠 [h]2 侯猴喉 [?]1 区呕讴沤鸥瓯欧
十二侵 im	**im** [d]2 沉 [t]1 琛郴 [l]2 林霖琳淋临壬任妊 [z]1 针箴斟簪 [c]1 侵 2 岑 [s]1 心深森参 2 忱寻浔椹谌湛 [g]1 今禁襟金 [k]1 钦衾 2 琴禽擒黔 [gg]2 吟 [h]1 歆 [Ø]1 音喑阴 2 淫
十三覃 am	**am** [d]1 耽 2 覃潭谭谈郯澹 [t]1 贪探 [l]2 南男岚婪篮蓝褴 [c]1 参骖 2 蚕惭 [s]1 三 [g]1 甘柑 [k]1 龛堪戡 [h]1 酣 2 含涵函颔 [Ø]1 谙庵

韵目	常用韵字
十四盐 iam,[ian]	**iam** ［d］2甜恬 ［t］1添 ［l］2拈廉镰帘髯粘苂 ［z］1占沾苫尖詹瞻歼渐2潜 ［c］1签 ［s］1纤2蟾 ［g］1兼缣 ［k］1谦2箝黔 ［gg］2严阎 ［h］2嫌 ［Ø］1崦阉淹2盐檐炎 **ian** ［b］1砭
十五咸 am,iam, [uan]	**am** ［l］2喃 ［z］2馋谗 ［c］1掺搀 ［s］1衫杉芟 ［g］1缄监 ［k］1嵌 ［gg］2岩 ［h］2咸衔 **iam** ［gg］2严 **uan** ［h］2凡帆

上声常用韵字

韵目	常用韵字
一董 ong	**ong** ［d］3董懂6动侗洞 ［t］3桶 ［l］3笼拢 ［z］3总 ［g］3汞
二肿 ong,iong	**ong** ［h］3捧6奉 **iong** ［d］6重 ［t］3宠冢 ［l］3陇垄茸冗 ［z］3踵肿种 ［s］3耸悚竦 ［g］3拱 ［k］3巩恐 ［Ø］3勇涌踊俑蛹拥
三讲 ang	**ang** ［b］6棒蚌 ［g］3讲耩港 ［h］6项
四纸 i,[u],ui	**i** ［b］3匕比姒彼6被婢髀 ［p］3否痞鄙 ［bb］3美靡 ［m］3弭弥 ［d］3砥抵6雉峙痔 ［t］3褫耻 ［n］3尔你迩耳 ［l］3里理娌李俚鲤履 ［z］3纸只枳咫旨指止趾址芷黹 ［c］3齿侈 ［s］3弛豕矢始6氏市视 ［g］3几已纪杞6技妓 ［k］3起企绮 ［gg］3拟 ［h］3喜 ［Ø］3已以俟矣迤倚 **u** ［z］3子仔梓滓紫訾姊秭 ［c］3此 ［s］3死巳祀史使驶玺徙6兕士仕似姒 **ui** ［l］3垒诔 ［c］3揣 ［s］3水髓 ［g］3诡晷宄6跪 ［k］3傀轨揆癸悝跬 ［h］3毁圮 ［Ø］3委唯

五尾 i, ui	**i** ［bb］3 尾 ［g］3 几 ［k］3 岂 **ui** ［g］3 鬼 ［h］3 卉虺斐诽菲匪蜚 〔Ø〕3 伟韪炜苇
六语 u, ［oo］	**u** ［d］6 杼苎贮 ［l］3 旅膂女汝茹吕侣 ［z］3 渚褚煮沮咀 ［c］3 处杵 ［s］6 墅抒纾暑鼠黍6 序绪屿 ［g］3 举莒6 巨讵拒距炬 ［gg］3 语圄圉御 ［h］3 许 〔Ø〕3 与予 **oo** ［z］3 阻俎 ［c］3 楚础 ［s］3 所
七麌 u, ［oo］	**u** ［bb］3 武鹉舞侮 ［d］3 拄 ［l］3 乳缕 ［z］3 主6 聚柱 ［c］3 取 ［s］6 竖树 ［g］3 矩 ［h］3 府腑俯甫辅脯煦拊腐斧滏抚诩栩父 〔Ø〕3 雨羽禹伛宇庾愈 **oo** ［b］3 补6 部 ［p］3 浦溥圃普谱剖6 簿 ［bb］3 姥 ［d］3 堵睹赌肚6 杜 ［t］3 土吐 ［n］3 努怒 ［l］3 弩鲁橹卤虏嵝媝偻 ［z］3 祖组 ［s］3 数 ［g］3 鼓古估诂牯瞽酤枸股贾雇 ［k］3 苦 ［ng］3 五伍午 ［h］3 浒虎琥6 怙祜扈户沪
八荠 e, ［i］	**e** ［b］6 陛 ［d］3 底诋抵邸坻6 弟递 ［t］3 体6 悌 ［l］3 礼祢澧醴 ［z］3 济6 荠 ［s］3 洗 ［k］3 启 **i** ［bb］3 米
九蟹 ai, uai	**ai** ［b］3 摆 ［m］3 买 ［s］3 洒 ［g］3 解 ［k］3 楷锴 ［h］6 蟹解骇 〔Ø〕3 矮 **uai** ［g］3 拐
十贿 ai, ue, ［ui］	**ai** ［d］6 待怠殆 ［n］3 乃鼐 ［z］宰3 载6 在 ［c］3 采彩 ［g］3 改 ［k］3 铠恺 ［h］3 海6 亥颏 **ue** ［b］6 倍蓓 ［h］3 贿悔汇 〔Ø〕3 猥 **ui** ［m］3 每 ［l］3 蕾 ［c］3 璀
十一轸 in, un	**in** ［b］6 牝 ［bb］3 闵悯泯敏 ［d］6 朕 ［l］3 忍（也读 ［lim³］）［z］3 轸诊畛稹6 尽 ［s］3 缜赈6 蜃肾 ［g］3 紧 〔Ø〕3 引尹蚓 **un** ［d］3 盾 ［z］3 准 ［c］3 蠢 ［s］3 隼笋吮 ［g］6 窘菌 〔Ø〕3 允陨殒

十二吻 in,un	**in** ［g］3 谨 **un** ［bb］3 吻刎 ［g］6 近 ［h］3 粉忿6愤 ［Ø］3 蕴隐恽
十三阮 uan,un, ［ian］	**uan** ［bb］3 晚 ［gg］3 阮 ［h］3 返反6饭 ［Ø］3 远苑婉蜿宛 **ian** ［g］3 蹇 ［Ø］3 偃 **un** ［b］3 本 ［d］3 沌盾 ［s］3 损 ［g］3 鲧 ［k］3 恳垦捆阃 ［h］6 很混 ［Ø］3 稳
十四旱 an,uan	**an** ［b］6 伴 ［d］6 但诞 ［t］3 坦袒 ［l］3 懒 ［z］3 瓒趱 ［s］3 散 ［k］3 侃 ［h］6 旱悍 **uan** ［bb］3 满潡 ［d］3 短6断 ［t］3 疃 ［l］3 暖卵 ［z］3 纂 ［g］3 管馆盥 ［k］3 款 ［h］6 缓浣 ［Ø］3 碗
十五潸 an,uan	**an**［b］3 板版 ［l］3 赧 ［z］6 栈 ［s］3 潸产羼 ［g］3 柬拣 ［gg］3 眼 ［h］6 限 **uan** ［z］6 撰 ［g］3 莞 ［Ø］3 绾
十六铣 ian,uan	**ian** ［b］3 扁匾6辩辨 ［bb］3 免勉眄沔腼缅冕 ［d］3 典腆展 ［t］3 殄 ［l］3 辇 ［z］3 翦戬6栈饯践 ［c］3 浅阐 ［s］3 鲜癣冼铣跣燹6单善 ［g］3 搴蹇茧6件键 ［k］3 犬遣 ［h］3 显蚬6岘 ［Ø］3 衍演 **uan** ［t］6 篆 ［l］3 娈软 ［z］3 转 ［c］3 喘 ［s］3 选 ［g］3 卷
十七小 iao	**iao** ［b］3 表 ［bb］3 秒眇渺缈藐森蓼 ［d］3 鸟6掉赵兆 ［t］3 挑窕 ［n］3 鸟袅 ［l］3 了燎缭僚扰绕 ［z］3 沼 ［c］3 悄 ［s］3 小少6绍 ［g］3 矫皎 ［h］3 晓娆 ［Ø］3 杳窈夭
十八巧 ao	**ao** ［b］3 饱6鲍 ［bb］3 卯 ［l］3 挠 ［z］3 爪 ［c］3 炒 ［g］3 狡绞姣搅 ［k］3 巧 ［Ø］3 拗
十九皓 o	**o** ［b］3 宝保葆堡褓 ［p］6 抱 ［d］3 岛祷倒6道稻 ［t］3 讨 ［l］3 老脑恼潦涝 ［z］3 藻澡早蚤枣6皂造 ［c］3 草 ［s］3 燥嫂缫 ［g］3 镐槁缟杲 ［k］3 考 ［h］3 好6昊皓浩颢灏 ［Ø］3 袄媪

二十哿 o,[ooN]	**o** [b]3 跛簸 [p]3 颇叵 [d]3 朵柁沱垛6 堕惰 [t]3 妥 [l]3 裸娜 [z]3 左6 坐 [s]3 锁琐 [g]3 果裹哿舸 [k]3 可坷轲 [h]6 荷 [Ø]6 祸 **ooN** [ng]3 我 [h]3 火
二十一马 a,ia,ua	**a** [b]3 把 [m]3 马 [s]3 洒 [g]3 贾假 [ng]3 雅 [h]3 瘕6 夏厦下 [Ø]3 哑 **ia** [l]3 惹 [z]3 者赭姐 [c]3 且 [s]3 写泻舍6 社 [Ø]3 冶野也 **ua** [g]3 寡 [gg]3 瓦
二十二养 ong,iong	**ong** [bb]3 莽蟒惘罔网魍 [d]3 党6 荡 [t]3 傥 [l]3 朗 [s]3 爽 [g]3 广 [k]3 慷 [h]3 幌晃慌纺放仿6 沆 [Ø]3 往枉 **iong** [d]3 长6 杖丈仗 [t]3 敞氅 [l]3 两攘壤 [z]3 蒋奖浆掌 [c]3 抢厂 [s]3 想赏6 上像象橡 [g]3 襁 [gg]3 仰 [h]3 享响向 [Ø]3 养痒
二十三梗 ing	**ing** [b]3 屏饼炳丙秉 [bb]3 猛 [t]3 逞骋 [l]3 岭领冷 [z]3 井整睛6 静靖 [c]3 请 [s]3 省 [g]3 梗哽警景憬境颈耿 [k]3 顷 [h]6 幸杏 [Ø]3 影永颍颖郢
二十四迥 ing	**ing** [bb]3 茗酩溟 [d]3 等顶 [t]3 挺艇鼎町 [z]3 拯 [s]3 醒 [g]3 剄炯 [k]3 肯 [h]6 胫
二十五有 iu,[u],oo	**iu** [d]3 肘6 纣 [t]3 丑 [l]3 柳浏钮忸蹂 [z]3 酒 [c]3 糗帚 [s]3 首手守6 受绶寿 [g]3 久玖九韭纠起6 咎舅臼 [h]3 朽 [Ø]3 有友诱莠酉黝 **oo** [p]3 剖 [bb]3 某母拇亩牡 [d]3 斗蚪陡 [z]3 走 [s]3 擞 [g]3 枸苟狗垢 [k]3 口扣 [ng]3 偶藕耦 [h]3 吼否缶6 后厚 [Ø]3 殴欧 **u** [h]6 阜负妇
二十六寝 im,[in]	**im** [d]沉 [l]3 凛荏恁衽任稔 [z]3 枕婶 [c]3 寝 [s]3 审沈6 甚 [g]3 锦 [Ø]3 饮 **in** [b]禀 [p]品

二十七感 am	**am** [d]3 胆澹啖 [t]3 毯 [l]3 览榄 [c]3 惨 [g]3 敢橄感 [k]3 坎 [h]3 喊 6 颔撼
二十八琰 iam,[ian]	**iam** [d]3 点 [t]3 忝掭 [l]3 敛脸染冉 [z]6 渐 [s]3 陕闪 [g]3 检 [k]3 歉 6 俭 [gg]3 俨 [h]3 险 [Ø]3 奄掩琰 **ian** [b]3 贬
二十九 am,[uan]	**am** [d]6 湛 [l]滥 6 舰 [z]3 斩 [c]掺 [g]3 减 [k]3 歉槛 [h]阚喊 [Ø]黯 **uan** [h]6 范犯

去声常用韵字

韵目	常用韵字
一送 ong,iong	**ong** [bb]6 梦 [d]5 冻栋 6 洞 [t]5 痛统 6 恸 [l]6 弄耷 [s]5 送宋 [g]5 贡赣 [k]5 空控 [h]6 哄 [Ø]5 讽 6 凤 **iong** [d]5 中仲 6 重 [z]5 众 [c]5 纵 [s]6 颂诵 [Ø]6 用
二宋 ong,iong	**ong** [z]5 综 **iong** [z]5 种 6 从 [s]6 讼 [g]5 供 6 共 [k]6 恐 [h]封 6 俸缝 [Ø]6 雍
三绛 ang	**ang** [z]6 撞 [g]5 泽绛降虹 [h]6 巷
四置 i,[u],ui,	**i** [b]5 庇泌柲臂臂骥界痹陂 6 被避剿鼻 [p]5 譬 [bb]6 媚寐魅 [d]5 置智致 6 治地 [l]6 利莉痢吏晉饵珥腻二 [z]5 至志痣鸷贽挚奇织积芰识 [c]5 翅试 [s]5 嗜始施 6 谥示豉 [g]5 寄骑记觊冀骥 6 暨忌 [k]5 弃企器 [gg]6 谊义议 [h]5 戏 [Ø]5 意肆懿遗 6 异易 **u** [z]5 渍恣 6 自字 [c]5 次刺 [s]5 四驷肆使司伺赐思 6 食饲嗣寺侍事 **ui** [d]6 坠 [l]6 类累泪 [z]5 醉 6 萃 [c]5 悴粹翠 [s]6 萃遂邃燧隧祟瑞睡穗 [g]5 季 6 悸匮馈篑 [gg]6 伪 [Ø]6 位

五未 i,ui	**i** ［bb］6 未味 ［g］5 既 ［k］5 气 ［gg］6 毅 **ui** ［g］5 贵 ［k］5 忾 ［gg］6 魏 ［h］5 诽痱蜚翡讳卉费沸 ［Ø］5 尉畏慰蔚 6 胃渭谓
六御 u,［oo］	**u** ［d］5 著 6 箸 ［l］6 虑 ［z］5 翥 ［c］5 处 ［s］5 庶絮恕 6 署曙 ［g］5 据踞 6 遽 ［k］5 去 ［gg］6 语驭御 ［Ø］6 与 欤誉豫预 **oo** ［z］6 助
七遇 u,［oo］	**u** ［bb］6 务雾鹜骛 ［l］6 屡 ［z］5 注驻铸属 6 住 ［c］5 趣 ［s］5 戍 6 树 ［g］6 具惧 ［gg］6 瞿遇寓 ［h］5 赋酌讣 赴傅付 6 附驸 ［Ø］5 煦雨妪 6 谕裕 **oo** ［b］5 怖播布 6 捕哺步 ［p］5 圃铺 ［bb］6 墓暮慕募 ［d］5 蠹妒 6 度渡镀 ［t］5 兔吐 ［n］6 怒 ［l］6 路赂露鹭 ［z］5 作 6 祚 ［c］5 措错醋 ［s］5 诉塑素数 ［g］5 固故酤顾雇句 ［k］5 库 ［ng］6 忤误捂悟痦 ［h］6 瓠获互护 ［Ø］5 恶
八霁 e,ue	**e** ［b］5 闭 6 毙蔽敝币 ［bb］6 谜 ［d］5 帝谛 6 缔滞题弟 第娣睇逮 ［t］5 替涕 ［l］6 泥戾唳捩丽隶棣厉砺励例荔薜 离 ［z］5 霁祭制际济 6 剂 ［c］5 掣切 ［s］5 细税势世 6 噬 逝誓 ［g］5 计继蓟 6 偈 ［k］5 契憩 ［gg］6 诣艺呓羿 ［h］ 6 系 ［Ø］5 裔 **ue** ［bb］6 袂 ［t］5 蜕 ［l］6 芮锐 ［z］5 赘缀 ［s］5 岁说 ［g］5 鳜蹶 ［h］6 惠蕙慧彗 ［Ø］6 卫
九泰 ai,ue	**ai** ［d］5 带 6 大 ［t］5 太汏泰 ［n］6 奈 ［l］6 赖濑癞 ［c］5 蔡 ［g］5 盖 ［h］6 害 ［gg］6 艾 ［Ø］5 霭 **ue** ［b］5 贝狈 ［p］5 沛 ［d］5 兑 ［t］5 蜕 ［l］6 酹 ［z］5 最 ［g］5 桧脍会 ［gg］6 外 ［h］6 会绘
十卦 ai,uai, ［ua］	**ai** ［b］5 拜 6 惫稗败 ［p］5 派湃 ［m］6 卖迈 ［z］5 债寨 ［g］5 介芥疥诫戒界 ［h］6 邂解械懈 ［Ø］5 隘 **uai** ［g］5 怪 ［k］5 蒯喟聩快 ［h］6 坏 **ua** ［g］5 卦挂 ［h］6 画话

十一队 ai,ue, [ui,uai]	**ai** [d]5戴贷6逮代黛岱 [n]6耐 [l]6赍睞 [z]5再载6在 [c]5菜裁采 [s]5赛塞 [g]5溉 [k]5慨 [h]6劾 [Ø]5爱 **ue** [b]5背辈6悖孛佩焙 [p]5配柿 [bb]6昧 [t]5退 [l]6耒内 [h]5晦海 [Ø]5秽 **ui** [d]5对6队 [c]5粹淬 [s]5碎 [h]5废悔肺6溃哕
十二震 in,un	**in** [b]5鬓殡摈 [d]5镇6阵 [t]5趁 [l]6吝刃认韧磷蔺躏 [z]5晋缙震振进赈6烬 [c]5衬亲 [s]5信讯汛迅6蜃慎 [g]仅6瑾觐 [h]5衅 [Ø]5印6胤 **un** [l]6闰润 [z]5骏浚峻 [s]5瞬6舜顺
十三问 in,un	**in** [g]5靳 **un** [bb]6问汶紊 [g]6近郡 [h]5训粪奋忿6分 [Ø]5愠6运晕韵郓员
十四愿 uan,un, [ian]	**uan** [g]5券圈 [gg]6愿 [k]5劝 [h]5贩6饭 [Ø]5怨 **ian** [g]5建愊6健 [h]5献宪 [Ø]5郾堰 **an** [bb]6万蔓曼 **un** [p]5喷 [bb]6闷 [d]5顿6钝 [t]5褪 [l]6论嫩 [c]5寸 [s]5逊 [gg]6艮 [k]5困 [h]6恨
十五翰 an,uan	**an** [p]5胖 [bb]6漫谩缦幔 [d]5旦6惮弹 [t]5叹炭 [l]6难谰烂 [z]5赞 [c]5灿璨 [s]5散 [g]5干 [k]5看侃 [gg]6岸 [h]5汉6翰瀚汗悍 [Ø]5按案 **uan** [b]5半绊 [p]5叛判泮 [d]6段锻断 [l]6乱 [z]5钻 [c]5窜 [s]5算蒜 [g]5贯灌冠观馆盥 [h]5涣唤焕6换 [Ø]5玩惋
十六谏 an,uan	**an** [b]5扮6瓣 [p]5盼 [bb]6慢谩 [d]6绽 [z]6栈 [s]5汕讪疝铲栅 [g]5谏涧 [gg]6雁 [Ø]5晏 **uan** [c]5串篡 [g]5惯 [h]5豢6患绾宦幻 **ian** [h]6苋

十七霰 ian,uan	**ian** [b]5变遍6卞汴弁便 [p]5片 [bb]6面 [d]6奠殿甸佃钿电淀 [l]6练辗 [z]5箭煎战颤6荐贱饯溅 [c]5茜倩 [s]5线霰扇煽6擅善膳羡禅 [g]5见 [k]5缱遣谴 [gg]6研砚彦谚 [h]6眩炫县悬 [Ø]5宴燕咽 **uan** [d]6传 [l]6恋 [z]5转 [c]5穿钏 [s]5选 [g]5绢狷眷6倦 [Ø]6院援媛瑗
十八啸 iao	**iao** [p]5漂骠 [bb]6庙妙 [d]5钓吊6召调掉 [t]5粜眺 [l]6尿嘹燎料绕疗 [z]5照诏醮 [c]5峭靖6诮 [s]5少肖啸哨笑6邵 [g]5叫6轿翘 [k]5窍 [Ø]5要6曜耀
十九效 ao	**ao** [b]5豹6爆 [m]6貌 [d]5罩 [n]6闹淖 [c]5钞 [s]5稍 [g]5教较觉窖 [k]5敲 [h]5孝酵6效校 [Ø]5拗
二十号 o,[ooN]	**o** [b]5报6暴瀑 [bb]6帽旄 [d]5到倒6悼导蹈盗 [l]6涝 [z]5漕灶躁6造 [c]5糙操 [s]5噪 [g]5郜告诰膏 [k]5犒靠 [gg]6傲骜 [h]6号 [Ø]5奥懊澳 **ooN** [m]6冒 [h]5好
二十一个 o,[oo]	**o** [b]5簸 [p]5破 [bb]6磨 [d]6大惰 [t]5唾 [l]6奈那 [z]6座坐作(做) [c]5挫 [g]5过个 [k]5课坷轲课 [gg]6卧饿 [h]5货6贺和
二十二祃 a,ia,ua	**a** [b]5霸灞靶杷6罢 [p]5怕 [m]6骂 [t]5咤诧 [z]5乍诈 [g]5架驾假价嫁稼 [gg]6讶迓 [h]5罅6下夏暇 [Ø]5亚 **ia** [z]5借藉炙蔗柘 [s]5舍泻赦卸6射谢榭麝 [Ø]6夜 **ua** [k]5跨胯 [h]5化6桦
二十三漾 ong,iong	**ong** [b]5谤6傍 [bb]6望妄忘 [d]5当挡6砀荡宕 [t]汤 [l]6浪 [z]5葬壮6状脏藏 [c]5创 [s]5丧 [k]5旷圹抗亢炕诳 [h]5况妨放舫6吭 [Ø]5盎6旺 **iong** [d]5帐张涨6仗 [t]5帐畅 [l]6量两掠谅亮让酿 [z]5将酱瘴障嶂6匠 [c]5唱 [s]5相饷偿6上尚 [h]5向 [Ø]5怏6漾恙样

二十四敬 ing	**ing** [b]5 柄并 6 並病 [p]5 娉聘 [bb]6 命孟盟 [d]6 郑 [l]6 令 [z]5 正政证 6 净净 [c]5 倩 [s]5 圣性姓 6 盛 [g]5 更镜敬竟檠劲 6 竞 [k]5 庆 [gg]6 硬 [h]6 行横 [Ø]5 咏映泳
二十五径 ing	**ing** [d]5 钉橙凳蹬 6 定锭邓 [t]5 听 [l]6 佞 [z]5 证 6 赠 [c]5 称 [s]5 胜 6 乘剩 [g]5 径 [k]5 罄磬 [gg]6 凝 [h]5 兴 [Ø]5 应 6 媵孕
二十六宥 iu,[oo]	**iu** [bb]6 谬缪 [d]5 昼 6 胄宙 [l]6 溜 [z]6 鹫就 [s]5 秀绣收宿臭兽守狩 6 袖授售寿岫 [g]5 救疚灸究 6 枢旧 [h]5 复 [Ø]5 宥囿侑幼 6 佑右柚鼬又 **oo** [bb]6 茂戊懋 [d]5 斗窦 6 豆逗 [t]5 透 [l]6 漏陋镂 [z]5 皱绉奏 6 骤 [c]5 凑 [s]5 漱 [g]5 构购遘媾诟 [k]5 寇蔻扣 [h]6 吼 6 候后近 [Ø]5 沤 **u** [h]5 副 6 伏
二十七沁 im	**im** [d]6 鸩 [l]6 任衽赁妊 [z]5 浸枕 [c]5 谶沁 [s]5 渗 6 甚 [g]5 禁 [Ø]5 饮荫
二十八勘 am	**am** [d]5 担 6 澹淡 [l]6 滥缆 [z]6 暂 [g]5 淦 [k]5 勘瞰 [h]6 憾 [Ø]5 暗
二十九艳 iam,[ian]	**iam** [d]5 店垫 [t]忝 [l]6 敛殓念埝 [z]5 占僭苫沾 [s]5 赡 [g]5 剑 [k]5 欠 [gg]6 验 [Ø]5 厌餍 6 艳滟盐 **ian** [b]5 砭
三十陷 am,iam, [uan]	**am** [z]5 蘸 6 站 [c]5 忏 [g]5 鉴监 [h]6 陷 **iam** [Ø]淹 **uan** [h]6 汎梵

入声常用韵字

韵目	常用韵字
一屋 ok,iok	**ok** ［b］7 暴 ［p］7 仆朴扑濮 8 瀑暴（曝）［bb］8 木沐目苜睦牧穆 ［d］7 啄 8 犊渎牍椟黩独 ［t］7 秃 8 读 ［l］8 鹿麓禄碌 ［z］8 族 ［c］7 蹴簇镞戮 ［s］7 速宿缩谡觫 ［g］7 谷毂 ［k］7 哭 ［h］7 腹馥蝮覆辐幅蝠福匐 8 服复伏袱斛 ［∅］7 屋 **iok** ［d］7 竹竺筑 8 轴舳逐 ［t］7 畜蓄矗 ［l］8 六陆肉 ［z］7 咒粥祝鬻 ［c］7 蹙 ［s］7 夙肃叔淑菽 8 孰熟塾 ［g］7 菊掬 ［h］7 蓄郁 ［∅］8 育毓煜
二沃 ok,iok	**o** ［p］7 仆 ［d］7 督 8 毒 ［l］8 录渌逯 ［s］7 束 ［g］7 鹄 ［k］7 酷 ［∅］7 沃 **iok** ［l］辱褥绿 ［z］7 足烛躅瞩 ［c］7 促触 ［s］7 粟 8 俗蜀属赎续 ［g］8 局 ［k］7 曲 ［gg］8 玉狱 ［h］7 旭 ［∅］8 欲浴
三觉 ak	**ak** ［b］7 剥驳趵爆 8 雹 ［p］7 璞朴 ［d］7 卓琢 8 擢濯浊 ［l］8 搦 ［z］7 捉 ［s］7 数朔 ［g］7 觉角桷 ［k］7 较确 ［gg］8 岳乐 ［h］学 ［∅］7 喔握喔
四质 it,ut	**it** ［b］7 笔必毕泌 8 弼 ［p］7 匹 ［bb］8 密蜜谧 ［d］7 窒侄郅桎 8 秩 ［l］8 日栗昵 ［z］7 质蛭唧栉 8 蒺疾嫉 ［c］7 七漆叱 ［s］7 失室悉膝瑟虱 8 实 ［g］7 吉诘佶 ［∅］7 一乙壹 8 逸佚轶溢 **ut** ［z］7 卒苤 8 秫 ［c］7 出怵 ［s］7 恤蟀戌 8 术 ［l］8 率律黜 ［g］7 橘 ［∅］8 聿
五物 ut,it	**ut** ［b］7 不 ［bb］8 勿物 ［d］7 诎 ［g］8 掘崛倔 ［k］7 屈 ［h］7 拂弗绂 8 佛 ［∅］7 郁熨尉蔚 **it** ［g］讫 ［k］7 乞吃 ［gg］8 屹 ［h］7 迄

六月 iat,uat,ut	**iat** ［g］7 许揭 8 碣羯 ［h］7 歇 ［Ø］7 谒 **uat** ［g］7 厥蕨蹶 ［k］7 阙 ［gg］月 ［h］7 发 8 伐筏垡罚阀阅滑 ［Ø］8 曰粤越钺 **ut** ［b］8 勃渤 ［bb］8 没殁笏 ［d］咄 8 突 ［t］7 凸 ［l］8 讷 ［z］7 卒 ［c］7 猝 ［g］7 骨汨 8 掘堀 ［k］7 窟 ［gg］兀 ［h］7 忽 8 纥核
七曷 at,uat	**at** ［d］7 妲 8 达 ［t］7 獭挞 ［l］7 剌 ［s］7 萨 ［g］7 割葛 ［k］7 渴 ［h］7 喝 8 褐曷 ［Ø］7 遏 **uat** ［b］7 钵拨 8 拔跋 ［p］7 泼 ［bb］8 末沫抹袜秣 ［d］7 掇 8 夺 ［t］7 脱 ［l］8 捋 ［c］7 撮 ［g］7 括聒 ［k］7 阔 ［h］7 豁 8 活 ［Ø］7 斡
八黠 at,uat	**at** ［b］7 八 ［z］7 札 ［c］7 察 ［s］7 杀刹 ［g］7 戛嘎 ［h］7 瞎 8 黠 ［Ø］7 轧 **uat** ［b］8 拔 ［s］7 刷］［g］7 ［gg］8 刖刮 ［h］8 猾
九屑 iat,uat	**iat** ［b］7 蹩别 8 别 ［bb］8 灭蔑 ［d］7 哲 8 辙迭蛭垤跌 ［t］7 铁彻澈撤 ［l］8 列烈裂洌热捏涅捩呐 ［z］7 节疖浙折 ［c］7 切窃掣挈 ［s］7 屑设泄楔亵 8 舌 ［g］7 结洁 8 竭碣揭杰 ［h］7 血 8 颉撷穴 ［Ø］7 咽 8 阅悦 **uat** ［d］缀辍 ［l］劣 ［z］7 拙 8 绝 ［c］啜 ［s］7 雪说 ［g］7 决诀抉 ［Ø］8 阅悦
十药 ok,iok	**ok** ［b］7 搏膊 8 泊箔薄礴 ［p］7 粕魄博 ［bb］8 幕莫漠膜摸寞 ［d］8 度踱铎 ［t］7 托拓柝亳橐 ［l］8 乐洛络落烙酪骆诺 ［z］7 作柞 8 昨凿 ［c］7 错厝 ［s］7 索 ［g］7 各阁郭格 ［k］7 廓恪 ［gg］8 鄂谔愕鳄噩 ［h］7 霍郝壑 8 貉鹤缚涸获蠖 ［Ø］7 恶 **iok** ［d］著 ［l］8 略若虐疟掠 ［z］7 爵灼酌 ［c］7 雀鹊绰焯 ［s］7 削烁 8 勺 ［g］7 脚矍攫 ［k］7 却 ［h］7 谑 ［Ø］7 约 8 药跃钥

十一陌 ik,［ok］	**ik** ［b］7 璧百伯柏 8 舶迫白帛 ［p］7 辟僻癖霹碧拍魄 ［bb］8 陌貊脉麦 ［d］7 摘谪 8 翟泽择掷 ［t］7 斥 8 宅 ［z］7 积迹脊瘠窄借炙责啧碛鲫咋摭 8 藉籍 ［c］7 册栅尺策刺赤螫 ［s］7 适昔惜释 8 石硕席汐夕射 ［g］7 革格骼鬲隔戟 8 剧屐 ［k］7 客隙 ［gg］8 额逆 ［h］7 赫翮吓 8 获核 ［Ø］7 益 8 役 疫译驿绎液掖腋易亦弈奕 **ok** ［g］7 帼蝈虢
十二锡 ik	**ik** ［b］7 壁 ［p］7 霹 ［bb］8 觅 ［d］7 的籴摘滴镝嫡 8 笛逖 狄荻敌涤翟 ［t］7 惕踢剔倜 ［l］8 历沥枥溺砾栎 ［z］7 绩 8 寂 ［c］7 戚 ［s］7 析淅晰锡适 ［g］7 击激 ［gg］8 阋 ［h］ 8 檄
十三职 ik,［ok］	**ik** ［b］7 逼 8 愎 ［bb］8 冒墨默 ［d］7 德得陟 8 直特 ［t］7 忒饬敕 ［l］8 力勒肋匿 ［z］7 唧即鲫织职则仄稷 8 贼 ［c］7 侧恻测 ［s］7 息熄塞色饰式轼拭稿啬识 8 殖植蚀食 ［g］7 棘亟殛 8 极 ［k］7 克刻 ［gg］8 嶷 ［h］8 劾或惑 ［Ø］7 亿 忆抑 8 翼域蜮弋翌 **ok** ［b］7 北 ［g］7 国
十四缉 ip	**ip** ［d］蛰 ［l］立笠粒入 ［z］7 执汁缉辑 8 集 ［s］7 湿隰涩 8 十拾什习袭 ［g］7 给急级汲 8 及 ［k］7 泣吸 ［gg］8 岌 ［h］7 歙 ［Ø］7 揖邑挹
十五合 ap	**ap** ［d］7 答搭 8 沓踏 ［t］7 塔榻 ［l］8 纳衲拉腊蜡 ［z］7 匝 8 杂 ［s］7 飒 ［g］7 鸽蛤 ［k］7 溘嗑 ［h］8 阖合盍
十六叶 iap	**iap** ［d］7 辄 8 蹀喋牒谍蝶 ［t］7 帖贴 ［l］8 阈捻聂猎慑摄 蹑 ［z］7 接摺婕睫 8 阈捷 ［c］7 妾 ［s］7 燮 8 涉 ［g］7 侠颊 ［k］7 箧 ［h］8 挟协荚 ［Ø］7 靥 8 烨叶
十七洽 ap,iap, ［uat］	**ap** ［z］7 眨 ［c］7 插 ［s］7 霎 ［g］7 甲钾 ［k］7 恰掐 8 洽 ［h］7 呷 8 匣 ［Ø］7 压鸭 **iap** ［d］喋 ［g］夹劫峡 ［k］7 怯 ［gg］8 业邺 ［h］8 狭胁 **uat** ［h］7 法 8 乏

宋词十九韵部常用字表

1. 本表收录宋词用韵的韵部及各韵部一些常用韵字。宋词韵部基本上是对古体十九诗韵（平水韵）的合并，共十九部。其中，平上去声十四部，入声五部。这十九部只能适合宋词的多数情况，但在某些词人的笔下，第六部与第十一部、第十三部相通，第七部与第十四部相通。这可能是受到方言的影响，也可能是语音发展变化的原因。词的押韵，平韵与仄韵的界限很清楚，但上去两声是可以通押的。入声韵的独立性很强，某些词在习惯上是用入声韵，例如《忆秦娥》《念奴娇》等。某词规定用平韵，就不能用仄韵；规定用仄韵，就不能用平韵，除非有另一体。

2. 本表收录了各韵部一些常用韵字，若有缺漏，读者可按所属韵部补入。韵部里的读音，是闽南话（厦门音）的文读音（读书音），并用闽南话的拼音方案注音。押韵只管韵母，不管声母。但为方便读者，我们在按"平上去入"四声分列的韵部字表里，对所列示的字，都按闽南话声母的次序 b、p、bb、m、d、t、n、l、z、c、s、g、k、ng、gg、h、Ø 分别归入。例如第一部平声"东"韵里的"p"声母里有"蓬篷"两字，表示这两个字在闽南话的读书音是读"pong"的平声调。由于古四声在闽南话里的声调分化有所不同，下面列示古四声在闽南话读书音系统里声调分化的对应规律。

古四声	条件	闽南话	例字
平声	古清音声母	阴平	卑、动
	古浊音声母	阳平	脾、同
上声	古清音声母次浊声母	上声	比、养
	古全浊音声母	阳去	被、动
去声	古清音声母	阴去	痹、冻
	古浊音声母	阳去	避、洞

古四声	条件	闽南话	例字
入声	古清音声母	阴入	鳖、督
	古浊音声母	阳入	舌、独

第一部

平 声

一东二冬通用

【一东】

ong 〔p〕蓬篷 〔bb〕蒙濛艨朦懵蕾梦 〔d〕东同铜桐筒童僮瞳冻峒恫侗 〔t〕通潼 〔l〕隆笼聋珑胧栊咙砻泷癃庞 〔z〕棕丛 〔c〕聪忽葱匆璁崇 〔s〕送 〔g〕公功工攻 〔k〕空倥崆 〔h〕鄷风枫疯丰冯洪红鸿虹烘讧 〔Ø〕翁嗡

iong 〔d〕中衷忠 〔t〕虫 〔z〕终盅 〔c〕充沖忡种 〔l〕戎绒 〔s〕嵩（崧） 〔g〕弓躬宫穷 〔k〕穹芎 〔h〕雄熊 〔Ø〕融

【二冬】

ong 〔d〕冬 〔t〕彤憧 〔l〕农浓侬 〔z〕宗踪淙 〔g〕蚣 〔h〕封逢缝（缝纫）峰锋烽 〔Ø〕雍

iong 〔d〕重（重复） 〔l〕龙茸 〔z〕钟鍾舂从 〔c〕冲 〔s〕松纵（纵横） 〔g〕龚恭供 〔k〕蛩枞邛共淞 〔gg〕喁 〔h〕匈汹胸凶禺 〔Ø〕庸邕壅慵墉镛佣溶容蓉榕

仄 声

上声：一董二肿通用

【一董】

ong 〔d〕董懂动侗洞 〔t〕桶 〔l〕笼拢 〔z〕总 〔g〕汞 〔k〕空

【二肿】

　　ong　　〔h〕奉捧

　　iong　　〔d〕重　　〔t〕宠冢　　〔l〕陇垄茸冗　　〔z〕踵肿种　　〔s〕耸悚竦　　〔g〕拱　　〔k〕巩恐　　〔Ø〕勇涌踊俑蛹拥壅溶

去声：一送二宋通用

【一送】

　　ong　　〔bb〕梦　　〔d〕冻栋洞　　〔t〕统恸痛　　〔l〕弄砻　　〔s〕送宋　　〔g〕贡赣　　〔k〕空控　　〔h〕哄　　〔Ø〕凤讽

　　iong　　〔d〕中仲重　　〔t〕衷　　〔z〕众　　〔c〕纵　　〔s〕颂诵〔Ø〕用

【二宋】

　　ong　　〔z〕综

　　iong　　〔z〕种从　　〔s〕讼　　〔g〕供共　　〔k〕恐　　〔h〕封俸缝〔Ø〕雍

第二部

平　声

三江七阳通用

【三江】

　　ang　　〔b〕邦　　〔p〕庞逄　　〔g〕江矼缸　　〔k〕腔　　〔h〕降（降伏）

　　ong　　〔t〕幢　　〔z〕桩撞　　〔c〕淙窗　　〔s〕双

【七阳】

　　ong　　〔b〕房磅膀螃傍　　〔p〕滂彭　　〔bb〕忙茫忘芒亡盲邙望〔d〕当裆塘唐搪堂棠螗　　〔t〕汤糖　　〔l〕郎浪琅踉娘廊囊　　〔z〕庄赃妆装臧藏　　〔c〕仓创苍沧床　　〔s〕霜孀桑丧　　〔g〕光胱冈纲钢刚狂〔k〕康筐匡眶亢吭　　〔gg〕昂　　〔h〕方芳鲂坊妨彷荒防黄潢璜簧煌隍凰

蝗惶遑皇行航杭　　[Ø]汪王

　　iong　[d]张长肠场　　[l]良粮梁梁凉量攘禳瓤　　[z]章樟彰障漳璋浆将蒋　　[c]昌猖倡闾锵抢枪伥樯墙蔷嫱　　[s]商相湘箱缃镶襄骧筋殇伤祥详裳尝偿常翔　　[g]姜僵缰疆强　　[k]羌　　[h]香乡穰　[Ø]殃央泱鸯秧羊阳杨扬炀疡庠洋徉佯

仄　声

上声：三讲二十二养通用

【三讲】

　　ang　[b]棒蚌　　[g]讲耩港　　[h]项

【二十二养】

　　ong　[bb]莽蟒惘罔网魍　　[d]党荡　　[t]傥　　[l]朗　　[z]脏　　[c]苍　　[s]爽　　[g]广　　[k]慷　　[gg]仰　　[h]幌晃慌纺放仿沆　　[Ø]往枉

　　iong　[d]长杖丈仗　　[t]敞氅　　[l]两攘壤　　[z]蒋奖浆掌　　[c]抢厂　　[s]想赏上像象橡　　[g]襁　　[gg]仰　　[h]享响向　　[Ø]养痒鞅怏泱盎

去声：三绛二十三漾通用

【三绛】

　　ang　[z]淙撞　　[g]洚绛降虹　　[h]巷

【二十三漾】

　　ong　[b]谤傍　　[bb]望妄忘　　[d]当挡砀荡宕　　[t]汤傥　　[l]浪　　[z]葬壮状脏藏　　[c]创　　[s]丧　　[g]广　　[k]旷圹抗亢炕逛　　[h]况妨放防舫访吭行　　[Ø]盎王旺

　　iong　[d]长帐张涨仗　　[t]怅畅　　[l]量两掠谅亮让酿　　[z]将酱瘴障嶂匠　　[c]唱　　[s]相饷偿上尚　　[gg]仰　　[h]向　　[Ø]怏炀养漾恙样

第三部

平　声

四支五微八齐十灰（半）通用

【四支】

i　[b] 陂碑卑悲脾貔比陴　[p] 披丕皮疲罴　[bb] 眉楣嵋糜縻糜弥　[d] 知驰池迟治坻　[t] 痴笞篪　[n] 尼怩　[l] 儿离螭狸篱璃魑漓骊鹂丽郦黎犁而蠡罹　[z] 支枝肢之芝脂剂　[c] 鸱胝持　[s] 尸施时诗匙墀氏　[g] 肌饥基羁歧岐奇琦崎畸其期棋骐祺旗淇琪姬卮栀耆箕綦鳍祁　[k] 欺骑（跨马）　[gg] 宜仪疑嶷　[h] 嬉嘻僖熹禧曦羲熙牺　[Ø] 伊医移夷遗（遗失）彝颐姨怡漪饴噫蛇椅（木名）痍贻台提戏

u　[z] 兹差（参差）资缁淄辎孜茨滋磁姿瓷慈仔　[c] 雌訾疵赀蚩　[s] 丝司思（动词）师狮筛厮祠辞词斯私

ui　[d] 追坠　[t] 推　[l] 赢累　[z] 锥椎　[c] 吹炊　[s] 虽绥衰垂随陲谁隋　[g] 规逵葵夔馗　[k] 窥亏　[gg] 危　[h] 蕤睢委逶倭痿佳　[h] 麾　[Ø] 维帷惟为（施为）荽

【五微】

i　[bb] 微薇　[g] 畿机几（微小）讥矶　[h] 稀希欷顾圻　[Ø] 衣依沂

ui　[g] 归　[gg] 巍葳　[h] 晖徽挥霏菲妃绯飞非诽痱扉肥腓　[Ø] 威韦围帏违

【八齐】

e　[b] 篦鼙　[p] 批　[bb] 迷　[d] 堤低氏诋题黄缔　[t] 梯提　[n] 泥　[l] 黎犁梨蠡（支同韵）鼜骊鹂　[z] 挤齐蛴脐　[c] 妻萋凄　[s] 西栖（栖）犀嘶撕折　[g] 鸡隄（堤）稽　[k] 溪嵇蹊　[gg] 儿倪霓（蜺）　[h] 兮奚携睚

ui　[g] 圭（珪）闺　[k] 睽奎

【十灰（半）】

ue　[b] 陪杯醅裴培徘　[k] 魁　[h] 灰恢回徊茴诙　[Ø] 煨

偎隈

ui　[m] 枚梅媒煤瑰酶　[d] 堆　[t] 推　[l] 雷罍　[c] 崔催摧　[gg] 嵬（贿韵同）桅　[h] 隈

仄　声

上声：四纸五尾八荠十贿（半）

【四纸】

i　[b] 匕比妣彼被婢髀　[p] 否痞鄙　[bb] 美靡　[m] 弭弥
[d] 砥抵雉崻痔　[t] 褫耻　[n] 尔你迩耳　[l] 里理娌李俚鲤履
[z] 纸只枳咫旨指止趾址芷徵　[c] 齿侈　[s] 弛豕矢始是氏市视
[g] 几已纪杞技妓　[k] 起企绮　[gg] 拟　[h] 喜　[Ø] 已以
俟矣迤倚

u　[z] 子仔梓滓紫訾姊秭　[c] 此　[s] 死巳祀史使驶玺徙兕
士仕似姒

ui　[d] 捶　[l] 垒诔　[c] 揣　[s] 水髓　[g] 诡晷宄跪
[k] 傀轨揆癸悝趾　[h] 毁圮　[Ø] 委唯

【五尾】

i　[bb] 尾　[g] 几　[k] 岂

ui　[g] 鬼　[h] 卉虺斐诽菲匪蜚　[Ø] 伟韪炜苇

【八荠】

e　[b] 陛　[d] 底诋抵邸坻弟递　[t] 体悌涕　[l] 礼祢澧醴
[z] 济荠　[s] 洗　[k] 启

i　[bb] 米

【十贿（半）】

ue　[b] 倍蓓　[h] 贿悔汇　[Ø] 猥

ui　[m] 每　[l] 蕾　[c] 璀

去声：四寘五未八霁九泰（半）十一队（半）通用

【四寘】

i　[b] 庇泌瘱譬臂骥屏痹陂被避劓鼻　[p] 睿　[bb] 媚寐魅
[d] 置智致迟治地　[n] 珥　[l] 利莉痢吏晋饵腻二　[z] 至志痣鸷
贽挚喑织积芰识　[c] 翅试　[s] 嗜始施谥示豉　[g] 寄骑记觊冀骥
暨忌　[k] 弃企器　[gg] 谊义议　[h] 戏　[Ø] 意肆懿遗异易

u　[z] 渍恣自字　[c] 次刺　[s] 四驷肆使司伺赐思食饲嗣寺
侍事

ui　[d] 坠　[l] 类累泪　[z] 醉　[c] 吹惴粹翠萃　[s] 遂
邃燧隧祟瑞睡穗　[g] 季悸　[k] 匮馈篑　[gg] 伪　[Ø] 萎诿位

【五未】

i　[bb] 未味　[g] 既　[k] 气　[gg] 毅　[Ø] 衣

ui　[g] 贵　[k] 忾　[gg] 魏　[h] 诽痱蜚翡讳卉费沸
[Ø] 尉畏慰蔚胃渭谓

【八霁】

e　[b] 闭毙蔽敝觑币　[bb] 谜　[d] 帝谛缔滞题弟第娣逮
[t] 替涕睇　[l] 泥戾唳捩丽隶棣厉砺励例荔薜离　[z] 霁祭制际齐济
挤剂　[c] 妻掣切　[s] 细税势世泄噬逝誓　[g] 计继揭偈蓟系
[k] 契憩　[gg] 诣艺呓　[h] 系　[Ø] 裔医曳羿

ue　[bb] 袂　[d] 　[t] 蜕　[l] 芮锐　[z] 赘缀　[s] 岁
说　[g] 鳜蹶　[k] 　[h] 惠蕙慧彗　[Ø] 卫

【九泰（半）】

ue　[b] 贝狈　[p] 沛　[d] 兑　[t] 蜕　[l] 酹　[z] 最
[g] 桧脍会　[gg] 外　[h] 会绘

【十一队（半）】

ue　[b] 背辈悖孛佩焙　[p] 配柿　[bb] 昧　[t] 退　[l]
耒内　[h] 回　[Ø] 秽

ui　[d] 对队　[c] 粹淬　[s] 碎　[h] 废悔海晦肺溃吠

第四部

平　声

六鱼七虞通用

【六鱼】

　　u　　[d] 猪蹰除蜍涂　　[t] 储　　[l] 庐驴　　[z] 诸沮且雎趄咀疽
苴　[c] 蛆　[s] 书舒纾胥徐间　　[l] 如茹虑桐　　[g] 居裾车渠据
[k] 祛　[gg] 鱼渔　[h] 虚嘘墟　[Ø] 淤余予（我也）舆誉与畬于

　　oo　　[d] 屠滁　[l] 庐　[z] 狙锄　[c] 初　[s] 疏蔬梳

【七虞】

　　u　　[bb] 无芜巫诬母毋　　[d] 厨　　[l] 儒濡襦嚅懦颅轳镂娄
[z] 株诛蛛朱珠邾洙侏诹　　[c] 趋雏驹　　[s] 需输枢须殊姝　　[g] 俱
句驹拘劬衢瞿　[k] 区驱岖躯　[gg] 虞愚娱禹隅喁　　[h] 夫麸乎桴俘
敷凫肤扶符扶芙蚨柎　[Ø] 于盂瑜榆谀愉腴逾（踰）喻纡竽吁俞逾觎揄
萸臾渝迂芋呕

　　oo　　[b] 逋蒲　[p] 铺　[bb] 模谟膜摹　[d] 都徒途涂荼图
屠　[l] 芦炉卢鲈泸栌舻垆奴弩帑孥　　[z] 租徂爼　[s] 苏酥　[g]
辜姑鸪沽呱孤蛄枸　[k] 枯　[h] 呼胡湖瑚葫糊乎壶狐弧孤觚瓠
[gg] 吾梧吴𪗱　[oo] 乌恶

仄　声

上声：六语七虞通用

【六语】

　　u　　[d] 著杼宁贮　　[l] 旅膂女汝茹吕侣　　[z] 渚褚煮沮咀
[c] 处杵　[s] 墅抒纾暑鼠黍序绪屿　　[g] 举莒巨讵拒距炬　[k] 去
　[gg] 语圄圉御　[h] 许　[Ø] 与予

　　oo　　[z] 阻俎　[c] 楚础　[s] 所

【七虞】

　　u　　[bb] 武鹉舞侮　　[d] 拄　[l] 乳缕　[z] 主聚柱　[c] 取
　[s] 竖树　[g] 矩　[k] 伛　[gg] 　[h] 府腑俯甫辅脯煦拊腐斧
滏抚诩栩父　[Ø] 雨羽禹宇庾愈

　　oo　　[b] 补部　[p] 浦溥圃普谱剖簿　[bb] 姥　[d] 堵睹赌
肚　[t] 土吐杜　[n] 努怒　[l] 弩鲁橹卤虏嵝篓偻　[z] 祖组
[s] 数　[g] 鼓古估诂牯瞽酤枸股贾雇　[k] 苦　[ng] 五伍午　[h]
浒虎琥怙祜扈户沪

去声：六御七遇通用

【六御】

u　[d] 除著　[l] 如女茹虑　[z] 蓄沮诅狙　[c] 处　[s] 署曙庶絮恕　[g] 据踞遽讵　[k] 去　[gg] 语驭御　[h] 嘘　[Ø] 与欤誉豫预

oo　[z] 助　[c] 楚　[s] 疏

【七遇】

u　[b]　[bb] 务雾鹜骛　[l] 屡孺裕　[z] 注驻住铸属　[c] 趣娶　[s] 输戍树　[g] 具惧　[gg] 瞿遇寓　[k] 驱　[h] 赋酗讣赴傅付附驸　[Ø] 煦雨妪谕

oo　[b] 怖播布捕哺步　[p] 圃铺　[bb] 墓暮慕募　[d] 蠹炉度渡镀　[t] 兔吐　[n] 怒　[l] 路赂露鹭　[z] 祚作　[c] 措错醋　[s] 诉塑素数　[g] 固故酤顾雇句　[k] 库苦　[ng] 忤误捂悟寤　[h] 瓠获互护　[Ø] 恶

第五部

平　声

九佳（半）十灰（半）通用

【九佳（半）】

ai　[b] 俳牌排　[bb] 埋霾　[z] 斋侪豺　[c] 鞋柴钗差（差使）　[g] 佳街皆喈偕阶　[k] 揩楷　[gg] 涯（支麻同韵）　[h] 谐骸

uai　[g] 乖　[h] 怀淮槐（灰韵同）

a　[g] 佳

【十灰（半）】

ai　[b]　[d] 台　[t] 苔胎　[l] 徕来莱崃能　[z] 哉灾才材财裁栽　[c] 猜　[g] 该　[k] 开　[gg] 皑　[h] 垓陔孩颏咳

［Ø］哀埃唉

    uai   ［h］槐（佳韵同）坏

仄　声

上声：九蟹十贿（半）通用

【九蟹】

    ai   ［b］摆   ［m］买   ［s］洒   ［g］解   ［k］楷锴   ［h］蟹
解骇   ［Ø］矮

    uai   ［g］拐

【十贿（半）】

    ai   ［d］待怠殆   ［n］乃鼐   ［z］宰载在   ［c］采彩   ［g］改
［k］铠恺   ［h］海亥颏

    ue   ［b］倍蓓   ［h］贿悔汇   ［Ø］猥

去声：九泰（半）十卦（半）十一队（半）通用

【九泰（半）】

    ai   ［d］带大   ［t］太汰泰   ［n］奈   ［l］赖濑癞   ［c］蔡
［g］盖   ［h］害   ［gg］艾   ［Ø］霭

【十卦（半）】

    ai   ［b］拜呗薜稗败   ［p］派湃   ［m］卖迈   ［z］债寨   ［g］
介芥疥诫戒界   ［h］邂解械懈   ［Ø］隘噫

    uai   ［g］怪   ［k］蒯喟聩快   ［h］坏

【十一队（半）】

    ai   ［d］戴逮代贷黛岱   ［n］耐   ［l］赉睐   ［z］再栽载在
［c］菜裁采   ［s］赛塞   ［g］慨   ［k］溉铠   ［h］劾   ［Ø］爱

第六部

平　声

十一真十二文十三元（半）通用

【十一真】

　　in　［b］宾滨豳斌彬频濒颦贫　　［bb］民珉缗岷泯闽（轸同韵）
［d］珍畛尘陈　　［t］填　　［l］人仁邻鳞麟粼磷辚嶙纫　　［z］真津臻榛秦
溱振甄　　［c］亲　　［s］辛新薪申呻伸绅莘身晨辰娠臣神　　［g］鄞
［gg］狺　　［Ø］因茵姻氤堙寅夤

　　un　［t］屯　　［l］伦纶轮沦抡　　［z］谆（震同韵）淳醇鹑谆皴竣逡
遵　　［c］春椿　　［s］莼（尊）纯唇询恂峋旬洵荀巡驯循　　［g］钧均筠巾
　　［gg］银垠　　［Ø］匀

【十二文】

　　un　［b］贲　　［bb］文闻纹雯昕薪　　［g］军君群裙斤筋　　［k］
芹勤　　［h］氛分（分离）纷芬焚坟汾勋薰曛熏荤　　［Ø］殷氲云耘芸员郧
　　im　欣

【十三元（半）】

　　un　［b］奔　　［p］喷盆　　［bb］门扪　　［d］敦墩暾炖饨　　［t］
吞屯豚臀　　［l］论（动词）抡　　［z］尊存蹲　　［c］村　　［s］孙荪纯
［g］根跟　　［k］坤昆琨鲲髡　　［h］昏婚阍溷痕魂浑垠　　［Ø］温恩蕴

仄　声

上声：十一轸十二吻十三阮（半）通用

【十一轸】

　　in　［b］牝　　［bb］闵悯泯敏　　［d］朕　　［l］嶙忍　　［z］轸诊
畛稹尽　　［s］缜赈蜃肾　　［g］紧　　［Ø］引尹蚓

　　un　［d］盾　　［z］准　　［c］蠢　　［s］隼笋吮　　［g］窘　　［k］

菌　　〔∅〕允陨殒允引尹尽忍准隼笋盾闵悯菌蚓牝殒紧蠢陨哂诊疹赈肾蜃膑黾泯窘吮缜

【十二吻】

in　　〔g〕谨

un　　〔bb〕吻刎　　〔g〕近　　〔h〕粉恽忿愤　　〔∅〕蕴隐殷

【十三阮（半）】

un　　〔b〕本　　〔s〕损鳟　　〔g〕棍　　〔k〕悃垦捆阃　　〔h〕很混
〔∅〕稳圈盾绻沌娩

去声：十二震十三问十四愿（半）通用

【十二震】

in　　〔b〕鬓殡摈　　〔d〕镇阵　　〔t〕趁　　〔l〕吝刃认韧磷躏蔺
〔z〕晋缙震振进赈诊烬　　〔c〕衬亲　　〔s〕信讯汛迅衅娠蜃慎　　〔g〕仅
觐馑瑾　　〔∅〕印胤引

un　　〔l〕闰润　　〔z〕谆骏浚峻　　〔s〕瞬舜徇顺

【十三问】

un　　〔bb〕问闻汶紊　　〔g〕斤近靳郡　　〔h〕训粪奋忿分　　〔∅〕
运晕韵愠郓员

【十四愿（半）】

un　　〔p〕喷　　〔bb〕闷　　〔d〕敦顿钝　　〔t〕褪　　〔l〕论嫩
〔c〕寸　　〔s〕逊　　〔gg〕艮　　〔k〕困　　〔h〕溷恨

第七部

平　声

十三元（半）十四寒十五删一先通用

【十三元（半）】

uan　　〔gg〕元沅原源　　〔h〕翻萱喧藩幡番反烦繁蕃樊　　〔∅〕鸳
怨蜿宛园袁猿辕冤媛援爰

ian　　［gg］言　　［h］轩掀

【十四寒】

an　　［p］胖弁　　［bb］曼馒鳗　　［d］丹殚单掸郸　　［t］滩摊坛檀弹叹（翰同韵）　　［l］阑栏澜谰兰拦（大水貌）　　［z］残　　［c］餐　　［g］奸（奸犯）干肝竿乾　　［k］看（翰韵同）刊漫　　［h］寒韩翰安难（艰难）汗崔

uan　　［b］瘢盘　　［p］潘蟠拌　　［bb］谩瞒　　［d］端　　［t］湍团抟　　［l］鸾銮栾峦滦　　［z］钻攒　　［s］酸　　［g］倌官棺观（观看）冠（衣冠）　　［k］宽　　［h］欢獾繁丸桓洹纨　　［∅］剜完莞

【十五删】

an　　［b］班斑颁般扳　　［p］攀　　［bb］蛮　　［c］屡（先韵同）潺（先韵同）　　［s］删潸讪山　　［g］艰间（中间）姦　　［k］悭　　［gg］颜　　［h］闲娴　　［∅］鹠

uan　　［g］关鳏菅　　［gg］顽　　［h］还环患鬟寰　　［∅］弯湾

【一先】

ian　　［b］翩扁编鞭便（安也）　　［p］篇偏骈　　［bb］眠棉　　［d］颠巅佃田钿（霰韵同）填滇　　［t］天阗　　［l］连联涟莲怜年然　　［z］笺戋钱溅煎前　　［c］千阡迁跹　　［s］先仙鲜（新鲜）扇涎单（单于）婵癣澶　　［g］坚肩犍键　　［k］牵搴乾虔愆骞　　［gg］妍研　　［h］贤弦玄舷县缠　　［∅］鄢嫣烟燕（国名）渊涓蠲延筵沿缘铅焉咽

uan　　［d］传　　［t］椽　　［l］挛　　［z］专泉遄颛全镌竣　　［c］穿川　　［s］宣诠痊悛荃船旋　　［g］捐鹃娟卷权拳　　［k］蜷　　［∅］圆员鸢蜒胭芊鳊胼滇佃畋咽湮狷蠲蔫骞膻扇棉拴荃籼砖挛儇欢璇卷扁单溅犍

仄　声

上声：十三阮（半）十四旱十五潸十六铣通用

【十三阮（半）】

uan　　［bb］晚　　［gg］阮　　［h］返反饭　　［∅］远苑婉蜿宛

ian　　［g］蹇犍　　［∅］偃堰

【十四旱】

an　　［b］伴　　［d］但诞　　［t］坦袒　　［l］懒　　［z］瓒趱　　［s］

散 ［k］侃 ［h］旱悍纂

　　uan 　［bb］满懑 　［d］短断 　［t］疃 　［l］暖卵 　［s］算
［g］管馆盥 　［k］款 　［h］缓浣 　［Ø］碗

【十五潸】

　　an 　［b］板版 　［l］赧 　［z］栈 　［s］潸产羼 　［g］柬拣
［gg］眼 　［h］限

　　uan 　［z］撰 　［g］绾莞

【十六铣】

　　ian 　［b］扁匾辩辫 　［bb］免勉晩沔腼缅冕 　［d］典腆展 　［t］
殄 　［l］琏辇 　［z］翦戬栈钱践 　［c］浅阐 　［s］鲜癣洗铣跣燹单善
　［g］搴蹇茧件键 　［k］犬遣 　［h］显蚬岘 　［Ø］衍演宴

　　uan 　［t］篆 　［l］娈软 　［z］转 　［c］喘 　［s］选 　［g］
卷狷

　　　　去声：十四愿（半）十五翰十六谏十七霰通用

【十四愿（半）】

　　uan 　［g］券圈 　［gg］愿 　［k］劝 　［h］贩饭 　［Ø］远怨

　　ian 　［g］建健 　［h］献宪 　［Ø］鄾堰

　　an 　［bb］万蔓曼

【十五翰】

　　an 　［p］胖 　［bb］漫谩缦幔 　［d］旦惮弹 　［t］摊滩叹炭
［l］难斓 　［z］赞 　［c］灿璨 　［s］散 　［g］干 　［k］看侃 　［gg］
岸 　［h］汉翰瀚汗悍 　［Ø］按奈烂案

　　uan 　［b］半叛 　［p］判泮绊 　［d］段锻断 　［l］乱 　［z］钻
　［c］窜 　［s］算蒜 　［g］贯灌冠观馆盥 　［h］涣唤焕换 　［Ø］玩
惋腕

【十六谏】

　　an 　［b］扮瓣 　［p］盼 　［bb］慢漫 　［d］绽 　［z］栈 　［s］
汕讪疝铲栅 　［g］谏涧 　［gg］雁 　［h］闲 　［Ø］晏

　　uan 　［c］串篡 　［g］惯 　［h］豢患绾宦幻

　　ian 　［h］苋

【十七霰】

ian　[b] 变卞汴遍弁拚便　[p] 片　[bb] 面　[d] 缠奠殿甸佃钿电淀　[l] 练辗　[z] 箭煎战颤荐贱饯溅　[c] 茜倩　[s] 线霰扇煽擅善膳羡禅　[g] 见　[k] 牵缱遣谴　[gg] 研砚彦谚　[h] 眩县悬　[Ø] 宴燕咽堰缘

uan　[d] 传　[l] 恋　[z] 转　[c] 钏　[g] 绢狷倦眷　[h] 炫　[Ø] 院援媛瑗

第八部

平　声

二萧三肴四豪通用

【二萧】

iao　[b] 飚镳标杓　[p] 漂飘剽瓢　[bb] 苗描猫　[d] 貂刁凋雕调迢条朝潮　[t] 桃佻挑跳苕　[l] 聊辽寥撩僚寮嘹燎饶蛲獠料　[z] 焦蕉樵谯椒韶昭招憔钊　[c] 超　[s] 萧箫宵消霄绡销哨逍硝烧劭潇　[g] 骄娇浇峤轿荞乔桥侨　[k] 翘徼橇　[gg] 尧侥　[h] 嚣枭骁　[Ø] 要腰邀妖夭幺遥鹞姚摇谣瑶娆陶

【三肴】

ao　[b] 包胞庖鲍苞刨　[p] 抛泡跑炮咆　[m] 茅　[d] 啁[l] 唠铙　[z] 抓巢剿嘲钞　[s] 梢捎鞘　[g] 交郊胶蛟茭教佼姣[k] 敲　[ng] 肴淆崤爻咬鲛　[h] 哮　[Ø] 坳

【四豪】

o　[d] 刀涛陶萄淘逃　[t] 叨饕洮滔韬桃　[l] 猱牢醪劳涝捞[z] 遭糟漕槽嘈　[c] 操　[s] 艘骚缫臊搔　[l] 挠　[g] 高篙羔膏皋　[k] 尻　[gg] 翱熬敖鳌　[h] 蒿薅豪毫号

oo　[b] 袍　[m] 毛髦旄

仄　声

上声：十七筱十八巧十九皓通用

【十七筱】

iao　［b］表　［bb］秒眇渺缈藐森蓼　［d］鸟掉赵兆　［t］挑窈　［n］鸟袅　［l］了燎缭僚扰绕　［z］沼昭　［c］悄　［s］小少绍　［g］娇矫皎　［h］晓娆　［Ø］杳窈夭

【十八巧】

ao　［b］饱鲍　［bb］卯　［l］挠　［z］爪　［c］炒　［g］狡绞姣搅　［k］巧　［Ø］拗

【十九皓】

o　［b］宝保葆堡褓　［p］抱　［d］岛祷倒道稻　［t］讨　［l］老脑恼潦涝　［z］藻澡早蚤枣皂造　［c］草　［s］燥嫂缲　［g］镐槁缟杲　［k］考　［h］好昊皓浩颢灏　［Ø］袄媪

去声：十八啸十九效二十号通用

【十八啸】

iao　［b］裱剽　［p］漂骠　［bb］庙妙　［d］钓吊召调　［t］窠眺　［l］尿嘹燎料绕疗　［z］照诏醮　［s］少肖啸哨诮笑邵　［g］叫掉轿　［k］窍　［h］娆　［Ø］要曜耀峤约

【十九效】

ao　［b］豹爆　［m］貌　［d］罩　［n］闹淖　［c］钞　［s］稍　［g］教较觉窖　［k］敲　［h］孝酵效校　［Ø］拗

【二十号】

o　［b］报暴　［p］瀑　［bb］帽耄　［d］到倒悼导蹈盗　［l］劳涝　［z］漕灶躁造　［c］糙操　［s］噪　［g］郜膏告　［k］犒靠　［gg］傲骜　［h］缟诰号　［Ø］奥懊澳

oo　［m］冒　［h］好　［hooN^5］

第九部

平　声

五歌（独用）

【五歌】

　　o　［b］波番皤婆　［p］坡颇　［d］多陀跎驼佗沱驮　［l］罗萝
罗箩锣螺那　［c］蹉磋搓嵯　［s］莎娑蓑梭迦伽　［g］歌哥过戈锅
［k］科柯苛诃珂轲蝌　［gg］娥蛾鹅峨俄哦讹　［h］禾和河呵荷　［Ø］
阿倭涡窝

　　oo　［m］摩魔磨么

　　io　［g］茄

仄　声

上声：二十哿独用

【二十哿】

　　o　［b］跛簸　［p］颇叵　［d］朵柂沱垛堕惰　［t］妥　［l］
裸娜　［z］左坐　［s］娑锁琐　［g］果裹哿舸　［k］可坷轲　［h］
荷祸

　　oo　［ng］我　［h］火［hooN⁵］

去声：二十一个独用

【二十一个】

　　o　［b］簸　［p］破　［bb］磨　［d］大惰　［t］唾　［l］奈
那逻　［z］左佐座坐作　［c］挫　［g］过个课坷轲课　［gg］卧饿
［h］货贺和

第十部

平　声

九佳（半）六麻通用

【九佳（半）】

　　a　　[g] 佳

　　ua　　[Ø] 娲蜗娃哇蛙

【六麻】

　　a　　[b] 巴芭笆爬杷琶　　[p] 葩　　[bb] 麻　　[m] 麻蟆　　[d] 茶　　[t] 咤　　[n] 拿　　[z] 楂哆　　[c] 差叉杈　　[s] 沙纱裟鲨　　[g] 家嘉枷加笳茄痂珈迦瘕葭　　[gg] 牙芽衙涯吾　　[h] 霞瑕遐虾　　[Ø] 桠哑呀鸦丫

　　ia　　[d] 爹　　[z] 遮嗟　　[c] 车　　[s] 奢些佘畲赊蛇斜邪　　[Ø] 耶爷椰揶

　　ua　　[g] 瓜　　[h] 花华骅桦划　　[k] 夸　　[Ø] 蜗娲蛙娃哇洼

仄　声

上声：二十一马

【二十一马】

　　a　　[b] 把　　[m] 马　　[s] 洒　　[g] 贾假　　[ng] 雅　　[h] 瘕夏厦下　　[Ø] 哑野

　　ia　　[l] 惹　　[z] 者赭姐　　[c] 且　　[s] 写泻舍社　　[Ø] 冶也

去声：十卦（半）二十二祃通用

【十卦（半）】

　　ua　　[g] 卦挂　　[h] 画

【二十二祃】

　　a　　[b] 霸灞靶杷罢　[p] 怕　[m] 骂　[t] 咤诧　[z] 乍诈
[g] 架驾假价嫁稼　[gg] 讶迓　[h] 罅下夏暇　[Ø] 亚

　　ia　　[z] 借藉炙蔗柘　[s] 舍泻赦卸射谢榭麝　[Ø] 夜

　　ua　　[k] 跨胯　[h] 化桦

第十一部

平　声

八庚九青十蒸通用

【八庚】

　　ing　[b] 兵并平棚　[p] 烹评彭　[bb] 名明萌盟氓盲鸣　[d]
丁橙　[t] 瞠撑呈程　[l] 令　[z] 征正精睛菁旌晶筝铮贞争峥甄晴情
　[c] 清伧　[s] 生甥笙牲声猩成盛城诚　[g] 庚赓更羹耕京惊荆茎
　[k] 轻卿倾铿琼檠擎鲸　[gg] 迎　[h] 亨横行衡蘅　[Ø] 英瑛婴
樱樱嘤鹦莺荣莹嵘萦盈瀛嬴营

　　ong　[g] 觥　[h] 宏闳泓

【九青】

　　ing　[b] 瓶　[p] 娉屏萍鹏　[bb] 冥溟螟瞑暝铭　[d] 丁钉
仃町亭庭廷霆　[t] 听厅汀蜓停　[l] 宁灵棂龄铃苓伶零玲翎图聆瓴
[c] 青　[s] 星腥醒惺　[g] 经局　[h] 馨泾形刑邢型陉　[Ø] 荧
萤荥

【十蒸】

　　ing　[b] 冰凭冯朋　[bb] 瞢　[d] 登灯誊滕藤　[t] 腾
[l] 仍扔能棱陵凌绫　[z] 蒸缯僧增曾憎征层惩　[c] 称　[s] 升胜承
丞绳乘　[g] 兢矜　[gg] 凝　[h] 兴恒　[Ø] 膺鹰应蝇渑

　　ong　[h] 弘肱

<h1 align="center">仄 声</h1>

<h2 align="center">上声：二十三梗二十四迥通用</h2>

【二十三梗】

　　ing 　[b] 屏饼炳丙秉　[bb] 猛　[t] 逞骋　[l] 岭领冷　[z]
井整睛静靖　[c] 请　[s] 省　[g] 梗哽警景憬境颈耿　[k] 顷
[h] 幸杏　[Ø] 影永颍颖郢

【二十四迥】

　　ing 　[bb] 茗酩溟　[d] 等顶　[t] 挺艇鼎町　[z] 拯　[s]
醒　[g] 刭胫泂　[k] 肯

<h2 align="center">去声：二十四敬二十五径通用</h2>

【二十四敬】

　　ing 　[b] 柄并病　[p] 评娉聘　[bb] 命孟盟　[d] 郑　[l]
令　[z] 正政证侦净诤　[c] 请倩　[s] 圣性姓晟盛　[g] 更镜敬檠
劲竟竞　[k] 庆　[gg] 硬　[h] 行横　[Ø] 咏映泳

【二十五径】

　　ing 　[d] 钉橙凳蹬定锭邓　[t] 廷庭听　[l] 佞　[z] 证赠
[c] 称　[s] 胜醒乘剩　[g] 经径胫　[k] 馨磬　[gg] 凝　[h] 兴
　[Ø] 应塍孕

<h1 align="center">第十二部</h1>

<h2 align="center">平 声</h2>

<h3 align="center">十一尤（独用）</h3>

【十一尤】

　　iu 　[b] 彪　[bb] 缪　[d] 侜畴筹绸稠妯惆　[t] 抽　[l] 流

留榴骝瑠浏刘柔蹂揉　　［z］周州洲舟　　［c］秋啾湫酋囚　　［s］收修羞
酬售仇泅　　［g］鸠求裘球逑俅　　［k］邱　　［gg］牛　　［h］休貅浮蜉桴
　　［Ø］优忧尤幽由油游逌猷悠攸邮犹疣

　　oo　　［bb］谋牟眸矛　　［d］兜投　　［t］偷头　　［l］楼娄搂髅蝼偻
篓　　［z］邹鄹　　［c］愁　　［s］搜叟　　［g］句钩沟　　［k］抠　　［h］侯
猴喉　　［Ø］区呕讴沤鸥瓯欧

仄　声

上声：二十五有独用

【二十五有】

　　iu　　［d］肘纣　　［t］丑　　［l］柳浏钮忸蹂　　［z］酒　　［c］糗帚
　　［s］首手守受绶寿　　［g］久玖九韭纠赳咎舅臼　　［h］朽　　［Ø］有
友诱莠酉黝右

　　oo　　［p］剖　　［bb］某母拇亩牡　　［d］斗蚪陡　　［z］走　　［s］
擞　　［g］枸苟狗垢　　［k］口扣　　［ng］偶藕耦　　［h］吼否缶后厚
［Ø］殴

　　u　　［h］阜负妇

去声：二十六宥独用

【二十六宥】

　　iu　　［bb］谬缪　　［d］昼胄宙　　［l］溜瘤留蹂　　［z］骛就　　［s］
首秀绣收宿臭兽守狩袖授售寿岫　　［g］救疚灸究柩旧　　［h］覆复
［Ø］宥囿侑幼犹佑右柚油鼬又

　　oo　　［bb］茂戊懋　　［d］斗窦豆逗　　［t］透　　［l］漏陋镂　　［z］
走皱绉奏骤　　［c］凑　　［s］瘦漱　　［g］句构购遘媾诟　　［k］寇蔻扣
［h］吼候后逅　　［Ø］沤

　　u　　［h］副伏

第十三部

平　声

十二侵（独用）

【十二侵】

　　im　　［d］沉　　［t］琛郴　　［l］林霖琳淋临壬任妊　　［z］针箴斟
簪　　［c］侵岑　　［s］心深森参忱寻浔椹谌湛　　［g］今禁襟金　　［k］钦
衾琴禽擒黔　　［gg］吟　　［Ø］音阴淫歆暗

仄　声

上声：二十六寝独用

【二十六寝】

　　im　　［l］凛荏恁衽任稔　　［z］枕婶　　［c］寝　　［s］审沈甚
［g］锦　　［Ø］饮品

　　in　　［b］禀

去声：二十七沁通用

【二十七沁】

　　im　　［d］鸩　　［l］任衽赁妊　　［z］浸　　［c］谶沁　　［s］渗甚
［g］禁　　［Ø］饮荫

第十四部

平　声

十三覃十四盐十五咸通用

【十三覃】

　　am　〔d〕耽覃潭谭谈郯澹　〔t〕贪探　〔l〕南男岚婪篮蓝　〔c〕参骖蚕惭　〔s〕三　〔g〕甘柑　〔k〕龛堪戡　〔h〕酣含涵函颔襜〔Ø〕谙庵

【十四盐】

　　iam　〔d〕甜恬　〔t〕添　〔l〕拈廉镰帘髯粘　〔z〕占沾苫尖詹歼潜　〔c〕签　〔s〕纤暹瞻蟾　〔g〕兼　〔k〕谦箝黔　〔gg〕严阎〔h〕嫌爻缣　〔Ø〕崦阉淹盐檐炎

　　ian　〔b〕砭

【十五咸】

　　am　〔l〕喃　〔z〕馋谗　〔c〕掺挼　〔s〕衫杉芟　〔g〕缄监〔k〕嵌　〔gg〕岩　〔h〕咸衔

　　iam　〔gg〕严

　　uan　〔h〕凡帆

仄　声

上声：二十七感二十八俭二十九豏通用

【二十七感】

　　am　〔d〕胆澹啖　〔t〕毯　〔l〕览榄　〔c〕惨　〔g〕敢感〔k〕坎嵌　〔h〕颔撼喊橄

【二十八俭】

　　iam　〔d〕点　〔t〕忝诌　〔l〕敛脸染冉　〔z〕渐沾　〔s〕陕闪　〔g〕检　〔k〕歉俭　〔gg〕俨　〔h〕险　〔Ø〕奄掩琰焰

ian 　　[b] 贬广

【二十九㑎】

am 　　[l] 滥舰 　　[z] 斩湛 　　[c] 掺 　　[g] 减舰 　　[k] 歉槛
[h] 阚喊 　　[Ø] 黯

uan 　　[h] 范犯

去声：二十八勘二十九艳三十陷通用

【二十八勘】

am 　　[d] 担澹淡 　　[l] 滥缆 　　[z] 暂 　　[c] 参 　　[s] 三 　　[g]
淦 　　[k] 勘 　　[h] 憨瞰憾 　　[Ø] 暗

【二十九艳】

iam 　　[d] 店垫 　　[t] 忝 　　[l] 敛殓念埝 　　[z] 占潜僭苫沾
[s] 赡 　　[g] 兼剑 　　[k] 欠 　　[gg] 验 　　[Ø] 厌艳滟盐餍俺

ian 　　[b] 砭

【三十陷】

am 　　[z] 蘸站 　　[c] 忏谗 　　[g] 鉴监 　　[h] 陷

iam 　　[g] 剑 　　[k] 欠 　　[Ø] 淹

uan 　　[h] 汎梵帆

第十五部

入声：一屋二沃通用

【一屋】

ok 　　[b] 暴 　　[p] 仆朴扑濮瀑 　　[bb] 木沐目苜睦牧穆 　　[d]
啄犊渎牍椟黩独 　　[t] 秃读 　　[l] 鹿麓禄碌 　　[z] 族 　　[c] 蹴簇镞戮
　　[s] 速宿缩 　　[g] 谷毂觫 　　[k] 哭 　　[h] 腹馥蝮覆辐幅蝠福匐斛服
复伏袱谡髑 　　[Ø] 屋

iok 　　[d] 竹竺筑轴舳逐 　　[t] 畜蓄矗 　　[l] 六陆肉 　　[z] 咒粥
祝鬻 　　[c] 蹙 　　[s] 夙肃叔淑菽孰熟塾 　　[g] 菊掬 　　[gg] 　　[h] 蓄
郁 　　[Ø] 育毓煜

【二沃】

ok　　［p］仆　　［d］督毒　　［l］录渌逐　　［s］束　　［k］酷鹄
［Ø］沃

iok　　［l］辱褥绿　　［z］足烛躅瞩　　［c］促触　　［s］粟俗蜀属赎
续　　［g］局　　［k］曲　　［gg］玉狱　　［h］旭　　［Ø］欲浴

第十六部

入声：三觉十药通用

【三觉】

ak　　［b］剥驳驳爆雹　　［p］璞朴　　［bb］邈　　［d］卓琢擢濯浊
　　［l］搦　　［z］捉　　［s］数朔　　［g］觉角桷　　［k］较确　　［gg］岳
乐　　［h］学　　［Ø］偓握喔

【十药】

ok　　［b］搏膊泊箔薄礴　　［p］粕魄博　　［bb］幕莫漠膜摸寞
［d］度踱泽铎　　［t］托拓柝亳橐　　［l］乐洛络落烙酪骆诺　　［z］作昨柞
凿　　［c］错厝　　［s］索　　［g］各阁郭格　　［k］廓　　［gg］鄂谔愕鳄噩
　　［h］霍郝壑貉鹤缚涸恪获蠖　　［Ø］恶削勺

iok　　［d］著　　［l］略若虐疟掠　　［z］爵芍酌　　［c］雀鹊绰焯
［s］灼烁铄　　［g］脚矍攫　　［k］却　　［h］谑　　［Ø］约药跃钥

第十七部

入声：四质十一陌十二锡十三职十四缉通用

【四质】

it　　［b］笔必毕泌弼　　［p］匹　　［bb］密蜜　　［d］室侄郅桎秩
［t］叱　　［l］日栗昵　　［z］质蛭唧栉蒺疾嫉　　［c］七漆　　［s］失室悉
膝瑟虱实　　［g］吉诘佶　　［Ø］一乙壹逸佚轶溢谥

ut　　［z］卒苲秫　　［c］出怵　　［s］恤蟀戌术　　［l］率律黜　　［g］
橘　　［Ø］聿

【十一陌】

ik [b] 百伯柏迫璧白帛舶珀 [p] 辟僻癖霹碧拍魄 [bb] 陌貊麦脉 [d] 滴摘翟泽择掷 [t] 斥宅 [z] 迹脊瘠责啧碛积借炙咋窄鲫摭藉籍 [c] 策尺册栅刺赤螫 [s] 昔惜适释夕汐席硕磡 [g] 格骼革戟鬲隔屐 [k] 客隙 [gg] 逆额 [h] 赫吓翮核获 [Ø] 益役疫译绎驿亦弈奕液腋掖

【十二锡】

ik [b] 壁 [p] 霹 [bb] 觅 [d] 的摘滴镝嫡籴笛逖狄获涤翟敌 [t] 惕剔踢倜 [l] 历沥枥砾栎溺 [z] 绩寂 [c] 戚 [s] 锡析淅晰 [g] 激击 [gg] 阋 [h] 檄

【十三职】

ik [b] 逼愎 [bb] 默墨 [d] 德得陟特直 [t] 忒刺饬 [l] 力勒肋匿 [z] 即唧鲫职织仄则稷贼 [c] 测恻侧 [s] 息熄色饰式轼拭啬穑识塞植殖食蚀 [g] 亟殛棘极 [k] 克刻 [gg] 嶷 [h] 或惑劾 [Ø] 亿忆抑翼域蜮弋翌

ok [b] 北 [g] 国

【十四缉】

ip [d] 蛰 [l] 立笠粒入 [z] 汁执缉辑集 [s] 湿隰涩十拾什习袭 [g] 给急级汲及 [k] 泣吸 [gg] 岌 [h] 歙 [Ø] 邑挹楫

第十八部

入声：五物六月七曷八黠九屑十六叶通用

【五物】

ut [b] 不绂 [bb] 勿物芴 [d] 诎 [g] 厥掘崛倔 [k] 屈 [h] 拂弗佛 [Ø] 郁熨尉蔚

it [k] 乞吃 [gg] 讫屹 [h] 迄

【六月】

iat [g] 讦揭碣羯 [h] 歇 [Ø] 谒

uat [g] 厥蕨蹶 [k] 阙 [gg] 月 [h] 发伐伐垡阀罚滑 [Ø] 日粤越钺

ut ［b］孛勃渤悖 ［bb］没殁笏 ［d］咄突 ［t］凸 ［l］讷 ［z］卒 ［c］猝 ［g］骨汩掘堀 ［k］窟 ［gg］兀 ［h］忽纥核

【七曷】

at ［d］妲达 ［t］獭挞 ［l］剌 ［s］萨 ［g］割葛 ［k］渴 ［h］喝褐曷 ［∅］遏

uat ［b］钵拨拔跋 ［p］泼 ［bb］末沫抹袜秣 ［d］咄夺 ［t］脱 ［l］捋 ［z］撮掇 ［g］括聒 ［k］阔 ［h］豁活 ［∅］斡

【八黠】

at ［b］八 ［z］札 ［c］察 ［s］杀刹 ［g］戛嘎 ［h］瞎黠 ［∅］轧

uat ［b］拔 ［s］刷 ［g］刮 ［h］猾 ［∅］刖

【九屑】

at ［b］蹩别 ［bb］灭蔑 ［d］哲辙迭蛭侄跌 ［t］铁彻澈撤 ［l］列烈裂洌热捏涅捩呐 ［z］节疖浙折 ［c］切窃掣挈 ［s］屑设泄亵舌 ［g］结洁竭碣揭杰 ［k］楔契 ［h］血颉撷穴 ［∅］咽噎阅悦

【十六叶】

iap ［d］辄蹀喋牒谍蝶 ［t］帖贴 ［l］捻聂猎慑摄蹑 ［z］接摺婕睫捷 ［c］妾 ［s］霎燮涉 ［g］侠颊 ［k］箧 ［h］挟协荚褶 ［∅］靥烨叶

第十九部

入声：十五合十七洽通用

【十五合】

ap ［d］答搭沓踏 ［t］塔榻 ［l］纳衲拉腊蜡 ［z］匝杂 ［s］飒 ［g］鸽蛤 ［k］溘嗑阖 ［h］合盍

【十七洽】

ap ［z］札眨 ［g］甲钾 ［k］恰洽掐 ［h］匣插 ［∅］压

鸭呷

iap ［d］喋　［g］夹劫峡　［k］怯　［gg］业邺　［h］狭胁

uat ［h］法乏

诗经三十部常用字表

　　《诗经》的读音都是上古音，它跟中古音差别甚大。以下列出的诗经韵部的例字，是根据王力先生《诗经韵读》一书所收入的字，依阴声韵、阳声韵和入声韵的韵部次序排列，有些字用繁体字。各韵部用王力采用的拟音，只列示韵部的主要元音和韵尾，不包括韵头。缺漏的韵字请读者自行补充。

王力古韵十一类三十韵部					
韵部类别	阴声韵		阳声韵		入声韵	
	韵部名称	拟音	韵部名称	拟音	韵部名称	拟音
一	之	[ə]	职	[ək]	蒸	[əŋ]
二	幽	[u]	觉	[uk]	冬	[uŋ]
三	宵	[o]	药	[ok]		
四	侯	[ɔ]	屋	[ɔk]	东	[ɔŋ]
五	鱼	[a]	铎	[ak]	阳	[aŋ]
六	支	[e]	锡	[ek]	耕	[eŋ]
七	歌	[ai]	月	[at]	元	[an]
八	脂	[ei]	质	[et]	真	[en]
九	微	[əi]	物	[ət]	文	[ən]
十			缉	[əp]	侵	[əm]
十一			盍	[ap]	谈	[am]

之部 [ə]

否秠伓驱备佩倍负妇母亩霾敏媒梅鋂痗谋耻祉台殆怠能来莱狸裹
李里鲤理之趾沚止蚩齿僖耳诗始时埘恃贻饴莒以已矣哉载宰耔兹
鼒子梓偲采才在字思丝耜似祀寺士仕事史使俟涘姬基箕纪龟久玖
疚僛杞屺芑起丘淇期骐其忌裘旧薿牛海喜诲梅晦诜尤邮友有右洧
鲔侑

幽部 [u]

包苞饱保宝鸨报缶孚纤匏袍裒罦浮阜茅茆昴卯冒牡茂戊矛务祷捣
滔瘳抽妯陶翿绹道稻蹈裯调蜩条杻鸟牢老流浏刘旒罶柳聊蓼洲舟
辀周醜臭柔蹂收手首狩雠售魗酬受寿犹游遊悠滮陶莠槱诱早酒椒
慅草秋漕曹造阜遒骚扫叟脩修萧潇囚裒搜橐鼛胶鸠轨簋韭救究纠
栲考求逑球仇逵銶绿觩舅咎莜好孝休朽皓昊忧幽

宵部 [o]

镳麃儦瀌漂飘嘌摽毛旄耄芼苗庙刀忉倒到朝吊恌桃盗朝旐召赵苕
呶怓潦劳镣燎寮膋昭沼照炤荛少绍摇遥谣瑶藻枣蚤懆悄谯消小笑
巢膏高郊教骄鴞皎乔翘敖嗷嵩嚣哓号镐殽傚夭要葽

侯部 [ɔ]

附侮斗株咮枢豆蹰娄漏蒌主濡襦醹姝殳树渝榆愉楰瘉揄愈诹趋趣
取刍数笱枸耇媾觏垢句驹口驱具隅愚侯餱锻後厚逅后饫讴

鱼部 [a]

豝圃补夫肤黼甫父脯赋铺浦蒲痡辅父釜马舞武膴都阇堵土吐樗瘏
荼图涂徒屠稌杜除纻羜著帑怒女庐虏鲁芦旅渚者处茹洳女（卅）

书舒纾暑鼠黍舍旟馀舆予豫野租组祖罝且砠苴沮徂苏素胥湑写薁
鱮绪邪阻菹楚助所酤辜盬鼓股罟杀瞽顾故固家葭罜娵稼居车琚椐
据筥举壉呱瓜寡踽苦袪去渠虡秬瞿五午牙鱼语圉御虞娱俣嘆麌呼
忼虎滸许虚栩吁芋盱胥訏乎壶胡岵户怙扈祜叚下夏暇狐华羽雨宇
芋乌

支部［e］

卑知簁提支枝雌泚斯柴圭伎衹疕伎解（懈）觿携

歌部［ai］

波陂破皮罢磨麻靡多它他佗绌沱池柂驰地傩那难罗离罹褵罳吹蛇
施蛇左佐嗟磋瑳瘥娑傞差鲨沙歌加珈嘉驾掎过可薖錡莪俄峨我仪
宜议瓦吪讹牺何河荷贺和祸为阿猗椅

脂部［ei］

比妣匕毗朓眦纰比眉湄郿麋美渳迷底氏体涕坻迟驰穉黄弟祢泜泥
履黎礼鳢醴脂衹指旨砥鸱迡尔尸箸矢视夷姨资姊秭跻阠济沛佽妻
妻凄茨齐蛴荠荠秭私死犀栖兕师嗜偕阶湝皆饥几祁騤葵屎

微部［əi］

悲飞菲霏骓腓枚薇微尾追推隤穑罍雷纍蠝靁水遗唯维惟崔摧罪绥
畿几归岂顾祈嵬晞火煨怀坏回违围炜苇韑哀衣依威萎畏

职部［ək］

北背富辐福菖匐备服伏麦牧得德忒慝饬敕特螣直昵力织炽食试饰
奭识式异弋翼则稷贼塞息侧穑色戒革襋棘皀稢国克极嶷黑匐域蟘
意亿彧

觉部 [uk]

腹覆复穆笃毒轴邃迪六陆穆祝俶菽淑育蹙戚就绣肃宿夙欶觉告鞠匊畜皓鹄奥燠奠

药部 [ok]

襮驳暴藐罩绰悼濯翟溺乐栎曜蹻药跃凿爵削较蹻虐熇谑嚣沃

屋部 [ɔk]

卜仆木霂沐椓读独浊鹿禄绿昪辱束蠋屋裕奏足族楸粟薁续谷縠嗀角曲局狱玉屋渥

铎部 [ak]

博伯柏薄白莫貊择度泽宅诺露路鹭落骆雒柘炙尺射若庶石硕夜斁奕绎怿射作踖错醋柞籍愬舄昔席蓆夕格戟恪客绤鞹廓膴咢御逆壑赫藿获护穫恶

锡部 [ek]

璧辟辟甓裼谪适帝摘惕褐剔髢翟狄適蜴易簀踖脊绩刺晳锡鹝鹢厄益

月部 [at]

拜發拨髪芾肺芾败茇拔軷吠伐茷迈灭秣带怛掇祋怵达阀蛣彻说脱大达兑驶夺厉烈栵捋晢舌热世设帨说逝泄勚阅悦撮截岁雪瘵葛揭佸括蹶蕨渴愒憩朅阔阙竭偈桀傑艾辥糵外月涉哕威㕦害褐曷鞪活卫越钺

质部 [et]

畀阕毖铧珌渭匹怭密挃窒嚏替耋秩棣逮欻垤利栗慄戾至实日室肆逸即节七漆疾四驷肆恤穗栉瑟届吉袺结季弃阒悸洫嘈血襭惠穴一抑瞋翳

物部 [ət]

弗茀拂悖寐妹没对退怼内类律出述醉卒瘁萃谇遂毳橇隧溉匮忾墍忽溃谓位渭爱傻蔚

缉部 [əp]

荅蛰纳入湿揖集楫辑隰濈急泣及翕合洽邑

盍部 [ap]

鲽涉葉捷甲业

蒸部 [əŋ]

崩掤冰朋冯梦登登滕腾惩陵蒸烝绳乘陾升胜承憎增赠兢肱弓兴薨恒弘雄膺

冬部 [uŋ]

风冬中忡虫沖仲浓螽终彤戎融宗罧夆宋崇宫躬穷降

注：《诗经》时代，冬部与侵部合用。笔者从王力先生冬部的谐声表里补充上述韵部字，供读者参考。

东部［ɔŋ］

唪邦葑丰豊蓬逄庞缝濛嚎蒙厖东恫傭僮同置童动重锺充衝颙墉庸容镛勇用总豵聪枞從竦送松讼诵双公功攻工共恭巩空邛凶讻讧巷雝饔廱

阳部［aŋ］

旁祊兵恦方雱亨（烹）榜彭房防魴芒蝱盟明亡忘望罔张粻镗汤唐堂螗荡肠长囊狼粮良凉梁粱粮两章璋掌昌瀼穰让伤汤商裳尝常上尚阳扬杨羊痒洋钖养臧牂将浆苍仓将跄斨瑲锵鸧藏墙桑丧襄箱相详翔祥床霜爽冈刚纲羹庚梗姜疆彊舱京景光洸广康伉抗羌卿庆筐竞狂卬仰乡香飨享向荒貺兄颃杭行行衡珩黄遑簧煌皇喤王往泳永央泱英

耕部［eŋ］

聘平苹屏名鸣冥丁桢祯听醒程庭霆定宁灵正政征骍声成城盈楹嬴营颍旌箐清青姓星争甥笙生牲惊敬经泾倾褧馨刑莹嘤萦

元部［an］

板绊反坂阪泮幡藩弁樊范繁蕃番燔蛮慢浼单瘅亶旦展锻转欵婵榽檀廛溥博难烂连涟栾乱娈斒然爒惮坤莚衍餐粲迁残践泉仙鲜霰宣选羡山汕干乾间菅简涧萑谏肩见冠管痯馆贯关卭卷悁衍愿宽绻虔髡岸颜言彦巘原嫄愿罕汉轩宪献涣咺諼儇狟鹃翰闲侚完丸还环媛垣园援远安晏焉宴燕婉怨苑

真部［en］

滨宾翩蘋频民瘨泯命瑱颠典天陈尘田阗填电甸年粦邻麟苓零令领

神人仁忍身申引胤亲千倩尽烬薪新信洵烬旬蓁榛溱臻莘矜坚皙均钧贤玄姻骃裡渊

文部 [ən]

奔盼雰芬贫焚缙瘤闵门璊亶闻问敦啍焞珍遴轮沦振畛春川渭顺忍惇晨辰鹑镎存先西洒孙飧诜艰巾昆鳏君麋壸困旂勤芹瑾堇群欣辉熏训雲云耘员陨殷慇愠

侵部 [əm]

风耽湛冬中忡簟虫冲仲南男浓林临枕螽终琛黮壬戎深谂煁谌葚甚融僭潜宗骖骎绥寝濈三心宋鷺崇今衿金锦宫躬钦琴芩穷歆降音阴饮

谈部 [am]

贬玷莶襜惔惔谈菬蓝滥瞻詹斩谗甘敢监岩严俨涵槛

厦门、泉州、漳州三地语音差异

厦门、泉州、漳州三市中心市区的语音差异，分别从声母、韵母和声调三个方面以及连读变调进行介绍。

一、声母

	唇音				舌音、舌齿音							舌根音			喉音		零声母
厦门	b	p	m	bb	d	t	n	l	z	c		s	g	k	ng	g	h	Ø
泉州	b	p	m	bb	d	t	n	l	z	c		s	g	k	ng	g	h	Ø
漳州	b	p	m	bb	d	t	n	l	z	c	zz	s	g	k	ng	g	h	Ø

三地声母最重要的不同点是漳州音有 [zz] 声母，而厦门音、泉州音没有这个声母。漳州 [zz] 声母的字在厦门、泉州基本上读 [l] 声母。

二、韵母

三地韵母可分为阴声韵、阳声韵、鼻化韵和入声韵四种类型描述。

阴声韵

厦门	a	e	o	oo			i	u	ai	ao	ia	io	iu	iao	ua	ue	ui	uai
泉州	a	e	o	oo		ə	uu	i	u	ai	ao	ia	io	iu	iao	ua	ue	ui	uai
漳州	a	e	o	oo	ee			i	u	ai	ao	ia	io	iu	iao	ua	ue	ui	uai

阴声韵，厦门话有 16 个韵母，泉州话有 18 个韵母，漳州话有 17 个韵母。三地共同有的韵母是 16 个，也就是厦门所具有的

那 16 个韵母。泉州有而厦门、漳州两地没有的韵母有两个：ə 和 uu；漳州有而厦门、泉州两地没有的韵母有一个：ee。泉州 ə 韵母所管的字，在厦门多数读 e 韵母，在漳州多数读 ue 韵母，如"飞袋螺坐吹税岁果货"等。泉州 uu 韵母所管的字，在厦门多数读 u 韵母，如"除吕如资此师序居语虚余"等；少数读 i 韵母，如"猪箸鱼"等；在漳州则基本上读 i 韵母。漳州 ee 韵母所管的字，在厦门、泉州基本上读 e 韵母，如"爬把茶家加假夏下牙衙"等。

三地相同的韵母，各地所管的字不完全相同。其中最突出是 e 和 ue 两个韵母所管的字，三地的分歧比较大。例如：

厦门	e 飞被迷谜茶胎戴帝推体灾渣济坐吹脆税纱细过果瘸艺火夏		
泉州	e 迷谜茶帝体渣济纱细艺夏	ə 飞被胎戴推灾坐吹脆税过果瘸火	
漳州	e 迷谜帝戴胎推体济灾脆细坐艺	ee 茶渣纱夏	ue 飞被吹税过果瘸火

厦门	ue 杯辈批买卖妹贮初晋晬衰梳洗鸡街契花废矮鞋		
泉州	ue 杯辈批买卖贮初晋衰梳洗鸡街契花废矮鞋	ə 妹晬	
漳州	ue 杯辈衰	e 批买卖贮初晋晬梳洗鸡街契矮鞋	ua 花 / ui 废

阳声韵

厦门	m	im	am		iam	in	un	an	ian	uan	ng	ing	ang	iang		ong	iong
泉州	m	im	am	əm	iam	in	un	an	ian	uan	ng	ing	ang	iang	uang	ong	iong
漳州	m	im	am	om	iam	in	un	an	ian	uan	ng	ing	ang	iang		ong	iong

阳声韵，厦门话有 15 个韵母，泉州话有 17 个韵母，漳州话有 16 个韵母。厦门话有的这 15 个韵母，泉州和漳州也都有。泉州的 əm、uang 两个韵母是厦门和漳州所没有的，不过，əm 韵母常用的字不多，常见的只有"簪针斟箴森参（人参）欣"等，

uang 韵母常用的只有"风"字。漳州的 om 韵母是厦门、泉州所没有的，om 韵母常用的字也不多，只有"森参（人参）掩"等。三地都共有的 15 个韵母所管的字也不完全一致，读者可从韵部里找到例证。有一部分 iong 和 iang 的字，在厦、泉、漳三地是有对应关系的。例如：

厦门	iong 张长丈畅凉嚷章奖昌厂伤商详想像僵强香乡阳扬样养
泉州	iong 张长丈畅凉嚷章奖昌厂伤商详想像僵强香乡阳扬样养
漳州	iang 张长丈畅凉嚷章奖昌厂伤商详想像僵强香乡阳扬样养

但厦门、泉州 iang 韵母的字比漳州少，其中除"砰［piang］迸［piang］"等拟声词外，常见的如"凉亮（漂亮）枪（机枪）肠（腊肠）唱（唱票）响"等等。厦门还有"漳（漳州）上（上好）疆（碗疆）央（央人）"等，可能是受漳州音的影响。

鼻化韵

厦门	aN	eN	ooN		iN	aiN	aoN	iaN		iuN	iaoN	uaN	uiN	uaiN
泉州	aN	eN	ooN		iN	aiN	aoN	iaN		iuN	iaoN	uaN	uiN	uaiN
漳州	aN		ooN	eeN	iN	aiN	aoN	iaN	iooN	iuN	iaoN	uaN	uiN	uaiN

鼻化韵绝大多数是白读音（说话音）的字。厦门、泉州鼻化韵虽然相同，但所管的字不完全相同。例如，"鼻"在厦门读鼻化韵［piN⁶］，泉州则读阴声韵［pi⁵］。构词能力较强的"否"和"相"字，在厦门分别读鼻化韵［paiN³］和［saN¹］，在泉州多读阴声韵［pai¹］和［sa¹］。差别比较大的是鼻化韵［ui］，泉州所管的常用字比厦门多得多。例如"前千先笾间肩拣眼研闲"等字，泉州读［uiN］韵母，厦门却读［ing］韵母；"县悬横茎"等字，泉州读［uiN］韵母，厦门则读［uaiN］韵母，等等。

漳州鼻化韵［eeN］和［iooN］，是厦门、泉州所没有的。漳州这两个韵母所管的字，在厦门、泉州则多分读［iN］和

[iuN] 韵母。如"平病暝郑争青生更坑"，漳州读 [eeN] 韵母，厦门、泉州则读 [iN] 韵母；又如"张丈章浆蒋长厂箱像姜腔乡样痒"等，漳州读 [iooN] 韵母，厦门、泉州则读 [iuN] 韵母。换句话说，厦门、泉州 [iN]、[iuN] 韵母所管的字要比漳州多得多。

入 声 韵

厦门	ip	ap	iap		it	ut	at	iat	uat	ik	ak	iak	ok	iok
泉州	ip	ap	iap		it	ut	at	iat	uat	ik	ak	iak	ok	iok
漳州	ip	ap	iap	op	it	ut	at	iat	uat	ik	ak	iak	ok	iok

厦门	ah	eh	oh	eh	ih	uh			iah	uah	ueh	uih	iuh	ioh		aoh	iaoh	uaih
泉州	ah	eh	oh	əh	ih	uh	əh		iah	uah	ueh	uih	iuh	ioh		aoh	iaoh	uaih
漳州	ah	eh	oh	ueh	ih	uh		eeh	iah	uah	ueh	uih	iuh	ioh	iooh	aoh	iaoh	uaih

厦门	aNh	eNh	ooNh	iNh		iaNh	ueNh	aoNh	iaoNh	uaiNh
泉州	aNh	eNh	ooNh	iNh		iaNh	ueNh	aoNh	iaoNh	uaiNh
漳州	aNh	eNh	ooNh	iNh	eeNh	iaNh	ueNh	aoNh	iaoNh	uaiNh

入声韵厦门话常见的有 37 个韵母，其中，带-p、-t、-k 韵尾的有 13 个韵母；带-h 喉塞韵尾的有 15 个韵母，鼻化入声韵母有 9 个。凡厦门话有的入声韵母，泉州话、漳州话都有，但所管的字不尽相同。泉州话有 38 个入声韵母，其中 [əh] 韵母是厦门、漳州所没有的。泉州话 [əh] 韵母所管的常用字，在厦门一般读 [eh] 韵母，在漳州读 [ueh] 韵母，如"袜啜缺月"等字。漳州话有 39 个韵母。其中 [eeh]、[iooh] 和 [eeNh]、[op] 韵母是厦门话、泉州话所没有的。[eeh] 韵母在厦门、泉州一般读 [eh]。[iooh]、[eeNh] 韵母所管的字极少，常见的有应答词"诺" [hiooh^8]、"脉" [meeNh^8]、"夹" [ngeeh^8] 等。

三、声调

厦门、泉州、漳州三地闽南方言都是 7 个声调，但调类和调值并不完全一样（数字表示调值）：

	平声		上声		去声		入声	
	阴平	阳平	阴上	阳上	阴去	阳去	阴入	阳入
厦门	44	24	53	—	21	22	32	4
泉州	33	24	55	22	41		5	24
漳州	44	13	53	—	21	22	32	121

就调类而言，三地主要的区别是上声和去声分不分阴阳两个调类的问题。厦门、漳州平、去、入声各分阴阳，上声不分阴阳，因此是 7 个声调；泉州平、上、入各分阴阳，去声不分阴阳，同样也是 7 个声调。如果把三地的声调来个整合，恰好显示出平、上、去、入各分阴阳而形成 8 个声调的完整面貌。泉州阳上声调的字，主要是古浊音上声的字（个别来自古浊音声母去声字），这些字在厦门、漳州一般读为阳去调。泉州的去声不分阴阳，如布＝步，妒＝渡，债＝寨，句＝具，建＝健，栋＝洞，等等，但在连读变调时，去声字却能依其古声母清浊的不同而产生不同的变调。如"四""视"两字，在单独读音时，声调一样，但在"四角"和"视角"的组合中，"四""视"的声调就变得各不相同了。调值方面，从调型看，除阳入外，其他各调类厦门话、漳州话的调型比较一致，只是阴平、阳平，漳州话的调值偏低一点。泉州话上声的调值是高平略降，去声中降调，跟厦门、漳州不同；阴入高平促调，跟厦门、漳州有异；阳入低升调，与厦门、漳州有别，跟漳州阳平调型相似，但低升的起点略比漳州高一点。

注：泉州"阳上"字厦门、漳州读阳去，这些字厦门、漳州在连读时按阳去变阴去的规律变化。

四、二字词组在三地的连读变调规则

原调	调类	阴平	阳平	阴上	阳上	阴去	阳去	阴入		阳入
	例字	诗歌	时间	酒醉	市场	布料	步兵	铁钉（韵尾[-h]）	国家（韵尾[-p]、[-t]、[-k]）	独立
变调	厦门	阳去	阳去	阴平		阴上	阳去	阴上	阳入	似阴去
	泉州	不变	阳上	阳上	不变	古清音声母：阴上 古浊音声母：阳上		不变	阳入	阳上
	漳州	阳去	阳去	阴平		阴上	阴去	阴上	（见"注"）	似阴去

注：①厦门话中阳平调的少数词语，有不少人变调后读阴去调。②漳州话中阴入带[-p]、[-t]、[-k]韵尾的音节变调后，其调值为4，调型高而短促，为书写方便，将它记为9。此外，凡带喉塞韵尾[-h]的阳入调字，在"仔"词前，多数人变调后读为阳去调；喉塞韵尾[-h]的阴入调，在"仔"词前，多数人变为近似阴平调。

闽南方言注音符号与国际音标、厦门话罗马字比较表

一、声母表

闽	b	p	bb	m	d	t	n	l	z	c	zz	s	g	k	gg	ng	h	o
罗	p	ph	b	m	t	th	n	l	ch	chh	j	s	k	kh	g	ng	h	o
国	p	ph	b	m	t	th	n	l	ts	tsh	dz	s	k	kh	g	ŋ	h	o
例字	碑	披	米	麵	猪	啼	尼	利	之	市	而	诗	基	欺	疑	硬	希	医

注：①闽，闽南方言注音符号；罗，厦门话罗马字；国，国际音标。②例字均指闽南方言（下同）。③zz 为漳州话声母。

二、韵母表

元音韵母

闽	a	i	u	uu	e	ee	ə	o	oo	ai	ao	iu	io	ioo	ua	ue	ui	iao	uai
罗	a	i	u	-	e	-	-	o	o	ai	au	iu	io	-	oa	oe	ui	iau	oai
国	a	i	u	ɯ	ɛ	ɛ	ə	o	ɔ	ai	ao	iu	-		ua	ue	ui	iao	uai
例字	阿	依	有	余	锅	哑	锅	窝	乌	爱	欧	优	腰		娃	鞋	威	妖	歪

注：①uu、e 是泉州音的韵母；ee 是漳州音韵母。

鼻音韵尾韵母

闽	m	im	am	om	iam	in	ən	un	an	ian	uan	ng	ing	ang	iang	ong	iong	uang
罗	m	im	am	-	iam	in	-	un	an	ian	oan	ng	eng	ang	iang	ong	iong	-
国	m	im	am	ɔm	iam	in	ən	un	an	ian	uan	ŋ	iŋ	aŋ	iaŋ	ɔŋ	iɔŋ	uaŋ
例字		音	暗	参	阉	因	根	恩	安	沿	弯	黄	英	瓮	央	王	勇	风

注：①ən、uang 是泉州音的韵母；om 是漳州音韵母。

鼻化韵韵母

闽	aN	iN	eN	eeN	ooN	aiN	aoN	iaN	iuN	uaN	uiN	iaoN	uaiN
罗	aⁿ	iⁿ	eⁿ	-	oⁿ	aiⁿ	auⁿ	iaⁿ	iuⁿ	oaⁿ	uiⁿ	iauⁿ	oaiⁿ
国	ã	ĩ	ẽ	ɛ̃	ɔ̃	ãi	ãu	iã	iũ	uã	uĩ	iãu	uãi
例字	馅	圆	婴	脉	吴	耐	闹	影	羊	换	惯	猫	横

注：①eeN 是漳州音韵母。

入声韵母

闽	ip	ap	op	iap	it	ut	at	iat	uat	ik	ak	iak	ok	iok
罗	ip	ap		iap	it	ut	at	iat	oat	ek	ak	iak	ok	iok
国	ip	ap	ɔp	iap	it	ut	at	iat	uat	ik	ak	iak	ɔk	iɔk
例字	邑	压		协	一	郁	遏	阅	越	益	沃	摔	恶	约

闽	ah	ih	uh	eh	eeh	eh	oh	ooh	aoh	iuh	ioh	iooh	uah	ueh	uih	iaoh	uaih
罗	ah	ih	uh	eh	-		oh	ooh	aoh	iuh	ioh	-	oah	oeh	uih	iauh	oaih
国	ah	ih	uh	eh	ɛh	eh	oh	ooh	aoh	iuh	ioh	iooh	uah	ueh	uih	iaoh	uaih
例字	拍	鳖	托	格	伯	月	学	喔	髦	蹢	借	诺	活	狭	刮	寂	拽

闽	aNh	iNh	eNh	ooNh	aoNh	iaNh	ueNh	iaoNh	uaiNh
罗	aⁿh	iⁿh	eⁿh	oⁿh	auⁿh	iaⁿh	ueⁿh	iauⁿh	uaiⁿh
国	aNh	iNh	eNh	ooNh	aoNh	iaNh	ueNh	iaoNh	uaiNh
例字	凹	捏	挟	膜	咬	吓	荚	蛬	缳

注：①op 是漳州音韵母。②eh 是泉州音的韵母；eeh、iooh 是漳州音韵母。

三、声调表

	阴平	阳平	阴上	阳上	阴去	阳去	阴入	阳入
闽	1	2	上声3		5	6	7	8
罗	不标调	∧	上声 ′		＼	－	不标调	ˈ
国	˹口	ˏ口	˥口	˞口	口˺	口˲	口˺	口˴
例字	刀	逃	倒	道	到	盗	桌	着

关于闽南话书写问题的探讨

一

书写闽南话要用什么文字？也许大家一定会说，那还用说，当然是用汉字了。不错，闽南话是汉语方言中的一种，汉语的书写工具是汉字，书写闽南话的语文作品自然应该用汉字。不过，在实际的使用中我们会发现，用汉字书写闽南话语文作品，常常会碰到困难和不便。

困难之一是，闽南话不少词语的词源与普通话不同。这就是人们常说的，有些词语的本字与普通话不同。请看下面这个日常生活中的句子：

伊早起时拢真晏则起来，洗面洗喙了后，清采食一碗饮糜着赶紧搭车去上班。

$i^1 za^3 ki^3 si^2 long^3 zin^1 uaN^5 ziah^7 ki^3 lai$，$sue^3 bbin^6 sue^3 cui^5 liao^3 ao^6$，$cin^5 cai^3 ziah^8 zit^8 uaN^3 am^3 bbe^2 dioh^8 guaN^3 gin^3 dah^7 cia^1 ki^5 zi-uN^6 ban^1$.

早上他都很迟才起床，洗脸刷牙后，随便吃一碗稀饭就赶紧乘车去上班。

如果没有用普通话翻译，这句话真叫外地人看不懂是什么意思。因为在这里，至少有超过一半以上的词语，像"伊、早起时、拢、晏、则、洗面、洗喙、了后、清采、食、饮糜、着"等，意思跟普通话是大相径庭的。即使懂得用闽南话读出来的闽南本地人，也不知道"早上"要写成"早起时"，"他"要用"伊"，"迟"要用"晏"，"洗脸刷牙"要写成"洗面洗喙"，"之后"要写成"了后"，"随便"要写成"清采"，"吃"原来是用"食"字，"稀饭"竟然用的是"饮糜"两个字，"就"要用"着"，等等。

拿 1000 个常用词语做个初步的统计，结果表明，有三分之一左右的词语闽南话的说法跟普通话不同。其中如"骹（脚）、箸（筷子）、暝（夜）、涂（土）、箬（叶）、喙（嘴）、岫（巢）、囝（儿子）、丈夫（男人）、缚（绑）、掠（捉）、吼（哭）、跋（跌）、贮（装）、笼（刷）、铰（剪）、铢（闭）、瞋（响）"等等，都是古语词。这些古语词，在普通话里多已不用，个别的也只作为文言文或书面语存在。而同一意思闽南话与普通话的说法不同的就更多了。试以 30 组意思相反的形容词为例（＊为训读字、方言字或同音字）：

普通话	闽南话	普通话	闽南话	普通话	闽南话
大一小	大一细[sue⁵]	高一低	悬[guaiN²]—下[ge⁶]	长一短	长—＊短[de³]
胖一瘦	肥[bui²]—瘦[san³]	高一矮	脹[lo⁵]—矮	咸一淡	咸—饗[ziaN³]
宽一窄	阔[kuah⁷]—狭[ueh⁸]	粗一细	粗一幼[iu⁵]	香一臭	芳[pang¹]—臭
多一少	＊多[zue⁶]—少	好一坏	好—＊否[paiN³]	硬一软	＊有[ding⁶]—软
快一慢	紧[gin³]—慢	冷一热	寒[guaN²]—热	早一晚	早—晏[uaN⁵]
干一湿	焦[da¹]—＊澹[dam²]	实一虚	实—有[phaN⁵]	饱一饿	饱—枵[iao¹]
甜一苦	＊甜[diN¹]—苦	(河)深一浅	深—汖[kin³]	难一易	偓[oh⁷]—＊易[gue⁶]
(水)清一浊	清—醪[lo²]	凸一凹	胖[pong⁵]—＊凹[nah⁷]	对一错	着[dioh⁸]—诞[daN⁶]
(粥)浓一稀	涝[ko³]—滶[ga⁵]	(貌)美一丑	水[sui³]—＊疤[kiap⁷]	黑一白	乌[oo¹]—白
(体)键一弱	勇[iong³]—＊澹[lam³]	(菜)老一嫩	过[gua¹]—幼[iu⁵]	(脑)灵一傻	宿[sik⁷]—＊态[ggong⁶]

其中，闽南话跟普通话说法不同的有 41 个，达三分之二。虽然这种差异在名词、动词中的比例没有像单音形容词那么大，但也在三分之一左右。副词与其他虚词的比例甚至要超过三分之二。用闽南话本字来书写闽南语，的确可以准确地反映闽南话的真实面貌，但无疑也会给人们带来查找、书写和阅读时的许多困难和不便。

困难之二是，闽南人虽然知道闽南话的一些词语与普通话的来源不同，在书写上应该有别，但由于长期受到普通话的影响，也就习惯于用普通话词语来代替。如"汝〔li^3〕"写成"你"，"喙〔cui^5〕"写成"嘴"，"暝〔mi^2〕"写成"夜"，"农〔$lang^2$〕"写成"人"，"骹〔ka^1〕"写成"脚"，"行〔$giaN^2$〕"写成"走"，"走〔zao^3〕"写成"跑"，"伫〔di^6〕"写成"在"，"瘦〔san^3〕"写成"瘦"，"水〔sui^3〕"写成"美"，"枵〔iao^1〕"写成"饿"，"芳〔$pang^1$〕"写成"香"，"拍〔pah^7〕"写成"打"，等等。这种以普通话词语的字替代闽南话本该写的字的做法，叫做写"训读字"。训读字写起来当然方便，但是由于这些训读字本来就有自己的读音，它跟闽南方言本字的读音大不一样，所以也经常会出现问题。如"香"本字闽南话读〔$hiong^1$〕或〔$hiuN^1$〕，你要用它表达训读音〔$pang^1$〕，那么碰到"香香满房间"这句话，你要读成 $pang^1$ $huiN^1$ mua^3 $bang^2$ $ging^1$，还是 $hiuN^1$ $pang^1$ mua^3 $bang^2$ $ging^1$，或是 $hiuN^1$ $hiuN^1$ mua^3 $bang^2$ $ging^1$ 呢？因为读法不一样，意思也就不一样了呀。当然，在书写时适当地用训读字当然可以，但训读字写得过多，同样会造成认读上的不少麻烦和困难。

困难之三是，闽南话存在大量的文白读音现象。"文"即文读音，也就是读书音，闽南本地人叫"孔子白"。"白"即白读音，也就是说话音，闽南本地人叫"解说音"或"土音"。这是历史语音层次积淀在如今闽南话语音上的体现，并各成系统。有人拿国家语言文字工作委员会公布的 3500 个常用字做统计，其中，有文白异读的字在 1500 个左右，占 40％以上；如以闽南话厦门音的 2249 个音节统计，就有 1200 个左右的音节有文白异读现象，占 50％以上。可以说，在汉语诸方言里，闽南话字音里的文白异读现象是首屈一指的。闽南话文白读音不仅数量大，而且文白对应的类型也纷繁复杂，不少字音的文白对应相去甚远。据统计，声母的文白对应有 60 多种类型，韵母的文白对应多达 240 种类型，还有声调的文白对应类型，真叫人眼花缭乱。但字音的文白读音在词语里的搭配多数是相对固定并且有规律的，它必须符合人们共同认定的社会交际习惯，胡乱搭配会让人听不懂，有时还会产生歧义。例如"雨水"一词，"雨"的文白读音是［u³］和［hoo⁶］，"水"的文白读音是［sui³］和［zui³］，这样，这个词的读音就有 4 种组合模式：（1）"文＋文" u³ sui³；（2）"文＋白" u³ zui³；（3）"白＋文" hoo⁶ sui³；（4）"白＋白" hoo⁶ zui³。其中（2）、（3）两种组合是不符合社会习惯的，所以人们听不懂，只有（1）和（4）是可以进行社会交际的。但（1）u³ sui³ 这个组合指一年二十四节气中紧随"立春"后的第二个节气"雨水"，而（4）hoo⁶ zui³ 却是天上降下的雨。二者意思迥然不同。再如"厦门大学"四个字，"厦"的文白读音是［ha⁶］和［e⁶］；"门"的文白读音是［bbun²］和［mng²］；"大"的文白读音对应是［dai⁶］和［dua⁶］、［da⁶］；"学"的文白读音对应是［hak⁸］和［oh⁸］。这样，"厦门大学"一词的读音，其文白读音的组合，至少就有 16 种的组合模式。但只有 e⁶ mng² dua⁶ oh⁸ 是人们唯一可接受的正确读音，如果其他组合，如 ha⁶ bbun² dai¹ hak⁸、e⁶ bbun² dua⁶ oh⁸、ha⁶ mng² dai⁶ oh⁸、ha⁶ mng² dua⁶ hak⁸、e⁶ bbun² da⁶ hak⁸ 等等，都是不能进行交际的。"厦门大学"的缩称是"厦大"，其组合模式也有 6 种，但也只有 ha⁶ dai⁶ 是人们可以交际的正确读音。文白读音丰富，固然使闽南话语音更加丰富多彩，但也给人们在词语读音中选择哪种读音带来困难。例如"伊是书法大家"这句话，这里的"大家"一词，因"大"与"家"各具文白不同的读音而有 6 种组合模式，但只有 4 种模式的组合可以进行交际，而这 4 种组合模式的意义又不相同：（1）dai⁶ ga¹ 这个组合模式指方家、专家；（2）dai⁶ ge¹ 这个组合模式指众人；（3）dua⁶ ge¹ 这个组合模式指大的家庭；（4）da⁶ ge¹ 这个组合模式则意义相去甚远，指"婆婆"。"伊是书法大家"，作者当然是指书法方家，所以要读 su¹ huat⁷ dai⁶ ga¹。

用汉字书写，碰到这个字有文白读音，到底选哪个读音，有时也叫人犯愁，特别是诗文，讲究押韵，若韵脚字的文白读音选择错了，就会破坏整首诗文韵律。例如闽南童谣《叫你开门你开窗》：

叫你开门你开窗。gio^5 li^3 kui^1 mng^2 li^3 kui^1 tang^1。

叫你买菜你买葱。gio^5 li^3 bbue^3 cai^5 li^3 bbue^3 cang^1。

叫你行西你走东。gio^5 li^3 giaN^2 sai^1 li^3 zao^3 dang^1。（行：走；走：跑）

叫你娶某你嫁翁。gio^5 li^3 cua^6 bboo^3 li^3 ge^5 ang^1。（某：老婆；翁：老公）

叫你揭椅你揭枋。gio^5 li^3 giah^8 i^3 li^3 giah^8 bang^1。（揭：拿，举；枋：木板）

叫你开窟你填空。gio^5 li^3 kui^1 kut^7 li^3 tun^6 kang^1。（填空：填塞窟窿）

叫你掯篮你掯笼。gio^5 li^3 guaN^6 na^2 li^3 guaN^6 lang^3。（掯：手提）

叫你掠鱼你掠虫。gio^5 li^3 liah^8 hi^2 li^3 liah^8 tang^2。（掠：捕捉）

叫你揭扇你揭火烌。gio^5 li^3 giah^8 siN^5 li^3 giah^8 he^3 tang^1。（火烌：烤火器具，火笼）

叫你引火你挖灶空。gio^5 li^3 in^3 he^3 li^3 iah^7 zao^5 kang^1。（灶空：灶腹，炉膛）

不说其他字，单是每句的韵脚字"窗、葱、东、翁、枋、空、笼、虫、烌、空"的韵母都有文读 ong、iong 和白读 ang 的读法。如果你把其中的一个韵脚字读成 ong 韵母，就会破坏了这首童谣的韵律。

二

用汉字书写闽南话的困难，会使人想起一百多年前外国传教士用罗马字（拉丁字母）制定的一套闽南话注音方案，即闽南话罗马字拼音书写方案。当年，教会传教士出于学习闽南方言和传教的需要，用拉丁字母设计了一套闽南方言注音方案，即人们常说的闽南方言教会罗马字，也叫闽南白话字，因其最早产生于厦门，又叫厦门白话字，总之就是拼音文字。这套拼音文字简便而又有一定的科学性。它将 17 个拉丁字母通过变换或加符号等各种方式来记录和表示闽南话（厦门音）的 17 个声母和 78 个常用韵母，以及闽南话的 7 个声调，由这些声、韵、调组合成可以交际使用的 2239 个音节的拼音文字方案，足以记录闽南话数以万计的词语，而且记下来的读音又十分准确。这比起 3500 个常用汉字要简便得多。只要能说出来的词，不管是从古汉语来的，还是方言特有的，甚至是外来的，都能用这套拼音记录，少则用一个字母加声调符号，多则用六七个字母加声调符号，就可以把闽南话词语准确地记录下来，而且可以读得很准确。这为当时文化水平低的人甚至是文盲学习和使用闽南语提供了极大的方便。例如闽南方言"伊躄在涂骹无振动"（他趴在地上不动）这句话，一般人要么写不出来，要么写出来的不可能每个字都是闽南方言词语的本字，而且其中好几个字笔画复杂。但用闽南方言教会罗马字来书写，就不那么困难了。这句话的闽南方言教会罗马字是这样写的"i phih tī thoˑ kha bô tín tāng"，新的闽南方言拼音字是"i¹ pih⁷ di⁶ too² ka¹ bbo² din³ dang⁶"。这样就简明多了。据说，当年就算一字不识的文盲，只要每天花两个小时学闽南话教会罗马字，不到一个月就能掌握这套拼音，不仅能读能看，还可以写。当时就有不少不识字的妇女侨眷学了这套拼音，可以写信跟在海外的亲人沟通。正因为拼音文字的这些优点，所以在当时，不仅闽南方言，外国传教士也根据拉丁字母为我国汉语的许多方言先后设计了能记录该方言词语的罗马字拼音方案。例如福州话、莆田话、温州话、上海话、客家话、广州话等，都有自己方言的罗马字拼音书写方案，许多方言还有一本罗马字注音的圣经。它使我们今天许多学者和百姓，可以从这些方言罗马字拼音方案所记录里圣经或其他书面材料里了解到当时各方言的语音词汇和语法等方面的面貌。它对我国注音符号的改革与创造有着启示和推波助澜的作用。

不过，拿闽南方言教会罗马字的拼音书写方案来记录闽南方言，也会碰到一些困难。

首先，也是最重要的，是拼音文字不符合汉族人传统的心理认同和长期形成的书写习惯。汉字历史悠久，是汉族人民长期创造和积累的财富，它为汉族的优秀文化的保留和传承立下了汗马功劳。它是汉族人民的骄傲，也是世界文化的瑰宝。它已成为人们书写的惯用工具，不易被抹杀和改变。

其次，汉字是表音和表义相结合的文字，人们可以从汉字的字形联想起它的意义，体会到它丰富的韵味，这是作为简单符号体系的拼音文字所难以取代的。

第三，汉字具有超时空的特点，它超越汉语的任何方言，即便不懂闽南话，即便闽南话跟普通话和汉语中的其他方言差别很大，但只要出现汉字，不同时代、不同地域，持不同方言人们也可以从书写下的汉字中或多或少体会到所说的意思，而拼音文字不具备这个特性。

三

解决闽南方言书写的最好办法当是以汉字为主，适当地兼用拼音文字。这不仅可以满足人们在心理上和习惯上对汉字的认同，充分利用汉字在表义等方面的长处，又能吸收拼音文字在书写闽南方言所表现的特殊功效，较好地解决闽南话的书写问题。例如"伊鳖在涂骹无振动"一句，可以写成"伊鳖在 $[pih^7 di^6]$ 涂骹 $[too^2 ka^1]$ 无振动 $[din^3 dang^6]$"或"伊 $pih^7 di^6$ 涂骹无 $din^3 dang^6$"，等等。即以汉字为基础，并在某些字词后适当地加注拼音或用拼音代替某些字词的方法来完成闽南话语文的书写工作。特别是对闽南话一些词语的难字或一时写不出来的所谓有音无字的词语，夹注或干脆用拼音文字来填补书写的困难是很有好处的。

当然，对所使用的汉字，我们还可以做些必要的规定，例如，对一些常用词语可不必非用闽南方言的本字不可，而是采用人们习惯的训读字代替。有些难写的本字或一时找不到本字的词语也可用同音字或近音字（尤其是拟声词）替代，甚至可以造少量方言字做补充。下面是闽南方言常用训读字、同音字（近音字）的例表，以及常用方言字的例表：

闽南方言常见训读字举例

训读字	本字或说明	训读字	本字或说明
你[li³]	第二人称。本字"汝"。	脚[ka¹]	足。本字"骹"。
嘴[cui⁵]	本字"喙"。	奶[ni¹]	乳房,乳汁。本字待考。
人[lang²]	本字"农",也写作"侬"。	肉[bbah⁷]	本字待考。
多[zue⁶]	数量大。本字待考。	挤[kueh⁷]	拥挤,狭窄。本字待考。
易[gue⁶]	容易。本字待考。	短[de³]	长度小。本字待考。
凹[nah⁷]	凹陷;瘪。本字待考。	在[di⁶]	本字"伫"。
要[bbeh⁷]	本字待考。	娶[cua⁶]	本字待考。
压[deh⁷]	本字待考。	找[ce⁶]	本字待考。
到[gao⁵]	本字待考。	拾[kioh⁷]	本字待考。
跟[de⁵]	本字待考。	埋[dai²]	本字待考。民间用"坮"。
捞[hoo²]	本字待考。	无[bbo²]	没有。本字"毛"。
个[e²]	本字待考。	的[e²]	助词。本字待考。
咱[lan³]	咱们。本字待考。	拿[teh⁸]	本字待考。

注：只注厦门话读音。

闽南方言常见同音字、近音字举例

同音字	意义	同音字	意义
某[bboo³]	妻子。	查某[za¹bboo³]	女人。
代志[dai⁶zi⁵]	事情。	通[tang¹]	可以,能。
即[zit⁷]	这。	迄[hit⁷]	那。
遮[zia²]	这里;这些。	遐[hia²]	那里,那些。
则[ziah⁷]	才;这么;再。	赫[hiah⁷]	那,那些;那么。
则尼[ziah⁷ni]	这么。	赫尼[hiah⁷ni]	那么。
规[gui¹]	整个,全。	吗[ma⁶]	也。
野[ia³]	还。	犹[iao³]	还。
互[hoo⁶]	给;被。	甲[gah⁷]	和;跟;……得……
拢[long³]	都。	偌[lua⁶]	多么;多少。
拄仔[du³a³]	刚才。	咧[leh⁷]	正在;助词,着。

注：只注厦门话读音。

闽南方言常用方言字读音举例

词形	读音	意义	词形	读音	意义
尫	[ang^1]	玩偶;佛	蹈	[beh^7]	攀爬
喰	[bun^2]	吹	獪	[bbue^6]	不会;不能
幕	[bbong^2]	不用,别	悾	[ggong^6]	傻,呆傻
扐	[bbut^8]	(用藤条等)打	猎	[cio^1]	(禽兽等)发情;(人)超群出众
迌迌	[cit^{7}to^2]	玩;耍	粞	[cue^5]	磨成的米浆滗干后的东西
炁	[cua^6]	带领,引领	蟳	[cih^8]	梭子蟹
揤	[cih^8]	(用手往下)按压	有	[ding^6]	(物体)硬而充实
炂	[dim^6]	蒸煮	埕	[dai^2]	埋
啖	[dam^1]	稍加品尝	焜	[gun^2]	久煮
损	[gong^5]	击打	婳	[gan^3]	丫鬟
婭	[ggian^5]	嗜好	粔	[kiu^6]	食物柔软且富弹性
抏	[hiat^7]	丢,扔	伍	[hong^6]	(介词),被(人)……
個	[in^1]	他(她、它)们	疷	[kiap^7]	丑陋,难看
喫	[kue^5]	啃	躼	[lo^5]	(身材)高长
蹹	[lap^7]	(脚用力)踩踏	跳	[ling^5]	跳跃
怀	[m^6]	不	嫒	[mai^5]	不要,别
刣	[tai^2]	杀,宰	倚	[siang^2]	谁,啥人
冇	[paN^5]	(物体)松而空虚	褐	[siang^2]	相同,同样
勒	[sim^5]	(物体)上下左右摇晃	瘤	[sian^6]	疲倦
磋	[suan^6]	金刚石	檨	[suaiN^6]	芒果
斉	[ziang^5],[ciang^2]	冲(水)	捒	[sak^7]	(用力)推

　　这套拼音方案每个字母所代表的音素，跟 100 多年前传教士所设计的闽南方言教会罗马字有些不同。如果我们继续推行和使用这套厦门话教会罗马字，容易造成人们的混乱。因此必须制定一套以汉语拼音方案为基础，并根据闽南方言的特点适当变更、改造与补充，制定出一套既能发挥教会罗马字长处，又能弥补其某些不足，还能跟人们已学过的汉语拼音方案相衔接，易于为人们学习、掌握和使用的新的闽南方言拼音方案。我们相信闽南方言的拼音文字，一定会如同 20 世纪 50 年代末为给普通话注音而设计的汉语拼音方案一样，经过推广，逐渐深入人心。下面就列示我们设计的闽南方言拼音方案（新），并与闽南方言教会罗马字（罗）以及普通话汉语拼音方案（普）进行比较：

声母表

新	b	p	bb	m	d	t	n	l	z	c	zz	s	-	-	-		g	k	gg	ng	h	-	-	-	o
罗	p	ph	b	m	t	th	n	l	ch	chh	j	s					k	kh	g	ng	h				o
普	b	p	-	m	d	t	n	l	z	c	-	s	zh	ch	sh	r	g	k	-	-	h	j	q	x	o
例	悲	披	米	麺	猪	啼	尼	李	之	市		丝					基	欺	疑	硬	希	-	-	-	以

注：例字均指闽南方言（下同）。zz 为漳州话声母。

韵母表

元音韵母

新	a	i	u	uu	e	ee	ə	o	oo	ai	ao	-	iu	io	ioo	-	ua	ue	ui	iao	uai	-	-
罗	a	i	u	-	e	-	-	o	o·	ai	au	-	iu	io	-	-	oa	oe	ui	iau	oai	-	-
普	a	i	u	-	e	-	e	o	-	ai	ao	ou	iu	-	ei	ie	ua	ue	ui	iao	uai	ü	üe
例	阿	依	有		锅			窝	乌	爱	欧		优	腰			娃	鞋	威	妖	歪		

注：uu、ə 是泉州音的韵母；ee 是漳州音韵母。

鼻音韵尾韵母

新	m	im	am	om	iam	in	ən	un	-	an	ian	uan	-	ng	ing	ang	iang	ong	iong	uang
罗	m	im	am	-	iam	in	-	un	-	an	ian	oan	-	ng	eng	ang	iang	ong	iong	-
普	-	im	-	-	iam	in	en	un	ün	an	ian	oan	üan	-	ing	ang	iang	ong	iong	uang
例		音	暗	参	阉	因	根	恩		安	沿	弯		黄	英	瓮	央	王	勇	风

注：ən、uang 是泉州音的韵母；om 是漳州音韵母。

鼻化韵韵母

新	aN	iN	eN	eeN	ooN	aiN	aoN	iaN	iuN	uaN	uiN	iaoN	uaiN
罗	a^n	i^n	e^n	-	o^n	ai^n	au^n	ia^n	iu^n	oa^n	ui^n	iau^n	oai^n
普	-	-	-	-	-	-	-	-	-	-	-	-	-
例	馅	圆	婴	脉	吴	耐	闹	影	羊	换	惯	猫	横

注：eeN 是漳州音韵母。

入声韵母

新	ip	ap	op	iap	it	ut	at	iat	uat	ik	ak	iak	ok	iok
罗	ip	ap		iap	it	ut	at	iat	oat	ek	ak	iak	ok	iok
普	-	-	-	-	-	-	-	-	-	-	-	-	-	-
例	邑	压		协	一	郁	遏	阅	越	益	沃	摔	恶	约

注：op 是漳州音韵母。

新	ah	ih	uh	eh	eeh	əh	oh	ooh	aoh	iuh	ioh	iooh	uah	ueh	uih	iaoh	uaih
罗	ah	ih	uh	eh	-		oh	ooh	aoh	iuh	ioh	-	oah	oeh	uih	iauh	oaih
普	-	-	-	-	-	-	-	-	-	-	-	-	-	-	-	-	-
例	拍	鳖	托	格	伯	月	学	喔	髦	踘	借	诺	活	狭	刮	寂	拽

注：əh 是泉州音的韵母；eeh、iooh 是漳州音韵母。

新	aNh	iNh	eNh	ooNh	aoNh	iaNh	ueNh	iaoNh	uaiNh
罗	a^nh	i^nh	e^nh	o^nh	au^nh	ia^nh	oe^nh	iau^nh	oai^nh
普	-	-	-	-	-	-	-	-	-
例	凹	捏	挟	膜	咬	吓	荚	翘	缀

声调表

	阴平	阳平	阴上	阳上	阴去	阳去	阴入	阳入
新	1	2	上声 3		5	6	7	8
罗	不标调	∧	上声 ′		＼	-	不标调	′
普	-	′	ˇ		去声 ＼		无入声	
例	刀	逃	倒		到	道	桌	着

注：泉州音上声分阴上、阳上，所以用"3"代表泉州音阴上，"4"代表泉州音阳上。但泉州音去声不分阴去、阳去，所以"5"在泉州音就代表去声。

下面就将汉字加拼音书写闽南话的三种方式各举几个例子说明：

◎汉字词语加拼音夹注：

故人具鸡 [ge¹] 黍 [su³]，

邀我 [ngoo³] 至田家 [ga¹]。

绿 [liok⁸] 树 [su⁶] 村边 [bian¹] 合，

青山 [san¹] 郭 [gok⁷] 外 [ggue⁶] 斜 [sia²]。

开 [kai¹] 轩面 [bbian⁶] 场 [diong²] 圃，

把酒话 [hua⁶] 桑 [song¹] 麻 [ma²]。

待到 [do⁵] 重阳日，

还来就菊花 [hua¹]。

（选自唐诗《过 [go⁵] 故人庄 [zong¹]》　孟浩然）

迄 [hit⁷] 一日，我金金看见，一个缘投 [ian² dao²] 的少年人，亲像一蕊光辉灿烂的水 [sui³] 花。怀知甚物 [sim³ mih⁸] 代志，雄狂的串红灯走 [zao³] 过马路，煞 [suah⁷] 去互汽车拼着 [long⁵ dioh]。伊现倒在涂脚 [too² ka¹] 顶，血流血滴。我甲众人围去看的时阵，伊已经亲像一蕊凋谢的水 [sui³] 花，无一点仔气 [kui⁵] 丝咯。如果伊当时怀串红灯，无要 [bbo² bbeh⁷] 赶迄一秒抑 [ah⁷] 是几秒的时间，就艙发生即款的悲剧。一切拢无法挽 [bbuan³] 回咯。血的教训是深刻的。咱 [lan³] 着常常提醒家己，行路着注意，过马路着细腻 [sue⁵ li⁶]，麻痹一秒，就会失去性命，麻痹一秒，就会互家庭、社会带来无可挽回 [bbuan³ hue²] 的损失！

（选自方言演讲《注意交通安全，珍惜年轻性命》）

◎汉字词语直接用拼音代替：

民以食为天，无食 kong⁶ kong⁶ dian¹。（闽南俗语）

肥 zih⁷ zih⁷，肥 lut⁷ lut⁷，肥 cia¹ cia¹，肥 iN⁵ iN⁵，肥 liu¹ liu¹（形容词生动形式）

臭 hiam¹ hiam¹，臭 gia² gia²，臭 long² long²，臭漉漉 lok⁸ lok⁸，臭 haN⁶ haN⁶（形容词生动形式）

◎汉字词语直接用拼音代替，必要时加汉字注释：

人讲虎也知 [zai¹] 知 [di¹] 恩报恩。花斑虎即 [zit⁷] 站时现 beh⁷（爬）起来，行到吴本 [to¹] 個两个人的头前，共個两个护送焉 [cua⁶] 路。行无淡薄 [dam⁶boh⁸] 久，花斑虎就停落来，两蕊目珠对头前直直看。发生甚物代志啊？原来，在头前无偌 [lua] 远的所在，有两只狼跔 [ku²] 在 [di⁶] 路边，舌仔吐甲真长，看起来是 iao¹ saNh⁷ saNh⁷（饿极了）咧找食物 [ziah⁸mih⁸]。花斑虎相精精 [siong⁵zing¹zing¹]，吼 [hao³] 一声若雷的，噗一下煞 [suah⁷] 冲过去。两只狼见着虎，走甲离裤脚，觅 [bbih] 甲无影无迹。

（选自方言故事《吴本虎嘴拔银钗》）。

别人阿哥真挑 [tiao¹] 弄 [lang⁶]，
阮 [ggun³] 的阿哥目 tuah⁷tang¹（对眼）。
生 [siN¹] 做 [zue⁵] 痞 [kiap⁷] 势 [si⁵] 免怨叹，
人讲否 [paiN³] 翁 [ang¹] 食 [ziah⁸] 绘 [bbue⁶] 空 [kang¹]。

（选自歌谣鲜 [ciN¹] 蚝 [o²] 嫂）

主要参考书目

①周长楫、欧阳忆耘：《厦门方言研究》，福建人民出版社，1999 年。

②周长楫：《闽南方言大词典》，福建人民出版社，2006 年。

③《漳州市志》卷四十九《方言》，漳州市地方志编纂委员会编，中国社会科学出版社，1999 年。

④王建设、张甘荔：《泉州方言与文化》，泉州历史文化中心，鹭江出版社，1994 年。

图书在版编目(CIP)数据

闽南方言韵书 / 周长楫编著. —厦门：鹭江出版社，2015.12
ISBN 978-7-5459-0917-3

Ⅰ.①闽… Ⅱ.①周… Ⅲ.①闽南话—韵书 Ⅳ.①H177.2

中国版本图书馆 CIP 数据核字(2015)第 255358 号

MINNAN FANGYAN YUNSHU

闽南方言韵书

周长楫　编著

出版发行：	海峡出版发行集团		
	鹭 江 出 版 社		
地　　址：	厦门市湖明路 22 号	**邮政编码**：	361004
印　　刷：	福建新华印刷有限责任公司		
地　　址：	福州市福新中路 42 号	**邮政编码**：	350011
开　　本：	787mm×1092mm　1/16		
插　　页：	4		
印　　张：	26.5		
字　　数：	380 千字		
版　　次：	2015 年 12 月第 1 版	2015 年 12 月第 1 次印刷	
书　　号：	ISBN 978-7-5459-0917-3		
定　　价：	85.00 元		

如有发现印装质量问题请寄承印厂调换